S.F.
V.

Philippe Ariès und Georges Duby (Hg.)

Geschichte des privaten Lebens

S. Fischer

Geschichte des privaten Lebens

5. Band: Vom Ersten Weltkrieg zur Gegenwart

Herausgegeben von
Antoine Prost und Gérard Vincent

Deutsch von
Holger Fliessbach

S. Fischer

Die französische Originalausgabe des 5. Bandes der ›Histoire de la vie privée‹
mit dem Titel ›De la Première Guerre mondiale à nos jours‹
erschien 1987 bei Editions du Seuil, Paris.

Der Abdruck von ›Myths and Realities of the American Family‹
(›Mythen und Realitäten der amerikanischen Familie‹) von Elaine Tyler May
aus ›A History of Private Life: Riddles of Identity in Modern Times‹, Volume 5,
edited by Antoine Prost und Gérard Vincent, erfolgt mit freundlicher Genehmigung
der Belknap Press of Harvard University Press,

Umschlaggestaltung: Buchholz/Hinsch/Walch
Satz und Druck: Wagner GmbH, Nördlingen
Bindung: G. Lachenmaier, Reutlingen
Printed in Germany 1993
ISBN 3-10-033614-3

Inhalt

Anhang

Gérard Vincent

Einleitung

In der Einleitung zum ersten Band der *Geschichte des privaten Lebens* stellt Paul Veyne die Frage, ob die römische Zivilisation »die Grundlage des modernen Westeuropa« bilde, und antwortet, dies sei »keineswegs sicher« (S. 16). Über das Mittelalter vor dem 14. Jahrhundert schreibt Georges Duby im zweiten Band, alle Versuche, dieser Zeit auf die Spur zu kommen, seien im Grunde ungenau und nicht sonderlich stichhaltig (S. 14). Lange, berechenbare Perioden wie in der Klimatologie und zum Teil in der Demographie gibt es bei der Erforschung der Geschichte des privaten Lebens nicht, wenn sie, um die Geheimnisse der Intimität zu erschließen, auf die Evokation des alltäglich Vorfindlichen verzichtet.

Die Quellen, für den Historiker ferner Epochen ziemlich rar, sprudeln in dem Zeitraum, mit dem wir uns in diesem Band beschäftigen, reichlich – die unmittelbar beredten ebenso wie die auslegungsbedürftigen. Schon ihre Aufzählung würde ein Buch füllen, und der Autor dieser Einleitung (deren kognitive Ausbeute zwangsläufig beschränkt sein wird) mußte sich mit dem begnügen, was er weiß – einem kleinen Bruchteil dessen, was man wissen »sollte«. Der Historiker ist in allen Aussagen anwesend, die er macht; zwar muß man sich nicht zu dem Paradoxon versteigen, jede historische Abhandlung sei eher die Autobiographie ihres Verfassers als eine wissenschaftliche Explikation unwiderleglicher Fakten; aber es empfiehlt sich, den subjektiven Blick, der nach den Tatsachen greift und sie organisiert, in jedem Falle und von Beginn an in Rechnung zu stellen.

Begriffe wie »die römische Gesellschaft« oder »die Welt des christlichen Abendlandes« sind wohl nicht nur Kopfgeburten, sondern bezeichnen Aggregate, die bei aller äußeren Mannigfaltigkeit einen inneren Zusammenhang besitzen; das mögen die Fachleute entscheiden. Mit dem Aufkommen von Nationen werden die Unterschiede präziser, jedenfalls abtastbar, so daß es unmöglich (unseriös) ist, eine Geschichte des privaten Lebens ins Auge zu fassen, welche die Opazität des Mafioso-Daseins neben die – vielleicht illusorische – Transparenz schwedischer Bürgerlichkeit stellte. Daher haben wir uns schweren Herzens entschlossen, die Darstellung hauptsächlich auf die französischen Verhältnisse zu konzentrieren.

Aber auch die Beschränkung des Untersuchungsfeldes auf Frankreich (nicht ohne Berücksichtigung ausländischer Einflüsse) enthält noch den uneinlösbaren Anspruch einer Bestandsaufnahme: Es bedeutet, die singuläre Lebenspraxis und den Imaginationshaushalt jener 55 Millionen Frauen, Männer und Kinder, die auf diesem Territorium leben – Franzosen wie Immigranten –, auf 600 Buchseiten erfassen zu wollen. Da wir nicht jeden einzelnen dieser Menschen »erforschen« konnten, mußten wir sie klassifizieren. Doch nach welchem System? Nach Geschlecht? Alter? Religion? Sozialer Schicht? »Berufssoziologischen Kategorien«? Und wenn ja: ein-, zwei-, drei-, vierstellig?[1] Alle diese Kriterien erzwingen eine mehrgliedrige Auswahl. Vielleicht einen Absatz über einen Mann aus Nevers, dreißig Jahre alt, verheiratet, Vater von zwei Kindern, sozialer Aufsteiger, »Randchrist«, Bausparer, Besitzer einer Bibliothek von dreihundert Büchern, darunter alle fünf Bände der *Geschichte des privaten Lebens?* Warum nicht? Und warum er? Einen Absatz über eine alte, würdige Dame, Witwe eines Marineoffiziers, besorgt um ihre sechs Kinder und ihre vierundzwanzig Enkel, konservativ, nach den Maßstäben des staatlichen Instituts für Statistik »inaktiv«, jedoch in Wohltätigkeitsvereinen ihrer Gemeinde engagiert? Warum nicht? Und warum sie? Ein Puzzle aus Biographien und Familiengeschichten erschien um so verführerischer, als das Material dazu bereitlag; auch glaubten wir, diese Form der Präsentation sei reizvoll für jenen Leser, der mehr für Geschichten als für Geschichte empfänglich ist, weil er sich in ihnen wiedererkennen kann. Dennoch wurde diese Konzeption verworfen; wir wollten keinen *Who's who* von Menschen ohne Eigenschaften schreiben, sondern Konstellationen ausfindig machen.

Wen das Fehlen einläßlicher Monographien am Leitfaden der »sozialen Stellung« befremdet, der möge seine Entrüstung zügeln; die sozialen Ungleichheiten bleiben an allen hier dargestellten Entwicklungen ablesbar, ob es sich nun um den Lebensstandard, den Tod, die Kindererziehung oder den Kulturkonsum handelt (»Geschmack ist nichts anderes als die Fähigkeit, eine gewisse Zahl von Zeichen zu entziffern, die es erlauben, als Kenner von Gütern einwandfreier Machart zu gelten«, schreibt Pierre Bourdieu). Die unbestreitbare Erhöhung des allgemeinen Lebensstandards, zumal seit dem Zweiten Weltkrieg, hat nur scheinbar eine soziale Homogenisierung bewirkt. Die Faktoren der gesellschaftlichen Schichtung bleiben wirksam: Fortdauer der Einkommensunterschiede[2]; unterschiedlicher Kulturkonsum; Abhängigkeit der Sprachgebräuche vom soziokulturellen Milieu; Absinken der »Modelle« vom oberen Ende der »sozialen Skala« nach unten; Endogamie innerhalb der einzelnen sozialen Klasse oder Schicht, wobei das »Zusammenleben Jugendlicher« die Partnerwahl nicht grundlegend verändert hat; soziale Mobilität, und zwar eher generationenübergreifend als generationsintern und von geringer Reichweite.

Im 20. Jahrhundert scheint der Staat (oder die öffentliche Gewalt) in unterschiedlicher Weise die Privatsphäre zurückzudrängen. Durch Sozialversicherung, Beihilfen, Möglichkeiten der Eigentumsbildung, Verbraucherkredite, Legalisierung und Subventionierung des freiwilligen Schwangerschaftsabbruchs usw. ist die Familie scheinbar ins Öffentliche »umgekippt«. Gleichzeitig hat das einzelne Familienmitglied die Chance gewonnen, seine privaten – geheimen? – Neigungen unbe-

George Segal, *Morgens um sechs*, 1983. Segal stammt aus einer Familie von Hühnerzüchtern und hat seine proletarische Herkunft niemals verleugnet. Er arbeitet mit Abgüssen von lebenden Menschen. Das Paradoxe dieser »Figurenskulptur« ist der »Realitätseffekt«, der das Alltägliche überhöht.
(Paris, Galerie Maeght-Lelong)

obachtet auszuleben: Verschwinden des gemeinsamen Bettes, dann des gemeinsamen Schlafzimmers; individuelles Hören am eigenen Transistor statt des kollektiven Radiohörens in der Zwischenkriegszeit usw. Im ersten Teil des Buches beschreibt Antoine Prost die Ausdifferenzierung der Dialektik von Privatheit und Öffentlichkeit. Im zweiten Teil habe ich, besessen von dem Vorsatz, nicht zum hundertstenmal die Geschichte des Alltagslebens zu erzählen, mich an einer Geschichte des Geheimnisses versucht. Dabei geht es wohlgemerkt nicht um das unverbrüchliche Geheimnis, das jeder Mensch mit ins Grab nimmt – manchmal sogar, ohne es selber zu kennen –, sondern um die Verschiebung der Grenze zwischen Gesagtem und Ungesagtem, eine Verschiebung, die den Einzelnen, die Familie, das Dorf oder Stadtviertel, eine Primärgruppe, eine »Bande«, eine »Gesellschaft« usw. gleichermaßen betrifft. Man könnte von einer »Geschichte der Indiskretion« sprechen (»Indiskretion« verstanden als die Weitergabe von Informationen, die bisher über die freundschaftliche oder familiäre Kommunikationssphäre nicht hinausgedrungen sind, an uneingeweihte Dritte). Ein solches Unterfangen bedarf theoretischer Abgrenzungen, mit denen der zweite Teil denn auch beginnt.

Der dritte Teil ist der kulturellen Vielfalt gewidmet. Auch hier mußte eine Wahl getroffen werden. Wir haben uns für vier Konstellationen von unterschiedlicher Struktur entschieden. Zunächst *Katholiken* und *Kommunisten*. Sodann die *Juden* – Perrine Simon-Nahum erschließt ihre Verschiedenartigkeit nicht nur in bezug auf das, was ihnen im 20. Jahrhundert widerfahren ist, sondern auch hinsichtlich der Gefühle, die sie auslösten, nachdem der Genozid den antisemitischen Diskurs (für einen Augenblick) unterbrochen und die Gründung des Staates Israel die Problemstellung verändert hatte. Schließlich die *Immigranten*, in der Zwischenkriegszeit Europäer (Dominique Schnapper schildert die Etappen ihrer »Assimilation«), seit den sechziger Jahren hauptsächlich Maghrebinier (Rémy Leveau entziffert die Wechselfälle ihrer Interkulturalität).

Der vierte und abschließende Teil handelt von »Modellen« und »Mythen« gesellschaftlicher Organisation und ihren nationalen Verdichtungen. Am »schwedischen Modell«, auf das wir in den sechziger Jahren bewundernd blickten, rühmt Kristina Orfali die Transparenz: das helle Licht einer exotischen, nordischen Welt, die alles Geheime ausleuchtet, ohne es zu zerstören. Chiara Saraceno entschlüsselt den Mythos der italienischen Familie; Elaine Tyler May stellt den amerikanischen Traum von der »heilen« privaten Welt auf die Wirklichkeitsprobe.

So präsentiert sich dieses Buch als Resultat von Entscheidungen, die allesamt anfechtbar sind. Sie bieten legitimen Einwendungen zahlreiche Angriffsflächen, einige Einwände haben wir selbst vorweggenommen, da uns durchaus bekannt ist, daß der Meinungsbetrieb weder Nächstenliebe noch Nachsicht kennt. Mit guten Gründen zitieren wir deshalb hier zum Schluß einen Satz Georges Dubys aus der Einleitung zum zweiten Band: »Der Leser erwarte kein fertiges Bild. Der Text, den er vor sich hat, steckt voller – offener und geheimer – Fragezeichen.«

Anmerkungen

1 Aus den »berufssoziologischen Kategorien« (CPS) des französischen Instituts für Statistik und Wirtschaftsstudien sind nach der neuen Nomenklatur die »berufssoziologischen Berufe und Kategorien« (PCS) geworden. Wer weiß schon, daß sich (um nur ein Beispiel zu nennen) die Nr. 34 dieser neuen Klassifizierung: »wissenschaftliche Berufe und Lehrberufe«, in neun Unterkategorien gliedert, deren erste (Nr. 3411: »Professeurs agrégés et certifiés« [höheres Lehramt mit Staatsexamen]) wiederum in 17 Unter-Unterkategorien zerfällt?

2 Aus dem Sawyers-Report der OECD (1978) ging hervor, daß das Einkommen nach Steuern bei den reichsten 10 Prozent der Franzosen 21,5 mal höher war als bei den ärmsten 10 Prozent. Nach einem Bericht des CORDES war das mittlere Einkommen der 77 000 privilegierten französischen Haushalte 53mal größer als das der 2 300 000 benachteiligten Haushalte; dem CREP zufolge ist die Ungleichheit bei Erbschaften noch größer als bei den Einkünften.

Bürgerliches Interieur, privat gesehen. Hier lebt eine Familie, hier empfängt sie Verwandte und Freunde. Auf der anderen Seite der Doppeltür darf man einen weiteren Salon vermuten, in dem die Familie »empfängt«.

Antoine Prost

I. Grenzen und Zonen des Privaten

In diesem Interieur von 1912 wohnen minder feine Bürger. Der Raum ist voller Nippes, die Katze liegt vor dem Kamin, die Mutter sitzt im Sessel – aber wo hat der Mann seinen Platz?

Vorbemerkung

Privates Leben ist keine Naturtatsache; es ist geschichtliche Wirklichkeit, die von den einzelnen Gesellschaften in unterschiedlicher Weise konstruiert wird. Es gibt nicht »das« private Leben mit ein für allemal festgelegten Schranken nach außen; was es gibt, ist die – selber veränderliche – Zuschreibung menschlichen Handelns zur privaten oder zur öffentlichen Sphäre. Privates Leben zieht seinen Sinn aus der Differenz zum öffentlichen Leben, und seine Geschichte ist vor allem die seiner Definition: Wie hat sich die Unterscheidung von Privatheit und Öffentlichkeit in der französischen Gesellschaft des 20. Jahrhunderts entwikkelt? Welche Wandlungen hat die Privatsphäre erfahren? Die Geschichte des privaten Lebens beginnt mit der Geschichte seiner Markierungen.

Die Frage ist um so gewichtiger, als nicht feststeht, daß die Unterscheidung zwischen Privatheit und Öffentlichkeit in allen Gesellschaftsschichten dasselbe bedeutet. Das Bürgertum der Belle Époque errichtete eine »Mauer« um seinen Intimitätshaushalt. Im Schutze dieser Mauer fand das private Leben statt, das im Grunde mit dem Familienleben identisch war. Zu den umhegten Werten gehörten das Familienvermögen, gesundheitliches Befinden, Sitte und Religion: Eltern, die eines ihrer Kinder verheiraten wollten, zogen zuvor über die Familie des Kandidaten beim Notar oder beim Pfarrer diskret »Erkundigungen« ein, denn sie selber verbargen vor der Öffentlichkeit ebenfalls sorgfältig den ausschweifenden Onkel, die lungenkranke Schwester, den liederlichen Bruder, die Ausmaße ihres Vermögens. Als Jaurès einen sozialistischen Abgeordneten, der ihn für die Erstkommunion seiner Tochter kritisiert hatte, mit den Worten abfertigte: »Werter Herr Kollege, Sie machen ohne Zweifel aus Ihrer Frau, was Sie wollen; ich nicht«, bezeichnete er sehr genau die Grenze zwischen seiner öffentlichen Rolle und seiner Privatsphäre.

Die Grenzziehung verkörperte sich in einem Netz von Geboten und Verboten. Baronin Staffe zählt einige von ihnen auf: »Je weniger man *mit den Leuten verkehrt*, desto mehr verdient man die Wertschätzung und Achtung seiner Umgebung.« »Wohlerzogene Menschen lassen sich in der Eisenbahn und überhaupt in der Öffentlichkeit niemals auf ein Gespräch mit Fremden ein.« »Auf Reisen spricht man auch mit Verwandten und Freunden nicht in Gegenwart Fremder über private Dinge.«[1]

Die bürgerliche Wohnung, das bürgerliche Haus waren erkennbar an der strikten Trennung der Empfangsräume von den übrigen Zimmern: auf der einen Seite das, was die Familie von sich aus zu zeigen wünschte, was öffentlich gemacht werden konnte, was als »präsentabel« galt; auf der anderen das, was man vor zudringlichen Blicken schützte. Die Familie selbst gehörte nicht in den Salon, die Kinder durften ihn nur betreten, wenn Besuch da war, und Familienphotos hatten hier keinen Platz. Auch standen die Empfangsräume nicht jedermann offen. Obwohl die feinen Damen ihren »jour« hatten, an dem sie »empfingen« – 1907 zählte man in Nevers deren 178[2] –, durfte man einer Frau von Rang erst seine Aufwartung machen, nachdem man ihr vorgestellt worden war. Die Empfangsräume bildeten also eine Übergangszone zwischen dem eigentlichen Privatbereich und dem Dasein in der Öffentlichkeit.

Was im Bürgertum der Belle Époque die Regel war, galt in anderen Gesellschaftsschichten nicht zwangsläufig als verbindlich. Die Bedingungen, unter denen Bauern, Arbeiter oder auch Kleinstädter lebten, erlaubten es diesen nicht, einen bestimmten Teil ihrer Existenz fremden Blicken zu entziehen, um ihn »privat« zu machen. Folgen wir zum Beispiel Sartre auf einem Gang durch die Straßen Neapels: »Das Erdgeschoß eines jeden Hauses ist in eine Menge kleiner Zimmer unterteilt, die direkt auf die Straße gehen, und in jedem dieser kleinen Zimmer lebt eine Familie. [...] Es sind Zimmer für alles, sie schlafen, essen und arbeiten dort. Doch da [...] die Straße da ist, kühl und auf gleicher Ebene, werden die Leute von der Straße angezogen. Sie gehen nach draußen, um zu sparen, um die Lampen nicht anmachen zu müssen, um im Kühlen zu sein, und auch aus Humanismus, denke ich, um sich im Gewimmel mit den anderen zu spüren. Sie stellen Stühle und Tische auf die Straße oder auf die Schwelle ihrer Zimmer, halb drinnen, halb draußen, und in dieser Zwischenwelt machen sie alle wesentlichen Verrichtungen ihres Lebens. Da es kein Draußen und kein Drinnen mehr gibt und die Straße die Fortsetzung ihres Zimmers ist, füllen sie sie mit ihren persönlichen Gerüchen und ihren Möbeln. Und auch mit ihrer Geschichte. [...] Und das Außen ist mit dem Innen in organischer Weise verbunden [...]. Gestern habe ich einen Vater und eine Mutter gesehen, die draußen aßen, aber drinnen schlief das Baby in einer Wiege neben dem großen Bett der Eltern, und an einem anderen Tisch machte die älteste Tochter im Schein einer Petroleumlampe ihre Aufgaben. [...] Aber wenn eine Frau krank ist und tagsüber im Bett bleibt, geht das in aller Öffentlichkeit vor sich, und jeder kann zuschauen.«[3]

Vielleicht ist es riskant, hier Vergleiche zu ziehen. Die Kulturtraditionen sind andere, und die Verquickung von Drinnen und Draußen, die das Straßenleben Neapels auszeichnet, erklärt sich wohl nicht zuletzt aus dem Habitus einer Mittelmeerkultur, der sich auch in den großen und kleinen Städten Südfrankreichs beobachten läßt. Trotzdem: Die »courées« von Roubaix, die Bergarbeiter-Siedlungen, die Mietskasernen der Croix-Rousse in Lyon, die Dörfer im Berri oder in Lothringen gaben ihren Bewohnern kaum die Chance, ihre Privatsphäre gegen die Neugier der Nachbarn zu verriegeln; ihr Dasein spielte sich

Straße in Neapel. Es gibt »kein Draußen und kein Drinnen mehr. [. . .] das Außen ist mit dem Innen in organischer Weise verbunden«. (Sartre)

Straße in La Croix-Rousse. Dieses Wohnviertel erfüllte einst der Lärm der Webstühle; die Gebäude mit ihren hohen Decken und den großen Fenstern sind für die Bedürfnisse von Webern konzipiert. Arbeit und Familienleben waren eins.

praktisch vor den Augen aller ab. Eine Privatsphäre zu haben war durchaus ein Klassenvorrecht: das eines Bürgertums, das komfortabel wohnte und Vermögen besaß. Die arbeitenden Klassen erlebten die wechselseitige Durchdringung von Privatheit und Öffentlichkeit notgedrungen in anderer, minder differenzierter Weise. So gesehen, wäre im 20. Jahrhundert die strikte Trennung des Privaten vom Öffentlichen nach und nach für alle Schichten der Bevölkerung zu einem strukturierenden Element ihres Alltags geworden. Die Geschichte des privaten Lebens ließe sich dann als die Geschichte seiner Demokratisierung lesen.

Das setzt indes voraus, daß Demokratisierung nicht mechanisch verstanden wird. Das private Leben, das Arbeiter oder Landwirte am Ende des 20. Jahrhunderts führen können, ist nicht das des Bürgertums vom Beginn des Jahrhunderts. Im übrigen beherrschen neue Normen den Raum, der sich außerhalb der endlich errungenen Privatsphäre konstituiert und den man den öffentlichen nennen könnte. Die erhöhte Differenzierung zwischen Privatem und Öffentlichem in der Gesellschaft insgesamt verändert sowohl das öffentliche Leben als auch das private Leben. Jenes wie dieses gehorchen nicht mehr denselben Regeln. Mit der Verschiebung und Präzisierung ihrer Grenzen wandelt sich ihr Wesen.

Damit ist die Komplexität einer Geschichte benannt, welche die Konstitution privaten Lebens und dessen Selbstbehauptung gegen eine weithin kollektive Existenzweise und gleichzeitig seine interne Organisation erfassen soll – ein Vorhaben, das im Grunde um so weniger zu verwirklichen ist, als man auch die Unterschiede der Gesellschaftsschichten und Kulturtraditionen beachten müßte. Wir nehmen für uns nicht in Anspruch, diese Aufgabe bewältigt zu haben. Wir wären schon froh, wenn es uns gelungen wäre, die Grundlinien dieser Entwicklung aufzuzeichnen, und hoffen, daß künftige Arbeiten unsere Hypothesen bestätigen oder zurechtrücken werden.

Die Werkstatt – unten eine Handschuhmacherei in Grenoble – gliederte die Arbeit aus dem Familienleben aus. Doch in den Städten waren Arbeitsstätten und Wohnungen noch vielfach kombiniert – 1920 grenzten noch viele Wohnhäuser an Schrottplätze (oben).

Arbeit

Die erste einschneidende Entwicklung des 20. Jahrhunderts spielt sich auf dem Feld der Arbeit ab. Sie wird aus dem privaten Bereich ausgegliedert und in den öffentlichen Sektor verlagert. Dabei handelt es sich um eine doppelte Bewegung. Die eine bewirkt die Separierung und Spezialisierung der Zonen – die Arbeitsstätte ist nicht mehr identisch mit dem Schauplatz des häuslichen Lebens. Mit dieser räumlichen Differenzierung geht eine Differenzierung der Normen einher – die häusliche Welt löst sich von Regeln, die gestern noch mit der hier verrichteten Heimarbeit verbunden waren, und die Arbeitswelt untersteht nicht länger den Geboten privater Ordnung, sondern Tarifverträgen.

Spezialisierung der Zonen

Der Frage, wo die Menschen arbeiten, hat man bisher nicht genügend Beachtung geschenkt. Zu Beginn des Jahrhunderts machte es einen wesentlichen Unterschied, ob man seine Arbeit daheim oder bei anderen verrichtete. Für ein junges Mädchen war es ideal, bei den Eltern zu wohnen und nicht arbeiten zu müssen. Mußte es arbeiten, so war es am besten, wenn es eine Tätigkeit ausübte, der es zu Hause nachgehen konnte, zum Beispiel als Näherin. Nur am unteren Ende der sozialen Stufenleiter ging das Mädchen zur Arbeit aus dem Haus – in die Fabrik, in den Betrieb oder als Dienstmädchen in einen Privathaushalt.[4]

Zu Beginn des Jahrhunderts arbeiteten fast zwei Drittel, auf jeden Fall mehr als die Hälfte aller Franzosen zu Hause. Am Ende des Jahrhunderts verlassen hingegen fast alle Franzosen, um zu arbeiten, das Haus. Das ist eine entscheidende Transformation.

Anfangs des Jahrhunderts gab es bei der Arbeit zu Hause zwei grundsätzlich verschiedene Konstellationen, allerdings mit vielen Mischformen. Man konnte zu Hause arbeiten, jedoch für einen fremden Auftraggeber; das war die Situation der Heimarbeiter. Man konnte aber auch für sich selbst arbeiten; das war die Situation der selbständigen Gewerbetreibenden. Beide Grundformen des Arbeitens zu Hause verloren im Laufe des Jahrhunderts zunehmend an Bedeutung.

Die Heimarbeiter

Die Anzahl der Heimarbeiter ist schwer zu ermitteln. Jedenfalls waren es zu Beginn des Jahrhunderts einige Millionen. In den statistischen Erhebungen der Zeit werden die sogenannten »Einzelarbeiter« registriert; 1906 waren das 1 502 000. Zu ihnen rechneten gewiß auch Tagelöhner und Handlanger ohne festen Auftraggeber, die draußen, bald hier, bald dort, ihre Dienste anboten. Die meisten »Einzelarbeiter« freilich arbeiteten zu Hause. Im Textil-, Bekleidungs-, Schuhmacher- und Handschuhmachergewerbe, aber auch bei der Herstellung von Brillen und Schmuck beschäftigten die Händler Heimarbeiter und -arbeiterinnen. Entweder brachten sie ihnen die Rohstoffe oder halbfertige Produkte ins Haus und holten die fertige Ware ab, oder der Arbeiter bzw. die Arbeiterin mußte beim Händler den Auftrag abholen und ihm die fertige Ware bringen. In beiden Fällen wurde die Ware nach Stücken bezahlt.

Die Lage der Heimarbeiter war sehr ungleich. In der Regel wurden sie extrem schlecht entlohnt. Auch mußten sie, um ihr kümmerliches Auskommen zu sichern, von morgens bis spät abends schuften. Ein krasses Beispiel dafür ist die Weber-Familie Mémé Santerres.[5] Sie überlebte wirtschaftlich bis zum Vorabend des Ersten Weltkriegs; dann setzte sich das Weben in der Fabrik durch. Übrigens gingen die Familienmitglieder ihrer Tätigkeit nur in den sechs Wintermonaten nach: Im Frühling verdingten sie sich auf einem Bauernhof in Seine-Inférieure, im Herbst kehrten sie nach Hause zurück und konnten mit dem, was sie verdient hatten, die Schulden vom letzten Winter begleichen. Sich bei anderen Leuten als Knecht oder Magd zu verdingen, brachte mehr ein als das Weben in Heimarbeit. Es nützte ihnen wenig, daß sie eigene Webstühle besaßen und geschickte Weber waren; sie konnten sich vom Weben nicht mehr ernähren, obwohl sie scheußliche Arbeits- und Lebensbedingungen auf sich nahmen. Morgens um vier standen sie auf; dann gingen der Vater und die Kinder in den Keller und setzten sich an den Webstuhl, während die Mutter die Rahmen vorbereitete. Die Webstühle ratterten bis in die Nacht; man arbeitete fünfzehn Stunden am Tag, in einem feuchten Keller und oft bei Kerzenlicht. Morgens gab es eine Schale Chicoree mit Brot, mittags und abends einen Teller Suppe – die einzigen Pausen, die man sich leistete. Glühende Katholiken, gingen die Santerres am Sonntag zur Messe, gleich danach jedoch bedienten sie wieder den Webstuhl. Sie arbeiteten sogar am Hochzeitstag der Tochter Catherine, und wenn man erfährt, daß es zur Feier dieses großen Tages Lammkoteletts gab, kann man ermessen, wie arm diese Familie gewesen sein muß.

Neben solchem Elend gab es allerdings auch Aufschwung und Besserung. So bildeten in den zwanziger Jahren die Heimarbeiter der Handschuhmanufaktur von Millau eine veritable Arbeiteraristokratie. Handschuhe aus Millau waren freilich ein gesuchter Luxusartikel und hatten die Konkurrenz der Fabrikware aus Grenoble nicht zu fürchten. Alles in allem jedoch litten die Heimarbeiter bei schwerer Plackerei häufig

Eine Näherin bei der Heimarbeit. Auf dem Bord eine Lampe, eine Flasche, ein Glas, Essensreste . . .

Not; das ist einer der Gründe für den stetigen Rückgang der Heimarbeit.

Der Versuch, das private Leben der Heimarbeiter zu erschließen, stößt auf schwierige Fragen. Wo vermochte Catherine Santerre ihren Neigungen Geltung zu verschaffen? Auf den Wegen und Stegen der Nachbarschaft, wo sie sich für Augenblicke mit ihrem Geliebten und künftigen Ehemann traf? Auf dem Bett, in dem sie schlief, todmüde vor Erschöpfung? Vor dem Webstuhl? Gewiß war die Arbeit in die private Sphäre integriert, aber sie zehrte diese auch restlos auf: Leben und Arbeit verschmolzen miteinander. Immerhin war bei den Webern der häusliche Bereich noch zweigeteilt: Die Arbeit spielte sich im Keller ab, das materielle Alltagsgeschehen im Erdgeschoß. Die Weber arbeiteten nicht in demselben Raum, in dem sie aßen oder schliefen. Doch häufig drückte sich die Verschmelzung von Leben und Arbeit nicht in räumlicher Gliederung aus. Léon Frapié amüsiert sich in *La Maternelle* über die Kindergarten-Weisheit »Jedes Ding an seinen Platz, einen Platz für jedes Ding«: Die Heimarbeiterin im XX. Arrondissement in Paris, die er beschreibt, muß den Eßtisch abräumen, wenn sie nähen will oder ihr Kind Schularbeiten machen soll.[6] Die unteren Volksschichten wohnten in der ersten Hälfte des 20. Jahrhunderts genauso beengt wie im 19. Jahrhundert und konnten sich für die Heimarbeit keinen besonderen Tisch oder einen bestimmten Platz reservieren.

Zu Hause zu arbeiten war verknüpft mit der relativen Öffnung des häuslichen Territoriums für Fremde. Die Schneiderin empfing Kundinnen; der Weber, der Handschuhmacher mußten Händler oder deren

Formen der Heimarbeit: oben eine Fächermacherin aus dem städtischen Kleinbürgertum, unten eine Friseuse und eine Schneiderin auf dem Lande. Hier wie dort spielte sich die Arbeit vor dem Hintergrund des Alltags- und Familienlebens ab.

Angestellte ins Haus lassen. Das kombinierte Wohn- und Arbeitszimmer der Familie konnte sogar zum Resonanzboden von Arbeitskämpfen werden. Jean Guéhenno hält eine dramatische Kindheitserinnerung fest: Seine Eltern wohnten in Fougères und fertigten in Heimarbeit Schuhe; die Leisten kauften sie bei den Herstellern dutzendweise auf Vorrat. Während eines Streiks in der Schuhindustrie zu Beginn des Jahrhunderts verlor Guéhennos Vater, als der Vorrat aufgebraucht war, die Nerven und versuchte, heimlich Leisten aufzutreiben. Die Streikenden bekamen davon Wind und stürmten sein Haus, um dem Streikbrecher die Leviten zu lesen.[7] Wer zu Hause arbeitete, hatte in gewisser Weise kein Zuhause mehr.

Indes hatte der Verfall der Heimarbeit nicht nur wirtschaftliche Ursachen, so ausschlaggebend diese zweifellos waren. Zu dem Wunsch nach besserem und regelmäßigem Verdienst gesellte sich der Wunsch nach Begrenzung der Arbeitszeit. Der Fabrikarbeiter wußte immerhin, wann Feierabend war; die Zeit, die nicht dem Unternehmer gehörte, gehörte einem selbst, und sie wurde im Laufe des Jahrhunderts länger. Und außer Haus zu arbeiten bedeutete nicht zuletzt, daß man daheim seine Ruhe hatte. Insofern entsprach der Rückgang der Heimarbeit dem wachsenden Verlangen der Menschen nach Reservaten der Selbstbehauptung.

Dennoch verschwanden die Heimarbeiter nicht gänzlich von der Bildfläche. Die Volkszählung von 1936 erfaßte noch 351 000 von ihnen. Verschiedene Faktoren begünstigten den Fortbestand der Heimarbeit. Während der Wirtschaftskrise in den dreißiger Jahren beschränkte der Gesetzgeber den Zugang von Ausländern zum Arbeitsmarkt, so daß Immigranten leichter Heimarbeit als Beschäftigung in einem Betrieb fanden. Dies kam den Interessen der auf Kostensenkung bedachten Unternehmer ebenso entgegen wie den Traditionen und dem Lebensstil zahlreicher Einwanderer aus Polen und Mitteleuropa. Infolgedessen registrierte zum Beispiel die Pariser Leder- und Pelzindustrie sogar eine Zunahme der Heimarbeit. Aus dem Kreis dieser Individualisten häufig jüdischer Abstammung rekrutierte sich die Gruppe Manouchian, die in der Résistance eine wichtige Rolle spielte, bevor sie an die Gestapo verraten wurde.

Heutzutage erscheint Heimarbeit als befremdendes Relikt. Sie verträgt sich nicht mit dem Vorsatz, das heimische »Gehäuse« und die durch die Arbeit gewonnene »freie« Zeit nach eigenem Belieben zu nutzen. Wer wäre heute noch willens, bei sich zu Hause für andere zu arbeiten, da er ja nicht einmal bereit ist, dort ein Gewerbe zu treiben?

Selbständige Gewerbetreibende

Die Zahl der selbständigen Gewerbetreibenden, die zu Hause arbeiteten, war höher als die der Heimarbeiter, ging jedoch, allerdings langsamer, im Laufe des Jahrhunderts ebenfalls zurück. Allein diese Gruppe der Selbständigen stellte zu Anfang des Jahrhunderts mehr als die

Ein Familienphoto – aber dieser Schnapsfabrikant ließ es vor seinen Destillierapparaten aufnehmen. Arbeit und Familie gerinnen zu ein und derselben Identität.

Hälfte der Bevölkerung – 58 Prozent der Landwirte gehörten dazu, ferner Handwerker und Kaufleute, von den Freiberuflern zu schweigen. Bei der Volkszählung von 1954 war nur noch ein Drittel der Bevölkerung nicht lohnabhängig beschäftigt, 1982 nur noch 16,7 Prozent. Auch die selbständige Tätigkeit hat sich gegenüber der lohnabhängigen deutlich verringert.

Hinter diesen Zahlen verbirgt sich ein bedeutsamer sozialer Wandel, der der Familie einen neuen Stellenwert gegeben hat. Bei Bauern, Kaufleuten oder Handwerkern war die Familie eine selbständige Produktionseinheit, eine ökonomische Zelle. Die ganze Familie wurde für die Bewirtschaftung des Hofes oder im Geschäft eingespannt. Sämtliche Familienangehörige halfen in unterschiedlichem Grade und je nach Alter, Körperkraft und Fähigkeiten mit. Auf dem Bauernhof gingen die Jüngsten und die Alten mit dem Vieh auf die Weide, der vierzehnjährige Knabe schuftete wie ein Knecht, die Bäuerin wachte über den Stall, den Garten und den Hühnerhof, und beim Einfahren des Heus oder zur Erntezeit konnten gar nicht genug Hände mit anpacken, zumal wenn ein Gewitter aufzog. Bei Kaufleuten und Handwerkern besorgte die Frau meist die Buchführung, während die Kinder nach der Schule im Laden halfen oder Besorgungen machten. Die ganze Familie trug zum Betrieb und zur Erhaltung des Hofes oder des Geschäfts bei.

Diese Integration der gesamten Familie in die häusliche Ökonomie führte zu einer Überschneidung von Privatsphäre und produktiver Arbeit. Besonders sichtbar wurde dies am »Finanzgebaren«. Es gab nur eine Kasse, und wenn der Sohn des Kolonialwarenhändlers am Sonntag ausgehen wollte, bediente er sich aus der Ladenschublade. Beide Etats überschnitten sich: Das Geld, das die Bäuerin für Kaffee, Schokolade oder einen neuen Schal ausgab, fehlte später vielleicht bei der Bezahlung der Pacht oder zum Kauf von Vieh. Deshalb war die Beschränkung der privaten Ausgaben das hauptsächliche – und oft das einzige – Mittel, um die Bilanz auszugleichen oder Betriebskapital anzusammeln. Die Rentabilität des Betriebs hing von der Zügelung der Haushaltskosten ab.

Erwies sich eine Familie als erfolgreich, so wurde das von der Umgebung sehr wohl ernst genommen. Der eigene Rang in der lokalen Hierarchie bemaß sich an den Ländereien, die man besaß, am Viehbestand, an der Zahl der Arbeiter, die man beschäftigte, oder an der neu getünchten Ladenfassade. Insofern der private Erfolg ökonomischer Natur war, war er auch öffentlich. Das Betriebskapital (Geschäftsinventar, Grundbesitz, Vieh usw.) bildete jedoch zugleich das Erbe, das eines Tages in andere Hände überging und, mitunter gegen jede wirtschaftliche Vernunft, unter den Erben aufgeteilt wurde. Betrat der Familienbetrieb die Expansionszone und beschäftigte Lohnempfänger, wurde der Gegensatz zwischen seiner privaten Struktur und seiner ökonomischen Funktion für die Öffentlichkeit eklatant – ganz und gar private Ereignisse wie etwa der Tod des Firmenchefs konnten die Angestellten ihre Arbeitsplätze kosten.

Solche Familien, durch ökonomische Zwänge zusammengeschweißt, organisierten auch eigenhändig die Ausbildung der Kinder und die Versorgung der Alten. Auf dem Bauernhof ebenso wie in der Werkstatt oder im Laden gab man die Kinder bei Verwandten oder deren Freunden in die Lehre, ja, die Lehrzeit selbst hatte familiäre Züge. Und die Alten, die nicht mehr selbst für sich sorgen konnten, fanden Kost und Logis bei einem ihrer Kinder. Übrigens war die Familie darum noch nicht jener patriarchalische Verband, von dem eine unkritische Mythologie schwärmt[8] – in den meisten Regionen Frankreichs (den Südwesten ausgenommen) dominierte die bäuerliche Kernfamilie, die lediglich die Eltern und die Kinder umfaßte; die Großeltern lebten abseits in einem kleineren Domizil, wo sie sich selbst versorgten, und sobald dies nicht mehr möglich war, zumal wenn die Großmutter vor dem Großvater starb, nahmen die Kinder den überlebenden Elternteil bei sich auf. So erfüllte die Familie über ihre ökonomische Funktion hinaus eine erzieherische und eine karitative Aufgabe.

Das Schwinden der Familienunternehmen

Die Verbreitung des Lohnverhältnisses beraubte die Familie ihrer ökonomischen Funktion, und die Verlagerung der Arbeit »nach draußen« ging mit der allmählichen Übertragung der erzieherischen und karitativen Kompetenz auf die Gesellschaft einher: Berufsschulen und Sozialversicherung setzten sich durch. Allerdings sind die Ursachen dieser Entwicklung nicht so leicht zu beschreiben wie ihre Folgen.

Ausschlaggebend für den Rückgang der selbständigen Familienbetriebe waren, wie bei der Heimarbeit, wirtschaftliche Gründe: Kleine Bauernhöfe und Kleinunternehmen waren nicht mehr imstande, ihre Erzeugnisse zu konkurrenzfähigen Preisen herzustellen und zu vertreiben. Zwar ist in Frankreich der Zerfall solcher Familienbetriebe durch staatlichen Protektionismus und die langsame wirtschaftliche Entwicklung zunächst verzögert worden; seit dem Zweiten Weltkrieg aber hat die Modernisierung der Wirtschaft ihn beschleunigt. Mit Protestaktionen kämpften Bauern und Kleinunternehmer um ihr Überleben und die Wahrung gewisser Privilegien (Preisgarantien, steuerliche Begünstigungen); besonders die FNSEA (Fédération Nationale des Syndicats d'Exploitants Agricoles), die Bewegung Poujades (1953–1956) und Gérard Nicouds CID-UNATI (Comité d'Information et de Défense de l'Union Nationale des Artisans et Travailleurs Indépendants) taten sich dabei mit spektakulären Auftritten hervor. Doch letzten Endes obsiegte die Mechanik des Marktes – unerbittlich und kaum reguliert durch gelegentliche soziale Entlastungsmaßnahmen oder ein Gesetz wie das von 1973 über die Begrenzung der Errichtung von Großmärkten.

Von Bedeutung war insbesondere der gesellschaftliche Wandel. Den Zerfall der Familienbetriebe beförderte nicht zuletzt die verbesserte soziale Absicherung der Lohnempfänger. Diese Entwicklung macht sich heute vornehmlich in der Landwirtschaft bemerkbar, wo der Sohn, der mit dem Vater zusammenarbeitet, offiziell zur »landwirtschaftlichen Hilfskraft« erklärt wird. Auch in Handel und Handwerk wirkt sie sich aus. Die rückläufige Zahl der Firmeneigentümer in Industrie und Handel (1982 nur 7,8 Prozent der Aktiven gegenüber 12 Prozent 1954, 10,6 Prozent 1962 und 9,6 Prozent 1968) ist gravierender als die von Handelsunternehmen oder Handwerksstätten überhaupt. Hier trafen zwei Faktoren zusammen: einerseits die allmähliche Erosion von Kleinhandel und Handwerk, der Jahr für Jahr mehr Betriebe zum Opfer fallen, als neu gegründet werden; andererseits die veränderte Rechtsform – der Inhaber eines Kleinunternehmens verwandelt seinen Betrieb in eine GmbH und wird deren bezahlter Geschäftsführer; in den Statistiken erscheint er fortan nicht mehr als selbständiger Unternehmer, sondern als Angestellter.

Die Allianz von Familie und Betrieb löst sich auf

Das ist nicht nur eine Sache der Terminologie. Die Veränderung der Rechtsform bezeugt vielmehr die reale Entkoppelung von Familie und Betrieb. Öffentliche Betätigung und Privatsphäre spalten sich voneinander ab, beide werden autonom. Was hier geschieht, ist nicht nur aus finanziellen Gründen bedeutsam. Es trennt mehr als nur Haushaltskasse und Ladenkasse; es stiftet eine Differenzierung im Raum und in der Zeit.

Das Familienunternehmen oder der Bauernhof vereinigte einst an ein und demselben Ort zwei unterschiedliche Tätigkeitsformen. Der Händler wohnte in der Regel mit Frau und Kindern im hinteren Teil des Ladens, wie das noch heute bei den Dorfbäckern der Fall ist; einzig die Wohlhabenden besaßen eine Wohnung über dem Geschäft. Die Ladenstube fungierte also gleichzeitig als Magazin und als Wohnraum; in den Schränken lagerten Warenbestände, Haushaltsvorräte und Küchenutensilien einträchtig nebeneinander. Hier wurde gegessen, hier wurde die Buchführung gemacht, hier erledigten die Kinder ihre Schularbeiten; manchmal wurde hier sogar genächtigt.

Die Undifferenziertheit des Raums bedingte die der Zeit. Fanden die Kunden die Ladentür verschlossen, so klopften sie an das Fenster der Küche, wo die Familie beim Essen saß, und wurden sogleich bedient. Das wurde in dem Augenblick anders, als die Hausfrau auf die späte Störung durch einen Stammkunden nicht mehr mit der eingeübten Beflissenheit reagierte, sondern ungehalten ausrief: »Hier hat man wirklich nie seine Ruhe!« Die Undifferenziertheit des Raums wurde jetzt als Versklavung der Zeit erlebt. Der Anspruch auf eine Privatsphäre machte die alte Überschneidung sichtbar: Um für das private Leben Zeit zu erübrigen, in der man vor den Kunden sicher war, mußte man den Raum teilen, Geschäft und Wohnung voneinander separieren. Und so verschwanden aus der Ladenstube die Betten, die Schränke, die Herde. Die Kaufleute mieteten Etagenwohnungen oder bauten sich ein Haus am Stadtrand; sie hatten jetzt zwei Adressen und bald auch zwei Telefonanschlüsse, von denen nur einer im Telefonbuch stand – Anonymität war der Tribut, den sie für die Wahrung der Privatsphäre zu entrichten hatten.

Krämerin an der Kasse (um 1950). Sie lebt mit ihrer Familie auf der anderen Seite der Tür hinter ihr. An dieser Nahtstelle zwischen Öffentlichem und Privatem artikuliert sich auch das öffentliche Sprechen über die Privatsphäre anderer.

Allerdings war dieser Wandel weder allgemein noch vollständig. Er erfaßte eher die Geschäfte in der Innenstadt als in den äußeren Stadtvierteln, häufiger die Bekleidungs-, Schuh- und Haushaltswarengeschäfte als die Bäckereien oder Tante-Emma-Läden. In vielen Dörfern blieb die Einheit von Laden und Wohnung gewahrt, obschon die Kunden es jetzt bewußter als früher vermieden, außerhalb der regulären Geschäftszeiten zu »stören«. Handwerker, die an die Werkstatt gebunden waren, in der sie bisweilen auch abends oder am Sonntag arbeiteten, entschlossen sich nicht so leicht wie Händler, die Distanz zwischen Arbeitsstätte und Wohnort zu erweitern. Doch die Tendenz selbst war unverkennbar.

Das bestätigt sich am Beispiel der freien Berufe, obwohl Notare, Gerichtsvollzieher, Rechtsanwälte und vor allem Ärzte eifersüchtig über ihre Freiheit und Unabhängigkeit wachten. Auch hier gab es Korrekturen am rechtlichen Status. Zuerst waren es die Ärzte, die ihre Ehefrauen als Sekretärinnen einstellten: Madame ging nach wie vor ans Telefon und an die Tür, aber ihr Mann war jetzt verpflichtet, ihr Lohn zu zahlen und sie zu versichern. Seit einigen Jahren entstehen vermehrt offene Handelsgesellschaften. Das tastet nicht zwangsläufig die Verzahnung von Beruf und Privatsphäre an; wichtiger ist, daß die Ärzte nun nicht mehr neben ihrer Praxis, die Juristen nicht mehr neben ihrer Kanzlei wohnen. Es ist nicht länger möglich, sie außerhalb der Geschäftsstunden zu erreichen, nachts den Hausarzt zu rufen; das Telefon läutet vergeblich, Herr Doktor ist nicht da, er hat sein privates Leben gegen den Zugriff der Patienten abgeschirmt.

Diese neue Norm ist so bindend, daß sie sogar dort gilt, wo die Art der Berufstätigkeit keinen Verkehr mit einer die Privatsphäre bedrohenden Kundschaft mit sich bringt. Bezeichnend ist zum Beispiel, daß sich in der Landwirtschaft zunehmend die Entkoppelung des Arbeitsbereichs von den Wohngebäuden durchsetzt. Diese Entwicklung hat im 19. Jahrhundert mit der Errichtung einer Mauer zwischen den Wirtschaftsräumen und den Stallungen begonnen, ist aber nicht sonderlich weit gediehen – in der Normandie oder der Beauce gab es bäuerliche Anwesen, bei denen das Wohnhaus auf der einen Seite eines Innenhofs stand, die Scheune, der Stall und die sonstigen Betriebsgebäude auf der anderen Seite. Die tägliche Versorgung von Hühnern und Kühen verlangte, daß der Bauer, sein Vieh und das Futter an einem Ort zusammengefaßt waren. Heute nun entfallen diese Zwänge. In reichen Gegenden bewohnen Landwirte, die die Viehzucht aufgegeben haben und nicht mehr die Sklaven ihrer Herde sind, moderne Häuser in geziemender Entfernung von ihren Geräteschuppen und Vorratsspeichern. So wohnte Éphraïm Grenadou seit 1965 in dem Haus, das er sich seinen eigenen Worten zufolge als Alterssitz gebaut hatte.[9]

Hier geht es nicht mehr darum, die Intimität der Familie zu schützen, denn sie ist in einem Landhaus weder mehr noch weniger gefährdet, als sie es auf dem Bauernhof war. Vielmehr geht es um die explizite Unterscheidung zwischen Arbeit und privatem Leben; dieses strukturiert sich jetzt durch Abschottung gegen jene. Heute verläuft eine klare Grenzlinie zwischen zwei Welten, die noch zu Beginn des Jahrhunderts eng verschwistert waren.

Arbeit und Arbeitsplatz

Eine analoge Entwicklung führte zur Umgestaltung des Arbeitsplatzes und verbannte von ihm alles, was nicht mit der Arbeit zu tun hatte.

Die alten Fabriken – nach außen offen

Die Fabrik des 19. und noch des frühen 20. Jahrhunderts war nicht planmäßig angelegt. Die Arbeitsstätten dort waren nach den verfügbaren Räumlichkeiten angeordnet und gehorchten nicht der Logik der Produktionskreisläufe. Die bekanntesten Beispiele, etwa die Firma Renault[10], boten das Bild einer kunterbunten Mischung. Die Werke in Billancourt ähneln einem unorganisierten Puzzle und verteilen sich auf ca. vierzig Gebäude, die oft untereinander nicht verbunden sind; Wohnhäuser wurden in Werkstätten umgewandelt, oft mußte man auf engen Wendeltreppen in riesige Säle empor- oder hinabsteigen. Das Transportieren von Gegenständen war beschwerlich und umständlich, und man spannte dafür gelegentlich sogar Kinder ein. Unter solchen Umständen war der Produktionsprozeß ein unübersichtliches Geflecht von Einzelhandlungen. Nicht immer ließ sich mit Bestimmtheit ausmachen, wo die Fabrik anfing und wo sie aufhörte – um von einer Werkstatt zur anderen zu gelangen, mußte man beispielsweise eine Straße oder den Innenhof eines Mietshauses überqueren. Ebensowenig konnte

Mittagspause in einer Fabrik des Marktfleckens Sologne. Das Werksgelände ist zur Straße hin weitgehend offen. Man beachte die Heterogenität der Gruppe.

man feststellen, ob ein Arbeiter immer genau das tat, was er tun sollte. Die ungenügende innere Organisation des Produktionsbereichs ging also mit der ungenügenden Differenzierung von Arbeitsplatz und Wohnraum einher. Mitunter herrschte bare Konfusion. Die notariell beglaubigte Aufstellung, die um 1880 von den Liegenschaften der Stahlwerke in Longwy gemacht worden ist, verzeichnet neben Hochöfen und Werkstätten das Haus der Direktion, den Schlafsaal der Arbeiter, einen Pferdestall, einen Schuppen nebst Heuboden, eine Mietskaserne mit zwölf Wohnungen, eine Bäckerei, eine Kantine usw.[11] Das Stahlwerk hatte im weiten Umkreis Grundstücke aufgekauft, und die verstreuten Liegenschaften waren zum Teil weit von den Hochöfen entfernt. In das Netz der Verbindungsstraßen und (wenigen) Bahnlinien schoben sich immer wieder landwirtschaftlich genutzte Flächen oder Grundstücke in Privatbesitz. Noch war das eigentliche Fabrikgelände nicht eingefriedet, so daß in kalten Winternächten Landstreicher eindrangen und sich auf den warmen Schlackenhalden schlafen legten. 1897 rief die Direktion der Neuves-Maisons die Polizei, weil sie die ungebetenen Gäste nicht los wurde, und verlangte Schutz vor der unerlaubten Benutzung der betriebseigenen Wege und der Förderbahn. Eine Mauer um das Werksgelände, die die Fabrik einschließt und sie geradezu markiert, gab es erst relativ spät; oft war sie die Antwort auf machtvolle Streiks und umgrenzte eine Macht, die keiner Abgrenzung bedurft hatte, solange sie nicht in Frage gestellt worden war. In Le Creusot wurden nach den Streiks von 1899 die Mauern um das Werk errichtet bzw. wieder errichtet; in Lothringen zog man nach den Ereignissen von 1905 beispielsweise in Pont-à-Mousson Mauern hoch, »um das Werk besser einzufrieden«. 1909 geboten alle großen Unternehmen über moderne Schutzmaßnahmen für den Fall von Streiks.[12] Doch waren die Arbeiter nicht die einzigen, die die Werkstore passieren durften. Noch in den zwanziger Jahren beschrieb Georges Lamirand Arbeiterfrauen, die mit ihren Kindern an der Hand in die Fabrik kamen und dem Mann sein Mittagessen brachten.[13]

Die Polyvalenz der frühen Werksgelände resultierte jedoch nicht nur aus deren zufälliger Entstehung je nach den Umständen; sie war auch Ausdruck einer Einstellung, die den Menschen über seine Arbeit definierte. Der Gedanke, daß es neben der Arbeit noch andere Betätigungen geben könnte, die nicht nur nicht verboten sind, sondern dem Individuum eine positive Selbstdefinition ermöglichen, ist neu. Zu Beginn des Jahrhunderts genossen ausschließlich Bürger – Grundbesitzer oder müßige Rentiers – ein unverkürztes Recht auf ein privates Leben. Die Mitglieder der unteren Klassen begriffen sich vor allem über ihre Arbeit, ihre Bedürfnisse und Wünsche hatten sich den Geboten der Arbeitskraft-Verwertung unterzuordnen. Im Extremfall besaßen nur Bürger das Recht auf eine eigene Wohnung; die Arbeiter konnten im Werk wohnen, dort essen und schlafen. Übrigens war das auch das Rezept einiger Textilfabrikanten in der Gegend von Lyon – ihre gesamte Belegschaft bestand aus jungen Mädchen vom Lande, die in Internaten unter der Aufsicht von Nonnen wohnten.[14] So wie die katalanische Textilkolonie bestimmte auch das Fabrik-Kloster den Daseinssinn der Menschen rigide im Zeichen der Arbeit.

In Krankenhäusern war es im 19. Jahrhundert die Regel, daß das Personal im Haus wohnte. Für Pfleger und Krankenschwestern bedeutete das Hospital häufig das, was einst für Ordensangehörige das Kloster

Werkstatt zur Fabrikation von Panzerplatten. Die riesige Halle, noch von Treibriemen beherrscht, ist mit ihren Flaschenzügen und Laufkränen streng funktional konstruiert.

Die Renaultwerke 1915 und 1954. Die Insel Séguin im Vordergrund, 1915 noch unberührt, wurde 1930 von der Fabrik gänzlich okkupiert. Die einstigen Lücken in dem 1915 nach modernen Gesichtspunkten angelegten Industriegebiet auf dem rechten Ufer sind jetzt geschlossen: Der industrielle Raum ist ein einheitliches Ganzes.

gewesen war. Dennoch, das Regiment, dem die Assistance Publique, die staatliche Sozialfürsorge, sie Ende des 19. Jahrhunderts unterwarf, war streng. Sie lebten praktisch in Klausur. Hatten sie Ausgang, was selten genug vorkam, so galt das als besondere Vergünstigung und wurde penibel kontrolliert. Diese Kasernierung war um so fragwürdiger, als die Verwaltung das Personal in schmutzigen Schlafsälen unterbrachte, die Dr. Bourneville mehrfach als Brutstätten der Tuberkulose anprangerte.[15] Doch G. Mesureur, der Direktor der Assistance Publique, lehnte noch Anfang des 20. Jahrhunderts die externe Unterbringung des Krankenhauspersonals kategorisch ab.

Die externe Unterbringung, das heißt, das Recht auf ein privates Leben, erkämpften sich als erste die höheren Chargen; es folgte das übrige männliche Personal, sodann die verheirateten Oberschwestern und als letzte die verheirateten Krankenschwestern. Von den unverheirateten Frauen wurde erwartet, daß sie an Ort und Stelle arrangierten, was sie benötigten; noch in den dreißiger Jahren und sogar nach dem Zweiten Weltkrieg war es der Brauch, daß sie im Wohnheim des Krankenhauses unterschlüpften. Hier entfaltete sich ein reger Austausch, wie in Mädchenpensionaten. Rasch avancierte eine Nische zum Treffpunkt, wo man miteinander plaudern, Wäsche waschen oder auf einem Gaskocher Eier kochen konnte. Doch das private Leben im strengen Verstande war auf schmale Reservate verwiesen: die knapp bemessene Freizeit außerhalb des Krankenhauses oder die Einsamkeit der Schlafzimmer.

Die Spezialisierung des Arbeitsplatzes

Die Reorganisation von Industrieanlagen nach rationalen Kriterien war ein Projekt des ganzen 20. Jahrhunderts. Sie beschleunigte sich jeweils in der Phase des Wiederaufbaus im Anschluß an die beiden Weltkriege, doch trugen auch die Ausbreitung des Taylorismus und wissenschaftliche Methoden der Arbeitsplanung zu dieser Entwicklung bei. Die Massenfertigung verlangte kontinuierliches Arbeiten am Fließband und machte mitunter die Errichtung riesiger ebenerdiger Hallen erforderlich. Mehr noch als die Berlietwerke in Vénissieux (1917) waren die Renaultwerke auf der Insel Seguin (1930) oder die 1933 am Quai de Javel gründlich umgebauten Citroënwerke Ausdruck der neuen Logik: Die Produktion fügte sich nicht mehr den Bedingungen eines bereits existierenden Gebäudes, vielmehr wurde das Gebäude nach den Belangen der Produktion konzipiert. Der Raum der Arbeit spezialisierte sich: Die Fabrik war nicht mehr bloß ein Gehäuse, in dem zufällig auch produziert wurde, sondern ein Mittel zum Zwecke einer ganz bestimmten Produktion. Eine eigentümliche Industriearchitektur entstand.

Die Spezialisierung des Industriegeländes regelte die Anordnung der Maschinen und wies jedem Arbeiter seinen Platz zu; innerhalb des Fabrikgeländes differenzierten sich Verkehrsflächen, Lagerflächen und Produktionsflächen heraus. Die Kontrolle der Unternehmensleitung über Raum und Zeit verschärfte sich; während Stechuhren, Arbeitszeitermittlungen und Leistungslohnsysteme auf dem Vormarsch waren, signalisierten farbige Markierungen auf den Gängen den Arbeitern, wo für sie der Zutritt verboten war. Am Ende der Entwicklung, etwa in den Renaultwerken in Flins, gewinnt die Raumordnung mit genau bezeichnetem Arbeitsbereich innerhalb der Fabrik eine hohe symbolische Bedeutung: Streiken heißt, sich vor den Augen der Unternehmensleitung »auf den Gang stellen«.[16]

Zugleich löste sich das Industriegelände aus dem baulichen Zusammenhang der Stadt. Aus der Einfriedung der Fabriken folgte die Kontrolle der Ein- und Ausgänge: Die Tore wurden zu strategischen Punkten, wo man Wachen aufstellte und wo gegebenenfalls Streikposten aufzogen. Zur Rationalisierung des Industriegeländes gehörte die Verringerung der Anzahl der Tore sowie deren Spezialisierung: der Eingang für die Belegschaft, die Einfahrt für Lieferanten, die Ausfahrt für den Versand. Früher war eine solche Spezialisierung nicht möglich gewesen, weil das Werk auf mehrere Gebäude verteilt war; nun versammelte der Unternehmer sämtliche Kräfte unter einem Dach. Die moderne Fabrik präsentiert sich nicht mehr als Fleckenteppich aus Betriebssegmenten, sondern als ein kompaktes Ordnungssystem.

Um die Mitte des 20. Jahrhunderts gewann diese Entwicklung eine neue Qualität. Moderne Stadtplanung verlangt die Spezialisierung der einzelnen Viertel. Die Stadt von einst würfelte Wohnungen und Werkstätten wahllos durcheinander; ein und dieselbe Straße, ein und derselbe Innenhof verband Mietshäuser, Schuppen, Werkstätten. In das Geräusch der Stadt mischten sich Kindergeschrei, Maschinenlärm, das Pochen der Hämmer und das Kreischen der Sägen. Die neue Stadtplanung, programmatisch gefaßt in der Charta von Athen (1930), strebte nach organisierter Rationalität. Doch zunächst, solange das Wachstum der Städte durch die Wirtschaftskrise unterbrochen war, blieb dies ein bloß theoretischer Vorsatz. Maßgeblich für den Städtebau wurde die Charta erst, nachdem der Bombenhagel des Krieges ganze Stadtquartiere zerstört hatte und dann die Urbanisierung immer schneller fortschritt. Das »zoning« setzte sich durch und trennte Industriegebiete und Wohngebiete.

Die Stechuhr: Zeitmessung und Zeitkontrolle in einem. Sie brachte den Leistungslohn. Der Arbeitstakt zwingt dazu, Tempo zu machen.

Die ersten Industriegebiete zählten nur einige Hektar. Dann führte der Wirtschaftsaufschwung dazu, daß man hoch und weit hinaus wollte – man bebaute Hunderte von Hektar, aus »Industrie«-Gebieten wurden »Gewerbe«-Gebiete. Gleichzeitig verbannten die Städtebauer aus den von ihnen konzipierten Wohngebieten, den Hochhausblocks ebenso wie den Reihenhausvierteln, jede Industrieansiedlung: Geduldet und gefördert wurden lediglich kleine Geschäfte und Läden. Die Praxis des Bürgertums, tunlichst weitab vom Lärm der Fabriken und von den Behausungen der Arbeiter zu wohnen, wurde zur regulativen Idee der Stadtgestaltung. In der Nachbarschaft der älteren Quartiere des Bürgertums entstanden eher »proletarische« Wohnviertel. In den alten Vierteln traten Wohnhäuser an die Stelle stillgelegter Werkstätten. Das städtebauliche Bild wurde einheitlicher. Man sieht das in Paris im XIV. und XV. Arrondissement, in Lyon (Les Brotteaux und Croix-Rousse) sowie in zahlreichen Kleinstädten.

So ist die Dissoziation von privatem Leben und Berufstätigkeit inzwi-

Entlang dem Fließband – hier bei Renault – sind die zu montierenden Teile gestapelt. Die fertigungsgerechte Anordnung der Maschinen und Materialien bedingte einen ungeheuren Platzbedarf.

Das Großunternehmen trennte sehr bald den privaten Bereich vom Arbeitsbereich. In Le Creusot baute Schneider seit Mitte des 19. Jahrhunderts Arbeitersiedlungen. Das Ideal war pro Familie ein Haus wie dieses (Siedlung Saint-Eugène, Ende des 19. Jahrhunderts).

schen sogar an der Struktur unserer Städte und an der Zeiteinteilung abzulesen. Man arbeitet nicht mehr dort, wo man lebt; man lebt nicht mehr dort, wo man arbeitet – dieses Prinzip gilt nicht nur für die einzelne Wohnung, den einzelnen Arbeitsplatz, sondern für ganze Stadtviertel. Tag für Tag bringen riesige Wanderungsbewegungen die Menschen von ihrem Wohnort zur Arbeitsstelle und wieder zurück. Auto und öffentliche Verkehrsmittel verbinden zeitweilig zwei Räume, die einander tendenziell ausschließen.

Indessen ist der Gegensatz nicht absolut; genauer gesagt, da er für alle Agglomerationen der Welt zutrifft, fordert er zu gewissen Korrekturen heraus. So fügen sich vor allem öffentliche Einrichtungen nicht der Zweigliederung der Stadt in Industrie- und Wohngebiete: Postamt, Schule, Geschäfte, Krankenhaus bleiben in den Raum des privaten Lebens integriert, und die Menschen, die dort ihren Arbeitsplatz haben, fühlen sich nicht isoliert. Vor allem erzeugt das »zoning«, die Aufspaltung der Stadt in spezialisierte Räume, tägliche Wanderungsströme von einem solchen Umfang, daß der Arbeitsplatz nicht länger nur für die Arbeit reserviert ist. Man verbringt wieder den ganzen Tag im Betrieb; immer häufiger – 1983 wohl in 20 Prozent der Fälle – nehmen die Berufstätigen ihr Mittagessen am Arbeitsplatz, in der Kantine oder einem betriebseigenen Restaurant ein. Cafeterias auf dem Betriebsgelände begünstigen freundschaftliche Kontakte privater Art. Der Betriebsrat sorgt für eine Erweiterung des Freizeitangebots, so daß das soziale Umfeld der Arbeit Elemente der Privatsphäre aufnimmt. Im übrigen werden gewisse Tätigkeiten nach wie vor zu Hause ausgeübt; hierzu zählen auch bestimmte Formen der Schwarzarbeit. Die Spezialisierung der Räume ist nicht fugenlos.

Die neue Norm und die Frauenarbeit

Gleichwohl ist Spezialisierung die Norm geworden, wie das Beispiel der Frauenarbeit beweist. Viele Generationen lang hatte das Ideal für die Frau darin bestanden, in den vier Wänden zu bleiben und sich um den Haushalt zu kümmern: außer Haus arbeiten zu müssen galt als Zeichen einer verzweifelten und verächtlichen Lage. Dann vollzog sich ein Umschwung, in dem sich eine der bedeutenden Entwicklungen des 20. Jahrhunderts Geltung verschaffte: Die Hausarbeit der Frau wurde als Entfremdung und Versklavung durch den Mann beargwöhnt, die Berufstätigkeit außer Haus für die Frauen zum Symbol ihrer Emanzipation erklärt. 1970 rechtfertigten Führungskräfte die Frauenarbeit vor allem mit der Gleichberechtigung und der Unabhängigkeit der Frau, während für Arbeiter und Angestellte wirtschaftliche Motive überwogen.

Dieser unleugbare Wandel wirft eine Reihe von Fragen auf. Den Historiker interessiert zunächst einmal seine Datierung: Warum gerade in dieser Periode und nicht früher oder später? Die Argumente für eine Neubewertung der Frauenarbeit wären vor hundert Jahren genauso gültig gewesen, wie sie es vor zwanzig oder dreißig Jahren waren. Warum ließ der Wandel bis zur Mitte des 20. Jahrhunderts auf sich warten? Warum fiel die Pionierrolle den lohnabhängigen Frauen in den Großstädten zu, bevor der Umbruch schließlich die gesamte Gesellschaft erfaßte?

Den Schlüssel zu diesem Sachverhalt liefert die allmähliche Entkoppelung von Haushalt und Arbeitsplatz. Solange Hausarbeit und produktive Arbeit gleichzeitig und in ein und derselben häuslichen Welt verrichtet wurden, empfand man die Arbeitsteilung zwischen den Ge-

Dieser Blick auf die Arbeitersiedlung Les Alouettes in Montceaules-Mines (1867) zeigt, daß die landwirtschaftliche Nutzfläche gleichzeitig durch die Siedlungen und durch den Raumbedarf der Industrieproduktion bedroht wurde.

Bei einem Winzer in der Charente, wir schreiben das Jahr 1960. Die Mutter bedient, stehend, ihren Mann und ihren Sohn. Die Küche ist zugleich der Ort der morgendlichen Toilette.

schlechtern nicht als ungleichgewichtig oder diskriminierend. Die Unterordnung der Frau unter den Mann kam zwar in Konventionen und Sitten zum Ausdruck; auf manchen Bauernhöfen servierte die Frau dem Mann das Essen und wartete stehend ab, bis er fertig war; erst dann setzte sie sich selbst zu Tisch. Aber die Hausarbeit wurde dadurch nicht abgewertet. Mann und Frau sahen einander Arbeiten tun, die für beide anstrengend waren. In der Mangelwirtschaft, bei den armen Bauern oder Arbeitern, besorgten die Frauen auch einen Teil der produktiven Arbeit. Als oberstes Gebot galt, daß jede vermiedene Ausgabe eine Einnahme war, und die Einsparungen im Haushalt waren das erste »Einkommen«, das man in den Hof investierte. Zugleich engagierten sich die Männer auch im Haushalt; sie hackten Holz, verfertigten Geräte und bauten Möbel, um sie nicht kaufen zu müssen.

Die Spezialisierung der Räume untergrub die Gleichheit der Ehegatten und degradierte die Frau zur Dienstmagd. Das Klischee des Ehemanns, der im Sessel sitzt und die Zeitung liest, während die Frau schuftet, setzt voraus, daß der Mann es ist, der »von der Arbeit gekommen« ist, das heißt außer Haus arbeitet. Gleichzeitig wird der monetäre Aspekt der Ökonomie bedeutsam: Das Geld, das man nicht ausgibt, zählt weniger als das, das man verdient. Die bezahlte Arbeit des Mannes gewinnt neue Würde, während die im Hause agierende Frau die Dienstbotin ihres Mannes wird – das Entscheidende ist nicht mehr, daß sie daheim arbeitet, sondern daß sie es für einen anderen tut. Die räumliche Trennung von Haushalt und Arbeitsplatz verändert den Sinn der Aufgabenverteilung zwischen den Geschlechtern und schleppt in das Verhältnis der Ehegatten zueinander die einst für das Bürgertum typische

Herr-Knecht-Beziehung ein. Das ist um so unerträglicher, als das Arbeiten im Privatbereich eines anderen für die Gesellschaft insgesamt atypisch wird. Wenn die bezahlte Arbeit von Frauen im 20. Jahrhundert einen emanzipatorischen Wert bekommen hat, dann aufgrund einer allgemeinen Entwicklung, die die Normen bezahlter Arbeit verwandelt hat.

Die Sozialisierung bezahlter Arbeit

Das Arbeiten bei einem anderen

Neben der Heimarbeit gab es zu Beginn des Jahrhunderts die Arbeit bei anderen. Bezahlte Arbeit, in welcher Form auch immer, war insbesondere Arbeit bei einem anderen. Sie spielte sich nicht in einem von kollektiven Normen regierten öffentlichen Raum, sondern im Privatgehege eines anderen ab.

Bedienstete

So gesehen, war die Tätigkeit der Bediensteten der Musterfall einer Arbeit bei anderen. Ob Gesinde auf dem Bauernhof – 1 800 000 Mägde und Knechte im Jahre 1892 – oder Personal im bürgerlichen Haushalt – 960 000 nach der Volkszählung von 1906 –, Bedienstete kannten keine eigene Privatsphäre, sie tauchten mit Haut und Haar in den Alltags-

Arbeiterinnen in einer Pinselfabrik, um 1965. Zur speziellen Arbeitsstätte kommt die spezielle Arbeitskleidung hinzu.

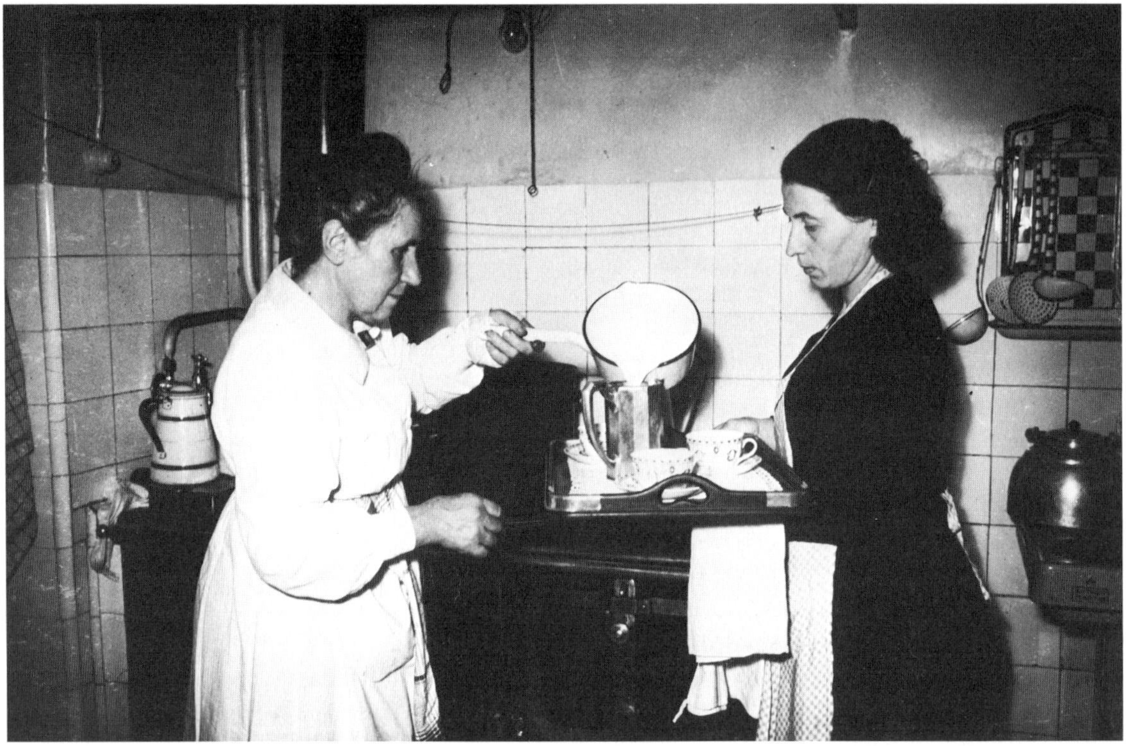

Köchin und Zimmermädchen – zweifellos ein Bild aus der Zwischenkriegszeit. Man weiß heute nicht mehr, in welcher Umgebung diese Bediensteten lebten und arbeiteten. Der Kontrast zur geräumigen Wohnung der Herrschaften war jedenfalls eklatant.

zyklus ihrer Herrschaft ein. Sie wohnten mit ihr unter einem Dach (im Gegensatz zu Tagelöhnern oder Putzfrauen) und wurden von ihr verpflegt – ob sie nun in der Küche oder, wie das Gesinde auf dem Lande, mit ihr an einem Tisch aßen. Ein privates Leben hatten und führten sie nicht. Knechte und Mägde nächtigten in der Regel im Stall; ihre Habseligkeiten trugen sie in einer Tasche oder einem Ranzen bei sich. In der Stadt schliefen viele Hausangestellte neben der Küche in einem Verschlag unter dem Treppenabsatz; andere hatten eine kleine Mansardenkammer, wo sie Toilettenartikel und Flitterkram aufbewahren konnten. Allerdings empfahl die Ratgeberliteratur jener Zeit der Hausherrin, die Schlafplätze der Dienstboten regelmäßig zu inspizieren.

Die Herrschaften wachten streng über den Umgang der Bediensteten. Urlaube waren ebenso kurz wie selten; Post wurde geöffnet. Nur der sonntägliche Spaziergang mit den Kindern im Stadtpark bot manchmal Gelegenheit, einem feschen Soldaten zu begegnen; doch wäre es ein Kündigungsgrund gewesen, ihn über die Dienstbotentreppe in die Küche zu lassen.

Ein klares Licht auf ihren Abhängigenstatus wirft die geringe Zahl verheirateter Bediensteter. Die Knechte und Mägde auf den Bauernhöfen waren in den allermeisten Fällen ledig, und selbst wenn sie verheiratet waren, führten sie im Grunde ein Junggesellendasein, denn ihr Partner lebte anderswo und trat nicht in Erscheinung. In den »hôtels« des wohlhabenden Bürgertums mochte es vorkommen, daß der Kutscher ein Zimmermädchen heiratete und beide ihre Stellung behielten. Doch auch dann war es ratsam, kinderlos zu bleiben, es sei denn, der Hausherr verfügte über eine Conciergenwohnung oder auf seinem Landgut über ein kleines Haus für einen Wildhüter. Die Klasse der Bediensteten durfte nicht kinderreich sein, und Selbstregulierung gab es für sie nur heimlich und in Belanglosigkeiten. Sie waren bei den intimsten Verrichtungen ihrer Herrschaften zugegen: beim Aufstehen, beim Schlafengehen, bei der Toilette, bei den Mahlzeiten. Sie erlebten sie außerhalb der gesellschaftlichen oder öffentlichen Konventionen. Oft mußten sie sich um die Kinder kümmern. So waren sie denn besser als irgend jemand sonst eingeweiht in die Gesundheitsprobleme, die Launen, Zwistigkeiten und Intrigen der Familie, der sie dienten. Und immer wieder wurden sie ins Vertrauen gezogen; man baute auf die Diskretion, zu der sie verpflichtet waren.

Daher rührte es, daß das Verhältnis zwischen Herrschaften und Bediensteten eher familiäre Züge hatte als solche eines Arbeitskontrakts. Bedienstete wurden fast zu Verwandten, arme Verwandte (zum Beispiel das »alte Mädchen«) fast zu Bediensteten. Gewiß war dieses Verhältnis hierarchisch – es gab einen Höhergestellten und einen Untergebenen; aber auch die Familienbeziehungen waren hierarchisch, und ein Kind, das die Anordnungen seiner Eltern nicht beherzigt hätte, wäre sofort in seine Schranken gewiesen worden. Die Bediensteten schlossen sich ihren Herrschaften und deren Kindern um so mehr an, als sie selber Zärtlichkeit entbehren mußten. Man bedachte sie in der Regel mit wohlwollender Vertraulichkeit, kümmerte sich um sie und pflegte sie, wenn sie krank waren. Sie wurden geduzt, wie es ihrem Untergebenenstatus entsprach (auch beim Militär duzte der Offizier den Soldaten), während sie die Herrschaften siezten und sie sowie deren Kinder untereinander beim Vornamen nannten – Monsieur Jacques, Madame Louïse. Vom Familiennamen wurde kein Gebrauch gemacht, weil die Beziehung, ihrer Definition gemäß, auf den Rahmen des Haushalts oder der Familie festgelegt war. Mitunter entwickelten sich Amouren der Herrschaften mit dem Personal, doch sie wurden nicht an die große Glocke gehängt.

Für das bäuerliche Gesinde galt bis auf Nuancen dasselbe. Es gab dieselbe Nähe im Alltag, dieselbe Vertrautheit mit der Familie und ihren Geheimnissen, bisweilen auch Affären zwischen Bäuerin und Knecht. Der Unterschied zwischen den landwirtschaftlichen Bediensteten und den Bediensteten des bürgerlichen Hauses lag anderswo – diese waren überwiegend Frauen und fungierten als Hilfskräfte bei der Hausarbeit, jene waren überwiegend Männer und halfen bei produktiver Arbeit. Der Knecht hatte weniger unmittelbaren Kontakt mit der Privatsphäre des Bauern als die Hausangestellte oder das Zimmermädchen mit der ihrer Herrschaft. Auch war auf dem Land das Dienstverhältnis minder dauerhaft – der Knecht wurde für ein Jahr eingestellt, und den Ablauf dieser Frist markierte oft ein einwöchiger Urlaub, wie es Pierre-Jakez Hélias noch Anfang der zwanziger Jahre aus der Bretagne berichtet.[17] Hausangestellte hingegen traten für unbestimmte Zeit in Dienst, obschon sie jährlich entlohnt wurden. Auf den meisten Höfen mit Ausnahme der ganz großen griff man nur für eine bestimmte

Die Küche eines »großen Hauses«. Die eindrucksvolle Batterie der Töpfe und Pfannen und der Berg von zu schälendem Gemüse lassen die Anzahl der Tischgäste erahnen. Der Haushalt glich einem kleinen Unternehmen, an dessen Spitze die »Hausherrin« stand.

Phase des Lebenszyklus auf Bedienstete zurück, so lange nämlich, wie der Sohn oder die Söhne des Bauern noch zu klein waren, um selber mit anpacken zu können. Waren sie sechzehn oder siebzehn Jahre alt geworden, entließ man den Knecht, der bis dahin den Arbeitskräftemangel in der Familie ausgeglichen hatte. Ein bürgerlicher Haushalt dagegen war ohne Bedienstete undenkbar; sie mochten zahlreicher sein, wenn Kinder aufzuziehen waren – dann benötigte man eine Amme, ein Kindermädchen oder einen Hauslehrer –, aber die Organisierung des bürgerlichen Alltags war grundsätzlich auf Personal angewiesen. Im übrigen konnte man seinen gesellschaftlichen Rang nicht behaupten, wenn man nicht wenigstens über eine Hausangestellte verfügte.

Diese Unterschiede tangierten freilich nicht das Arbeitsverhältnis selbst, das in beiden Fällen auf personale Leistung gegründet war. Auf dem Hof ebenso wie in der bürgerlichen Wohnung herrschte das Gesetz persönlicher Dienstbarkeit. Der Bedienstete und sein Herr waren noch nicht quitt, wenn die Arbeit getan bzw. die Entlohnung erfolgt war. Der Herr erwartete von ihm neben der Ausführung vielfältiger – übrigens nicht genau definierter – Tätigkeiten ständigen Bereitschaftswillen, eine rasche Auffassungsgabe, Ehrerbietung und ein freundliches Wesen: Schandmäuler und Griesgrame wurden bald wieder entlassen. Dafür hatten die Bediensteten außer auf Lohn Anspruch auf eine gewisse Achtung – in einer moralischen Handreichung für künftige Hausangestellte schärfte Rektor Payot seinen Leserinnen ein, sich keine Rücksichtslosigkeiten gefallen zu lassen und nicht in einem Haus zu

Landarbeiterfamilie, 1949. Während Mägde und Knechte im Umkreis des Bauern lebten, hatten die Tagelöhner ihr eigenes Zuhause und ihr eigenes Familienleben. Man war stolz darauf, »anständige« (und viele) Kinder zu haben.

bleiben, in dem es für sie nichts zu lernen gab.[18] Die Hausherrin hatte für die Ausbildung der Hausangestellten zu sorgen und ihr das »Haushalten beizubringen«. Dabei handelte es sich nicht um einen unpersönlichen Arbeitsvertrag, vielmehr mußten Herrin und Angestellte zueinander passen. In einer Zeit, in der sogar Heiraten häufig auf sozialer Konvenienz beruhten, war diese Arbeitsbeziehung von durchaus privatem Zuschnitt. Das ist allerdings kein Anlaß, in nostalgische Gefühle zu verfallen. Denn ungeachtet seines persönlichen oder quasifamiliären Charakters war das Verhältnis der Herren zu ihrem Gesinde keinesfalls idyllisch: Die Familie war nicht nur ein Ort der Zärtlichkeit, sondern auch der Konflikte und Spannungen. Dies ist die Kehrseite der juristischen Definition: Der Arbeitskontrakt war damals eine gänzlich private Verabredung, also höchst fragil und gegen Willkür nicht gefeit.

Arbeiter und Unternehmer unter einem Dach: Paternalismus

Zu Beginn des Jahrhunderts unterschied sich die Lage der Bediensteten rechtlich nicht von der anderer Arbeiter. Viele Arbeiter lebten damals in Wohnungen, die der Unternehmer bereitgestellt hatte. Dem Helfer bei der Volkszählung von 1911 mochte sich bei seinem Gang durch die Straßen einer Provinzstadt folgendes Bild bieten: Der Metzgerlehrling wohnt im Haus seines Meisters; die Arbeiter in einer Bäckerei schlafen neben dem Backofen. Im Haus des Schokoladenfabrikanten leben rund ein Dutzend Arbeiter (kaum Arbeiterinnen), natürlich arbeiten sie in der Schokoladenfabrik, doch befindet sich unter ihnen nicht auch ein Kutscher? Und dort die Modistin mit ihrer Schwester: Eine Näherin, die sie beschäftigen, wohnt bei ihnen, aber man kann darauf wetten, daß sie auch das Essen aufträgt und die Wäsche wäscht.[19] Es war also unmöglich, Bedienstete von den im Hause wohnenden Arbeitern zu unterscheiden. Und ebenso unmöglich war die Abgrenzung zwischen den im Hause wohnenden und den nicht im Hause wohnenden Arbeitern – erstens deshalb, weil manche Unternehmen jedenfalls einen Teil der Belegschaft auf dem Werksgelände selbst unterbrachten (die Ausnahme, nämlich die einer Fabrik angeschlossenen Wohnheime, haben wir schon kennengelernt); zweitens deshalb, weil die Beziehung des Arbeiters zum Unternehmer oft der des Bediensteten zum Herrn glich. War der Betrieb von überschaubarer Größe und der Chef zugänglich, so sprach man von ihm so, wie der Diener von seinem Herrn sprach (»Monsieur François«). In den größeren Betrieben jedoch anonymisierten sich die Beziehungen, und die Arbeiter entzogen sich jeder persönlichen Abhängigkeit. Die Unternehmer allerdings fühlten sich in ihrem Betrieb »zu Hause«; er war für sie nicht öffentliches Territorium, sondern ihr Privatbereich. Nicht zuletzt deshalb sträubten sie sich sehr lange gegen die Gewerbeaufsicht, deren Einmischung sie für eine Art Hausfriedensbruch hielten. Auch daß sie von ihrem »Haus« sprachen, war bezeichnend – ein und dasselbe Wort meinte Wohnung und Firma.

So war für sie der Paternalismus ein ganz natürliches Verhaltensmuster, und es wäre ein Irrtum, darin nur machiavellistisches Kalkül zu

erblicken. Zugegeben, der Paternalismus diente den Interessen des Unternehmers; doch dieser wäre bankrott gegangen, wenn er seine Interessen nicht verfolgt hätte, so daß es müßig ist, ihm daraus einen Vorwurf zu machen. Der pflichtbewußte Unternehmer verstand sich als »guter Familienvater«. Und wurden nicht die florierenden »Häuser« wie Familien geführt? Solange der Arbeitsvertrag rein privater Art war, war einzig der paternalistische Unternehmer ein »guter« Unternehmer.

Zum Wesen des Paternalismus gehörte nicht nur, daß der Unternehmer seine Arbeiter persönlich ausbezahlte – zu diesem Zweck mußte er die Runde durch sämtliche Werkstätten machen –; er durfte auch seine Lebensweise nicht zur Privatsache erklären. Er agierte mit seiner Familie, vor allem in der Provinz, auf dem Präsentierteller. Er und seine Frau mußten bei der Überreichung von Schulpreisen, bei der Verleihung von Bürgerauszeichnungen usw. zugegen sein. Die Unternehmersgattin mußte engagiert den Vorsitz in Wohltätigkeitsvereinen zur Unterstützung von Müttern oder Familien wahrnehmen und sich um Hauswirtschaftsschulen, Ambulatorien und Nähstuben kümmern. Auch über ihre Kinder zerriß man sich das Maul: Man sah sie heranwachsen, ihre Eskapaden beflügelten die Stammtisch-Gespräche, und wenn sie heirateten, wurde ein ordentliches Fest erwartet. Das Familienleben des Unternehmers war also zu großen Teilen ein Leben in der Repräsentation.

Auch die Familie des Arbeiters blieb von dem Arbeitsvertrag nicht unberührt. In die Beurteilung des Arbeiters flossen das Verhalten seiner Frau und das Betragen seiner Kinder mit ein. Die Geburt eines Kindes war Anlaß für ein Geschenk oder eine Prämie, zumal in Betrieben mit stabiler Belegschaft. Für den Unternehmer war es selbstverständlich, bevorzugt die Kinder »seiner« Arbeiter einzustellen, und wenn ein Bergmann seinem Sohn eine Stelle verschaffen wollte, ge-

Arbeiter prosten den Unternehmern zu. Der Paternalismus stieß nicht überall auf Ablehnung – auch dann nicht, wenn er, wie hier, ideologisch befrachtet war: Wir befinden uns in Vichy, und beide Unternehmer haben sich die »francisque«, das Emblem der Vichy-Regierung, ans Revers geheftet.

nügte es, ihn dem Bergwerksdirektor vorzustellen. Der Arbeitsvertrag hatte also ähnliche Auswirkungen wie die Vereinbarungen zwischen grundbesitzenden Junkern und ihren Pächtern im angevinischen Westen – er prägte und beeinflußte die gesamte Existenz.

Die Auffassung des Arbeitsverhältnisses als persönliche Abhängigkeitsbeziehung zum Unternehmer erscheint uns heute als inakzeptabel. Wir können uns kaum vorstellen, daß Menschen sie freiwillig geteilt und für selbstverständlich genommen haben. Aber viele empfanden sogar Dankbarkeit gegenüber dem Unternehmer und betrachteten ihn als Wohltäter. Noch zu Beginn der Dritten Republik wurde ein Industrieller, der in einem Kanton Wohlstand geschaffen hatte, von seinen Arbeitern in die Départementsvertretung, den »Generalrat«, gewählt – das war so »natürlich«, daß ein Wahlkampf sich erübrigte. Noch nach dem Ersten Weltkrieg spendeten die Bergarbeiter der lothringischen Eisenbergwerke am Tag der hl. Barbara Geld für ein großes Blumengebinde, das sie in feierlicher Prozession ihrem Unternehmer in die Wohnung trugen.[20] Am 1. Januar 1919 überbrachten die Arbeiter des Fabrikanten Louis Renault ihrem Chef das Kreuz der Ehrenlegion und ein Goldenes Buch, in das sich zwölftausend von ihnen eingetragen hatten.[21] Daß derartige Aktionen mit Erfolg stattfinden konnten – wiewohl folkloristische Traditionen und wahrscheinlich der Einfluß der Firmenleitung mit im Spiele gewesen sein mochten –, bestätigt, daß viele Arbeiter ihren Betrieb als eine Großfamilie und seinen Chef als den Vater betrachteten.

Etappen der Sozialisierung der Arbeit

Nicht alle Arbeiter waren bereit, mit dem Abschluß des Arbeitsvertrages eine ungleiche persönliche Beziehung einzugehen. Zwar ließen es manche aus anerzogener Ehrerbietung und Dankbarkeit oder aus fatalistischer Ergebung geschehen, daß der Unternehmer sie zu dem machte, was er gerne seine »großen Kinder« nannte; andere aber, und deren Zahl wurde zu Beginn des 20. Jahrhunderts immer größer, wehrten sich gegen Bevormundung und Unterordnung. Das herablassende Wohlwollen des Unternehmers gegenüber dem Arbeiter wurde oft als ebenso unerträglich empfunden wie 1789 die wohlwollende Herablassung des Adligen gegenüber dem Bürger. Zunehmend mehr Arbeiter wollten dem Unternehmer nichts anderes schuldig sein als ihre bezahlte Arbeit; es war gegen ihre Würde, den Fabrikzwang mit Gemeinschaftsgefühlen zu kaschieren.

Der Streik als Bruch einer persönlichen Beziehung

Solange der Arbeitsvertrag als Eintrittsbillett des Arbeiters zum Privatbereich des Unternehmers gehandelt wurde, gerieten die unvermeidlichen Interessenkonflikte zu individuellen Konfrontationen. Der Streik traf den Unternehmer persönlich. Seine »Kinder«, die Be-

Die Familie eines Arbeiters (oder Landarbeiters) auf der Schwelle ihres Hauses, um 1930. Selbst in dieser extremen Armut – die Tür hat kein Schloß, die Kleidung ist schäbig – gibt es einen König: das Kind auf dem Arm der Mutter.

diensteten, wagten es, aufzubegehren? Die Streikenden begnügten sich ja nicht damit, zu fordern; sie bestritten dem »Vater der Fabrik« seine Autorität, sie zerrissen ein Band, sie befreiten sich von einer Vormundschaft. Genau aus diesem Grunde maßen die Syndikalisten zu Anfang des Jahrhunderts dem Streik eine so große Bedeutung bei: »er bildet, er stählt, er schult, er schafft«.[22] Eine durch Streik erzwungene Lohnerhöhung war sehr viel mehr wert als eine vom Unternehmer spontan gewährte, weil sie außer materiellem Gewinn auch einen moralischen Triumph signalisierte.

Das konnten die Unternehmer nicht anerkennen. Für sie war der Streik eine Geste der Undankbarkeit, ein Zeichen übler Gesinnung, ein Akt der Empörung, ja sogar »Meuterei«, wie einer von ihnen klagte.[23] Nach einer Streikwelle in der Periode der Volksfront (1936) verlangte ein Unternehmer im Département Côte-d'Or von seinen Arbeitern, ihm den folgenden, vorformulierten Brief zu schreiben, wenn sie wieder eingestellt werden wollten: »Sehr geehrter Herr Marchal! Mit dem Ausdruck des Bedauerns über die Kränkung, die wir Ihnen mit unserem Streik zugefügt haben, bitten wir Sie, uns zu verzeihen und durch Wiedereinstellung die Gelegenheit zu geben, uns durch mustergültiges Betragen in der Zukunft von diesem Makel reinzuwaschen. Wir danken Ihnen im voraus. Bitte gestatten Sie uns, sehr geehrter Herr Marchal, den Ausdruck unserer vorzüglichen Hochachtung.«[24]

Hieraus mag verständlich werden, warum die Unternehmer bei Streiks das Eingreifen des Staates beharrlich ablehnten, während die Arbeiter es ebenso beharrlich forderten. Nicht nur, daß die Unternehmer sich als »Herren im Hause« fühlten; die Schlichtung durch den Friedensrichter, wie ein Gesetz von 1892 sie vorsah, hätte sie mit ihren Arbeitern auf eine Stufe gestellt – für sie ein ebenso abwegiges Ansinnen wie die richterliche Schlichtung eines Streits zwischen Vater und Sohn. Die Schlichtung hätte aus einem Vertrag, den die Unternehmer als rein privaten gewahrt wissen wollten, einen Gegenstand öffentlicher Verhandlung gemacht. Gerade deshalb pochten die Arbeiter auf Schlichtung. E. Shorter und Ch. Tilly haben gezeigt, daß die Arbeiter ungeachtet der radikalen Ablehnung des Staates durch die damalige Gewerkschaftsbewegung nicht zögerten, im Streikfall nach dem Staat zu rufen. Zwischen 1893 und 1908 waren 22 Prozent der Streiks Thema einer Schlichtung. In 48,3 Prozent der Fälle erfolgte die Schlichtung auf Wunsch der Arbeiter, in 46,2 Prozent der Fälle auf Initiative des Friedensrichters, jedoch praktisch niemals auf Betreiben der Unternehmer. Der Staat begründete sein Eingreifen mit der Sorge um die allgemeine Ordnung. Oft nötigte ihn der Streik dazu, den Privatbereich des Unternehmers unter Polizeischutz zu stellen, und genauso oft drohte die Unnachgiebigkeit des Unternehmers die Ordnung auf der Straße zu gefährden. Diese öffentlichen Folgen eines unbestritten privaten Konflikts rechtfertigten die Einmischung des Staates, die in der Regel zum Vorteil der Arbeiter ausschlug, denn die Drohung mit dem Abzug der Ordnungskräfte zwang den Unternehmer zur Kompromißbereitschaft.

Der Erste Weltkrieg brachte eine erste Änderung, die indes nicht von Dauer war: Während des Krieges verlor der Arbeitsvertrag in vielen

Eisenbahner während des Streiks im Februar 1920. Die Armbinden verraten, daß sie hier gegen ihren Willen arbeiten. Im öffentlichen Dienst setzten sich kollektive Arbeitsregelungen zuerst durch. Dazu gehörte, daß der Arbeitsvertrag kein rein privater mehr war.

Fabriken seinen rein privaten Charakter. Die Kriegsproduktion war von überragender Bedeutung für den Staat, der deshalb wehrfähige junge Männer als Fabrikarbeiter einsetzte; diese Sondereinsätze geschahen im Auftrag des Staates, nicht des einzelnen Unternehmers, und fielen in die Zuständigkeit der Militärbehörden. Andererseits konnte der Staat nicht zulassen, daß kriegswichtige Produktion durch Streiks unterbrochen wurde. Innenminister Malvy schaltete sich in Arbeitskonflikte ein; Rüstungsminister Albert Thomas verfügte in den Betrieben, die seinem Ressort unterstanden, die Einrichtung von Schlichtungsausschüssen und die Wahl von Betriebsräten. Kurzum, der Krieg erhob den Arbeitsvertrag zur Sache der Staatsräson: Das Interesse der Nation stand auf dem Spiel.

Aus demselben Grund kam während des Krieges der Gedanke auf, die nationalen Reichtümer »der Nation zurückzugeben«: Das Programm der CGT von 1921 sprach bewußt von »Nationalisierung« und nicht von Kollektivierung oder Verstaatlichung. Der Vorschlag, das Privateigentum anzutasten, resultierte in diesem Falle nicht aus einer ökonomischen Analyse des Kapitalismus, sondern aus der kriegsbedingten Einsicht in den öffentlichen Charakter und die nationale Bedeutung bestimmter Arten bezahlter Arbeit. Nicht zufällig waren es die Eisenbahner, die am Vorabend des Weltkrieges die Forderung nach Nationalisierung der Bahnen verfochten. Das Ergebnis der großen Streiks vom Februar und Mai 1920 ist bekannt: Die Eisenbahnunternehmen ließen es auf eine Kraftprobe ankommen und blieben siegreich; mehr als 20000 Eisenbahner wurden entlassen, ohne daß der Staat eingegriffen hätte. Nachdem alle Streikenden gefeuert waren, konnte die Ausbeutung im alten Stil weitergehen. Doch in Wahrheit hatte sie sich überlebt: Die Nationalisierung der Bahnen, 1920 noch eklatant gescheitert, traf 1937 auf keinen nennenswerten Widerstand mehr.[25]

Die Fabrikbesetzungen während der Volksfront-Periode

Der entscheidende Bruch kam mit der Volksfront. Das Bürgertum empfand die Fabrikbesetzungen vom Juni 1936 als veritablen Skandal: als Verneinung des Privateigentums. Die Unternehmer sahen ihren sozialen Status und ihre Macht noch mehr beeinträchtigt als ihre Interessen; sie wurden zwar zum Nachgeben gezwungen, sannen aber auf Rache. Ebenso wie die Zeitgenossen haben die Historiker nach dem Sinn der Fabrikbesetzungen gefragt. Die Arbeiter forderten keine Enteignung, sie verlangten keine Offenlegung der Bilanzen und versuchten nur in Ausnahmefällen, die Produktion in eigener Regie wieder in Gang zu setzen. Es könnte scheinen, sie hätten sich lediglich ein Faustpfand für die Verhandlungen mit den Unternehmern sichern wollen. Diese Deutung ist wenig plausibel, denn sie erklärt einen der großen sozialen Konflikte in der französischen Geschichte mit einer Art von Mißverständnis: Die Unternehmer hätten befürchtet, Eigentum zu verlieren, das die Arbeiter gar nicht beansprucht hätten.

Man versteht die Entzündlichkeit dieses Konfliktes besser, wenn

Streikende Fiat-Arbeiter (Nanterre, 1936). Der Zaun trennte die Privatsphäre, das Grundstück des Unternehmers, vom öffentlichen Raum der Straße. Die Fabrikbesetzer haben die Einfriedung nicht abgerissen: ein Unterschied zwischen Straße und Fabrik bleibt bestehen. Aber die Straße ist leer, während das Fabrikgelände voller Menschen ist: Welcher Ort ist der öffentliche?

man annimmt, daß es nicht um das Eigentum am Unternehmen ging, sondern um den Arbeitsvertrag und die Natur der bezahlten Arbeit. Für die Unternehmer begründete der Umstand, daß der Betrieb ihr Eigentum war, den rein privaten Charakter des Arbeitsvertrages, für die Arbeiter nicht; für sie war das Unternehmen, selbst wenn es Privateigentum war, praktisch ein öffentlicher Ort, wo auch sie in gewisser Weise »zu Hause« waren: Eine Werkstatt ist nicht in demselben Sinne privat, wie es ein Schlafzimmer ist. Der Abschluß eines Arbeitsvertrags war daher eine öffentliche Handlung, und sein Inhalt konnte nicht Gegenstand ohnehin unmöglicher individueller Verhandlungen zwischen jedem einzelnen Lohnempfänger und seinem Arbeitgeber sein, sondern mußte von Gewerkschaften und Unternehmern ermittelt werden. Die große Neuerung waren daher die *kollektiv* ausgehandelten Tarifverträge, und es ist bezeichnend, daß sie erst nach der Ära der Volksfront die Regel wurden, obwohl sie bereits seit 1920 vom Gesetzgeber vorgesehen waren.

Aus diesem Grund sahen sich die Kleinunternehmer von den Verträgen von Matignon, die die Streiks von 1936 beendeten, besonders bedroht. Sie bezichtigten die Vertreter der Großbetriebe aus Bergbau, Eisenindustrie und Maschinenbauindustrie, die sie mitunterzeichnet hatten, des kalten Verrats; sie zwangen die Unternehmerorganisation zu Änderungen ihres Namens und ihrer Statuten, um den Interessen der Kleinunternehmen Rechnung zu tragen; sie weigerten sich, mit der CGT einen zweiten Vertrag über die Einschätzung von Arbeitskonflikten und ihre Schlichtung auszuhandeln, weil sie darin einen Anschlag auf die Freiheit ihrer Personalpolitik vermuteten. Wo die Großunternehmer sich kompromißbereit gezeigt hatten, da blieben die Kleinunternehmer unversöhnlich.

Eine Anekdote aus der Zeit der Volksfront illustriert trefflich, worum es damals ging. Ich habe sie von Bénigno Caceres, der damals Arbeiter in einem kleinen Bauunternehmen in Toulouse war. Er saß eines Sonntagmorgens vor seinem Haus, um frische Luft zu schnappen, als der Unternehmer vorbeikam. Nach der gegenseitigen Begrüßung sagte sein Chef zu ihm: »Ach, übrigens, ich habe da unten mein Auto stehen lassen; vielleicht bist du so nett und wäschst es mir nachher.« Worauf Bénigno Caceres erwiderte: »Verzeihen Sie, Monsieur, aber das ist im Tarifvertrag nicht vorgesehen.«[26]

Die Volksfront erwirkte die Transformation der bezahlten Arbeit von der privaten in die öffentliche Sphäre. Zu den Tarifverträgen traten obligatorische Vergleichs- und Schlichtungsverfahren hinzu. Die Löhne wurden durch Schiedssprüche festgelegt. In den Unternehmen selbst fanden Probleme, die sonst vielleicht in individuelle Querelen umgeschrieben worden wären, durch die Delegierten der Belegschaft öffentlichen und kollektiven Ausdruck. Zugleich erkämpften die Arbeiter mit der 40-Stunden-Woche und dem Recht auf bezahlten Urlaub Zeit für ihr privates Leben. So gesehen, gründet der moderne Status des privaten Lebens in der Ära der Volksfront: Seit damals ist nicht nur geklärt, daß der Arbeiter ein Zuhause hat und daß es legitim ist, sich Zeit für häusliche und familiäre Vorhaben zu nehmen, sondern auch, daß der Ort der bezahlten Arbeit – Fabrik, Werkstatt, Büro – nicht das Privatgehege eines anderen Menschen ist, sondern von nichtindividuellen Normen bestimmt wird.

Das Vichy-Regime stellte die unternehmerischen Freiheiten nicht vollständig wieder her. Die Umstände zwangen die Regierung zu einer dirigistischen Lohnpolitik und zu einer dirigistischen Zuteilung der Rohstoffe; die Unternehmerorganisationen wurden gestärkt, ebenso der kollektive Einfluß auf die Unternehmensführung. Zwar wurden die Arbeiter durch die Auflösung der Arbeiterbünde ihrer kollektiven Vertretung beraubt; aber die »Charta der Arbeit« stützte den Versuch, die sozialen Beziehungen auf der Basis privater Werte neu zu ordnen, paradoxerweise auf eine kollektive Struktur mit öffentlicher Reichweite: die betrieblichen »Sozialausschüsse«. Die »Charta« wollte den Gegensatz zwischen Unternehmern und Arbeitern überwinden und im Unternehmen ein Klima des Einvernehmens fördern, vor allem mittels betrieblicher Sozialleistungen, die dem paternalistischen Ideal der »großen Familie« entsprachen. Es war jedoch nicht mehr möglich, die Entscheidung über diese Sozialleistungen dem Unternehmer, seiner Familie oder seinen Beauftragten zu überlassen; die »Charta« übertrug sie deshalb den betrieblichen Sozialausschüssen, in denen Arbeiter, Angestellte und Führungskräfte vertreten waren. Ausschüsse öffentlichen Charakters hatten also die Aufgabe, privaten Werten in einem Bereich Geltung zu verschaffen, der eben dadurch aufhörte, der private Bereich des Unternehmers zu sein.[27]

Man begreift jetzt, warum die Sozialausschüsse nach der Befreiung in den Betriebsräten fortlebten. Zwar unterschieden sich diese von jenen in zwei Grundsatzbelangen – sie setzten sich aus Repräsentanten der Belegschaft zusammen, die gewählt worden waren, und einzig die Gewerkschaften konnten die Kandidaten zu diesen Wahlen benennen. Doch die praktischen Befugnisse der Betriebsräte waren kaum größer als die der Sozialausschüsse, und der Einfluß, den sie auf den Produktionsprozeß hätten nehmen können – von der Geschäftsführung waren sie ohnehin ausgeschlossen –, tendierte bald gegen Null. Hinzu kam, daß in Betrieben mit weniger als fünfzig Arbeitnehmern kein Betriebsrat vorgeschrieben war; unterhalb dieser Schwelle bewahrten die Arbeitsbeziehungen ihren persönlichen Charakter, und die Institutionalisierung von betrieblichen Sozialleistungen nach öffentlichem Vorbild erschien hier kaum möglich.

So markierte die Befreiung eine neue Etappe in der Ordnung der Arbeitsbeziehungen nach unpersönlichen Normen. Die Nationalisierungen in dieser Zeit und insbesondere ihre positive Resonanz in der Öffentlichkeit unterstreichen die Bedeutung dieser Etappe. Erst mit den Ereignissen von 1968, der Forderung nach Selbstverwaltung durch die Arbeiterschaft und dem Gesetz über Gewerkschaftssektionen im Unternehmen, begann dann wieder ein neues Stadium.

1968: Selbstverwaltung

Das Streben der Arbeiterschaft nach Selbstverwaltung bedarf keiner Erläuterung; es beruhte auf der Kollektivstruktur des Unternehmens und stellte nicht so sehr die Eigentums- als vielmehr die Machtfrage. Selbstverwaltung bedeutete die Abschaffung jeder persönlichen Macht

Zur Fabrikbesetzung gehörte der spielerische Umgang mit dem Ort der Arbeit. Es war eine Form der kollektiven Aneignung dieses Ortes. Das Bild zeigt eine Keksfabrik in La Courneuve.

innerhalb des Unternehmens und die Herrschaft von Arbeitskollektiven. Sie bildet den Fluchtpunkt jener Entwicklungen, die wir soeben beschrieben haben.

Dagegen muß man, um die Bedeutung des Gesetzes von 1968 über die innerbetrieblichen Gewerkschaftsgruppen zu verstehen, sich das Gewerkschaftsgesetz von 1884 ins Gedächtnis rufen. Dieses Gesetz hatte das individuelle Recht der Arbeiter auf Zugehörigkeit zu Berufsverbänden anerkannt, allerdings ohne spezielle Rechte im beruflichen Sektor einzuräumen. Das Gesetz von 1884 hatte neben landwirtschaftlichen Genossenschaften und Arbeitergewerkschaften auch Unternehmerverbände zugelassen. Die Gewerkschaften durften zwar die für ihre Tätigkeit erforderlichen Mittel besitzen und konnten auch vor Gericht auftreten; aber das Gesetz von 1884 machte aus ihnen nicht die Repräsentanten der Arbeitnehmer gegenüber den Arbeitgebern. Allenfalls konnte die Gewerkschaft ihre Mitglieder vertreten und in ihrem Auftrag handeln; aber mehr als eine solche Vertretung war sie zunächst nicht. Es kam sogar vor, daß Unternehmer die mit einer Gewerkschaft ausgehandelte Lohnerhöhung den Mitgliedern dieser Gewerkschaft vorbehielten, weil sie ihr das Vertretungsrecht für Nichtmitglieder bestritten. Die Rechtsprechung legitimierte schließlich die Gewerkschaft als Vertretung aller Arbeiter, auch wenn ihr nur ein Bruchteil der Belegschaft angehörte. Die Tarifverträge gingen noch weiter, sie galten für sämtliche Unternehmen des betreffenden Industriezweiges, eingeschlossen jene, in denen die am Vertrag beteiligten Gewerkschaften nicht verankert waren.

Die Anerkennung der Vertretungsfunktion bedeutete nicht automatisch des Recht der Gewerkschaften, im einzelnen Unternehmen präsent zu sein. An der Schwelle zum Betrieb begann die Illegalität – das Verteilen von Gewerkschaftszeitungen, das Einkassieren von Beiträgen, die Einladung zu Versammlungen waren ein Verstoß gegen geltende Regelungen. Wer sich eines solchen Verstoßes schuldig machte, konnte entlassen werden. Die Gewerkschaft besaß nun zwar das Recht, im Namen der Arbeiter zu sprechen, konnte aber im Betrieb nur heimlich agieren. Insbesondere war es den Gewerkschaften verboten, Kandidaten zum Betriebsrat zu benennen. Nach der Verordnung von 1945 durften Betriebsratskandidaten nach gewerkschaftlicher Präsentation von der Belegschaft gewählt werden; ihr Mandat gründete jedoch im allgemeinen Wahlrecht, nicht im Vertretungsrecht der Gewerkschaften, deren Repräsentativität unbestritten blieb. Für Delegierte zum Betriebsrat bestand ein besonderer Schutz vor willkürlicher Entlassung, für Gewerkschaftsfunktionäre nicht. Der Betriebsrat erlaubte also eine indirekte und partielle Legitimation der Gewerkschaften im Betrieb; er verschaffte ihnen einen legalen »Deckmantel«, nicht aber die vollständige Anerkennung.

Erst das Gesetz von 1968 sicherte den Rechtsstatus der Gewerkschaften in den Betrieben – zumindest in solchen mit mehr als fünfzig Arbeitnehmern. Die gewerkschaftliche Betriebsgruppe hatte Anspruch auf ein Versammlungslokal und ein Schwarzes Brett, und die Funktionäre genossen Schutz vor willkürlicher Entlassung und hatten das Recht,

Das Gewerkschaftshaus in der rue de la Grange-aux-Belles war Anfang der zwanziger Jahre Sitz der CGT. Gewerkschaften waren seit 1884 legal und besaßen ein eigenes Haus, aber Existenzrecht in den Betrieben genießen sie erst seit 1945 bzw. 1968.

einen – von der Größe des Betriebes abhängenden – Teil ihrer bezahlten Arbeitszeit gewerkschaftlichen Aktivitäten zu widmen. Vor dem Gesetz von 1968 war gewerkschaftliche Agitation im Betrieb strikt untersagt; seither ist sie ein Recht.

Die neue Norm bezahlter Arbeit

Am Ende dieser doppelten Entwicklung war die bezahlte Arbeit aus dem Privatbereich herausgetreten; Heimarbeit, auch wenn sie auf eigene Rechnung erfolgte, war zur Ausnahme geworden, und bezahlte Arbeit war nicht mehr Arbeit bei einem anderen für einen anderen. Sie ist heute eine unpersönliche Leistung, die formalen Standards gehorcht, kollektiver Schlichtung unterliegt und sich in einer depersonalisierten Realität abspielt, in der nicht mehr ausschließlich das Wort des Unternehmers gilt, sondern Vertretungsinstanzen der Arbeitnehmer ihre besonderen Befugnisse haben.

Gewiß verlief diese Entwicklung nicht ohne Rückschläge. Das private Leben erliegt in vielfacher Weise dem Druck der Arbeit; wir werden darauf zurückkommen müssen. Das gegenwärtige Verständnis von Arbeit ist weder für deren Nutzer noch für die Arbeitenden selbst befriedigend. Was einst Schutz vor der Integration in den Privatbereich des Unternehmers gewährte, wird heute von manchen als Entwürdigung durch eine übermäßige Bürokratie erlebt. Man trachtet wieder nach persönlich bestimmten Arbeitsbeziehungen, was eine neue Entwicklung in Gang setzt und, ohne den öffentlichen Charakter von Arbeit in Frage zu stellen, neue Verhaltensnormen in diesem gesellschaftlichen Feld nahelegt.

Diese Revanche des Privaten ist nur zu verstehen, wenn man im Auge behält, daß das private Leben in seinen familiären Netzen selber eine neue Verfassung gewonnen hat. Die – gewachsene oder forcierte – Trennung von Arbeit und Familie hat nicht zuletzt die Familie tiefgreifend verändert und die Privatsphäre umgewälzt.

Anmerkungen

1 Baronne Staffe, *Usages du monde. Règles du savoir-vivre dans la société moderne*, Paris 1893, S. 342, 317, 320.
2 G. Thuillier, *Pour une histoire du quotidien*, Paris 1977, S. 178.
3 J.-P. Sartre, *Lettres au Castor et à quelques autres*, Paris 1983, Bd. 1, S. 79 [*Briefe an Simone de Beauvoir und andere*, Übs. A. Spingler, Reinbek bei Hamburg 1984, Bd. 1, S. 80 ff.].
4 Diese Hierarchie scheint sehr ausgeprägt gewesen zu sein, wenn man die Berufe junger Mädchen bei der Eheschließung untersucht. Vgl. A. Prost, »Mariage, jeunesse et société à Orléans en 1911«, in: *Annales ESC*, Juli/August 1981, S. 672–701.
5 S. Grafteaux, *Mémé Santerre, une vie*, Paris 1975.
6 L. Frapié, *La Maternelle*, Paris 1953 (zuerst 1905). Léon Frapié war in der Pariser Stadtverwaltung tätig und hat das in dem Roman beschriebene Quartier Belleville gut gekannt.
7 J. Guéhenno, *Journal d'un homme de quarante ans*, Paris 1934, S. 67–73.
8 Man hat im Anschluß an Le Play immer wieder behauptet, die traditionelle Familie, mit dem Elternpaar an der Spitze, habe eines oder mehrere der verheirateten Kinder samt deren Kindern mit unterhalten. Indessen haben die Arbeiten Peter Lasletts über England im 17. und 18. Jahrhundert zu einer Überprüfung genötigt. Man hat dabei festgestellt, daß in vielen Dörfern die Haushalte lediglich drei oder vier Personen umfaßten. In Chardonneret (Oise) bestanden zum Beispiel 1836 nur 15 Prozent der Haushalte aus »erweiterten« Familien mit einem oder beiden Elternteilen (*Ethnologie française*, Sonderheft 1–2, 1974).
9 É. Grenadou, Alain Prévost, *Grenadou, paysan français*, Paris 1966.
10 P. Fridenson, *Histoire des usines Renault*, Paris 1972; Bd. 1 zeigt auf S. 332 den Grundriß der Renaultwerke in den Jahren 1898, 1914, 1919 und 1926.
11 G. Noiriel, *Longwy, immigrés et prolétaires, 1880–1980*, Paris 1984, S. 42. In der Industriestadt Le Creusot hatte die Spezialisierung der – riesigen – Werksgelände schon um die Mitte des 19. Jahrhunderts begonnen. Vgl. C. Devillers, B. Huet, *Le Creusot, naissance et développement d'une ville industrielle, 1782–1914*, Seyssel 1981.
12 Ebd., S. 92, nach einem Bericht des Staatsrats im Anschluß an eine Enquête über das Hüttenwesen. Die Beobachtung gilt für den Norden.
13 G. Lamirand, *Le rôle social de l'ingénieur. Scènes de la vie d'usine*, Paris o. D. (1937; zuerst 1932), S. 164–166.
14 Y. Lequin, *Les Ouvriers de la région lyonnaise*, Lyon 1977, Bd. II, S. 115 ff., unterstreicht die Bedeutung, die in dieser Gegend um die Jahrhundertwende die »Fabrikinternate« hatten.
15 Y. Kniebiehler (Hrsg.), *Cornettes et Blouses blanches, les infirmières dans la société française, 1880–1980*, Paris 1984, S. 50.
16 N. Dubost, *Flins san fin*, Paris 1979.

17 P.-J. Hélias, *Le Cheval d'orgueil. Mémoires d'un Breton du pays biguoden*, Paris 1975.

18 J. Payot, *La Morale à l'École (cours moyen et supérieur)*, Paris 1907, S. 193.

19 Diese Beispiele stammen aus Orléans und beruhen auf Namenslisten des Zensus von 1911.

20 G. Noiriel, a. a. O. [Anm. 11], S. 211.

21 J.-P. Depretto, S. V. Schweitzer, *Le Communisme à l'usine*, Roubaix 1984, S. 61.

22 Diese Formulierung verwendet der Generalsekretär der CGT in der *Action directe* vom 23. April 1908. Vgl. J. Julliard, *Clemenceau, briseur des grèves*, Paris 1965, S. 31.

23 Diesen Ausdruck gebrauchte M. Jacquet, ein Gießer aus Clermont-Ferrand; vgl. Ed. Shorter, Ch. Tilly, *Strikes in France, 1830–1968*, London 1974, S. 35.

24 Dieser Brief wurde am 21. August 1936 in *Le Peuple* abgedruckt. Der betreffende Unternehmer besaß Fabriken in Brazey, Genlis und Trouhans.

25 Die Verhandlungen, die zum Kompromiß von 1937 geführt haben, sind von G. Ribeill gründlich untersucht worden: »Y a-t-il eu des nationalisations avant la guerre?« in: Claire Andrieu, Lucette Le Van, Antoine Prost, *Les Nationalisations de la Libération*, Paris 1989, S. 40–52.

26 Bénigno Caceres, einer der Pioniere der Volkskultur, hat mir diese Anekdote erzählt.

27 O. Kourchid, *Production industrielle et Travail sous l'Occupation*, Paris 1985, 405 S., vervielfältigt. Der Text beschreibt das Zustandekommen des Sozialausschusses im Bergbau von Lens. Die CEGOS empfahl, die Arbeiter aus den Sozialausschüssen wählen zu lassen. Ein Rundschreiben der Pariser Untergruppe der UIMM, einer Gruppe von Firmen aus dem Bereich Bergbau und Metallindustrie, empfahl, mit Ausnahme von Kommunisten keine Kandidaten auszuschließen, die sich politisch oder gewerkschaftlich betätigt hatten.

Das ist nicht Neapel, sondern Ménilmontant, ein heruntergekommenes Arbeiterviertel in Paris (1957). Wohnung und Straße gehen ineinander über; vor den Fenstern hängt Wäsche. Die Kinder spielen wie zu Hause – sie *sind* auf der Straße zu Hause.

Familie und Individuum

Man kann die Entwicklung der Familie auf einen scheinbar einfachen Nenner bringen: Nach dem Verlust ihrer »öffentlichen« hat die Familie nur noch »private« Funktionen. Ein Teil der Aufgaben, die ihr früher zufielen, werden nun zunehmend von kollektiven Instanzen wahrgenommen. In diesem Sinne kann man von einer »Privatisierung« der Familie sprechen.

Diese Analyse ist zwar nicht falsch, aber sie erfaßt nicht den ganzen Sachverhalt. Denn die Veränderung der Funktionen zog einen Substanzwandel nach sich: Die Familie hört auf, eine starke Institution zu sein; ihre »Privatisierung« ist gleichbedeutend mit ihrer De-Institutionalisierung. Unsere Gesellschaft ist auf dem Wege zur »informellen« Familie. Aber im Schoße der Familie haben die Menschen sich auch das Recht auf eine autonome Privatsphäre erkämpft. Der Fluchtpunkt dieser Entwicklung ist der Einpersonenhaushalt.

Das private Leben und sein Raum

In der Regel sind häusliche Welt, Familie und Haushalt hinter der Schanze des privaten Lebens geborgen. Diese Schanze scheint in der französischen Gesellschaft dichter zu sein als etwa in der angelsächsischen Gesellschaft. So ist die englische Praxis des »bed and breakfast«, in der sich die bereitwillige Öffnung der häuslichen Szene für Fremde bekundet, in Frankreich unbekannt. Im vorigen Jahrhundert brachte man in Frankreich Schüler, deren Eltern weit entfernt von der Schule wohnten, lieber in Internaten unter, als sie, wie in Deutschland, bei Lehrern oder Familien am Ort einzuquartieren. Was in der häuslichen Welt geschah, war reine Privatsache.

Der Transformation der Privatsphäre im 20. Jahrhundert kommt man auch auf die Spur, wenn man nach der materiellen Gestaltung des häuslichen Rahmens fragt: Die Geschichte des privaten Lebens ist zunächst einmal die Geschichte des Raumes, in dem es sich abspielt.

Auf der einen Seite ein bürgerliches Wohnzimmer (1958): Bücher, Bilder, Orientteppiche, ein Blumenstrauß und – damals noch eine Seltenheit – ein Fernsehgerät; die Hausangestellte serviert den Kaffee.

Die Entvölkerung des Haushalts

Die Eroberung des Raums

Das 20. Jahrhundert ist das Jahrhundert der Eroberung des häuslichen Raums, der für die Herausbildung privaten Lebens unabdingbar ist. Bis zu Beginn der fünfziger Jahre unterschied sich der bürgerliche Haushalt deutlich von dem der unteren Volksschichten. Die bürgerliche Wohnung hatte reichlich Platz: Es gab Empfangsräume, eine Küche mit Nebengelaß für die Bedienstete(n), ein eigenes Schlafzimmer für jedes Familienmitglied und oft noch weitere Zimmer; ein Foyer und mehrere Korridore verbanden diese separaten Räume miteinander. In krassem Gegensatz zu diesen geräumigen Appartements, diesen »bürgerlichen« Häusern, standen die Wohnverhältnisse der unteren Schichten: Arbeiter und Bauern hausten in Unterkünften, die knapp bemessen waren und ein oder zwei Räume aufwiesen. Viele »Häuser« auf dem Lande bestanden aus einem einzigen Raum, in dem gekocht und gegessen wurde und wo man auch schlief. Um 1900 ermittelten medizinische Untersuchungen der hygienischen Verhältnisse auf dem Lande, etwa im Morbihan oder in der Yonne, daß in solchen Räumen bis zu vier Betten aufgestellt waren, in denen jeweils mindestens zwei Personen nächtigten.[1] Der verbesserte Lebensstandard der Bauern bewies sich um die Jahrhundertwende und erst recht in der Zwischenkriegszeit im Anbau von ein oder zwei Schlafkammern. Neben der Anzahl der Zimmer war deren Größe ein Indikator für Armut oder Reichtum ihrer Be-

wohner – es gab Tagelöhner, die zwei Kammern besaßen, und bäuerliche Familien, die in einem riesigen Gemeinschaftssaal lebten. In der Regel indes waren die Gebäude für die vielerlei Tätigkeiten, die sich in ihnen konzentrierten, zu klein, im Durchschnitt 25 Quadratmeter Nutzfläche wie in der Yonne.

Stadtwohnungen waren weniger uniform, doch oft bestanden auch sie aus einem einzigen Raum oder aus zwei ineinandergehenden Zimmern, wobei die Küche als eigenes Zimmer zählte. In Einzimmerwohnungen lebten 1894 in Saint-Étienne 20 Prozent der Einwohner, in Nantes 19 Prozent, in Lille, Lyon, Angers oder Limoges 16 Prozent. Die Jugenderinnerungen Jean Guéhennos vermitteln ein anschauliches Bild von solchen Wohnungen: »Wir hatten nur ein Zimmer. Hier wurde gearbeitet, hier wurde gegessen, hier wurde an manchen Abenden sogar Besuch empfangen. Entlang den Wänden standen zwei Betten, ein Tisch, zwei Schränke, eine Anrichte und ein Gestell mit dem Gaskocher; an den freien Stellen hingen Töpfe, die Familienphotos und die Bilder vom Zaren und vom Präsidenten der Republik. [. . .] Quer durch das Zimmer waren Leinen gespannt, auf denen immer Wäsche zum Trocknen hing. [. . .] Dort [unter einem großen Fenster] war unsere ›Werkstatt‹: die Nähmaschine meiner Mutter, die Werkbank meines Vaters und ein großer Eimer Wasser zum Einweichen von Sohlen.«[2]

Die Überbelegung der Wohnungen, von Bertillon bei mindestens zwei Personen pro Zimmer angesetzt, war also die Regel. Dem Zensus von 1906 zufolge wohnten in Städten mit über 5000 Einwohnern 26 Prozent der Menschen zu mehr als zwei Personen in einem Zimmer,

Auf der anderen Seite die Einzimmerwohnung einer Landarbeiterfamilie mit sechs Kindern in Moyon (Manche), 1965. Man beachte die beiden Kinderbetten, den neuen Herd, den Hängeschrank für Speisen und den falschen Kaminsims: Signale des 19. Jahrhunderts.

Um 1960 in der Auvergne: Die Möbel (Pfostenbett, Nachttisch, Wanduhr) bezeugen Wohlstand. Doch die Wände des Zimmers, in dem ein Kranker das Bett hütet, wirken schäbig, und an den Balken hängt Pökelfleisch.

36 Prozent wohnten zu zweit oder jedenfalls nicht allein in einem Zimmer, 16,8 Prozent hatten ein Zimmer für sich, und nur 21,2 Prozent hatten mehr als ein Zimmer für sich.[3] Bergarbeitersiedlungen im ausgehenden 19. Jahrhundert boten mehr Wohnfläche und waren stärker gegliedert; so zählten die Wohnungen der Firma Anzin beispielsweise durchschnittlich drei Zimmer und 70 Quadratmeter Wohnfläche.[4] Diese Arbeiterwohnungen, so unvollkommen sie sein mochten, waren von Architekten nach Normen konzipiert worden, die den bürgerlichen Klassenerfahrungen folgten; daher rührt es, daß sie mit den vollgepferchten, engen Unterschichtwohnungen der Städte wenig gemein hatten.

Im wesentlichen änderte sich an dieser Situation in der ersten Hälfte des 20. Jahrhunderts nichts. Die Schilderungen des Quartier Saint-Sauveur in Rouen, die Michel Quoist 1949 gegeben hat, belegen dieselben prekären Wohnbedingungen der einfachen Leute wie Léon Frapiés im Belleville von 1900 angesiedelte »Maternelle« oder die von Jacques Valdour nach dem Ersten Weltkrieg vorgenommenen Erhebungen. Der Grund dafür ist bekannt: Man hatte sehr wenig gebaut – zwischen 1919 und 1940 insgesamt nur 2 Millionen Wohnungen. Die Mietpreisbindung, nach dem Krieg zum Schutz der Mieter und zur Preisdämpfung beschlossen, hatte schließlich zu so niedrigen Mieten geführt, daß die Grundbesitzer das Interesse am Bau von Mietwohnungen verloren – ausgenommen Wohnungen für eine bürgerliche Klientel. Ein nicht-profitorientierter sozialer Wohnungsbau wäre geboten gewesen; doch die entsprechenden, vom Gesetzgeber 1912 zugelassenen Bauträger verfügten nicht über die nötigen Finanzmittel, um bedarfsgerecht bauen zu können. Immerhin wurden einige wenige Projekte verwirklicht, so die 200 000 Billigwohnungen, die nach der Lex Loucheur (1928) finanziert wurden, die Hochhäuser in Villeurbanne oder die Mietshäuser, die in Paris auf dem Gelände der ehemaligen Befestigungsanlagen entstanden. Insgesamt jedoch war das Problem der Sozialwohnungen bis Anfang der fünfziger Jahre noch immer nicht gelöst; für den Wohnungsbau in Kleinstädten hatte das 20. Jahrhundert noch nicht begonnen.

Auch Komfort und Ausstattung der Wohnungen blieben in diesem Jahrhundert praktisch auf dem alten Stand. Die einzige bedeutsame Verbesserung war die Verbreitung der Elektrizität: 1939 hatten fast alle Dörfer und in den kleinen Städten fast alle Wohngebäude Stromanschluß. Fließendes Wasser hingegen blieb eine Mangelware. In Rouen, im Quartier Saint-Sauveur, gab es noch 1949 in über der Hälfte der Häuser (1300 von 2233) kein fließendes Wasser.[5] Öffentliche Brunnen und Wasserspender in den Straßen waren keine Seltenheit. Viele Straßen waren ohne Kanalisation. Die sanitären Einrichtungen waren höchst mangelhaft. In Wohnungen, die nicht einmal über dem Waschbecken einen Kaltwasserhahn hatten, gab es natürlich auch kein Badezimmer, ebensowenig ein WC; die Toilette befand sich im Hof oder im Treppenhaus. Es gab keine Zentralheizung, manchmal überhaupt keine Heizung.

Nach 1954: der große Sprung nach vorn

Die Volkszählung von 1954 zeichnet ein frappierendes Bild von der Primitivität der französischen Wohnverhältnisse: Von 13,4 Millionen Wohnungen hatten nur wenig mehr als die Hälfte (58,4 Prozent) flie-

Das Schlafzimmer einer kleinstädtischen Arbeiterfamilie (1955). Es herrscht drangvolle Enge, aber alles ist sauber. Der Vorhang ist gehäkelt; über dem Ehebett im Stil der Galeries Barbès hängt das Hochzeitsphoto. Der Radioapparat steht auf einer Konsole.

Zwei Innenhöfe von Arbeiterwohnungen (1959): Roubaix und Paris, XIX. Arrondissement *(gegenüberliegende Seite)*. Dieselben verfallenen Mauern, dasselbe holprige Pflaster, dieselben Gemeinschaftstoiletten, Eimer und Fahrräder.

ßendes Wasser, ein Viertel (26,6 Prozent) verfügte über eine Innentoilette, ein Zehntel (10,4 Prozent) über Bad oder Dusche und über Zentralheizung. Selbst wenn man bedenkt, daß hierbei die rückständigen ländlichen Gebiete besonders ins Gewicht fallen, ist es kaum zu fassen, daß uns von diesem Zustand nur gut dreißig Jahre trennen.

Ab Mitte der fünfziger Jahre hat dann ein beträchtlicher Wandel eingesetzt: 1953 wurden über 100000 neue Wohnungen gebaut, 1959 über 300000, 1965 über 400000; zwischen 1972 und 1975 wurden jährlich über 500000 Wohnungen fertiggestellt – mehr als in der gesamten Zwischenkriegszeit. Diese erheblichen Anstrengungen wurden seit 1953 von der Regierung tatkräftig unterstützt, bis in den sechziger Jahren neuerlich privates Kapital in den durch gestiegene Mieten wieder attraktiv gewordenen Wohnungsmarkt investiert wurde. Die staatlichen Subventionen waren an die Beachtung gewisser Normen für Größe, Schnitt und Ausstattung der Wohnungen geknüpft. Diese Normen wurden zwar mehrfach modifiziert, aber die Tendenz war klar. Ein bewohnbarer Raum mußte wenigstens neun Quadratmeter groß sein. Zu einer Wohnung gehörten außer der Küche ein Wohnzimmer, ein Elternschlafzimmer und mindestens ein Zimmer für zwei Kinder, eine Innentoilette, ein Badezimmer und eine (individuell oder zentral regulierbare) Zentralheizung. Diese Normen galten sowohl für Sozialwohnungen wie für staatlich geförderte Wohnungen, und sie wurden schließlich auf die zahllosen Wohnblocks übertragen, die an der Peripherie der kleinen Städte entstanden. Für Millionen Franzosen, die sich

Der öffentliche Brunnen oder die Wasserstelle war 1956 noch sehr verbreitet. Wenn es kein fließendes Wasser in der Wohnung gab, dann war es einfacher, die Wäsche am Brunnen zu waschen, als das Wasser in zwei großen Krügen nach Hause zu schleppen.

Diese Frau in Chalon-sur-Saône ging noch 1956 zum Wäschewaschen an den Fluß.

kein Eigenheim leisten konnten, signalisierte der große Wohnblock den Sprung in die Moderne. Die neue Politik erschloß einem beträchtlichen Teil der Bevölkerung Wohnverhältnisse (bis auf Unterschiede des Status, der Lage und der Ausstattung), die früher dem Bürgertum vorbehalten waren – der Demokratisierungsprozeß bekam ein architektonisches Gesicht.

Die Ergebnisse der aufflammenden Bautätigkeit waren spektakulär. Schon 1973, knapp zwanzig Jahre nach der verheerenden Bilanz der Volkszählung von 1954, bestanden die französischen Wohnungen im Durchschnitt aus 3,5 Zimmern von durchschnittlich 20,1 Quadratmetern, und jede im Haushalt lebende Person hatte im Durchschnitt 24,6 Quadratmeter Wohnfläche. Zwar waren Arbeiter noch immer schlechter untergebracht als die Bevölkerungsmehrheit, aber auch sie verfügten nun durchschnittlich über 18,6 Quadratmeter pro Person. Noch 1953 hatte P.-H. Chombart de Lauwe in seiner großen Enquête die kritische Schwelle bei 14 Quadratmetern pro Person angesetzt und festgestellt, daß in Paris nur jeder sechste Arbeiterhaushalt diesen Schwellenwert erreichte[6]; zwanzig Jahre später war er um 4 Quadratmeter überschritten.

Gleichzeitig wurde moderner Wohnkomfort die Regel. 1973 hatten 97 Prozent der Wohnungen fließendes Wasser, 70 Prozent eine Innentoilette (1982: 85 Prozent), 65 Prozent Bad oder Dusche (1982: 84,7 Prozent) und 49 Prozent Zentralheizung (1982: 67,5 Prozent). Der Prozentsatz der »Komfortwohnungen«, die fließendes Wasser, Innentoilette und mindestens eine Dusche aufwiesen, stieg von 9 Prozent im Jahre 1953 auf 61 Prozent im Jahre 1973; seit 1973 sind weitere Fortschritte erzielt worden.

Andere benutzten schon seit einigen Jahren Waschmaschinen, die wie Fremdkörper in der Küche standen.

Das Ideal war der funktionelle und hygienische »Arbeitsplatz Küche« mit Resopalplatten und vielen eingebauten Geräten.

Die quantitativen Veränderungen zogen qualitative nach sich. Zu Hause mehr Raum zum Leben zu haben bedeutete einen anderen Raum und ein anderes Leben. Die Vergrößerung der Wohnungen war durch Erhöhung der Zimmerzahl erreicht worden, und daraus resultierte eine funktionelle Spezialisierung der Zimmer. Es kam zu einer neuartigen, folgenreichen Aufteilung des häuslichen Raumes, die, jedenfalls für die unteren Schichten, das Recht eines jeden Familienmitglieds auf sein eigenes privates Leben markierte. Es kam zu einer Doppelung der Privatsphäre: Im Gehege der Familie entfaltete sich das private Leben des Einzelnen.

Der Einzelne und sein Raum

Vor dieser Revolution teilte man seine Privatsphäre notgedrungen mit allen Menschen, die denselben häuslichen Raum bewohnten. Die Mauer der Privatheit schirmte zwar den häuslichen Bereich gegen den öffentlichen ab, das heißt gegen Menschen, die für die Familiengruppe Fremde waren. Hinter dieser Mauer jedoch fehlte es – außer im Bürgertum – an Platz, jedem Mitglied der Gruppe seinen eigenen privaten Raum zuzugestehen: Privatheit war nichts anderes als gruppeninterne Öffentlichkeit.

Verhinderte Intimität

Man kann sich heute kaum mehr vorstellen, welchen Druck die Familiengruppe damals auf den Einzelnen ausübte. Es gab keine Möglichkeit, sich zurückzuziehen. Eltern und Kinder agierten in engster Gemeinschaft. Toilette machte man vor den Augen der anderen, die sich abwenden mußten, wenn sie ihr Schamgefühl verletzt sahen. Bevor die Bergwerksgesellschaften in den Bergarbeiterwohnungen Duschen installierten, fand der heimkehrende Kumpel im Gemeinschaftsraum einen Holzbottich und auf dem Herd heißes Wasser vor; hier wusch er sich mit Hilfe seiner Frau. Auf dem Bauernhof verhielt es sich genauso: Man wusch sich im Gemeinschaftsraum oder im Freien; man wusch sich übrigens selten und niemals den ganzen Körper.

Man schlief auch nicht allein: Es schliefen stets mehrere Personen in demselben Raum, manchmal sogar in demselben Bett. Michel Quoist notiert noch aus der Zeit nach dem Zweiten Weltkrieg das Staunen von armen Kindern, die in Ferienlager verschickt worden waren und die Betten entdeckten: »Und dann noch für jeden eins!« Quoist wunderte sich darüber nicht: »Bei ihnen zu Hause gab es oft genug nur ein Bett pro Haushalt: Darin schlief man zu zweit, zu dritt, zu viert, zu fünft und manchmal noch zu mehreren.«[7] Auf dem Lande war die Situation nicht anders: P.-J. Hélias teilte das Bett mit seinem Großvater. 1947 untersuchten zwei Ethnologen ein Dorf in Seine-Inférieure und machten dieselbe Feststellung; mit der Entrüstung von Menschen aus einer anderen Kultur beschrieben sie ein vierjähriges Kind, das mit seinen Eltern in einem Bett schlief.[8]

Der Handel (»warum habe ich diesen herrlichen kostenlosen Katalog nicht schon eher angefordert«) trug viel zur Verbreitung der neuen Normen der Intimität bei.

Unter solchen Umständen war es nicht einfach, persönliche Gegenstände zu besitzen; man mußte sie in der Hosentasche oder einer Börse bei sich tragen. Es war schwierig, eine Ecke für sich zu reservieren. Es war unmöglich, vor den anderen irgend etwas zu verbergen – die geringste Unpäßlichkeit wurde sofort bemerkt, jeder Versuch, sich zurückzuziehen, erregte sogleich Aufmerksamkeit.

Für Intimität gab es keine Chance. Die Sexualität, ein Tabu in bürgerlichen Familien, wo sie auf das eheliche Schlafzimmer, das Boudoir oder auf den Alkoven als abgetrennten Teil eines gemeinsamen Raumes verwiesen war, konnte hier nicht geheimgehalten werden. Über die Menstruation der jungen Mädchen wußten alle Bescheid, ja, in Bergarbeiterfamilien wurde darüber auf demselben Wandkalender in der Küche Buch geführt, in den der Kumpel seine Schichtzeiten eintrug. Die sexuellen Handlungen fanden entweder in der Grenzzone des Alltags statt, im Halbschatten hinter dem Tanzsaal, am Ackerrand, oder sie mußten die Beobachtung durch die Familiengruppe in Kauf nehmen. »Es ist der Sittlichkeit kaum abträglich«, schreibt 1894 ein Fachmann für ländliche Behausungen, »daß alle oder fast alle Hausbewohner im selben Raume schlafen. Im Gegenteil resultiert hieraus eine Art gegenseitiger Kontrolle. [...] Nur die Schamhaftigkeit leidet, aber diese Peinlichkeit ist nicht so groß, wie Menschen, die seit jeher das Alleinschlafen gewohnt sind, vermuten sollten.«[9] Und Léon Frapié berichtet von einem Ehepaar, das mit seinen Kindern in einem kleinen Zimmer wohnte; vor der Liebesumarmung wurden die Kinder ins Treppenhaus geschickt, wo sie, auf den Stufen sitzend, geduldig warteten, bis man sie wieder hereinrief.[10] Daß Frapié dieses Paar als Muster der Zartheit und Schamhaftigkeit preist, läßt darauf schließen, daß die meisten Eltern in derartigen Augenblicken sich nicht vor den Kindern verbargen; der Historiker aber merkt an, daß die sexuelle Aufklärung von Kindern und Jugendlichen erst in den sechziger Jahren unseres Jahrhunderts zum Problem geworden ist...

So vermischte sich zu Beginn des Jahrhunderts aufgrund der Wohnverhältnisse das private Leben der allermeisten Franzosen mit dem privaten Leben ihrer Familie. In den unteren Volksschichten besaß der Einzelne nur wenig persönliches Eigentum, zumeist handelte es sich dabei um Geschenke: ein Messer, eine Pfeife, einen Rosenkranz, eine Taschenuhr, ein Schmuckstück, ein Toilettennécessaire oder Nähzeug. Diese schlichten Dinge hatten für den Einzelnen einen sehr hohen symbolischen Wert; sie waren die einzigen Gegenstände, die er für sich beanspruchen konnte. Dieselbe Bindung fand sich auf dem Land in der Beziehung der Bauern zu ihren Tieren: Jede Kuh, jeder Hund, jedes Pferd hatte einen Namen und einen Herrn.

Geheimnisse

Die Privatsphäre kristallisierte sich oft in Geheimnissen: in Familiengeheimnissen, das heißt Kenntnissen, die man sogar den Kindern verschwieg, und in persönlichen Geheimnissen: Träumen, Sehnsüchten,

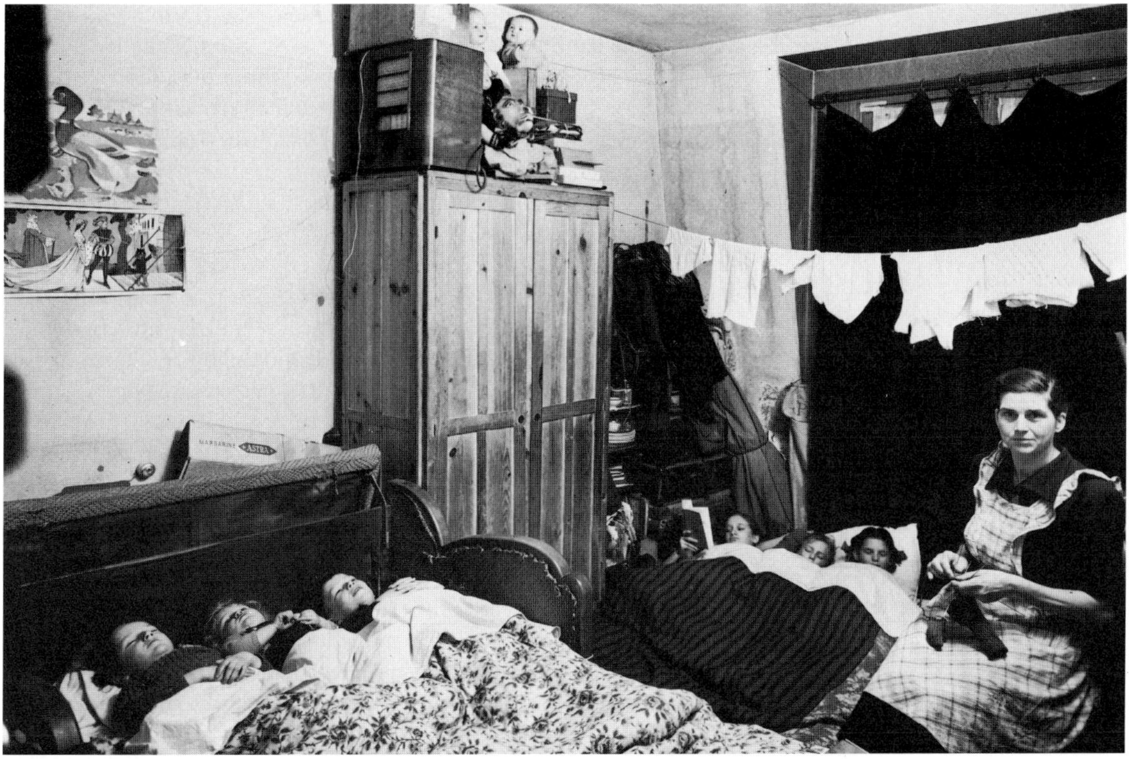

Noch um 1960 gab es unglaublich beengte Wohnverhältnisse: drei Kinder in einem Bett, trocknende Wäsche auf einer quer durchs Zimmer gespannten Leine, das Radio auf den Schrank verbannt, Kram in einem Winkel der Dachstube.

Ängsten, Klagen, die in der Regel unausgesprochen blieben. Darauf gründete sich die Bedeutung gewisser nicht zur Familie gehörender Personen, denen man sich anvertrauen konnte. Das war nicht der Arzt; denn in den unteren Volksschichten rief man selten den Arzt und suchte ihn noch seltener in seiner Praxis auf, er kam nur bei schweren Erkrankungen ins Haus, und in dieser Situation waren Geständnisse nicht am Platze. Dagegen wurden Krankenschwestern und Sozialhelferinnen gern ins Vertrauen gezogen, zumal von Frauen; einen neutralen Ort hierfür boten die in der ersten Hälfte des 20. Jahrhunderts in großer Zahl aufkommenden Ambulatorien. Die eigentlichen Vertrauten waren jedoch der Notar und der Pfarrer. Der Notar wurde von den geringsten Bauern ebenso wie von den einflußreichsten Bürgern in die Familienstrategien eingeweiht: Eheschließungen, Käufe, Verkäufe und Verpachtungen, Erbteilungen und Stiftungen. Der Pfarrer nahm – vornehmlich den Frauen – die Beichte ab und scheute sich nicht, intime Fragen zu stellen. Die Ärmsten der Armen, die kein Erbe zu verteilen hatten, sowie die Ungläubigen und diejenigen Gläubigen, die nicht zulassen mochten, daß der Pfarrer sich in ihre Privatangelegenheiten mischte (hier lag eine der Hauptursachen für den Antiklerikalismus), behielten ihre Geheimnisse für sich und hüllten ihre Wünsche in die stumme Monotonie der täglichen Plackerei.

Wohlhabende Bürger besaßen mehr privaten Raum; jeder hatte sein eigenes Bett, sein eigenes Schlafzimmer, seinen eigenen Toilettentisch, bald sogar sein eigenes Badezimmer. Sie hatten mehr potentielle Vertraute: die Bediensteten, den Hausarzt, der jeden Einzelnen und die ganze Familie kannte und den man unter vier Augen sprechen konnte, sowie ein dichtes Netz von Verwandten und Freunden. Und sie hatten mehr freie Zeit, um gelegentlich einen Onkel oder eine Tante, einen Taufpaten oder einen Schulfreund zu besuchen. Ladenbesitzer und Handwerker verfügten weder über diese freie Zeit noch über diesen Raum; ihr privates Leben ähnelte dem der Bauern, ja, dem der Arbeiter, denen es wirtschaftlich weit schlechter ging. Von diesen wiederum unterschied sich das Kleinbürgertum der Angestellten, Verkäufer, Buchhalter, Steuereinnehmer und Lehrer durch eine minder beengte Privatsphäre, obwohl es sich, was ererbtes Vermögen und Einkünfte betraf, von den unteren Volksschichten kaum abhob. Hier handelt es sich um eine soziale Zwischenkategorie, über deren Sitten und Gebräuche wir noch wenig wissen.

Es ist nicht übertrieben, die in den Wohnverhältnissen der meisten Franzosen eingetretene Veränderung als Revolution zu bezeichnen. In der modernen Wohnung, bestehend aus mehreren, in der Regel getrennten Zimmern und ausgestattet mit dem modernen Fließwasser- und Heizungskomfort, kann jedes Familienmitglied seinen eigenen Raum behaupten. Die vermehrte Freizeit – seit der Volksfront sind 40-Stunden-Woche und bezahlter Urlaub die Regel – erlaubt jedem, diesen Raum nach Belieben zu nutzen und zu genießen. Das Familienleben konzentriert sich auf bestimmte Zeiten – die Mahlzeiten, den Sonntag – und auf bestimmte Orte – die Küche oder das, was man seit dem Zweiten Weltkrieg »living-room« nennt. Das Dasein zerfällt in drei ungleiche Teile: das öffentliche Leben, das im wesentlichen Arbeit bedeutet, das private Leben in der Familie und das persönliche Leben.

Die Diversifizierung und Erweiterung der Privatsphäre in der zweiten Hälfte des 20. Jahrhunderts machte nicht an den häuslichen Grenzen halt. Sie eroberte sich nicht nur den Raum der Familie, sondern auch die Mittel, ihm zu entfliehen. Das Auto trat seinen Siegeszug an: 1981 verfügten 88 Prozent aller Haushalte (84 Prozent bei den angelernten Arbeitern) über ein Auto, 27 Prozent (17 Prozent) über einen Zweitwagen. Der Gebrauch des Autos, aber auch die Entwicklung anderer Verkehrsmittel diversifizieren die der Arbeitszeit abgerungene freie Zeit auf unterschiedlichste Orte. So kommt die gesamte Bevölkerung in den Genuß von Orten und Zeiten des privaten Lebens, über die einst nur das Bürgertum gebot. Die in den Bergen geschlossene Ferienfreundschaft, die Romanze am Strand gehören zu den aufschlußreichen Neuerungen des 20. Jahrhunderts: In einer paradoxen Volte, die uns noch beschäftigen wird, entzieht sich das private Leben dem häuslichen Bereich und taucht in die Anonymität der Öffentlichkeit ein.

Die »Entvölkerung« des häuslichen Raumes war mehr als eine simple Verbesserung der Wohnbedingungen. Mit der Konfiguration dieses Raumes änderte sich auch die Konstellation der dort wirksamen Kräfte.

Sarcelles-Lochères, 1961. Die Neubauwohnung im Hochhaus hatte noch nichts Abstoßendes, man beneidete sie um ihren Komfort, ihre Ausstattung, ihre modernen Baustoffe. Vor allem bot sie viel Platz.

Das private Leben und die Institution der Familie

Die alten Kräfte

Wenn es eine Idee gibt, die in Frankreich neu ist, dann die Idee, daß der Einzelne das Recht hat, sein privates Leben so zu gestalten, wie es ihm gefällt. Noch in der ersten Hälfte des 20. Jahrhunderts unterlag die Privatsphäre der Kontrolle durch die Gruppe: Die Einfriedung des Privaten war ein Privileg des Bürgertums.

In dieser Hinsicht höchst beredt ist die Einschätzung der Hochzeitsnacht. Den privaten Ort und die private Zeit par excellence bezeichnen das Bett, das Schlafzimmer und die Nacht, in der zwei frisch Vermählte im Prinzip zum erstenmal zusammenkommen. Im Bürgertum war der Ort der Hochzeitsnacht ein Geheimnis, das man ebenso sorgfältig hütete, wie man das Ziel der Hochzeitsreise geheimhielt. Bei der bäuerlichen Bevölkerung, aber auch bei Arbeitern war es hingegen Sitte, daß die Hochzeitsgesellschaft den Brautleuten am frühen Morgen die »rôtie« an ihr Bett brachte: ein Gebräu aus Weißwein, Eiern, Schokolade und Keksen, das in einem Nachttopf kredenzt wurde. Man ersieht daraus, wie die Gemeinschaft Kontrolle über einen Akt ausübte, der mehr als jeder andere privat war. In dieser Gesellschaft, in der die häuslichen Werte an oberster Stelle standen, war es von großer Bedeutung, daß die Ehe tatkräftig vollzogen wurde. Da die Familie die elementare Zelle der Gesellschaft bildet, muß die Vereinigung der Ehegatten öffentlich gemacht werden.

Eheliche Gewaltenteilung

Die Familie hielt ihre Mitglieder unter strenger Aufsicht. Der Ehemann war das Oberhaupt; seine Frau benötigte seine schriftliche Einwilligung, wenn sie ein Bankkonto eröffnen oder über ihr Eigentum verfügen wollte. Er war es, der die elterliche Gewalt ausübte. Die rechtliche Benachteiligung der Frau gegenüber ihrem Mann verschwand erst mit den Gesetzen von 1965 über den ehelichen Güterstand und von 1970 über die elterliche Gewalt. Allerdings war die Praxis in gewissen Schichten und in gewissen Gegenden der Gleichberechtigung günstiger als die Theorie. Wie die Ethnologin Susan Rogers feststellte, lag in einem Dorf in Lothringen (nicht aber in Aveyron) die faktische Macht bei den Frauen – sie entschieden nicht nur über die Eheschließung ihrer Kinder, sondern auch über öffentliche Belange, etwa die Kandidatur ihres Gatten für das Amt des Bürgermeisters. Bedingung solcher weiblichen Machtausübung war, daß die Frau den Schein wahrte und ihrem Mann vor Kindern, Verwandten und Nachbarn die Rolle des »Herrn im Hause« überließ.[11] Dazu wären manche Fragen zu stellen, zum Beispiel die, ob die Rollenteilung der Geschlechter wirklich darauf hinauslief, die Macht im privaten Bereich der Frau zu übertragen. Selbst wenn man differenzieren muß, wie Martine Segalen dies für die traditionelle ländliche Familie nachgewiesen hat[12], besorgte der Mann die wichtigen Transaktionen, die Vertretung der Familie nach außen, die »Politik«. Man mag darüber streiten, ob die Rollenteilung ein schlechtes Geschäft für die Frauen war oder nicht; man kann mit den Feministinnen den Primat des Öffentlichen verfechten und behaupten, daß die Verpflichtung aufs Haus für die Frauen einer Verbannung gleichkam; man kann aber auch die zentrale Bedeutung der häuslichen Werte in einer Gesellschaft unterstreichen, in der der Einzelne am Wert seiner Familie gemessen wurde und Erfolg nur als familiärer denkbar war, um zu belegen, daß die Frauen mit der Kontrolle über die häusliche Sphäre in der Tat entscheidende Macht erlangten. Wichtiger für die Geschichte des privaten Lebens erscheint mir hier die Feststellung, daß der häusliche Raum unbestreitbar die Domäne jener Frau war, die man je nach sozialer Schicht, aber mit derselben Bedeutung »Meisterin« oder »Hausherrin« nannte. Wenn der Mann nach Hause kam, kam er in Wirklichkeit oft zu seiner Frau nach Hause: Sie führte das Regiment in der Wohnung. Die Folge war der Aufbau einer rein männlichen Sozialität außerhalb der Familie; ihre Anlässe und Ausformungen variierten je nach sozialer Schicht und waren regional verschieden. Arbeiter trieb es aus der Enge ihrer Wohnung, in welcher Privatheit so gut wie ausgeschlossen war, meist ins Café. Sie verbrachten ihre Freizeit erst wieder daheim, als die Wohnungen größer wurden. Eine der beliebtesten Errungenschaften in Hochhaussiedlungen war ein kleiner Raum (Kammer, Verschlag, Balkon), in dem der Mann ungestört sein Werkzeug ausbreiten und basteln konnte. Das Einfamilienhaus erweiterte diesen Privatbereich des Mannes noch; jetzt fungierte die Garage oft als Werkstatt. Die Eroberung des privaten Lebens durchlief also ein Stadium, in dem Mann und Frau ihre häuslichen Territorien ebenso aufteilten wie ihre Machtbefugnisse.

Im Bürgertum verfügte der Mann oft über sehr viel freie Zeit; er ging in den Club, um ein Spielchen zu machen oder die Zeitungen zu lesen. Manchmal gönnte er sich den Luxus einer zweiten Wohnung außerhalb und ohne Wissen der Familie. Diese Entwicklung verdankte sich nicht einer Neuordnung des privaten Raums, sondern gewandelten Sitten. In dem Augenblick, da Frauen die gleiche Ausbildung genossen, die gleichen Berufe ergriffen (oder ergreifen konnten) und das gleiche Mitspracherecht in der Öffentlichkeit verlangten wie der Mann und Ehen nicht mehr aufgrund von Familienrücksichten, sondern von Ferienbekanntschaften oder Studienfreundschaften geschlossen wurden, erschien das Ehepaar im modernen Verstande auf der Bildfläche und mit ihm ein neustrukturiertes Machtverhältnis im privaten Leben.

Die elterliche Gewalt

Damit ist eine entscheidende Veränderung eingeleitet. Während man die Machtverteilung zwischen Mann und Frau in der Gesellschaft vor 1950 unterschiedlich beurteilen kann, besteht an der Macht der Eltern über die Kinder keinerlei Zweifel: Die Kinder hatten keinen Anspruch auf Privatheit. Die freie Zeit, die sie hatten, gehörte nicht ihnen selber, sondern stand zur Disposition der Eltern, die ihnen tausend kleine Aufgaben zuwiesen. Die Eltern wachten über den Umgang ihrer Sprößlinge und reagierten zurückhaltend auf die Kameradschaft mit anderen Kindern. »Toto, laß den kleinen Jungen in Ruhe«, befahl die Dame im Stadtpark ihrem kleinen Sohn, der Anstalten machte, sich friedlich einem anderen Kind zu nähern.[13] Es war dies keineswegs eine bloß bürgerliche Norm; H. Mendras konstatierte ähnliche Verbote noch nach dem Zweiten Weltkrieg bei den Bauern von Novis[14], wo die Kinder nach der Schule sogleich nach Hause kommen mußten und nicht »trödeln« durften. Und wenn junge Leute wirklich einmal in Gruppen gingen – die Mädchen auf der einen Straßenseite, die Jungen auf der anderen –, dann spielte sich das für das ganze Dorf sichtbar, unter öffentlicher Aufsicht ab.

Zur Beobachtung des Umgangs der Kinder zählte auch die Kontrolle ihrer Post. Ihre Briefe zu lesen war nicht nur üblich, es war die Pflicht aller Eltern, denen die Erziehung ihrer Kinder am Herzen lag. Diese Pflicht erlosch auch nicht, wenn die Kinder nicht zu Hause wohnten; sie wurde dann delegiert. Noch 1930 mußten Briefe an Internatszöglinge auf dem Umschlag einen Absender tragen, damit die Anstaltsleitung sich davon überzeugen konnte, daß die Korrespondenz von den Eltern des Empfängers gebilligt wurde.

Die Eltern entschieden auch über die Zukunft ihrer Kinder, vor allem über ihre berufliche Zukunft. Im Bürgertum bestimmten die Eltern, was ihre Kinder studieren, in den unteren Schichten, welchen Beruf sie erlernen und wo sie in die Lehre gehen sollten. Noch 1938 antworteten 30 Prozent der Leser einer großen Illustrierten auf die Frage »Soll man für seine Kinder einen Beruf auswählen und sie von kleinauf darauf vorbereiten?« mit Ja.[15]

Die Heirat war eine Familienangelegenheit und betraf daher die Eltern ganz direkt, insbesondere, wenn Vermögen auf dem Spiel stand. Auf den untersten Sprossen der sozialen Stufenleiter – dort, wo es aus Mangel an Vermögen keiner Familienstrategie bedurfte – hatten die Kinder bei der Wahl des Ehegatten relativ freie Hand: Arbeiterehen wurden nicht von den Familien geschlossen. Aber bei Bauern, Angestellten, Gewerbetreibenden und Handwerkern war es bis um die Jahrhundertwende der Brauch, daß die Eltern die Ehen ihrer Kinder stifteten, und noch bis in die fünfziger Jahre hinein wäre es da für die Kinder schwierig gewesen, einen Ehegatten zu wählen, den die Eltern abgelehnt hätten. Im Bürgertum schließlich wurden Ehen häufig immer noch von den Familien »arrangiert«, und man veranstaltete nach wie vor sogenannte »Vorstellungen«.

In allen Schichten bedeutete die Eheschließung die Emanzipation der Kinder und das Ende der elterlichen Macht über sie. »Mariage, ménage«, pflegte man zu sagen: Ehestand ist Hausstand. In manchen Fällen freilich dauerte die Bevormundung durch die Eltern nach der Eheschließung an, vor allem dann, wenn die verheirateten Kinder weiter mit ihnen unter einem Dach wohnten. Diese Situation galt zwar als schwer erträglich, war aber nicht immer zu vermeiden. Dies ist ein weiteres Indiz dafür, daß mit den häuslichen Kompetenzen eine starke

Der Kindergarten (hier ein Bild von 1930) hatte es sich zur Aufgabe gemacht, zu Hygiene und Reinlichkeit zu erziehen. Aber die Ärmel schieben die Kleinen sich beim Händewaschen noch nicht zurück . . .

Machtstellung verbunden war. Zur Milderung dieser Macht, zur Rekonstruktion des privaten Lebens nach dem Muster eines affektiven, personalen Austauschs bedurfte es nicht nur einer Vergrößerung und Umgestaltung des häuslichen Raumes; es bedurfte auch einer Flexibilisierung der Institution Familie. Die Transformation des Raumes wäre ohne die der Sitten wirkungslos geblieben.

Die Sozialisierung der Kindererziehung

Die Fortschritte im Bildungssektor zählen zu den bedeutsamsten Merkmalen der gesellschaftlichen Entwicklung in der zweiten Hälfte des 20. Jahrhunderts; darüber sind sich alle einig. Was aussteht, ist eine genauere Quantifizierung dieses Sachverhalts.

Da ist zunächst die Verlängerung der Schulzeit. Seit Jules Ferry (1882) bestand Schulpflicht bis zum 13. Lebensjahr (für Berufsschüler mit Volksschulabschluß bis zum 12. Lebensjahr), seit 1936 bis zum 14. (bzw. 13.) Lebensjahr. Mit Verordnung vom 6. Januar 1959 wurde die Schulpflicht für nach dem 1. Januar 1953 geborene Kinder bis zum 16. Lebensjahr ausgedehnt. So hat sich die durchschnittliche Schulzeit um drei Jahre verlängert. 1950/51 besuchten nur die Hälfte der Vierzehnjährigen, gut ein Drittel (35,5 Prozent) der Fünfzehnjährigen und gut ein Viertel (27,2 Prozent) der Sechzehnjährigen eine Schule. 1982/83 gingen praktisch alle vierzehn- und fünfzehnjährigen Jungen und Mädchen zur Schule; bei den Sechzehnjährigen waren es 85,7 Prozent, bei den Siebzehnjährigen 70,4 Prozent.

Drei Jahre länger Schule: Man könnte versucht sein, über dieses Faktum rasch hinwegzugehen oder darin eine indirekte Folge der Ausgliederung der Arbeit aus der Wohnung zu sehen. Seitdem die Kinder ihren Beruf nicht mehr an der Seite ihrer Eltern erlernen können, weil diese ihn nicht mehr daheim ausüben, müssen sie ihn anderswo lernen. Die Verlängerung der Schulzeit erklärt sich weder allein aus dem Bestreben der Politik, das Ausbildungsniveau anzuheben, noch einzig aus dem durch ein enormes Wirtschaftswachstum bedingten Wunsch der Familien nach sozialem Aufstieg, sondern auch durch die Einführung von Berufsschulen. Es sind also tiefergreifende Veränderungen im Spiel: Mehr noch als um eine Sozialisierung des Lernens geht es um das Lernen der Sozialität. Diese Lehre wurde früher im Schoße der Familie absolviert, so daß man die Familie mit Fug und Recht als »Kernzelle« der Gesellschaft definieren konnte. Starken wirtschaftlichen Zwängen unterworfen, wurde die Familie von Normen beherrscht, die auf größere Segmente der Gesellschaft mit analogen Zwängen übertragbar waren. Diese Zwänge sind durch die Ausgliederung der produktiven Arbeit aus der Familie, aber auch durch den relativen Wohlstand in den dreißiger Jahren und die Revolution der Hausarbeit so gut wie verschwunden. Daß die Eltern weniger autoritär, liberaler, permissiver geworden sind, hängt gewiß damit zusammen, daß die Sitten sich gewandelt haben, insbesondere damit, daß die Gründe entfallen sind, die Kinder zu diesem oder jenem zu zwingen. Die elterliche Autorität ist

Städtische Kinderkrippe in Rennes, 1980. Heute sollen solche Einrichtungen für Kinder zum Leben in der Gruppe erziehen.

willkürlich geworden; sobald sie bei den Kindern mehr bewirken will als die Wahrnehmung evidenter familiärer Aufgaben, greift sie ins Leere. Die Eltern von einst waren ebensosehr aus Notwendigkeit wie aus Gewohnheit autoritär: Wenn Gewitterwolken aufzogen, fragte man die Kinder nicht lange nach ihrer Meinung, sondern befahl ihnen, das Heu einzufahren. Das Wort der Eltern hatte Gesetzeskraft, weil es der Notwendigkeit entsprang.

Die Liberalisierung der Erziehung durch die Familie hatte jedenfalls zur Folge, daß die Vorbereitung der Kinder auf das Leben von der Familie auf die Gesellschaft übertragen wurde, das heißt: auf die Schule und andere Bildungs- und Ausbildungseinrichtungen.

Die Vorschule: Schule der Sozialität

In dieser Hinsicht ist die »Verschulung« des Bildungsprozesses nach dem 14. Lebensjahr weniger aufschlußreich als die Verbreitung des Kindergartens (»école maternelle«). Seit 1959 hat es sich eingebürgert – ohne daß es gesetzlich vorgeschrieben wäre –, seine Kinder in den Kindergarten zu schicken. Vorher war das Gegenteil die Regel: Man behielt die Kinder möglichst lange daheim, brachte ihnen sogar das Lesen zu Hause bei; in die Kindergärten und Vorklassen gingen nur die Kinder der Armen, deren Mütter arbeiten mußten. Der Kindergarten war ein Notbehelf, eine Bewahranstalt; nun aber befand man es für richtig, daß

Schüler eines Ferienlagers in der Bretagne kommen vom Strand zurück. Das hygienische Gebot des »ordentlichen Auslüftens« führt dazu, daß die Stadtkinder ihre Ferien im Kreis von Schulkameraden und nicht in der Familie verbringen.

die Bambini in den Kindergarten gingen, anstatt zu Hause bei der Mutter zu hocken. Die Eltern der Oberschichten machten den Anfang, vor allem Stadtbewohner mit Hochschulabschluß, und zwar auch dann, wenn die Mutter nicht berufstätig war; 1982 besuchten 91 Prozent der dreijährigen Kinder den Kindergarten, und sogar um die Zweijährigen bemühte man sich nach Kräften. Die Option ist klar: Der Kindergarten ist besser als die Familie und tritt an deren Stelle.

Diese Entwicklung – sie vollzog sich in einer Generation – verrät den Rückzug der Familie in den Privatsektor. Daß die Familie selbst in ihre Ablösung durch die Schule eingewilligt hat, erklärt sich aus dem Bewußtsein ihres immanenten Unvermögens: Da jede Erziehung Erziehung zum öffentlichen Leben sein muß, kann die Familie, die sich in ihrer neuen Privatheit eingerichtet hat, keine umfassende Erziehungsfunktion mehr erfüllen. Die Eltern konstatierten das auf ihre eigene Weise, indem sie bekannten, sie wüßten ihre Kinder nicht mehr zu beschäftigen. Das bestätigt das Beispiel der Ferienlager, die einst von hygienischen Erwägungen der Philanthropen inspiriert worden waren; heutzutage suchen die Eltern das Ferienlager aus, um ihren Kindern »interessante« Ferien zu gewährleisten. Die Jugendlichen selber sträuben sich allerdings gegen diese verordnete Gemeinschaftlichkeitsübung, wie überhaupt Jugendorganisationen seit Anfang der sechziger Jahre zusehends in die Krise geraten. Das liegt daran, daß die jungen Leute ihr Recht auf Privatheit einfordern. Die Übertragung der Erziehungsfunktion von der Familie auf die Schule implizierte auch das Zugeständnis der Familie, daß außerfamiliäre Beziehungen legitim und wertvoll sind. Früher war die Familie davon überzeugt, nur sie allein vermöge ihren Nachwuchs wirklich zu erziehen, und stand außerfamiliären Kontakten und Freundschaften der Kinder skeptisch gegenüber. Den wachsenden Zuspruch zum Kindergarten steuerte die entgegengesetzte Norm: Es ist gut für Kinder, frühzeitig mit Gleichaltrigen aus anderen Familien Umgang zu haben. Dies fördere die Aneignung sozialer Praktiken.

Sobald Kinder ihre Freunde und Kameraden wählen durften, bildeten sie Gruppen. So führte – scheinbar paradoxerweise – die Übertragung der Erziehungsfunktion auf eine öffentliche Instanz, die Schule, zur Herausbildung neuer, mit der Familie konkurrierender Zentren des privaten Lebens. Heranwachsende lehnen die Teilnahme an vorstrukturierten, vom Reglement öffentlichen Verhaltens geprägten Freizeitaktivitäten ab. Zwar akzeptieren sie Institutionen wie die Schule, doch gehört die Schule in ihren Augen zur Welt der Arbeit. Ab einem bestimmten Alter werden Ferienlager und Jugendorganisationen nur noch dann akzeptiert, wenn sie den Bann des Institutionellen abgestreift haben. In diesem Widerspruch wurzelt ihre Krise.

Vor demselben Problem stehen die Eltern: Wenn sie die Zügel allzusehr straffen, laufen ihnen die Kinder weg. Doch kommt eine Familie im Alltag nicht ohne ein Minimum an Regeln aus – deren Definition kann durch widerrufliche Kompromisse, mehr oder weniger konfliktgeladene Verhandlungen erreicht werden. Diese Anpassung wird durch eine andere Konsequenz der Verlängerung der Schulzeit erleichtert: den wachsenden Einfluß der Schule auf Entscheidungen, die die Zukunft der Kinder betreffen. Während infolge der »Verschulung« der Berufsausbildung die Bedeutung der Schulzeit für die Gestaltung der sozialen Zukunft wächst, entzieht sich die Entscheidung über diese Ausbildung den Eltern. Der Wohnsitz der Eltern gibt den Ausschlag,

Pfadfinder in den Vogesen. Jugendorganisationen erlauben die Kameradschaft Heranwachsender aus erzieherischen Überlegungen und unter Aufsicht Erwachsener, aber auch aus hygienischen Gründen.

Eine Gesundheitsfürsorgerin bei ihrer Visite (um 1930): zwei Welten prallen aufeinander. Die öffentliche Sorge für Gesundheit und Hygiene trägt zur Verbreitung neuer häuslicher Gewohnheiten bei.

welche Grundschule, welches »collège« die Kinder besuchen. Im »collège« entscheiden Verfahren der Berufsfindung (»orientation«) über den Eintritt des Schülers in einen bestimmten Zweig eines bestimmten Gymnasiums (»lycée«), wo die Berufsfindung fortgesetzt wird. Nur gute Schüler haben selbst die Wahl; die anderen müssen sich mit dem abfinden, was das Bildungssystem für sie parat hält.

Gewiß erzeugt die Entmachtung der Familie Konflikte, weil sie nicht selten die Preisgabe hochgespannter sozialer Ambitionen einschließt. Aber sie hat auch Vorteile; sie überträgt einer Außeninstanz die Verantwortung für zukunftsbestimmende Beschlüsse. Vor dem Zweiten Weltkrieg wählten in der Regel die Eltern für ihre Kinder die Laufbahn oder den Beruf aus; heute sind sie von den Unwägbarkeiten solcher Festlegungen entlastet.[16] Der enorme Druck, unter den die Schüler durch die schulischen Verfahren der Berufsfindung gesetzt werden, befreit die Eltern von dem Zwang, selber einen analogen Druck auszuüben, der die familiären Beziehungen nachhaltig beschweren könnte.

Im übrigen beschränkt sich der öffentliche Zugriff auf die Erziehung nicht auf die Schulzeit. Der Staat interessiert sich für das Kind praktisch von der Empfängnis an, und das Gesetz über den Mutterschutz (1946) verpflichtet die werdende Mutter zum dreimaligen Arztbesuch vor der Entbindung – jedenfalls dann, wenn sie in den Genuß der Beihilfen kommen will. Die gleiche ärztliche Kontrolle gilt für die Stillzeit und das Kleinkindalter; der Impfzwang wird eingeführt. Mit einem

Wort, mit dem generellen Anspruch auf Familienbeihilfen – vom Gesetz von 1932 über das Familiengesetzbuch von 1939 bis zum Gesetz von 1946 – hat sich die medizinische Überwachung der Schwangeren und der Kinder stetig verschärft. Mehr noch, die gesamte Erziehung ist inzwischen dem Regime öffentlicher Instanzen unterstellt. In der Zwischenkriegszeit begannen Krankenschwestern, im Namen der öffentlichen Hygiene und des Kampfes gegen die Tuberkulose die Familien zu visitieren. Mitunter hat man diese Ausforschungs- und Beobachtungspraktiken konsequent systematisiert. Es wurden über alle Häuser der Gemeinde Dossiers angelegt. Die Behörden sandten Sozialhelferinnen aus, um zu überprüfen, ob guter Gebrauch von den Beihilfen gemacht wurde; sie kontrollierten den Familienetat und gaben Ratschläge; in kritischen Fällen wurde die ganze Familie unter Vormundschaft gestellt (1942), und statt der Eltern bestimmte die Sozialhelferin über die Verwendung der Beihilfen.

Auch Justiz und Gesundheitsamt konnten direkt in das Familiengeschehen eingreifen. Eine komplizierte Regelung erlaubte es dem Jugendgericht, einer Familie das Sorgerecht für die Kinder zu entziehen und es einem Pfleger zu übertragen (Verordnung von 1958, Erlaß von 1959). Mit der offiziellen Trennung »gefährdeter« Kinder von den Eltern war zweifellos eine Grenze erreicht: Daß eine Behörde die Erziehungsgewalt auf andere Personen als die Eltern übertragen kann, beweist, daß die Erziehungsfunktion endgültig entprivatisiert ist. Von der Sorge, die Kinder in die Regeln des Zusammenlebens in der Gesellschaft einzuüben, hat die Schule die Eltern entlastet; ihnen bleibt die Aufgabe, die Kinder zu ernähren, zu kleiden und zu lieben, jedoch unter der Kontrolle des Staates, der in letzter Instanz darüber entscheidet, ob sie diese Aufgabe korrekt erfüllen. So verlor die Familie sukzessive alle Funktionen, die aus ihr einen sozialen Mikrokosmos gemacht hatten. Sie hört auf, eine soziale Institution zu sein, und wird zum Schauplatz interagierender Privatsphären.

»Die Hygieneberaterin hilft dem Arzt und den Sozialarbeiterinnen bei ihrem Kreuzzug gegen die Tuberkulose und die Säuglingssterblichkeit«: Hygiene als patriotische Pflicht.

Die informelle Familie. Vom Ehekontrakt zur Liebesheirat

Der tiefgreifende Wandel der Familienrealität läßt sich auch an der Ehe ablesen. In der ersten Hälfte des 20. Jahrhunderts bedeutete die Eheschließung die Gründung eines Hausstandes, die Grundlegung einer genau definierten und in der Gemeinschaft klar erkennbaren sozialen Realität. Noch 1930 scheinen Beruf und Vermögensverhältnisse sowie sittliche Qualitäten des Partners für das Ehebündnis wichtiger gewesen zu sein als ästhetische oder psychologische Erwägungen.[17] Man heiratete, um Beistand und Stützung für ein ganzes Leben zu finden, das hart zu werden versprach und für Alleinstehende erst recht schwer war; man wollte Kinder haben, sein Erbe mehren und es ihnen hinterlassen, ihnen zum Erfolg verhelfen und dadurch selbst erfolgreich sein. Die familiären Werte waren zentral; man maß den Einzelnen am Erfolg seiner Familie und an seinem eigenen Beitrag zu diesem Erfolg.

Dieser gemeinsame Zukunftsentwurf bedurfte einer festen juristi-

Werbung für Familienplanung: »Frau, du bist kein Kaninchen!« Auf den Feminismus und seine Probleme kommen wir weiter unten zu sprechen; unbestreitbar ist, daß er die Autonomie der Frau in der Familie – und notfalls gegen die Familie – zur Forderung erhoben hat.

schen Struktur; auch wenn kein Notar hinzugezogen wurde, stellte die Ehe einen Vertrag auf Dauer dar, der nur aus schwerwiegenden Gründen aufgelöst werden konnte – das Gesetz von 1884 eröffnete die Möglichkeit dazu nur unter der Bedingung, daß einer der beiden Gatten sich einer schweren Verfehlung schuldig gemacht hatte. Die Zahl der Ehescheidungen war denn auch gering, zu Beginn des Jahrhunderts waren es kaum 15 000 pro Jahr, noch 1940 kaum 30 000. In vier von fünf Fällen war es die Frau, die die Scheidung begehrte, weil der Mann – zum Beispiel ein Trinker – sich nicht damit begnügte, sie zu betrügen und zu schlagen, und nicht mehr für ihren Unterhalt sorgen konnte, sondern zu einer »Belastung« geworden war.[18] Die emotionalen Enttäuschungen wogen minder schwer als die materiellen Zwänge.

In der Tat ist die Rolle des Gefühls in den damaligen Ehen schwierig einzuschätzen. Fest steht lediglich, daß Liebe nach den sozialen Normen der Zeit weder eine Voraussetzung der Ehe noch ein Kriterium für ihren Erfolg war. Um zu heiraten, mußten der Mann und die Frau einander gefallen, sie mußten den Eindruck haben, daß sie einander verstehen, achten und schätzen konnten, kurz, sie mußten zueinander passen. Das schloß Liebe ebensowenig aus, wie es deren Fortbestand gewährleistete – der hohe Wert, der dem institutionellen Aspekt der Ehe beigemessen wurde, überdeckte die affektiven Realitäten. Was die »körperlichen« Aspekte betraf – man sprach noch nicht von »sexuellen« –, so waren sie, laut einer Umfrage von 1938 über die Bedingungen des Glücks in der Ehe, wichtig (67 Prozent); sie rangierten nach der Treue (78 Prozent), geistigen Qualitäten (78 Prozent), dem Teilen der ehelichen Gewalt (76 Prozent) und dem Teilen von Sorgen und Aufgaben

Die Hochzeit, Familienereignis par excellence, ist die Selbstinszenierung zweier Familien nach strengem Protokoll. Doch die Bräuche verblassen, man heiratet schlichter, und bald wird die Institution der Ehe selbst in Frage gestellt.

(92 Prozent). Sich zu verheiraten bedeutete in erster Linie, ein Gespann zu bilden.[19]

Die Verhältnisse haben wohl in den dreißiger Jahren sich zu verändern begonnen, doch ist eine verläßliche Datierung des Wandels nicht möglich, weil er zunächst von einem traditionellen Diskurs überlagert wurde. Für das katholische Milieu mag der Aufschwung einer neuen »Spiritualität der Ehe« als Indiz dienen. Während der Okkupation schlossen sich junge Ehepaare zu Gruppen zusammen. Bald entstand daraus eine »Bewegung« mit einer eigenen Zeitschrift – die erste Nummer des *Anneau d'or* erschien im Januar 1945, schon die zweite enthielt einen Hymnus auf die (eheliche) Liebe aus der Feder eines ehrwürdigen Geistlichen. Hinkten Katholiken der allgemeinen Entwicklung hinterher? Es sieht nicht danach aus, denn andere Zeichen deuten in dieselbe Richtung. Philippe Ariès erwähnte 1953 in einem bemerkenswerten Aufsatz die wachsende Wertschätzung der ehelichen Liebe in allen ihren Formen, auch den »sexuellen« – dieses Wort wird gebraucht –, und wies darauf hin, daß 1948 nicht weniger als 12 Prozent der Studenten verheiratet waren.[20] Er erblickte darin das Signal eines bedeutsamen Umbruchs, denn zu heiraten, ohne eine feste Stellung in der Welt zu haben, verriet einen gravierenden Mentalitätswandel, und die Heiraten von Studenten waren Liebesheiraten.

Inzwischen änderte sich die soziale Norm. In Frauenzeitschriften kamen Ärzte und Psychologen zu Wort, die die Legitimität von Gefühlen begründeten und Freudsche Grundbegriffe populär machten. 1953 gab es im Raum Paris an Lehrerbildungsanstalten eine Reihe von Vorträgen zur Vorbereitung auf die Ehe; sie schilderten die Ehe als eine Station auf dem Wege zur affektiven Reifung des Menschen, die mit der Verwirklichung des Wunsches nach Kindern besiegelt werde.[21] Kinder, so glaubte man, bedurften zu ihrem Gedeihen nicht nur der Liebe, die die Eltern ihnen widmeten, sondern ebenso der Liebe, die die Eltern füreinander empfanden.[22] Damals kam auch der Gebrauch des Wortes »Paar« (»couple«) in Verbindungen wie »Paarbeziehung«, »Probleme des Paares« auf. Kurzum, die Liebe behauptete jetzt einen beherrschenden Platz in der Ehe, ja, sie erschien als deren Fundament.

Die neue Norm legitimierte auch die Sexualität – der Begriff bürgerte sich Ende der fünfziger Jahre ein – durch die Aufrichtigkeit der Gefühle, die sie ausdrückte; sie wurde zur Sprache der Liebe selbst, zum Zeichen der »Union des époux«, um den Titel eines Buches von Abbé Oraison aufzugreifen, der die neue Programmatik in der Lebenswelt der Katholiken verankerte, wo die Sexualaskese den Geschlechtsakt bisher nur als Zugeständnis an die Schwachheit des Mannes und zur Fortpflanzung der Art toleriert hatte. In einer ganz anders gearteten Zeitschrift konnte man die Geschichte einer »Frau aus Marmor« lesen, deren Mann es versäumt hatte, aus ihr »eine wirkliche Frau« zu machen, und die in den Armen eines anderen die Lust entdeckte, bevor sie in das »Joch der Ehe« zurückkehrte.[23] Eine andere Frau schrieb: »Es war unmoralischer, ohne Liebe nebeneinander herzuleben, als getrennt zu leben.«[24] Fortan ist die Institution der Ehe allein nicht mehr imstande, die Sexualität zu legitimieren: Es muß Liebe im Spiel sein.

Liebe und Ehe traten freilich noch nicht vollständig auseinander, denn die Sexualität blieb natürlich mit der Fortpflanzung verknüpft. Empfängnisverhütung war damals nicht unbekannt, doch sie wurde vorwiegend dem Mann abverlangt. Die öffentliche Meinung zeigte sich toleranter gegenüber vorehelicher Sexualität, vorausgesetzt, die »Verlobten« liebten einander und waren gewillt, zusammenzubleiben; unverheiratete Mütter hingegen stießen nach wie vor auf heftige Ablehnung. Und ohne »guten Grund«, das heißt ohne realistische Aussicht auf Heirat, verweigerten junge Mädchen weiterhin jungen Männern ihre Gunst. Die Zahl vorehelicher Konzeptionen stieg bis 1972 an, während die Anzahl der unehelichen Kinder stabil blieb – das Tabu über der sexuellen Vereinigung fiel, doch ihre Perspektive blieb dieselbe.

Indessen wankten die Sitten. Der Feminismus entzündete ein neues Freiheitsbegehren, das die Ereignisse von 1968 noch verstärkten. Die Bewegung zugunsten der Empfängnisverhütung bekam einen anderen Sinn – mit der »Familienplanung« thematisierte sie die Selbstbestimmung der Frau über den Rhythmus ihrer Fruchtbarkeit und die verheerenden Folgen unerwünschter Schwangerschaften. Diese Überlegungen sind in die Präambel der Lex Neuwirth (1967) eingegangen. Einige Jahre später berief man sich zur Legalisierung der Abtreibung – Lex Veil (1975) – auf das Recht der Frau, in eigenem Ermessen über ihren Körper zu verfügen: »Mein Körper gehört mir.« Die »Befreiung« der Frau löste die freiwillige Mutterschaft ab. Empfängnisverhütung wurde zu einer geläufigen Praxis der Frauen; die Sexualität stand nicht länger ausschließlich im Dienste der Fortpflanzung. Ähnlich wie im Erziehungswesen eroberten sich die jungen Leute eine beachtliche Unabhängigkeit in ihrer Familie: Man mußte nicht mehr heiraten, um der elterlichen Gewalt zu entkommen; man brauchte aber auch nicht mehr zu heiraten, um regelmäßige Beziehungen mit einem Partner des anderen Geschlechts unterhalten zu können, weil diese Beziehungen so lange ohne »Folgen« blieben, wie man wollte.

Das Zusammenleben Jugendlicher

Es wuchs die Anzahl unverheirateter jugendlicher Paare, also das, was die Soziologen verschämt das »Zusammenleben Jugendlicher« nannten.[25] Von 100 Paaren, die 1968 und 1969 heirateten, hatten 17 bereits vor der Eheschließung zusammengelebt; 1977 waren es 44 von 100. Dieser Zustand wurde von der öffentlichen Meinung zunehmend geduldet. Die Eltern der Paare fanden sich mit der Situation ab, um nicht durch offene Mißbilligung die Verbindung zu ihren Kindern zu zerrütten; in 75 Prozent der Fälle wußten sie Bescheid; häufig, nämlich in 50 Prozent der Fälle, unterstützten sie das Paar finanziell. Sie betrachteten das Ganze als eine Art Ehe auf Probe und hofften – meist zu Recht –, daß das »Provisorium« in Heirat münden werde. Gleichwohl war auch dies ein Beleg für die institutionelle Erschütterung der Ehe: Die Heirat änderte nichts an der Lebensführung des Paares, das schon vorher zusammengelebt hatte. Sie hatte keine zusätzliche soziale Anerkennung zur

Das Zusammenleben jugendlicher Paare begründet einen eigentümlichen Lebensstil. Konventionen werden ebenso abgelehnt wie das klassische Mobiliar.

Folge, weil für Freunde und Verwandte die Ehe ohnehin schon bestanden hatte. In rechtlicher Hinsicht, in bezug auf Familienbeihilfen und Sozialversicherung, war das amtlich bescheinigte Zusammenleben der Ehe gleichgestellt. Die beiden, die da zusammenlebten, gewannen also nichts, wenn sie heirateten. Im Gegenteil, sie schienen etwas zu verlieren. Bedeutete Heirat nicht Verlust von Freiheit, Verabschiedung von Chancen – mit einem Wort: Minderung? Mitunter befürchteten die, die da zusammenlebten, die Ehe werde ihre Beziehung geradezu tödlich formalisieren. Sie vermuteten, das Gefühl werde zur Gewohnheit erstarren, vergreisen. Sie wollten um ihrer selbst willen geliebt werden, nicht aus Pflichtgefühl. Und manche glaubten, daß das Fehlen einer förmlichen Bindung und die institutionelle Ungesichertheit ihrer Beziehung deren Spontaneität und Intensität garantierten.[26] Die juristische Sanktionierung der Ehe wurde schwächer und seltener. 1975 wurde die einvernehmliche Ehescheidung eingeführt. Die Zahl der Scheidungen war übrigens schon vorher stark angestiegen: 1960 wurden 28 600 Ehen geschieden, 1970 waren es 37 400, 1975 54 300 und 1980 79 700. Scheidungen in den ersten Ehejahren häuften sich: Unbestreitbar wurde die Ehe immer fragiler. Sie wurde auch immer seltener. 1971 wurden 416 500 Hochzeiten gefeiert; das war ein Rekord. Zehn Jahre später waren es 100 000 weniger. Die Zahl der Unverheirateten nahm zu: 1981 lebten von den Dreißig- bis Vierunddreißigjährigen 16 Prozent der Männer und 13 Prozent der Frauen offiziell allein. Gleichzeitig lebte man immer länger zusammen, ohne zu heiraten. 1981 hatten 11 Prozent der Paare, in denen der Mann weniger als 35 Jahre alt war, keinen Trauschein; sechs Jahre zuvor waren es erst 5 Prozent gewesen. Ehelosigkeit

und freie Verbindung – gleichzeitig oder abwechselnd – verbreiteten sich vornehmlich in den höheren Schichten der Gesellschaft, bei Führungskräften, Freiberuflern und sogar Angestellten: Es war die Lebensweise des gebildeten, aufgeklärten Städters. In Paris waren laut Volkszählung von 1982 mehr als die Hälfte aller Haushalte Einpersonenhaushalte.

Die städtische Familie ist untrennbar verbunden mit einer neuen Lebensweise und einer neuen Kultur.

Neben der Ehe geriet die Familie selbst ins Wanken. Der aus Eltern und Kindern bestehende Haushalt war nicht mehr die Regel: Familien Alleinerziehender wurden immer häufiger. 1981 wuchsen 10 Prozent der Kinder bei nur einem Elternteil auf, in drei von vier Fällen war das die Mutter. Zu den geschiedenen Frauen mit Sorgerecht für ihre Kinder kamen zunehmend Mütter, die freiwillig ledig blieben. Der Anteil der natürlichen Kinder an der Geburtenrate hat sich seit 1970 verdoppelt: 1981 war eins von acht Kindern unehelich; aber über 50 Prozent von ihnen wurden von ihren Vätern anerkannt, während das 1970 nur für eins von fünf Kindern zutraf. Mit der Empfängsniverhütung tritt an die Stelle der jungen Mutter, die mißbraucht und von ihrem Verführer sitzengelassen worden ist, die ledige Frau, die bewußt die Mutterschaft wählt, ohne zu heiraten, und trotzdem ein gutes Verhältnis zum Vater ihres Kindes hat. Doch übt sie allein die elterliche Gewalt aus: Die Allianz von Mutter und Kind wird tendenziell zum einzig stabilen und festen Familienband.

Das Paar ist nicht mehr die einzige Norm

Gewiß sind die Extremfälle noch in der Minderzahl, und die Entwicklung kann abbrechen oder eine andere Richtung nehmen. Dennoch bleibt festzuhalten, daß die Veränderungen im häuslichen Bereich, die Sozialisierung der Arbeit und eines großen Teils der Kindererziehung, die Lockerung der häuslichen Zwänge und die Differenzierung der Sitten einen einschneidenden Wandel hervorgerufen haben. Vor einem halben Jahrhundert noch kam erst die Familie und dann der Einzelne; heute kommt erst der Einzelne und dann die Familie. Früher war der Einzelne in die Familie integriert; sein privates Leben war zweitrangig, oft sogar heimlich und marginal. Dann hat die Beziehung zwischen dem Einzelnen und der Familie sich umgekehrt. Heute ist, abgesehen von der Mutterschaft, die Familie nichts anderes mehr als das Bündnis der Individuen, aus denen sie in einem bestimmten Augenblick besteht; jeder Einzelne führt sein eigenes privates Leben und erwartet von einer informellen Familie Förderung dabei. Und wenn er das Gefühl hat, daß die Familie ihn erstickt? Dann wendet er sich ab und sucht anderswo Kontakte. Früher ging die Privatsphäre des Einzelnen in der seiner Familie auf; heute wird die Familie danach beurteilt, welchen Beitrag sie zur Entfaltung des Einzelnen leistet.

Der Einzelne und sein Königtum

Der rehabilitierte Körper

Nichts bezeugt den Primat des individuellen privaten Lebens besser als der moderne Körperkult. Zu Beginn des Jahrhunderts hat den Status des Körpers vornehmlich sein soziales Milieu bestimmt. Arbeiter schätzten ihren Körper als kräftigen und zuverlässigen Diener; sie hatten Respekt vor Muskelkraft, Gesundheit, Ausdauer. Die Einstellung des Bürgertums war eher ästhetisch motiviert, auf Repräsentation angelegt; das Erscheinungsbild zählte, doch man offenbarte seinen Körper nicht. Vornehme Leute betraten nicht ohne Hut und Handschuhe die Straße und zeigten kaum mehr als ihr Gesicht, mit Ausnahme der Damen, die gelegentlich mit großzügigen Décolletés reizten. Die ersten Pfadfinder mit ihren kurzen Hosen erregten Anfang der zwanziger Jahre noch Aufsehen: ihrer nackten Beine wegen.

In allen Schichten überzogen traditionelle christliche Vorbehalte den Körper mit Mißtrauen, ja, mit Ablehnung. Die biblische Antithese von Fleisch und Geist geriet zum Gegensatz von Leib und Seele. Der Leib galt als Gefängnis der Seele, als das Gewicht, das sie fesselte. Im Grunde war der Körper ein wertloses Ding, das den Menschen hinderte, ganz er selbst zu sein. Zwar verdiente er Beachtung; man mußte ihm die notwendige Pflege angedeihen lassen. Aber wer ihm zuviel Aufmerksamkeit widmete, der drohte der Sünde zu verfallen, zumal der Sünde des Fleisches.

Luxusbadezimmer um 1950, mit doppeltem Waschbecken, Bad, Dusche und WC sowie Heizrohren zur Erwärmung der Handtücher.

Die tägliche Toilette fiel daher sehr knapp aus. Für die unteren Volksschichten, bei Arbeitern und Bauern, war Wasser rar und das Wasserholen mühsam, so daß man es spärlich gebrauchte. Im übrigen herrschte die Überzeugung vor, daß Wasser den Körper »verweichliche« und daß »schmutzige Kinder die gesündesten« seien – Guy Thuillier und Eugen Weber haben diese Ansicht für die Jahrhundertwende reichlich belegt.[27] Man wusch sich die Hände und das Gesicht; dabei ließ man es in der Regel bewenden. Die Historiker verweisen mit Recht auf die Bedeutung der Volksschulen für die Aufklärung über Sauberkeit und Hygiene; doch die dort verbreiteten Normen, auch wenn sie den örtlichen Gepflogenheiten voraus waren, muten uns heute ziemlich grobschlächtig an. Den ganzen Körper zu waschen war noch nicht Bestandteil der normalen Toilette. Im Schulbezirk Dijon gab es vor dem Ersten Weltkrieg nur vier Knabengymnasien, die mit Duschen ausgestattet waren; ohne Duschen mußten ein fünftes Knaben- und zwei Mädchengymnasien sowie fünfzehn höhere Schulen für Jungen und dreizehn für Mädchen auskommen. Die Internen wuschen sich einmal wöchentlich die Füße. Die Installation von Duschen in Schulen war eine fortschrittliche Tat der Stadtverwaltung. Doch die alten Tabus waren kaum zu erschüttern. Noch am Vorabend des Zweiten Weltkrieges gab eine einfache Frau barsch zur Antwort: »Madame, ich bin jetzt fünfzig und habe mich da noch nie gewaschen!«, als eine Schulleiterin in Chartres sie darauf aufmerksam machte, daß bei ihrer Tochter inzwischen die Menstruation eingesetzt habe . . .[28]

Fleißiger reinigte man sich im Bürgertum und Kleinbürgertum. Hier gab es schon in der Zwischenkriegszeit oft Wohnungen mit Badezimmer und Badewanne; notfalls behalf man sich mit einem Zuber. Das Ankleidezimmer setzte die Intimität des Schlafzimmers fort, und die Kammerzofe, deren Tagebuch Octave Mirbeau uns überliefert hat, ärgert sich darüber, daß ihre Herrin ihr zu diesem Heiligtum den Zutritt verweigert.[29] Fließendes Wasser, Toilette und Bidet begünstigten häufigere Waschungen. Säuglinge wurden jeden Tag gewaschen; wenn die Kinder größer waren, achtete man darauf, daß sie einmal in der Woche – meist sonntags – »große Toilette« machten. Die Reinlichkeitspraktiken waren also in den sozialen Schichten sehr verschieden.

Am markantesten waren die Unterschiede bei der Nutzung des Badezimmers. Der Aufschwung der Bautätigkeit nach dem Zweiten Weltkrieg erlaubte es Familien der unteren Schichten, in Wohnungen mit »modernem Komfort« einzuziehen; alsbald spottete man im Bürgertum über die Arbeiter in den Sozialwohnungen, die in der Badewanne ihre Kohlevorräte lagerten oder Kaninchen züchteten . . . Die neuen Bewohner brauchten Zeit, um neue Gebräuche zu erlernen.

Die neue Sorge um das Erscheinungsbild

Diese Unterschiede waren übrigens nicht systematisch. So beförderten der aufkommende Volkssport, die Jugendherbergen und der bezahlte Urlaub unter jüngeren Arbeitern die Herausbildung neuartiger Gewohnheiten der Körperpflege. Für das Bürgertum war die Zwischenkriegszeit eine Epoche der »Befreiung des Körpers«, das Verhältnis zu Körper und Bekleidung wandelte sich. Die Männer reagierten auf diese Entwicklung, die schon vor 1914 begann, eher zögerlich – an die Stelle von Vatermörder und steifem Hut traten der weiche Kragen und der Filzhut; das Sakko löste den Gehrock ab, der nur noch bei feierlichen Anlässen getragen wurde. Die Frauen hingegen nahmen die Impulse der Mode rasch auf: Korsett und Hüfthalter wichen dem Schlüpfer und dem Büstenhalter; die Kleider wurden kürzer, Strümpfe betonten das Bein; weichere Stoffe hoben diskret den Körperumriß hervor. Um der äußerlichen Erscheinung willen hielt man den Körper »in Form«. Die Frauenzeitschriften schärften das Bewußtsein ihrer Leserinnen für die Dringlichkeit täglicher Gymnastik. Die Frauen wurden ermahnt, jeden Morgen ihre Bauchmuskeln zu trainieren, um sie geschmeidig zu erhalten. Man begann, auf eine gesunde Ernährung zu achten, und bevorzugte gegrilltes Fleisch und Gemüse. Die Speisenfolge wurde gerafft, und selbst bei offiziellen Empfängen trat an die Stelle der klassischen Triade aus Vorspeise, Fisch oder Fleisch mit Sauce und Braten die schlichtere Abfolge von Fisch und Fleisch. Einen Bauch zu haben galt beim Mann nicht mehr als Zeichen der Respektabilität, sondern der Vernachlässigung: überflüssiges Fett macht müde und schlaff. Der sehnige Tennisspieler in weißer Flanellhose und offenem Hemd wurde zum Modell männlicher Eleganz, dem die jungen Leute nacheiferten.

Hinter diesen Veränderungen stand, zumal bei den Frauen, eine neue – oder legitim gewordene – Sorge: die Sorge, verführerisch zu bleiben. Die neuen Frauenzeitschriften, namentlich die seit 1937 erscheinende *Marie-Claire*, lehrten die Frauen, attraktiv zu bleiben, um ihren Mann »bei der Stange« zu halten. Von derlei Ansinnen war in dem Vertrag, mit dem eine Generation zuvor die Ehe geschlossen worden war, noch nicht die Rede gewesen.[30] Schönheitspflege, Make-up und Lippenstift waren nicht länger das Erbteil der Kurtisanen und Halbweltdamen, sie avancierten zu reputierlichen Hilfsmitteln jeder Frau, um ihre Reize zur Geltung zu bringen.

Um die Ausbreitung der neuen Einstellungen in der Gesellschaft insgesamt beschreiben zu können, bedürfte es sozialwissenschaftlicher Vorarbeiten, über die wir noch nicht verfügen. Dennoch wollen wir einige Hypothesen wagen. Die neuen Verhaltensmuster formierten sich in der Zwischenkriegszeit zunächst im mondänen Pariser Bürgertum, das die Kurorte an der See und die Heilbäder frequentierte. Um Modernität bemüht, lancierte man Mode. Der angelsächsische Lebensstil war in diesen Kreisen bekannt und wurde bewundert. Das traditionsbewußte Bürgertum in der Provinz zog erst später, während des Zweiten Weltkriegs, nach; eine wichtige Funktion bei der Legitimierung der neuen Gepflogenheiten scheinen die Action Catholique und die Pfadfinder-Bewegung gehabt zu haben.

In den anderen Schichten der Gesellschaft ging die Entwicklung langsamer vor sich. Die weiblichen Angestellten waren fortschrittlicher als die Arbeiterinnen und die Frauen vom Land, die Frauen überhaupt fortschrittlicher als die Männer, doch alle segelten im Kielwasser der

Die erste Nummer der Zeitschrift *Marie-Claire* vom 5. März 1937 hat Epoche gemacht. Hier ist sie, die neue Frau . . .

Konsumgesellschaft. Die Explosion der Reklame beschleunigte in der gesamten Bevölkerung die Vergesellschaftung von Körperpraktiken, die bürgerliche Ärzte und Sozialkritiker schon seit der Jahrhundertwende gepredigt hatten. Firmen wie L'Oreal inszenierten massive Werbekampagnen für ihre Haarwaschmittel (»Dop, dop, dop, le monde adopte Dop«, tönte es in den fünfziger Jahren aus den Radios), Parfums und Déodorants. Die Hersteller von Damenwäsche und Unterbekleidung, Badeanzügen und Mineralwasser schlossen sich an. Mit suggestiven Photos in Zeitschriften, mit Unterstützung des Kinos und vor allem des Fernsehens setzten die Profis der Körperpflege das neue Image durch, und mit dem neuen Image neue Verhaltensstile. So war die Wirtschaft an der Verbreitung des neuen Körperbildes nachhaltiger beteiligt als die Hygiene.

Seit Mitte der sechziger Jahre stehen drei Bereiche im Vordergrund: Körperpflege, Ernährung und Körperkultur. 1951 verursachte eine Umfrage der Zeitschrift *Marie-Claire* einen kleinen Skandal mit der Enthüllung, daß 25 Prozent der befragten Frauen sich niemals die Zähne putzten und 39 Prozent nur einmal monatlich ein Bad nahmen. 1966 und 1967 ergaben Umfragen zur Zeiteinteilung der Bürger in sechs Kleinstädten und in Paris, daß Frauen durchschnittlich eine Stunde pro Tag auf die Pflege ihres Körpers verwendeten und Männer kaum weniger. Acht Jahre später widmeten Frauen ihrer Körperflege 30 bis 40 Prozent mehr Zeit, Männer 20 bis 30 Prozent. Heute investieren wir acht bis neun Stunden pro Woche in unsere Toilette. Den Rekord halten Frauen im mittleren Management mit fast zehn Stunden. Die Körperpflege ist heute gründlicher und vielfältiger als früher und beansprucht daher auch mehr Zeit.

Was die Ernährung betrifft, so hielten es die Arbeiter nach wie vor mit schwerer Kost, doch generell wurde das Essen leichter. Das belegt das Körpergewicht der Franzosen: Zwischen 1970 und 1980 haben die Frauen im Durchschnitt um ein Kilo abgenommen, während die Männer bei gleichbleibendem Gewicht um anderthalb Zentimeter größer geworden sind. Auf einem Feld, in dem Veränderungen nach Jahrhunderten gemessen werden, sind solche Unterschiede in nur zehn Jahren ein deutliches Zeichen für das erhöhte Körperbewußtsein der Menschen.

Sportlichkeit

Auch die Körperkultur hat eine rapide Entwicklung genommen. Wie wir gesehen haben, fand Gymnastik schon vor 1940 Eingang in die Ratgeberspalten der Frauenzeitschriften, allerdings nicht in die Praxis: Für die einzelne Frau war es schwierig, diese Ratschläge zu befolgen. Wie viele Frauen Gymnastik trieben, ist unmöglich zu sagen; vermutlich haben es viele probiert, doch bald entmutigt wieder aufgegeben. Es bedurfte eines starken Anreizes, um Mann und Frau zur Gymnastik zu bewegen. Diesen Anreiz boten die immer häufigeren Gelegenheiten, in der Öffentlichkeit seinen Körper zu zeigen. Mitte der sechziger Jahre tauchte in Inseraten für Luxuswohnungen oft ein junges Paar im Bade-

7° ASSEYEZ-VOUS DEVANT VOTRE COIFFEUSE
... parce qu'après avoir fait vos exercices, vous avez besoin de repos...

14° FRICTION
... parce que la friction sèche à l'alcool et au gant de crin indispensable vous évitera de vous essuyer trop longuement.

15° PETIT DÉJEUNER AU LIT
... parce que vous avez besoin d'un petit moment de répit.

8° RAFRAICHISSEZ VOTRE VISAGE AVEC UNE LOTION
... parce que votre épiderme démaquillé la veille au soir a besoin d'être tonifié et qu'après la culture physique, il absorbe mieux les produits.

16° HABILLEZ-VOUS, SAUF LA ROBE
... parce que vous pourriez prendre froid.

9° APPLIQUEZ LA CRÈME NOURRISSANTE EN MASSANT LÉGÈREMENT
... parce que l'action de la crème nourrissante sera beaucoup plus active si vous gardez cette crème pendant votre bain.

10° COIFFEZ-VOUS
... parce que vous profiterez au maximum du séjour devant votre miroir.

17° RETIREZ LE FILET QUI TENAIT VOS CHEVEUX
... parce qu'il est difficile de se maquiller avec un filet sur la tête.

11° METTEZ UN FILET POUR TENIR VOS CHEVEUX
... parce que la vapeur de l'eau aidera la coiffure récemment faite à bien tenir en place

18° MAQUILLEZ-VOUS
... et appliquez la première couche de poudre très abondante, parce qu'elle doit rester un moment en contact avec le visage.

12° PRENEZ VOTRE BAIN
... parce que vous avez suffisamment transpiré dans votre robe de chambre et il est temps de vous baigner en vous brossant vigoureusement.

19° PASSEZ VOTRE ROBE
... parce que pendant ce temps là, votre maquillage adhère bien.

13° DANS LE BAIN. SOIGNEZ VOS ONGLES ET PONCEZ VOS JAMBES
... parce que les petites peaux de vos ongles des mains et des pieds viennent d'être amollies par l'eau chaude et le savon.

20° BROSSEZ LA PREMIÈRE COUCHE DE POUDRE
... parce que vous devez maintenant appliquer légèrement la deuxième et dernière couche de poudre. Le plaisir que vous aurez à vous regarder trois secondes dans votre miroir, vous récompensera de votre peine.

Körperpflege ist nicht nur legitim – für die Frau wird es nachgerade zur Pflicht, schön zu sein.

Beim Jogging im Bois de Boulogne. Sogar in den Straßen von Paris erregt das Laufen keine Heiterkeit mehr.

anzug vor einem Swimmingpool auf, im Hintergrund lockte ein Tennisplatz: Veralltäglichung eines Urlaubsverhaltens, das in dieser Schicht jetzt die Regel war und seit 1956, mit der dritten bezahlten Urlaubswoche, auch in anderen Schichten üblich wurde. Zwar fuhren in den sechziger Jahren nur vier von sechs Franzosen in Urlaub, aber das Zelten erlebte einen ungeheuren Aufschwung und ermöglichte Jugendlichen aus allen Schichten, Ferien am Meer zu machen: 1956 gab es 1 Million Camper, 1959 waren es 3 Millionen, 1962 fast 5 Millionen, 1964 7 257 000. In kaum zehn Jahren hatte sich eine regelrechte Umwälzung der Urlaubsgepflogenheiten vollzogen.

Zur körperlichen Regeneration im Urlaub gesellten sich weitere zehn Jahre später Praktiken regelmäßiger körperlicher Ertüchtigung. Fitneß-Studios und Tanzkurse hatten Hochkonjunktur, während Gesundheitsclubs mit Anzeigen in den Tageszeitungen die Führungskräfte aus Industrie und Verwaltung daran erinnerten, ihren Körper schlank und geschmeidig zu erhalten. Soziale Begegnungsstätten und Clubs für das »dritte Lebensalter« verbreiteten dieses Bewußtsein allerorten. Bald schwammen auch kommerzielle und gemeinnützige Organisationen in der Fitneßwelle mit. Beim Jogging, das Ende der siebziger Jahre aufkam, steht die Sorge für den Körper im Rahmen individueller Entspannung oder freundschaftlicher Geselligkeit. Einzelsportarten erfreuten sich wachsender Beliebtheit – sie wurden 1981 von 32 Prozent der Franzosen ausgeübt. Während die Zahl der Aktiven (»licenciés«) in den Mannschaftssportarten Fußball und Rugby unverändert blieb, stieg sie im Tennis von 50 000 im Jahre 1950 über 133 000 (1968) auf 993 000 (1981); die Zahl der aktiven Judokas stieg zwischen 1966 und 1977 von

200 000 auf 600 000. Einzelsportarten, die das berauschende Gefühl einer Bemeisterung der Elemente und der Geschwindigkeit vermitteln, erlebten einen beispiellosen Aufschwung: Die Zahl der aktiven Skisportler verdreifachte sich in den zwanzig Jahren zwischen 1958 und 1978, und die 686 000 aktiven Skisportler, die es heute (1987) gibt, bilden bloß einen Bruchteil der Millionen von Freizeit-Skifahrern.[31] Auf den Erfolg des Schwertbootes folgte die Mode des minder umständlichen Surfens, das binnen weniger Jahre zum Volkssport wurde. Unsere Zeit zeichnet sich durch die Erfindung, Entwicklung und Demokratisierung neuer Sportarten aus – Betätigung und Selbstgenuß des Körpers. Fitneß heißt das Zauberwort, das Hygiene mit Vergnügen verbindet. Wer auf der Höhe der Zeit sein will, muß sportlich sein. Es ist ein Zeichen der Zeit, daß Sportkleidung, die früher nur an bestimmten Orten oder bei bestimmten Gelegenheiten (Skipiste, Urlaub) getragen wurde, inzwischen die Städte erobert hat. Seit 1976 trat die »sportswear« ihren Siegeszug an, während der Anorak den Regenmantel verdrängte, dessen Verkauf um 25 Prozent zurückging.[32] Nichts ist ähnlich charakteristisch für den neuen Status des Sports wie der Umstand, daß Sportkleidung heute auch im Büro oder auf der Straße getragen wird.

Der entwickelte Körper

Die Rehabilitierung des Körpers ist ohne Zweifel einer der bedeutsamsten Indikatoren in der Geschichte des privaten Lebens, sie modifiziert das Verhältnis des Einzelnen zu sich selbst und zu den anderen. Beim Schminken, Turnen, Joggen, Tennisspielen, Skifahren oder Surfen fungiert der eigene Körper gleichzeitig als Mittel und als Zweck. Bei bestimmten Tätigkeiten, etwa bei körperlicher Arbeit, ist der Körper Mittel, aber nicht Zweck; bei anderen Tätigkeiten, etwa dem Kochen, ist der Körper Zweck, aber das Mittel ist ein »Zwischending«. Das Neuartige am Ende des 20. Jahrhunderts ist die Generalisierung von körperlichen Betätigungen, deren Ziel der Körper selbst ist: seine äußere Erscheinung, seine Gesundheit, seine Leistungsfähigkeit. »Sich in seiner Haut wohlfühlen«, lautet die Parole.

Das verrät sich in der Entwicklung des Tanzes. Gewiß haben zum Tanz schon immer zwei gehört, und die Sinnlichkeit fehlte ihm nie, mag sie auch diskret verborgen gewesen sein. Doch die Tänze der Jahrhundertwende – Walzer, Quadrille – stellten komplexe soziale Rituale dar: Tanzen bedeutete, die Beherrschung dieser Codes zu bekunden. Nach dem Ersten Weltkrieg tanzte man eng umschlungen, und Moralkritiker geißelten die Laszivität des Tangos. Vor dem Zweiten Weltkrieg war der Charleston nur von einer kleinen Minderheit getanzt worden; nach dem Krieg fanden Jazzrhythmen wie Boogie-Woogie und Bebop ihren Weg in die populäre Tanzmusik. Man tanzte zwar immer noch paarweise, aber die Tänzer lösten sich jetzt voneinander, fanden sich wieder, lösten sich erneut. Zu dem Vergnügen, Kraft und Gewandtheit im Rhythmus der Tanzschritte zu

Die Figur wird zum »großen nationalen Programm«, und zwar alle Tage.

Der Club Méditerranée hat den Kult der drei großen S propagiert: *sea, sun and sex*. Aber er hat noch viel mehr bewirkt.

beweisen, bescherten langsamere Tänze die sinnliche Inspiration an der Umarmung des Partners ohne Ablenkung durch die komplizierten Figuren und Schritte des Tangos. Bei den Rock- und Discotänzen tanzt man schließlich allein, ohne Partner. Das soziale Ritual wurde abgelöst von einem Zweierritual und sodann von einem Ritual des individuellen Körpers. Beherrschung der sozialen Regeln, Einklang mit einem Partner, Feier des eigenen Körpers – das waren die drei Epochen des Tanzes in unserem Jahrhundert.

Die Beschäftigung mit dem eigenen Körper nimmt also einen wichtigen Platz im privaten Leben ein, und man sucht nach immer neuen und komplexen Befriedigungen. Die Lust am Schwimmen, an der Toilette, an körperlicher Bewegung gründet zum Teil in narzißtischer Selbstbekräftigung. Der Spiegel selbst ist zwar keine Neuheit des 20. Jahrhunderts, wohl aber seine immense Verbreitung und die Art seines Gebrauchs: Man betrachtet sich in ihm nicht nur mit dem Blick der anderen, um zu prüfen, ob man korrekt gekleidet ist; man betrachtet sich in ihm auch so, wie andere einen in der Regel nicht sehen sollen: ohne Schminke, unbekleidet, nackt.

Doch die narzißtischen Gratifikationen, die das Badezimmer gewährt, werden von Träumen und Erinnerungen durchkreuzt. Sich mit dem eigenen Körper zu befassen heißt, ihn auf die Beobachtung durch andere vorzubereiten. Es genügt nicht mehr, seinen Schmuck, seine Juwelen, seine Auszeichnungen zur Schau zu stellen. Die Kleidung muß entweder funktional, bequem und praktisch sein, auch wenn sie den Konventionen widerspricht, oder sie muß den Körper zur Geltung bringen, ihn erahnen lassen, ihn unterstreichen, ja sogar enthüllen. Heutzutage schmückt man sich mit seiner Sonnenbräune, mit seiner glatten, festen Haut, mit seiner Geschmeidigkeit, und die junge, dynamische Führungskraft bewährt sich durch ihre Sportlichkeit. Man läßt immer mehr von seinem Körper sehen: Jede Etappe dieser partiellen Entblößung löste zunächst einen Skandal aus, um sich dann durchzusetzen, zumal bei der Jugend, wodurch die Kluft zwischen den Generationen sich beträchtlich vertiefte. Davon zeugt die Geschichte des Minirocks Mitte der sechziger Jahre, davon zeugt zehn Jahre später die Geschichte des »Oben-ohne« am Strand. Es gilt nicht mehr als unschicklich, die Schenkel oder die Brüste zu zeigen, und im Sommer sieht man in den Städten Männer in kurzen Hosen, mit offenem Hemd oder nacktem Oberkörper. Der Körper ist nicht nur rehabilitiert und akzeptiert; auftrumpfend wird er dem Blick der anderen dargeboten.

Gemessen an den Normen der Zwischenkriegszeit, bedeutet der Sieg des Nackten den Sieg des Provozierenden. Nach der neuen Norm ist er etwas ganz Natürliches: eine neue Weise, den Körper zu bewohnen. Das belegt die Erfahrung, daß Nacktheit nicht nur in der Öffentlichkeit, sondern auch in der häuslichen Sphäre gang und gäbe wird. Im Sommer trägt man daheim einen Badeanzug, während man seiner Beschäftigung nachgeht oder sich zu Tisch setzt. Die Eltern gehen nackt zwischen Schlafzimmer und Badezimmer hin und her, ohne sich vor den Kindern zu bedecken. Zwar ist es schwer, die Verbreitung dieser Gewohnheit einzuschätzen, da sie vom Alter und von der gesellschaftlichen Schicht abhängt; aber daß sie Platz greift, beweist, daß sich in ihr ein Wandel der Werte artikuliert.

Launen der Mode. Die ersten Mini-Röcke waren noch ein Skandal, doch bald lachte man über sie.

Körper und persönliche Identität

In der Tat ist der Körper zum Ort der persönlichen Identität geworden. Sich seines Körpers zu schämen hieße, sich seiner selbst zu schämen. Die Verantwortlichkeiten haben sich verschoben: Weniger als frühere Generationen fühlen unsere Zeitgenossen sich haftbar für ihre Gedanken und Gefühle, ihre Träume und Sehnsüchte, die sie wie etwas von außen Aufgenötigtes hinnehmen. Dafür bewohnen sie vorbehaltlos ihren Körper – ihr Körper, das sind sie selbst. Nachdrücklicher als die sozialen Identitäten, die Maske oder Schein sein können, nachdrücklicher auch als die fragilen und manipulierten Ideen und Überzeugungen repräsentieren die Körper die Realität der Menschen. So gibt es kein privates Leben mehr, das nicht den Körper umschlösse. Das wahre Leben ist nicht länger das der Arbeit, der Geschäfte, der Politik, der Religion, sondern das Leben in der Freizeit, das Abenteuer des entfesselten und freien Körpers. Das meinte jenes Graffito von 1968: »Unter dem Pflaster der Strand.«

Der bedrohte Körper

Alles, was den Körper bedroht, bekommt nun ein neues Gewicht. Das gilt nicht zuletzt für die Gewalt. Entgegen geläufigen Vorurteilen nimmt die Gewalt in der Gesellschaft ab. Zwar bleibt sie an den Rändern der Gesellschaft und in schlecht integrierten Milieus ein hochentzündliches

Die Gesichtspflege ändert von Generation zu Generation ihren Kontext, aber auch ihren Sinn. Eine aseptische Technik hat die Gebärden der Weiblichkeit nachhaltig geprägt.

Problem; aber insgesamt ist ihr Rückgang unbestreitbar. Das gilt vor allem für die politische Gewalt. Um sich davon zu überzeugen, braucht man nur die Pariser Unruhen vom 6. Februar 1934, die sechzehn Tote kosteten, mit den Ereignissen vom Mai/Juni 1968 zu vergleichen, die in ganz Frankreich lediglich fünf Menschenleben forderten.[33] Gewiß tragen Spezialeinheiten der Polizei zur Aufrechterhaltung der Ordnung und zur Vermeidung tödlicher Konfrontationen bei; aber schon der Gedanke, daß es bei einer Demonstration Tote geben könnte, ist unerträglich geworden. Es gilt aber ebenso für die alltägliche Gewalt: Gilles Lipovetsky wartet hierzu mit interessanten Zahlen auf.[34] Zwischen 1875 und 1885 kamen im Département Seine und im Département Nord auf jeweils 100 000 Einwohner 63 bzw. 110 rechtskräftige Verurteilungen wegen Körperverletzung; 1975 waren es 38 bzw. 56 auf 100 000 Einwohner. In Paris kamen zwischen 1900 und 1910 auf 100 000 Personen 3,4 Opfer von Tötungsdelikten; heute sind es 1,1 auf 100 000.

Angesichts solcher Zahlen muß man sich fragen: Warum sind die Zeitgenossen trotzdem vom unaufhörlichen Anstieg der Gewalt überzeugt? Teilweise erklärt es sich aus dem Lärm, der um die tägliche Gewalt gemacht wird; es ist auch sehr wohl möglich, daß die Zahl der weniger gravierenden Gewalttaten in der Tat zugenommen hat. Klar ist aber auch, daß die Empfindlichkeit gegen Gewalt zugenommen hat: Jede körperliche Aggression wird als Sakrileg empfunden. Im weiteren Sinne erscheint sogar Gewalt gegen Tiere als grausam; Tierquälerei ist unter Strafe gestellt. Kurzum, die neue Norm gebietet den kategorischen Respekt vor der körperlichen Unversehrtheit.

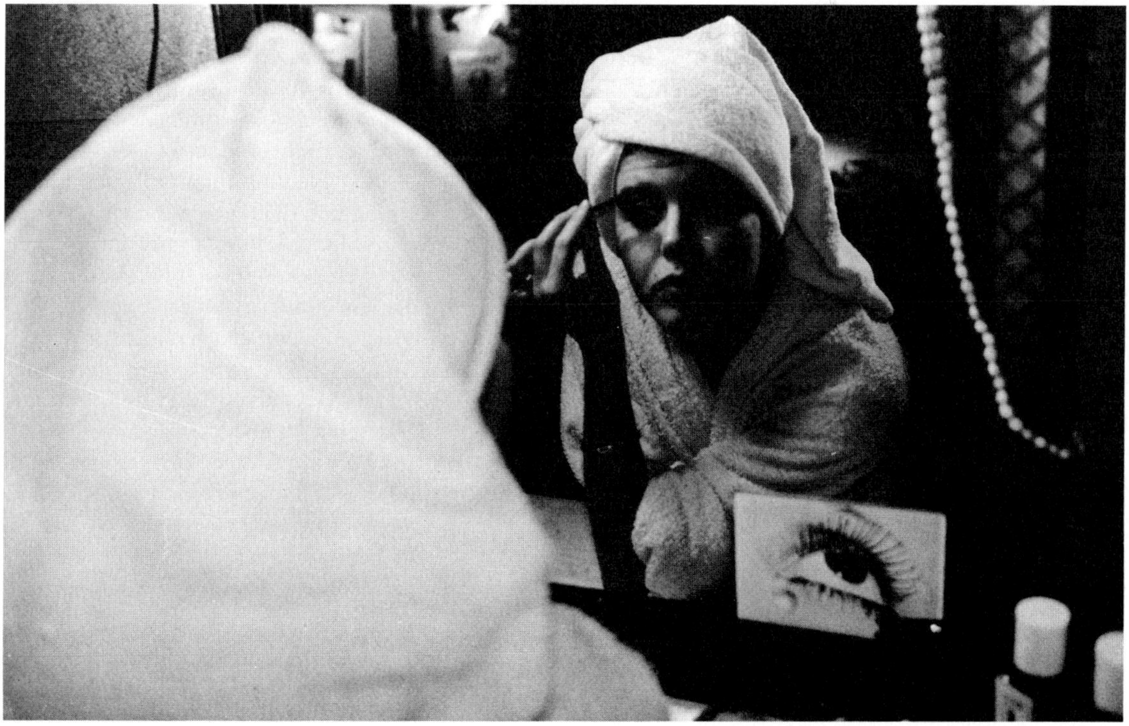

Der Kampf gegen das Altern

Noch mehr als durch Gewalt von außen wird der Körper von innen her bedroht: durch Alter und Krankheit. Die Zeitgenossen geben sich redlich Mühe, den unerbittlichen Verfall aufzuhalten, und zwar mit Erfolg: Die Vierzigjährigen von heute, Männer ebenso wie Frauen, haben kaum noch Ähnlichkeit mit den Vierzigjährigen von vor zwei Generationen. Hygiene, Diät und Gymnastik sind nicht die einzigen Waffen im Kampf gegen das Alter; vielmehr werden dazu alle Ressourcen der Kosmetik aufgeboten. Cremes gegen Falten, Gelées royales, Gesichtsmasken bescheren florierende Umsätze; der Anschein der Wissenschaftlichkeit und der Reiz der Reklame vertreiben die Angst vor dem Altern. Paradiesisch anmutende Kliniken am Genfer See oder am Mittelmeer (Vittel) verheißen Verjüngungskuren. Und wenn auch sie versagen, dann ist die plastische Chirurgie zur Stelle, um Tränensäcke zu entfernen oder erschlaffte Brüste wieder »in Form« zu bringen. Die soziale Norm will, daß der Mensch jung erscheine, und die Persönlichkeit ist so eng mit dem Körper verquickt, daß es fast dasselbe bedeutet, man selbst zu bleiben und jung zu bleiben.

Die Angst vor der Krankheit

Sich mit dem Altern abzufinden ist also heutzutage keine Tugend mehr; erst recht nicht die Ergebung in die Krankheit. Noch um die Jahrhundertwende waren Krankheit und Tod Schicksalsschläge, mit denen man nüchtern zu rechnen pflegte. Die Kindersterblichkeit war beträchtlich – eines von fünf Kindern starb vor dem fünften Lebensjahr. Lungenentzündung, Diphtherie und Infektionskrankheiten forderten ungezählte Opfer; die Tuberkulose war eine der großen Geißeln der Zeit. Durch Antibiotika – 1945 erhielt Fleming für das Penicillin den Medizin-Nobelpreis –, Blutkonserven und die Fortschritte der Chirurgie wurde das anders: Die Kindersterblichkeit ging massiv zurück, und die Lebenserwartung der 1985 zur Welt gekommenen Kinder ist rund zwanzig Jahre höher als der um die Jahrhundertwende geborenen.

Infolgedessen erregt der Tod Anstoß, wenn er vorzeitig eintritt. Es ist nicht »normal«, wenn ein Mensch vor einem bestimmten Alter stirbt. Gewiß, der Tod ist oft brutal: Verkehrsunfälle raffen gesunde Menschen hinweg, der Herzinfarkt schlägt ohne Vorwarnung zu. Der Krebs, dem Menschen jugendlichen und mittleren Alters ebenso zum Opfer fallen wie Hochbetagte, wird oft zu spät erkannt; auch wird er gefürchtet wie ein Fluch, und man scheut sich, ihn beim Namen zu nennen. Kurzum: Heutzutage, da die meisten Krankheiten bezwungen sind, ist Leben nicht mehr ein hinzunehmendes Glück, sondern ein einzuforderndes Recht.

In der Privatsphäre erschöpft die Beschäftigung mit dem eigenen Körper sich also nicht in der Körperpflege, der Gesunderhaltung und in der Abwehr des Alters, sondern umfaßt auch den Schutz vor Krankheiten. Die Angst vor der Krankheit durchdringt und prägt unsere Gesellschaft, sie verschafft Ärzten ungeahnten Zulauf und Respekt, sie fördert den Umsatz der Apotheken und läßt Untersuchungslaboratorien und Röntgenpraxen blühen. Beim geringsten Alarmsignal nimmt man Medikamente, sucht Ärzte auf, läßt Untersuchungen anstellen. Die Fortschritte der Wissenschaft haben ein mitunter übertriebenes Vertrauen in die Medizin erzeugt. Doch Quacksalber und Geistheiler verschwinden keineswegs, sie haben im Gegenteil Hochkonjunktur, und das Prestige der Homöopathen und Akupunkteure steigt.

Paradoxerweise ist die zentrale Sorge des privaten Lebens – die Furcht vor der Krankheit und der Wille zu ihrer Abwehr – zum privilegierten Gegenstand der Politik geworden. Nichts ist so privat wie die Gesundheit, und doch wird nichts so bereitwillig der Verantwortung des Staates überlassen. Das Gesundheitswesen ist heute mit der öffentlichen Sphäre genauso unauflöslich verbunden wie mit der privaten.

Staatliche Gesundheitspolitik

Sobald ein Problem eine derartige Bedeutung für die Bevölkerung erlangt hat, ist das Eingreifen des Staates unvermeidlich. So erließ der Staat eine Fülle von Vorschriften und sah 1930 sogar die Notwendigkeit, ein eigenes Gesundheitsministerium zu schaffen. Der Impfzwang wurde eingeführt, und Schulkinder wurden von Amts wegen geimpft. Wer heiraten wollte, mußte sich vor der Eheschließung auf ansteckende Krankheiten und die eventuelle Unverträglichkeit der Rhesusfaktoren untersuchen lassen. Die Volksfront führte den Mutter- und Säuglingsschutz ein: Werdende Mütter, die sich während der Schwangerschaft dreimal ärztlich untersuchen ließen, hatten Anspruch auf Beihilfen; Untersuchungen des Neugeborenen wurden institutionalisiert. Den Eltern wurde nahegelegt, für jedes ihrer Kinder ein Gesundheitsbuch (»carnet de santé«) zu führen. Die sanitären Verhältnisse in Ferienlagern wurden überprüft. Die Gesundheitspolitik knüpfte ein dichtes Netz staatlicher Regelung und Vorsorge.

Der Staat begnügte sich jedoch nicht mit Überwachungen und Verboten; er unternahm auch Anstrengungen, die Fortschritte der Medizin allen Schichten der Bevölkerung zugänglich zu machen. Dazu reichte es nicht aus, eine Medizin zum Nulltarif in Gestalt von Ambulatorien anzubieten; man mußte auch dafür sorgen, daß die Kosten der Behandlung den Kranken nicht davon abhielten, sich heilen zu lassen. Die Krankenversicherung erfaßte freilich bei weitem nicht die gesamte Bevölkerung. So kam es zu einer entscheidenden Neuerung: 1928 und 1930 wurde die gesetzliche Sozialversicherung eingeführt; die Versicherungspflicht trat in demselben Jahr in Kraft, in dem das Gesundheitsministerium eingerichtet wurde. Von der Sécurité Sociale wurde diese Politik nach 1945 koordiniert und fortgeführt.

Die Gesundheit des Einzelnen hing nun von einem riesigen staatlichen Organismus ab, der ihre Finanzierung verbürgte. Der überaus hohe Stellenwert, den die Öffentlichkeit dem Kampf gegen die Krank-

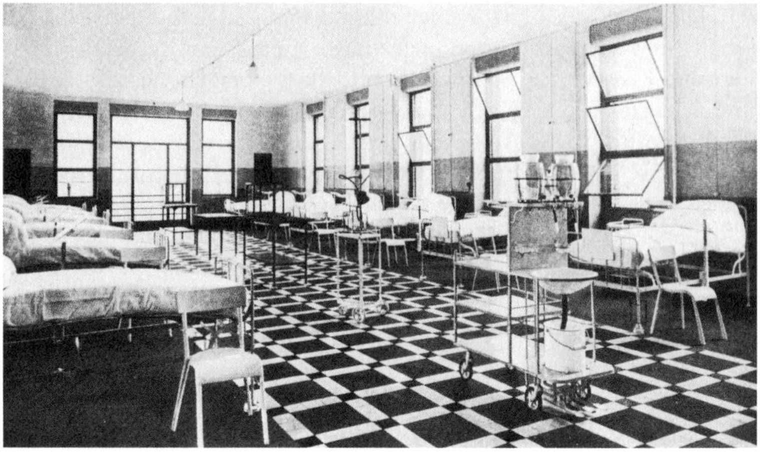

Am Anfang war der geräumige, luftige Krankensaal Inbegriff der Moderne. Doch die Jahre vergingen, und weitere Betten wurden aufgestellt, um dem Bedarf zu genügen. Heutzutage entspricht der Krankensaal mit vielen Betten nicht mehr den Ansprüchen.

heit beimißt, sowie die zunehmende Technisierung und Komplizierung der Medizin führten zu einer Steigerung der Kosten im Gesundheitswesen, die größer war als die der Privateinkommen und der staatlichen Einnahmen. 1950 machte der direkte und indirekte (von dritter Seite vergütete) Aufwand für Krankheitskosten 4,5 Prozent des Endverbrauchs aller Haushalte aus, 1970 waren es 9,4 Prozent, 1982 12,4 Prozent. Diese Entwicklung wird nicht unbegrenzt so weitergehen können. Gleichzeitig änderte sich der Status des Krankenhauses. Vor den Fortschritten in Medizin und Chirurgie versorgten die Krankenhäuser die Armen; sie waren ein öffentliches Wohlfahrtsinstitut. Mit der zunehmenden Verwissenschaftlichung der Diagnose- und Therapiemethoden wurde das Krankenhaus zum Tempel der Medizin, zum einzigen Ort, an dem man den Kranken alle Errungenschaften der modernen Heilbehandlung dienstbar machte. Die Kranken versteckten sich nicht mehr zu Hause, sondern legten sich ins Krankenhaus – dorthin mußte man gehen, um richtig gepflegt zu werden, wenn man wirklich krank war, und dorthin mußte man gehen, wenn man – etwa bei einer Entbindung – keinerlei Komplikationen riskieren wollte: Vor 1940 entband die Mehrzahl aller Frauen daheim; heute werden fast alle Entbindungen im Krankenhaus vorgenommen. Die Pflege des bedrohten Körpers entzieht sich also der privaten Sphäre: Sie obliegt jetzt – nicht nur in finanzieller, sondern auch in materieller, ja sogar in affektiver Hinsicht – öffentlichen Einrichtungen.

Es herrscht ein eklatanter Widerspruch zwischen der Sehnsucht, intensive emotionale Situationen als private zu erleben, und der Öffentlichkeit, in der sie sich ereignen. Die Ärzteschaft, deren Einkommen mit der durch die Krankenversicherung erhöhten Solvenz eines Teils ihrer Klientel gestiegen ist[35], begegnet diesem Widerspruch mit dem Hinweis auf den nach wie vor privaten Charakter der Arzt-Patient-Beziehung. Ungeachtet der Tarifverträge und obwohl ihre Einkünfte seither transparenter geworden sind, ist für die Ärzte das Einzelgespräch mit dem Kranken Realität und Ideologie zugleich. So bewahren sie den privaten Charakter ihrer Beziehung zum Kranken inmitten eines öffentlichen Systems.

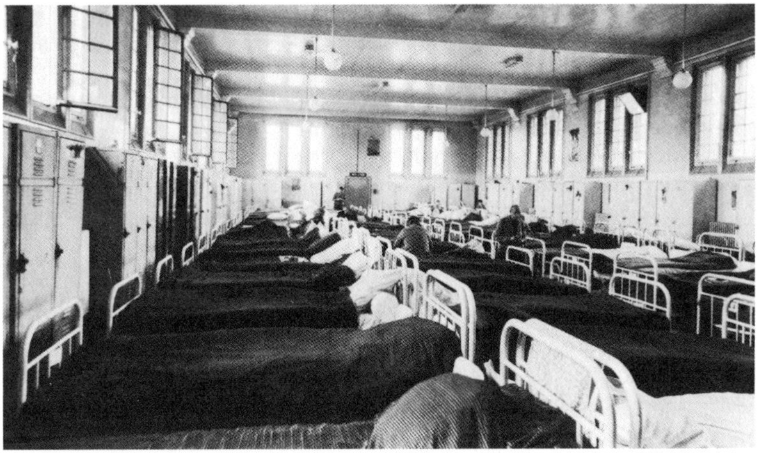

Noch ausgeprägter ist dieser Widerspruch im Krankenhausmilieu selbst. Zum erstenmal in der Geschichte der Menschheit vollziehen sich Geburt und Sterben im Krankenhaus. Man wünscht die effizienteste Versorgung. Die Grenzsituationen, in denen Leben und Identität der Person selbst auf dem Spiel stehen, sind nicht länger in den Familienzusammenhang eingebettet; sie sind in die aseptische und funktionale, aber anonyme Umgebung des Krankenhauses verlegt. Der Anspruch jedes Menschen auf ein eigenes privates Leben jenseits der Familie wird scheinbar ein letztes Mal in den modernen Krankenhäusern eingelöst, in diesem Mosaik aus Einzelzimmern, in denen einsame Individuen diskret in den Tod gleiten, die, um ihre Angehörigen nicht zu rühren, den Anschein erwecken, sie merkten es nicht.

Anmerkungen

1 R.-H. Guerrand, *Les Origines du logement social en France*, Paris 1966.
2 J. Guéhenno, *Journal d'un homme de quarante ans*, Paris 1934, S. 57 f.
3 R.-H. Guerrand, a. a. O., nach Dr. Bertillon in der *Revue d'hygiène et de police sanitaire* vom Mai 1908, S. 377–399.
4 O. Hardy-Hemery, *De la croissance à la désindustrialisation. Un siècle dans le Valenciennois*, Paris 1984, S. 39.
5 M. Quoist, *La Ville et l'homme*, Paris 1952.
6 P.-H. Chombart de Lauwe, *La Vie quotidienne des familles ouvrières*, Paris 1956.
7 M. Quoist, a. a. O., S. 64 f.
8 L. Bernot, R. Blancard, *Neuville, un village français*, Paris 1953.
9 A. de Foville, *Les Maisons types*, zitiert in R.-H. Guerrand, a. a. O., S. 218.
10 L. Frapié, *La Maternelle*, Paris 1953 (zuerst 1905).
11 S. C. Rogers, »Female forms of power and the myth of male dominance: a model of female-male interaction in peasant society«, in: *American Ethnologist*, Bd. II, Nr. 4 (November 1975), S. 727–756.
12 M. Segalen, *Mari et femme dans la société paysanne*, Paris 1980.

13 M. Wolfenstein, »French parents take their children to the park«, in: M. Mead, M. Wolfenstein, *Childhood in Contemporary Culture*, Chicago 1955, S. 99–117.

14 H. Mendras, *Études de sociologie rurale*, Novis et Virgin, Paris 1953.

15 »Comment élever les enfants«, Umfrage der *Confidences* vom 29. Juli 1938 (Auswertung am 14. Oktober 1938).

16 Dieselbe Zeitschrift war bereit, dieselbe Umfrage im Jahre 1977 zu wiederholen. Auf dieselbe Frage antwortete nun eine erdrückende Mehrheit von 89 Prozent mit Nein und nur noch 4,4 Prozent mit Ja.

17 M. Martin, »Images du mari et de la femme au XXe siècle. Les annonces de mariage du *Chasseur français*«, in: *Revue d'histoire moderne et contemporaine* 2 (1980), S. 295–311. 50 Prozent der Männer und 67 Prozent der Frauen erwähnen in den Heiratsannoncen ausdrücklich eine Mitgift oder »Perspektiven«; 90 Prozent der Männer bzw. 38 Prozent der Frauen teilen ihren Beruf oder ihre soziale Stellung mit.

18 A.-M. Sohn, »Les rôles féminins dans la vie privée, approche méthodologique et bilan de recherches«, in: *Revue d'histoire moderne et contemporaine* 4 (1981), S. 597–623.

19 »Comment concevez-vous le bonheur conjugal?« Umfrage der *Confidences*, 17. Juni 1938 (Auswertungen am 26. August).

20 Ph. Ariès, »Familles du demi-siècle«, in: R. Prigent (Hrsg.), *Renouveau des idées sur la famille*, Paris 1953, S. 162–170.

21 Vgl. den Text der Vorträge von A. Le Gall, S. Lebovici, M. Cenac, A. Berge, J. Boutonnier-Favez, Cl. Launay in *L'École des parents*, November 1953.

22 Ich zitiere hier die Bildunterschrift unter einem Photo, das am 5. Mai 1954 in *La Croix* erschien; es zeigt einen jungen Vater mit seiner Frau und einem Kind auf dem Arm.

23 »La femme de marbre«, in: *Confidences*, 17. März 1950.

24 *Femmes françaises*, 12. August 1950.

25 L. Roussel, »La cohabitation juvénile en France«, in: *Population* 1 (1978), S. 15–41. Die vorstehenden Bemerkungen zur Ehe stützen sich auf die Arbeiten L. Roussels, namentlich *Le Mariage dans la société française. Faits de population, faits d'opinion*, Paris 1975; L. Roussel in Verbindung mit O. Bourguignon, *La Famille après le mariage des enfants, étude des relations entre générations*, Paris 1976; und *Générations nouvelles et Mariage traditionnel, enquête auprès des jeunes de dix-huit/trente ans*, Paris 1979.

26 F. de Singly, »Le mariage informel. Sur la cohabitation«, in: *Recherches sociologiques* 1 (1981), S. 61–90.

27 G. Thuillier, *Pour une histoire du quotidien au XIXe siècle en Nivernais*, Paris 1977; E. Weber, *Peasants into Frenchmen: The Modernization of Rural France, 1870–1914*, Stanford 1976, und *France: Fin de Siècle*, Cambridge (Massachusetts) 1986.

28 Ich verdanke diese Anekdote meinem Kollegen Michel Vovelle, dessen Mutter diese Schulleiterin war.

29 O. Mirbeau, *Journal d'une femme de chambre*, zitiert in G. Vigarello, *Le Propre et le Sale. L'hygiène du corps depuis le Moyen Age*, Paris 1985, S. 231.

30 Siehe die Leserbriefseite in *Marie-Claire* vom 7. Mai 1937; die Redakteurin Marcelle Auclair schreibt dort: »Eine Großmutter aus Neuilly-sur-Seine wirft mir vor, ich würde bloß den Egoismus der Männer schüren, wenn ich den Frauen rate, schön zu bleiben, damit sie ihren Männern möglichst lange gefallen.«

31 G. Lipovetsky, *L'Ere du vide. Essai sur l'individualisme contemporain*, Paris 1983, S. 191; P. Ory, *L'Entre-deux-Mai, histoire culturelle de la France, mai 1968–mai 1981*, Paris 1983, S. 129.

32 P. Yonnet, »Des modes et des looks«, in: *Le Débat*, Nr. 34 (März 1985), S. 113–129.

33 Ein erschossener Demonstrant in Paris, ein Polizeikommissar in Lyon (pont de la Guillotière), der Student Gilles Tautin, der in der Seine bei Flins ertrank, und zwei Arbeiter in Sochaux. Diese Zeilen wurden während der Schüler- und Studentenbewegung im Dezember 1986 geschrieben, als der Tod eines Studenten einen Aufschrei der Empörung auslöste, der meine These eindrucksvoll bestätigt.

34 A. a. O. (Anm. 31), S. 223.

35 H. Hatzfeld, *Le Grand Tournant de la médécine libérale*, Paris 1963, hebt hervor, daß der 1930 vom Gesetzgeber vorgesehene Gebührenrahmen (»tarif de responsabilité«) nicht bindend für die Ärzte war, wie ursprünglich beabsichtigt, sondern lediglich die Leistungen der Krankenkassen regelte. Die Ärzte gingen davon aus, daß es nun auch ihren ärmsten Patienten nicht schwerfallen werde, die gesetzlichen Gebühren zu zahlen, und baten sie ungeniert zur Kasse.

Das alte Stadtviertel bildete einen transitorischen Raum zwischen dem Privaten und dem Öffentlichen, den Hochhaussiedlungen nicht kennen. Neue Städte wie etwa Cergy-Pontoise entdecken diesen Raum wieder.

Übergänge und Überschneidungen

Zwei symmetrische Bewegungen kennzeichnen die Geschichte des privaten Lebens im 20. Jahrhundert. Erstens wurde die Arbeit von den häuslichen Handlungskreisläufen abgekoppelt und an Orten konzentriert, die ein unpersönliches, formalisiertes System rechtlicher Regeln und tarifvertraglicher Vereinbarungen beherrscht. Zweitens eroberte sich der Einzelne innerhalb der Familie einen Freiraum, über den allein er bestimmte. Die Spezialisierung der Zeiten und Orte verschärfte die Spannung zwischen öffentlicher und privater Sphäre. Allerdings wäre es unzulässig, die historische Analyse nur an diesen beiden Haupttendenzen zu orientieren; man liefe dabei Gefahr, den Kontrast zwischen Öffentlichem und Privatem zu überzeichnen und beider Zusammengehörigkeit innerhalb ein und derselben Gesellschaft zu verkennen. Es ist also nicht damit getan, nacheinander den einen und den anderen Bereich zu untersuchen; vielmehr sind auch ihre Berührungs- und Schnittpunkte zu beachten.

Übergänge zwischen Privatem und Öffentlichem

Räume der Konvention

Der Schritt aus dem Privaten ins Öffentliche ist gelegentlich abrupt. Das erleben viele Menschen jeden Morgen. Kaum hat man die Wohnung verlassen, erfassen einen unvermittelt die Zwänge und Pflichten der Arbeitswelt, gerät man unter die Fuchtel des Pünktlichkeitsgebots. Der Weg zum Arbeitsplatz gleicht dem plötzlichen Eintritt in einen undifferenzierten, unfreundlichen, ja feindseligen öffentlichen Raum: einem Sprung ins kalte Wasser. Diese Konstellation ist jedenfalls für moderne Großstädte charakteristisch. Ihre Wasserzeichen sind Anonymität und Isolation: Verlassenheit sogar und erst recht im Getümmel. Im Gegensatz hierzu waren das Stadtviertel von einst und das Dorf selber transitorische Räume. Das Stadtviertel erschloß sich für seine Bewohner subjektiv über die Wege, die man in ihm zurücklegte, und zwar zu Fuß zurücklegte – zu den Straßen und Plätzen des Stadtviertels gehört das Gehen wie zum Großraum der Agglomeration das »Verkehrsmittel«. Der Raum des Stadtviertels oder des Dorfes war ein jedermann zugänglicher Raum, in dem zwar kollektive Regeln galten, dessen »Fokus« im optischen Sinne aber ein Gehege, ein Zuhause war: ein

Draußen, das von einem Drinnen definiert wurde, ein Öffentliches, dessen Mittelpunkt ein Privates war. Jeder war mitsamt gewissen Eigentümlichkeiten seines privaten Lebens einer Reihe von Leuten bekannt, die ihm vielleicht nichts bedeuteten und die er sich nicht ausgesucht hatte, die jedoch keine Fremden waren: den Nachbarn. Die räumliche Nähe erzeugte tendenziell wechselseitige Vertrautheit, und wer niemandem bekannt war, galt als Eindringling. In Wirklichkeit aber herrschte mehr als Vertrautheit, nämlich sozialer Austausch. Jeder, der im Stadtviertel oder im Dorf wohnte, zog Nutzen aus dieser Nähe, sofern er bereit war, den erforderlichen Preis zu zahlen. Dann wurden ihm von den anderen kleine Gratifikationen zuteil: ein Lächeln, ein Gruß, ein Winken – Zeichen des Erkennens, die einem das Gefühl vermittelten, daß man geschätzt und geachtet war. Bisweilen nahm die nachbarschaftliche Aufmerksamkeit Züge der Fürsorge an – wenn die alte Dame von nebenan nicht zur gewohnten Stunde ihr Brot einkaufen ging, wurden die Nachbarn unruhig. Um in den Genuß dieser Zuwendung zu kommen, mußte man sich freilich an die im Stadtviertel oder im Dorf geläufigen Normen halten – tun, was »man« tat, und nicht tun, was »man« nicht tat. Wer die ungeschriebenen Gesetze mißachtete, riskierte die Stigmatisierung, ja, in extremen Fällen, den Ausschluß aus der Gemeinschaft: Wer das Spiel nicht mitspielt, spielt nicht mit.

Die Gesamtheit der Regeln, die den sozialen Austausch einer Nachbarschaft prägen, kann man mit Pierre Mayol[1] als Konvention bezeichnen. Die Konvention definiert den transitorischen Raum zwischen dem Privaten und dem Öffentlichen. Ihr Anhaltspunkt ist der unvermeidliche und zugleich unvorhersehbare Charakter der Begegnung mit dem Nachbarn. Wer aus dem Hause geht, der muß sich auf Begegnungen gefaßt machen, ohne zu wissen, wen er tatsächlich treffen wird. Diese Interaktion ist nicht rein privater Art, sie ist nicht gewollt, sie spielt sich in der Öffentlichkeit ab, und sie beschränkt sich häufig auf den Austausch von Banalitäten – von »Gemeinplätzen«. Doch ist es unvermeidlich, in diese Begegnungen persönlich verwickelt zu werden. Der andere weiß, wer man ist und wo man wohnt, er kennt den Ehegatten, die Verwandten, die Kinder. Daß ich unterwegs bin, hat für ihn einen Sinn – ich mache Besorgungen, hole die Kinder von der Schule ab, komme von der Arbeit. Er verbreitet wortreich den jüngsten Klatsch, vor allem Gerüchte über die Privatsphäre der anderen Nachbarn.

Wer aus dem Haus geht, exponiert sich also. Die Konvention bestimmt insbesondere die Art und Weise, wie man sich den anderen präsentiert. Den transitorischen Raum erfüllt eine gewisse »Theatralik«, er erheischt die Selbstdarstellung. Die Konvention verlangt, daß man ein präsentables Bild von sich darbiete. Meine Kleidung wird sofort interpretiert. »Sie sehen sehr gut aus heute«, sagt der Händler zu seiner Kundin, bevor er einige Minuten später für das ganze Viertel den Kommentar nachschickt: »Die hat sich aber in Schale geworfen!« Jede Abweichung von der Kleidungsnorm bedarf eines plausiblen Grundes, denn sie wird beobachtet und gedeutet. Dasselbe gilt für den Umgang, den man pflegt, für die Personen, die man empfängt oder besucht, ja im Grunde für alles, was aus dem Familienleben nach außen dringt. Häus-

Marseille. In den Armenvierteln kennt jeder jeden. Das Private kann nicht geheim bleiben.

licher Zwist bleibt nicht unbemerkt, ja, mitunter versucht einer der Protagonisten, die Nachbarn zu Zeugen des Streits zu machen. Anschaffungen geben in der Nachbarschaft zu Mutmaßungen Anlaß, wenn sie aus dem Rahmen des Üblichen fallen. Beim Krämer eine Flasche Wein für den Sonntag zu kaufen verstößt nicht gegen die Konvention, doch die Anonymität des Supermarkts erlaubt es, das Ungewöhnliche in Diskretion zu hüllen, jedenfalls dann, wenn Nachbarschaft als Nähe erlebt wird, die den Schleier von den tausend Einzelheiten des Alltags reißt. Nachbarschaft ist jene öffentliche Bühne, auf der man sein privates Leben zu »inszenieren« gezwungen ist.

Die Konvention beschränkt sich indes nicht darauf, der Selbstdarstellung die äußere Form zu geben; bis zu einem gewissen Grad bietet sie dem privaten Leben, das sie inszeniert, auch Schutz. Manche Dinge verbietet sie, andere reglementiert sie. So ist das Verhalten gegenüber den Nachbarskindern darauf eingeschworen, durch kluge Dosierung von Einspruch und Duldung die wohltemperierten Beziehungen nicht zu stören. Und nicht zuletzt bestimmt die Konvention, was in der Unterhaltung gesagt werden kann und was nicht. Im nachbarschaftlichen Raum wird Privatheit nicht nur dargestellt, sondern auch – ohne Indiskretion – ausgesprochen.

Orte weiblicher Rede

An dieser Stelle gabelt sich die Untersuchung; denn weibliche Rede hat andere Orte als männliche. Auf dem Dorf war früher die Waschküche der bevorzugte Ort ausschließlich weiblicher Rede. Folgen wir jedoch den Stadtfrauen beim Einkauf, so erkennen wir bald, daß sie von ihrem Kaufmann nicht das »geschäftsmäßige« Gebaren der Supermarktkassiererin erwarten, sondern persönliche Beachtung. Der Händler soll seine Kundinnen kennen, ihren Geschmack erraten und ihre Wünsche voraussehen. Und das beste Brot wird einer Bäckerei nichts nützen, wenn die Bäckersfrau unfreundlich ist. Der Geschäftsmann muß die Gepflogenheiten seiner Kunden respektieren, wenn er sich seinen guten Ruf und ihre Treue erhalten will.[2]

Unter den Händlern nimmt der Krämer eine besondere Stellung ein, denn allein schon die Verschiedenartigkeit der bei ihm gekauften Waren präsentiert sich als komplexer Diskurs über die Privatsphäre der Haushalte, sie gibt Auskunft über Eßgewohnheiten, Vorlieben, Fernbleiben und Wiederkommen, Feste, Krankheiten und Krisenzeiten. Hat der Krämer nicht viel zu tun und ist das Geschäft leer, begleitet den Einkauf eine scheinbar belanglose Plauderei, die dennoch persönliche Informationen transportiert. Die anderen Kunden vernehmen nur Banalitäten, und es ist billig, über solches Allerweltsgerede zu spotten. Indes trifft die Beobachtung Mayols zu, daß die Kontextkenntnis es den Gesprächspartnern erlaubt, ihren Diskurs mit genauen Bedeutungen aufzuladen. Hinter der Redensart »Was will man machen, die Jugend muß sich austoben« entziffert der Krämer die Nachricht, daß der Enkel von Madame X. immer noch mit seiner Freundin zusammenlebt.[3] Die Konvention gestattet es, alles mitzuteilen, unter der Bedingung, daß die Mitteilung sich der Chiffren der Volksweisheit bedient. Gerade weil derlei Redensarten keinen festen Sinn haben, können sie je nach Konstellation die verschiedensten Bedeutungen annehmen: Die Konvention hält für jeden Kontext den passenden Gemeinplatz bereit.

Orte männlicher Rede

Der bevorzugte Ort männlicher Rede ist das Café, und zwar nicht irgendein Zufallscafé, wie es die Fremden aufsuchen, sondern das Stammcafé der Alteingesessenen. Hier werden die Gäste beim Namen, manchmal sogar beim Vornamen genannt, hier haben sie oft einen Stammplatz und ein Lieblingsgetränk. Das Stammcafé besucht man einmal pro Woche oder täglich. Es gibt das Café für die Heimkehr von der Arbeit oder für das Warten auf den Bus oder die Métro. Man trinkt ein Gläschen mit Kollegen, die dieselbe Heimfahrt hatten, bevor man sich trennt, um nach Hause zu gehen. Das Café ist der transitorische Ort par excellence, zwischen dem öffentlichen Raum der Arbeit, der durch die Massenverkehrsmittel verlängert wird, und dem privaten Raum der Häuslichkeit. Es gibt auch das Café für den Sonntagvormittag, wo man im Kreise der Freunde ein Glas Weißwein trinkt und die Wetten beim Pferderennen verfolgt.

Die Unterhaltungen der Männer im Café gehören einer anderen Kategorie an als die Gespräche der Kundinnen im Laden. Die Privatsphäre wird hier selten direkt berührt; vielmehr redet man über die Arbeit, über Geschäfte, über die Politik. Kommt Privates gleichwohl zur Sprache, so häufig getarnt durch konventionalisierten Unernst, einen Männerdiskurs über »die Weiber«, dessen Verbindung mit dem privaten Leben jedes Einzelnen dem Uneingeweihten verborgen bleibt. Doch ist auch dieser Austausch von Konventionen geregelt, deren naßforscher Unterton als Code fungiert. Was gesagt wird, bleibt folgenlos, und wer sich darüber ärgerte, bewiese nur seinen Unverstand. Das heißt nicht, daß sich in den spaßhaften Wortwechsel nicht auch manches Persönliche mischte.

Es gab in Frankreich am Vorabend des Ersten Weltkriegs 480000 lizenzierte Schankwirtschaften, am Vorabend des Zweiten Weltkriegs 500000, also mehr als eine »Kneipe« auf 100 Einwohner. Noch das kleinste Dorf hatte mehrere Schankstätten, und in Industriestädten war ihre Zahl Legion: In Roubaix kamen Ende des 19. Jahrhunderts auf je 100 Einwohner zwei Kneipen. Wie wir gesehen haben, erklärt sich die Beliebtheit der Cafés zum Teil aus den beengten Wohnverhältnissen der unteren Volksschichten, und keine Studie über die Sozialität dieser Kreise versäumt einen Abstecher in die Hochburgen der Arbeiterkultur: die Wirtshäuser oder Schänken.[4] Jedenfalls verlängerte sich das private Leben der »einfachen Leute« seit etwa 1850 bis zur Mitte des 20. Jahrhunderts in diese öffentlichen Räume hinein, die im übrigen ein ausgesuchter Tummelplatz für Polizisten und Agenten waren.

So betrachtet, waren die Menschen damals in ihrem Viertel oder ihrem Dorf genauso »zu Hause« wie in ihrer Wohnung. Darauf hat Colette Pétonnet aufmerksam gemacht. Sie folgte den täglichen Gängen einer alten Dame, die von der Sozialfürsorge »umgesetzt« werden sollte. Gewiß bewohnte die Frau ein menschenunwürdiges Loch; aber ihr Zuhause waren zugleich die Straßen ihres Stadtviertels, und was hätte sie mit einer modernen Wohnung angefangen, wenn sie dafür ihre Nachbarschaften verloren hätte?[5] Die starre Trennung zwischen privatem Heim und öffentlicher Außenwelt verrät ein ganz und gar bürgerliches Verständnis des sozialen Raumes. Für den Durchschnittsfranzosen und noch mehr für den von Sartre beschriebenen Neapolitaner war diese Trennung keinesfalls starr. Der Raum der Nachbarschaft unterschied sich zwar vom privaten Raum, war aber gegen diesen nicht abgeschottet, sondern zog im Gegenteil eine Art Schutzzone um ihn. Die Beachtung der Konventionen erlaubte es, die Nachbarschaft als offenen, öffentlichen Raum zu wahren und dennoch das private Leben jedes Einzelnen hier seine Fortsetzung, seine Resonanz, seine Stütze und gegebenenfalls seine Korrektur finden zu lassen. Das Stadtviertel bzw. das Dorf verkörperte eine komplexe Transitstation zwischen dem Öffentlichen und dem Privaten.

Abriß und Wiederaufbau

Diese subtile Gelenkstelle zwischen dem Öffentlichen und dem Privaten ist ein Opfer der modernen Urbanisierung geworden. Um von einer Generation an die nächste weitergegeben zu werden, bedurfte die »Kultur der Armen«[6] der relativen Stabilität der Bevölkerung und der Zeitressourcen für die Assimilation neu Zugezogener. Frankreich hat indessen zwischen 1954 und 1968 eine rapide Urbanisierung erlebt; in diesen vierzehn Jahren stieg der Anteil der Stadtbewohner an der Gesamtbevölkerung von 58,6 Prozent auf 71,3 Prozent.[7] In der Folgezeit nahm er nur noch um wenige Prozente zu; 1982 lag er bei 73,4 Prozent.

Das vehemente Wachstum der Städte führte zu einer Krise auf dem Wohnungsmarkt. In der ersten Hälfte des 20. Jahrhunderts war sehr wenig gebaut worden, was ebenfalls zum Fortbestand der Arbeiterviertel mit ihrer spezifischen Kultur beitrug. Das Ergebnis war Wohnungsknappheit, so daß man nunmehr in großem Stil bauen und ganze Viertel neu errichten mußte. Das Wohnen in Hochhäusern und Trabantensiedlungen bedeutete, wie wir gesehen haben, einen Sprung in die Moderne. Die dort leben, sind Verpflanzte, Umgesiedelte. Die Geschichte kennt kaum einen Präzedenzfall für eine derartige Neubesiedlung ganzer Stadtregionen. Ihre Bewohner hatten hier nicht nur keine Tradition, es wurde ihnen auch besonders schwergemacht, Traditionen zu stiften, denn es handelte sich um eine nach Alter und Familienstruktur sehr homogene Bevölkerung. Es fehlten die alten Leute, nicht so sehr die Großmütter, die ohnehin kaum bei ihren Kindern und Enkeln wohnten, sondern die alleinstehenden alten Damen, die das lebendige Gedächtnis der Nachbarschaft waren, die Konventionen definierten und mit wachem Blick hinter dem Fenster standen und das Treiben auf

Das Stammcafé, die Hochburg männlicher Sozialität. Wer denkt dabei nicht an Pagnol?

den Straßen beobachteten . . . Wie konnte in einem solchen Viertel noch Leben sein, sobald Schulkinder und Berufstätige es Morgen für Morgen verlassen hatten?

Die Auflösung nachbarschaftlicher Strukturen

Moderne Stadtplanung und Architektur behindern die Verschränkung von Privatem und Öffentlichem in der Nachbarschaft zusätzlich dadurch, daß sie deren Strukturen auflösen. Es gibt keine Straßen mehr, die die täglichen Gänge vorzeichnen; es gibt keine kleinen Geschäfte mehr; der Supermarkt verdrängt den »Kolonialwarenladen«, und man »geht« nicht mehr einkaufen, sondern fährt meist mit dem Auto. In dieser funktionalisierten Umgebung erscheint es als wenig verlockend, »einen Spaziergang zu machen«. Für kleine Bistros oder Kneipen sind die Mieten zu teuer; statt ihrer gibt es sterile Cafés, und allenfalls die Rennwetten brechen zu bestimmten Stunden die Lethargie auf.

Auch das Verhältnis zu den Nachbarn hat sich gewandelt. Der Fahrstuhl ist keine vertikale Straße; auf der Straße sieht man die Leute vorbeigehen, man weiß, an welcher Tür sie stehenbleiben werden, und die Verschiedenartigkeit der Häuser erleichtert die Identifizierung. Die Benutzer des Fahrstuhls sind den Blicken der anderen entzogen, sie steigen in Stockwerken aus und treten durch Wohnungstüren, die einander

Der moderne Städtebau begreift den Verkehr von Personen und Sachen als Kreislauf. Effiziente Beförderung verhindert Begegnung und Flanieren.

gleichen wie ein Ei dem anderen. Die Ähnlichkeit der Räume erzeugt Anonymität. Trotzdem gibt es Nachbarn: Man hört einander durch die Wände, aber man verkehrt kaum miteinander. Eine 1964 durchgeführte Untersuchung enthüllte die extreme Dürftigkeit der Sozialkontakte in großen Mietshäusern: 68 Prozent der Haushalte unterhielten keinen kontinuierlichen Kontakt mit anderen Bewohnern desselben Hauses, 50 Prozent hatten keine Kontakte zu irgend jemandem im Wohnkomplex, und 21 Prozent traten nirgends und mit niemandem in Beziehung.[8]

Hüten wir uns allerdings vor bequemer Nostalgie. Sie machte das Unverständnis der Stadtplaner für eine soziale Entwicklung haftbar, die in Wirklichkeit umfassendere und tiefere Ursachen hat. Gewiß haben die Architekten von Hochhaussiedlungen oder die Sanierer zerfallener Bausubstanz zwischen 1950 und 1970 nicht begriffen, daß die Stadt neben ihren unbestreitbaren Nützlichkeitsfunktionen (Wohnung, Handel, Arbeit) auch eine gesellschaftliche Funktion erfüllt. Ihre Entwürfe ermöglichten kaum die Herausbildung von transitorischen Räumen, die gleichzeitig privat und öffentlich wären. Doch auch die alten Stadtviertel haben ihr Gesicht verändert. Noch Ende der siebziger Jahre konnte P. Mayol in den Straßen von La Croix-Rousse einen von Konventionen beherrschten Raum entdecken; doch selbst in diesen Ausnahmefällen, in denen ein gewachsenes Viertel sich erhalten hat, ist eine Verkümmerung des sozialen Austauschs, die Einbuße nachbarschaftlicher Aufmerksamkeit zu vermuten. Das Leben ist anders geworden. Man verbringt weniger Zeit daheim. Die Konventionen hatten freilich nicht nur positive Auswirkungen; sie schlossen ständige Über-

Die Massenabfertigung im Supermarkt erlaubt keine nachbarschaftliche Geselligkeit mehr.

Hochhäuser als unbestreitbarer Ausdruck der Moderne – anonym, serienmäßig, ohne die transitorischen Wege und Plätze des konventionellen Quartiers.

wachung, Kritik, bösartigen Tratsch ein. Der moderne Individualismus sträubt sich gegen solche Bevormundung. Die Normen bürgerlicher Zurückgezogenheit (kein Kontakt mit den Nachbarn usw.) finden nicht nur deshalb Verbreitung, weil sie von selbstgerechten Stadtplanern, Gesundheitsämtern und Sozialhelfern den einfachen Leuten aufgezwungen werden, die zu ihrem eigenen Nutz und Frommen aus ihren alten Behausungen geholt, umquartiert und in neuen Wohnungen untergebracht werden; sie wirken auch ansteckend auf das neue Bürgertum der mittleren Angestellten, und hier bedeutet die Befreiung aus den nachbarschaftlichen Abhängigkeiten den Aufstieg auf der sozialen Stufenleiter.

Das Einfamilienhaus und seine Grenze

Lebendiger ist die Sozialität der Reihenhaussiedlung, wobei es allerdings kräftige regionale und soziale Unterschiede zu beachten gilt. Gewöhnlich sieht man einen Gegensatz zwischen den Franzosen, die ihr Grundstück sorgfältig einfrieden, und den Amerikanern, welche die Gärten der Reihenhäuser ineinander übergehen lassen. Als Frankreich 1966 aus der NATO austrat und die von der amerikanischen Armee zurückgelassenen Reihenhäuser an Franzosen verkauft wurden, war die erste Handlung der neuen Besitzer, beispielsweise in Orléans, die Errichtung von Zäunen: An die Stelle der offenen Grünflächen, auf denen die amerikanischen Häuser gestanden hatten, trat ein urbaner Wild-

Mit der neuen Stadt kommen die Straßen wieder. Nachbarschaftlicher Austausch hat wieder eine Chance.

Die Vorortsiedlung, selbst wenn sie aus Reihenhäusern besteht, weist jeder Familie einen eigenen, geschützten Raum zu.

wuchs von Büschen und Sträuchern. Doch die individualistische Deutung dieses Sachverhalts greift zu kurz. Bei genauerer Prüfung bewies die Einzäunung eine sehr subtile Aneignung des Raumes. Der Bewohner des Einfamilienhauses markierte physisch die Grenze seines Eigentums. Der Zaun war die Affirmation des Privatbesitzes; aber er sah dort, wo er dem Nachbargehege zugewandt war, anders aus als dort, wo er auf einen öffentlichen Weg ging. Hinter dem Haus und an den Seiten des Grundstücks war der Zaun in der Regel höher als vorne, zur Straße hin. Das lag daran, daß die verschiedenen Bereiche des Einfamilienhauses unterschiedlichen Zwecken dienten.

Das Grundstück eines Einfamilienhauses gliedert sich in zwei Teile, sozusagen eine Südlage und eine Nordlage.[9] Der hintere Teil ist ein rein privater, fast intimer Raum. Hier kann die Familie an schönen Sommerabenden draußen essen, hier trocknet die Wäsche, hier legt man einen Kräutergarten an, um Zwiebeln oder Salat zu ziehen. Dagegen erfüllt der vordere Teil des Grundstücks repräsentative Zwecke; er dient als Blickfang, und die Hausbewohner sind auf das Bild bedacht, das sie mit dem Vorgarten von sich selber geben. Sorgfältig geschorener Rasen oder Blumenbeete, bemalte Steinfiguren oder kostbare Vasen zieren, je nach Geschmack, die Front des Hauses. Die Einfriedung grenzt das Grundstück ab und verwehrt den Zugang, nicht den Einblick, und die niedrigen Hecken oder Zäune begünstigen ein Schwätzchen sei's mit dem Briefträger, sei's mit Passanten. Sogar die Straße, von den Fenstern aus sichtbar, ist in den privaten Raum einbezogen; hier können die Kinder, wenn der Verkehr es erlaubt, spielen oder Fahrrad fahren. So wird eine Transitstation geschaffen, in der erneut zu Ehren gekommene Konventionen die gutnachbarschaftlichen Beziehungen regeln. Um die Stätten des privaten Lebens legen sich wieder Zonen des Austauschs. Ganz allgemein gehen die neueren architektonischen Tendenzen in diese Richtung. Der zeitgenössische Städtebau folgt nicht mehr den funktionalistischen Theorien, die noch vor zwanzig Jahren im Schwange waren, er hat eine ganz andere, kulturalistische Perspektive. Heutzutage bemüht man sich, einladende Wohnviertel zu errichten, in denen man auf kurzen, platzähnlichen Straßen flanieren kann. Der Unterschied zwischen heutigen Bauten oder Neubauten und kaum zehn Jahre alten Vierteln ist mitunter frappierend.

Aber Zonen der Konvention gruppieren sich nicht nur wieder um den häuslichen Pol des privaten Lebens; sie bilden auch einen geschützten Raum innerhalb der öffentlichen Sphäre der Arbeit. Hier lebt man in einer gänzlich anderen Welt, doch sind die Analogien darum nur um so aufschlußreicher. So entstehen gerade am Arbeitsplatz Inseln einer informellen Sozialität – manchmal ist es die betriebseigene Cafeteria oder ein nahegelegenes Café, wo man sich mit Arbeitskollegen trifft, um eine kleine Pause einzulegen, manchmal ein Nebenraum, wo man Tee oder Kaffee kochen kann und wohin man am Vormittag oder Nachmittag für eine Weile verschwindet, um sich unbeobachtet vom Chef oder von Kunden zu stärken und zu unterhalten. Die Rationalität der Arbeitsorganisation ist hier vorübergehend suspendiert, und mitten in der Arbeitszeit, am Arbeitsplatz selbst, tritt eine Spur des privaten Lebens hervor.

Die Art des Austauschs bei diesen Intermezzi ist unterschiedlich. Manchmal sind es rein männliche Gespräche, manchmal rein weibliche;

Auf den wenig befahrenen Straßen können die Kinder spielen.

andere Unterhaltungen wiederum sind gemischt, vor allem die minder intimen, die in der Kantine oder im betriebseigenen Restaurant zustande kommen. Man spricht über die Arbeit, und Gerüchte machen die Runde. Zu den Aktivitäten des Betriebsrats kommt eine betriebseigene Sozialität hinzu: Betriebsausflüge, Skiwochen, Wettangeln, Gymnastikkurse, der gemeinsame Besuch von Sportveranstaltungen, Theateraufführungen oder Konzerten, Englischkurse, Sammelbestellungen von Wein oder Spielzeug usw. Manchmal bauen Buchhändler ihre Verkaufstische auf. Aber man spricht auch über persönliche Angelegenheiten: Urlaub, Kinder, häusliche Sorgen. Hier kommt wieder die Konvention zum Zuge: Sie ermöglicht, wie einst im alten Stadtviertel, das diskrete Reden von sich selbst mit Gesprächspartnern, die man sich nicht ausgesucht hat und auch nicht abweisen will. Bei aller Unkonturiertheit und Fragilität der Situation bieten die Kollegen am Arbeitsplatz heutzutage eher die Chance einer gutnachbarlichen Beziehung als der Laden um die Ecke.

Diese Ausbildung von Zonen der Konvention im Betrieb und am Arbeitsplatz ist freilich nur der Randaspekt einer generellen Entwicklung. Das private Leben, aus der öffentlich-kollektiven Welt der Arbeit spektakulär ausgestoßen, kehrt durch die Hintertür heimlich zurück. Mögen die Grenzen zwischen dem Öffentlichen und dem Privaten auch klarer geworden sein – Grenzüberschreitungen können sie nicht verhindern. Die räumliche und zeitliche Aufspaltung des Alltags in zwei streng abgegrenzte Terrains kennt komplexe Übergänge nicht nur an seinen Rändern; sie wird insgesamt überwölbt von einem Wechselspiel der Einflüsse, dessen Mechanismus wir nun betrachten wollen.

Private Normen und öffentliches Leben

Wandel der Arbeitsbeziehungen

Der Abzug der Arbeit aus der privaten Sphäre brachte ihre Organisation nach funktionalen und unpersönlichen Normen mit sich. Ein und dieselbe Entwicklung führte dazu, daß Arbeiter und Angestellte sich nicht länger als Bedienstete eines Privatmannes – des Patrons – fühlten *und* daß ihre Aufgaben und ihre Arbeitsbeziehungen künftig auf eine formalere Weise definiert wurden. Es kam zur *Bürokratisierung* der Arbeitswelt: Man vermied mehr und mehr das unmittelbare Dienstverhältnis, während die Macht des Vorgesetzten sich hinter der Anwendung unpersönlicher Regeln, hinter Rundschreiben und Anweisungen »von oben« verbarg. Gleichzeitig beschränkten sich die Kontakte zwischen Arbeitskollegen auf die Arbeit selbst – die weiblichen Angestellten eines Postscheckamts, die Michel Crozier um 1960 befragte, gingen in ihrer Freizeit selten gemeinsam aus. Das persönliche Engagement am Arbeitsplatz war streng begrenzt: Als das wahre Leben erschien das private Leben.

Die oben beschriebene, zunehmende Geselligkeit im Betrieb war die Antwort auf die Bürokratisierung – ein Versuch, die kalten Arbeitsbedingungen durch persönlichen Austausch aufzuwärmen. Dieser Versuch griff zwangsläufig über die Orte und Zeiten der Arbeitspause hinaus und erfaßte schließlich die Organisation der Arbeit in ihrer Gesamtheit.

Jugend und Beruf

Diese Erscheinung war besonders ausgeprägt bei der Jugend, obschon sie diese nicht allein betraf. In der »Arbeitsallergie«[10] der Jugendlichen bekundet sich nicht so sehr Leistungsverweigerung als vielmehr die Scheu, sich ein hierarchisches, rein funktionales Verhaltensnetz aufzuerlegen. Eine Umfrage des französischen Meinungsforschungsinstituts SOFRES von 1975 ergab, daß in den Augen der Jugendlichen der Beruf in erster Linie (73 Prozent der positiven Antworten) den individuellen Vorlieben genügen sollte; das mit ihm verbundene Ansehen, seine gesellschaftliche Nützlichkeit oder die durch ihn ermöglichte Unabhängigkeit fielen dagegen weniger ins Gewicht. Der Wunsch nach persönlicher Entfaltung im Beruf führte freilich zu zahllosen Enttäuschungen, die zu Beginn des Arbeitslebens große Instabilität hervorriefen. 1974, als der Arbeitsmarkt noch nicht von der Wirtschaftskrise erfaßt war, ermittelte eine Umfrage zur beruflichen Eingliederung der Jugend, daß 43 Prozent der Befragten bereits eine erste Stelle gekündigt hatten.[11] Gewiß handelt es sich dabei häufig um befristete oder Saison-Arbeiten, aber man kann sich wohl fragen, ob diese Stellen für die Jugendlichen nur eine Verlegenheitslösung gewesen oder ob sie ihnen gerade aufgrund ihrer Widerruflichkeit minder bedrückend erschienen waren.

Von denselben Widersprüchen war die Entwicklung der Zeitarbeit begleitet. Die ersten Firmen, die in Frankreich Zeitarbeit vermittelten, entstanden in den fünfziger Jahren: »Bis« 1954 und »Manpower« 1956. Zunächst gab es dann sieben derartige Unternehmen. 1962 waren es 170 mit 15 000 Arbeitnehmern. 1980 zählte man über 3500 solcher Firmen mit mehr als 200 000 – überwiegend jugendlichen – Beschäftigten. Zwar waren die meisten dieser jungen Leute schlecht qualifiziert, hatten die Schule abgebrochen und stammten aus Trabantensiedlungen von zweifelhaftem Ruf. Aber wenn sie schon keine Zukunft hatten, so hatten sie doch Wünsche. Der Soziologe Bernard Galambaud hat sich 1975 die Mühe gemacht, die Einstellungen solcher junger Menschen im Großraum Paris zu ergründen. Dabei registrierte er die überragende Bedeutung, die von diesen Zeitarbeitern dem Umfeld der Arbeit zugemessen wurde. Vor die Alternative gestellt, eine sehr interessante Arbeit in einem weniger guten Betriebsklima oder eine weniger interessante Arbeit in einem sehr guten Betriebsklima zu wählen, entschieden sich sechs von zehn Befragten für die letztere Option. Die Bedeutung des Betriebsklimas wurde um so höher eingestuft, je jünger die Befragten waren – bei den noch nicht Zwanzigjährigen war dies für 70 Prozent das oberste Kriterium, bei den Zwanzig- bis Fünfundzwanzigjährigen für 60 Prozent und bei den Fünfundzwanzig- bis Dreißigjährigen für 50

Prozent.[12] Aus der Untersuchung wird klar, daß unter gutem Betriebsklima aufrichtige persönliche Beziehungen verstanden wurden. Bei einem schlechten Betriebsklima waren 61 Prozent der Befragten bereit, lieber den Arbeitsplatz zu wechseln, als die Kollegen zu ignorieren. Von diesen erwarteten sie vor allem Offenheit (46 Prozent), während ihnen Intelligenz (31 Prozent) und Sachverstand (16 Prozent) weniger wichtig zu sein schienen. Mit einem Wort, es ergibt sich ein Bild vom Arbeiter, das sich deutlich von Michel Croziers Beschreibung des an das bürokratische System angepaßten Werktätigen unterscheidet. Die »jungen Arbeiter von heute« verwahren sich durch ihr Verhalten dagegen, den Betrieb als formale, funktionale Organisation anzunehmen. Für sie gibt es keine speziellen »Arbeitsbeziehungen«, sondern nur Beziehungen schlechthin.

Allerdings sind es nicht lediglich die Jugendlichen, die auf diese Weise auch am Arbeitsplatz auf Privatheit pochen. Darauf deuten verschiedene Anzeichen. So war einer der Hauptgründe für den großen Streik im Bankgewerbe 1974 der Protest gegen die neuen Arbeitsbedingungen infolge der Einführung der Informatik – die computergerechte Zerlegung der Tätigkeiten zerriß den Kommunikationsprozeß, die gruppeninternen Beziehungen zu den Kollegen waren gestört. Gewiß ist der Taylorismus nicht tot, aber er stößt auf wachsenden Widerstand. Moderne Methoden der Arbeitsorganisation suchen daher der kollektiven Arbeit wieder Vorrang zu geben und die gruppeninterne Solidarität zu fördern. Das Modell des »cercle de qualité« erscheint heute als geeignetes Mittel, Organisationen, die in ihrem Formalismus erstarrt sind, neue Dynamik zu verleihen. Der deutlichste Beweis für die Kontamination oder Beeinflussung der öffentlichen Sphäre durch Werte und Normen des privaten Lebens sind denn auch die neuartigen Leitkonzepte der Unternehmensorganisation.

Autorität im Betrieb

In der ersten Hälfte des 20. Jahrhunderts predigten die Theoretiker der Unternehmensorganisation ausschließlich hierarchische Systeme. Der Taylorismus verbündete sich hier mit der französischen Tradition innerbetrieblicher Kommandostrukturen. Der Ingenieur galt als der »chef« – erst nach dem Zweiten Weltkrieg geriet dieser Begriff durch seine faschistischen Konnotationen in Mißkredit –, und man sprach von seiner »sozialen Aufgabe«, so wie Lyautey um die Jahrhundertwende von der sozialen Aufgabe des Offiziers gesprochen hatte.[13] Zweifellos war die hierarchische Struktur in der Organisation des Betriebs ebenso ausgeprägt wie in der Armee. Ingenieure im Bergbau verfügten über eigene Badezimmer, wo Seife und Handtücher für sie bereitlagen; das Werk stellte ihnen täglich frische Arbeitskleidung sowie einen Diener zur Verfügung. Die Obersteiger hatten eigene Badekabinen und eine Hilfskraft zum Stiefelwichsen; außerdem gewährte ihnen die Firma blaue Arbeitskleidung anstatt der sonst üblichen braunen. Die Steiger hatten eigene Duschen und bekamen alle vierzehn Tage frische Arbeits-

Die moderne Organisation der Arbeit: funktional, jedoch anonym. Auch hier steht das Serielle gegen das Persönliche.

kleidung. Die einfachen Kumpel mußten sich Montur und Seife selbst besorgen; für sie gab es nur eine gemeinschaftliche Dusche und Garderobe.[14] In den Renaultwerken in Flins hieß es 1970: Kleidung macht den Meister. »Der Werkmeister trägt ein blaues Hemd, der Vorarbeiter ein weißes. Die höheren Chargen tragen Anzug und Krawatte und geben sich hochnäsig und unnahbar.«[15]

Unter dem Eindruck von Theorien, die aus den USA kamen, regten sich in den fünfziger und sechziger Jahren zunehmend Zweifel an dieser hierarchischen Konzeption. Verglichen mit amerikanischen Managementmethoden, wirkte der französische Autoritäts- und Kommandostil gekünstelt: Die Verantwortlichkeit des Vorgesetzten litt keinen Schaden, wenn die Distanz zu seinen Untergebenen nicht festgemauert war. Ein weniger rigider, weniger förmlicher Führungsstil, der den Mitarbeitern Eigeninitiative abverlangte, schien sogar effizienter zu sein. Man rezipierte und übersetzte amerikanische Soziologen: 1959 Lewin, 1965 Lippit und White. Die Formel von der »demokratischen Führung« ging in das unternehmerische Vokabular ein. Dieses Vokabular ist nicht gleichgültig: Der »chef« kommandierte, der »leader« motiviert aktive Mitarbeiter.

Von Psychologen und Sozialpsychologen wie R. Mucchielli und G. Palmade wurden diese Ideen in Fortbildungsveranstaltungen verbreitet. Im Zuge dieser Entwicklung entstanden neue Verbände, so 1959 die Association pour la Recherche et l'Intervention Psychosociologiques (ARIP); ältere Verbände wie etwa die Commission d'Études Générales des Organisations (CEGOS) übernahmen die neuen Methoden und Ideen. Bald entdeckte man das nicht-direktive Management; als Rogers 1966 ein Seminar in Dourdan abhielt, rissen sich zweihundert Führungskräfte um die Zulassung. Propagandisten unterschiedlichster Kompetenz überschütteten die Unternehmen mit Vorschlägen, so daß die Wissenschaftler Mühe hatten, Sinn in das Chaos zu bringen. Der faszinierendste und gefürchtetste Ansatz kam von der Gruppendynamik nach dem Vorbild der amerikanischen T-groups. Plötzlich standen jetzt die »zwischenmenschlichen Beziehungen« im Betrieb auf der Tagesordnung.

Inwieweit die neuen Ideen die Verhältnisse am Arbeitsplatz beeinflußt haben ist schwer einzuschätzen. Große Unternehmen waren von ihnen wohl stärker betroffen als kleine, der Dienstleistungssektor mehr als die Industrie. Die Verstärkung der betrieblichen Fortbildungsmaßnahmen liefert hier zumindest einen Anhaltspunkt: Schon bevor der Gesetzgeber 1971 die Unternehmen verpflichtete, 1 Prozent des Lohnaufkommens für die Weiterbildung der Belegschaft bereitzustellen, hatten Firmen wie Electricité de France, Air France, Saint-Gobain mehr als diese Summe in diesen Zweck investiert; andere wie die CGE hatten betriebsinterne Weiterbildungsprogramme aufgebaut.

Fraglos haben diese Entwicklungen nicht nur frischen Wind in den stereotypen Diskurs über die betrieblichen Kommandostrukturen gebracht; es spricht auch einiges dafür, daß sie eine Veränderung der Mentalitäten und Praktiken bewirkt haben. So registrierte D. Mothé 1965 bei Renault einen Wandel im Stil der Autoritätsausübung. Die

Schülerdemonstration, 1986. Das Klima ist anders als 1968, gewaltfrei. Autonomie ist kein Postulat mehr, sondern Selbstverständlichkeit.

Vorgesetzten begannen, den Arbeitern morgens die Hand zu geben. »Als erstes hatte man den Grundsatz entdeckt, daß man *zum Arbeiter freundlich sein muß*. Dieser Grundsatz hat sich so sehr bewährt, daß er allgemein anerkannt ist. Die Unternehmensleitung selbst gibt dieses Prinzip der Freundlichkeit an die Vorarbeiter weiter, die es nach Kräften vor Ort umzusetzen suchen und damit Resultate erzielen, die mit den überholten autoritären Methoden der alten Werkstattdespoten undenkbar gewesen wären. [. . .] Der zweite Grundsatz lautet: *Die Leute müssen sagen dürfen, was sie denken.*«[16] Es hat den Anschein, als seien zumindest in diesem Fall die Empfehlungen aus den Lehrbüchern der Organisationstheorie auf fruchtbaren Boden gefallen.

1968: der Kampf gegen die Hierarchien

Mit den Ereignissen von 1968 kam es zu einer Radikalisierung dieser Entwicklung. Die Initiative im Betrieb hatte früher ausschließlich bei der Unternehmensleitung gelegen, die natürlich vorsichtig operierte; nun meldete die Basis ihre Ansprüche an. Die Studenten gaben mit ihren Zweifeln an der pädagogischen Autorität der Professoren den Ton an. Das Wissen, das dieser Autorität zugrunde lag, genügte als Rechtfertigung nicht; vielmehr wurde es selber als abstrakt denunziert. Jeder fühlte sich bemüßigt, in der ersten Person Singular zu sprechen, sich »einzubringen«, zu sagen, was er dachte, nicht, was er wußte. Die traditionellen sozialen Rollen wurden außer Kraft gesetzt. Während der Besetzung der Sorbonne übernahmen Studenten und Studentinnen den Vorsitz in Vollversammlungen und erteilten jedem das Wort, der sich meldete: Professoren oder Assistenten, die etwas sagen wollten, mußten die Hand heben und warten, bis sie an die Reihe kamen – für manche ein unerträglicher Affront.

Derselbe Geist des Protests kehrte bald auch in die bestreikten Fabriken ein. Während die Linksextremisten den Bürokratismus der Gewerkschaften lächerlich machten, konsultierten die Streikkomitees unablässig die »Basis« – sehr im Gegensatz zu den Fabrikbesetzungen 1936. Die Streikenden forderten nicht bloß höhere Löhne oder eine andere Regierung; auf nicht ganz klare Weise verlangten sie auch mehr Verantwortung für die Arbeiter und einen Abbau der Hierarchien. Den Sozialismus von 1968 definierte nicht das Ende des Privateigentums an den Produktionsmitteln; in der schöpferischen Gärung dieser beispiellosen Wochen gewann der libertäre Traum höchste Priorität.

Der Wunsch, die öffentlichen Arbeitsverhältnisse nach den Normen der wechselseitigen Bindung freier Menschen umzugestalten, fand einige Jahre später (1973) seinen exemplarischen Ausdruck im Streik von Lip. Das Wichtigste für die Streikenden während dieses Arbeitskampfes war die Solidarität, die Freundschaft aller mit allen. »Bei diesem Kampf gibt es viele, die sich verändert haben, die jetzt, ehrlich gesagt, ganz andere Menschen sind, mit denen es Spaß macht, zu arbeiten und zu diskutieren«, erklärte Ch. Piaget, der Anführer des Streiks. Und der Sekretär des Betriebsrats, Mitglied der Confédération Française et Démocratique de Travail (CFDT), bekräftigte diese Erfahrung: »Bei diesem Kampf haben 95 Prozent der Leute sehen können, wie wichtig menschliche Werte sind. Wieviel Wohlwollen es gibt und wieviel Freundschaft sich entwickelt hat. Wir sagen jetzt nicht mehr ›Sie‹ zueinander, sondern duzen uns. [. . .] Wir haben uns gegenseitig entdeckt.« Zahlreiche Arbeiterinnen bestätigten diese Botschaft: »Inzwischen kennen wir uns alle. [. . .] Fast alle duzen sich. [. . .] Ganz von allein entstehen Freundschaften. [. . .] Ich glaube, daß wir nie wieder so ›anonym‹ sein werden wie früher.«[17]

Arbeiterselbstverwaltung – eine Utopie aus dem privaten Leben

Unschwer begreift man die verführerische Kraft dieses Traumes, aber auch den Grund für sein Scheitern. Persönliches Engagement wog tendenziell schwerer als objektive Bestandsaufnahme. Der Wille, die eigene Freiheit um jeden Preis zu behaupten, führte zur Weigerung, Macht zu delegieren, zur direkten Demokratie, zur Instabilität und Schwächung der Organisationen. Die öffentliche Welt der Arbeit und der Politik gehorcht eigentümlichen Zwängen, und es ist müßig, darauf zu hoffen, daß sie jemals zu einer Stätte der Solidarität und der individuellen Entfaltung werden könnte. Als Versuch, die öffentliche Sphäre nach Normen zu ordnen, die der privaten entlehnt sind, war die Arbeiterselbstverwaltung eine Utopie.

Diese Erkenntnis setzte sich auch bald durch. Der 1968 und in den folgenden Jahren geführte Kampf um die Arbeiterselbstverwaltung blieb die Sache einer Minderheit; die CDFT und der Parti Socialiste Unifié (PSU), eine neue, von Michel Rocard gegründete Linkspartei, bekannten sich zu ihm, nicht jedoch die Confédération Générale du Travail (CGT), und wenn die neue sozialistische Partei den Begriff »Ar-

Bei Lip war der Streik nicht nur ein Arbeitskampf, sondern Gelegenheit zur persönlichen Verständigung.

beiterselbstverwaltung« gelegentlich verwendete, dann stets hinter vorgehaltener Hand. Mit der nach 1973 einsetzenden Wirtschaftskrise und der damit verbundenen Arbeitslosigkeit änderte sich das Klima, und die Arbeiterselbstverwaltung verlor ihren Stammplatz in der politischen und gewerkschaftlichen Diskussion.

Das Unbehagen an den Institutionen indes blieb bestehen; es drückte sich nur anders aus. Zwar konnten die Gewerkschaften 1968 ihre Stellung dank dem Gesetzgeber und durch die Lex Auroux konsolidieren; doch ihre Mitgliederzahlen schrumpften, und es bereitete ihnen zunehmend Schwierigkeiten, aktive Mitarbeiter zu finden. Die Institutionalisierung der Gewerkschaften ging mit Gewerkschaftsverdrossenheit einher. Gleichzeitig wurde der Formalismus des öffentlichen Lebens weiterhin in Frage gestellt, allerdings nicht in organisatorischen, sondern in praktischen Belangen. Es ging jetzt weniger um die Politik der Unternehmensführung oder um explizite Forderungen als vielmehr um eine Veränderung der Sitten und Gewohnheiten.

Auf dem Weg zur entspannten Gesellschaft

Die zögernde und punktuelle Lockerung der Formalismen, die das öffentliche Leben beherrschten, war Ausdruck einer generellen Skepsis, welche die sozialen Rollen insgesamt in Zweifel zog. Früher hatte die Organisation des öffentlichen Lebens jedem Menschen Status und

Funktionen zugeschrieben, die wiederum auf die Rolle zurückwirkten, die er zu spielen hatte. Dadurch wurde das Verhalten aller in jeder Situation vorhersagbar, freilich um den Preis einer Unterdrückung der Spontaneität. Die neuere Entwicklung der Sitten tendiert dazu, die Statusunterschiede zu verwischen, so als bestünde die Gesellschaft aus lauter gleichen und einmaligen Personen, die sich alle voneinander unterscheiden und die man alle in ihrer Besonderheit respektieren muß. Die Weigerung der Menschen, sich einordnen und über ihren Status definieren zu lassen, entspringt im Grunde dem Wunsch, auch in der Gemeinschaft als Privatperson zu handeln und zu gelten, und führt zur Auflösung der sozialen Rollen.

Diese Auflösung begann wohl nicht in der »seriösen« Welt der Arbeit und der Politik, sondern im privilegierten Feld von Urlaub und kollektivem Spiel. Auch hier handelte es sich keineswegs um eine zwangsläufige Entwicklung. Die Pfadfinderlager mit ihren Altershierarchien zum Beispiel dienten geradezu der Einübung in soziale Rollen. Doch daneben entstanden neue Organisationen. Die bedeutsamste ist der Club Méditerranée.[18] Das Geheimnis seines Erfolges liegt in der bewußt kultivierten Differenz zwischen den Umgangsformen im Club und den im Alltag gebräuchlichen. Das Clubdorf ist ein abgeschlossener Bezirk, was durch das Aufnahmeritual der Begrüßung noch unterstrichen wird, und definiert einen Gegensatz zwischen Drinnen und Draußen. Drinnen – die Werbung für den Club wiederholt es unverdrossen – fühlt man sich anders. Alle sichtbaren Hinweise auf soziale Barrieren oder Statusunterschiede sind getilgt. Die Urlaubsaktivitäten, namentlich der Sport, aber auch Spiele, schaffen andere Hierarchien, die draußen nichts gelten. So sind die formalen Zwänge des Öffentlichen neutralisiert. Der Club, das ist »Begegnung, Austausch, die Gelegenheit, mit Gleichgesinnten eine Gruppe zu bilden«, kurzum, die Entfaltung des Privaten in der Gemeinschaft.

So verstanden, ist Urlaub weder eine Zeit noch ein Ort, sondern eine Geisteshaltung, die ihren Wert in sich hat. Die Animateure des Clubs haben die Aufgabe, den Clubmitgliedern diese Geisteshaltung zu vermitteln. Ihre Beziehungen zu den Mitgliedern sind nicht die des Hotelpersonals zu den Hausgästen. In dieser Branche werden Interaktion, Lächeln, Lässigkeit ihrerseits zu Normen. Die Fähigkeit, sich über sich selber lustig zu machen, etwa bei bestimmten Spielen, soll demonstrieren, daß man »aufgeschlossen« und »patent« ist und alles mitmacht. Der Ernst des gewöhnlichen Lebens ist aus dem Club verbannt, er ist hier fehl am Platze. Um ein Wort Edgar Morins abzuwandeln: Der große Wert des Urlaubs ist der Urlaub von den großen Werten.[19]

Gleichwohl markiert der Urlaub eine Parenthese im Alltagsleben und der Club eine – sei's auch exemplarische – Fluchtbahn. Zur Propagierung der neuen Entspanntheit in der Gesellschaft haben die Massenmedien, insbesondere Rundfunk und Fernsehen, viel beigetragen. Das Neuartige waren dabei nicht die Medien an sich, sondern die Methoden ihrer Nutzung. So hat der Sender »Europe N° 1« schon 1955 die Animation per Rundfunk eingeführt. An die Stelle des Sprechers trat ein »Spielleiter«; das flächendeckende Radio bezog die Zuhörer in die Sendungen ein. Die Radiospiele entfesselten einen kommunikativen Austausch, bei dem Status und soziale Rollen sich auflösten – man duzte einander, es herrschte eine herzliche, wiewohl seichte Vertraulichkeit. Ein Ton war vorgegeben, den man auf die Alltagskontakte übertragen konnte.

Denselben Ton schlug die Reklame an, die Wände und Bildschirme mit ihren Signalen überzog. Die Werbung sagte nichts; inkonsequent und flatterhaft, hielt sie sich selbst zum besten. Sie zeigte das Produkt in seiner Realität, aber vor einem unwahrscheinlichen oder komischen Hintergrund. Sie spielte mit Worten und Bildern und vermied es, sich selbst ernst zu nehmen. Gilles Lipovetsky hebt in diesem Zusammenhang die neuartige Rolle des Humors in unserer Gesellschaft hervor.[20] Er unterscheidet zwischen dem Komiker alten Stils – von Molière bis zu Charlie Chaplin –, der zum Lachen reizt, ohne es selbst zu merken, und dem modernen Komiker, der sich, mit einer Prise Nonsense, über sich selber lustig macht. Konjunktur hat heute die Parodie, der nichts heilig ist, das Spiel, das alle Register vermischt, die Marionette, die das traditionelle politische und soziale Rollenrepertoire ins Groteske kehrt – eine ätzende Entzauberung, die an die Substanz des öffentlichen Lebens geht.

Eine wichtige Etappe auf diesem Wege waren die Ereignisse von 1968. Die Maidemonstranten forderten »authentisches« Verhalten, ohne Rücksicht auf die Funktionen. Infolgedessen gerieten die alten Normen ins Wanken; ihre Legitimität verstand sich nicht mehr von selbst. Wer an seiner Rolle festhielt, der war konventionell, mehr noch, er identifizierte sich mit den Institutionen, die in Verruf geraten waren, er akzeptierte seine eigene Entfremdung.

Der Erfolg des Feminismus

Von allen sozialen Rollen verfiel die traditionelle Rolle der Frau besonders vehementer Kritik. Natürlich kam der Feminismus nicht erst 1968 auf, doch die Ereignisse dieses Jahres gaben ihm unbestreitbar einen Auftrieb, der mehrere Jahre anhielt. Die Öffentlichkeit bemerkte vor allem die militanten Feministinnen, die 1972, anläßlich des Prozesses von Bobigny, für die Legalisierung der Abtreibung fochten; nachdem das entsprechende Gesetz 1975 in Kraft getreten war, setzten sie sich für seine konsequente Anwendung ein. Im Grunde jedoch beruhte der Erfolg des Feminismus auf der Einforderung der Gleichheit von Mann und Frau. Es handelte sich weniger um einen Krieg der Geschlechter als um einen Kampf gegen sexistische Diskriminierungen, der ein starkes Echo weckte, und zwar nicht nur bei der jungen Generation, für die er selbstverständlich war: Das Geschlecht nötigt niemanden zu einem bestimmten Verhalten; Geschlechtsrollen haben ausgedient, sie hindern den Menschen nur daran, sich selbst zur Geltung zu bringen und auszudrücken.

Die Auflösung von Status- und Rollenkonzepten bekundet sich nicht zuletzt in veränderten Kleidungsgewohnheiten. Ein klarer Beweis für

Sich anzuziehen bedeutet nicht mehr, sozialen Codes zu gehorchen, sondern sich selbst auszudrücken.

die Verwischung der Geschlechtsrollen ist der Prestigeverlust des Rockes: 1965 wurden zum erstenmal mehr Damenhosen als Röcke hergestellt, 1971 kamen auf 15 Millionen Kleider 14 Millionen Hosen. Die Bluejeans traten ihren Siegeszug an – die Produktion stieg zwischen 1970 und 1976 auf das Vierfache. Natürlich sind Jeans geschlechtsneutral. Die äußere Erscheinung reicht zur Bestimmung des Geschlechts nicht mehr aus. Junge Männer lassen sich lange Haare wachsen und tragen Armbänder oder Halskettchen, während die Mädchen ihre Formen unter weiten Pullovern verstecken.

Gleichzeitig werden die Regeln für korrekte Kleidung elastischer. Auch hier hat der Mai 1968 einen Bruch bewirkt und Tabus gesprengt. War es früher an Mädchengymnasien verboten, daß die Schülerinnen sich schminkten und die Lehrerinnen Hosen trugen, so wird heute jede Art der Aufmachung toleriert. An den Universitäten symbolisierte der

Verzicht auf die Krawatte den Sturz alter Götzenbilder; Halstuch oder Rollkragenpulli sind Zeichen gelungener Liberalisierung; Bärte sprießen. Jungmanager begrüßen den Sommer im Sportjackett und mit offenem Hemd. Das Lacoste-Hemd wird nicht mehr nur auf dem Tennisplatz oder am Strand getragen, sondern ebenfalls im Büro. Sogar Politiker demonstrieren durch ihre Kleidung, daß sie mit der Zeit gehen – in der entspannten Gesellschaft trägt selbst der Staatschef keinen Cut mehr.

Tatsächlich begann das System der Mode zu zerfallen. Ihren Höhepunkt hatte die Mode wohl in den sechziger Jahren, sie erreichte damals die große Mehrheit der Frauen, nicht nur, wie ein halbes Jahrhundert zuvor, eine privilegierte Minderheit. Das Wesen der Mode ist der Wandel, ihr Sinn ist es, bestimmte Kleider als überholt erscheinen zu lassen und zur Anschaffung neuer zu animieren. Die Mode zehrt von der kontinuierlichen Deklassierung des Alten und erlaubt damit eine erste soziale Klassifizierung der Menschen in solche, die augenscheinlich der Mode folgen, und solche, die es nicht tun. Aber das ist nicht alles. Es gibt eine Kontinuität, die sich über jeden Wechsel hinweg behauptet: Die Kleidung selber bleibt ein präziser Code, der trotz zunehmender Komplexität lesbar bleibt. Die Mode appelliert an mehr oder weniger konkrete Situationen mit klarem sozialem Gehalt: Es gibt Pullover, die man am häuslichen Kaminfeuer trägt, Kleidung für die Jagd, den Herbstspaziergang oder den Stadtbummel, Kleider für den Nachmittag, zum Cocktail, für den Abend und »für Ihre Mitternachtsparty«.[21] Wer sich gut kleidet und den Kanon der Mode befolgt, bezeugt nicht nur guten Geschmack, sondern vor allem souveränen Umgang mit den sozialen Codes, die das Auftreten in der Öffentlichkeit bei den verschiedensten Anlässen beherrschen.

Gerade der Erfolg dieses Systems der Mode hat nun freilich seinen Zerfall eingeleitet. Sobald die Mode die gesamte Bevölkerung erfaßt hatte, erreichte sie zwangsläufig auch soziale Schichten, die es sich nicht leisten konnten, für jeden erdenklichen Anlaß eine eigene Garderobe zu besitzen: Die Sekretärin oder Angestellte mußte mit dem, was sie im Büro trug, einem Kleid oder einem Rock, abends ins Kino gehen können. So verlagerte die Mode den Akzent auf Kombinationen und Accessoires; in Verbindung mit einem Sortiment verschiedener Blusen dient ein und derselbe Rock verschiedenen Zwecken; man variiert den Gürtel, die Handschuhe, die Schuhe, den Schal, die Handtasche und paßt damit das Kleidungsstück wechselnden Situationen an. So entstanden neue, verfeinerte Moderegeln.

Subtilere Moderegeln

Noch ein Schritt weiter, und es kam der Umschwung. Nun war es Mode, sich über die Mode zu mokieren und eine Garderobe zu propagieren, die im wahren Sinne des Wortes »nicht am Platze« war: exotische indianische oder mexikanische Tracht oder eine Kleidung, die für den jeweiligen Anlaß zu feierlich oder zu salopp, für den jeweiligen

Eine alltägliche Szene: Die Kleidung ist weniger aufschlußreich als die Posen und das, was sie signalisieren sollen.

Träger zu jugendlich oder zu »gesetzt« war. Die Signale, die die Kleidung aussandte, hatten nichts mehr mit ihrer Funktion oder Bedeutung zu tun. Jetzt handelte es sich darum, mit den Codes zu spielen. Die Norm des Wandels bestand fort, aber modisch zu sein bedeutete nicht mehr, mit der Mode zu gehen, sondern durch den Gebrauch, den man von der Mode machte, zu bezeugen, daß man sich von ihr nicht an der Nase herumführen ließ. Die Art der Kleidung verriet nicht mehr die Anpassung des Einzelnen an öffentliche Standards, sondern war ein Ausdruck der Persönlichkeit, die jeder zu sein begehrte.

Läßt dies nun den Schluß zu, daß die öffentliche Sphäre durchdrungen ist von Normen und Werten des privaten Lebens? Ich glaube nicht, und zwar aus zwei Gründen.

Der erste hängt mit der Natur der neuen Normen in der entspannten Gesellschaft zusammen. Das Bemühen, die Person in ihrer Einmaligkeit in das soziale Leben zu integrieren, ist unverkennbar; man denke an das Duzen, den Gebrauch des Vornamens, die neuen Formen der Sozialität, die Veränderungen der formalen Organisationen, das Verblassen von Status und Rolle, an den Humor oder die Mode. Aber dieses Bemühen macht aus öffentlichem Leben kein privates. In dem Maße, wie unsere Gesellschaft geschmeidigere Techniken der Reglementierung gefunden hat, um ihren Zusammenhalt zu gewährleisten, sind die sozialen Codes subtiler und diskreter geworden, doch sie bestehen fort, und um die eigene Individualität in der Sphäre des Öffentlichen ausdrücken zu können, muß man sich an diese Codes halten, die zwar komplexer, aber gleichwohl real sind. Wer im Zeichen seiner Authentizität Gefühle am Arbeitsplatz auf dieselbe Art und Weise ausdrücken wollte wie bei sich zu Hause, stieße auf Unverständnis. Die sozialen Codes haben sich verlagert und sind biegsam geworden, doch weder sind sie verschwunden, noch haben sie aufgehört, soziale zu sein.

Der zweite Grund hängt mit der Evolution des privaten Lebens selbst zusammen. Der eben beschriebenen Bewegung hält eine symmetrische Gegenbewegung das Gleichgewicht: Das öffentliche Leben durchdringt und verändert die geheimsten und intimsten Winkel des privaten.

Einwirkungen auf das private Leben

Die Medien: Presse, Rundfunk, Fernsehen

Man scheut sich fast, hier zum x-ten Mal auf eine so allgemein bekannte Tatsache wie die explosionsartige Verbreitung der Massenmedien hinzuweisen. Trotzdem sei es erlaubt, die Chronologie dieser Entwicklung nachzuzeichnen und ihre Auswirkungen auf die Privatsphäre zu skizzieren.

Zu Beginn des Jahrhunderts erreichte die öffentliche Meinung den häuslichen Bezirk nur in gedruckter Form, meist in Gestalt der Zeitung. Man könnte die Distanz hervorheben, welche die Zeitung zwischen Information und Leser schafft, und auf die zwangsläufig abstrakte Vermittlung durch das Geschriebene und die zeitliche Verzögerung der Information verweisen. Uns sollen hier andere Aspekte interessieren.

Da ist zunächst einmal der im wesentlichen lokale Charakter dieser Presse. 1912 gab es in Frankreich über 300 Tageszeitungen: 62 in Paris und 242 in der Provinz.[22] 94 Provinzstädte hatten ihre eigene Tageszeitung. Hinzu kamen in der Provinz 1662 Wochen- oder Halbwochenschriften, die oft mehr gelesen wurden als die Tageszeitungen. Alles in allem war also die Presse 1912 lokal orientiert. Sie brachte zwar auch nationale und internationale Nachrichten, aber primär war sie in der unmittelbaren Umwelt ihrer Leser verankert. Sie öffnete ein Fenster zur Welt, zugleich war sie Ausdruck lokaler Konventionen.

Der Erste Weltkrieg stürzte diese Art Presse in eine Krise, weil sie für eine aktuelle Berichterstattung vom Ort des Kriegsgeschehens zu weit entfernt war. Manche Tageszeitung unterbrach ihr Erscheinen und wurde in den wirtschaftlichen Notzeiten nach dem Krieg eingestellt. 1922 gab es in der Provinz noch 982 Wochenschriften, 1938 noch 860.

Zu diesem Zeitpunkt war der Presse allerdings ein neuer Konkurrent erwachsen: der Rundfunk. Der erste Sender nahm 1920 seine Tätigkeit auf, der Sender auf dem Eiffelturm 1922, allerdings war die Reichweite dieser Sender durch die damals üblichen Detektorgeräte noch begrenzt. Der eigentliche Aufschwung des Rundfunks kam mit den Röhrenemp-

1958. Das Fernsehen steckt noch in den Kinderschuhen und wirkt doch schon verlockend auf dieses junge Paar. Die Radios sind kleiner geworden, aber noch nicht transistorisiert.

fängern, die leichter einzustellen und mit einem Lautsprecher ausgerüstet waren. Um 1930 gab es 500 000 solcher Apparate. Vier Jahre später war die Entwicklung schon spürbar fortgeschritten, obwohl auch dann die meisten Menschen von den Ereignissen des 6. Februar eher durch die Zeitung erfuhren als durch die 1 400 000 Radiogeräte, die es schon gab. Doch in den Tagen der Münchner Konferenz von 1938 saßen die Franzosen wie gebannt vor 4 700 000 Empfängern, und ein Jahr später waren es 5 200 000. Im Juni 1940 hörten zahllose Franzosen die Rundfunkansprache Marschall Pétains, in der er bekanntgab, daß er um Waffenstillstand mit Deutschland nachgesucht habe. De Gaulles Radioaufruf vom 18. Juni zur Fortsetzung des Widerstandes blieb weitgehend unbemerkt; dafür spielten die Abendsendungen der BBC aus London während der deutschen Besetzung eine um so größere Rolle.

Die ersten Röhrenempfänger waren schwere, unhandliche Apparate, die Netzanschluß und Antenne benötigten und in der Küche oder dem Eßzimmer unverrückbar auf einem Schrank oder einem Regal thronten. Radiohören war daher eine kollektive Tätigkeit, und zu den Nachrichten versammelte sich die ganze Familie um den Tisch. An diesen Hörgewohnheiten und an der Ausstattung der Haushalte mit Rundfunkgeräten änderten Krieg und Nachkriegszeit wenig. Einen Einschnitt brachte erst das Jahr 1958.

Zu diesem Zeitpunkt besaßen über 80 Prozent aller Haushalte ein Radiogerät; insgesamt zählte man nicht weniger als 10 Millionen. Der

Markt schien gesättigt, doch da kam ihm der technische Fortschritt zu Hilfe: Die Revolution durch das Transistorradio begann. Transistoren lösten die anfälligen Röhren ab; sie verbrauchten wenig Strom und erlaubten die Konstruktion von erheblich billigeren, robusten Radios, die nicht schwer und dank ihres Batteriebetriebs netzunabhängig waren. 1959 arbeitete bereits die Hälfte aller hergestellten Rundfunkgeräte mit Transistoren; 1962 gab es praktisch nur noch Transistorradios. Zu den ersten Käufern der neuen Geräte gehörten die französischen Soldaten in Algerien, wie die Putschisten 1961 zu ihrem Verdruß erkennen mußten. Mit dem billigen, tragbaren Transistorradio individualisierte sich das Rundfunkhören. Die soziale Nutzung des Rundfunks veränderte sich, jeder konnte jetzt jederzeit sein eigenes Radio bei sich haben. Junge Leute kauften sich Transistorradios, um in Ruhe die Musik hören zu können, die ihre Eltern verabscheuten; das Radio hielt Einzug ins Schlafzimmer und ins Bad. Orte und Zeiten des privaten Lebens öffneten sich dem Geräusch der Welt; noch die intimste Heimlichkeit wurde begleitet vom Stimmengewirr der ganzen Erde.

Gleichzeitig wurde das große Familienradio vom Fernsehgerät entthront. Die drahtlose Übermittlung von Bildern war seit den dreißiger Jahren bekannt, aber nur probeweise und auf kurze Entfernung. Die Fernsehzeitschift *Journal télévisé* wurde 1949 gegründet, als es in ganz Frankreich erst 300 Empfänger gab. Fortschritte ließen lange auf sich warten: Für eine flächendeckende Versorgung des Landes mit Programmen mußten kostspielige Relaisstationen gebaut werden; noch 1956 konnte erst die Hälfte der Franzosen in einem Drittel des Landes fernsehen.[23] Erst 1959 erhielt das Office de la Radiodiffusion et Télévision Française (ORTF) seine Rechtsform; damals gab es 1 400 000 Fernsehempfänger, ca. 10 Prozent der Haushalte besaßen ein solches Gerät.

Der Transistor machte auch das Fernsehgerät leichter und billiger. Das Fernsehen fand zunehmend Verbreitung. Als 1964 ein zweites Programm den Sendebetrieb aufnahm, standen 5 400 000 Fernsehapparate in fast 40 Prozent der Haushalte. Der Anteil erhöhte sich bis Ende 1968 auf 62 Prozent und bis Ende 1974 auf 82 Prozent; in diesem Jahr stieg das zweite Programm auf Farbe um. Heute steht, je nach sozialer Schicht, in 88 bis 96 Prozent aller Haushalte ein Fernsehgerät; zwei Drittel aller Geräte sind Farbfernseher.

Der Einbruch von Rundfunk und Fernsehen in die häusliche Welt bezeichnet eine bedeutsame soziale Umwälzung. Unsere Zeitgenossen sitzen durchschnittlich sechzehn Stunden pro Woche vor dem Fernsehapparat. Allerdings dringt das Fernsehen kaum in die Intimität des Schlafzimmers ein; noch ist es zu teuer, für jedes Familienmitglied einen eigenen Apparat anzuschaffen. Zum gemeinsamen Fernsehen im Kreis der Familie tritt ergänzend das individuelle Radiohören. In ihrer Koppelung sind diese beiden Medien geeignet, die gesamte private Freizeit eines Menschen auszufüllen, und nicht wenige Zeitgenossen verlassen sich auf das Radio, um morgens rechtzeitig aufzuwachen ...

Die Leidtragenden dieser Konkurrenz sind die anderen Informationsmedien. Die Anzahl der Tageszeitungen ging in Paris von 36 Blättern im Jahre 1946 auf 19 im Jahre 1981 zurück, in der Provinz von 184

Drei Zeitalter des Radios: 1942 der fest installierte Röhrenempfänger, 1964 das tragbare Transistorgerät, beide von Menschengruppen umlagert.

Heute der Walkman und das einsame Ich.

auf 75. Markant ist auch der Rückgang der Auflagenhöhe: 1978 kamen auf 1000 Einwohner 197 Exemplare, während es 1946 noch 370 waren.[24] Wohl ist die Zahl der Nachrichtenmagazine und Fernsehzeitschriften gestiegen, aber im Informationsbereich dominieren heute Rundfunk und Fernsehen, während die Printmedien ihre Vormachtstellung eingebüßt haben; sie füllen die Lücken in der audiovisuellen Berichterstattung, indem sie spezialisierte oder lokale Informationen anbieten. Die Wellen haben den Sieg über die Buchstaben davongetragen. Es geht dabei um mehr als nur den Wechsel des Mediums: Rundfunk und Fernsehen beliefern den Bezirk des privaten Lebens nicht mit denselben Informationen wie die Zeitung. In Wirklichkeit hat sich die Funktion der Information selber gewandelt.

Emanzipierter Konformismus

Die Presse der Jahrhundertwende war ganz dem öffentlichen Leben zugewandt. Sie mochte über Politik oder, prosaischer, über Bauernversammlungen, Messen und Märkte berichten, doch sie befaßte sich niemals mit privaten Fragen und vermied es, die Leserschaft selbst zum Thema zu machen. Die Werbung nahm wenig Raum ein: Wo es sie gab, beschränkte sie sich auf Texte oder Slogans und rekurrierte selten auf Bilder; sie war nicht Suggestion, sondern Rede. Mit einem Wort, die Zeitung war kein Spiegel, in dem man sich wiedererkennen konnte.

Allerdings lieferte schon vor dem Ersten Weltkrieg das Kino dem Publikum in Stadt und Land seine Idyllen und Melodramen. Während der Zwischenkriegszeit war der Kinobesuch der beliebteste Zeitvertreib. Von manchen Leuten wurde beklagt, daß der Arbeiter sich Woche für Woche samt seiner Familie Filme ansah, deren Moral zu wünschen übrig ließ.[25] Aber der Film blieb etwas dem Zuschauer

Äußerliches; er mochte Träume wecken und zu Identifikationen anregen, doch jedermann wußte, daß diese Bilder einer anderen Welt angehörten.

Parallel zur Entwicklung des Films fand die gedruckte Information ihre Ergänzung durch das Bild. Das Kino hatte sich nicht auf die Produktion einer Traumwelt beschränkt, sondern bot auch Wochenschauen, gefilmte Aktualitäten und Bildreportagen. Im Zuge verbesserter Techniken (Heliogravüre 1912; Bildtelegraph 1914; Offsetdruck 1932) hielt die Illustration Einzug in die Zeitungen. Es handelte sich jetzt nicht mehr um Strichzeichnungen, die allenfalls koloriert waren, sondern um Photographien, die mit ihrer unmittelbaren Überzeugungskraft der Information den Stempel der Echtheit aufdrückten.

Aufschwung der Frauenzeitschriften

Durch seinen dokumentarischen Wert legitimiert, bot das Bild sich auch für andere Zwecke an. Zu nennen wäre da vor allem die Werbung. Es entstand eine neuartige Presse: die Presse für die Frau. Modezeitschriften kamen heraus; am berühmtesten war das *Petit Écho de la mode*. Diese Wochenschriften berieten ihre Leserinnen vorwiegend nur in Fragen der Kleidung. Am Vorabend des Zweiten Weltkriegs kam mit *Marie-Claire* (1937) und *Confidences* (1938), zwei Journalen, deren Auflage bald die Million überschritt, ein neuer Zeitschriftentypus auf, dessen reinste Verkörperung *Elle* (1945) wurde. Diese Frauenzeitschriften beschränkten ihre Ratschläge nicht mehr auf Kochrezepte und Schnitt- oder Strickmuster. In freundschaftlichem, aber bestimmtem Ton wurden die Leserinnen darüber belehrt, wie sie richtig Toilette machten und sich schminkten, die Wohnung hübsch einrichteten, ihren Mann verführten oder die Kinder erzogen. Um diesen Anweisungen eine persönliche Note zu geben, suchten die Redaktionen das Gespräch mit den Leserinnen; sie veranstalteten Umfragen oder wollten ihre Meinung zu »wahren Geschichten« wissen. Vor allem konnten die Leserinnen in Briefen an die Redaktion ihr Herz ausschütten – eine Gelegenheit, die sie gerne wahrnahmen. Vor allem die von Évelyne Sullerot untersuchten *Confidences* empfingen eine Flut von Zuschriften – »ein erschreckender Strom von Kümmernissen und Qualen, von Krankheiten und Lastern, von Hilferufen aller Art [. . .]. Diese Flut von Briefen bewies ganz deutlich, daß die Einrichtung eines anonymen Beichtstuhls einem wirklichen Bedürfnis entsprach.«[26] Kolumnistinnen wie Marcelle Auclair, Marcelle Ségal oder Ménie Grégoire, die solche Briefe in den Zeitschriften beantworteten, schlüpften in die Rolle von Beichtvätern. Sie avancierten zu moralischen Autoritäten und gaben Woche für Woche Millionen von Lesern mehr oder minder intime Ratschläge, die gleichwohl dringend erbeten worden waren: Dem anonymen Beichtstuhl entsprach der gute Rat frei Haus.

Das Werbeplakat als Dekorationsmittel.

Der Ansturm der Reklame. Kommunikation statt Information

Für die Werbewirtschaft waren die Frauenzeitschriften von großem Interesse. Den Anfang hatten 1932 in der Zeitschrift *Votre beauté* die Hersteller von Parfums und Schönheitsartikeln gemacht. Gestützt auf Farbphotos, die zum Träumen verlockten und zur Identifikation reizten, propagierte die Zeitschriftenwerbung neue Formen des Konsums und damit neue Werte und neue Verhaltensweisen. Die Werbung für Wäsche, Kosmetika oder Ferienreisen hat den Körperkult gefördert, von dem im vorigen Kapitel die Rede war, die Werbung für Obstsäfte oder Yoghurt unsere Ernährungsgewohnheiten verändert. Die ungeheure Revolutionierung der Hausarbeit und die Ausstattung der Küche mit Kühlschrank, Waschmaschine, emailglänzendem Herd usw. baute auf das von der Werbung lancierte Bild von der Küche als einem perfekt eingerichteten Laboratorium. Moderne Resopalmöbel ließen die alten, schweren Schränke als Trödel erscheinen. Ebenso hat die Werbung zur Verbreitung von Rundfunk und Fernsehen beigetragen; diese wiederum haben der Werbung unschätzbare Dienste geleistet. Neben die Werbung in den Printmedien trat bald ergänzend und sie überholend die Werbung in den audiovisuellen Medien. Die Welt des Privaten stand nicht nur im direkten Kontakt mit dem gesamten Planeten; es drang auch von allen Seiten die Reklame in die Privatsphäre ein und transportierte mit neuen Konsumwünschen einen neuen Lebensstil, vielleicht sogar eine neue Ethik.

Stapelweise Zeitschriften. Sie sind Spiegel und Ratgeber zugleich, mischen Eskapismus und Alltag. Damit sind sie ein typischer Ausdruck unseres Zeitalters.

Die Werbung hat in der Tat viel zur Erosion von Regeln beigetragen, die früher das private Leben beherrscht haben. Sie war daran interessiert, Neues zu propagieren; dazu mußte sie Bedenken brechen. Diese Bedenken stützten sich häufig auf das Herkommen (»das tut man nicht«), während die Werbung sich unkonventionell und kumpelhaft gab. Bald machte sie sich den Wunsch der Menschen nach Modernität zunutze und diskreditierte das Alte, weil es das Alte war (»das macht man nicht mehr, das ist altmodisch«), bald legitimierte sie Wünsche (»tun Sie das, wozu Sie Lust haben«), oder sie appellierte an Unabhängigkeitsstreben und Nonkonformismus (»ich tue, was ich will«).

So prägt die Werbung diskret und geschmeidig das Alltagsleben der Zeitgenossen. Jeder hat das Gefühl, nach eigenem Gutdünken, in vollständiger Autonomie zu handeln; das Ergebnis dieser souveränen Entscheidungen indes ist ein täglich expandierender Markt für Massenprodukte. Während jeder glaubt, immer mehr er selber zu sein, werden Geschmäcker und Moden einander immer ähnlicher. Der Konformismus aller lebt von der Illusion der individuellen Selbständigkeit.

Das Paradox dieses emanzipierten Konformismus weist über Lebensstile und Konsumhaltungen hinaus und ergreift auch Wertvorstellungen und Ideen. Von den Medien werden uns die großen Prinzipien des Augenblicks eingeflüstert. Man glaubt sich gut informiert und begrüßt die Befreiung Kambodschas, um dann einige Jahre später von dem entsetzlichen Blutregiment Pol Pots zu erfahren. Man glaubt, selber zu denken, und wiederholt bloß die Meinung des letzten Zeitungsschreibers. Das Radio sendet die anonymen Geständnisse von Hörern, welche die geheimnisvollen Abgründe ihrer Sexualität mit dem gesunden Menschenverstand auszuloten hoffen. Sogar die Einbildungskraft bedrängen Bilder, die von außen kommen, und in die Träume jedes Einzelnen gehen ununterscheidbar die Phantasien und Phantasmagorien aller ein. Welcher Historiker vermag zu sagen, was die Formen des Liebens dem Kino verdanken?

Bei alledem handelt es sich nicht um finstere Machenschaften, sondern um die Funktionsweise unserer Gesellschaft, so wie sie nun einmal ist. Es gibt keine machiavellistischen Drahtzieher, die hinter der Bühne auf Mittel sinnen würden, uns ihre Ideologie aufzuzwingen. Weder die Medienleute noch die Werbestrategen hegen solche Ambitionen. Ohnehin sind sie eine stark fluktuierende, unkonturierte Gruppe, in der niemand wirkliche Macht ausübt, sondern jeder einfach seinem Job nachgeht. Aber die Medienvernetzung ist so weit fortgeschritten, daß ohne Absprachen alle sich zu derselben Zeit für dasselbe Thema interessieren und sich dieselbe Meinung dazu bilden. Und das Publikum bestärkt sie in diesem Tun; es hört ihnen zu, es schaut ihnen zu, es liest sie und verhilft ihnen zum Erfolg. Die Journalisten glauben, Probleme aufzugreifen, die die öffentliche Meinung umtreiben, und das Publikum glaubt den Journalisten, solange sie nicht langweilig werden. Aber um nicht langweilig zu werden, muß man die Probleme personalisieren. Zwischen Medien und Publikum ersetzt Kommunikation die Information.

Information bedeutete, öffentliche Themen als solche zu präsentie-

ren, in ihrer Allgemeinheit und Äußerlichkeit. Kommunikation heißt, diese Themen zur persönlichen Sache jedes Einzelnen zu erklären. Kommunikation stellt allgemeine Probleme anhand konkreter Beispiele dar, mit denen man sich identifizieren kann; sie dramatisiert und emotionalisiert sie. Kommunikation will, daß der Zuschauer ein Ereignis »hautnah miterlebt«, als sei er handelnd dabeigewesen. So löst sie die Differenz zwischen dem Privaten und dem Öffentlichen auf.

Die französischen Präsidentschaftswahlen 1965 haben erstmals die Personalisierung der Politik und das machtvolle Eindringen des politischen Spektakels in die Intimität der Familie offenbart. Seither bevorzugt die politische Rede den privaten Bildschirm vor der öffentlichen Versammlung.

Die Prominenz: privates Leben von öffentlichem Interesse

Bestimmte Tätigkeiten bringen es mit sich, daß diejenigen, welche sie ausüben, in der Öffentlichkeit stehen, weil es »öffentliche« Tätigkeiten sind. Das gilt vor allem für die Unterhaltungsbranche und die Politik. Der Erfolg eines Schauspielers, Sängers oder Sportlers – vorausgesetzt, es handelt sich um eine publikumswirksame Sportart – bemißt sich, ebenso wie der Erfolg eines Politikers, an seiner »Berühmtheit«, also an der Anzahl der Menschen, die von ihm wissen. Dieses entfernte Kennen reicht jedoch nicht aus; das Publikum ist begierig auf eine persönliche Bekanntschaft und will einen Blick in die Privatsphäre der Prominenten tun.

Dieser Wunsch ist nicht neu. Das Leben der Großen dieser Welt hat die Öffentlichkeit schon immer fasziniert. Doch umgab ihr privates Leben früher eine Schranke, über die sie sich freilich unter bestimmten Umständen selber hinwegsetzten, und zwar zu Zwecken der Repräsentation: Sie fungierten dann als Muster des erlesenen Geschmacks und der guten Manieren. Es kam auch vor, daß diese Schranke gewaltsam durchbrochen wurde; dann sprach man von Skandal. Unsere Zeit tendiert dazu, diese Schranke wegzuräumen. Publikumssüchtige Filmstars laden Journalisten und damit die Öffentlichkeit in ihre Wohnung ein und breiten Lust, Liebe und Leid in allen Details vor ihnen aus. Und die Medien kultivieren dieses literarisch-photographische Genre, auf das das Publikum scharf ist. Sie bereichern die freiwilligen Geständnisse bald um fabrizierte: Mit dem Kult der »olympiens«[27] lassen sich gute Geschäfte machen. Im Extremfall spürt man die Stars in ihren Fluchtburgen auf und belagert sie hinter Hecken und Zäunen hartnäckig mit dem Teleobjektiv. Es bedurfte eines eigenen Gesetzes (vom 17. Juli 1970), um das prinzipielle Recht der Prominenz auf ungestörtes privates Leben festzustellen und es vor Übergriffen zu schützen.

Durch ihren Beruf und ihren Erfolg leben die »Olympier« in einer unerreichbaren Welt, doch privat sind es Männer und Frauen wie alle anderen auch. Diese Mischung aus Ferne und Nähe macht sie zu Kulturmodellen, das heißt Lebensmodellen.[28] Damit verschwimmt die Grenze zwischen Öffentlichem und Privatem; das inszenierte private Leben der Prominenz sorgt für die wirkungsvolle Verbreitung von Normen, von denen man nicht weiß, ob sie angesichts ihrer Herkunft eher öffentlich oder angesichts ihrer Bestimmung eher privat sind. Besonders auffällig ist diese Ambiguität in der Politik, dem öffentlichen Sektor par excellence. Durch die Medien erhält die politische Botschaft nicht nur einen besonderen Rückhalt, sondern auch ein besonderes Umfeld. Früher erhob sich das politische Wort bei kollektiven Anlässen und an öffentlichen Orten: als Toast bei festlichen Empfängen, als Ansprache zur Enthüllung eines Denkmals, als Wahlkampfrede in einem Schulhof. Heute dringt es über Rundfunk und Fernsehen in jede Wohnung ein. Der Kandidat, der Verantwortliche hat es nicht mehr mit einem Publikum zu tun, das er gewinnen will, sondern mit Individuen, die er anrühren soll. Früher mußte er die Kunst der öffentlichen Rede beherrschen; heute muß er in die Kamera blicken und die Familie in ihrem Wohnzimmer fesseln. Gab er sich gestern noch Mühe, den Staatsmann hervorzukehren, so figuriert er heute auf Plakaten gemeinsam mit seiner Frau oder seinen Kindern. Zuletzt schließt sich der Kreis: Das Fernsehen zeigt uns in unserer Wohnung Bilder von Politikern in ihrer Wohnung. Die privaten Eigenschaften, die ein Mann des öffentlichen Lebens zu inszenieren versteht, begründen seine Glaubwürdigkeit als Mann des öffentlichen Lebens.

Ich bezweifle allerdings, daß die öffentliche Meinung sich für dumm verkaufen läßt. Unklar nehmen die Leute wahr, daß das politische Wort, welches einen privaten Code vortäuscht, trotz solcher Verkleidung ein öffentliches bleibt. Das inszenierte private Leben der politischen Prominenz hat die Neugier der Öffentlichkeit auf ihr wahres privates Leben nicht geschmälert. Unablässig und trotz aller Dementis kursieren Gerüchte über Eskapaden oder Krankheiten von Politikern. In der französischen Kultur existieren nämlich noch alte Tabus; anders als ihre amerikanischen Kollegen geben französische Politiker weder über ihr Vermögen noch über ihren Gesundheitszustand Auskunft. Damit erregen sie einen Verdacht, der sich durch Affären bestätigt sieht – man denke an den Selbstmord des Ministers Robert Boulin 1979. Gerade weil aber Politiker nicht vollkommen ehrlich sind, ist es für sie um so wichtiger, sich den Anschein vollkommener Ehrlichkeit zu geben. Der Ausgang eines Präsidentschaftswahlkampfs kann von der Fähigkeit der Kandidaten abhängen, wenigstens den Eindruck evidenter Redlichkeit hervorzurufen. Der Schein entscheidet über das Sein. In dieser Verzerrungsmechanik hat sich eines der großen Strukturprobleme der modernen Gesellschaft verpuppt: ihr unersättlicher Täuschungsbetrieb.

Abschließend ist festzustellen, daß die Geschichte des privaten Lebens sich nicht auf eine bündige Formel bringen läßt. Es gibt zu viele Interferenzen zwischen dem Öffentlichen und dem Privaten, als daß unsere Begriffe sie zu einer verläßlichen, stichhaltigen Diagnose zusammenziehen könnten. Einerseits haben die Normen einer entspannten Gesellschaft die öffentliche Förmlichkeit gemildert; andererseits haben Medien und Werbung unmerklich, aber nachhaltig das private Leben beeinflußt. Unsere Zeitgenossen beharren darauf, ihre soziale Rolle mit Individualität zu erfüllen, während sie ihre private Rolle so spielen, wie es die Medien ihnen suggerieren. Sogar die Politik benutzt zur Erörterung öffentlicher Angelegenheiten Codes der Privatheit. Die Grenze zwischen Öffentlichem und Privatem scheint zu verschwimmen. Doch sie verschwindet nicht; sie wird lediglich subtiler. Genauer gesagt: Weil die öffentliche ebenso wie die private Spezialisierung der Räume und Situationen so ausgeprägt ist, rücken die hier wie dort geltenden sozialen Normen und Codes immer enger zusammen. Dieselbe Handlungsweise, dasselbe Betragen haben je nach Kontext höchst unterschiedliche Bedeutungen. Eine Situation oder ein Ort wird nicht mehr durch den Code der Öffentlichkeit oder der Privatheit definiert; vielmehr definiert der Ort oder die Situation den Code. So hat sich ein neues Gleichgewicht eingestellt, in dem die Ähnlichkeit der Normen die Differenziertheit der öffentlichen und der privaten Welt ausgleicht. Auf diese Weise wahrt das soziale System durch eine neuartige Verschränkung von Öffentlichem und Privatem die Balance. Doch es bleibt festzuhalten, daß das Individuum selbst sich hinter dieser Verschränkung unserem Blick entzieht. Die Geschichte der Grenzziehung zwischen privatem Leben und öffentlichem Leben ist zwangsläufig Sozialgeschichte, noch nicht Geschichte des privaten Lebens selbst und seiner Geheimnisse. Dieser Geschichte wollen wir uns nun zuwenden.

Anmerkungen

1 L. Girard und P. Mayol, *Habiter, Cuisiner*, Paris 1980. Der ganze erste Teil des Buches ist eine Monographie über eine Arbeiterfamilie aus La Croix-Rousse. Ich bin dieser Untersuchung zu Dank verpflichtet.
2 D. Bertaux und I. Bertaux-Wiame, »Artisanal Bakery in France: How It Lives and Why It Survives«, in: F. Bechofer und B. Elliott, *The Petite Bourgeoisie. Comparative Study of the Uneasy Stratum*, London 1981, S. 155–181.
3 P. Mayol, a. a. O. [Anm. 1], S. 97. Dieser Dialog verdiente es, ausführlich zitiert zu werden.
4 L. Marty, *Chanter pour survivre, culture ouvrière, travail et technique dans le textile, Roubaix 1850–1914*, Liévin 1982, S. 123 ff.
5 C. Pétonnet, *Espaces habités. Ethnologie des banlieues*, Paris 1982.
6 R. Hoggart, *La Culture du pauvre*, Paris 1976. Dieses 1957 auf englisch erschienene Buch (*The Uses of Literacy: Changing Patterns in English Mass Culture*, Oxford 1957) verfocht bemerkenswert scharfsinnig die These, daß die Kultur in den britischen Arbeitervierteln trotz Medien, Reklame und Überflußgesellschaft dieselbe geblieben sei.
7 *La Population française de A à Z*, Paris, La Documentation française, *Les Cahiers français*, Nr. 219, Januar/Februar 1985, S. 9.
8 Centre d'étude des groupes sociaux. Centre de sociologie urbaine, *Logement et Vie familiale. Étude sociologique de quartiers nouveaux*, Paris 1965.
9 N. Haumont, *Les Pavillonnaires*, Paris 1975, 2. Aufl.
10 J. Rousselet, *L'Allergie au travail*, Paris 1974.
11 F. S. Dossou, »L'insertion des jeunes dans la vie professionelle, conditions et mécanismes de l'insertion«, *L'Entrée dans la vie active*, Paris 1977, S. 181–332 (Cahiers du Centre d'études de l'emploi, Nr. 15).
12 B. Galambaud, *Les Jeunes Travailleurs d'aujourd'hui*, Toulouse 1977.
13 G. Lamirand, *Le Rôle social de l'ingénieur. Scènes de la vie d'usine*, Paris o. J. (1937, 1. Aufl. 1932).
14 J.-P. Barou, *Gilda je t'aime, pas le travail*, Paris 1975, S. 67.
15 N. Dubost, *Flins sans fin*, Paris 1979, S. 172.
16 D. Mothé, *Militant chez Renault*, Paris 1965, S. 32, 40.
17 Ch. Piaget, *Lip*, Paris 1973, S. 43, 54, 95, 97.
18 A. Ehrenberg, »C'est au Club et nulle part ailleurs . . .«, in: *Le Débat*, Nr. 34, März 1985, S. 130–145. Diesem Autor verdanken wir den Begriff der »entspannten Gesellschaft«.
19 E. Morin, *L'Esprit du temps*, Paris 1962, S. 97. Der Gang der Dinge hat die Diagnose dieses über zwanzig Jahre alten Buches bestätigt.
20 Diese Ausführungen stützen sich auf G. Lipovetsky, *L'Ere du vide. Essai sur l'individualisme contemporain*, Paris 1983.
21 R. Barthes, *Système de la mode*, Paris 1967.
22 A.-J. Tudesq, »L'évolution de la presse quotidienne en France au XXe siècle«, in: *Revue d'histoire moderne et contemporaine*, Nr. 3 (1982), S. 500–507.
23 J.-P. Rioux, »Les trente-six chandelles de la télé«, in: *L'Histoire*, Nr. 86 (Februar 1986), S. 38–53, sowie P. Albert und A.-J. Tudesq, *Histoire de la radio-télévision*, Paris 1981.
24 P. Ory, *L'Entre-deux-Mai. Histoire culturelle de la France, mai 1968–1981*, Paris 1983, S. 47.
25 Vgl. die Erhebungen J. Valdours aus den frühen zwanziger Jahren, etwa *Ateliers et Taudis de la banlieue de Paris*, Paris 1923.

26 É. Sullerot, *La Presse féminine*, Paris 1966, S. 58.
27 Dieses Wort hat H. Raymond geprägt: »Hommes et dieux à Palinero«, in: *Esprit*, Nr. 6 (Juni 1959), S. 1030–1040.
28 Diese Analyse ist bezeichnenderweise schon zwanzig Jahre alt; siehe E. Morin, *L'Esprit du temps*, a. a. O., besonders S. 142.

Richard Lindner, *Das Geheimnis*, 1960.
(Sammlung Joachim Jean Aberbach, Sands Point, New York)

Gérard Vincent

II. Eine Geschichte des Geheimen?

Oskar Schlemmer, *Vier Figuren mit Kubus*, 1928. (Sammlung Oskar Schlemmer, Familie Schlemmer, Badenweiler, 1987) Richard Lindner (1901–1978), ein deutscher Jude, der nach Frankreich emigrierte, dort interniert wurde und sich 1941 in den USA niederließ, ist der Maler der totalen Einsamkeit. Jeder Mensch geht seiner Tätigkeit nach, ohne sein Geheimnis preiszugeben. Auch die hieratischen Silhouetten des »entarteten Malers« Oskar Schlemmer (1888–1943) sind im Geheimnis erstarrt.

Geheimnisse der Geschichte und Geschichte des Geheimen

»Wir träumen von dem, was eines Tages die Geschichte des Geheimen sein könnte. [. . .] Sage mir, was du verbirgst, und ich sage dir, wer du bist. Vielleicht eine unmögliche Geschichte, [. . .] aber versuchen muß man sie. Immerhin hat das Geheime seine Psychologie und seine Ontologie gehabt, seinen Soziologen (Simmel) und seinen Romancier (Balzac). Warum nicht auch seinen Historiker?«

Pierre Nora

Geschichte und Geschichten

Gelebte Geschichte, erzählte Geschichte

Jedes Geschichtsbuch ist zunächst einmal die Geschichte eines Buches, und sie zehrt von der ersten Zeile an von der Polysemie des Wortes »Geschichte«. Dieses Wort meint, unklar genug, sowohl die gesamte Vergangenheit der Menschen (gelebte Geschichte, »histoire vécue«) als auch die Konstruktion dieser Geschichte, wie sie a posteriori von den »Historikern« vorgenommen worden ist (erzählte Geschichte, »histoire récit«), aber auch die Vorstellung, die der Konstrukteur von dieser Geschichte hegt (hat sie einen »Sinn«, also eine Richtung und eine Bedeutung?), ja sogar die Erzählungen selbst, soweit sie aus vagen, imaginativ überhöhten Quellen schöpfen (»das sind bloße Geschichten«). Hier soll uns die erzählte Geschichte beschäftigen. Da ist also der Historiker, außerstande, die Vielfalt der Erscheinungen auf dem Feld des Geschehens zu überblicken. Im Lichte seiner Beschreibung spiegeln sich (brechen sich?) seine Phantasmen und Perspektiven, kurz, seine »Epochen«, genauer gesagt, die Art, wie er diese wahrnimmt – schwärmerisch (wenn er dem Fortschrittsglauben huldigt) oder ablehnend (wenn er das Goldene Zeitalter in grauer Vorzeit datiert). Der Historiker vergangener Zeiten ist also geprägt von der Epoche, die er nicht untersucht: seiner eigenen. Ist er Pessimist, so wird er in der Weltgeschichte jene »konkrete Realität des Bösen« aufdecken, die sich Hegel zufolge »massiv unserem Blicke darstellt«. Ist er Optimist, so wird er mit Durkheim in ihr den Umriß einer Soziodizee beobachten. »Pessimist und Optimist streiten um das, was nicht ist«, schrieb Paul Valéry. Sie streiten auch um das, was gewesen ist.

Der Autor dieses Kapitels sieht sich vor einer doppelten Schwierigkeit: Ausdruck einer Geschichte, die er gelebt hat, vielleicht als Historiker seiner eigenen Zeugenschaft? Während die erzählte Geschichte – »Science-fiction« (Michel de Certeau), »wahrer Roman« (Paul Veyne), »Retrospektive auf die menschliche Zukunft« (Raymond Aron) – stets pluralisch ist, ist die Geschichte des privaten Lebens zwangsläufig »idiotisch« (im griechischen Sinne des Wortes), sagen wir: idiosynkratisch, singularisch. Von Thukydides bis zur »Annales«-Schule hat man Geschichte als Geschichte von Ausnahmen und Resultanten geschrieben. Es mag möglich sein, die Geschichte *von* privaten Leben (im Plural) zu schreiben. Aber die Geschichte *des* privaten Lebens? Wird sie sich nicht in der Geschichte eines Artefakts erschöpfen, sofern man gelten läßt, daß die »Person« (Subjekt/Objekt dieser Studie) der Ort des Nicht-Inventarisierbaren ist, wo alle Austauschbarkeit erlischt? Auf jedem Gesicht bildet sich eine Vergangenheit ab (die eines Menschen, einer Familie, einer Klasse, eines Volkes), eine Gegenwart (der Wettlauf mit der Zeit) und eine Zukunft (Angst vor dem Morgen, Ungewißheit der Lebenserwartung, denn wir sind alle zum Tode verurteilt). Nietzsche hat gesagt, kein Maler könne einen Baum in der ganzen Mannigfaltigkeit seines Laubes, dem Spiel seiner Blätter wiedergeben. Von keinem Menschen besitzen wir den vollständigen Bericht seines Lebens. Selbst wer den literarischen Exhibitionismus so weit treibt, wie es Michel Leiris getan hat, gibt uns nur ausgewählte Momente zu lesen.

In die Geschichte des privaten Lebens einführen heißt zunächst einmal den Tempounterschied auf den einzelnen Feldern des sozialen Daseins betonen. Ersichtlich kumulativ und additiv ist die Geschichte der Naturwissenschaften und Technik. Langsam jedoch, zusammengesetzt aus Wiederholungen und falschen Schuldumwandlungen, die lediglich Erblasten sind, ist die Geschichte des privaten Lebens; in ihm folgt das Dasein einem ahistorischen, achronischen Rhythmus: Angst vor dem Tod; schwieriger Umgang mit dem Körper; sexuelle Unerfülltheit; die Obsession des Geldes; unermeßliche Zone der Stabilität; Ort der Tragik, wo die Schwere des Daseins dauert, unterbrochen nur von kurzen, mitunter euphorischen Augenblicken des Glücks.

Man hat den Eindruck, als sei seit 1914 das Feld des privaten Lebens eingeengt, der Vorhang des Geheimnisses gelüftet, die Grenze zwischen Gesagtem und Nichtgesagtem zurückverlegt worden. In den zwanziger Jahren gab es noch drei Sachwalter für die Belange des privaten Lebens: den Beichtvater für das Spirituelle, den Notar für das Materielle (und die Heirat) und den Arzt für das Körperliche – drei Autoritäten, die in die Geheimnisse der Menschen und ihrer Familien eingeweiht waren. Auch hat die Urbanisierung die Anonymität verstärkt. Auf dem Dorf hatte jeder ein Auge auf den anderen. In der Megalopolis bleibt das Unsagbare, Verhehlte, ungesagt.

Félix-Édouard Vallotton, *Baumstudie*, 1911. Auch der allerrealistischste Maler, nach photographischer Vorlage arbeitend, kann uns nur das vereinfachte, unbewegte Bild eines Baumes geben. Aber durch das Protokollieren von Äquivalenzen kann er die Bewegung des Windes in den Baumkronen suggerieren. Malerei ist nur eine zur Untreue verurteilte »Übersetzung«, wenn sie versucht, zu »reproduzieren«. In diesem Sinne kann man die Blätter, sei es bei Poussin, bei Klimt oder bei Vallotton, als Metapher für das Antlitz des Menschen verstehen, das uns, ihn widerspiegelnd, nur einen Augenblick seines Werdens offenbart. (Quimper, Musée des Beaux-Arts)

Das private Leben in der Stadt

Die totalitäre Stadt

Es gibt keine präzise Diagnose des privaten Lebens. Versuchen wir also zu beschreiben, wie das Gehäuse des Privaten in einer totalitären Gesellschaft und in der unseren aussieht. Im Totalitarismus jeder Couleur sind offenbar alle Schranken zwischen privatem Leben und öffentlichem Leben abgeschafft: Es gibt kein Briefgeheimnis, polizeiliche Nachforschungen sind zu jeder Tages- und Nachtzeit möglich, selbst im Familienkreis wird zur Denunziation aufgefordert. Es sind die altbekannten und bewährten Praktiken der Gesellschaften von gestern, die sich als Theokratien verstanden, ob es nun das Spanien der Inquisition war oder Florenz in der Zeit Savonarolas. Es hieße freilich, die Findigkeit des Menschen bei der zähen Verteidigung seines »heimlichen Gärtchens« zu verkennen, wollte man die totalitäre Gesellschaft als jene definieren, in der es kein privates Leben gab; die Ressourcen der Heimlichkeit allerdings konnten auf die freie Wahl der Todesart zusammenschrumpfen. 1984 hat man viel über den Roman von Orwell gesprochen, der 1949 entstand und eben diesen Titel trägt. Beim Wiederlesen dieses Buches verfällt man nicht in absoluten Pessimismus. Die menschliche Einbildungskraft ist unerschöpflich, wenn es darum geht, Auswege des Dissidententums zu ersinnen. Die Unerbittlichkeit der Norm hat immer zur Häresie gereizt. Paradoxerweise kann man sogar die Hypothese aufstellen, daß gerade in totalitären Ländern das private Leben, verstanden als im engen Sinne heimliches Leben, seinen weitesten Raum hat. In der gründlich schizophrenen sowjetischen Gesellschaft, die Sinowjew beschrieben hat, führte jeder Mensch ein Doppelleben – als linientreuer Staatsbürger paßte er sich den geltenden Normen an, als pfiffiger Asozialer wußte er sie zu umgehen, um sich mit Lebensmitteln zu versorgen, seinen Vorteil zu mehren und seine Sexualität zu befriedigen. Doch herrschte ein stillschweigendes Einverständnis zwischen den offiziellen Institutionen, die sich nicht täuschen ließen, und dem vorsichtigen Asozialen, der erwitterte, wie weit er gehen konnte. Am Rande der Legalität operierend, war er offenkundiger Täter und potentieller Angeklagter zugleich, und aus dieser laisierten Form der Erbsünde schlug das System Profit. Der Totalitarismus erzeugt mehr Geheimnisse, als er aufspürt. »Wir waren nie so frei wie zur Zeit der deutschen Besetzung«, sagt Sartre.

Vavro Oravec, *Kafka*.

In demokratischen Ländern ist das Problem komplexer. Der Staatsapparat mischt sich kaum einmal in das private Leben; familiäre Existenz und Freundeskreis sind vor seinen Nachforschungen sicher. Die Wirksamkeit der Medien sorgt, spontan oder absichtsvoll, für gesellschaftlichen Frieden. Durch die subtile Dosierung von Mimesis und Katharsis perpetuieren sie das Star-System, insbesondere im Bereich des Sports, und ziehen damit Engagement und Aggressionslust vom Feld der sozialen Kämpfe ab. Greift man zurück auf die Untersuchungen von Devereux über die »Desorientierung« der Heloten,

René Magritte, *Die Idee*, 1966. Wenn das Gesicht des anderen mir nur einen Köder hinhält, um die – sehr sporadische – Aufmerksamkeit abzulenken, die ich ihm entgegenbringe: warum es dann nicht durch einen Apfel ersetzen? Oder von ihm nur die Augen zeigen, die sehen, aber nicht blicken.
(Privatsammlung)

womit er meint, daß der Knecht sich auf den Herrn verläßt, um zu verstehen, was er sieht und hört, und zu erfahren, was er sagen und denken kann, dann macht man die Wahrnehmung, daß die »liberalen« Gesellschaften denselben Mechanismus zeigen, nicht zu vergessen die Keimzellen des Totalitarismus, die es auch in ihnen gibt, etwa die Mafia oder die diversen »Milieus«, in denen bekanntlich Selbstjustiz herrscht, was indes geordnete Beziehungen zu legitimen Institutionen keineswegs ausschließt.

Verkürzt, aber ideologisch bequem ist demnach die Konstruktion eines Gegensatzes zwischen einer »freien« Welt und einer nicht freien. Zur »freien« Welt gehört Manila, wo, wie man hört, die Not zwanzigtausend Kinder in die Prostitution treibt; für ein paar Dollars verkaufen sie ihren Körper an pädophile Touristen, die mit Chartermaschinen eingeflogen worden sind. Zur nicht freien Welt gehört Vietnam, von wo die »boat people« kommen. Die Überlebenschancen dieser Menschen sind gering; aber daß sie die Flucht aus einer für sie inakzeptablen Wirklichkeit überhaupt wagen, ist der beste Beweis dafür, daß die vom Big Brother gewollte »Desorientierung« gescheitert ist. Und die 35 000 »devadasis«, die in den südindischen Staaten Karnataka und Maharashtra als »heilige Jungfrauen« der Göttin Yelamma zur Prostitution mit Priestern und hohen Beamten gezwungen werden, bevor man sie an die Bordellwirte in Bombay verschachert, wer spricht von ihnen?

Die Hauptfrage ist also: Welche Freiheit des Handelns hat der Mensch in dem – wie immer beschaffenen – Gemeinwesen? Max Weber hat betont, die Soziologie könne nur erkunden, wie ein einzelnes Individuum oder einige oder viele einzelne Individuen handeln, und müsse »streng« individualistisch verfahren. R. Boudon bekräftigt: »Das Handeln eines Individuums entfaltet sich stets in einem System von *Zwängen*, die mehr oder weniger klar definiert, mehr oder weniger transparent, mehr oder weniger streng sind.« Handlungen sind also weder das Produkt absoluter Freiheit noch das mechanische Ergebnis der Sozialisation. Nun gut. Aber wenn sie die Resultante zweier verschiedener Kraftvektoren sind, welchen Anteil am Resultat hat dann jeder einzelne dieser Vektoren? Und wenn eine gewisse Entscheidungsfreiheit die Grundlage des privaten Lebens bildet, anhand welcher Quellen hat man diese Freiheit zu beurteilen?

Welche Quellen?

Orte des Erinnerns

Welches sind im privaten Leben die »Orte des Erinnerns«? Intime Tagebücher, Briefwechsel, Autobiographien, Memoiren? Derartige Quellen sind ebenso zahlreich wie lückenhaft, ebenso unentbehrlich wie – häufig – anfechtbar. Denken wir an einige berühmte Beispiele: das *Mémorial de Sainte-Hélène* (angeblich das meistgelesene Buch des 19. Jahrhunderts), in welchem der Graf de Las Cases den abgesetzten Kaiser zu Wort kommen läßt, die *Mémoires d'outre-tombe* von Chateaubriand, die Memoiren de Gaulles. Es sind dies allesamt fesselnde Texte, voller rekonstruierter Erinnerungen, versehen mit dem Siegel der bewußten Amnesie, geprägt von der Sorge, eine Pose für die Nachwelt auszubilden – fiktionale Botschaften, die uns mehr über den Mechanismus der Paranoia verraten als über gelebte Geschichte. Und die Geständnisse der Literaten, die Beichten eines Gide, eines Genet, eines Leiris? Wer hat es jemals gewagt, sein privates Leben aufzuzeichnen, ohne etwas zu verschweigen und ohne Exhibitionismus? Ohne sich vor Bekenntnissen zu scheuen, durch die er Dritte hineinzieht und Repressalien riskiert? Niemand, vermute ich. Denn das Unsagbare ist nicht nur das, was der soziale Code zum Schweigen verdammt; es ergibt sich auch aus dem Akt des Schreibens selbst, dieser approximativen, verkürzenden »Übersetzung« des »Innenlebens«.

Das Gesetz als Hüter des Geheimen

Ein Historiker möchte in Privatarchiven stöbern, um Texte auszugraben, die nicht zur Veröffentlichung gedacht sind? Dann gerät er mit dem Gesetz in Konflikt, dem Hüter der Intimität. Das Gesetz vom 3. Januar 1979 und der Erlaß vom 3. Dezember 1979 haben die Benutzung von Archiven geregelt. Für öffentliche Archive gilt eine Sperrfrist von dreißig Jahren, die je nach der Bedeutung, die das geschützte Geheimnis in den Augen des Rechtes hat, auf sechzig, hundert, hundertzwanzig und sogar hundertfünfzig Jahre erweitert werden kann. Öffentliche Archive sind befugt, diese Fristen »im Dienst der Forschung« zu verkürzen; hingegen schützt eine starre Sperrfrist von hundert Jahren individuelle Angaben zum persönlichen und Familien-Leben sowie zu Tatsachen und Verhaltensweisen privater Art (Art. 7 des Gesetzes vom 3. Januar 1979). Bei Angaben »medizinischer Art« gilt die Sperrfrist für hundertfünfzig Jahre. Das Gesetz vom 17. Juli 1970 billigt jedermann das Recht auf Achtung seiner Privatsphäre zu. »Der Historiker lasse um Gottes willen die Finger vom Privatleben Lebender! [...] Das Recht wacht über unsere Liebschaften, unsere Schmerzen, unsere Laster, unsere Krankheiten, unsere Verrücktheiten, unsere Wohnungen, unser Bild, über alles, was es unsere Intimsphäre nennt. [...] Es ermächtigt den Richter, ein Schriftstück zu unterdrücken oder ein Druckwerk zu beschlagnahmen. [...] Ein Toter ist noch nicht tot, sofern er Erben hat. [...] Gemäß Artikel 34 des Gesetzes vom 29. Juli 1881 erfüllt die Verunglimpfung des Andenkens Verstorbener den Straftatbestand der üblen Nachrede oder der Beleidigung. [...] Am 14. Oktober 1970 entschied ein Pariser Gericht, die ›Rechte des Historikers‹ könnten nicht gegen die Erben eines Sarah-Bernhardt-Bewunderers geltend gemacht werden, dem unklugerweise vorgeworfen worden war, die berühmte Tragödin vergewaltigt zu haben. [...] Wie kann man unter solchen Umständen noch Geschichte schreiben? Im Konflikt zwischen Recht und Geschichte ist es der Richter, der entscheidet.«[1]

Die gesammelten Daten des französischen Instituts für Statistik und Wirtschaftsstudien (INSEE) und des französischen Instituts für demographische Studien (INED) sowie die Umfragen von Meinungsforschungsinstituten wie CREP, CERC, CORDES usw. stellen einen ungeheuren Materialfundus dar. Wir haben darauf relativ selten zurückgegriffen, denn erstens liegen diese Daten gedruckt vor und sind daher allgemein zugänglich; zweitens haben wir uns bewußt dafür entschieden, bereits Gesagtes eher in Zweifel zu ziehen als zu wiederholen, und drittens aus erkenntnistheoretischen Gründen: Umfragen unter Berufstätigen klassifizieren Gruppen von Berufstätigen, Steuerstatistiken klassifizieren Steuerpflichtige; doch was uns interessiert, sind die Menschen.

Der *Who's Who* und das Ungesagte

Der *Who's Who* ist ein gutes Beispiel für eine wohl nicht erschöpfende, jedoch wichtige Quelle, die über das private Leben alles mitteilt, was löblich, das heißt »moralisch« und also legitim ist, während alles das, was nicht löblich, sondern bedauerlich oder beschämend ist, verdeckt bleibt. So erlangen wir zwar Kenntnis von den gesellschaftlichen Positionen, die die Angehörigen dieser ideologisch und sozial präformierten »Elite« jemals bekleidet haben, aber wir erfahren nicht, mit welchen Strategien sie diese Positionen erobert, ausgebaut und behauptet haben. Wir lesen, daß Monsieur X. zunächst Sachbearbeiter oder Referatsleiter in einem Ministerium war, bevor wir ihn im Staatsrat oder im Rechnungshof wiederfinden; aber wir lesen nicht, wie dieser steile Aufstieg zustande kam: ob durch die außergewöhnlichen Verdienste des Monsieur X. (gute Ausbildung, Erfahrung usw.), seine idealistische Berufung zum Dienst am Staat als dem großen Lenker des nationalen Ganzen oder durch seine opportunistische Karrierestrategie. Die biographischen Angaben über diesen ENA-Absolventen, die in Jahrbüchern oder im *Who's Who* stehen, verraten nicht, wie und mit wessen Hilfe er seine Diplome dazu nutzen konnte, seine Ausbildungserfolge in soziale Leistung umzumünzen – die Barriere des Privaten verhindert Nachforschungen. Man könnte sämtliche Daten aus jenem Fundus in einen Computer einspeisen, ein ausgeklügeltes Programm zu ihrer Feinstrukturierung entwickeln usw. – das Gerät würde nicht mehr preisgeben, als man hineingesteckt hat. Denn sozialer Erfolg ist ebensosehr das Produkt eines nicht durchschaubaren Systems wie eines erklärten Durchsetzungswillens. Es ist keine Schande, von Eltern abzustammen, die mit sozialem, ökonomischem und kulturellem Kapital dreifach gesegnet waren, so wie es auch keine Schande ist, gute Schulen besucht und die richtigen beruflichen Entscheidungen getroffen zu haben. Aber davon ist nicht die Rede, aus Angst, in den Augen der anderen das eigene »Verdienst« zu schmälern.

Mein vom Herausgeber (oder mir selbst) erbetener Eintrag in *Who's who* erwähnt nur, was gesellschaftlich löblich ist. Ich will den Leser davon überzeugen, daß mein Erfolg der gerechte Lohn für meine Verdienste ist. Über mein privates Leben schweige ich mich aus. Für den *Who's who* ist der Vater des Kindes immer der Gatte von dessen Mutter.

Auf der Bühne stolzieren die Erfolgreichen, denen das Glück hold war. Das Geheimnis ihres Auftritts ist hinter den Kulissen zu suchen. Um es an der Universität zu etwas zu bringen, muß man zunächst den richtigen »Ziehvater« finden (ist er zu jung, hat er nicht genügend Beziehungen; ist er zu alt, droht seine baldige Emeritierung). Sodann empfiehlt es sich, im Redaktionskomitee einer »wissenschaftlichen« Zeitschrift zu sitzen: Sprich über die Bücher der anderen, und sie werden über die deinen sprechen. Zweckmäßig ist die Herausgeberschaft für eine Aufsatzsammlung: Publiziere, und du wirst publiziert. Ermutige die Mittelmäßigen! Sie stellen dich nicht in den Schatten und versuchen nicht, dich von deinem Platz zu verdrängen. Wie wir oben bereits gesagt haben: Erzählte Geschichte ist die Geschichte von erreichten Zielen, nicht von zurückgelegten Wegen. Und wie von diesen Wegen erfahren? Durch Indiskretionen? Aber sind die Indiskreten eine lautere Quelle?

»Qui t'a fait duc? Qui t'a fait roi?« Herzöge und Könige beachten das Gesetz des Schweigens. Der Historiker hat sich nicht zu entrüsten; er hat zu konstatieren. Max Weber sah in der Bürokratie (dieses Wort hatte für ihn keine pejorativen Konnotationen) eine glückliche Rationalisierung der Funktionen des Staates. Der Beamte, nach allgemeingültigen Prinzipien (Prüfungen, Titel usw.) rekrutiert, nach zwingenden Regeln befördert, unabhängig ebenso von seinen Vorgesetzten wie von seinen Untergebenen, war für Weber der Geburtshelfer einer neuartigen Gesellschaft, einer Gesellschaft, die wir heute die zivile nennen. In Frankreich kann die Existenz dieser Bürokratie nicht über die Dauerhaftigkeit persönlicher Bindungen wie Freundschaft, Loyalität, Erkenntlichkeit oder Verwandtschaft hinwegtäuschen, die älter als der moderne Staat sind und die Klientelwirtschaft – im weitesten Sinne – zu einem Transmissionsriemen der Macht und gleichzeitig zum Instrument sozialer Mobilität gemacht haben. In Frankreich, wo meritokratische Strukturen mehr als in anderen westlichen Nationen von Dominanzstrukturen überlagert werden, reichen die persönlichen Bindungen, die sich hartnäckig gegen alle Systeme einer auf scheinbar demokratischen Wettbewerb gegründeten Auslese behaupten, zurück in die unergründliche Welt des Geheimen.

Wo ist das Geld?

Die Antwort ist einfach: überall. Doch während es zahllose Texte und Diskurse gibt, die sich mit der Sexualität befassen (sei es, um darüber zu sprechen, sei es, um davon zu schweigen – insofern hat Michel Foucault recht), wird das Thema Geld eher vornehm umschrieben als beim Namen genannt. Das Geld ist allgegenwärtig, allmächtig und überwindet Zeit und Raum; deshalb haben manche in ihm die fetischisierte Gestalt Gottes gesehen, manche Gott als Symbol des Geldes begriffen. Ob versteckt oder zur Schau gestellt, das Geld ist überall dort, wo man es erwartet, und auch dort, wo man es nicht erwartet. Es begegnet uns in allen Stadien unseres Lebens. Ein Mensch kommt zur Welt? Ein Erbe ward geboren. Ein Mensch verliebt sich? Man kann nur lieben, wen man kennt, und man kennt nur Menschen aus dem eigenen Milieu – zwischen die Lippen der jungen Liebenden schiebt sich diskret das Geld. Ein Mensch heiratet? Der Wert der Familienerbschaften wird nicht mehr vor dem Notar gegeneinander verrechnet; statt dessen sind soziale Mechanismen am Werk, die die Grenzen zwischen Zufall und

Notwendigkeit verwischen. Ein Mensch stirbt? Tränenüberströmt stehen die Erben bereit, die Hände schon an den Griffen des Sarges. Und welches Schauspiel bieten die Medien? Sie zeigen den Armen die Reichen, damit die Armen geduldig bleiben – ein Leben lang geduldig. Über das Geld konstruiere ich *meine* Identität: *mein* Auto, *meine* Wohnung, *mein* Zweitwohnsitz, *mein* Geschmack. Das Rätsel des guten Geschmacks, das Kant so am Herzen lag, ist auch das Rätsel des Bankkontos. Die »Kriegsgewinnler« im Ersten Weltkrieg stellten ihr Geld schamlos zur Schau; die Nutznießer des Schwarzmarkts verstecken das ihre. Geld erzeugt jene Zonen des Totalitarismus im Gefüge demokratischer Staaten, von denen oben die Rede war: die Mafia und andere »Milieus«, Geschäfte mit der Prostitution und mit Drogen, Profite, die in den Waffenhandel investiert werden, wo sie neuen Profit abwerfen. Und mit dem Anspruch, Geld durch Tugend zu ersetzen, verurteilt der Sozialismus sich zum Tode oder zu einer Fiktion.

Für Männer wie Thiers, Guizot oder Tocqueville bestand die Lösung des sozialen Problems darin, den Armen die Bildung von Eigentum zu ermöglichen. Die Geschichte hat ihnen recht gegeben – gegen Marx. Die Hälfte der französischen Familien – unabhängig von ihrer berufssoziologischen Klassifizierung – lebt in Wohnungen (Hauptwohnsitz), die ihnen gehören; mehr als 80 Prozent der Familien besitzen ein Auto; alle oder praktisch alle haben ein Fernsehgerät. Diese Triade der Modernität bewahrt den sozialen Frieden, trotz der nach wie vor bestehenden Kluft zwischen den ganz Reichen und den ganz Armen. In diesem Frankreich, wo die letzte Revolution aller Strukturen zweihundert Jahre zurückliegt und seither nur einige Male »Unmut im Volk« aufgeflammt ist (zur Zeit der Befreiung, im Mai 1958 und im Mai 1968), liebt man es, sich mit der rituellen Frage »Ist die Situation revolutionär?« selber Angst einzujagen. Aber es besteht kein Grund zur Besorgnis: Nach einer von Zeldin zitierten Umfrage antworteten 1947 auf die Frage »Was ist im Leben am wertvollsten?« 1 Prozent der Männer und 5 Prozent der Frauen: »Liebe«, 47 Prozent der Männer und 38 Prozent der Frauen antworteten: »Geld«. Was muß man tun, um sein Geld zu hüten, es »arbeiten zu lassen«? Der Erste Weltkrieg, der eine stetige Inflation auslöste, stellte die Spielregeln auf den Kopf. Die Franzosen, in der illusionären Hoffnung auf Wiederkehr des *status quo ante*, verlegten sich zunächst auf nicht-indexgebundene Anleihen und aufs Hamstern. Später wurden sie flexibler und investierten ihr Geld je nach der Gunst der Stunde in Immobilien, Aktien oder Münzen. Einer Umfrage von 1953 zufolge sind 72 Prozent der Franzosen der Ansicht, daß Grundbesitz, Immobilien, Gold, Edelsteine und Bilder die sichersten Geldanlagen darstellen, während 16 Prozent Wertpapiere bevorzugen.

Häufig offenbaren Todesfälle die Verquickung von Geld und Familie, weil sie die Hinterbliebenen zwingen, eine öffentliche Instanz, nämlich das Gericht anzurufen. Denken wir uns den Fall eines sehr reichen alten Herrn ohne Pflichterben, der einer Frau, die den Hinterbliebenen unbekannt ist, sein ganzes Vermögen vermacht, obwohl er Neffen und Nichten hat. Diese sind hiergegen machtlos, es sei denn, sie könnten

(zur Abbildung auf Seite 165)
Als blasse Silhouette (im Miniaturformat) ein Einbeiniger, der aus dem »Großen Krieg« heimgekehrt ist. Sieht sein gedankenverlorener Blick erlebte Greuel oder begangene? Bar jeder Resignation ist der Blick der Kriegerwitwe, die ungebeugt neben ihrem Kind steht. Die Kriegsgewinnler zählen ihre Scheine; gibt es in ihrem Gewissen Platz – einen winzigen Platz – für Skrupel? Wer kann es wissen ... Aber das Heer ist immer zur Stelle und wacht über den inneren Feind: die Armen.

George Grosz, *Fette Kröten*, Zeichnung für *Brigands*, 1922.
(Berlin, Galerie Nierendorf)

nachweisen, daß der Erblasser bei der Niederschrift seines Testaments nicht mehr »im Vollbesitz seiner geistigen Kräfte« war. Dieser Ausdruck kommt im Code civil vor, ist aber unklar. War der Erblasser ein »rechtsunfähiger Volljähriger«, so entscheidet das Vormundschaftsgericht. Was die Sache jedoch kompliziert, ist der Begriff der »luziden Intervalle«. Es gibt viele seelische Erkrankungen, bei denen der Kranke (etwa ein Manisch-Depressiver) zeitweilig »im Vollbesitz seiner geistigen Kräfte« ist, dann wieder nicht. Ist nun das Testament während eines solchen »luziden Intervalls« in der vorgeschriebenen Form abgefaßt und unterzeichnet worden? Von der Antwort auf diese Frage hängt die Gültigkeit des Testaments ab. Man kann sich vorstellen, daß der Beweis nicht leicht zu führen ist und daß bei dieser Gelegenheit sogar familiäre Bindungen, die bisher stabil zu sein schienen, in die Brüche gehen: Geheimnisse werden gelüftet, man tritt aus dem Bereich des Privaten in den des Öffentlichen.

Das private Leben, der Staat und das Recht

Ist Freiheit das Produkt gesetzlicher Regelungen?

Französische Gesetzestexte verwenden das Syntagma »Privatsphäre« ohne Definition oder Referenten, so als sei sein Sinn offenkundig. Artikel 9 des Code civil bestimmt, daß jedermann ein Recht auf Achtung seiner Privatsphäre hat. Artikel 8 der europäischen Menschenrechtskonvention besagt, daß jedermann das Recht auf Achtung seines Privat- und Familienlebens, seiner Wohnung und seines Briefverkehrs hat. Nach Artikel 12 der allgemeinen Erklärung der Menschenrechte darf niemand zum Gegenstand willkürlicher Einmischung in seine Privatsphäre, seine Familie, seine Wohnung und seinen Briefwechsel noch von Anschlägen gegen seine Ehre und seinen guten Ruf gemacht werden. Vieldeutig ist dieses »Private«, das der *Robert* naiv als den Ort definiert, »zu dem das Publikum keinen Zutritt hat«. Aber ein gewisses Publikum hat sehr wohl Zugang zur »Privatheit« der Spielbanken, zu den »Privatkabinen« von Sex-Shops, zu öffentlichen Toiletten, die man früher »privés« nannte: »Unter den *privés* der Ladenfräulein befinden sich die der Kunden.« (Bon Marché, 1871) Und rechnet nicht andererseits der heimliche Besuch eines honorigen Mannes bei einer »öffentlichen Person« zu seiner Privatsphäre? Die Eltern, die ihre Kinder auf eine »Privatschule« schicken, wissen genau, daß es die Steuerzahler (also zum Teil sie selber) sind, die die Lehrergehälter und die Kosten der Schule finanzieren. Man protestiert gegen die hohen Abgaben, doch die Leistungen nimmt man gerne entgegen. Schon Tocqueville hat das Bild des Staates gezeichnet, den man ebenso unablässig kritisiert, wie man ihn in Anspruch nimmt – ein Bild, das unverändert Gültigkeit hat.

»Wenn der Staat stark ist, erdrückt er uns; wenn er schwach ist, sind wir verloren.« (Paul Valéry) »In einer Gesellschaft, deren Komplexität sich zwangsläufig in Spannungen verrät, scheint der Staat die einzige Kraft zu sein, die imstande ist, für eine geordnete Bewegung zu sorgen.« (G. Burdeau) Mit zunehmender Komplexität der sozialen Existenz wird die Intervention des Staates stärker. Unter Ludwig XIV. sorgte man sich nicht um die Gesundheit der Menschen. Der Schutz der Alten, der Frauen und der Kinder interessierte den Staatsapparat nicht. Damit befaßte sich die Kirche, und auch sie kümmerte sich mehr um das Seelenheil dieser Menschen im Jenseits als um ihre irdischen Lebensverhältnisse. Mit ihren Pfarrern und Vikaren übte sie soziale Kontrolle aus, und zwar über jedermanns Privatsphäre. Fern von Versailles gab es so gut wie keinen Staat. Deshalb gab es auch keinen »Liberalismus«. Die Kirche hatte die Oberaufsicht über Handlungen und Absichten der Menschen (Beichte). Das beweist, daß in einem schwachen Staat ein Teilsystem zumindest tendenziell totalitär sein kann. In Frankreich wirft man dem Staat gleichzeitig »Imperialismus« und »Laxheit« vor – ein Widerspruch, den es zu untersuchen lohnt.

Don Eddy, Gemälde von 1971. (Saint-Étienne, Musée d'Art et d'Industrie)

Das Gesetz vom 17. Juli 1970 über das Recht auf Achtung der Privatsphäre verbietet das Abhören von Telefongesprächen und das Photographieren eines Menschen ohne sein Wissen. Gleichzeitig verlangt eine verängstigte und daher repressive Öffentlichkeit, die mehrheitlich für die Todesstrafe votiert, die gezielte Ausforschung potentieller Straftäter. Wie kann man solche Ausforschungen durchführen, wenn das dazu notwendige Abhören und Photographieren verboten sein soll? Das Gesetz vom 7. Juni 1951 über die Einrichtung eines Ausschusses zur Koordination der statistischen Erhebungen des öffentlichen Dienstes bestimmt in Artikel 7, daß die Befragten die ihnen vorgelegten Fragen exakt und fristgerecht beantworten müssen. Empfindsame Seelen erblicken hierin einen unzulässigen Eingriff in die Privatsphäre – dieselben Leute, die im Namen der Demokratie »uneingeschränkte Transparenz« fordern. Angesichts mißhandelter Kinder geißelt die Öffentlichkeit das schändliche Schweigen der Nachbarn und die Untätigkeit der Behörden. Artikel 8 des Gesetzes vom 25. März 1951 gibt dem Jugendrichter das Recht zu Untersuchungen. Aber wie kann es zu solchen Untersuchungen kommen? Durch Denunziationen, durch Gerüchte, durch Lehrer, denen vielleicht verdächtige Verletzungen am Körper des Kindes auffallen. Dann kann eine Überprüfung der Familienverhältnisse erfolgen, die zwar als Anschlag auf die Privatsphäre angesehen wird, die aber das Kind von seinem Martyrium erlöst und es aus den Fängen des prügelnden Vaters und der untätig zusehenden Rabenmutter befreit – gemäß Artikel 312 des französischen Strafgesetzbuches, der die Grenzen des elterlichen Züchtigungsrechtes bezeichnet. »Zu meiner Zeit wuchs ein Kind mit Backpfeifen auf«, schreibt Céline. Es war General de Gaulle, der ein eigenes Ministerium für Kultur geschaffen hat. Es folgten Ministerien (oder Staatssekretariate) für Freizeit, für Umwelt usw. Bedeuteten solche Ministerien eine Einschränkung der Privatsphäre, oder waren sie die Reaktion auf berechtigte Erwartungen? Wenn jemand sich unbedingt mit Drogen zerstören will, mit welchem Recht kann man ihn daran hindern, wenn er die öffentliche Ordnung nicht beeinträchtigt? Und doch verlangen gerade die Leute, die besonders allergisch auf Übergriffe des Staates reagieren, von eben diesem Staat die unerbittliche Verfolgung der Drogenhändler. Der Selbst-

— *Bonne nuit petit monstre !*

Das Auto: teuer und tödlich. 1981 besaßen 94 Prozent aller Haushalte, in denen der Haushaltsvorstand erwerbstätig war, mindestens ein Auto. 1984 starben auf Frankreichs Straßen 11 515 Menschen (die Bevölkerung einer ganzen Kleinstadt), durchschnittlich 32 pro Tag. Bei einem Unfall, der die Medien mobilisieren soll, hat nur eine hohe Zahl von Toten »Nachrichtenwert«. »Der Verkehrsunfall ist das schönste Happening der Konsumgesellschaft«. (J. Baudrillard) *Darunter:* »Gute Nacht, kleines Scheusal!« Cartoon von Sempé. © C. Charillon-Paris mord, weder Verbrechen noch Vergehen, ist er nicht der private Akt schlechthin? Das Verbot, vor dem sechzehnten und nach dem fünfundsechzigsten Lebensjahr zu arbeiten, stellt es eine Verletzung der Privatsphäre dar, oder dient es dem Schutz von Kindern und Alten? Gereichte es dem privaten Leben zur Gefahr oder zum Schutz, daß der freiwillige Schwangerschaftsabbruch zunächst legalisiert wurde und dann sogar auf Krankenschein vorgenommen werden konnte? Bezeugt die institutionalisierte Versorgung Kranker und Gebrechlicher in ihrer Wohnung einen größenwahnsinnigen Staat, der seine Krakenarme überallhin ausstreckt – in diesem Fall mit Hilfe der Sozialfürsorge –, oder entspricht sie dem Wunsch der Betroffenen? Die Gurtpflicht für Autofahrer, die Helmpflicht für Mofafahrer – eine unzulässige Einmischung der Staatsgewalt? Aber wer kommt für die Opfer des Straßenverkehrs auf? Die Allgemeinheit, durch ihre Sozialabgaben. Jeder Lehramtskandidat muß einen Strafregisterauszug beibringen und sich amtsärztlich untersuchen lassen – ein Anschlag auf die Privatsphäre? Gewiß. Aber würden die Schülereltern einen Lehrer akzeptieren, der einmal zum Verlust der bürgerlichen Ehrenrechte verurteilt worden ist oder der an Aids leidet? Steuerfahndungen rufen angesichts der weitreichenden Befugnisse der Fahnder verständliche Empörung hervor. Aber wie anders soll der Staat Steuerbetrügern auf die Schliche kommen, die ihn jährlich um schätzungsweise ein Zehntel der Haushaltseinnahmen prellen?

Ständig wird versucht, unter impliziter Berufung auf das Recht die Sphäre des Privaten zu erweitern. Symbol der individuellen Freiheit ist das Auto: Es macht seinen Besitzer unabhängig von Fahrplänen und Flugplänen, es bringt ihn, wohin er will, und es ist im rechtlichen Sinne ein privater Raum. Gleichwohl unterwirft sich der Käufer eines Autos einer Reihe rechtlicher Zwänge: Er muß den Führerschein erwerben, eine Kfz-Versicherung abschließen, eine Autobahnvignette kaufen, die Straßenverkehrsordnung beachten usw. Ein Traum aller Franzosen ist es, ihre Wohnung zu besitzen, vorzugsweise ein Haus (früher sagte man »Eigenheim«). Der Staat hat diese Form der Eigentumsbildung systematisch gefördert. Wer wollte sich darüber beklagen? Der Ausbau des »sozialen Netzes« hat den Übergang von der Großfamilie zur Kernfamilie begünstigt. Früher wurden die Alten in die Wohnung ihrer Kinder aufgenommen; heute überläßt man sie ihrer Einsamkeit. Eingezäunt von der Triade der Modernität – Wohnung, Auto, Fernseher –, kann die Kernfamilie ihr verborgenes Leben führen. Für die soziale Absicherung sorgen die vielbeklagten Zwangsabgaben. Und wenn in diesem selbstgesponnenen Kokon Mißhelligkeiten auftreten? Dann beschließt man, sich scheiden zu lassen, also vor Gericht zu ziehen, um ein privates Problem zu lösen. Bis zur gesetzlichen Neuregelung von 1975 war die Ehescheidung mit dem Verschuldensprinzip verbunden, so daß zum Scheidungsverfahren Nachforschungen usw. gehörten. Die Ehescheidung in gegenseitigem Einvernehmen hat diese Inquisition begrenzt, die Verkündung des Urteils als öffentlichen Akt jedoch nicht abgeschafft. Ohne diesen öffentlichen Akt liefe die Scheidung auf Verstoßung hinaus, und wer würde dann über das Sorgerecht für die Kinder oder über finanzielle Regelungen im Zusammenhang mit der Auflösung der ehelichen Gemeinschaft befinden? Privates Leben kann sich nur in einem Klima der Sicherheit entfalten, und wer sollte das garantieren, wenn nicht der Staatsapparat? Wir beklagen uns über die steigende Zahl unfähiger, aber pensionsberechtigter Beamten und fordern gleichzeitig mehr Polizisten. Muß man wirklich daran erinnern, daß es nicht die kleinen Verwaltungsbeamten sind, die die Gesetze machen, sondern die gewählten Vertreter des Volks? Die Phantasie des Gesetzgebers kann nicht alle erdenklichen Streitfälle voraussehen. Und darum macht die Rechtsprechung Gesetze. Der Richter begnügt sich nicht mehr damit, die Gesetze anzuwenden; er macht sie.

Ohne es zuzugeben, fürchtet die Öffentlichkeit alles, was sich am Rande der Legalität bewegt. Man kann das an den Jugendbanden sehen. Es ist kein Zufall, daß das Gesetz gegen Vandalismus und auch das Gesetz über »Sicherheit und Freiheit« vor allem diese Banden im Visier haben. Schon seit langem versucht man, den Jugendlichen legale Organisationsformen schmackhaft zu machen; waren es früher die Pfadfinder, so sind es heute Jugendzentren oder Kulturhäuser. Stadtverwaltungen bemühen sich, eigene Treffpunkte für Jugendliche zu errichten, um sie »unterzubringen« – mit allem, was an Überwachung in diesem Wort mitschwingt. Bebauungspläne werden häufig kritisiert. Doch wenn ein Hausbesitzer sich durch einen Neubau beeinträchtigt fühlt, der ihm Sonnenlicht und Aussicht nimmt, ist der Teufel los. Das Gesetz vom 22. Juli 1960 verfügte die Einrichtung von Nationalparks in Frankreich. Großes Protestgeschrei. Heute wandern viele Menschen gern durch diese Reservate. Durkheim hatte nicht unrecht mit seiner Behauptung, Freiheit sei das Produkt einer Reglementierung.

1960 gab es in Frankreich 2,4 Millionen Fernsehgeräte. 1970 sind es 11 936, 1981 20,7 Millionen (davon 10,3 Millionen Farbfernseher). »Das große Problem der modernen Gesellschaften ist die Herrschaft über die Köpfe«, schreibt F. Guizot.

1980 zählt man in Frankreich 9 Millionen Hunde und 7 Millionen Katzen. Sie verzehren jährlich eine Million Tonnen Futter, wofür es 5000 Verkaufsstellen gibt. Es gibt Tausende von Tierärzten, die zu den bestverdienenden Freiberuflern im Lande gehören. Ob dieser Hund im *Livre des origines canines* (LOC) steht, dem Gotha oder *Who's who* der Rassehunde?

Der Hund: Kind oder bewegliche Sache?

Die Anrufung der Gerichte resultiert aus der Unfähigkeit der Menschen, die Konflikte ihres privaten Lebens allein zu lösen. Es ist nicht die Justiz, die sich in die Intimität der Menschen einmischt; Männer und Frauen sind es, die an die Justiz appellieren, in ihre Wohnung, ja, in ihr Schlafzimmer einzudringen. Zur Illustration mögen einige Beispiele folgen. Am 22. Januar 1982 erging durch den Scheidungsrichter am Landgericht Meaux der Beschluß auf Scheitern des Versöhnungsversuchs; der Richter verfügte, daß jeder Ehegatte seine persönlichen Gegenstände behalten solle, und sprach der Frau einen ihr gehörenden Hund zu. Der Gatte, M. G., begehrte in bezug auf diesen Hund ein »Besuchs- und Beherbergungsrecht am ersten und dritten Wochenende jeden Monats sowie zu bestimmten Zeiten der Schulferien«. Das Begehren wurde abgewiesen, und M. G. ging in die Berufung. Am 11. Januar 1983 wies ihn das Berufungsgericht in Paris ein zweites Mal ab, mit der Begründung, daß Artikel 254 des Code civil, der den rechtlichen Schutz des Kindes regelt, nicht für einen Hund gelte. Werde nämlich in irriger Rechtsauslegung der Hund einem Kind gleichgesetzt, so müßte Artikel 357 des Strafgesetzbuches, der die Nichtherausgabe eines Minderjährigen unter Strafe stellt, auch für den Hund gelten, und ein Ehegatte könnte wegen Nichtherausgabe eines Hundes strafrechtlich belangt werden. Unbeantwortet blieb die Frage, was juristisch gesehen ein Hund ist. Das Gericht gab hierauf nur indirekt eine Antwort: eine »bewegliche Sache«. Der Verlust des Nießbrauchs an einem Haustier bedeute für den hiervon betroffenen Miteigentümer keinen entschädigungspflichtigen Nachteil.[2]

Familienschmuck

»Die Gerechtigkeit ist eine harmonische Beziehung zwischen zwei Dingen, die wirklich existiert [. . .]. Die Menschen erkennen zwar diese Beziehungen nicht immer [. . .]. Die Gerechtigkeit erhebt ihre Stimme, doch sie hat Mühe, sich im Tumult der Leidenschaften Gehör zu verschaffen«, schreibt Montesquieu in den *Lettres persanes*. Wohl aus Furcht, sich nicht Gehör verschaffen zu können, gibt sich die höchste Instanz der französischen Justiz ein besonders imposantes Erscheinungsbild.

»Liebschaften beginnen mit Champagner und enden in Kamillentee«, hat Talleyrand gesagt. Wenn es um Geld geht, enden sie bisweilen auch vor Gericht. In einer *Anthologie der Gemeinheit* würde der Familienschmuck einen hervorragenden Platz einnehmen. Am 22. Februar 1983 verfügte die 1. Zivilkammer des Kassationshofes, »daß ein Berufungsgericht nicht zu rügen ist, wenn es eine geschiedene Frau dazu verurteilt hat, einen Ring zurückzugeben, den sie von ihrer Schwiegermutter am Tag der Verlobung erhalten hat, nachdem besagtes Gericht aufgrund von Briefen zu der festen Überzeugung gelangt ist, daß die Betroffene sich bewußt sein mußte, zur Rückgabe des Schmucks an diejenige verpflichtet zu sein, von der sie ihn beim Eintritt in eine Familie bekommen hatte, zu der sie von nun an nicht mehr gehörte«. In der Tat hatte sich die künftige Schwiegertochter nach ihrer Verlobung brieflich verpflichtet, den Ring im Falle einer Ehescheidung zurückzugeben – eine Möglichkeit, mit der sie am Vorabend ihrer Eheschließung natürlich nicht ernstlich rechnete.[3] Am 23. März 1983 bestätigte die 1. Zivilkammer des Kassationshofes die Verfügung der Berufungsrichter, daß eine geschiedene Frau den Schmuck der Familie ihres Gatten zurückzuerstatten habe, mit der Begründung, es handele sich um »Familienschmuck«. Die Scheidung aus gegenseitigem Verschulden war dreißig Jahre nach der Eheschließung ausgesprochen worden. Die Frau hatte den

Schmuck also drei Jahrzehnte lang getragen; sie war es, die Rekurs zum Kassationshof eingelegt hatte und deren Rekurs verworfen worden war. Mit der Verwerfung des Rekurses hatte der Kassationshof den Begriff »Familienschmuck« sanktioniert und die Rechtsprechung in der Sache La Rochefoucauld bestätigt – ein Verfahren, das nach siebenjähriger Dauer (1954–1961) damit geendet hatte, daß die Schwiegertochter nach der Ehescheidung dazu verurteilt worden war, den Schmuck zurückzugeben, da sie ihn »als Leihgabe und nicht als Geschenk« empfangen habe. Die richterlichen Entscheidungen von 1961 und 1983 folgen also ein und derselben Linie. Daß der Familienschmuck eine bewegliche Sache wie der Hund ist, ist offensichtlich; aber worin unterscheidet er sich von sonstigem Schmuck? Der Familienschmuck ist weder eine Anstandsschenkung, die nach Artikel 852 des Code civil keine Veranlassung zu einer Verbindung gibt, noch ein Familienandenken, dem die Rechtsprechung einen »beträchtlichen moralischen Wert« zumißt, während sein pekuniärer Wert (der nicht gering sein muß) unerheblich ist. Um zum »Familienschmuck« zu werden, muß der Schmuck einen gewissen »Prunkwert« aufweisen, er muß repräsentativ und darf nicht ohne Wert sein. »Der Schmuck, mit dem das Recht es zu tun hat, zeichnet sich vornehmlich dadurch aus, daß er eine kostbare bewegliche Sache ist.«[4]

»Divorce«, das französische (und englische) Wort für »Ehescheidung«, kommt vom lateinischen »divortium« und hängt mit »divertere« zusammen, »getrennter Wege gehen«. Doch während das Einanderkennenlernen Privatsache ist, muß für die Trennung die Justiz angerufen werden.

Der Kassationshof setzt die Brille auf

Kündigungen aus Gründen, die mit dem privaten Leben des Arbeitnehmers zu tun haben, führen immer wieder zu Prozessen, also zu einer vielfältigen, häufig widersprüchlichen Rechtsprechung. Auch hierzu einige Beispiele. Eine Frau war als Psychologin an einer Anstalt für verhaltensgestörte Kinder und Jugendliche angestellt. Sie war geschieden und lebte in eheähnlicher Gemeinschaft mit dem Leiter der Anstalt zusammen, einem Ordensbruder. Er wurde seiner Gelübde entbunden, heiratete die junge Frau und verließ die Anstalt. Der neue, weltliche Anstaltsleiter kündigte der jungen Frau mit der Begründung, ihr Verhalten stehe »im Widerspruch zu den Zielen der Anstalt«. Das Berufungsgericht gab ihm unrecht und erklärte die Kündigung für nichtig, da die Anstalt keine katholische Einrichtung mehr sei und die der Angestellten zur Last gelegten »Umstände keine Störung des beruflichen Rahmens mit sich gebracht hatten«. Der gegen diesen Beschluß eingelegte Rekurs wurde von der Sozialkammer des Kassationshofes verworfen.[5] – Einer Angestellten, die seit 1973 in einer Firma beschäftigt war, wurde 1976 gekündigt, weil sie eine Affäre mit einem ihrer Vorgesetzten hatte. Der Arbeitgeber sagte, er habe gehandelt, »ohne einen Skandal abzuwarten, um eine Situation zu beenden, deren Beispiel bei der Belegschaft ein von Leichtsinn getragenes Verhalten zur Folge hatte«. Der Kassationshof erkannte auf »Kündigung ohne sachlichen und triftigen Grund«, mit der Begründung, daß weder der Skandal noch der Schaden bewiesen waren.[6] – Die *Encyclopédie Dalloz* gibt zahlreiche Beispiele für Entlassungen, die von den Gerichten für nichtig

Zur »guten Führung« zählt gelegentlich das Tragen einer Brille.

erklärt wurden, weil sie die Freiheit des Arbeitnehmers in seiner Privatsphäre beeinträchtigten. Wiederum einige Beispiele: Ein Vater entließ den bei ihm beschäftigten Sohn, weil dieser sich weigerte, sich von seiner Frau zu trennen.[7] Andere für nichtig erklärte Kündigungsgründe: Ein Arbeitnehmer hatte sich von der Nichte des Generaldirektors scheiden lassen.[8] Eine Arbeitnehmerin lehnte es ab, sich eine andere Frisur, ein anderes Make-up und eine andere Brille zuzulegen.[9] Ein Mann hatte bei seiner Einstellung nicht angegeben, daß er Arbeiterpriester war.[10] Die geschiedene Leiterin einer katholischen Einrichtung hatte ein zweites Mal geheiratet.[11]

Die französische Rechtsprechung erkennt in der Regel das »Nichtharmonieren« des Arbeitnehmers mit dem Firmenchef aufgrund von Temperamentsunterschieden als »sachlichen und triftigen Grund« einer Kündigung an, weil es die Zusammenarbeit verhindere. Es ist also Aufgabe der zuständigen Richter, sich ein Urteil zu bilden und es zu begründen, ohne daß die Beweislast beim Arbeitgeber läge.[12] Betrachten wir zwei besonders merkwürdige Fälle. Eine junge Frau lebte in eheähnlicher Gemeinschaft mit einem Apotheker zusammen, dem sie zunächst unentgeltlich half; später wurde sie seine Angestellte und war für die Kasse und die Buchführung verantwortlich. Es kam zum Bruch der Lebensgemeinschaft, die mehrere Jahre gedauert hatte. Der Apotheker kündigte der Angestellten, die auf Schadensersatz wegen »Kündigung ohne sachlichen und triftigen Grund« klagte. Das Berufungsgericht wies die Klage ab, der Kassationshof verwarf den Rekurs mit der Begründung, »daß der Bruch der persönlichen Beziehungen zwischen den Beteiligten Auswirkungen auf das Arbeitsverhältnis hatte, welches im Hinblick auf die Art der Aufgaben und des Unternehmens ein beiderseitiges Vertrauen erforderte, das nicht mehr gegeben war«.[13] – Der zweite Fall: Ein Fernfahrer, der seit zwei Jahren in einem Unternehmen beschäftigt war, weigerte sich trotz wiederholter Aufforderung, beim Lenken der firmeneigenen Fahrzeuge ständig eine Brille zu tragen, obwohl ihm das zur Auflage gemacht worden war. Eines Tages faßte der Arbeitgeber den Entschluß, den Mann fristlos zu entlassen. Das Berufungsgericht hielt die Kündigung für begründet, ebenso die Nichteinhaltung der Kündigungsfrist. Der Kassationshof bestätigte dieses Urteil: »Die Weigerung des Betroffenen erlaubte es dem Arbeitgeber auch für die Dauer der Kündigungsfrist nicht mehr, ihm die Aufgaben eines Fernfahrers anzuvertrauen, zu deren Erledigung er eingestellt worden war.«[14] Die Verwerfung des Rekurses lädt zu allerlei Überlegungen ein: Warum weigerte sich der Fernfahrer, seine Brille zu tragen? Wenn er zwei Jahre offenbar unfallfrei gefahren war, war sie für ihn doch unentbehrlich. Und wenn sie es nicht war: Warum hatten ihm die Ärzte das Tragen einer Brille zur Auflage gemacht? Welche Mächte trieben diesen Mann dazu, zu seinem eigenen Schaden ein Verfahren anzustrengen und damit bis vor die Sozialkammer des Kassationshofes zu gehen? Das Unausgesprochene dieses Szenariums wäre der Phantasie eines Jorge Luís Borges würdig.

Der Priester ist als solcher kenntlich, der Homosexuelle nicht

Die Beweggründe von Prozessierenden stellen den Historiker oft vor ein Rätsel; denn die einzige »Spur« ist das Urteil, das nicht den ganzen Vorgang, sondern nur dessen Resultat festhält. Eine Gruppe von Homosexuellen verklagte den Bischof von N. aufgrund folgender Äußerungen wegen übler Nachrede: »Ich respektiere die Homosexuellen als Kranke. Aber wenn sie ihre Krankheit als Gesundheit ausgeben wollen, dann muß ich sagen: damit bin ich nicht einverstanden.« Das Landgericht Straßburg erklärte die von den Nebenklägern eingereichten Klagen für »unzulässig«. Die Kläger wurden abgewiesen und zur Zahlung von 20000 Francs Schadensersatz an den Bischof verurteilt.[15] Das Berufungsgericht in Colmar bestätigte dieses Urteil mit folgenden Entscheidungsgründen: »Die Nebenkläger [...] haben nicht den Nachweis erbracht, daß sie [durch die Äußerungen des Beklagten] hinreichend deutlich gekennzeichnet worden sind, um einen persönlichen Nachteil gewärtigen zu müssen; [...] daß vielmehr ihre Identifizierung durch die inkriminierten allgemeinen Äußerungen nicht ermöglicht wird; daß ein Homosexueller von der Öffentlichkeit nicht in derselben Weise identifizierbar ist, wie es der Priester einer bestimmten Pfarrgemeinde ist [...]; daß es ihm allein überlassen bleibt, seine Veranlagung zu offenbaren, im klaren Bewußtsein, daß diese von Teilen der Öffentlichkeit für anormal gehalten wird, und daß er daher die Folgen seines Tuns selber zu tragen hat, ohne dem Beschuldigten den Vorwurf machen zu können, Urheber einer solchen Identifizierung zu sein.«[16]

Der Kassationshof soll über Tote richten

Sogar mit dem Selbstmord, dem geheimsten Punkt des privaten Lebens, soll der Richter sich befassen. Am 15. Juni 1978 erhängte sich ein Fernfahrer während der Arbeitszeit in seinem Lastwagen. Das Berufungsgericht, das einen »Arbeitsunfall« nicht in Betracht ziehen wollte, stellte fest, daß der Betroffene keine beruflichen Sorgen hatte, daß er allem Anschein nach bei guter Gesundheit war, daß er aber emotionale Probleme gehabt haben mochte, die geeignet waren, seine Tat zu erklären. Ohne die Vermutung der »Zurechnungsfähigkeit« zu verkennen, die der Witwe des Verstorbenen zugute kommen mußte – der »Unfall« hatte sich während der Arbeitszeit und am Arbeitsplatz ereignet –, erkannte das Gericht auf eine »wohlerwogene und freiwillige Handlung, die in keinerlei Zusammenhang mit den an diesem Tag angefallenen Arbeiten stand«. Der Kassationshof bestätigte diese Entscheidung.[17] – Ein Mann, der am 21. Juli 1977 Opfer eines Arbeitsunfalls geworden war, der eine fünfprozentige Arbeitsunfähigkeit verursacht hatte, nahm sich am 4. April 1978 das Leben. Das zuständige Landgericht und dann das Berufungsgericht sprachen der Witwe eine »Hinterbliebenenrente« zu, da sie der Ansicht waren, der Arbeitsunfall sei der Grund für den Selbstmord gewesen. Nachdem die Witwe ausgesagt hatte, dem Opfer sei der Tod verschiedener Familienangehöriger sehr nahe gegangen, legte die Sozialversicherung Rekurs zum Kassationshof ein, weil sie den kausalen Zusammenhang zwischen dem Unfall und dem Selbstmord nicht für erwiesen hielt. Der Kassationshof bestätigte die Richtigkeit der Entscheidung des Berufungsgerichts und stellte fest, »daß der Be-

»Die Sterblichen tragen nicht weniger Sorge, die Gedanken an den Tod selbst zu begraben.« (Bossuet, *Sermon sur la mort*, 1666)

troffene durch seinen früheren Unfall schwer geschlagen war, der eine lange Arbeitsunterbrechung und eine Minderung seiner körperlichen und beruflichen Fähigkeiten zur Folge hatte; daß er in eine schwere und fortschreitende reaktive Depression verfiel, die der Ursprung seines Suizides war; daß der frühere Arbeitsunfall definitiv die erzeugende Ursache der Verzweiflungstat des Arbeitnehmers war«.[18]

Anstatt die Prozeßwut der streitenden Parteien zu dämpfen, heizt der Tod eines Menschen sie mitunter erst recht an. Ein Mann hatte sein Leben »aufgeteilt« zwischen seiner rechtmäßigen Familie (der Frau, von der er nicht geschieden war, und den Kindern, zu denen er kontinuierliche Beziehungen unterhielt) und seiner Geliebten, mit der er seit vielen Jahren zusammenlebte. Nach seinem Tod wurde er in der Familiengruft beigesetzt. Die Geliebte klagte auf Exhumierung des Toten und Beisetzung in einem Grab ihrer Wahl. Die Klage wurde zurückgewiesen; die mit der Sache befaßten Richter vertraten die Ansicht, daß es in Ermangelung einer entsprechenden Willensäußerung des Verstorbenen im Belieben seiner Angehörigen stehe, über das Grab zu entscheiden, daß die Kinder als Vertreter gewisser rechtlich geschützter legitimer Interessen den Vorzug verdienten und daß »überdies die Achtung vor der Totenruhe jedem Exhumierungsvorhaben entgegensteht, nachdem die sterbliche Hülle des Verstorbenen seit über drei Jahren in der Familiengruft ruht«.[19]

Im Strafrecht versucht man seit der Einführung des Begriffs der »mildernden Umstände«, das Vergehen oder Verbrechen auf seine Beweggründe zurückzuverfolgen, und dringt damit in die Privatsphäre des Täters ein. Victor Hugo berichtet von dem Entsetzen, das er empfand, als er einmal beobachtete, wie der Scharfrichter öffentlich, mit einem rotglühenden Eisen, ein Dienstmädchen brandmarkte, das ein Taschentuch gestohlen hatte. Damals scherte man sich wenig um die Person des Dienstmädchens, um seine Psyche, sein Verhältnis zu ihrer Herrin usw.: Einbruch in die Privatsphäre oder Humanisierung der Justiz?

Informatik und Big Brother

Wird die Informatik die Grenzen des Privaten weiter zurückdrängen? Vernetzung und »Abgleich« unterschiedlicher Dateien sind heute technisch kein Problem mehr. Big Brother kann mittlerweile von unserem Strafregister ebenso Kenntnis erlangen wie von unserer Krankengeschichte, unseren Militärakten, unseren Auslandsaufenthalten, den Zeitschriften, die wir abonniert haben, usw. Das Gesetz vom 6. Januar 1978 über die Einrichtung der Commission ›Informatique et Liberté‹ (CIL) gewährleistet den Schutz des privaten Lebens, allerdings mit einer nicht unwesentlichen Ausnahme: die Aufzeichnung von Telefongesprächen ist erlaubt, wenn sie »im öffentlichen Interesse« liegt – ein ebenso vager Begriff wie die im Strafgesetzbuch verankerten »luziden Intervalle« oder der »Vollbesitz der geistigen Kräfte« in Artikel 901 des Code civil. Anfang 1985 gelang es einigen Jugendlichen, sich mit ihrem

Minitel Zugang zu Daten zu verschaffen, die streng vertraulich waren. Trotz allen von der CIL empfohlenen und kontrollierten Vorsichtsmaßregeln werden Techniker die einprogrammierte Vertraulichkeit von Computerdaten immer wieder einmal durchbrechen können. Mit jeder Perfektionierung der Sicherheits- und Geheimhaltungssysteme werden auch die Methoden, diese Systeme zu knacken, perfektioniert. Müssen wir uns also auf das Schlimmste gefaßt machen? Nein, und zwar aus zwei Gründen nicht. Erstens bedenke man die riesige Zahl von Beamten, die Big Brother einsetzen müßte, um die Fülle gespeicherter Daten auszuwerten und zu einer Synthese zu verarbeiten; dabei würden bestimmte Informationen sogar einer auf Stichworten basierenden elektronischen Decodierung entgehen. Zweitens: Da jeder Bürger das Recht auf Einsicht in die ihn betreffenden Dossiers hat, läßt sich der Tag absehen, an dem jeder sein eigenes Computerterminal hat und jeden Abend »seine« Datei abfragen kann, um den Wahrheitsgehalt der tagsüber eingegebenen neuen Informationen zu überprüfen und gegebenenfalls anzufechten.

Das Geheime

Als privates Leben kann nicht definiert werden, was sich juristischen Normen entzieht, bedürfen doch sogar Ehe und Ehescheidung, Suizid und Beerdigung, ja selbst die Liebe zu einem Hund des richterlichen Eingreifens. Und um welches private Leben soll es sich handeln? Um das eines Korsen? Eines Elsässers? Eines Alten? Eines Jugendlichen? Eines Arbeiters? Eines Professors am Collège de France? Einer Stripteasetänzerin? Wie soll man diese vielfältigen Erscheinungen auf eine aussagekräftige Synthese reduzieren? Durch die Montage von Biographien? Dann stellt sich sogleich die Frage nach deren Auswahl. Für unsere Zwecke schien es geboten, einen Leitgedanken zu finden, der die Bildung von Hypothesen über das private Leben erlaubt. Dieser Leitgedanke ist der Begriff des Geheimen (»secret«). Das meint nicht das absolut Geheime, das definitionsgemäß keine Spuren hinterläßt, sondern die – nach Ort und Zeit variierende – Grenze zwischen dem Gesagten und dem Ungesagten. Herkömmlicherweise beschränkt sich die Geschichte des privaten Lebens auf die Geschichte der Familie. Wir haben den Ehrgeiz, diese Schranke zu überwinden und eine Geschichte der Person zu versuchen.

Etymologie und Polysemie des Wortes »secret«

Das Wort »secret« erscheint zum ersten Mal im 15. Jahrhundert; es ist abgeleitet vom lateinischen »secretus«, dem Partizip Perfekt des unregelmäßigen Verbums »secernere«, das »absondern, trennen« bedeutet.[20] »Secernere« ist ein Kompositum aus dem Verbum »cernere«, »scheiden, sichten«, und dem Präfix »se-«, das das Trennende anzeigt. Von »cernere« abgeleitet sind die Verben »discernere«, »absondern, trennen, unterscheiden«, das im Französischen zu »discerner«, »unterscheiden«, wurde (und ebenso die Unterscheidung des Grauen vom Schwarzen wie des Wahren vom Falschen oder des Guten vom Bösen meint), »excernere«, woher das Wort »Exkrement« stammt, und eben »secernere«, das im Französischen die Wörter »secrétion« und »secret« ergeben hat. A. Lévy kommt zu dem Schluß: »Am Ursprung des Wortes ›secret‹ steht der Vorgang des Getreidesortierens, der den Zweck hat, das Eßbare vom Nichteßbaren, das Gute vom Schlechten zu scheiden. Das trennende Element ist ein Loch, eine Öffnung mit der Funktion, ein Objekt je nach seiner relativen Größe im Verhältnis zu dieser Öffnung durchzulassen oder zurückzuhalten.« Das Sortieren wäre also die »metaphorische Darstellung der Analfunktion«. Das Geheime, definiert als ein Wissen, das man vor dem anderen verbirgt, enthält – immer noch diesem Autor zufolge – drei leitende Sememe: das Wissen selbst (wozu auch seelische Phänomene wie Gedanken, Wünsche oder Gefühle, Verhaltensweisen wie Intrigen oder Herstellungsmethoden und materielle Objekte wie Schublade, Tür oder Treppe gehören können); das Verhehlen dieses Wissens (durch Verweigerung der Kommunikation, Ungesagtes, Schweigen, Lüge); die Beziehung zum anderen, die sich um dieses Verhehlen herum organisiert (und Machtausübung einschließen kann: Geheimarmee, Geheimbund, Geheimagent, Geheimdossier usw.).

Es gibt im Französischen kein Wort für den, der das Geheimnis besitzt, für den »Geheimnisträger«. Der »secrétaire« ist trotz seines Namens nur teilweise in das Geheimnis eingeweiht. Der »secréteur« erinnert eher an den Vorgang der Sekretion und damit an den »Verrat« des Geheimnisses. »Secret-ère« wäre eine Ära, »secret-aire« ein Areal, »secret-erre« ein Eruieren. Das Wort »secret« ist ein starker Signifikant, wie aus Wortverbindungen und Redensarten hervorgeht. So spricht man von »Verletzung« eines Geheimnisses, wobei unklar bleibt, ob damit die Preisgabe des Geheimnisses oder das Erpressen dieser Preisgabe gemeint ist. In einen Menschen »dringen«, der etwas Geheimes verhehlt, hat auch eine sexuelle Konnotation. »Ins Vertrauen gezogen werden« hat etwas unangenehm Fatales. »In Ausdrücken wie ›nicht dicht halten können‹ oder ›das Geheimnis ist durchgesickert‹ ist das Verbreiten des Geheimnisses/Inhalts mit der Vorstellung der Inkontinenz verknüpft.« (A. Lévy) Das Geheime ist ein Inhalt, den es zu hüten gilt: »Wie können wir von einem anderen erwarten, unser Geheimnis zu hüten, wenn wir selbst es nicht hüten?« (La Rochefoucauld) In manchen Ausdrücken ist das Geheime mit dem Geruchssinn verknüpft: »ein Geheimnis wittern«, »Unrat riechen«, »seine Nase in alles stecken«, »ruchbar werden«, »die Würmer aus der Nase ziehen«, »etwas durch die Blume sagen«. Auch mit dem Gehörsinn ist es verbunden: Man spricht von »beredtem Schweigen«, wenn jemand durch Nichtssagen seine Meinung bekundet. Ein Geheimnis, das »die Spatzen von den Dächern pfeifen«, ist keines mehr. Mitwisser eines Geheimnisses zu sein bedeutet, freiwillig oder unfreiwillig in ein Netz der Komplizenschaft verstrickt zu werden. Aber wer »ein Geheimnis wahrt«, der kann auch mit dessen Offenbarung drohen oder zu ihr ge-

Heimlichkeit der Dienstboten: Am 2. Februar 1933 fand der Anwalt Lancelin aus Le Mans in seiner Wohnung die verstümmelten Leichen seiner Frau und seiner Tochter vor. Die Tat war das Werk seiner beiden Hausangestellten Christine und Léa Papin; sie legten bald ein Geständnis ab und behaupteten, nichts zu bereuen: »Wir sind lang genug Hausangestellte gewesen, jetzt haben wir gezeigt, wozu wir fähig sind.« Die früheren Arbeitgeber der beiden bescheinigten den beiden Schwestern »Arbeitseifer, größte Gewissenhaftigkeit und tadelloses Benehmen«. Die Untersuchung ergab folgendes: »Madame Lancelin zog nach dem Saubermachen der Zimmer weiße Handschuhe an, um zu prüfen, ob auf den Möbeln noch Staubreste lagen.« J. Lacan hat über die Schwestern Papin einen Aufsatz geschrieben – daß sie Hausangestellte waren, erwähnt er darin nicht.

zwungen werden. Aus diesem Grund hängt die Geschichte des Geheimen mit der Geschichte der Folter zusammen. Die Vorstellung des Geheimen ist unerträglich für den, der von dem Geheimnis ausgeschlossen ist. Das Geheimnis kann aber auch für den unerträglich sein, der es besitzt – man »erleichtert sich«, indem man es preisgibt. Indessen verleiht es auch Macht – wer besser Bescheid weiß, hat die besseren Karten, und die Polizei »holt« sich ihre Spitzel nach Maßgabe dessen, was sie von ihnen weiß.

»Indiskretion«

Das absolute Geheimnis ist im Bewußtsein – oder im Unbewußten – des Individuums aufbewahrt. Daher entzieht es sich der Erforschung durch den Historiker. Es gibt aber auch Familiengeheimnisse, die Geheimnisse einer Primärgruppe, eines Dorfes, eines Stadtviertels, Berufsgeheimnisse und politische Geheimnisse, mit einem Wort »geteilte« Geheimnisse. Das Wort »Geheimnis« ist also mehrdeutig; es bezeichnet sowohl das absolute Nicht-Gesagte als auch einen bestimmten Typ der Kommunikation unter Eingeweihten. Wenn es um ein kollektives Geheimnis geht, dann kann der Historiker hoffen, seiner habhaft zu werden – entweder durch »Indiskretion« oder ersatzweise durch Nutzung gewisser Quellen. So kann er aus dem Verhalten dieses oder jenes Menschen auf seine Zugehörigkeit zu dieser oder jener Sekte schließen. »Kommunizieren« ist das Modewort und das Phantom unserer Zeit. Und bedeutet kommunizieren nicht, das Lüften des Geheimnisses zu fordern? Was ist ein »vertrauliches« Gespräch anderes als der Austausch von Geheimnissen, verbunden mit ein paar Indiskretionen über Dritte? »Das sage ich dir unter dem Siegel der Verschwiegenheit ...« Aber dieses Geheimnis, kaum ausgesprochen, ist keines mehr. Denn das Geheimnis, das ich preisgebe, hat mich belastet, mich gequält – es sei denn, ich wollte mich nur wichtig machen oder ich erwartete dafür – eine Hand wäscht die andere – als Gegenleistung die Preisgabe eines anderen Geheimnisses. »Alle Welt ist sich einig, daß das Geheimnis unverletzlich sein muß; nicht immer einig ist man sich über Natur und Bedeutung des Geheimnisses: Meistens befragen wir nur uns selbst, was wir sagen dürfen und was wir verschweigen müssen; nur wenige Geheimnisse sind von Dauer; die Skrupel vor ihrer Enthüllung währen nicht ewig.« (La Rochefoucauld) Unkenntlich ist die Grenze zwischen Familienleben und Berufsleben. Wenn der Bäcker das Brot bäckt, seine Frau an der Kasse steht und seine Kinder auf dem Rückweg von der Schule Backwaren austragen, ist die wechselseitige Durchdringung beider Bereiche vollständig. Der leitende Angestellte hingegen kann zu seiner Familie sagen: »Meine Angelegenheiten gehen euch nichts an« und in seinem beruflichen Leben nichts über seine familiäre Existenz verraten. Sogar innerhalb der Kernfamilie nisten Geheimnisse – nicht nur in Gestalt eines heimlichen Liebhabers oder einer Geliebten, sondern, subtiler, in Form einer heimlichen Aversion gegen die Gebärdensprache des anderen oder des frei schweifenden Spiels der Phantasie in den intimsten Augenblicken. In den großen schnörkellosen Betonsilos, die nach dem Zweiten Weltkrieg gebaut worden sind, kann es schwierig sein, Familiengeheimnisse zu wahren: Hellhörigkeit und Engnis in diesen Trabantenstädten nähren die von Le Corbusier verspottete Sehnsucht nach dem Eigenheim, die jedoch in den siebziger Jahren fröhliche Urständ feierte. Die Kinder- und Jugendbanden der Arbeitersiedlungen sind wandelnde Familienromane. Bestimmte Geheimnisse in der Verwaltung mögen notwendig sein, aber das Geheimhalten, also das Zurückhalten von Informationen, verleiht Macht oder die Illusion von Macht und strukturiert jene »Zonen der Ungewißheit« (M. Crozier), in denen gewisse Bürokraten ihren naiven Willen zur Macht ausagieren. Das private Leben der Stars von Film und Bühne mit seinen Geheimnissen reizt die Neugier der Zuschauer/Voyeure so stark, daß sie sich nach dem Willen der einschlägigen Zeitschriften das haben zulegen müssen, was Edgar Morin witzig »eine öffentliche Privatsphäre« nennt. Die Geheimnisse des privaten Lebens von Politikern werden in Frankreich streng gehütet: Der parlamentarische Ehrenkodex verbietet jede Anspielung auf Defekte des politischen Gegners oder Feindes. Wohin käme man, wenn man einmal die Spirale der Repressalien in Gang setzte? Wird das private Leben von X. plötzlich für »skandalös« erklärt (Wilsons schwunghafter Handel mit Auszeichnungen, Félix Faures Liebestod in den Armen der schönen Madame Steinheil), weil es öffentlich geworden ist, so ist das Geheimnis gelüftet; aber der Skandal – ob er nun in der Sache selbst liegt oder in dem Wirbel, der um sie gemacht wird – schweißt die von ihm Betroffenen nur noch fester zusammen. Es ist dies ein altes Problem, das schon Durkheim erörtert hat, als er die Normalität des Verbrechens und dessen strukturierende Auswirkung auf die Gesellschaft entschlüsselte.

»Ein Geheimnis teilen« – ob unter den respektablen Mitgliedern eines viktorianischen Clubs oder unter Freimaurern, in terroristischen Vereinigungen, religiösen Sekten, Gangsterbanden oder Homosexuellengruppen – heißt, der Hölle des Alleinseins entrinnen. Denn das Wissen von einem Geheimnis ist eine Auszeichnung, es stiftet eine Gemeinschaft, die in dauernder, aber aufregender Angst vor der »undichten Stelle« lebt (Verrat durch ein Gruppenmitglied, Wühlarbeit eines Spitzels usw.). Es gibt eine Faszination des Geheimnisses. Alfred Hitchcock und Agatha Christie halten uns in Atem, bis sie das Geheimnis der Intrige entschleiern. Es gibt Leute, für die überall der KGB oder die CIA »die Hand im Spiel« hat. In jeder Familie gibt es bekanntlich ein Geheimnis: Warum spricht nie jemand von Onkel X (hat er sich beim Glücksspiel ruiniert?) oder der Ahnfrau Y (war sie Prostituierte?)? Das Geheimnis ist also etwas »Geheimnisträchtiges«, dessen Inhalt man nicht kennt; doch genügt die Ungewißheit, die es umgibt, um außerhalb des Kreises der Eingeweihten eine Art Kommunion herzustellen.

Der Träger eines Geheimnisses spürt gelegentlich den Drang, sich zu offenbaren. Der Ort dieser vertraulichen Mitteilung ist unerwartet. Manchmal ertappt man sich dabei, daß man in öffentlichen Verkehrsmitteln (Flugzeug, Bahn, Taxi) Dinge erzählt, die man vor seinen engsten Freunden geheimhält. Wir rechnen damit, daß der Zufall uns nicht

Ein Werk von George Grosz. Früher waren die Häuser so gebaut, daß man die Geheimnisse der Intimität in ihnen bergen und verbergen konnte. In der Neubauwohnung ist es fast ausgeschlossen, dem Lärm der Nachbarn zu entrinnen und sich erinnert zu fühlen an jenes »kleine Haus, / das du Provinzen mir, ja mehr denn sie ersetzt« (Du Bellay, *Regrets*).

ein zweites Mal mit dem Vertrauten eines privilegierten Augenblicks zusammenführen wird. Und vor dem Fremden kann man falsche Geständnisse ablegen, eine Biographie erfinden, wie Zeus in die Haut eines beliebigen anderen schlüpfen und für einen Moment den Zwang der Ich-Identität vergessen. Seit den siebziger Jahren entstehen vermehrt Vereinigungen, in denen sich Gleichgesinnte oder Schicksalsgefährten sammeln: Einsame, Homosexuelle, Gottsucher, mißhandelte Frauen usw. Dieses Bedürfnis nach Verständigung beweist, daß die zwischenmenschlichen Beziehungen noch immer blockiert sind und daß die »sexuelle Befreiung« (um nur dieses Beispiel zu nennen) nicht auch die Befreiung des Wortes bewirkt hat. Der wohlwollende Zuhörer ist anonym, und er ist so unsichtbar, wie es einst der Priester im Beichtstuhl war. Der lebendige Hörer hat den Beichtvater abgelöst.

Geheimnis und »Aufrechterhaltung der Ordnung«

Der Drang zum Geständnis veranlaßt Unternehmen, Vorsichtsmaßnahmen dort zu treffen, wo Privatsphäre und Berufstätigkeit sich überschneiden. Hierfür ein Beispiel. Eine gewisse Madame C., deren Gatte im Ersten Weltkrieg »für Frankreich gefallen« war, trat am 24. Dezember 1920 bei der Firma Michelin ein. Der Vertrag, den sie bei ihrer Einstellung unterschrieb, sorgte für umfassende Geheimhaltung. Madame C. erklärte, niemals zuvor in der kautschukverarbeitenden Industrie gearbeitet zu haben. Sie mußte sich verpflichten, »Stillschweigen gegen jedermann über alles zu bewahren, was sie während ihrer Tätigkeit in der Fabrik gesehen und gelernt haben wird, keinerlei Aufzeichnungen, Dokumente oder Durchschriften anzufertigen oder mitzunehmen, welche die industrielle und die Handelstätigkeit der Société Michelin et Cie. betreffen, und hierüber für die Dauer ihrer Tätigkeit in der Fabrik sowie danach niemandem Mitteilung zu machen«. Sie verpflichtete sich ferner, nach dem Ausscheiden aus der Firma, »sei es aus eigenem Entschluß, sei es aufgrund einer Kündigung, für die Dauer von drei Jahren keine Anstellung in einem Werk der kautschukverarbeitenden Industrie anzunehmen. [. . .] Im Hinblick darauf, daß Madame C. ihre ganze Zeit und Arbeitskraft in den Dienst der Société Michelin et Cie. stellen wird, wird hiermit die förmliche Übereinkunft getroffen, daß etwaige auf die Industrieproduktion der Société Michelin et Cie. bezüglichen Erfindungen und Verbesserungen, welche Madame C. während der Zeit ihrer Beschäftigung in dem genannten Unternehmen machen oder vorschlagen wird, in das Eigentum der Société Michelin et Cie. übergehen sollen, in deren Namen sie gegebenenfalls zum Patent angemeldet werden«. Als Gegenleistung bewies die Firma beachtlichen Paternalismus und gewährte allerlei Vergünstigungen: Unterkunft, Sozialhilfe, Rente und soziale Förderung der Nachkommen. Allerdings kamen diese »Vergünstigungen« auch der Firma zugute, die sich ihre eigenen Nachwuchskräfte im betriebseigenen Technikum, der »Mission«, heranzog. Aus dieser Anstalt gingen Ingenieure und Techniker hervor, die zwar auf dem Markt des Unternehmens nützlich waren, aber keinen auf dem nationalen Arbeitsmarkt gültigen diplomierten Abschluß vorzuweisen hatten. Es heißt, daß General de Gaulle nach dem Zweiten Weltkrieg den Wunsch äußerte, die Michelin-Werke zu besichtigen. Zum vereinbarten Zeitpunkt sah er sich einem einzigen Vertreter der Firma gegenüber, der mit ihm einen Rundgang durch die Werkshallen machte – in denen alle Maschinen unter Schutzhüllen verborgen waren.

Das Geheimnis ist eines der Fundamente der gesellschaftlichen Stabilität. Wenn alles gewußt würde, zerfiele die ordnungstiftende und -erhaltende Kraft der Resignation. Die Welt wird beherrscht – ich sage nicht »gelenkt« – von den großen Manipulatoren des Geheimen. Nur zwei Beispiele von zahllosen anderen: Hua Guofeng stand an der Spitze der politischen Polizei, Andropov an der Spitze des KGB. Und de Gaulle schreibt in *Die Schneide des Schwertes*, »daß das Prestige [der Autorität] nicht wirken kann, ohne vom Geheimnis umwittert zu sein, denn was man allzugut kennt, pflegt man nicht hochzuschätzen«.[21] Vielleicht ist das Geheimnis auch die Existenzbedingung zwischenmenschlicher Beziehungen. Ist es nicht das Geheimnis, was uns am anderen interessiert? Wollen wir wirklich, wie wir immer wieder behaupten, daß er uns ganz und gar durchsichtig sei? Paul Ricœur meint, daß allein Polysemie und Vielstimmigkeit jene »ungewisse« Kommunikation erlaubten, welche die allein mögliche sei. Die Kunst des Malens stützt sich zum Teil auf das Geheimnis – das rätselhafte Lächeln der *Mona Lisa*, die vieldeutigen Personen der *Kreuztragung* von Bosch. Die Schwäche der akademischen Malerei gründet weder in mangelhafter Technik noch in der Schlichtheit der Botschaft, sondern in ihrer Geheimnislosigkeit. Die exzessive Lesbarkeit der Intention macht die Imagination steril. Man zeigt uns nicht nackte Frauen, sondern ausgezogene. Dagegen erkennen wir kaum die Züge der *Venus im Spiegel* von Velázquez, deren anbetungswürdiges Gesäß unsere Phantasie beflügelt.

Die Arbeit des Erinnerns

Die Wurzeln der Vergangenheit liegen in der Zukunft. Dieser Hinweis von Heidegger gilt für die kollektive Geschichte: Es wäre unmöglich, die Vergangenheit zu verstehen, ohne die Zukunftsentwürfe der Menschen zu kennen, die in ihr gelebt haben. Er gilt gleichermaßen für die individuelle Geschichte: Wir können nicht wahrnehmen, was wir gewesen sind, wenn wir dabei die Zukunft außer acht lassen, die uns vorgeschwebt hat. Die Grenze zwischen dem privaten Erinnern und dem gesellschaftlichen Erinnern bleibt unscharf. Orwell hat dargelegt, daß der Totalitarismus beim Sprechen und Erinnern ansetzt. In der von ihm imaginierten Gesellschaft wird erzählte Geschichte unablässig den Erfordernissen des Augenblicks entsprechend umgemodelt. Es ist nicht sicher, daß die Franzosen über die Manipulation des historischen Diskurses stets erhaben waren. Die Analyse von Schulbüchern zeigt, daß die dort vorgenommenen Periodisierungen eine Funktion des jeweiligen historiographischen Standorts sind: »einschneidende« Todesdaten, wenn man glaubt, Geschichte werde von »großen Männern« gemacht; oder Untersuchungen der »longue durée« von demographischen und klimatischen Veränderungen und ihren Auswirkungen; oder Geschichte der Mentalitäten, deren Vielfalt keiner Synchronie entspricht, usw. Liest man die Geschichte des Krieges von 1914/18 in französischen und deutschen Schulbüchern aus den dreißiger Jahren, so fragt man sich, ob es sich um ein und dasselbe »Ereignis« handelt. In der Feudalgesellschaft, in der nur die Männer der Kirche die Kunst des Schreibens beherrschten, kämpfte man gegen das immer mögliche Vergessen, indem man die Weitergabe der kollektiven Erinnerung durch Zeremonien gewährleistete, die »unvergeßlich« sein sollten. »Jeder soziale Akt von einiger Bedeutung mußte öffentlich sein, sich vor einer vielköpfigen Versammlung abspielen, deren Mitglieder die Erinnerung daran hüteten und von denen erwartet wurde, daß sie später Zeugnis gaben von dem, was sie gesehen und gehört hatten. [...] Man sorgte zum Beispiel dafür, daß auch kleine Kinder dabei waren, und gab ihnen manchmal auf dem Höhepunkt der Zeremonie eine kräftige Ohrfeige, in der Hoffnung, sie würden das, was sich vor ihren Augen abgespielt hatte, weniger schnell vergessen, wenn sich zu den Erinnerungen an das Schauspiel selbst noch die Erinnerung an den Schmerz gesellte.« (G. Duby) In den achtziger Jahren des 20. Jahrhunderts, als die Fertigkeit des Schreibens allgemein verbreitet war, feierte man die nationale Erinnerung in einer »année du patrimoine«, einem »Jahr des Erbes«, das die Franzosen einmal mehr ermutigte, ihren auf die Vergangenheit fixierten Blick der Zukunft – der Modernisierung – zuzuwenden. Die Etymologie von »patrimoine« ist, wie jede Etymologie, aufschlußreich: Das Wort ist vom lateinischen »pater« abgeleitet, von dem auch »patrie«, »patron«, »patriarche« kommen – und warum auch nicht? »Travail«, »famille«, »patrie« (Arbeit, Familie, Vaterland) – das Wort »patrimoine« gemahnt uns an unsere bäuerlichen Wurzeln und unsere einstige Größe. Frankreich ist das Land, in dem unermüdlich irgendeines Datums gedacht wird. Die US-Amerikaner mit ihrer kurzen Geschichte kommen aus dem Staunen über diese krampfhafte Vergangenheitsverherrlichung gar nicht heraus.

Familienerinnerungen werden heute in Formen aufbewahrt, die in den zwanziger Jahren noch unbekannt oder erst wenig verbreitet waren. Neben der traditionellen Bibliothek – im Bürgertum mit seinen kulturellen Traditionen – haben wir heute Sammlungen von Photographien, Dias, Schallplatten, Filmen usw., die eine Vielzahl von Erinnerungsspuren legen. Allerdings verschwindet allmählich ein wesentliches Dokument: der Brief. Die Menschen werden zwar immer älter, ihr Arbeitsleben beginnt immer später und endet immer früher, ihr Urlaub wird immer länger und ihr Arbeitstag immer kürzer, zum Schreiben freilich scheinen sie keine Zeit mehr zu haben. Nur ein paar unverbesserliche Verliebte wagen es, diese untilgbaren Zeichen zu setzen.

Das Erinnern ist ein durch und durch idiosynkratischer Prozeß. Zwei Menschen, die viele Jahrzehnte miteinander gelebt haben, erinnern sich selektiv an einzelne Episoden, nicht an dieselben. Wenn ein altes Ehepaar seine Vergangenheit Revue passieren läßt, haben die Partner nicht identische Erinnerungen gespeichert, und die »gemeinsamen« Erinnerungen werden unterschiedlich gewichtet. Erbringt ein Photo – bzw. seine bewegte Version: ein Film – den unwiderleglichen Beweis für das, »was passiert ist«? Das ist nicht ausgemacht. Ein Photo ist nichts Neutrales: Es mag den Photographierten in einer bestimmten Pose festhalten (»bitte recht freundlich«), oder es ist ein Schnappschuß, ohne Wissen des Betreffenden entstanden, und verrät dann mehr über die Subjektivität des Photographen als über die Belange des Abgebildeten. Angeblich soll die Sofortbildkamera, die das Herstellen erotischer, ja pornographischer Bilder erlaubt, das Problem grundlegend verändert haben, weil die automatische Entwicklung dem Benutzer die Peinlichkeit erspart, die Abzüge unter den ironischen Blicken des Händlers abholen zu müssen. Mag sein. Aber diese sortierten, geordneten, beschrifteten Photos – wer schaut sie sich an? Welches alte, aufeinander eingespielte Ehepaar, dem das Begehren auf rätselhafte Weise abhanden gekommen ist, wird Vergnügen daran haben, sein munteres Treiben von einst zu betrachten? In der Tat ist auch das Photo nur die Spur einer Erinnerung, es ist trotz seiner Materialität abstrakt, Träger eines Rätsels. »Der mnestische Eintrag steht zum erlebten Ereignis in einem sehr selektiven Zusammenhang, die Erinnerungsspuren sind nur sehr fragmentarische Reflexe der Erfahrung. Das, was registriert worden ist, stellt (trotz der Illusion, die eine perfekte Technik vermitteln mag) nur eine Art Abstract aus einigen ausgewählten Merkmalen dar. [. . .] Der mnestische Eintrag selbst ist also bereits eine Abstraktion, das heißt eine Operation, die durch das Fixieren einer Erinnerungsspur diese von dem Ereignis abstrahiert und dessen größeren Teil vernachlässigt.« (S. Leclaire)

Für die Jugend ist der 11. November, an dem in Frankreich der Waffenstillstand gefeiert wird, gleichbedeutend mit Blumen, Festreden und sehr alten Herren mit sehr vielen Auszeichnungen. Wenn diese letzten Zeugen einmal nicht mehr sind, welche Spuren werden ihre Leiden dann hinterlassen?

Man kann die drei Elemente der Erinnerung gut wahrnehmen, wenn man sich im Fernsehen einen Film anschaut, den man einige Jahre zuvor im Kino gesehen hat: Da ist erstens das Bewußte und durch Wiederholung Memorierte; zweitens das scheinbar Vergessene, aber der Anamnese leicht wieder Zugängliche; drittens das »völlig« Vergessene (bekanntlich gab es für Freud die wahre Erinnerung nur im System Ubw – siehe die Entdeckung der Urszene in der Analyse des Wolfsmannes). »Die Operationen des Unbewußten lassen sich weder in die Grammatik noch in die Logik unseres Bewußten übersetzen oder transponieren. [...] Das Unbewußte ist ein anderes System, ohne Kausalität und Widerspruch, radikal verschieden von dem, was wir mit unserem bewußten Denken fabrizieren [...], ein anderer Ort, eine andere Szene, ungeordnet von Raum und Zeit.«[22] Photos, Filme, Tonbänder liefern dem Nostalgiker zahllose Spuren; aber reichen sie aus, um »das, was registriert worden ist«, wieder gegenwärtig zu machen? Sind sie mir eine Hilfe, um mich – endlich! – meiner Identität zu vergewissern? Wer bin ich? Die Antwort war relativ einfach, als die Geschichte noch nicht »mobil« war: Die sozialen Strukturen und die Normen, die sie widerspiegelten und zugleich fortsetzten, waren stabil, man starb (übrigens jung) in derselben Welt, in der man geboren worden war. Doch heute? Nehmen wir einen Menschen, der so alt ist wie das Jahrhundert. Welche Ähnlichkeiten wissenschaftlicher, technischer, demographischer, kultureller Art gibt es zwischen 1900 und 1985? Ist dieser Mensch, trotz noch so vielen materialisierten Erinnerungsspuren, nicht gezwungen, seine Autobiographie zu erfinden?

Die Arbeit des Imaginären

Gestern

In Kafkas Erzählung *Vor dem Gesetz* kommt ein Mann vom Lande und bittet um Eintritt in das Gesetz. Der Türhüter am ersten Tor sagt ihm, daß es innen noch weitere Tore gibt, mit weiteren Türhütern, »einer mächtiger als der andere«. Der Mann setzt sich und wartet, »Tage und Jahre«. Zuletzt ist der Mann dem Tode nahe, sterbend fragt er den Türhüter: »Wieso kommt es, daß in den vielen Jahren niemand außer mir Einlaß verlangt hat?« Und der Türhüter antwortet: »Hier konnte niemand sonst Einlaß erhalten, denn dieser Eingang war nur für dich bestimmt. Ich gehe jetzt und schließe ihn.«[23]

Kafka öffnet uns das Tor zum Imaginären. Ob im Erinnerten oder im Imaginären, Gesellschaftliches ist stets präsent, so wie der Türhüter vor dem Tor. Machiavelli berichtet von der List der Mächtigen, den Gehorsam ihrer Untertanen dadurch zu erlangen, daß sie sie mit Illusionen füttern. Marx erinnert in *Der achtzehnte Brumaire des Louis Bonaparte* daran, daß die größten Revolutionäre sich stets für etwas ausgaben, das sie nicht waren: Luther für den Apostel Paulus, die Jakobiner für die Gründer der Römischen Republik. Max Weber beschäftigt sich in *Die protestantische Ethik und der »Geist« des Kapitalismus* mit der Frage, wie die

Die Hand hält ein Photo, der Blick heftet sich darauf. Gesichter längst entschwundener Freunde schauen einen an. Auch das eigene, über das man nach den Verwüstungen der Zeit nur staunen kann. Das war ich? Was habe ich damals gedacht? Habe ich mich verändert? Oder war alles von Anfang an »abgemacht«? Eine Selbstbefragung über das Rätsel der Identität und das Kontinuum des Ichs. Wir sind alle zur Autobiographie verdammt.

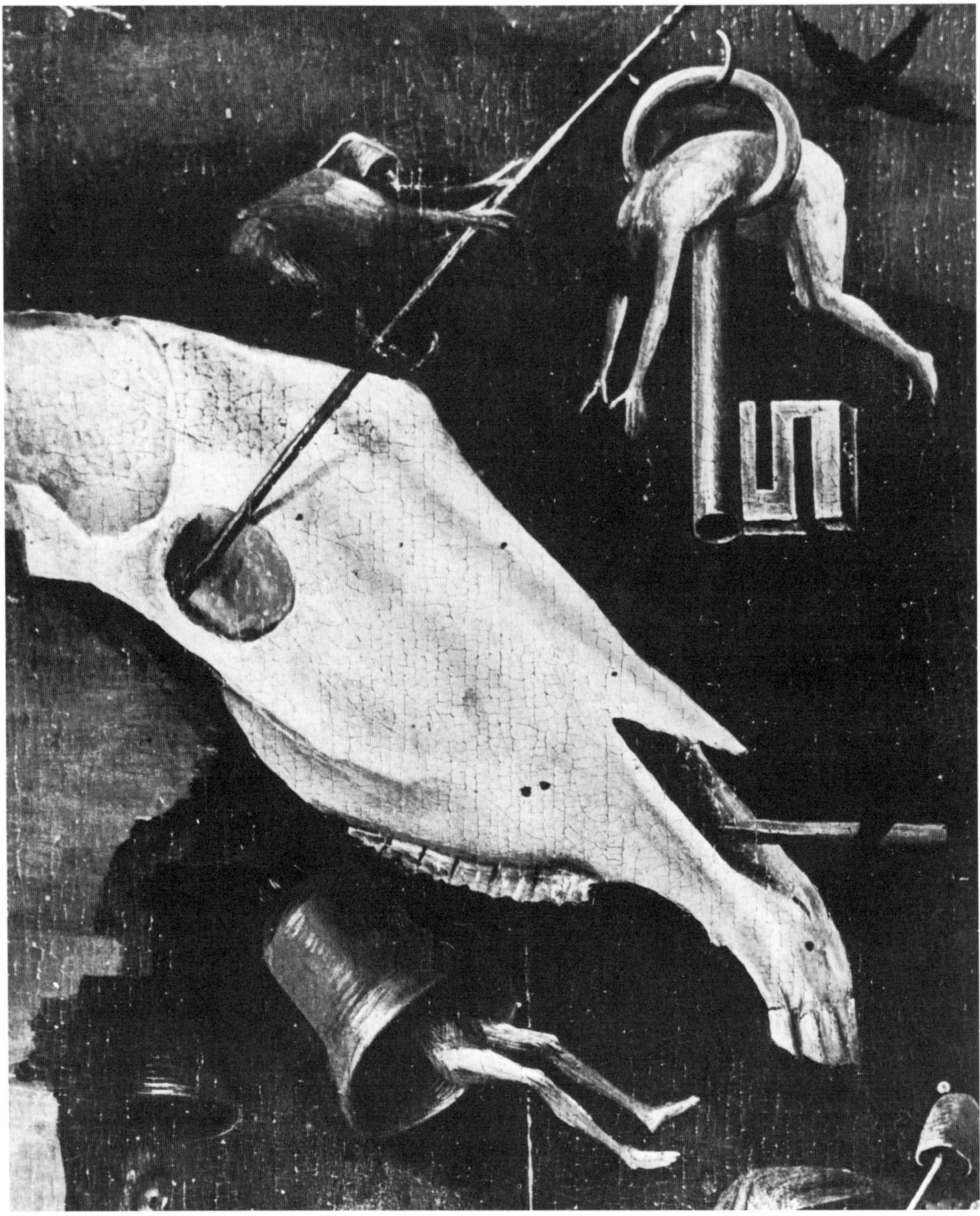

Hieronymus Bosch, *Der Garten der Lüste* (rechter Flügel, Teilansicht). Die oft rätselhaften Qualen, die Bosch für die Verdammten ersann, waren für seine Zeitgenossen wohl wahrscheinlich; sie glaubten noch an den Himmel und an die Hölle. Ein Spiel des Imaginären? Oder grauenerregende Aussicht?
(Madrid, Prado)

Reformatoren es fertigbrachten, aus den heiligen Texten die Grundlage des modernen Kapitalismus herauszulesen – eine Zielsetzung, die dem Inhalt dieser Texte gänzlich fremd ist. Daß die christliche Ethik und die von ihr transportierten Illusionen (oder Wahrheiten – je nachdem, wie man es ansieht) eine Revolution des Wirtschaftsgebarens mit sich bringen, schien Weber keineswegs evident zu sein. Georges Sorel betonte, der Generalstreik tue der Kampfbereitschaft der Arbeiter in ihren wirklichen Streiks keinen Abbruch. Seit den zwanziger Jahren hat das Imaginäre in der Gesellschaft die verschiedensten Phantasmen hervorgetrieben: den »Krieg zur Beendigung aller Kriege«, das kommunistische Eldorado, die »Planungsvorgabe«, in der sich endlich die Herrschaft des Menschen über die Wirtschaftsmechanismen manifestiere, die Entkolonisierung, die das Erblühen vielfältiger Kulturen in einem demokratischen Rahmen bewirke, den echten Liberalismus, der den Einzug der Vierten Welt in den Kreis der reichen Länder zum Ergebnis gehabt habe, die Diskurse der Opposition (welcher politischen Couleur auch immer), denen zufolge morgen alles möglich sein wird, usw.

Zur Zeit der »drei allertödlichsten Parzen« (Krieg, Hungersnot, Pest) hatte das Imaginäre eine doppelte Funktion: eine sehr kurzfristige (überleben) und eine sehr langfristige (zu den Auserwählten, nicht zu den Verdammten gehören). Man kann sich denken, daß dieses Imaginäre die Grenzen der sozialen »Ordnungen« überschritt – den Vornehmen wie den gemeinen Mann, den Reichen wie den Armen, den Mönch wie den Laien konnte die furchtbare Xenopsylla Cheopis befallen, der Pestfloh, der über die Seidenstraße nach Europa gekommen war. Alle glaubten an die Hölle, auch an das Paradies, und das hielt die sadistischen und sexuellen Triebe einigermaßen in Schranken. Seit der Renaissance bereicherte der griechisch-römische Anthropomorphismus das Inventar des Imaginären. Polytheismus und jüdisch-christlicher Monotheismus einigten sich auf die Schwäche des Menschen, der dem unenträtselbaren Willen Gottes oder des Schicksals unterworfen war. Noch nach dem Ersten Weltkrieg waren diese Traditionen lebendig, »bereichert« (wenn man so sagen darf) um die Erinnerung an die jüngst erlebten Greuel. Das Imaginäre heftete sich im wesentlichen an Texte, sei es die Bibel oder seien es Romane wie *Les Misérables* oder *L'Éducation sentimentale*.

Heute

Mehr als alle früheren Gesellschaften ist die moderne ikonisch. An einem einzigen Tag sieht ein Kind heute Hunderte, ja Tausende von Bildern: Plakate in der U-Bahn oder auf der Straße, Comics, verschwenderisch illustrierte Schulbücher, gelegentlich Kino, jeden Abend Fernsehen. Das Imaginäre heftet sich nicht mehr an mündliche oder schriftliche Äußerungen, sondern an die Kolonne von Bildern, die die Medien ausspucken. Jeder Eschatologie entleert, richtet sich das Imaginäre – wenn es ihm um die Zukunft geht – auf die Beherrschung der Natur durch den Menschen, die Eroberung des Mondes (man kann nicht mehr gut sagen, jemand lebe »hinter dem Mond« – wie es da aussieht, wissen wir mittlerweile, und zwar nicht aus Träumen, sondern von der Wissenschaft), den Krieg der Sterne. Gestern konnte man monatelang seinen Träumen nachhängen über die Liebe einer Julie d'Étanges und eines Saint-Preux, ausführlich nachsinnen über die Seelengröße – oder den pragmatischen Machiavellismus? – eines Monsieur de Wolmar. Heute hat man dazu keine Zeit mehr. Kaum ist im Fernsehen der vierte Teil der Verfilmung von *La Nouvelle Héloïse* zu Ende, folgt ein Dokumentarspiel über die Mafia, das seinerseits von einer Reportage über die neuesten Erfolge eines Kugelstoßers oder Torschützen abgelöst wird. Diese Bilder, mit denen man uns vollstopft, bergen die Gefahr der Illusion, der Vortäuschung von Objektivität. Denn das Bild ist nicht neutral – sämtliche Finessen des Bildausschnitts hat schon Degas gefunden; Photographen und Cinéasten haben die ikonische Präsentation subjektiviert. Und die Montage versieht die visuelle Chronologie mit einem Sinn.

Heißt das, daß wir einer kopernikanischen Wende in der Arbeitsweise des Imaginären beiwohnen? Wohl nicht. Der Historiker, immer begierig, den Schatten des Alten hinter dem Neuen zu entdecken, steht verwundert vor der Permanenz der Dinge. Die menschliche Imaginationskraft ist begrenzt. War es gestern die Lehre von den Mißgeburten, so sind es heute die Außerirdischen: Der Anthropomorphismus ist nicht zu erschüttern. Die Verdammten bei Hieronymus Bosch ebenso wie die Figuren in *Goldorak* oder *Satanic* ähneln uns wie ein Bruder dem anderen. Das Imaginäre ist nichts anderes als ein Ausdruck unseres Narzißmus, und wir sind außerstande, uns ein Wesen vorzustellen, das radikal »anders« wäre. Neue Formen werden heute von Wissenschaftlern und Technikern, nicht von Dichtern und Romanschriftstellern erfunden. Trimarane und Katamarane haben die Nußschale abgelöst, die in *Moby Dick* die Phantasie der Leser beschäftigte. Die Silhouette geostationärer Satelliten ist von technischen Erfordernissen bedingt und hat keine Ähnlichkeit mit den Stratosphärengranaten in den Filmen eines Méliès. Für Kinder konzipierte Comics und Fernsehfilme erschrekken die Kleinen, wie man hört – doch gewißlich weniger als einst Perraults *Contes de ma mère l'Oye* oder die Märchen Andersens. Die Lektüre konnte man unterbrechen, man konnte wieder von vorne anfangen oder zehnmal dieselbe fesselnde Seite lesen, während das Fernsehen zu einem irreversiblen Verbrauch nötigt. Gewiß. Doch mit Hilfe eines Videogeräts kann man Bilder auch anhalten, zurückspulen, beschleunigen. Wir haben weiter oben gesagt, zur Zeit der »drei allertödlichsten Parzen« habe sich das nicht-religiöse Imaginäre der Menschen auf sehr kurzfristige Perspektiven verabredet. Aber auch die jungen Leute von heute schauen, was ihre künftige Existenz betrifft, nicht sehr weit in die Zukunft – handele es sich nun um ihr Gefühlsleben (kein Begehren ist ewig) oder um ihre beruflichen Aussichten (was werde ich in fünf Jahren tun?). Seitdem der Mythos vom kontinuierlichen Wachstum zusammengebrochen ist, sind wir, was das Imaginieren der unmittelbaren Zukunft anlangt, genauso ohnmächtig wie unsere Vorfahren.

Okkultismus

Bedeuten die Leistungen der Naturwissenschaft das Todesurteil für den Okkultismus (Gedankenübertragung, Spiritismus, Telepathie, Astrologie usw.)? Eine Umfrage des französischen Meinungsforschungsinstitutes SOFRES vom Mai 1982, bei der 1515 Personen zu diesem Thema gehört wurden, erlaubt es, diese Frage zu verneinen, und birgt überdies einige Überraschungen.[24] Für die Umfrage waren zwei Einstellungsskalen entwickelt worden: Die eine galt übernatürlichen Erscheinungen (Glaube an Geister, Tischrücken, Behexen, Telepathie), die andere der Astrologie (Horoskop, Vorhersagen und Charakterkunde auf astrologischer Grundlage). Die erste Erkenntnis aus dieser Umfrage war, daß der Glaube an das Okkulte ein quantitativ bedeutsames Phänomen bei den Franzosen ist: 42 Prozent glauben an Telepathie, 33 Prozent an Ufos, 36 Prozent an die Astrologie. Der Glaube an den Okkultismus nimmt mit zunehmendem Bildungsgrad, ausgenommen die wissenschaftliche Bildung, prozentual nicht ab. Der Okkultismus liefert symbolische Mittel der Welterklärung und findet seine Anhänger in sozial relativ marginalen Gruppen: bei Studenten, Arbeitslosen, Frauen ohne Beruf, geschiedenen Frauen. Solche Anhänger des Okkultismus hegen große Sympathie für die Ökologiebewegung, sind der Meinung, »daß es Krankheiten gibt, die man anders als mit der Schulmedizin behandeln muß«, sind für die Empfängnisverhütung, haben Nachsicht mit Straffälligen, befürworten eine antiautoritäre Erziehung und lesen Science-fiction. Das zweite Ergebnis der Umfrage lautet: »Der Glaube an das Übersinnliche wird nicht als Widerspruch zur Wertschätzung des wissenschaftlich-technischen Fortschritts erlebt.« Die Anhänger des Okkultismus erwarten, daß die Naturwissenschaft eines Tages imstande sein wird, das Geheimnis der Behexung und der Wünschelrute zu enthüllen. Doch die größte Überraschung ist das dritte Ergebnis: Es gibt nicht nur keinen Gegensatz zwischen einer religiösen Einstellung und dem Glauben an das Okkulte, sondern 48 Prozent derjenigen, für die die Existenz Gottes feststeht oder wahrscheinlich ist, glauben auch an die Astrologie, dagegen nur 32 Prozent derjenigen, die die Existenz Gottes ausschließen. Bei der Bewertung dieser Resultate muß man nuancierend die unterschiedliche Verbundenheit der Katholiken mit der Kirche berücksichtigen – praktizierende Katholiken glauben weniger an den Okkultismus als nichtpraktizierende. Die Autoren fassen die Ergebnisse ihrer Umfrage folgendermaßen zusammen: »Was Lévi-Strauss das ›wilde Denken‹ im Unterschied zum wissenschaftlichen Denken genannt hat, bleibt ein wesentliches Element bei der Wahrnehmung der Wirklichkeit, auch unserer sogenannten technischen und Industrie-Gesellschaft.«

Hieronymus Bosch, *Das Jüngste Gericht* (Ausschnitt). Klinische Mißgeburten bevölkerten das Imaginäre des 19. Jahrhunderts so wie phantastische Schreckensgestalten die Bilder eines Hieronymus Bosch. Der Narzißmus in uns ist so mächtig, daß er uns zum Anthropomorphismus zwingt. Die Augen des Ungeheuers, das die Sünderin davonträgt, und des liebenswerten Monsters E. T. aus Spielbergs Film sind einander erstaunlich ähnlich. Die neuen Formen entstammen nicht dem Imaginären, sondern naturwissenschaftlichen Erfordernissen. (München, Alte Pinakothek)

Die Höhlen des Geheimen: Demütigung, Scham und Angst

Der sexuelle und finanzielle Exhibitionismus, der in den achtziger Jahren inszeniert wurde, darf nicht darüber hinwegtäuschen, daß das Reich des Ungesagten noch immer sehr groß ist. Man findet allemal geneigte Ohren, wenn man sich seinen Zuhörern als Sexualprotz, Ladendieb oder Schwarzfahrer offenbart. Aber das Eingeständnis der Scham kommt nicht über unsere Lippen. Manche schämen sich ihrer Liebe zum Geld, andere eines körperlichen Makels. Erst wenn man die Biographie eines Menschen aus der Feder »eines anderen« liest, erfährt man, daß er hinkte, an Impotenz litt oder Syphilitiker war (Provokationen à la Flaubert sind die Ausnahme). Wir schämen uns erlittener Demütigungen. Zweitausend Jahre Christentum haben es nicht geschafft, daß wir »unseren Schuldigern vergeben«. Den muskulösen Oberarm eines Lkw-Fahrers zierte die bekannte Tätowierung: »Verzeihen – vielleicht; vergessen – nie.« Auch die älteste Demütigung ist jederzeit einer Anamnese zugänglich, die den Haß wieder entfacht. Dieser Mechanismus wirkt nicht nur in dem einzelnen Menschen, sondern in ganzen Völkern: Im Frühjahr 1985 konnten die Schiiten im Südlibanon, die bis dahin von den Palästinensern gedemütigt worden waren, ihren Haß

endlich entfesseln. Früher waren die Palästinenser bewaffnet gewesen und die Schiiten nicht. Nun waren die Rollen vertauscht.

Zu den beständigen Elementen im Leben – Pareto hätte von »Residuen« gesprochen – zählt die Ungewißheit; deren Geschichte bleibt ein Desiderat. Noch in den zwanziger Jahren war es die klimatische Ungewißheit, wie sie heute über Leben oder Sterben afrikanischer Völker entscheidet; es gab auch eine gesundheitliche Ungewißheit: Syphilis, Tuberkulose, »schwere Grippe«, Sepsis usw. Heutzutage verhungert in Frankreich niemand mehr, wenn einmal der Mai nicht »feucht und naß« ist; die Tuberkulose ist besiegt, die Syphilis jedenfalls teilweise unter Kontrolle. Allerdings sind an die Stelle dieser Krankheiten andere getreten. Doch sind auch ganz neue Ungewißheiten entstanden: die Frage nach der Dauer einer Beziehung, die Sorge um den Arbeitsplatz. Die Landwirte – um nur sie zu nennen – wissen, daß ihre Kinder den Betrieb nicht übernehmen werden, daß sie selber vielleicht schon in zehn Jahren angelernte Arbeiter sind, sofern der Roboter diese nicht von der Liste der Erwerbstätigen gestrichen hat.

Die Geschichte des privaten Lebens ist auch die Geschichte der Angst, der Ängste. Etwa der Angst vor der nuklearen Apokalypse? 1985, im vierzigsten Jahr nach der Bombardierung Hiroshimas, konnte

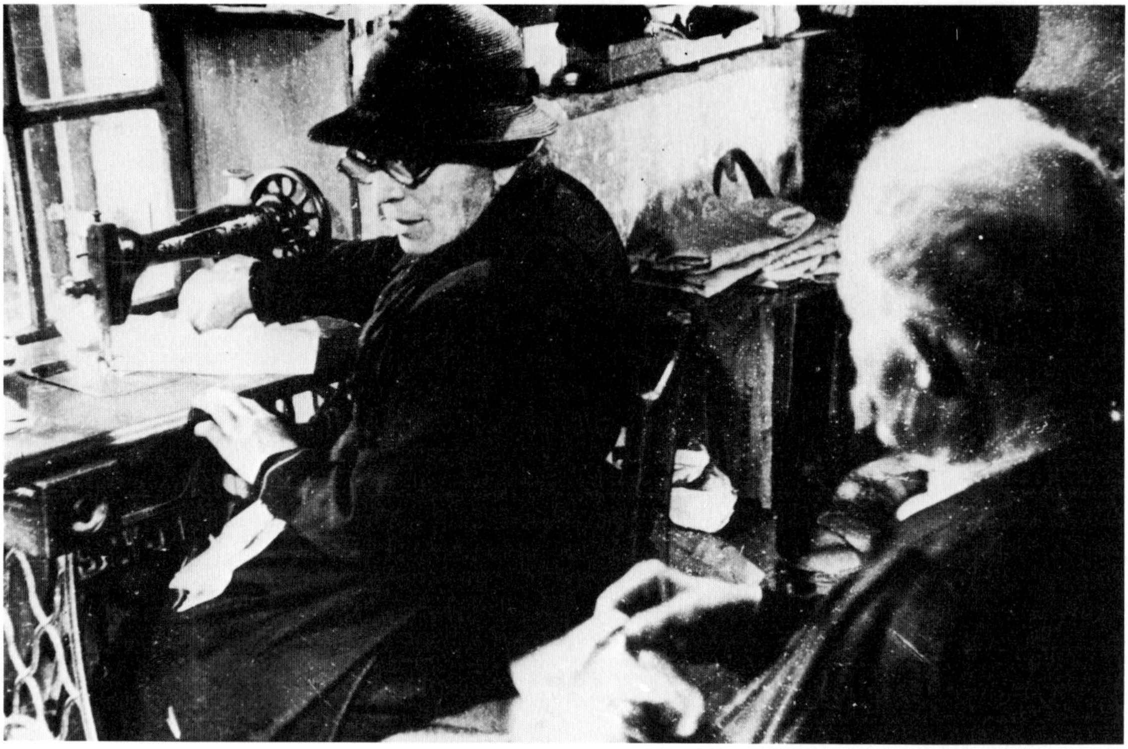

In dem 1945/46 gedrehten und 1947 erstmals gezeigten Film *Farrebique* (Untertitel »Die vier Jahreszeiten«) wollte Regisseur Georges Rouquier das Leben in einer dörflichen Gemeinde Rouergues erzählen, »wo nichts geschieht« – ein Film, in dem sich nichts »ereignet«, jedenfalls nicht das, was Großstädter und Medien für »Ereignisse« halten.

man den Zeitungen entnehmen, daß die beiden Supermächte zusammen ein Vernichtungspotential besitzen, das fünfhunderttausendmal größer ist als das jener Bombe, die am 6. August 1945 abgeworfen worden war. Doch paradoxerweise scheint diese furchtbare technologische Revolution, die die mehrmalige Vernichtung unseres Planeten erlaubt, von den Menschen nicht verinnerlicht worden zu sein. Die Leute suchen weiterhin ihr »kleines Glück im Winkel«, als ob das Überleben der Menschheit gesichert wäre. Als im Mittelalter Pandemien die Menschheit mit fortschreitender Vernichtung bedrohten (auf der Fläche Frankreichs lebten 1300 ungefähr 18 Millionen Menschen, 1400 kaum noch 9 Millionen), brachte die große Angst, die das kollektive Imaginäre erfüllte, »Kunstwerke« hervor, die bis heute überdauert haben. Heute löst die Möglichkeit der unmittelbaren und totalen Vernichtung keine obsessive Angst aus; in gefilmte und gedruckte Massenware verbannt, ist die atomare Katastrophe ein schamhaft als »Faction« bemäntelter Teil der Unterhaltungsbranche. Die wahre Angst der achtziger Jahre ist die Sorge um das eigene Hab und Gut. Im Mai 1984 wurde in Paris unter der Schirmherrschaft des Industrie- und Forschungsministeriums der erste »Sicherheitssalon« eröffnet; Organisatoren waren der Verband der Hersteller von audiovisuellen und elektronischen Geräten sowie der französische Verband der Alarmanlageninstallateure. »Die Angst hat Marktwert bekommen. Der Sicherheitsbedarf setzt ganze Industrien ins Brot; umgekehrt muß der Fachhandel nicht erst ermutigt werden, unsere Ängste zu schüren. Er hat etwas für jeden Geschmack, in jeder Größe, gegen jede Angst. Das Geschäft mit der Furcht floriert.«[25]

Die Angst hat eine Funktion für den Schutz des Geheimen. »Ich will das nicht wissen.« Warum nicht? Weil Verhehlen ebenso wie Lügen Vereinfachung bedeutet. Der Mensch ohne Gott braucht »historische, charismatische Persönlichkeiten«, deren Schäbigkeit, Gehässigkeit ihn nicht sonderlich beeindrucken. Er hat es nur mit Führern ohne Eigenschaften zu tun. Heldentum, das im Verborgenen wirkt, anonyme Großzügigkeit, künstlerische Produktion, die nicht »ausgestellt« werden will, kurzum alles, was die ostentative Gebärde verweigert, wird als Beleidigung einer öffentlichen Meinung begriffen, die zu Gericht sitzen will. Der Richter indes will nicht gerichtet werden.

Vorgeschichte der Geschichte?

Ein Mensch, der zu Beginn unseres Jahrhunderts geboren worden ist und unsere ganze Epoche bewußt miterlebt hat (bei Ausbruch des Großen Krieges war er vierzehn) – was hat er gesehen? Die Massaker von 1914/18, die russische Revolution, Hitler und Auschwitz, Stalin und den Gulag, Hiroshima, Mao Tse-tung und die Kulturrevolution, Pol Pot und den Völkermord in Kambodscha, den Niedergang Lateinamerikas mit seinen blutbefleckten Caudillos und den »Verschwundenen«, das hungernde Afrika, die islamische Revolution und die Wiederherstellung der Scharia.

Aber Hitler, Stalin, Mao und Pol Pot hätten nichts auszurichten vermocht, wenn es nicht ihre zahllosen Doppelgänger im Kleinformat ge-

Vierzig Jahre später drehte Georges Rouquier an denselben Schauplätzen und zum Teil mit denselben Darstellern den Film *Biquefarre*, der zeigen soll, was sich mittlerweile »ereignet« hat: das Vergehen der Zeit. Es gibt neue Häuser, elektrische Küchengeräte, Fernsehen, Telefon, Autos, fließendes Wasser usw. Die Botschaft des Films ist das, was sich nicht geändert hat, die Beständigkeit: das Ehepaar und die – nicht ganz uneigennützige – Liebe zu diesem Fleckchen Erde.

geben hätte. Aus Überzeugung, aus Zynismus oder ganz einfach, um zu überleben, konnten die Mitläufer in dem ihnen gesteckten Rahmen ihren sadistischen Trieben freien Lauf lassen.

Noch besorgniserregender ist die Beobachtung, daß die Folterknechte von heute oft die Opfer von gestern sind. Diese Rollenumkehr – der zum Henker gewordene Märtyrer – wirft eine zentrale Frage von großer Banalität auf: Was ist der Mensch? Oberschüler, die diese Frage beantworten sollen, stürmen die Bibliotheken. Wir gehen anders, induktiv vor. Der Anblick des Tragischen – Pol Pot stellte den kambodschanischen Eliten die gleiche Falle wie Sparta den Heloten – veranlaßt uns, die älteste Frage in der Geschichte des Denkens zu stellen. Wenn man mit uns der Überzeugung ist, daß die Erklärung für die gelebte Geschichte weder der Wille der Vorsehung ist noch die bestimmende Rolle irgendeiner charismatischen Persönlichkeit, noch das entschlossene Handeln einer kleinen Oligarchie, noch das verändernde Wirken der Institutionen, noch der Messianismus des Proletariats und aller Geknechteten, sondern die Addition/Subtraktion (der Saldo) aller Willensakte einer großen Zahl von Individuen, die eine Ethik – also eine Balance zwischen Normen und Werten – verinnerlicht haben, dann erlaubt gerade das Studium des privaten Lebens die Hoffnung, das Subjekt der Gesellschaft zu erkennen. Diese Hoffnung läßt uns in unserer Untersuchung fortfahren, einer einfachen erkenntnistheoretischen Reflexion als Anfangspunkt einer Vorgeschichte der erzählten Geschichte.

Anmerkungen

1 J.-D. Bredin, »Le droit, le juge et l'historien«, in: *Le Débat*, Nr. 32 (November 1984), S. 93–111.
2 *Gazette du Palais*, 26. Januar 1983.
3 *Gazette du Palais*, 9./10. Dezember 1983.
4 Universitätsdekan Carbonnier, *Recueil Dalloz-Sirey*, 1984.
5 Zitiert im *Bulletin du dictionnaire permanent social*, 22. März 1985.
6 Kassationshof, Sozialkammer, 30. März 1982.
7 Kassationshof, Sozialkammer, 8. Juli 1960.
8 Kassationshof, Sozialkammer, 5. April 1965.
9 Poitiers, 14. November 1973.
10 Kassationshof, Sozialkammer, 17. Oktober 1973.
11 Kassationshof, gemischte Kammer, 17. Oktober 1975.
12 Kassationshof, Sozialkammer, 26. Mai 1981.
13 Kassationshof, Sozialkammer, 29. November 1984.
14 Kassationshof, Sozialkammer, 22. Juli 1982.
15 30. November 1982.
16 27. Juni 1983.
17 *Législation sociale*, Nr. 5285, 31. Januar 1983, D 344.
18 Ebd.
19 Aix-en-Provence, 9. Februar 1983.
20 Wir folgen bei dieser etymologischen Darstellung dem Beitrag von A. Lévy,

»Évaluation étymologique et sémantique du mot ›secret‹«, in: *Nouvelle Revue de psychanalyse*, Nr. 14 (1976), S. 117–130.

21 Charles de Gaulle, *Le fil de l'épée*, 1932 (deutsch: *Die Schneide des Schwertes*. Aus dem Französischen von Carlo Schmid, Frankfurt a. M. 1981, S. 87).

22 S. Leclaire, »Fragments de langue d'avant Babel«, in: *Nouvelle revue de psychanalyse* 14 (1976), S. 17–130.

23 Franz Kafka, *Sämtliche Erzählungen*, Frankfurt a. M. 1970, S. 135.

24 G. Michelat, »Les Français et les parasciences«, in: *La Recherche* 161 (Dezember 1984), S. 1560–1567.

25 E. Pleynel, *Le Monde*, 5. Mai 1984.

Henry Moore, *Familie.* »Die menschliche Gestalt interessiert mich am meisten«, schreibt Henry Moore. Auf dieser Zeichnung sind vier Menschen zu sehen: das ältere Kind liest; das jüngere schaut zum Vater auf; die Mutter scheint zu träumen oder auf etwas zu warten; der Vater fixiert einen Punkt in der Ferne. Ein Ehepaar und seine beiden Kinder – und jeder lebt in seiner eigenen Welt. (London, Christie's)

Familiengeheimnisse

Die Legalisierung der Empfängnisverhütung

»Vater des in der Ehe empfangenen Kindes ist der Ehemann. Dieser kann vor Gericht die Anerkennung der Vaterschaft verweigern, wenn er Tatsachen beibringt, die beweisen, daß er nicht der Vater sein kann.«

Artikel 312 des Code civil

»Die Art, wie die verschiedenen Gesellschaften im Laufe der Geschichte an eine so gravierende Frage wie die Abtreibung herangegangen sind, erinnert deutlich genug an den Vorrang der Gesellschaft vor dem Individuum. Nicht nur die Mutter, die gesamte Gemeinschaft trägt das Kind am Busen. Sie entscheidet, ob es erzeugt werden soll, ob es leben oder sterben soll, sie bestimmt seine Rolle und seine Zukunft. Und sie diktiert den Frauen die Kunstgriffe und Methoden beim Gebären des Kindes und das Ausmaß ihres Leidens dabei.«

Pierre Simon, *De la vie avant toute chose*, S. 15

Empfängnisverhütung gestern und heute

Empfängnisverhütung ist wohl zu allen Zeiten praktiziert worden, ihre schroffe Verurteilung z. B. in den Beichtspiegeln bezeugt es. In der abendländischen Gesellschaft, die für das Papsttum eine Theokratie war, galt jeder empfängnisverhütende Akt – sogar bei Eheleuten – als Todsünde und wurde strenger geahndet als Vergewaltigung, Menschenraub, Blutschande und selbst Gotteslästerung. Der Zweck des Geschlechtsaktes war die Fortpflanzung, nicht die Lust, und so waren alle Stellungen verboten, von denen man vermutete, daß sie die Aufnahme des befruchtenden Samens durch das »weibliche Gefäß« verhinderten. Doch blieb die »natürliche« Fruchtbarkeitsziffer der Frauen auch ohne den Rückgriff auf elementare empfängnisverhütende Techniken wie Coitus interruptus oder Analverkehr weit hinter dem theoretisch möglichen biologischen Maximum zurück. Im mittelalterlichen Frankreich kamen auf ein verheiratetes Paar nicht mehr als fünf bis sechs Lebendgeburten, was mit der späten Heirat, der hohen Sterblichkeitsrate (zumal bei Frauen im Kindbett) und der Stillzeit zusammenhing. Von diesem halben Dutzend Kinder erreichten lediglich zwei das Erwachsenenalter, was ungefähr der heutigen durchschnittlichen Geburtenrate entspricht (1,81). Ende des 18. Jahrhunderts durften Eltern hoffen, dank der erhöhten landwirtschaftlichen Produktivität und dem

Ein rätselhaftes »Familienphoto«, auf dem der Vater fehlt. Die Vergangenheit hängt an der Wand, sind es Porträts Verstorbener? Bilder eines entschwundenen Glücks? Auf wen, auf was (auf welches Schauspiel) sind diese wachen, traurigen Blicke gerichtet? Das einzige Lächeln kommt von den beiden »Stars« – an die Wand geheftete Zeitschriftenausschnitte. »Warum bist Du trüb? Ist etwas geschehen? Und Du sagst es mir nicht?« (Franz Kafka, *Briefe an Milena*)

Rückgang von Pandemien zwei von drei Lebendgeburten bis zum Erwachsenenalter »durchzubringen«. Seither wurde die Fruchtbarkeit nicht mehr kollektiv, sondern individuell reguliert – es blieb dem einzelnen Paar überlassen, über die Anzahl seiner Kinder zu entscheiden. In der Zwischenkriegszeit lag die Erneuerungsrate der Generationen auch ohne Pille und Spirale und trotz dem Gesetz von 1920, das die Werbung für empfängnisverhütende Mittel unter strenge Strafe stellte, bei weniger als zwei Kindern, woraus hervorgeht, daß die alten Methoden der Empfängnisverhütung genauso wirksam waren wie spätere »moderne« Techniken. In den achtziger Jahren des 19. Jahrhunderts verfolgte die Geburtendrosselung explizit politische Ziele: Beim »Streik der Bäuche« ging es darum, den Unternehmern nicht zu überschüssigen und daher billigen Arbeitskräften und dem bürgerlichen Staat nicht zu »Kanonenfutter« zu verhelfen. 1896 gründete Paul Robin die erste »Association Néomalthusienne«, stieß aber bei den Frauen auf wenig Gegenliebe; er fand nur wenige Anhängerinnen. Coitus interruptus und – im Falle des Mißlingens – Abtreibung blieben die gängigen Methoden. Der Krieg 1914–1918 und die durch ihn verursachte demographische Katastrophe lähmten vollends den anarcho-malthusianischen Schwung.

1978 veranstalteten das Institut für Statistik und Wirtschaftsstudien (INSEE) und das Institut für demographische Studien (INED) eine repräsentative Umfrage unter 3000 Frauen, die am 1. Januar 1978 zwischen 20 und 44 Jahre alt waren. 28 Prozent der Befragten nahmen die Pille, 68 Prozent gebrauchten »altmodische« oder moderne Verfahren der Empfängnisverhütung. Von den 32 Prozent, die diese Verfahren nicht anwendeten, hatten einige sich sterilisieren lassen, während viele andere sich ein Kind wünschten. Von den 20- bis 24jährigen praktizierten 97,8 Prozent die eine oder andere Technik der Empfängisverhütung. Bei den 25- bis 29jährigen war die Pille am verbreitetsten. Ab 35 Jahre wurde der Coitus interruptus bevorzugt, der in allen Altersgruppen nach der Pille an zweiter Stelle rangierte. Eine ergänzende Umfrage von 1982 ergab, daß Pille oder Spirale von 38 Prozent der Frauen zwischen 15 und 49 benutzt wurden; bei den 25- bis 29jährigen waren es sogar 46 Prozent. Zwischen 1978 und 1982 stagnierte der Gebrauch der Pille; jetzt griffen doppelt so viele Frauen als früher zur Spirale. Dieses Phänomen war schon in den USA beobachtet worden, wo die Verwendung der Pille seit 1974 zurückging. Traditionelle Verhütungsmethoden wie Coitus interruptus, Präservativ oder periodische Enthaltsamkeit wurden um so mehr bevorzugt, je älter die Befragten waren. Die Aufschlüsselung der Umfrageergebnisse nach sozio-ökonomischen Variablen liefert zusätzlich folgende Informationen: 1982 gebrauchten von den 20- bis 44jährigen Frauen 44 Prozent Pille oder Spirale, 56 Prozent, wenn sie mindestens das Baccalauréat hatten, 48 Prozent, wenn sie in leitender Stellung oder freiberuflich tätig waren, 55 Prozent, wenn sie im Großraum Paris lebten, 52 Prozent, wenn sie der Religion keine Bedeutung beimaßen, 64 Prozent, wenn sie unverheiratet waren. Die Anwendung solcher Verhütungsmethoden ließ keineswegs auf Kinderfeindlichkeit schließen, sondern bekundete den Willen, das Datum der Geburt selbst zu planen. Es gab immer weniger kinderlose Ehepaare.

Empfängnisverhütung und Demographie

Kurzfristig hat der Rückgang der Geburtenrate positive Folgen: weniger Mutterschaftsurlaub, weniger Gesundheitskosten für Säuglinge, weniger dritte Kinder mit Anspruch auf die höchsten Familienbeihilfen. Langfristig sind zwei Konsequenzen abzusehen: Rückgang der Einwohnerzahl, was nicht unbedingt eine Katastrophe bedeuten muß, und zunehmende Überalterung der Bevölkerung, was bedeutet, »daß die jungen Erwerbstätigen sich darauf gefaßt machen müssen, in Zukunft auf einen Teil des von ihnen erarbeiteten Sozialprodukts zugunsten des prozentual gestiegenen Anteils der Alten zu verzichten«.[1] Entschied man sich früher durch »geeignete« Maßnahmen gegen ein Kind, so fällt man heute eine »positive Entscheidung« dafür. Die rückläufige Geburtenrate (in Frankreich weniger ausgeprägt als in anderen west- und osteuropäischen Ländern) hat zwei Ursachen: Eine wirksame Empfängnisverhütung verringert die Zahl der dritten Kinder, die nach Alfred Sauvy »weder gewollt noch ungewollt« sind; und eine Revision der Familienplanung nach unten bestimmt die Ehepaare zur Beschränkung auf zwei Kinder. Trotz allem birgt die Demographie viele Überraschungen; das beweisen der unerwartete Baby-Boom seit 1943 und die sinkende Geburtenrate seit 1965. Die französischen Frauen haben die Empfängnisverhütung erst spät entdeckt, dann aber begeistert akzeptiert, in Anlehnung an das »schwedische Modell«. In Schweden hatte eine offizielle Untersuchung aus den sechziger Jahren anhand einer repräsentativen Stichprobe von Personen beiderlei Geschlechts im Alter von 18 bis 60 Jahren ergeben, daß 77 Prozent der Unter-30jährigen ein »modernes« Empfängnisverhütungsmittel benutzten, daß 57 Prozent der Männer und 44 Prozent der Frauen ihre erste sexuelle Erfahrung vor dem 18. Lebensjahr gemacht und 98 Prozent der Ehepaare voreheliche sexuelle Beziehungen gehabt hatten und daß 33 Prozent der Frauen zum Zeitpunkt ihrer Heirat schwanger waren. Nur 1 Prozent der Schweden war der Meinung, ein außerehelich geborenes Kind dürfe nicht dieselben Rechte haben wie ein ehelich geborenes.

Auf dem Weg zu einer jüdisch-christlichen »Erotik«?

Die geschichtlich einmalige, massive Anwendung »moderner« empfängnisverhütender Mittel – und deren Legitimierung – hat im privaten Leben zu einer Umwälzung geführt, deren Reichweite noch gar nicht abzuschätzen ist – um so weniger, als die jüdisch-christliche Zivilisation »die Erotik nicht kennt« (Dr. P. Simon). Heute kann nicht nur die Geburt eines Kindes verworfen oder beschlossen, also geplant werden; die Frau ist auch von der Angst vor unerwünschter Schwangerschaft entlastet, sie kann ihre erotischen Aktivitäten von der Fortpflanzungsfunktion trennen und ein wirklich befriedigendes Sexualleben suchen, ja einfordern, ohne gegen die Regeln des Anstands zu verstoßen. Daß der Mann »von Natur aus« polygam ist, weiß man seit langem, und die

Gesellschaft hat es toleriert. Die bisher durch männliche Normen und Werte eingedämmte Polyandrie der letzten Jahre stellt die vorgebliche Überlegenheit des Mannes nun wieder in Frage. Der Trumpf der Empfängnisverhütung, das heißt der Beherrschung eines »natürlichen« Mechanismus durch medizinisches Wissen, konnte seine Stiche gegen Tabus und Vorurteile nur um den Preis eines lange Zeit prekären Kampfes machen, dessen wichtigste Etappen wir kurz rekapitulieren wollen.[2]

Die ursprüngliche Idee Gregory Pincus' war die endokrinologische Reproduktion der Phänomene der Schwangerschaft durch »Überschwemmung« des Organismus mit zwei Hormonen (Progesteron und Östrogen), die die Eierstockfunktion hemmen (um 1958). 1953 schloß sich in Genf eine Gruppe frankophoner Mediziner, vor allem Geburtshelfer, zur »Groupe Littré« zusammen. Sie mochten das tägliche Schauspiel nicht länger mit ansehen, das Dr. Pierre Simon so beschrieb: »Und in den Krankenhäusern? Es ist das reine Massaker [. . .]. Ich erinnere mich an das schauerliche Spektakel in den septischen Krankensälen des Hôpital de la Piété, das seinem Namen in diesem Punkt noch niemals Ehre gemacht hat. Mit Vorliebe wurden dort Ausschabungen ohne Anästhesie vorgenommen. Es galt, die Frauen dort zu bestrafen, wo sie gesündigt hatten.« Das Fernziel der »Groupe Littré« war die Legalisierung der Abtreibung, doch angesichts der massiven Vorurteile strebte man zunächst die Legalisierung der Empfängnisverhütung an – die einzige Einschränkung des Gesetzes von 1920, die die öffentliche Meinung und damit deren gewählte Vertreter gelten lassen konnten. 1954 brachte die damals in der Umbildung begriffene radikal-sozialistische Koalition in der Nationalversammlung eine Gesetzesvorlage ein, die die Abschaffung des Gesetzes von 1920 vorsah. 1956 entstand auf Initiative von Dr. Lagroua Weill-Hallé die Bewegung »Maternité Heureuse«. Schließlich wurde 1959 der »Mouvement Français pour le Planning Familial« (MFPF) gegründet; er wurde unterstützt von Lehrern, von der Presse (Dr. Escoffier-Lambiotte in *Le Monde*), von Protestanten (Pastor André Dumas, Professor für Moraltheologie an der Pariser Protestantischen Fakultät), ja sogar von manchen Katholiken (Abbé Marc Oraison). 1961 eröffnete Dr. H. Fabre in Grenoble das erste regionale Familienplanungszentrum und wurde prompt vor die örtliche Ärztekammer zitiert, weil er an einer geisteskranken Frau eine Tubenligatur vorgenommen hatte. 1963 präsentierte Dr. Pierre Simon in Paris erstmals die von einem New Yorker Gynäkologen entwickelte Spirale. 1965 sprach sich Präsidentschaftskandidat François Mitterrand im Wahlkampf für die Empfängnisverhütung aus. Die Gaullisten griffen das Thema auf, und im Dezember 1967 wurde die Lex Neuwirth verabschiedet, deren Umsetzung in die Verwaltungspraxis allerdings noch fünf Jahre auf sich warten lassen sollte.

Die Legalisierung der Abtreibung

Am 29. November 1974 wird das Gesetz über den freiwilligen Schwangerschaftsabbruch mit 284 gegen 189 Stimmen angenommen. Professor Lejeune *(unten)* denkt wie Monseigneur Marty: »Die Abtreibung ist objektiv ein Übel, ein Werk des Todes« (Erklärung vom 9. Januar 1975).

Daß die Legalisierung der Empfängnisverhütung nur eine Etappe auf dem Weg zur Legalisierung der Abtreibung sein konnte, wurde spätestens am 5. April 1971 für jedermann ersichtlich: An diesem Tag erschien im *Nouvel Observateur* das »Manifest der 343«, deren prominente Unterzeichnerinnen sich öffentlich dazu bekannten, abgetrieben zu haben. Aus dem Dunstkreis des Geheimen und Verschwiegenen herausgetreten, war Abtreibung sagbar geworden. Das Manifest und die daran anknüpfenden Texte formulierten das Problem Abtreibung auf neuartige Weise. In einer veritablen Umwertung der Werte galt es nun als »absolut unmoralisch«, ein nicht gewolltes Kind auszutragen: Der Körper ist keine Maschine, und die erzwungene Mutterschaft bedeutet eine Mißachtung jenes besonderen Aktes, durch den Leben entsteht. Nicht nur der Körper des zu gebärenden Kindes verlangte Achtung, sondern ebensosehr der Körper der Frau. Die Liebe der Mutter zu ihrem Kind konnte sich nur dann voll entfalten, wenn dieses Kind gewollt war. Die Alternative hieß nicht mehr: Abtreibung oder nicht, sondern: heimliche Abtreibung oder medikalisierte Abtreibung. Zwar fehlen glaubwürdige Statistiken, doch wird die Zahl der heimlichen Abtreibungen in den siebziger Jahren auf rund 600 000 geschätzt: 500 Frauen starben an dem Eingriff, rund 20 000 blieben für immer unfruchtbar. Die Gynäkologen wußten das; von den unfruchtbaren Frauen, die in ihre Sprechstunde kamen, waren 20 Prozent Opfer einer unfachmännischen Abtreibung. Die Heuchelei der Gesellschaft war perfekt: Die Polizei hütete sich vor der Verfolgung von Frauen, die abgetrieben hatten, und die Justiz vor ihrer Verurteilung im Sinne des Gesetzes von 1920. Theodore Zeldin zufolge führten zwischen 1920 und 1939 jährlich nur 350 »Vorgänge« zu einer gerichtlichen Entscheidung, und sogar dann plädierten die Geschworenen meist auf Freispruch. Seit 1945 gab es in Paris Kliniken, die heimlich Schwangerschaftsabbrüche vornahmen. Eine 1947 durchgeführte Untersuchung ergab, daß 73 Prozent der Frauen, die abgetrieben hatten, verheiratet waren und mit Einwilligung ihres Mannes gehandelt hatten. Das »Manifest der 343« war als Provokation gedacht, deckte sich jedoch mit entsprechenden Bestrebungen der Regierung. Premierminister Jacques Chaban-Delmas sah die Chance, die von ihm propagierte »neue Gesellschaft« zu fördern, und sein Gesundheits- und Sozialminister Robert Boulin beauftragte Dr. Pierre Simon mit der Bildung einer Kommission, die das Problem der Abtreibung erörtern sollte. Simon berief Vertreter der verschiedensten politischen Anschauungen sowie die Professoren Milliez, Mathé und Minkovski in den Ausschuß und erbat überdies die Stellungnahmen katholischer und protestantischer Theologen. Die Einbringung eines Gesetzesantrags stand unmittelbar bevor, als am 5. Juli 1972 Jacques Chaban-Delmas unerwartet zurücktrat, genauer gesagt: entlassen wurde. Die Regierung Chirac nahm den Antrag dann wieder auf, und unter Gesundheitsministerin Simone Veil wurde das Gesetz über die Legalisierung der Abtreibung am 29. November 1974 mit 284 gegen

»Welcher vernünftige Mensch wird behaupten, daß einer Veränderung der Sitten und Vorstellungen nicht auch eine Veränderung der Institutionen folgen muß? [. . .] Will man sagen, daß es zwar Dinge gibt, die anders werden müssen, daß aber die Regierungsform immer dieselbe bleiben soll?« (Madame de Staël, *Considérations sur les principaux événements de la Révolution*, 1818) Genauso denkt Simone Veil.

189 Stimmen verabschiedet. Schließlich kamen die letzten Durchführungsbestimmungen zur Lex Neuwirth, und die Lex Veil erfreute sich breiter öffentlicher Zustimmung, wie eine Umfrage des Meinungsforschungsinstituts IFOP im Mai 1975 zeigte: 93 Prozent der Frauen zwischen 15 und 50 Jahren befürworteten die Geburtenplanung; 82 Prozent standen empfängnisverhütenden Methoden positiv gegenüber; 74 Prozent wünschten sich für ihre Kinder Aufklärung über Empfängnisverhütung.

Professor Lejeune und seine Gruppe »Laissez-les vivre« zeterten zwar, die Hände Dr. Simons seien »befleckt vom Blut französischer Kinder«, aber die Lex Veil begünstigte ohne Zweifel die Medikalisierung der Abtreibung, wiewohl das Gesetz einige Bestimmungen enthielt, die abschrecken sollten. Die Frau, die einen Schwangerschaftsabbruch wünschte, mußte einen Arzt konsultieren, der die Schwangerschaft feststellte, sich nach den Beweggründen für den Abtreibungswunsch erkundigte und der Ratsuchenden einen *Guide IVG* (»Ratgeber Schwangerschaftsabbruch«) in die Hand drückte, in dem zusammengefaßt war, welche Hilfen es für eine Frau gab, die sich entschloß, ihre Schwangerschaft zu akzeptieren (in den ersten Auflagen dieses Führers fehlte allerdings die Liste der einschlägigen Einrichtungen, die einen Schwangerschaftsabbruch durchführten). Die Zahl der Schwangerschaftsabbrüche ist seither bekannt, weil alle Ärzte, die sie vornehmen, darüber Buch führen müssen. Gesichert sind folgenden Daten:

- 1976: 134 173 bzw. 18,7 Prozent aller Lebendgeburten,
- 1980: 171 218 bzw. 21,4 Prozent aller Lebendgeburten,
- 1983: 181 735 bzw. 21,4 Prozent aller Lebendgeburten.

Da diese Zahlen gegenüber früheren Schätzungen (vor dem Gesetz von 1975) relativ niedrig sind, steht zu vermuten, daß nach wie vor auch heimlich abgetrieben wird. Welches Leiden selbst ein kunstgerecht durchgeführter Schwangerschaftsabbruch verursacht, bleibt ein Geheimnis; aber man kann sich vorstellen, daß der Entschluß zur Abtreibung, aus welchen Gründen auch immer, oft mit Schuldgefühlen einhergeht.

»Das Leben ist der eigentliche Held dieses Buches. Der erste große Sieg der Medizin war das Zurückdrängen des Todes; ihr zweiter Sieg wird ein veränderter Begriff vom Leben sein.« Mit diesen beiden Sätzen beginnt *La vie avant toute chose* (1979). Dr. Simon (unten) war 1956 Mitbegründer des *Mouvement Français pour le Planning Familial*. An Feinden fehlt es ihm nicht. Die Anprangerung der Heuchelei gehört zu seiner Kritik: »Katholische Ärzte wollten durchaus nicht auf Kosten der Patienten ihre Seele retten. Halbherzig, schrittweise, hinter vorgehaltener Hand, eingeigelt in ihre Vorsicht und sorgsam darauf bedacht, daß nur ja nichts ruchbar würde, waren sie schließlich so weit, die schmerzfreie Geburt zu praktizieren – ähnlich wie jene katholischen Advokaten, die sich noch nie geweigert haben, für eine Scheidung zu plädieren.«

Schmerzfreie Geburt

Die Menschheit ist vom Makel der Erbsünde befleckt. Mit den Qualen der Niederkunft büßt die Frau die Sünde Evas; mit den Schmerzen bei seiner Geburt bezahlt das Kind für die tragische Willfährigkeit Adams. Daß die Wehen der Schwangeren mehr die Folge sozialer Zwänge sind als Ausdruck natürlicher Notwendigkeiten, daß sie also ein Produkt der Sprache und nicht der Physiologie sind, diesen Sachverhalt hat die Medizin erst in den fünfziger Jahren entdeckt. Durch die Arbeiten Pawlows (eines Pioniers der Verhaltensforschung, der 1904 den Nobelpreis für Medizin erhielt) wissen wir, daß es neben den angeborenen unbedingten Reflexen auch eine Vielzahl bedingter, erworbener Reflexe gibt. Im Leningrader Pawlow-Institut entwickelte Dr. Nikolaj, Chef der Geburtshilfe, die Methode der schmerzfreien Geburt, die dann Dr. Lamaze in Frankreich eingeführt hat, und zwar an der Klinik in Les Bluets, die den Metallern von der CGT gehört. Eine Revolution also, die aus der Kälte kam. Es ging darum, die Frau zur Urheberin ihrer Niederkunft zu machen, und zwar in Gegenwart des Vaters, der bei der Geburt des von ihm gezeugten Kindes mitwirken sollte. Wie war das möglich? Geben wir einem Fachmann das Wort: »Wenn die Kortikaltätigkeit etwas Materielles ist, kann man sie modifizieren, also das Verhalten des Menschen verändern und in eine andere Richtung lenken [...]. Die Wahrnehmung der Wehen löst einen Reflex, beispielsweise in der Atmung, aus, der der Entbindung förderlich ist. Die bewußte Intensität des Atemrhythmus entwickelt in der Hirnrinde eine Hemmzone, so daß die Schmerzwellen ausgeschaltet werden. Auf diese Weise hat man, kurz gesagt, einen jahrtausendealten soziophysiologischen Kreislauf durchbrochen, der im Einklang mit der Bibel wollte, daß die Frau passiv und in eklatanter Morbidität entbinde.« (Dr. P. Simon) Das war 1953. Wie reagierte die Kirche darauf, daß die Frauen ihr Kind seither mit einem frohen Lächeln zur Welt bringen? Am 8. Januar 1956 fällte Pius XII. sein Verdikt. Er billigte die neuen Methoden: »Der Beistand, der der Gebärenden dabei geleistet wird, zweckmäßig mit der Natur zusammenzuarbeiten, ihre Ruhe und Beherrschung zu bewahren, im verstärkten Bewußtsein von der Größe der Mutterschaft im allgemeinen und im besonderen von der Stunde, in der die Mutter das Kind zur Welt bringt – dies alles sind positive Werte, an denen nichts zu tadeln ist. Diese Wohltaten für die Gebärende [...] befinden sich in vollkommenem Einklang mit dem Willen des Schöpfers [...]. So gesehen und verstanden, ist die Methode eine natürliche Askese, welche die Mutter vor Oberflächlichkeit und Leichtsinn bewahrt; sie beeinflußt positiv die Persönlichkeit der Gebärenden, weil diese in der so wichtigen Stunde der Geburt die Festigkeit und Stärke ihres Charakters beweist.« Später wurde die Methode durch örtliche Betäubung des Beckens noch verbessert. Diese chemotherapeutische Erleichterung, die der Schwangeren die gymnastischen Übungen während der Schwangerschaft erspart, nimmt dem Verfahren allerdings einen Teil seiner »Natürlichkeit«. Doch hielt man an der Gewohnheit fest, den Vater bei der Entbindung »mitwirken« zu lassen.

Mit achtzig Jahren hatte Pius XII., bei anderen Anlässen ärgerlich schweigsam, den Mut, Partei für die schmerzfreie Geburt zu ergreifen. Damit erschien auch der Heilswert des Leidens in einem neuen Licht.

Kinderwunsch und Unfruchtbarkeit: der biologische Aspekt

Medikalisierung der Fortpflanzung

Gut, die Menschheit versteht sich auf das Überleben, trotz Holocaust und Gulag, trotz Hungersnot in Afrika und Atombombe. Noch ist sie nicht frei von der Angst vor dem eigenen Verschwinden. Jeder ist darauf bedacht, die Kette der Generationen nicht zu unterbrechen. Der Gläubige ist es sich schuldig – trotz Erbsünde und dem »Entsetzen des

Geborenwerdens« –, Geschöpfe in die Welt zu setzen, die den Schöpfer anbeten. »Wer die Empfängnis verhüten kann, kann auch die Unfruchtbarkeit behandeln; beides gehört zusammen, es sind die beiden Seiten ein und derselben Medaille.« (Dr. P. Simon) Über dem Siegeszug der Empfängnisverhütung darf man Schrecken und Angst der Unfruchtbarkeit nicht vergessen. Nach der oben zitierten INED- und INSEE-Umfrage von 1978 konnten 5 Prozent der Ehepaare keine Kinder bekommen; bei 18,4 Prozent hatte es gelegentlich Schwierigkeiten bei der Konzeption gegeben; bei 10,8 Prozent der Paare traten schon bei der ersten Konzeption Probleme auf, die aber in drei von vier Fällen behoben werden konnten, so daß es zu einer Geburt kam. Unfruchtbare Paare – oder solche, die es zu sein glauben – wenden sich immer häufiger an den Arzt. Der Prozeß der Fortpflanzung ist gründlich medikalisiert worden: Schwangerschaftstests sind in der Apotheke erhältlich, es gibt Techniken der pränatalen Diagnose (Fruchtwasseruntersuchung, Ultraschalluntersuchung), die künstliche Insemination durch einen Spender, Möglichkeiten der präkonzeptuellen Geschlechtsbestimmung des Kindes usw. Unfruchtbarkeit wird mit einer derart dramatischen Intensität erlebt, daß die betroffenen Paare bereit sind, buchstäblich alles zu versuchen und dabei auch traditionelle Grenzen der Geheimhaltung zu überschreiten. Das Thema ist nicht neu: Schon die Antike kannte die Unfruchtbarkeit des Mannes, und es gehört zu den wenigen aufgehellten Kapiteln der Beziehungen zwischen Herr und Knecht, daß der Sklave ohne Bedenken herangezogen wurde, um der Zeugungsunfähigkeit seines Besitzers abzuhelfen. Analog verfuhr man bei der Unfruchtbarkeit der Frau: Als Abraham kein Kind von Sara bekommen konnte, bediente er sich einer Sklavin. Die Ursachen der Unfruchtbarkeit sind erst seit kurzem ermittelt. Soziale Tabus schoben den Schwarzen Peter der Frau zu. Für den Mann war Virilität gleichbedeutend mit Fruchtbarkeit; er hätte es als Kränkung seiner Ehre empfunden, sein Sperma mikroskopisch prüfen zu lassen. Wir wissen heute, daß Unfruchtbarkeit in einem Drittel der Fälle auf das Konto der Frau geht, in einem weiteren Drittel auf das des Mannes, während die übrigen Fälle auf eine mangelhafte reproduktive »Kombinatorik« der beiden Partner zurückzuführen sind; das berühmteste Beispiel hierfür ist Eleonore von Aquitanien, die angeblich »unfruchtbare« Gattin Ludwigs VII., die, von Ludwig verstoßen, später zwei Söhne von Henry Plantagenet empfing, während Ludwig VII. nach seiner Wiedervermählung ebenfalls Kinder von seiner zweiten Frau hatte. Die schlechte »Kombinatorik« kann die Folge eines zwanghaften Kinderwunsches sein – zur Verblüffung der Ärzte stellt sich bei vielen angeblich »unfruchtbaren« Paaren noch Kindersegen ein, nachdem sie ein Kind adoptiert haben. In den achtziger Jahren hat der Medienrummel um die »Leihmütter« für erhebliche Verwirrung gesorgt; es erscheint daher angebracht, die verschiedenen Fälle zu betrachten.

Das imaginäre Kind.

Künstliche Insemination, Befruchtung in vitro, »Leihmütter«

Fall 1: Der Mann ist zeugungsunfähig, aber die Frau ist fruchtbar. Dann greift man auf die künstliche Insemination mit gespendetem Samen zurück; diese Methode wird seit 1975 praktiziert und hat inzwischen pro Jahr über tausend Kindern das Leben geschenkt (1983 waren es genau 1400 auf 749 000 Lebendgeburten). Das Verfahren ist einfach: Das Sperma wird durch Masturbation gewonnen, durch Tiefkühlung konserviert und bei Bedarf in die Zervix der Empfängerin eingespritzt. Die Insemination wird von Ärzten vorgenommen und erfolgt in einer Einrichtung der Centres d'Étude et de Conservation du Sperma (CECOS). Die Samenspender bleiben anonym und erhalten kein Entgelt. Die Frau ist genetisch und juristisch die Mutter des Kindes, der Mann zwar nicht genetisch, aber juristisch der Vater.

Fall 2: Der Mann ist zeugungsfähig, aber die Frau ist aufgrund einer Anomalie der Eileiter unfruchtbar. Ihre Ovarien funktionieren jedoch normal, und auch der Uterus ist normal und einer Schwangerschaft gewachsen. Von dieser Art der Unfruchtbarkeit sind 3 Prozent aller Frauen betroffen. Die chirurgische Behandlung der Eileiter ist ein zwar möglicher, aber heikler Eingriff, der nur in einem von vier Fällen zum Erfolg führt. Hier greift man zur Befruchtung in vitro nebst Embryonentransfer. Man entnimmt der Frau mit anormaler Eileiterfunktion reife Eizellen – durch eine Operation unter Vollnarkose, Laparoskopie oder Punktion der Vagina unter Ultraschallkontrolle – und befruchtet diese Eizellen in vitro mit Samenzellen, die zuvor von dem Mann des betreffenden Paares gewonnen wurden. Die so entstehende Zygote (das berühmte »Retortenbaby«) wird in den Uterus der Frau implantiert, von der die Eizellen stammen. Die Frau ist genetisch und juristisch die Mutter des Kindes; ebenso ist der Mann genetisch und juristisch der Vater. Im Antoine-Béclère-Krankenhaus in Clamart, das auf derartige Eingriffe spezialisiert ist, wurden 1985 monatlich 80 Embryonentransfers vorgenommen. Wer sich auf die Warteliste setzen lassen will, muß sich zwei Jahre mit Geduld wappnen. Von 100 Implantationen führen nur 20 zu einer Schwangerschaft, von diesen 20 enden wiederum 5 mit einem spontanen Abort. Es handelt sich um eine kostspielige und komplizierte Methode mit dem Risiko von Bauchhöhlenschwangerschaften. Zwischen Februar 1982 und Mai 1985 erblickten in Frankreich aufgrund dieser Technik 100 Kinder das Licht der Welt, weltweit waren es 1500.[3]

Fall 3: Die Frau kann keine Eizellen bilden, sie kann aber eine normale Schwangerschaft haben. Man implantiert ihr in vitro befruchtete Eizellen, die von einem anderen Paar stammen, zum Beispiel überzählige Eizellen, die tiefgekühlt konserviert worden sind. In diesem hypothetischen Fall, der unseres Wissens noch niemals vorgekommen ist, wären der Mann und die Frau zwar juristisch, aber nicht genetisch die Eltern des Kindes.

Fall 4: Eine »normale« Frau empfängt in vitro befruchtete Eizellen, die von einem anderen Paar stammen, bei dem die Frau eine Schwan-

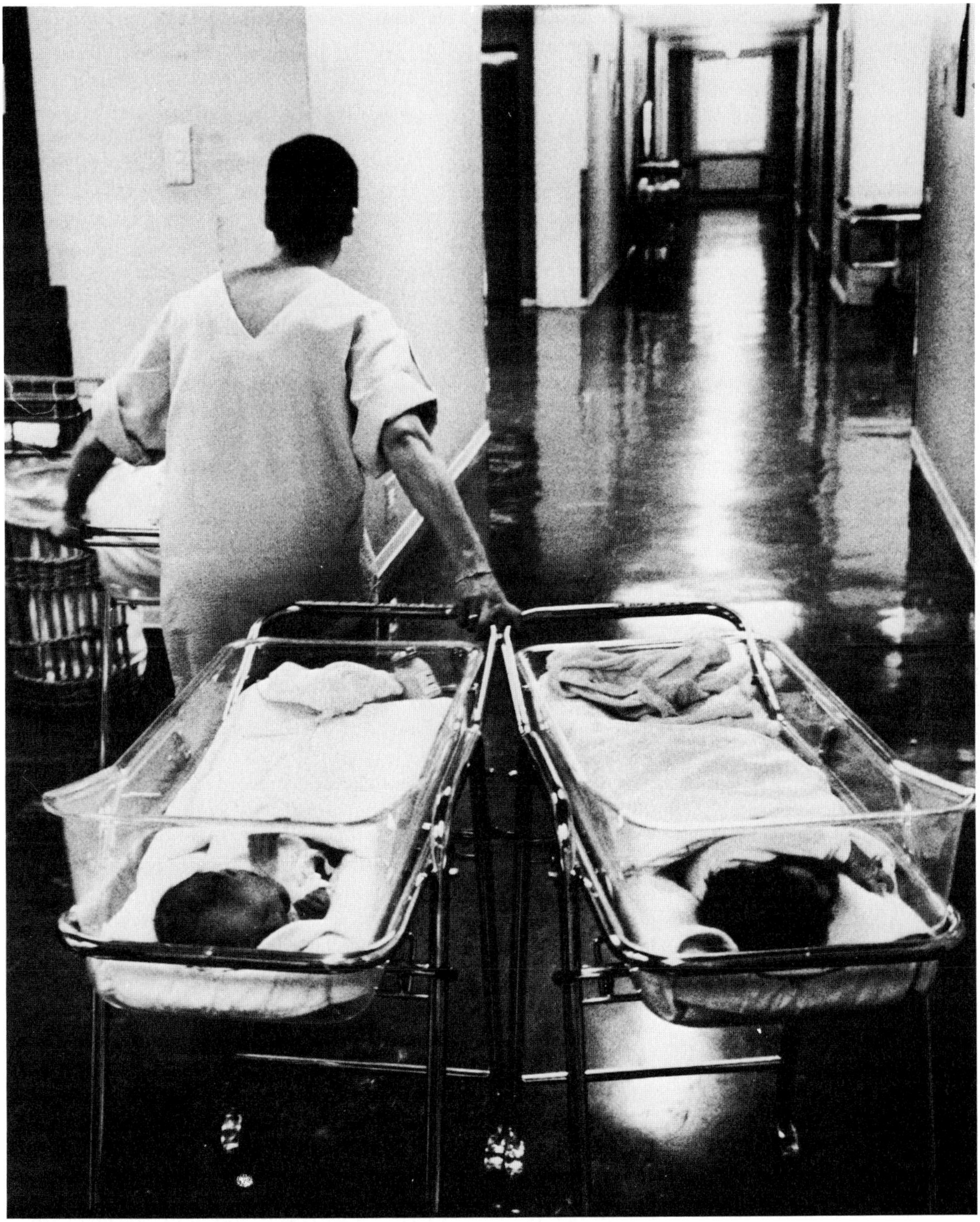

Mama, wo bist du? Wo bringen die uns hin?

gerschaft nicht austragen kann; sie bringt das Kind zur Welt und gibt es dem Paar zurück. Nur in diesem Fall – der bei Tieren, namentlich bei Mäusen, aber niemals beim Menschen vorkommt – ist der Ausdruck »Leihmutter« gerechtfertigt. Ärgerlicherweise waltet hier eine beträchtliche semantische Konfusion. Das, was man gemeinhin »Leihmutterschaft« oder »Ersatzmutterschaft« nennt, hat mit technologischen Fortschritten wie Befruchtung in vitro, Embryonentransfer oder Kryokonservierung nichts zu tun.

Fall 5: Die »Leihmutter« ist eine Frau, die bereit ist, sich von den Samenzellen eines Mannes befruchten zu lassen, dessen Frau unfruchtbar ist; die Befruchtung erfolgt durch künstliche Insemination. Von »Ersatzmutterschaft« kann in diesem Fall nicht mehr gesprochen werden, denn die Frau steuert ja ihr eigenes Erbgut bei. Hier ist der Mann der genetische Vater, seine Frau jedoch nicht die genetische Mutter des Kindes. Die rechtlichen Probleme dieser Vaterschaft und Mutterschaft sind klärungsbedürftig.

Kinderwunsch und Unfruchtbarkeit: der rechtliche Aspekt

Im Fall der Unfruchtbarkeit von Mann oder Frau wird der Prozeß der Fortpflanzung also zunehmend medikalisiert. Er wird aber auch zunehmend verrechtlicht. Arzt und Richter werden zu Mitspielern im privaten Leben. Das waren sie zwar schon immer (so gab es früher noch den »Hausarzt«, der alle Familienmitglieder kannte und behandelte), aber in geringerem Maße. Das Recht der Familie »wurzelte« nach allgemeiner Ansicht in der Natur, es war Ausdruck universaler menschlicher Gewohnheiten und überschritt die Grenzen des positiven Rechts in seinen verschiedenen Erscheinungsformen. Heute erheben Genetik und Biologie dank den gewaltigen Fortschritten in der Naturbeherrschung die Forderung nach Setzung eines neuen positiven und kontingenten Rechts. Unerwartet werden wieder Ideen des Naturrechts laut, denen die positive Rechtsprechung Rechnung zu tragen hat. Die biologischen Gegebenheiten sind neu, einschlägige Gesetze fehlen, und das bedeutet, daß wir uns in einem rechtsfreien Raum befinden. Und wofern ein Gesetz den veränderten Mentalitäten und Sitten widerspricht, bleibt den Richtern nichts anderes übrig, als entweder das Gesetz buchstabengetreu anzuwenden oder es einfallsreich und »rechtsschöpferisch« zu umgehen. Nur ein Beispiel: Seit 1975 ist die künstliche Insemination in Frankreich nicht nur legal, sie wird auch kostenlos im Krankenhaus besorgt. Ein Ehemann willigte in die künstliche Insemination seiner Frau ein. Kurz darauf reichte er aus unbekannten, weil der Geheimhaltung unterliegenden Gründen Klage ein und focht die Vaterschaft an. Das Landgericht Nizza gab ihm am 30. Juni 1976 recht; es stützte sich bei seinem Urteil auf Artikel 311-9 des Code civil, wo es heißt, daß Handlungen, die sich auf die Kindschaft beziehen, nicht Gegenstand eines Verzichts sein können. Im Falle der künstlichen Insemination ist evident und unbestritten, daß der genetische Vater nicht der Ehemann der Mutter ist. Ist das unter solchen Umständen geborene

Claire Brétécher, *Les Frustrés 2*. (© Viviane Got – Paris)
»Die Qual der Wahl ist das, was dem Selbstmord am nächsten kommt.« (Jankélévitch)

Kind ehelich oder natürlich, oder die Frucht einer ehebrecherischen Beziehung? Seit dem Gesetz von 1972 ist das natürliche Kind rechtlich dem ehelichen Kind gleichgestellt, doch das Erbrecht begünstigt nach wie vor das eheliche Kind. Kann man unterstellen, daß im Falle der »Leihmutterschaft« zwischen der Leihmutter und dem beteiligten Ehepaar ein »Vertrag« im Sinne des Artikels 1134 des Code civil geschlossen worden ist? (Nach diesem Artikel sind legal getroffene Vereinbarungen für die Beteiligten rechtlich bindend und bona fide einzuhalten; sie können nur in beiderseitigem Einvernehmen oder aus rechtlich zulässigen Gründen widerrufen werden.) Nach dem derzeitigen Stand der Rechtsprechung ist diese Frage zu verneinen. Die Vereinbarung zwischen Leihmutter und Ehepaar ist nicht »legal getroffen« worden, es handelt sich also nicht um einen Vertrag, auch nicht um eine Spende, denn dabei geht der Spender eine rechtsverbindliche Verpflichtung ein; die »Leihmutter« aber kann es sich immer noch anders überlegen und abtreiben lassen oder das Kind nicht herausgeben. Das Ehepaar wiederum, das die Leihmutterschaft beantragt hat, ist nicht zur »Abnahme« des Kindes verpflichtet, wenn es eine Mißbildung aufweist. Fraglich ist ferner, ob die »Leihmutter« ein Entgelt beanspruchen kann. Der Kontakt zu dem interessierten Ehepaar wird ja zwangsläufig durch eine »Mittelsperson« hergestellt, und sei es auch nur ein Presseorgan. Hier freilich ist das Gesetz eindeutig: Nach einer Stellungnahme der französischen Ethikkommission für die Wissenschaften vom Leben und der Gesundheit (23. Oktober 1984) gilt für die »Mittelsperson« der Artikel 353-3 des französischen Strafgesetzbuches, wonach sich strafbar macht, wer aus Gewinnsucht bei der Beschaffung oder Adoption eines Kindes mitwirkt oder mitzuwirken versucht. Und nach Artikel 345 desselben Gesetzbuches wird mit fünf bis zehn Jahren Haft bestraft, wer ein Kind entführt, verhehlt, vertauscht oder unterschiebt. Aber wird man wirklich (außer im Familienkreis, was in der Tat schon vorgekommen ist) eine »Leihmutter« finden, die bereit ist, es unentgeltlich zu tun? Sicherlich nicht; denn »zum Gelde drängt, am Gelde hängt doch alles«. Am 18./19. Januar 1985 fand in Paris ein Kolloquium zum Thema »Genetik, Fortpflanzung, Recht« statt, einberufen von Justizminister Robert Badinter, Forschungsminister Henri Curien und dem für das Gesundheitswesen zuständigen Staatssekretär Edmond Hervé. Unter den Teilnehmern waren Mediziner (die Professoren Jean Bernard und Jean Dausset), Juristen, Soziologen, Psychoanalytiker (Françoise Dolto), Philosophen (Michel Serres) sowie Journalisten. Bei diesem Kolloquium machte Professor Émile Papiernik-Berlhaouer den Vorschlag, die Schwangerschaft als »Arbeit« aufzufassen. Der Staat gewährt jeder schwangeren Frau eine Prämie. Die Dienste der »Leihmutter« dauern neun Monate, in denen sich ihr Leben verändert; sie muß Beeinträchtigungen und Risiken auf sich nehmen (der Tod im Kindbett ist zwar äußerst selten geworden, aber immer noch möglich). Nun hat die erwähnte Ethikkommission am 11. Oktober 1984 die Ansicht vertreten, daß ein gesunder Freiwilliger, der sich für einen medizinischen Versuch zur Verfügung stellt, zwar das Recht auf *Entschädigung* für seine Beeinträchtigungen hat, nicht aber das Recht auf irgendein *Ent-*

gelt. Dieser feine Unterschied würde es also erlauben, die »Leihmutter« zu entlohnen, ohne gegen das Gesetz zu verstoßen.

Doch damit ist der Fragenkatalog keineswegs erschöpft. Schon 1979 hat Dr. Pierre Simon eine Schlüsselfrage formuliert: »Was ist von einer Witwe zu halten, die sich mit dem konservierten Sperma ihres verstorbenen Gatten künstlich befruchten läßt? Eine Welle von Erbschaftsstreitigkeiten rollt auf uns zu, wenn der Gesetzgeber hier nicht aufpaßt.« 1984 erbat Corinne Parpaleix vor dem Landgericht Créteil die Genehmigung zur künstlichen Insemination mit dem Sperma ihres Mannes, der drei Jahre zuvor an Hodenkrebs gestorben war (das Sperma war vom CECOS konserviert worden). Artikel 315 des Code civil bestimmt nun eindeutig, daß die Vaterschaftsvermutung nicht für ein Kind gilt, das dreihundert Tage nach Auflösung der Ehe geboren ist, und auch nicht für ein Kind, das dreihundert Tage nach der amtlich festgestellten Verschollenheit des Ehemannes geboren ist. Anders als das Amtsgericht Nizza, das auf der strikten Anwendung des Artikels 311 bestanden hatte (siehe oben), entschloß sich das Gericht in Créteil dazu, den Artikel 315 zu ignorieren und mit Urteil vom 1. August 1984 die gewünschte Insemination zuzulassen. Zur Begründung wurde ausgeführt: »Weder die Umstände der Konservierung oder Reaktivierung des Spermas eines verstorbenen Ehegatten noch die Insemination seiner Witwe verstoßen gegen das Naturrecht, da die Fortpflanzung zu den Zielen der Ehe gehört.« Die Abstammung des Kindes von dem Vater wurde also implizit anerkannt. Es zeigte sich, inwieweit die Richter sich ermächtigt fühlten, den Gesetzgeber zu vertreten und »Recht zu sprechen«; denn im vorliegenden Fall war die Entscheidung juristisch anfechtbar, das Kind konnte gar nicht ehelich sein, da keine Ehe bestand (sie war durch den Tod eines der Gatten automatisch aufgelöst worden). Durch sehr weitherzige Textauslegung haben die Richter von Créteil entschieden, daß ein Toter Leben schenken und ein Waisenkind zeugen kann. In Australien werden in einer Kryobank Embryonen konserviert, deren »Eltern«, anscheinend Besitzer eines riesigen Vermögens, bei einem Flugzeugunglück ums Leben gekommen sind. Kann es sein, daß aus diesen Embryonen nach Implantation in den Uterus fruchtbarer Frauen einmal Kinder werden, die zwar bei ihren sozialen Eltern aufwachsen, aber die legalen Erben ihrer verstorbenen genetischen Eltern sind?

Bei der Eröffnung des erwähnten Kolloquiums »Genetik, Fortpflanzung, Recht« wurde eine Grußbotschaft des französischen Staatspräsidenten verlesen, die das Fehlen einer einschlägigen Gesetzgebung und die Existenz eines rechtsfreien Raums klar beim Namen nannte: »Auf welche Grundsätze soll man sich heute stützen, da die Grenzen des Lebens verschoben werden und sich die Frage nach den Menschenrechten des Ungeborenen stellt. [...] Seit der Mensch Herr über die Fortpflanzung und die Erblichkeit geworden ist, [...] lebt er in einer jener Umbruchzeiten, in denen er selbst seine Regeln finden muß.« Ist das Heil vom Gesetzgeber zu erwarten? Oder ist es besser, nach dem Wunsch von Dekan Carbonnier »bei zwei Lösungen immer derjenigen den Vorzug zu geben, die so wenig Recht wie nötig erfordert und so viel

Sitte und Moral wie möglich gelten läßt«? Robert Badinter, ein hervorragender Jurist, bestreitet die besondere juristische Kompliziertheit des Problems der »Leihmütter«; für ihn ist das »Verleihen« des Uterus nichts anderes als eine vorgezogene Adoption, durch welche die Interessen des Kindes nicht mehr und nicht weniger gefährdet werden als durch die Adoption selbst. Sozialministerin Georgina Dufoix urteilt zurückhaltender; im Fernsehsender »Europe N° 1« erklärte sie am 24. April 1985: »Ich kann nicht einfach zusehen, wie ein Markt für die Vermietung des Uterus entsteht. [. . .] Es gibt häufig unterschiedliche Gesichtspunkte, und die Meinungen gehen auch innerhalb der Regierung auseinander. [. . .] Niemand kann von sich behaupten, im Besitz der richtigen Lösung zu sein; dafür ist das Problem zu neu.« Und Dr. Coutant meinte: »Das Paradoxe ist, daß diese unfruchtbaren Paare gerade durch ihren völlig normalen Konformismus, nämlich ihren Kinderwunsch, genau jene sozialen Strukturen in Frage stellen, die für sie verbindlich sind.« Corinne Parpaleix hat viel von sich reden gemacht (das autorisierte Kind ist übrigens nicht fristgerecht zur Welt gekommen), Leihmütter, vor allem amerikanische, haben Interviews gegeben; die gesetzlichen Mütter aber sind stumm geblieben – wohl, weil sie ihre Unfruchtbarkeit verbergen wollten.

Zu der Zeit, da diese Zeilen geschrieben wurden (September 1985), warf das Recht mehr Fragen auf, als es zu beantworten vermochte. Artikel 2 der europäischen Menschenrechtskonvention schützt kraft Gesetzes das Recht eines jeden Menschen auf Leben. Artikel 2, Absatz 2 des Grundgesetzes der Bundesrepublik Deutschland sagt lapidar: »Jeder hat das Recht auf Leben.« Aber wann beginnt die menschliche Person? Ist schon der Embryo eine Person und damit Rechtssubjekt? Wenn dies bejaht wird, dürfte der Schwangerschaftsabbruch nicht praktiziert werden. Vorerst entziehen sich Eizellen, ob befruchtet oder nicht, dem Zugriff des Rechts ebenso wie Samenzellen oder das Blut. Für manche beginnt die menschliche Person mit der Konzeption, für andere muß man bis zur Implantation der befruchteten Eizelle fünf bis sieben Tage nach der Konzeption warten. Für die einen beginnt die Person, sobald der Fötus anfängt, einem Menschen zu ähneln, das heißt in der sechsten Schwangerschaftswoche; für andere erst dann, wenn er sich zu rühren beginnt; für wieder andere mit seiner Lebensfähigkeit, das heißt in der 20. Schwangerschaftswoche; für noch andere existiert der Mensch erst vom Augenblick seiner Geburt an. Wenn die Frau das Recht zur Abtreibung hat, warum soll man ihr die Freiheit beschneiden, über die Art ihrer Fortpflanzung selber zu befinden? Wenn man unverheirateten Frauen erlaubt, Kinder zu adoptieren, warum soll man ihnen die Freiheit beschneiden, sich so fortzupflanzen, wie sie es wünschen? Die neuen Techniken der Intensivmedizin haben die alte Definition des Todes über den Haufen geworfen. Jetzt erheischen Medizin und Biologie eine neue Definition des Lebens: Wer spendet es? Wer empfängt es? Wer entscheidet darüber? Und wer hat die Autorität, alle diese Fragen zu beantworten?

Kinderwunsch und Unfruchtbarkeit: der ethisch-psychologische Aspekt

Es gibt so viele ethische und psychologische Fragen im Zusammenhang mit dem Kampf gegen die Unfruchtbarkeit, daß sie hier nicht alle aufgezählt werden können. So wirft die künstliche Insemination, die keine große ärztliche Kunstfertigkeit verlangt, komplexe Probleme auf. Da ist zum Beispiel das Inzestverbot; man kann die – zugegeben höchst unwahrscheinliche – Hypothese nicht ausschließen, daß einer Frau, deren Mann unfruchtbar ist, die Samenzellen ihres Vaters, Großvaters oder Bruders implantiert werden. Müssen die Samenspender unter allen Umständen anonym bleiben? Wie weit dürfen die sie betreffenden Nachforschungen, zumal auf der Ebene der Heredität, gehen? Kann man erwarten, daß jemand unentgeltlich Samen spendet und gleichzeitig einen solch gravierenden Eingriff in seine eigene Privatsphäre und die seiner Familie duldet? Sollen die Spender ein Entgelt bekommen? Den Samenbanken gehen bereits jetzt die Vorräte aus, und angesichts der beträchtlichen Nachfrage besteht die Gefahr, daß ein Schwarzmarkt entsteht – das freilich wäre nicht nur ein Verstoß gegen Artikel 345 des französischen Strafgesetzbuches (Vertauschen und Unterschieben von Kindern), sondern würde auch jeder genetischen Kontrolle den Boden entziehen. Soll man alle Anfragen von Frauen, auch von alleinstehenden Frauen und von lesbischen Paaren, positiv bescheiden? Wird nicht das Konzept der Familie selbst erschüttert, wenn der legale Vater nicht mehr der Samenspender ist und kein Zusammenhang mehr zwischen Sexualität und Fortpflanzung bzw. Fortpflanzung und Vaterschaft besteht? Nach welchen Kriterien sollen die Wartelisten für eine Befruchtung in vitro nebst Embryonentransfer geführt werden? Welche Altersgrenze soll man festlegen? Für die Befruchtung in vitro werden zahlreiche befruchtete Eizellen gewonnen und in der Kryobank konserviert. Was tun mit den überschüssigen Eizellen, wenn die Implantation sogleich gelingt? Was tun, wenn die befruchtete Eizelle chromosomale Anomalien aufweist? Was tun, wenn die Eltern (wie in dem erwähnten australischen Fall) vor der Reimplantation sterben oder verschwinden? Und was tun mit den Embryonen, wenn das Paar seine Meinung ändert und beispielsweise die Trennung beschließt? Soll man dann auf die »Leihmutterschaft« zurückgreifen (die, wie gesagt, technisch kein Problem ist), mit der Begründung, daß dadurch ungeborenes Leben geschützt wird? Kurzum, sollen die neuen Techniken einzig unfruchtbaren Ehepaaren vorbehalten bleiben, bei denen sie therapeutisch angezeigt sind, oder dürfen sie auch angewendet werden, weil sie gut praktikabel sind? Die Ethikkommission scheint eher der therapeutischen Option zuzuneigen, Justizminister Robert Badinter und das Landgericht Créteil der praktischen (Corinne Parpaleix war ja nicht unfruchtbar). Elisabeth Badinter, die Gattin des Justizministers und Autorin des Buches *L'Amour en plus* (einer Geschichte der Mutterliebe vom 17. Jahrhundert bis zur Gegenwart), spricht sich für eine »geteilte Mutterschaft« aus. Sie weist darauf hin, daß Säuglingsschwestern, Nähr-

Eine katholische Familie (1983). Die abgebildeten Personen sind Kinder und Enkel – samt Ehegatten – oder Urenkel des Paares in der Mitte.

ammen, Au-pair-Mädchen, Kindergärtnerinnen usw. häufig als »Mutterersatz« fungieren. Die Wissenschaft, so Madame Badinter, gibt den Frauen die Möglichkeit, nur das Kind zu haben, das sie haben wollen, oder keine Kinder zu haben; »warum sich dann darüber aufregen, daß dieselbe Wissenschaft den Frauen auch die Möglichkeit gibt, ein Kind zu haben, wenn sie eines haben wollen?« Was die Kirchenbehörden betrifft, so stehen sie der Thematik sehr reserviert gegenüber. Sie bestreiten dem Staat das Recht, Gesetzgeber in dieser Sache zu sein. Ohne es ausdrücklich zu sagen, sind sie zurückhaltend, weil jede künstliche Befruchtung zunächst einen Akt der Masturbation impliziert.

Nicht minder zahlreich sind die psychologischen Fragen. Steht der »Dienst«, den eine »Leihmutter« leistet, nicht im Widerspruch zu der kulturellen Evolution der Frauen, die heute (1985) um die dreißig sind? Ein Blick auf den feministischen Diskurs seit den sechziger Jahren zeigt, daß der Kampf für Empfängnisverhütung, Abtreibung usw. das Ziel gehabt hat, die Frau zur Herrin über einen »Körper« zu machen, der nicht mehr in verschiedene Funktionen – Sexual-»Objekt«, Vehikel der Fortpflanzung, soziales Wesen – aufgespalten wäre. Den Uterus als ein Teil des ganzen Menschen aufzufassen, das gegen Entgelt vermietet werden kann, hieße, die Einheit der Person zu leugnen und auf krasse Weise in die Käuflichkeit des »menschlichen Nährbodens« zurückzufallen. Warum schweigen die hilfesuchenden Frauen? Schämen sie sich ihrer Unfruchtbarkeit? Das hilfesuchende Paar lebt in totaler Abhängigkeit, in der ständigen Angst, die »Leihmutter« könnte es sich anders überlegen und das Kind behalten. Verachten sie vielleicht diese Frau, die *ihr* Baby (dem sie ja ihren eigenen genetischen Code mitgibt) gegen Geld im Stich läßt? Und selbst wenn der »Vertrag« eingehalten wird, muß die zur legalen Mutter gewordene Adoptivmutter nicht ständig der Gedanke belasten, daß es da noch diese andere, allmächtige Mutter gibt, die natürliche Mutter ihres Kindes? Die Schwangerschaft der »Leihmutter« konfrontiert sie neun Monate lang mit ihrer eigenen Unfruchtbarkeit und bekräftigt die Fruchtbarkeit ihres Mannes. Wird das Kind die eheliche Solidarität festigen oder lockern? Bei einer Adoption sind beide Elternteile vor dem Kind »gleich«; bei der Inanspruchnahme einer »Leihmutter« besteht die Gefahr, daß der Ehemann, der nicht nur juristisch, sondern auch genetisch der Vater des Kindes ist, sich seiner Frau »überlegen« fühlt. Diese Gefahr ist durchaus real; es gibt viele Fälle, in denen ein durch den Mann oder durch die Frau unfruchtbares Ehepaar sowohl die Befruchtung in vitro als auch die Inanspruchnahme einer »Leihmutter« ablehnt und aus Gründen der »Gleichheit« lieber ein Kind adoptiert. Nach den uns vorliegenden Informationen über die einschlägigen amerikanischen, englischen und französischen Gesellschaften (in Frankreich wurde die Association Nationale d'Insémination Artificielle par Substitution [ANIAS] 1983 gegründet) erfolgt eine strenge medizinische und psychologische Untersuchung der präsumtiven »Leihmutter«, während mit der hilfesuchenden Frau nur ein einziges Gespräch geführt wird. Da der Gesetzgeber zum gegenwärtigen Zeitpunkt in allen drei Ländern noch nicht tätig geworden ist, sind diese Gesellschaften mit Auskünften über ihre merkantilen Interessen überaus zurückhaltend (von einer amerikanischen Gesellschaft weiß man, daß sie 30000 Dollar verlangt, von denen die »Leihmutter« nur die Hälfte erhält).

Über dem »Recht *auf* das Kind« darf man die »Rechte *des* Kindes« nicht vergessen. Gerichte und Juristen rekurrieren gern auf die Interessen des ungeborenen Lebens, scheitern jedoch an der Aufgabe, diese Interessen klar zu beschreiben. Müßte man, um ungeborenes Leben zu schützen, strenggenommen nicht ein Fortpflanzungsverbot für (männliche und weibliche) Alkoholiker, Syphilitiker, Schizophrene usw. erlassen? Doch eine derartige Beeinträchtigung des privaten Lebens wird durch kein Gesetz gedeckt. Wir wissen nach dem gegenwärtigen Kenntnisstand so wenig über das, was sich im Verlauf der Schwangerschaft zwischen dem Embryo und der Mutter abspielt und welche körperlichen und seelischen Folgen für die spätere Entwicklung des Kindes der Abbruch des Kontakts zu seiner natürlichen Mutter hat, daß die Wissenschaft den mit der Gestation des Kindes verbundenen (wirklichen oder vermeintlichen) Problemen wohlweislich aus dem Wege geht. Immerhin darf man sich über die Folgen eines abrupten Schnittes zwischen dem Kind und der Mutter, die es getragen hat, Gedanken machen. Nach heute herrschender Meinung wird dieses Kind, wie jedes adoptierte Kind auch, irgendwann einmal die Wahrheit über seine Geburt erfahren und mit der Vorstellung fertig werden müssen, daß seine natürliche Mutter es nur ausgetragen hat, um es zu verkaufen.

Manche Kinder werden zwei Väter haben (bei einem Embryonentransfer), andere zwei Mütter (die »Leihmutter« und die legale Mutter). »Kinderwunsch und Kampf gegen die Unfruchtbarkeit«, schreibt Dr. Coutant, »rechtfertigen noch nicht die Anwendung aller nur möglichen Techniken der Befruchtung. Auch das Recht auf Fortpflanzung hat seine Grenzen. Das Kind soll unter Bedingungen geboren werden, die für sein Hineinwachsen in die Gesellschaft optimal sind.« Ein moralischer Appell, gegen den man einwenden kann, daß zahllose Kinder von legalen, biologischen Eltern abstammen und trotzdem unter Bedingungen aufwachsen, die eine schwierige Sozialisation erwarten lassen.

Erwachsen werden: die Eltern-Kind-Beziehungen

Familie und Haushalt

Wir wollen hier nicht auf die These zurückkommen, die Antoine Prost im vierten Band der *Histoire générale de l'enseignement et de l'éducation en France* vorgetragen hat und im vorliegenden Buch wiederaufgreift: daß nämlich trotz aller sozialen und mentalen Veränderungen der letzten Jahrzehnte die Eltern es verstanden haben, den Kontakt zu ihren Kindern aufrechtzuerhalten, allerdings um den Preis oft schmerzlicher »Zugeständnisse«. Um jeder Verwechslung vorzubeugen, sei daran erinnert, daß man zwischen »Haushalt« und »Familie« unterscheiden muß: Ein Haushalt ist »die Gesamtheit aller Personen, die in derselben Wohnung wohnen. Er kann aus einer einzigen Person bestehen.« Eine Familie besteht dagegen aus mindestens zwei Personen: dem Ehepaar mit oder ohne Kind bzw. einem alleinstehenden Elternteil – meistens der Mutter – mit mindestens einem Kind. 1982 gab es in Frankreich 19 590 000 Haushalte und 14 200 000 Familien. Das war gegenüber 1962 eine Steigerung um 34 Prozent bzw. 25 Prozent, während die Gesamtbevölkerung in demselben Zeitraum nur um 17 Prozent gewachsen war. Alle Familien sind Haushalte, doch nicht jeder Haushalt ist eine Familie.

Erst seit dem 19. Jahrhundert sieht man im Kind eine spezifische Person, die etwas anderes ist als ein künftiger Erwachsener. Monsignore Félix Dupanloup, selber ein natürliches Kind, verfaßte eine sechsbändige Abhandlung mit dem Titel *L'Éducation;* sein Buch *L'Enfant* (1869) wird von manchen geradezu für eine »Charta des Kindes« gehalten. Ihm widersprach G. Compayré, der sich in *Évolution intellectuelle et morale de l'enfant* (1893) mit dem Begriff der Erbsünde auseinandersetzte und ein eher unschuldiges Bild vom Kind zeichnete. In der Zwischenkriegszeit befaßten sich viele Bücher mit dem Kind: Dr. Paul Robin sprach sich in zwölf Bänden (damals nahm man sich noch Zeit zum Lesen) dafür aus, dem Kind mehr Freiheit zu gewähren. Henri de Montherlant erkannte schon 1926 den »Adoleszentismus« als Rivalen des Feminismus. Eine Erhebung aus den fünfziger Jahren erwies, daß das Vierte Gebot (»Du sollst deinen Vater und deine Mutter ehren«) seine Geltung nicht verloren hatte: 70 Prozent der Befragten hielten Disziplin

Man vergißt häufig, daß Eltern und Großeltern auch von ihren Kindern bzw. Enkeln lernen – nicht nur umgekehrt. Dieses Asterix-Heft ist für die Großmutter (oder Urgroßmutter?) genauso spannend wie für die Enkel.

für einen entscheidenden Faktor bei der Erziehung, 52 Prozent wünschten keinen Sexualkundeunterricht in der Schule. 1983 führten Alain Girard und Jean Stoetzel eine Umfrage durch, der zufolge das Bild von der Familie noch überwiegend positiv war: 72 Prozent der Befragten erklärten, ihrem Vater sehr nahe zu stehen, 80 Prozent erklärten dasselbe von ihrer Mutter; 75 Prozent bekräftigten, man müsse seine Eltern lieben, gleichgültig, welche Fehler sie hätten; 50 Prozent befürworteten Ehescheidung und Abtreibung, aber 85 Prozent erklärten: »Wenn ein Kind in einer glücklichen Umgebung aufwachsen soll, braucht es einen Vater und eine Mutter.« Das hinderte 61 Prozent von ihnen nicht, das Verhalten einer Frau zu billigen, die ein Kind haben, jedoch ledig bleiben will. Die Wirtschaftskrise verlängerte die Abhängigkeit der Kinder, wie das Institut für demographische Studien (INED) ermittelte: 1978 wohnten noch bei den Eltern 85 Prozent der 18- und 19jährigen, 72 Prozent der 20- und 21jährigen, 63 Prozent der 22- und 23jährigen und immer noch 53 Prozent der 24jährigen; 75 Prozent der Führungskräfte gewährten ihren 18- bis 24jährigen Kindern finanzielle Unterstützung.

Wirtschaftswachstum und Rückgang der Fruchtbarkeitsziffer

Bei Meinungsumfragen in den achtziger Jahren bezifferten französische Paare die ideale Kinderzahl einer Familie auf durchschnittlich 2,7 – im Bett zeugten sie nur 1,81. Arbeiter waren fortpflanzungsfreudiger als Führungskräfte und Freiberufler und deutlich fortpflanzungsfreudiger als mittlere Angestellte, Handwerker und kleine Gewerbetreibende. Die Geschlechtsbestimmung des Kindes war nicht mehr Zukunftsmusik, schon 1979 betonte Dr. Pierre Simon: »Wir sind heute in der Lage, mit 75prozentiger Sicherheit Hilfestellung bei der Wahl des Geschlechts zu geben, wenn die Patienten sich an unsere Ratschläge halten.« Im Gegensatz zu verbreiteten Vorstellungen waren kinderreiche Familien stets die Ausnahme. Im 18. Jahrhundert war zwar die Zahl der Geburten hoch, aber die Kindersterblichkeit war so groß, daß von den durchschnittlich 5 Kindern, die eine Frau gebar, nur 2,5 fünf Jahre alt wurden. Die Großfamilie war bloß eine Episode in der demographischen Geschichte; sie gehört in die kurze Zeitspanne, in der Fruchtbarkeit und ausgeprägte Frömmigkeit mit einem eklatanten Rückgang der Kindersterblichkeit verbunden waren. Verantwortlich für den Verfall der Großfamilie sind freilich nicht so sehr die Empfängnisverhütung (der Coitus interruptus ist zu allen Zeiten praktiziert worden), der Schwangerschaftsabbruch (die heimliche Abtreibung hat es immer gegeben), die Enge der Wohnungen (noch nie haben die Franzosen über so viele Quadratmeter pro Person verfügt), die Frauenarbeit (die Niederlande haben EG-weit die wenigsten berufstätigen Frauen und gleichzeitig eine der niedrigsten Fruchtbarkeitsziffern) oder das Fehlen von Kinderkrippen (die Bundesrepublik Deutschland hat deren Tausende, und ihre Fruchtbarkeitsziffer liegt bei 1,40); verantwortlich ist vielmehr eine veritable Revolution in den Köpfen, die zweifellos mit dem Rückzug des Christentums zu tun hat und die Eltern danach trachten läßt, ihren Kindern wo nicht das Paradies auf Erden, so doch ein auskömmliches und vor allem gesichertes Dasein zu bieten. An das Kind heften sich alle möglichen Hoffnungen und Erwartungen, es muß versorgt, eine langwierige Ausbildung muß finanziert werden. Früher trugen die Kinder schon in jungen Jahren zum Unterhalt der Familie bei; heute liegen sie den Eltern oft bis zum 20. Lebensjahr und länger auf der Tasche. Auf ihnen ruhen die Hoffnungen auf sozialen Aufstieg der Familie. Den Beweis ex negativo für diesen auf die Zukunft gezogenen Wechsel liefern die Immigranten aus der Vierten Welt – vor allem in den Transitsiedlungen –, bei denen sich eine hohe Fruchtbarkeitsrate mit geringer sozialer Zukunftserwartung verbindet. Hier ist es ähnlich wie früher bei den arbeitenden Klassen, die »nichts zu verlieren« hatten und durch ihr Elend gefährlich wurden. Man kann auf sozialen Aufstieg nicht bauen; also setzt man Kinder in die Welt, die dank dem medizinischen Fortschritt, der Sozialfürsorge und dem garantierten Existenzminimum für alleinstehende Frauen überleben können. In diesem Milieu begegnet man den von Erhel und Legay beschriebenen »inzestuösen Familien, die ihre Zurückgezogenheit als Refugium erleben und sich gegen die sie umgebende Gesellschaft hinter trotziger Kommunikationsverweigerung verschanzen«. Als Beispiel für diese Haltung diene die folgende Aussage eines Vaters, der wegen Inzests mit seiner minderjährigen Tochter vor Gericht stand: »Ich fürchtete, daß meine Tochter einem Marokkaner oder jungen Leuten zum Opfer fallen könne, und deshalb sollte sie vorher schon aufgeklärt sein. Meine Frau hat ihr früher als ich erklärt, was es mit den Beziehungen zwischen Mann und Frau auf sich hat, aber ich habe gesehen, daß sie nichts verstanden hatte...«

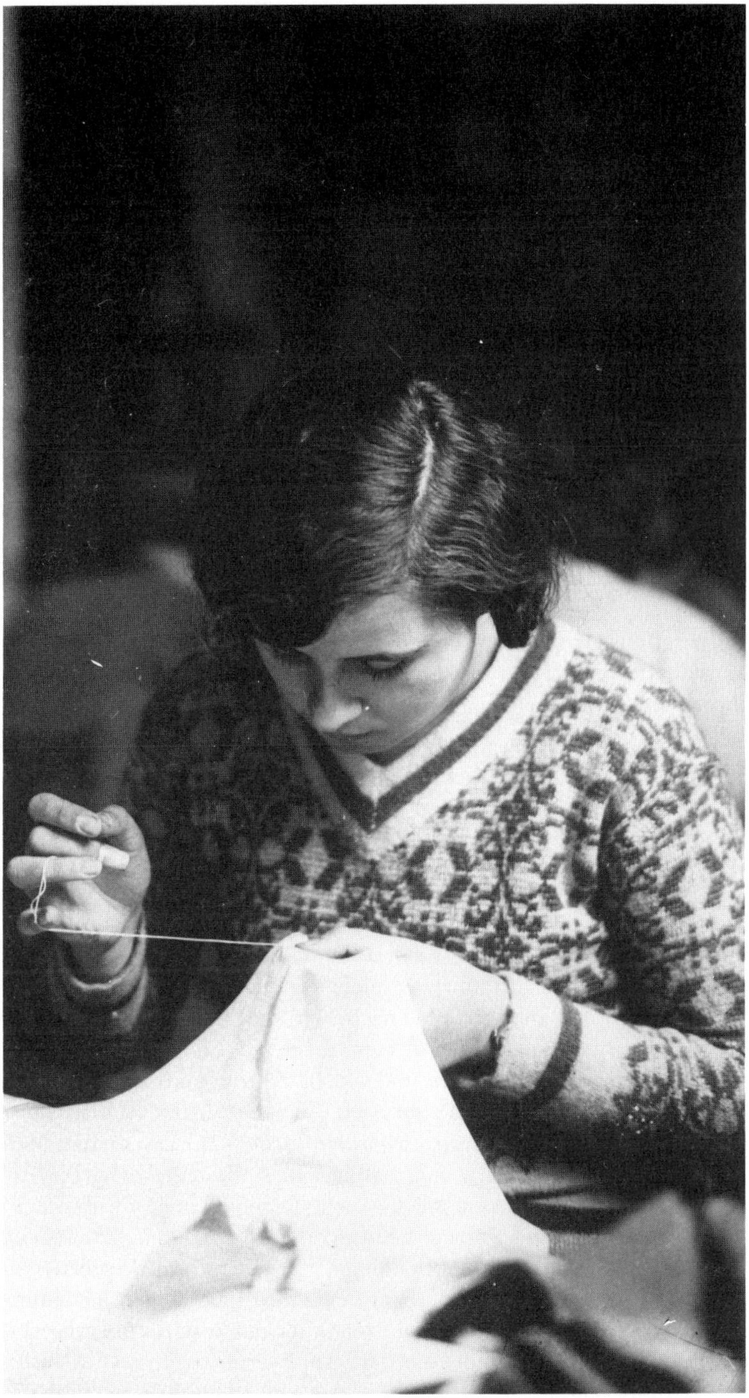

»Faulheit ist die Angewohnheit, sich auszuruhen, *bevor* man erschöpft ist«, sagte Jules Renard. In den dreißiger Jahren mußte ein junges Mädchen immer mit irgend etwas beschäftigt sein. Zeit war etwas, das man nicht verschwenden durfte.

Geschlagene Kinder reden nicht

Der Kampf gegen die Unfruchtbarkeit wird, im Dienste des Kinderwunsches, mit erheblicher Verbissenheit geführt. Darüber darf man jedoch nicht jenes Alltagsdrama vergessen, das immer noch totgeschwiegen wird: die Mißhandlung von Kindern. Am 26. Juni 1985 legte P. Girod dem Senat im Namen des Rechtsausschusses einen Bericht im Zusammenhang mit dem von Édouard Bonnefous eingebrachten Gesetzesantrag zum Schutz mißhandelter Kinder vor. Diesem Bericht zufolge werden jährlich 50 000 Kinder körperlich, seelisch oder sexuell mißhandelt; 400 von ihnen sterben an den erlittenen Verletzungen. Strafanträge werden selten gestellt. 1982 waren es 1611; damals verhängten die Schwurgerichte insgesamt 15 Zuchthausstrafen und 8 Gefängnisstrafen, die Strafkammern der Landgerichte 572 Gefängnisstrafen und Geldstrafen. Trotz den strengen Vorschriften im Strafgesetzbuch werden Kindesmißhandlungen nur halbherzig geahndet; der Verfasser des Berichts macht dafür »eine Verschwörung des Schweigens« verantwortlich. Kurz, wir haben es hier mit einem Aspekt des Geheimen zu tun. Die Familiensolidarität mag eine Rolle spielen; man schweigt aus Angst, aus Scham, vielleicht aus schlechtem Gewissen. Ein Gesetz vom 15. Juni 1971 entbindet Ärzte und Sozialarbeiter von ihrer beruflichen Schweigepflicht, wenn sie Kenntnis von der Mißhandlung oder Vernachlässigung einer minderjährigen Person unter 15 Jahren erlangen (Artikel 378 Strafgesetzbuch). Sie reden aber nicht – oder kaum –, wohl weil sie überzeugt sind, daß der Verbleib des Kindes in der familiären Umgebung das kleinere Übel sei. Kindesmißhandlung ist ein Klassenphänomen, die Folge von Trunksucht und Elendsquartieren, von »sozialer und affektiver Unreife«. Prügelnde Eltern sind fast ausnahmslos in ihrer Kindheit selbst geprügelt worden, und ihre Opfer sind entweder nicht gewollte Kinder oder Kinder aus einer früheren Ehe. Das Gesetz bestraft übrigens nicht nur den Peiniger, sondern auch den, der ihn nicht anzeigt; er hat nach Artikel 62, Absatz 2 Strafgesetzbuch (hervorgegangen aus dem Gesetz vom 15. Juni 1971) eine Haftstrafe zwischen zwei Monaten und vier Jahren zu gewärtigen. Der Gesetzesantrag Bonnefous' hat zum Ziel, die von prügelnden Eltern und ihren heimlichen Mitwissern verwirkten Strafen zu verschärfen; doch diese Verschärfung wird wenig Erfolg haben. Eine Arbeitsgruppe in der Fondation Anne-Aymone Giscard d'Estaing pour l'Enfance ist zu dem Ergebnis gekommen: »Eltern, die ihre Kinder mißhandeln, sollte man nicht generell als Schuldige betrachten, die exemplarische Bestrafung verdienen, sondern als Personen, die selber der Hilfe, Therapie und Rehabilitation bedürfen, ohne daß man darüber das vorrangige Interesse des Kindes aus dem Auge verlieren darf.« Ein großes Programm.

Georges Pompidou im Präsidentschaftswahlkampf 1969, zwischen dem ersten und dem zweiten Wahlgang. Am 15. Juni 1969 konnte er in den Elysée-Palast einziehen: Er erhielt 57,5 Prozent der gültigen Stimmen, Alain Poher 42,5 Prozent. Dieses Wahlergebnis war besser als das de Gaulles 1965 (54,9 Prozent). *(Unten:)* In diesem »bescheidenen« Haus lebte Pompidous Großvater, von Beruf Landwirt. Sein Sohn wurde Volksschullehrer, sein Enkel Staatspräsident. Ein schönes Beispiel für den generationenübergreifenden sozialen Aufstieg – und doch nur die Ausnahme, die die Regel bestätigt?

»Kinder müssen parieren«

Seit den zwanziger Jahren haben die Beziehungen zwischen Eltern und Kindern sich stark gewandelt. Sogar in reichen – oder sagen wir: begüterten – Familien war man damals darauf bedacht, die Kinder nicht zu »verziehen«. Die Kinder hatten wenig Spielzeug, das sie nur zu festen Anlässen geschenkt bekamen. Es herrschte rigide Disziplin, galt es doch, den Kindern »Manieren beizubringen« und »ihren Charakter zu formen«. Es war ihnen verboten, sich zu beklagen oder zu »plärren«. »Nirgendwo steht geschrieben, daß wir zu unserem Vergnügen auf der Welt sind; anderen geht es viel schlechter als dir; wenn du wüßtest, was dein Vater alles im Krieg erlebt hat« usw. Dem Kind wurden Schuldgefühle eingepflanzt. Ins Bett zu nässen war Sünde. Arbeit war ein Wert an sich, für Jungen wie für Mädchen. Als Beispiel genüge das kleine Mädchen vom Land, von dem Yvonne Verdier erzählt.[4] »Wenn meine Großmutter sah, daß wir nichts zu tun hatten, hieß es sofort: ›Da hast du einen Lappen, säum' ihn ein.‹« Beim Kühehüten strickten die Mädchen, während sie auf die Tiere aufpaßten. Mit zwölf Jahren begannen sie zu »markieren«, das heißt mit Kreuzstich und rotem Faden ihr Monogramm auf kleine Tuchstreifen zu sticken, die für die Aussteuer bestimmt waren. Das Wort »marquer« bezeichnete früher auch das Einsetzen der Regel beim jungen Mädchen, das Alter eines Übergangs, der nicht verborgen bleiben konnte. Nun wandte sich das fast schon zur Frau gewordene Mädchen anderen Tätigkeiten zu: »Ich molk die Kühe, fütterte die Hühner und die Kaninchen und mußte morgens ein wenig im Haushalt helfen. Wir besaßen ein Dutzend Kühe, um die Mama und ich uns zu kümmern hatten. Ich molk pro Stunde vier, Mama vielleicht fünf. Nie bin ich im Sommer nach Tagesanbruch aufgestanden; mittags, zwischen zwölf und zwei, wurden die Karotten- und Rübenfelder gehackt. Ich tat das alles mit zwölf Jahren.« So sah in den zwanziger Jahren der Zeitplan eines »Backfischs« aus ... Über die Jungfräulichkeit der Mädchen wurde streng gewacht. »Ich kann Ihnen versichern: an mich kam kein Junge heran. Wenn ich so um 1925 zum Tanzen ging, kam mein Vater immer mit, und wenn er mich wegrief, mußte ich sofort kommen. Mitten im Tanzen ließ ich den Jungen stehen und machte, daß ich fortkam, weil mein Vater schon gegangen war.«

»Die Liebe geht dahin, wie dieser Fluß zum Meer, / die Liebe geht dahin, / wie ist das Leben leer, / wie tut die Sehnsucht weh, wie ist sie schwer.« (Apollinaire, *Alcools*, »Le pont Mirabeau«)

Die Kinder sollen »es besser haben«

Die Erforschung der sozialen Mobilität ist hier nur insoweit von Interesse, als sie mit dem Leben im Geheimen zusammenhängt. Über einige Aspekte sind die meisten Soziologen sich einig: An der Spitze und an der Basis der sozialen Pyramide herrscht Unbeweglichkeit, während die mittleren Schichten flexibler sind; der soziale Aufschwung innerhalb einer Generation (biographische Mobilität) ist eher gering, er ist größer, wenn man den Status der Kinder mit dem der Eltern vergleicht, und er fällt mitunter spektakulär aus, wenn man drei Generationen berücksichtigt. Das Thema »Reproduktion«, auf das Bourdieu und seine Schüler pochen, gibt Anlaß zu drei Bemerkungen. 1. Die »Reproduktion« ist statistisch unbestreitbar, fordert aber *auch* eine qualitative Auslegung. Ich will damit sagen, daß der »Fall Pompidou« (Großvater Landwirt, Vater und Mutter Volksschullehrer, Sohn nacheinander Professor, Staatsrat, Bankier, Premierminister, Staatspräsident) durch seine von den Medien verklärte Beispielhaftigkeit einen »Überzeugungseffekt« für die Gesellschaft insgesamt hat. Mit anderen Worten, er suggeriert trotz seinem Ausnahmecharakter den minder Begünstigten, daß die Würfel noch nicht gefallen sind, daß die Zukunft der Familie nicht unwiderruflich festgeschrieben ist, daß man die Rigidität der Strukturen durchbrechen und sich hocharbeiten kann, wenn man es nur will, kurzum, daß es für jedermann einen Freiheitsspielraum gibt. 2. Die Studien über sozialen Aufstieg, die ich anhand von Stammbäumen angestellt habe, erlauben eine zweite Präzisierung: Gelingende soziale Aufstiegsmobilität der Kinder hängt von deren Anzahl ab. Je weniger Kinder vorhanden sind, desto größere Aufstiegschancen haben sie. Das Einzelkind (sofern es männlichen Geschlechts ist) verfügt also über besonders günstige Aussichten. Ein Beispiel: Der Generaldirektor einer französischen Bank ist ein Einzelkind; sein Vater war Facharbeiter, seine Mutter – nicht berufstätig – das zwölfte von vierzehn Kindern. Ein anderes Beispiel: Ein »großer« Mediziner ist ein Einzelkind; sein Vater arbeitete beim Zoll, seine Mutter bei der Post. Das heißt, die Karriereplanung für die Kinder beginnt im Bett der Eltern – es handelt sich auch hier um privates Leben. 3. Man muß die Mobilitätsstatistiken in zwei Hinsichten lesen. Nach einer Erhebung zur beruflichen Qualifikation und Weiterbildung kamen 1977 auf 100 Väter, die Führungskräfte oder Freiberufler waren, 52 Söhne, die das ebenfalls waren (spätere Erhebungen, namentlich die von 1977, haben dieses Ergebnis bestätigt). Das bedeutet allerdings, daß 48 Söhne sozial abgestiegen sind (bis auf einige, die in die Industrie oder in die Wirtschaft gegangen sind). Der soziale Abstieg bleibt jedoch meist verdeckt. Oft glückt es dem Vater eines sozialen Absteigers, durch sein Geld, seine Beziehungen, die geschickte sprachliche Aufwertung einer bescheidenen Position und endlich die Vermittlung einer guten Partie die Illusion einer gelungenen Reproduktion aufrechtzuerhalten. Gewiß, nur 1 Prozent der Arbeiterkinder besuchen eine der »großen« Schulen. Aber das, was A. Pitrou den »Klinkeneffekt« nennt, nämlich der Widerstand gegen den sozialen Abstieg, hat andere Ursachen als den erworbenen Bildungsgrad. Der familiäre Rückhalt wird um so mehr mobilisiert – und damit, bei aller Diskretion, um so wirksamer –, je mehr ein Kind durch sein unerwartetes Versagen in Schule und Universität die kulturellen Traditionen einer »alten Familie« aufs Spiel setzt.

»Die Droge – reden wir darüber«: wie kann man über sie reden, ohne die Neugier zu wecken?

Devianz

Eine semantische Klärung

Das Wort »Devianz« (von lateinisch »de via«) bezeichnet das Abweichen vom Weg. Doch von welchem Weg? Jede Gesellschaft ist durch Normen strukturiert, und die Identität des Einzelnen bemißt sich nach seiner Freiheit im Umgang mit diesen Normen. Jeder Mensch entfernt sich von den Normen und den durch sie erzeugten Regeln, und zwar so weit, daß justament die buchstabentreue Anwendung der Regeln zur Waffe im Arbeitskampf werden kann. Mit anderen Worten: Wenn niemand vom Weg abwiche, wenn jedermann die Regeln als Ausdruck der Normen befolgte, dann wäre soziales Leben unmöglich. Der Deviante stört, weil er den anerkannten »Werten« der Gesellschaft, z. B. Gesundheit, Arbeit, Karriere, Besitz usw., mit Mißtrauen und Verachtung begegnet. Der schwer Drogensüchtige, der »ständig an der Nadel hängt«, stellt sich gegen die Kohorte der Väter, indem er seine Devianz mit dem Zugang zu einem Genuß rechtfertigt, der für seinen Vater unvorstellbar sei. Stirbt er an einer Überdosis, so wird die Ursache seines Todes vor der Familie und vor Freunden verheimlicht. Die modernen Industriegesellschaften, dynamisch, auf »organische« Weise solidarisch, vielleicht anomisch, werden ständig von irgendwelchen Gruppen provoziert (teils von Intellektuellen, teils von sozial benachteiligten Gruppen). Diese Provokationen werden, je nach ihrer Intensität, zwar als unangebracht, strafbar oder kriminell empfunden, letztlich aber in den gesellschaftlichen Interaktionszusammenhang integriert. Die liberale Gesellschaft, die Robert Merton besingt, überdauert durch Offenheit für alles, was geschieht und sich an ihren Rändern abspielt; das ist ihr Geheimnis. Entweder finden die Devianten zuletzt doch zu einer sozialen, politischen oder religiösen Identität (zum Beispiel Franz von Assisi, »dessen Botschaft die Kirche mit Erfolg, wenn auch nicht ohne Mühe, umzudeuten und zu domestizieren verstand« [G. Duby]), oder sie verweigern jedes Zugeständnis an die herrschenden Codes und werden ausgestoßen. Ein System, das seine Veränderung bewirkt, indem es die Subversion integriert, ist einigermaßen stabil. Das hat schon Durkheim erkannt: »Die Originalität muß zutage treten können; doch damit die des Idealisten, der sein Jahrhundert zu überflügeln hofft, sich entfalten kann, muß die des Kriminellen möglich sein, der im Untergrund seiner Zeit lebt. Das eine geht nicht ohne das andere.«

Für das Problem des Suchtverhaltens in seinen sozial verbreitetsten Erscheinungsformen: Nikotinsucht und Alkoholsucht, sind drei Faktoren konstitutiv (ohne es zu erklären): persönliche Schwierigkeiten, Abhängigkeit und, im Hintergrund, erhebliche finanzielle Interessen sei es beim Fiskus mit seiner Tabaksteuer, bei den privaten Brennern oder bei den »Drogenbossen«, den Drahtziehern des organisierten Verbrechens.

Alkoholismus

Alkoholismus – worunter man regelmäßigen Alkoholkonsum zu verstehen hat, nicht das Trinken bei festlichen Anlässen, das es immer gegeben hat – ist ein Phänomen neueren Datums: 1848 betrug der Pro-Kopf-Verbrauch 51 Liter Alkohol jährlich, 1872 waren es 77 Liter, 1904 schon 103 und 1926 sogar 136. Seit den sechziger Jahren ist in Frankreich der Weinkonsum rückläufig (in den Fast-Food-Restaurants trinkt man Mineralwasser, Coca Cola oder Obstsäfte, und 60 Prozent der Kundschaft sind zwischen 16 und 20 Jahre alt). Dafür steigt der Verbrauch stark alkoholischer Getränke. An der Spitze liegt Whisky, der als »fein« gilt. Für 1985 schätzt man, daß von 1 740 000 Menschen, darunter 1 690 000 Männern, durchschnittlich sieben Gläser eines alkoholischen Getränks pro Tag getrunken wurden, das heißt rund 70 Gramm reiner Alkohol. Neben der Elendstrunksucht und dem Alkoholismus der Schickeria darf man die einsamen Trinker nicht vergessen, die gierig und unersättlich alles in sich hineinschütten, was Alkohol enthält: Wein, Schnaps, hochprozentigen Sprit, Kölnisch Wasser usw. Diese Form der Trunksucht zwingt die Umwelt, alles »wegzuschließen«, und verurteilt den Kranken zu immer neuen Entziehungskuren. In unserer Gesellschaft sind alle Menschen irgendwann mit Alkohol in Berührung gekommen. Warum sprechen einige ihm übermäßig zu, während andere nüchtern bleiben? Genau dies ist die Frage nach der Ätiologie des Suchtverhaltens – eine Frage, auf die es bis heute keine verläßliche Antwort gibt.

Zur Ätiologie der Sucht

Anders als der Tabak und der Alkohol (sofern dieser nicht Delirium tremens, Leberzirrhose oder ostentative Enthaltsamkeit verursacht), gehören Drogen, der Schrecken aller Eltern, in den Bereich des Geheimen. Der Schuljunge, der Drogen nimmt, tut es heimlich, und die Eltern, die ihn dabei ertappen, sprechen nicht darüber.

Auf einer Drogenkonferenz der UNESCO im Dezember 1972 formulierte Dr. Olievenstein das Problem folgendermaßen: »Es liegt auf der Hand, daß Inder und Hindus nicht denselben Grund wie junge Westler haben, sogenannte toxische Substanzen einzunehmen. [. . .] In unentwickelten Ländern nehmen junge Leute diese Substanzen ein, um ihren Hunger zu stillen, und man kann sich die Frage stellen, um welchen Hunger es sich in entwickelten Ländern bei Menschen handelt, die Drogen nehmen. [. . .] Es könnte sein, daß in diesen neuen Experimenten eine Art Botschaft steckt.« Hier wird angedeutet, daß Sucht generell Ausdruck einer Kommunikationsschwäche sei. Das Neue und Verheerende nun ist seit den siebziger Jahren der massive Drogenkonsum von Jugendlichen. Abgesehen von Psychotikern und Parapsychotikern, bei denen die Sucht wahrscheinlich den Ausbruch einer Psychose verhindert, gibt es nach übereinstimmender Ansicht der Fachleute keinen

»geborenen« Süchtigen. Der Süchtige »entsteht« vielmehr in einem bestimmten soziokulturellen Feld, das der Sucht den Boden bereitet. Dr. Olievenstein sieht diesen »Boden« durch zwei Merkmale gekennzeichnet. Das eine Merkmal ist die Ablehnung des Vaters als des Besitzers von Macht und Geld – der Sohn sucht den Zugang zu einem Genuß, den der Vater nicht kennt und durch den er ihn »übertrifft«. Das zweite Merkmal ist das besondere Verhältnis des Süchtigen zu seinem Körper: Er »tauscht« ihn nicht, wie in der Heterosexualität oder der Homosexualität, sondern erlebt die Lust mit dem eigenen Körper. Wenn er die Droge nimmt, ist er Gott; wenn er Entzugserscheinungen hat, bestraft er sich selbst, aber er erträgt sie, weil er weiß, daß er neu anfangen kann. Das ist der Unterschied zwischen dem Süchtigen und dem Selbstmordgefährdeten – für diesen gibt es kein Zurück. Doch auch die Sucht ist Scheitern, denn die Phase des »Honigmonds« hält nicht an. Der »flash« geht vorbei, und nun greift der Süchtige zur Droge nicht um des Genusses willen, sondern um die Qualen des Entzugs zu lindern. Die entscheidende Frage lautet deshalb: Warum nehmen Jugendliche es in Kauf, unter dem Entzug zu leiden, sich nicht selten prostituieren zu müssen, um an Geld zu kommen, sich alle Berufsaussichten zu verbauen und von der Gesellschaft abgelehnt zu werden? Dr. Olievenstein gibt darauf folgende Antwort: »Der ›flash‹ ist wie eine Atom-

Ein gewisser Personenkreis, der Lucky Luciano das letzte Geleit gab: die beiden Enden einer Kette des Unglücks. »Die Sünde der Welt ist aus einem Stück.« (Emmanuel Mounier)

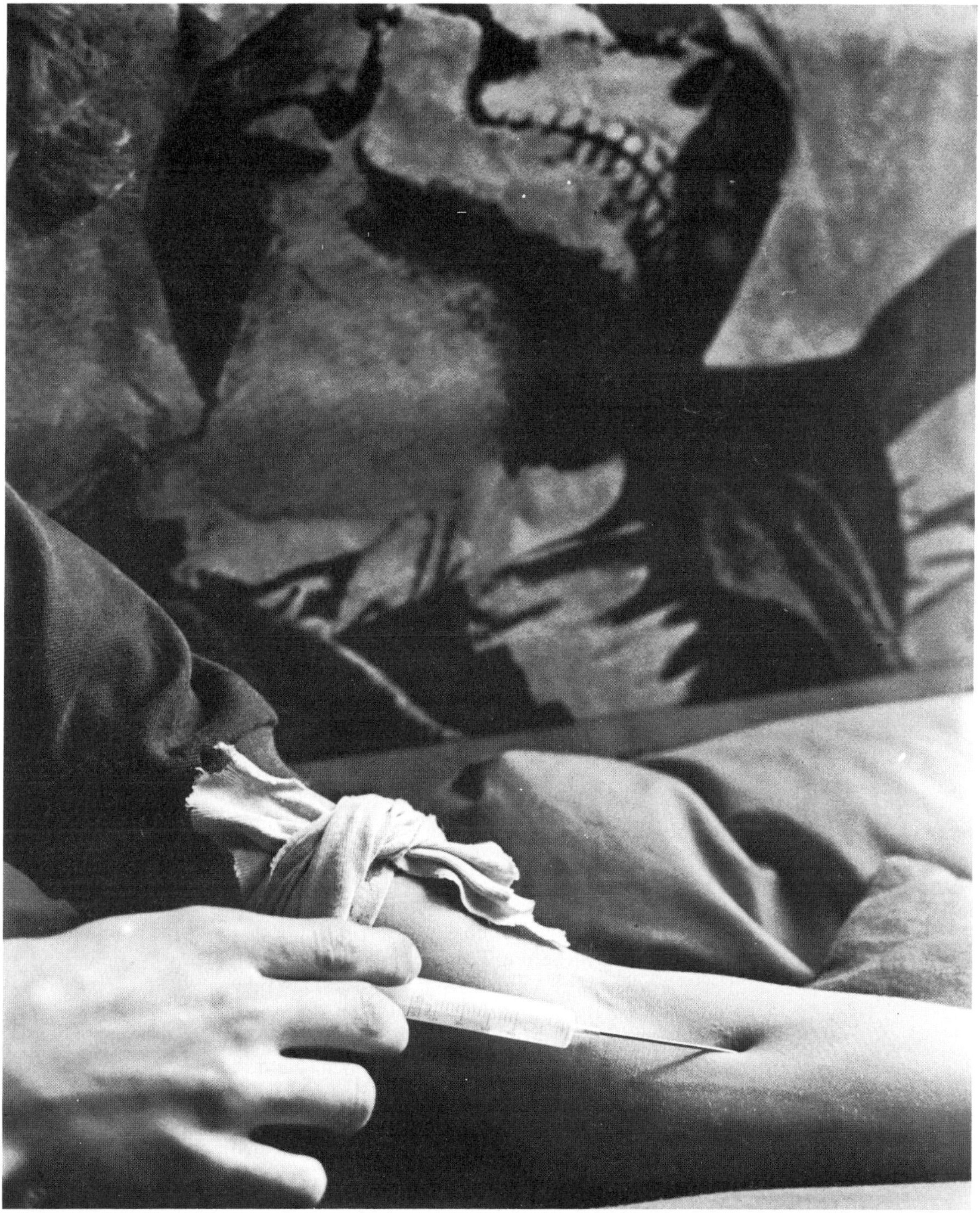

Die Einsamkeit des Fixers

bombe. Man kann ein ganzes Leben damit verbringen, der Erneuerung dieser Lust nachzujagen oder ihr nachzutrauern. Auch der geheilte Süchtige wird die Droge niemals verurteilen. Anders als der Alkoholiker wird er stets wehmütig an sie zurückdenken.« Die intravenöse Injektion, die den »flash« erzeugt, bewirkt jenen »fundamentalen Libidoschnitt«, der die Persönlichkeit umformt. Wenn jemand, der eine derartige Gefühlsintensität einmal erfahren hat, keine Lust mehr auf den Liebesakt verspürt, dann nicht deshalb, weil er impotent wäre, sondern weil ihn das mindere Vergnügen kaltläßt. Hat er seinen »Honigmond«, so verbittet sich der Drogensüchtige jeden Beistand; wird er in diesem Zustand von der Polizei oder seinen Eltern in eine Klinik eingeliefert, verweigert er jede Heilbehandlung und flüchtet. Von sich aus wird er erst dann Hilfe suchen, wenn das Hochgefühl des »flash« abgeflaut ist und nichts als Katzenjammer und Abhängigkeit zurückbleiben.

Möglichkeiten der Hilfe

Die Probleme der Nachbehandlung und der Wiedereingliederung in die Gesellschaft sind noch komplexer als die der Entgiftung. Dr. Orcel zufolge ist die Persönlichkeit des Süchtigen teils über-, teils unterentwikkelt. Überentwickelt ist die Findigkeit, gesellschaftliche Institutionen für eigene Zwecke zu nutzen. In der Phase der Nachbehandlung haben die ehemals Süchtigen die Mentalität des »alten Kämpfers« und agieren unverkennbar als Proselyten. Gleichzeitig jedoch stellen sich Regressionserscheinungen wie Enuresie ein, die bei Drogensüchtigen über dreißig häufig vorkommt. Viele ehemalige Heroinsüchtige verfallen einer massiven Alkoholsucht. Versteht man Kommunikationsunfähigkeit als einen Hauptfaktor der Sucht, so ist die Wahrscheinlichkeit des Rückfalls groß, wenn der Süchtige nach der Rehabilitation in das soziokulturelle Milieu zurückkehrt, das ihn zur Droge hat greifen lassen. Zwei Beispiele mögen das verdeutlichen. Die Kokainsüchtigen des Ersten Weltkriegs und die Amphetaminsüchtigen des Zweiten Weltkriegs waren erwachsene Menschen mit guter sozialer Einbindung, die nach der Demobilmachung in der Mehrzahl keine Probleme mit ihrer »Wiedereingliederung« hatten. Und in den siebziger Jahren verfolgten Drogenhändler im Raum Marseille eine Dumpingpolitik und boten Mittel- und Oberschülern Heroin zu Spottpreisen an, um sie an die Droge zu gewöhnen. Als die Polizei dem Treiben ein Ende machte, hatten diese jungen Heroinsüchtigen aus stabilen Familien und einem strukturierten sozialen Umfeld nach dem Entzug ebenfalls keine Probleme mit ihrer »Wiedereingliederung«. Dr. Orcel ist der Ansicht, daß bei den Jugendlichen aus Randgruppen, die er seit langem im Centre de l'Abbaye beobachtet, die aggressive, gegen die Gesellschaft und vor allem gegen ihre Eltern gerichtete Sprache ein starkes Schuldgefühl und den Wunsch nach Rückkehr in »geordnete Verhältnisse« erkennen läßt. Das erklärt die Faszination, die das Feindbild des »Bullen« für die jungen Drogensüchtigen hat; man behauptet, ihn zu hassen, doch zugleich ist er die Sicherheit gewährende Vaterimago. Im übrigen darf man nicht außer acht lassen, daß die Drogensucht, die individuell Ausdruck einer Kommunikationsschwäche ist, eine ihrer sozialen Wurzeln im Profit hat. Vom armen Bauern, der Mohn anbaut, um zu überleben, bis zum »Magnaten«, der sich wohlweislich davor hütet, selber die Erzeugnisse zu genießen, denen er seinen Reichtum verdankt, reichen die zahllosen Fäden, die das weltweite Netz der tödlichen Versuchung knüpfen. Das Eingreifen der Polizei führt zur Verhaftung von Dealern – kleinen Drogenhändlern, die gleichzeitig Konsumenten sind – und manchmal zu spektakulären, mediengerecht stilisierten »Schlägen gegen die Rauschgift-Mafia«, es vermag aber nicht, die Aufmerksamkeit auf jene »ehrenwerten Herren« zu lenken, die auf der Spitze dieser Pyramide des Elends agieren, die den Staatsapparat infiltriert haben, über die notwendigen Mittel verfügen, um sich Schweigen zu erkaufen, und dadurch unangreifbar sind.

Das Zusammenleben Jugendlicher

Hat die Ehe ausgedient?

Das Wort »Konkubine« kommt vom lateinischen »concubina«, »Beischläferin«. Da jedoch in der Gegenwartssprache das Wort »Konkubinat« pejorative Konnotationen hat, haben die Forscher vom französischen Institut für demographische Studien (INED), in dem Wunsch, keine Empfindlichkeiten zu verletzen, den Begriff »cohabitation juvenile« (»Zusammenleben Jugendlicher«) zur Bezeichnung des Konkubinats junger Leute geprägt, allerdings ohne die obere Altersgrenze anzugeben. Uneheliche Verbindungen sind ebensowenig etwas Neues wie uneheliche Kinder. Uneheliche Kinder repräsentierten Mitte des 19. Jahrhunderts 30 Prozent der Geburten in Lyon, 32 Prozent in Paris und 35 Prozent in Bordeaux, in der Belle Époque waren es 21 Prozent, 24 Prozent bzw. 26 Prozent. Seit 1975 hat sich die Verbreitung außerehelicher Lebensgemeinschaften rapide beschleunigt: 1975 gab es 445 680 solcher Paare (3,6 Prozent aller Verbindungen), 1982 waren es 809 080 (6,1 Prozent). Die Zahl der »unehelichen« Geburten ist von 7 Prozent aller Geburten 1970 auf 14 Prozent 1982 gestiegen. 1982 wurden 50 Prozent aller natürlichen Kinder vom präsumtiven Vater anerkannt, 1970 nur 20 Prozent. Die außereheliche Lebensgemeinschaft ist eine überwiegend städtische Erscheinung: 1982 bestanden 22,7 Prozent aller Paare im Großraum Paris aus zwei Unverheirateten, in ländlichen Gegenden nur 4,8 Prozent. Weniger bekannt ist, daß die Zunahme der außerehelichen Lebensgemeinschaften den Rückgang der Eheschließungen und die steigende Zahl der Ehescheidungen nicht ausgeglichen hat, denn gerade bei den unter 30jährigen hat sich der Anteil der in Paarverbindungen lebenden Personen zwischen 1975 und 1982 verringert. Das heißt, die rückläufige Zahl der Eheschließungen ist nicht allein mit der Konkurrenz, die sich im Zusammenleben Jugendlicher verkörpert, zu erklären. Im Zeitalter der Einsamkeit oder der alleinerziehenden Väter bzw. Mütter sind andere Ursachen ausschlaggebend,

Szene aus Aline Issermanns Film *L'Amant magnifique* (1986). »Wenn nun dein gebender Mund sich hebt, / Um zu spenden das Pfand der Paarung, / Ihm, der in meinen Gedanken lebt, / Eines Kusses sänftende Nahrung / O, säume, Zärtliche, zu lösen / Des Bangens Süße, die ich durchlitt, / Denn dein zu warten war all mein Wesen, / Und mein Herz war nichts als dein Schritt.« (Paul Valéry, *Les Pas*, deutsch von Duschan Derndarsky) Die neuen Codes des Sexualverhaltens reduzieren das »süße Bangen« auf ein Mindestmaß.

allen voran die Einsicht in die Schwierigkeit, den Zusammenhalt des »Paares« dauerhaft zu gewährleisten, seitdem die abendländische Zivilisation in der Ehe zwei schwer miteinander vereinbare Parameter vermischt hat: die Liebe als Leidenschaft, die kurzfristig ist, und die Sorge um das Familienerbe, die nicht kurzfristig sein darf. Wie dem auch sei, es muß sich im Laufe von zehn Jahren die Überzeugung befestigt haben, das Zusammenleben Jugendlicher sei eine gute Vorbereitung auf die harte Prüfung namens Ehe: 1968 hatten 17 Prozent der Jungvermählten schon vor der Heirat zusammengelebt, 1977 waren es bereits 44 Prozent.

Vorschule der Ehe

»Die Zeit vergeht im Fluge«, wie der Volksmund sagt, und so kann man auf nicht weniger als drei Meinungsumfragen zurückgreifen, um die Geschichte des Zusammenlebens Jugendlicher und seine neuartige Bedeutung zu skizzieren. Zwischen Oktober 1975 und Juni 1976 wurden auf Anregung Louis Roussels 2765 Personen zwischen 18 und 29 Jahren befragt. 38 Prozent aller Befragten billigten das Zusammenleben Jugendlicher, von den selbst Betroffenen 86 Prozent; 70 Prozent waren der Ansicht, hinter der Ehe stünden »unmittelbare soziale Zwänge«, für sie ist das Paar kein gesellschaftliches Faktum, sondern Privatsache. 15 Prozent der Eltern ignorierten dieses Zusammenleben, während 70 Prozent das junge Paar regelmäßig einluden. 25 Prozent der Zusammenlebenden wurden von ihren Eltern finanziell unterstützt, 80 Prozent der Männer und 60 Prozent der Frauen in diesen Gemeinschaften waren berufstätig. 50 Prozent der jungen Paare machten gemeinsame

Kasse. 60 Prozent behaupteten, sie hätten eine »eher andere« oder »völlig andere« Vorstellung vom Leben als ihre Eltern, doch 22 Prozent bestritten, feindliche Gefühle gegen sie zu hegen; 40 Prozent meinten, Differenzen seien »vorhanden, aber gering«, nur 25 Prozent äußerten »starke Feindseligkeit«. Die Hälfte der befragten Unverheirateten, die noch bei ihren Eltern lebten, führten mit diesen »häufig oder sehr häufig« Gespräche über »wichtige Probleme«; die beiderseitigen Vorstellungen waren »in der Regel ähnlich«; die Kontrolle durch die Eltern erschien 75 Prozent als »gering oder nicht vorhanden«. 30 Prozent der Befragten lehnten das »Leben in einer Wohngemeinschaft« ab, 45 Prozent sagten, daß sie »das nicht interessiert«, woraus Louis Roussel den Schluß zieht, daß das Paar ein fundamentaler Wert bleibt. Das Zusammenleben Jugendlicher verstößt also nur scheinbar gegen gesellschaftliche Tabus; in Wirklichkeit ist es den Werten der Paarbeziehung wie Respekt, Vertrauen und Zuneigung durchaus verpflichtet. Die Sexualität dagegen ist von untergeordneter Bedeutung (nur jeder fünfte Befragte war der Ansicht, daß in der Liebe die sexuelle Harmonie ein entscheidender Faktor sei). Da junge Leute sich sehr schnell auf einen einzigen Partner festlegen, führt für Roussel die sexuelle Freiheit paradoxerweise zu einer Verkürzung jener Zeit, die sich durch »Sexualität ohne stabile Bindung« auszeichnet. »Sobald diese bewegte Periode der Jugend vorbei ist, kehren alle zur traditionellen Ordnung zurück«, schreibt Roussel. »Mag sein, daß man vor der Ehe ›freier‹ war; aber zuletzt heiratet man doch. [...] Die Ehe ist nicht obsolet geworden.« Die Jugendlichen stürzen sich nicht in eine stürmische Liebesbeziehung, sondern wollen eine Weile eine »Ehe auf Probe« führen, wie sie Léon Blum Anfang des Jahrhunderts propagiert hat und die schließlich unter einem Kranz weißer Blüten abgesegnet wird.

Eine Umfrage, die Catherine Gokalp im Mai/Juni 1978 bei 2730 Personen zwischen 18 und 24 Jahren durchführte, bestätigte Roussels Befunde. 28 Prozent der Befragten lebten in einer Lebensgemeinschaft oder hatten in einer solchen gelebt; am höchsten war dieser Prozentsatz bei Kindern von Führungskräften und Freiberuflern (36 Prozent), am niedrigsten bei Kindern von Landwirten (15 Prozent). Paris hatte, wie immer, »die Nase vorn«: 50 Prozent der Jugendlichen dort lebten mit einem Partner zusammen oder hatten mit einem zusammengelebt, während es auf dem Lande nur 14 Prozent waren. »Es handelt sich also nicht um ein Randphänomen, sondern um ein Sozialverhalten, das in allen Schichten der Bevölkerung verbreitet ist«, resümiert Catherine Gokalp. Jugendliche, die glaubten, »daß man die Gesellschaft verändern muß«, lebten doppelt so lange zusammen wie solche, die eher konformistisch dachten (von den praktizierenden Katholiken nur 10 Prozent). Dennoch ist die jugendliche Lebensgemeinschaft nicht so sehr Ausdruck eines sozialen Protestes als ein Beweis des Willens der Jugendlichen, durch reifliche Überlegung das Gelingen der Ehe zu sichern; sie bedeutet Vorwegnahme der Ehe, nicht deren Ablehnung. In acht von zehn Fällen war die Gemeinschaft mit dem späteren Ehepartner die einzige außereheliche Paarbeziehung, die der oder die Betreffende eingegangen war. Im übrigen ist die Zahl der jugendlichen Lebensgemeinschaften in Korrelation mit dem Eheleben der Eltern zu sehen – vom schlechten Beispiel der Eltern abgestoßen, bevorzugen Kinder aus zerrütteten Ehen das freie Zusammenleben häufiger als Kinder aus gelungenen Ehen (44 Prozent gegenüber 26 Prozent).

»An allen Fronten gewinnen«

In den achtziger Jahren, als das Zusammenleben Jugendlicher als Einübung in die Ehe galt, welche die herkömmliche Ordnung nicht gefährdete, haben einige Forscher den Erfolg dieses neuen Initiationsritus untersucht. André Béjin[5] erblickt in ihm den Versuch, die traditionelle Ehe mit ihren drei Zielen Dauer, Nachwuchs, Weitergabe des Erbes mit der außerehelichen Liebesleidenschaft, welche die Intensität des Gefühls ebenso wie die Abwechslung sucht und Nachwuchs bewußt vermeidet, zu verbinden. Es handelt sich also um die Erfüllung der »modernen Obsession, an allen Fronten gewinnen zu müssen, nichts an Möglichkeiten zu opfern«. Beim Vergleich des Zusammenlebens Jugendlicher mit dem legitimen Ritus der Ehe und den geduldeten Seitensprüngen des Mannes – nicht jedoch der Frau – glaubt derselbe Autor folgende Besonderheiten zu erkennen: 1. das Zusammenleben Jugendlicher ist dauerhafter, als es einst die »Liebeleien« waren, wird aber nicht als endgültig betrachtet. 2. Es erfreut sich einer »Quasi-Sanktionierung durch die Gesellschaft«. 3. Wie die Ehe von gestern schützt das Zusammenleben Jugendlicher die Partner vor Einsamkeit und Langeweile, doch ist die sexuelle Harmonie, die in der Ehe nur fakultativ war, hier obligatorisch; wenn sie fehlt, geht man wieder auseinander. 4. Die alten Rollenmuster von Ehemann und Ehefrau werden durch das Prinzip der Gleichheit ersetzt: Die Symmetrie der Beziehung erfordert entweder gegenseitige Treue oder die Duldung von Seitensprüngen, sofern sie nicht die Liebe tangieren und freimütig gebeichtet werden. Im Grunde geht es darum, die Grenzen des Geheimen und Verschwiegenen zurückzudrängen. Alles muß verbalisiert werden – nicht nur die Seitensprünge, sondern auch die Phantasien, sogar die masturbatorischen. »Es ist eine enorme Belastung«, schreibt Béjin, »für den Menschen, mit dem man zusammenlebt, Liebhaber, Gatte, Freund, Vater oder Mutter, Bruder oder Schwester, Beichtvater und Vertrauter in einem sein zu sollen.« Wie erträgt man es, die Schranken um das eigene Geheimnis niedergelegt zu sehen? In der traditionellen Ehe gestand man einander implizit einen Freiraum des Ungesagten zu. Früher ging Monsieur in seinen Zirkel oder in den Club, und Madame stellte ihm keine Fragen, ja, stellte vielleicht sich selbst keine Fragen. Beruht der Wunsch nach vollständiger Transparenz der zwischenmenschlichen Beziehungen nicht auf einer Utopie? Ist das Geheimnis nicht unentbehrlich, um beiden Partnern eine banale, erwartete, aber tragische Entdeckung zu ersparen: die Entdeckung der unaufhebbaren Andersheit des anderen? Und steht hinter allen diesen Versuchen und Versuchungen nicht jene monistische Sehnsucht nach Verschmelzung der Wesen, die man Hermaphrodismus nennt? André Béjin schreibt: »Es

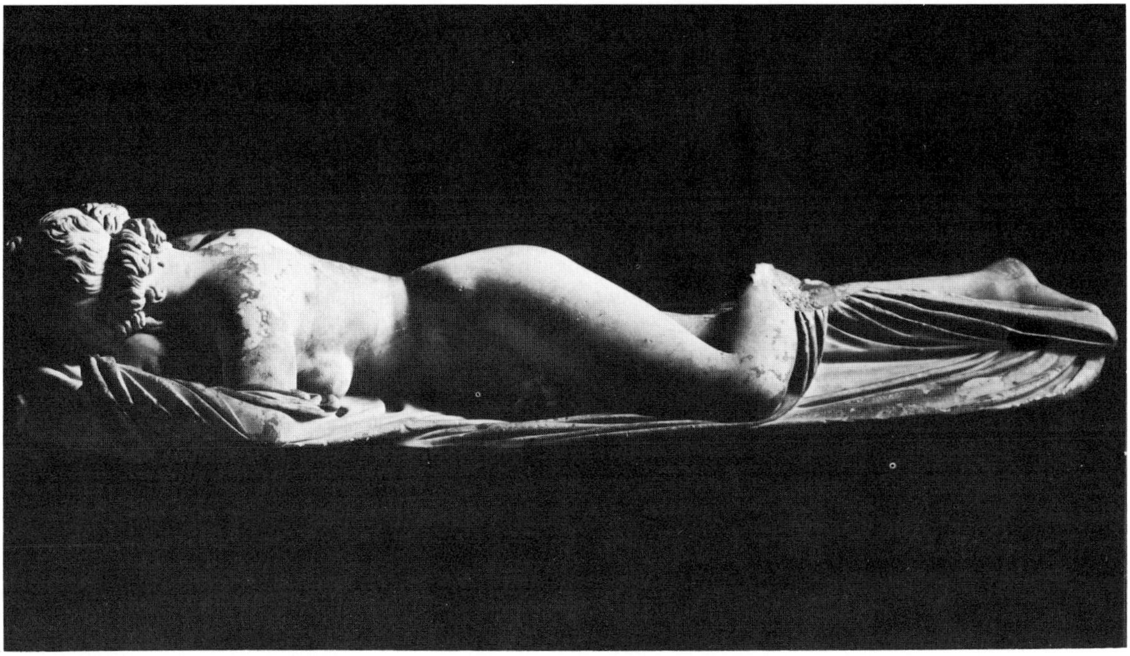

ist, als wollten diese überjährigen Adoleszenten mit dem Streben nach ›gleichberechtigter‹ Beziehung zum gegengeschlechtlichen Partner den anderen finden und gleichzeitig sich selbst im anderen wiederfinden. Als Gleicher spiegelt jeder sich in seinem ›alter ego‹ wider und sieht es auf magische Weise mit dem kleinen Unterschied begabt, der ihn selber hindert, ein vollkommenes, androgynes Wesen zu sein: autark, dauerhaft und des Zwangs zur Selbstperpetuierung enthoben.«

Hermaphroditos.
Es ist die seltene Geschichte von einem Mann, den eine Frau vergewaltigte: Hermaphroditos, Sohn des Hermes und der Aphrodite, erregte durch seine Schönheit das unbezwingbare Verlangen der Naiade Salmakis; doch er stieß sie zurück. Als aber dieser Jüngling von fünfzehn Jahren einmal in ihrer Quelle badete, da zog sie ihn mit sich in die Tiefe und erflehte von den Göttern die Gunst, ihre Körper möchten für immer vereinigt bleiben. Chateaubriand, der nicht frei war von Narzißmus, bezeichnete sich selbst als »wunderlichen Zwitter, durchtränkt vom unterschiedlichen Blut meiner Mutter und meines Vaters«. Ist Hermaphroditos das Symbol des egalitären Paares, in welchem *alter* auch *ego* ist und umgekehrt? (Rom, Nationalmuseum)

Das Ende der Ehe?

Bei genauer Prüfung des Zensus von 1982 sowie späterer Meinungsumfragen melden sich Zweifel an der These, daß das Zusammenleben Jugendlicher lediglich einen Aufschub der Eheschließung bedeute. 1982 gab es 800 000 unverheiratete Paare, die sich prozentual gleichmäßig auf alle Berufsgruppen (mit Ausnahme der Landwirte) verteilten. Allein von den Paaren, in denen der Mann jünger als 35 Jahre war, lebten 1982 456 000 in freier Ehe zusammen; 1975 waren es 165 000 gewesen. Zwischen den beiden Erhebungen hat sich also die Zahl der unverheirateten Paare, in denen der Mann unter 35 Jahre alt ist, fast vervierfacht. Diese jugendlichen Konkubinate sind im wesentlichen ein städtisches Phänomen – im Großraum Paris ist jedes fünfte junge Paar unverheiratet, in Paris selbst leben mehr als die Hälfte aller Paare ohne Kinder eheähnlich zusammen. In vielen Fällen löst die Lebensgemeinschaft eine zerrüttete Ehe ab; nach einem gescheiterten Experiment scheut man davor zurück, neue rechtliche Bindungen einzugehen. 1982 gab es bei 280 000 unverheirateten Paaren mindestens einen geschiedenen Partner. Die Zahl der

Eheschließungen geht Jahr für Jahr zurück: 1965 waren es 346 308, 1972: 416 521 (ein Rekordjahr in puncto Eheschließungen), 1975: 387 379, 1980: 334 377, 1984: 285 000. Neu ist auch, daß es inzwischen viele Paare gibt, die ein Kind haben und dennoch nicht heiraten. 1982 wurden von unverheirateten Müttern 113 400 Kinder geboren; mehr als die Hälfte von ihnen waren Wunschkinder und wurden von ihrem Vater anerkannt. An die Stelle der »jugendlichen« Lebensgemeinschaft tritt die »freie Verbindung«. 1982 hielten 56 Prozent der Franzosen solche Lebensgemeinschaften für »normal«; 1976 waren nur 37 Prozent dieser Meinung gewesen. 70 Prozent der in »freier Verbindung« lebenden Partner gaben 1982 an, ihre Lebensumstände hätten ihnen in ihrer Umgebung niemals Schwierigkeiten bereitet.

Ist die nachlassende Faszinationskraft der Ehe ein eher beiläufiger Sachverhalt in einem Lande wie Frankreich, das seinen Konservativismus gerne hinter Modetorheiten zu verstecken pflegt? Wohl nicht; denn er ist die Folge gewandelter Produktionsstrukturen. In der vorrevolutionären Gesellschaft – und das galt für den Fürsten ebenso wie für den kleinen Bauern, Handwerker oder Gewerbetreibenden – baute die Ehe auf der Ausbeutung des (großen oder kleinen) Familienerbes auf, das die Grundlage jeder Arbeit bildete. Das änderte sich mit der zunehmenden Lohnabhängigkeit der Menschen, zumal der Frauen, mit der Einführung sozialer Sicherungen, die der Familie die hauptsächlichen Risiken abnahmen, »mit der Verbreitung moderner Empfängnisverhütungsmethoden, die es den Frauen erlaubten, ihre Fruchtbarkeit selbst zu steuern, während die große demographische Revolution, die Frankreich im 19. Jahrhundert erlebt hat, von der Initiative des Mannes abhängig war«.[6] Der Aufschwung der »freien Verbindung« scheint mir also irreversibel zu sein; gleichzeitig jedoch wird sie der Ehe immer ähnlicher. Aus privatistischen Antrieben hervorgegangen – Kirche und Staat sollten aufhören, sich in die Herzensangelegenheiten einzumischen –, mündet sie zuletzt doch wieder in den Ruf nach dem Staat, denn auf ihre soziale Absicherung mögen die Partner solcher Verbindungen nicht verzichten. Diese Dynamik der Privatisierung endet also nicht mit einer Umwälzung der öffentlichen Sitten, sondern – wieder einmal – im Revisionismus des Gesetzgebers, der die gewandelten Mentalitäten nachträglich sanktioniert. Vor dem Gesetz sind unverheiratete und verheiratete Partner, natürliche und eheliche Kinder mehr und mehr gleich. Vergegenwärtigen wir uns die Unterschiede und Ähnlichkeiten. In eheähnlicher Gemeinschaft Lebende haben Anspruch auf Leistungen aus der Sozialversicherung; ihre Kinder genießen dieselben Rechte wie eheliche Kinder (Gesetz vom 2. Januar 1972); keiner von ihnen haftet für die Schulden des anderen; nur die Mutter übt die elterliche Gewalt aus, selbst wenn der Vater das Kind anerkannt hat; in manchen Kinderkrippen werden natürliche Kinder bevorzugt. Nach Auflösung der Verbindung (durch Tod oder Trennung) gibt es weder eine Abfindung noch eine Entschädigung; es besteht keine gesetzliche Regelung für die Aufteilung der während des Zusammenlebens erworbenen Güter; nach dem Tod eines Partners hat der andere keinen Anspruch auf die Hinterbliebenenrente, die einem überlebenden Ehegatten zusteht,

Man heiratet seltener, aber wenn, dann heiratet man in Weiß. In einigen Jahrzehnten werden es vielleicht nur noch die Mannequins sein, die weiß tragen. Übrigens verdient die Geschichte des Wortes »Mannequin« ein paar Sätze. Es kommt vom niederländischen »Mannekijn«, »kleiner Mann« [vgl. »Männeken«]. Im 18. Jahrhundert bezeichnete man damit einen Mann ohne Charakter, einen Strohmann, einen »Waschlappen«, wie man heute sagen würde. Im 19. Jahrhundert meinte es die Dame, die neue Kleider vorführt. Im 20. Jahrhundert beschäftigt die Figur von Star-Mannequins die Phantasie der Männer und entblößt erbarmungslos die Unvollkommenheit der Frauen an ihrer Seite. Das Drahtgestell, an dem dieses Brautkleid drapiert ist, wirkt wie eine Allegorie auf das Ende der Ehe.

so wie er kein Recht auf das Erbe des Verstorbenen hat. Den einen gehen diese Rechte der in eheähnlicher Gemeinschaft Lebenden zu weit, den anderen nicht weit genug. Stellen sie die Ehe in Frage?

Die Ehe auf dem Prüfstand

In einer Stellungnahme, die Aufsehen erregen sollte, übte der französische Wirtschafts- und Sozialrat heftige Kritik an einer Gesetzgebung, die die Ehe zu schützen behauptet, in Wirklichkeit jedoch die freie Ehe begünstigt.[7] Der Bericht konstatiert die sinkende Zahl der Eheschließungen, die steigende Zahl der Scheidungen, die geringe Zahl der Geschiedenen, die wieder heiraten, den hohen prozentualen Anteil der außerehelich geborenen Kinder und betont sodann: »Sämtliche Gesetzestexte und Maßnahmen der letzten Jahre haben eher eine Behinderung als eine Begünstigung der Ehe bewirkt. Bestimmte Personen profitieren nämlich gleichzeitig von den steuerlichen Vorteilen für Unverheiratete und Geschiedene *und* von den sozialen Vorteilen für Verheiratete, die auch unverheiratet Zusammenlebenden gewährt werden.« Die Berichterstatterin Évelyne Sullerot erachtet es für höchst paradox, daß der Gesetzgeber interveniert und Regelungen für Menschen trifft, die durch ihre Ablehnung der Ehe solchen Regelungen gerade entgehen wollen. Ihr zufolge hatte Bonaparte recht, als er proklamierte: »Da die ›concubins‹ auf das Gesetz verzichten, interessiert das Gesetz sich nicht für sie.« In den fünfziger Jahren waren die »gefallenen Töchter« überwiegend Hausangestellte, ungelernte Arbeiterinnen oder landwirtschaftliche Hilfskräfte; heute gehören die »ledigen Mütter« Berufsgruppen mit mittlerer bis gehobener Bildung an und wohnen in der Großstadt, bilden also einen Teil jener »Avantgarde«, die zur Verbreitung kultureller »Modelle« von oben nach unten beiträgt. Évelyne Sullerot entrüstet sich in ihrem Bericht darüber, daß die neuen Gesetze aus der Zeit von 1965 bis 1982 vieles bislang Sakrosankte abgeschwächt oder abgeschafft hätten, so »den Grundsatz der Achtung vor der Institution, den Vorrang der Ehelichkeit in Sachen Abstammung und Erbschaft, aber auch den Grundsatz der feierlichen persönlichen Bindung«. Heute kann der überlebende Lebensgefährte in der gemeinsam gemieteten Wohnung bleiben, wenn er wenigstens sechs Monate vor dem Eintritt des Todesfalles dort gewohnt hat; Verkäufe zwischen Lebensgefährten sind gültig, während die zwischen Ehegatten es nicht sind; der Lebensgefährte kann in den Genuß der Krankenversicherung, der Familien- und Mutterschaftsbeihilfe und des Sterbegeldes der Sozialversicherung kommen, sofern er eine Bescheinigung beibringt, daß eine Lebensgemeinschaft bestanden hat. In Riom ist es 1978 sogar vorgekommen, daß ein Berufungsgericht nach dem Unfalltod eines Mannes die fällige Versicherungssumme zwischen seiner legitimen Frau und seiner Lebensgefährtin aufteilte. Der Bericht kritisiert den Umstand als paradox, daß der Gesetzgeber zwar die einvernehmliche Ehescheidung zuläßt (Gesetz von 1975), das Sorgerecht und die elterliche Gewalt aber nur einem der beiden Ehegatten zuspricht – in 90 Prozent

»Die Ehe nenn' ich gut, in der die Gatten / einander ihre Albernheit verzeih'n.« (La Fontaine)

der Fälle der Frau. Vor dem Gesetz von 1970 fiel die elterliche Gewalt über ein außerehelich geborenes Kind demjenigen Elternteil zu, der es anerkannte, und im Falle der doppelten Anerkennung demjenigen, der es zuerst anerkannte; seit 1970 hat die Mutter, unabhängig von der Reihenfolge der Anerkennung, die alleinige elterliche Gewalt über das Kind; das Kind, einst »Eigentum des Vaters«, ist zum »Eigentum der Mutter« geworden, und zwar ausgerechnet in dem Moment, da man die Gleichheit der Geschlechter dadurch herbeizuführen sucht, daß man den Vater – der Vaterschaftsurlaub beanspruchen kann – dazu ermutigt, sich den Freuden der Kindererziehung und der Hausarbeit zu widmen. Die Berichterstatterin findet es skandalös, daß zwei verheiratete Mindestlohnempfänger Einkommensteuer zahlen müssen, zwei unverheiratete dagegen nicht, und fragt sich, ob man angesichts der Fülle verschiedener Lebensformen überhaupt noch von »Familie« sprechen könne. Es gibt unverheiratete Paare, notariell beglaubigte Lebensgemeinschaften, allein lebende Geschiedene mit oder ohne Kind, Lebensgemeinschaften von Geschiedenen sowie diverse Varianten des Zusammenlebens Jugendlicher (junge Paare, die ständig, andere, die nur einige Tage pro Woche zusammenwohnen, wieder andere, die es sich noch in der elterlichen Wohnung wohl sein lassen). Im übrigen ist es eine Illusion, zu glauben, daß es für unverheiratete Lebensgefährten leichter sei, sich zu trennen, als für Ehepaare; die Raubgier lauert überall. Die Notare werden bedrängt von Trennungswilligen, die ihren Anteil an der Wohnung, den Möbeln oder dem Auto zurückfordern, und haben sich damit abgefunden, Verträge zu beurkunden, in denen die künftigen Lebensgefährten ihr Eigentum bzw. ihren eigenen Beitrag zum gemeinsamen Besitz dokumentieren. Im Namen der Billigkeit und der Tugend stellt sich die Berichterstatterin die bange Frage, ob Frankreich nicht auf »schwedische Verhältnisse« zutreibe, wo 40 Prozent aller Ehen geschieden und 40 Prozent aller Kinder außerehelich geboren werden. Immerhin gibt es zwei kleine Lichtblicke. Louis Roussel zufolge kann eine Scheidung zu neuem Kindersegen führen; nachdem man zwei Kinder von seinem (geschiedenen) Ehegatten gehabt hat, wünscht man sich vielleicht ein drittes von seinem neuen Partner. Und bei aller Instabilität leben verheiratete Paare in engerer Gemeinschaft als je zuvor: 70 Prozent von ihnen haben ein gemeinsames Bankkonto, und 80 Prozent der Verheirateten wollen ihren Gatten zum Alleinerben einsetzen.

Die Wahl des Gatten

An dieser Stelle sollen uns nicht die Thesen Alain Girards und Louis Roussels beschäftigen, die überzeugend nachgewiesen haben, daß die Wahl des Gatten endogam ist: Man heiratet im eigenen sozialen Milieu. Diese Beobachtung gilt auch für das nichteheliche Zusammenleben. Wir wollen vielmehr anhand von Heiratsanzeigen im *Chasseur français* prüfen, welche sozialen, moralischen und physischen Merkmale die gesuchten Bekanntschaften haben sollen und wie der Inserent sich selber

Ein neuer Zeitvertreib:
Gesucht wird ein Abenteuer,
nicht die Ehe.

75. H 49 pdg gai, sympathique, sentimental et sportif désire connaître JF gentille mince et féminine aimant la vie et ayant assez de temps libre pour partager voyages et sorties. Photo + téléphone souhaités.
[redacted]

75. H 44 a., marié, brun, 1,75 m, ét. sup. sympa et sensuelles discrét. totale assurée.
[redacted]

75. Bel épicurien, 38 a., libre, grand, élégant, solide, dir. sté, viril et sensuel ch. belle femme sexy et très sensuelle, de 28 à 46 a., au corps harmonieux, pulpeux, avec une grosse poitrine, à l'esprit ouvert, intelligent, tendre, gai pour liaison + si affinité, tél. et phot. souhaités, rép. assur.
[redacted]

75. H ing. 41 a., aim. renc. ami âgé (plus de 70 ans), corpulent, yeux bleus, bourgeois, amateur de bons vins.
[redacted]

RP. H cél. 37 a., gd prof. fac. ch. pr mar. JF sér., sit. indif.
[redacted]

75. Prof.38 a., brun, viril, gai offre séjour ski à JF 24-38 du 16 au 28 février, gros câlins.
[redacted]

H 36 a., ch. petite brune jolie intel. non conf. bisexuelle pour assouvir fantasmes et vivre au soleil. Photo.
[redacted]

75. H 52 a, 1,78 m, libre art., agrégé ch. belle amie à aimer, intelligente, sens.
[redacted]

75. 37 a. H cél. études sup. recherche F sympa, cool pour s'éclater ensemble.
[redacted]

75. 38 a., libre bstr aisé offre à JF équilibrée, mignonne, sportive, croisière voile au soleil en mai et rel. durable.
[redacted]

75. H 55 ch. H ms 45 pr relation à définir ensemble. Photo.
[redacted]

CORRESPONDANCE AVEC LES ANNONCEURS. — **A nos lecteurs et lectrices qui désirent correspondre avec les auteurs des annonces, nous ne saurions trop recommander de n'engager une correspondance qu'autant que leur situation correspond réellement à celle demandée dans l'annonce, faute de quoi ils ne doivent pas être surpris s'ils ne reçoivent pas de réponse.**

Par contre, nous prions instamment nos annonceurs de répondre à toute lettre sérieuse qui leur est adressée, lorsque son auteur remplit les conditions indiquées dans leur annonce.

Nous rappelons que nous ne communiquons jamais l'adresse des annonceurs désignés par un numéro du Chasseur Français. *Toutes les lettres qui leur sont destinées doivent nous être adressées sous double enveloppe. La première enveloppe contient la lettre à transmettre, elle ne porte aucune adresse, mais simplement au crayon le numéro de l'annonceur. Cette première enveloppe est placée dans une seconde enveloppe portant notre adresse.*

Plusieurs lettres à transmettre peuvent être placées sous une enveloppe à notre adresse, Veiller, dans ce cas, à mettre sur cette enveloppe l'affranchissement correspondant au poids.

Ne pas oublier de placer dans l'enveloppe portant notre adresse autant de timbres de 0 fr. 65 qu'il y a de lettres à transmettre *(de préférence, ne pas coller les timbres sur les enveloppes à transmettre, nous les collerons nous-mêmes au moment de la réexpédition).*

En raison des frais élevés d'affranchissement, nous aurons le regret de ne pouvoir faire suivre les plis qui ne rempliraient pas les conditions ci-dessus; et nous refuserons, à l'arrivée, les enveloppes qui nous seront présentées avec une surtaxe à payer pour insuffisance d'affranchissement.

Notez bien ceci. — *Nous ne transmettons que les plis destinés à nos annonceurs, il s'ensuit que toute personne, qui veut correspondre et qui n'a pas elle-même d'annonces, doit donner une autre adresse que le bureau du* Chasseur Français, *pour recevoir les réponses.*

Dames

☞ 3.362 mai. — Toujours valable, dot 100.000.

☞ Charentaise, prie M. Louis D..., hôte des 18, 19, 20 avril, envoyer ce qu'il sait, avant 1er septembre. Voyage Paris.

☞ Avril 2500. — Encore valable. Employé bureau P.-O.-Midi, ouvrier, atelier. Sérieux.

☞ Veuve rentée, cinquantaine, lasse solitude, désire mariage monsieur, milieu social élevé. — *Chasseur Français*, n° 5110.

☞ Charmante tous égards; caractère, physique jeunes; élégante, institutrice, avoir futur 200.000, épouserait affectueusement : ingénieur, officier ou fonctionnaire, distingué, loyal, cultivé et de physique vraiment agréable, 30-35. Petits, suffisants, commerçants exclus. — *Chasseur Français*, n° 5111.

☞ Veuve, bien tous rapports, cinquantaine, revenus 35.000, épouserait monsieur honorable, affectueux. Éducation âge, situation rapport. Pas sérieux s'abstenir. — *Chasseur Français*, n° 5112.

☞ Veuve, 50, sans enfants, retraite 6.000, bien sous tous rapports, désire mariage. — *Chasseur Français*, n° 5113.

☞ Jeune fille, 30 ans, taille moyenne, physique agréable, vraie femme d'intérieur, désire mariage avec fonctionnaire ou homme ayant situation stable. — *Chasseur*

☞ Banlieue de Paris. — Très sérieux. Veuve, désire correspondre en vue de mariage avec monsieur de 55 à 60 ans; revenus suffisants pour vivre avec deux grands enfants en pension. Villa, beau mobilier ancien, bonne éducation, bien sous tous rapports, désire refaire foyer heureux basé sur affection réciproque, haute qualité morale et excellente santé exigées. Officier, fonctionnaire ou rentier. Divorcés, étrangers, agences s'abstenir. Discrétion d'honneur. Lettres retournées. — *Chasseur Français*, n° 5117.

☞ Jeune fille, 19, correspondrait vue mariage avec monsieur belle situation, sportif, possédant cabriolet. — *Chasseur Français*, n° 5118.

☞ Veuve, distinguée, 55 ans, physiquement bien, capital 350.000, propriété, bon caractère, épouserait monsieur, éducation, situation, retraité, maximum 62 ans. — *Chasseur Français*, n° 5119.

☞ Veuve, 35, brune, distinguée, une grande fillette, désire mariage, fonctionnaire ou cheminot. — *Chasseur Français* n° 5120.

☞ Chirurgien-dentiste installée correspondrait, vue mariage, médecin, pharmacien, officier, catholique. — *Chasseur Français*, n° 5121.

☞ Célibataire, 44, paraissant très jeune, petite, distinguée, châtain foncé, visage agréable, santé, moralité parfaite, caractère doux, très sérieuse, femme d'intérieur, mais sans fortune, désire mariage avec monsieur très sérieux, ayant santé. Pas sérieux s'abstenir. — *Chasseur Français*, n° 5124.

☞ Côte d'Azur. — Charmante brune, trentaine, sentiments délicats, tendre, idéaliste, musicienne, désire correspondre, vue mariage ultérieur, avec monsieur distingué, affectueux, officier colonial ou autre. Accepte enfants. Très sérieux. — *Chasseur Français*, n° 5125.

☞ Demoiselle, 35, physique agréable, affectueuse, saine, femme intérieur, collaboratrice, sans avoir, désire union heureuse ; âge indifférent.— *Chasseur Français*, n° 5126.

☞ Veuve de fonctionnaire, 57, retraite, débit, auto, épouserait homme sérieux. — *Chasseur Français*, n° 5127.

☞ Demoiselle, trentaine, grande, mince, brune, physique agréable, bonne éducation, femme d'intérieur accomplie, sérieuse, douce, affectueuse, épouserait militaire, fonctionnaire, 30-42, grand, sérieux, loyal. — *Chasseur Français*, n° 5128.

☞ Nice. — Jolie fille, 35, très bien tous rapports, belle santé, cultivée, vivante, excellente famille, dotée, désire mariage. Ira prochainement Paris, Londres. — *Chasseur Français*, n° 5129.

☞ Trouverai-je, en vue mariage, correspondant sérieux, 35-45 ans, affectueux, instruit, situation. — *Chasseur Français*, n° 5130.

☞ Environs Lyon. — Fille unique, 27, jolie, cultivée, dot 50.000, espérances, épouserait professeur ou autre fonctionnaire. — *Chasseur Français*, n° 5131.

☞ Est. — Idéaliste, 25, vraiment jolie, aisée, aspire mariage d'amour, docteur ou fonctionnaire, ingénieur préférence, excellente moralité. — *Chasseur Français*, n° 5132.

☞ Dame veuve, sans enfants, 41 ans, propriétaire, épouserait rentier ou pensionné. Pas sérieux s'abstenir. — *Chasseur Français*, n° 5133.

☞ Parents désirent marier jeune fille,

beschreibt.[8] Der *Chasseur français* ist eine 1885 gegründete Monatszeitschrift. 1939 erschien sie in einer Auflage von 400 000 Exemplaren, 1970 waren es 850 000; dann ging die Auflage wieder zurück. Die Leserschaft war zunächst die bäuerliche und kleinbürgerliche Bevölkerung der Provinz; seit den fünfziger Jahren ist es die großstädtische Mittelschicht. Die Familienzeitschrift brachte 1903, von den übrigen Kleinanzeigen getrennt, die Rubrik »Heiraten«. 1903 erschienen durchschnittlich 10 Heiratsannoncen pro Monat, 1922 waren es 67, 1930 444, 1977 1000. Heiratsannoncen sind also die bei weitem wichtigste Anzeigenrubrik. Marc Martin hat die Annoncen von 1930 und von 1977 untersucht, wobei er nur den Teil des Anzeigentextes berücksichtigte, »in dem der Inserent seinen Heiratswunsch formuliert und sich selbst beschreibt«. 1930 waren die inserierenden Männer vor allem Kolonialbeamte und Militärs, die Frauen überwiegend Postangestellte oder Lehrerinnen. Gesucht wurde eine ökonomisch abgesicherte Verbindung. So gut wie alle Inserenten, Männer wie Frauen, präzisierten, welche Vermögensverhältnisse sie wünschten bzw. wieviel sie selber in den künftigen Haushalt einbringen würden. Sie sprachen vom »Haben« und von »Erwartungen«. Martin schreibt dazu: »Selbst nach fünfzehn Jahren Inflation und Währungskrise träumten die meisten Bürger noch von einem bescheidenen Wohlstand und kleinen Ersparnissen. In den Köpfen hatte die Geldentwertung noch nicht stattgefunden.« 1977 spricht man kaum noch von seinem »Vermögen«; jetzt ist der Beruf zur ökonomischen Fixgröße geworden. Die Inserenten haben die verschiedensten Berufe – die Frauen sind Freiberuflerinnen, Angestellte, Sekretärinnen, Krankenschwestern, die Männer Angestellte, Ingenieure und Techniker. 1930 stand die Ehescheidung noch derartig in Mißkredit, daß manche geschiedene Frau in ihrer Annonce ausdrücklich vermerkte »divorcée, profit«, was darauf hinweisen sollte, daß die Ehescheidung »zu ihren Gunsten«, das heißt zu Lasten des Ex-Ehemannes erfolgt und sie selber also »schuldlos« war. 1977 teilen die Inserentinnen »ohne nähere Präzisierung und ungeniert« mit, daß sie geschieden sind. Verweise auf »Tradition«, »Achtbarkeit« und Katholizismus finden sich 1977 nicht mehr. An ihre Stelle tritt die Wertschätzung körperlicher Vorzüge; jetzt sind es nicht nur die Frauen, sondern auch die Männer, die die Farbe ihrer Augen und ihr Gewicht mitteilen, ihre Figur beschreiben und sich als sportlich bezeichnen. Die typische Inserentin von 1930 war »häuslich, anschmiegsam, gefühlvoll, ernsthaft«, 1977 ist sie »sanft, reizvoll, gute Gastgeberin«, sie singt nicht, sondern ist »musikalisch« und interessiert sich für Literatur und Kunst. »Die Verkörperung der Weiblichkeit ist nicht mehr, wie noch vor fünfzig Jahren, Aschenputtel. An seine Stelle ist die Frau als Muse und Mannequin getreten.« (Martin) Etwas hat sich nicht geändert: Die Zugehörigkeit zu einem anderen Volk und mehr noch die zu einer fremden »Rasse« wurde und wird als nachteilig empfunden, was daraus hervorgeht, daß es in manchen Anzeigen ausdrücklich heißt: »Ausländer(in) kein Hindernis«.

Der Rückgriff auf solche Annoncen liegt an der – in Frankreich ohnehin nur schwach ausgebildeten – geographischen Mobilität, die die Pa-

Während der Woche wohne ich bei Mama und lasse mich bekochen. Am Wochenende besuche ich Papa und koche für ihn.

rentel auseinanderzieht und den Einzelnen von jenem konventionellen Raum trennt, in dem er früher einen Ehepartner gefunden hatte. In den achtziger Jahren gewann dank der Verbreitung des Autos die Vetternehe wieder an Bedeutung. Auf der Suche nach seinen Wurzeln knüpft der Mensch Kontakte zu Seitenlinien der Familie, die frühere Generationen aus dem Auge verloren hatten. Die »Bande der Ehe«, von denen man früher zu sprechen pflegte, scheinen wieder bedeutsam zu werden, obschon in einem anderen Verstande. Der Städter, der anläßlich einer Hochzeit zum erstenmal seine Verwandten auf dem Land besucht, mag überrascht sein, daß in bestimmten Regionen der »Charivari« noch immer im Schwange ist – die Hochzeitsgäste heften sich den Jungvermählten an die Fersen, um bei Tagesanbruch die Heimlichkeit der ersten (?) Nacht geräuschvoll zu stören.

Liebe in der Ehe

Liebe in der Ehe – ein moderner Gedanke

Im Mai 1985 wurden im indischen Bundesstaat Rajasthan innerhalb von 24 Stunden 40 000 Kinderehen geschlossen. Man hält dort die Liebe für ein so unsicheres Gefühl, daß sie nicht zum Fundament der Ehe taugt. Die Ehescheidung ist zwar bekannt, wird aber in ländlichen Gebieten mißbilligt, und so kann man sich unschwer vorstellen, daß diese Kinderehen auch vollzogen werden und ein Leben lang halten. In Frankreich dagegen glaubt heute niemand mehr, daß am Anfang jeder Familie etwas anderes stünde als die Liebe zwischen Mann und Frau. Die einzige Gesellschaft, die dieses Risiko in Kauf nimmt, ist wohl die westliche; die Verschmelzung von Liebe und Ehe ist also geographisch eng begrenzt. Historisch gesehen ist sie neu. Philippe Ariès hat gezeigt, daß die Ehe, in der der Mann die Frau verstoßen und eine andere Frau heiraten kann, räumlich und zeitlich das am weitesten verbreitete »Modell« ist. Er nennt die unauflösliche Einehe »das große Faktum in der Geschichte der abendländischen Sexualität«. Bis zum 10. Jahrhundert war im Adel die Heirat ein Vertrag zwischen zwei Familien und damit ein privater, weltlicher Akt, in den die Kirche sich nicht einzumischen hatte. Wenn die Frau keine Kinder bekam, galt sie als unfruchtbar und wurde entweder zu ihrer Familie zurückgeschickt oder mußte fortan im »moutier« leben, »einem klosterartigen Annex der Burg, in dem die Familienoberhäupter ihre Töchter und Witwen hüteten«. Die Kirche schwankte zwischen einer asketischen Konzeption, die seit dem hl. Hieronymus in der Ehe einen vulgären, fast animalischen Zustand erblickte, mit dem sie nichts zu schaffen hatte, und einer paulinischen Konzeption, die sich damit abfand, daß es »besser ist, zu heiraten, als entbrannt zu werden« (1. Kor. 7,9).[9] Erst im 13. Jahrhundert erlangte die Kirche durch das Inzestverbot Kontrolle über die Heirat und postulierte gegen die Einwände des Adels die »stabilitas« (wir würden sagen: die Unauflöslichkeit) der Ehe, die, Paul Veyne zufolge, auf dem Lande schon seit dem Ende der gallorömischen Zeit üblich war. Nach dem

Konzil von Trient feierte man die nunmehr zum Sakrament erklärte Eheschließung vor dem Kirchenportal und später vor dem Altar. Der Triumph des weltlichen Staats über die Kirche änderte am Prinzip der Unauflöslichkeit der Ehe nichts, wiewohl zum erstenmal – und nur für kurze Zeit – die Scheidung erlaubt war. Natürlich war in dem Vertrag, den zwei vermögende Adelshäuser oder zwei Habenichtse aus dem Volk schlossen, von Liebe nicht die Rede. Stellte diese sich ein, so war das eine glückliche Fügung, sofern sie nicht zu erotischen Wallungen führte; denn Exzesse verfielen dem gnadenlosen Verdikt einer kirchlichen Ethik, für die der Coitus interruptus gleichbedeutend mit Kindsmord war. Um so erstaunlicher ist das Beispiel des Herzogs von Saint-Simon, der seine Frau aus Konvenienzgründen geheiratet hatte, aber »nicht zögerte, seine Liebe zu ihr zu beteuern, und sogar in seinem Testament bestimmte, daß ihre beiden Särge durch eine eiserne Kette verbunden würden, damit sie auch im Tod vereint seien« (Philippe Ariès). Damals war es also die eheliche Liebe, die man geheimhalten mußte, so sehr widersprach sie weltläufiger Lebensart. Die Gattenliebe war einer der heimlichen Orte der alten Gesellschaft, und sie blieb es bis Anfang unseres Jahrhunderts. Nach Abschluß des Vertrags vor dem Notar – oft der treibenden Kraft hinter der Eheschließung – wäre es unschicklich, ja, geradezu lächerlich gewesen, offen Begeisterung füreinander zu bekunden. Léon Blum sorgte mit seinem Buch *Du mariage* (1907) für einen Skandal, weil er künftigen Eheleuten nahelegte, zunächst einmal einschlägige Erfahrungen mit anderen Personen ihres Standes zu sammeln: »Man spiele nicht die Violine, ohne es erlernt zu haben [...]. Man glaube nicht, Vergnügen an einer neuen Frau zu finden, solange man nicht gelernt hat, auf diesem Instrument zu spielen!« Und er setzt hinzu: »Man wird erst dann die ganze Süße des Zusammenlebens kosten, wenn gleiche Erfahrungen den einen wie den anderen befähigen, die Gründe seiner Wahl zu erkennen.« Prophetische Worte, gesprochen fast 75 Jahre vor dem »Zusammenleben Jugendlicher«. Dem Zeitgeist näher stand Abbé Grimad mit seinem Buch *Futurs Époux* (1920), das von der Académie Française preisgekrönt wurde; er riet den jungen Männern, Blaustrümpfe und Proletarierinnen ebenso zu meiden wie Freudenmädchen.

Geheimnisse zwischen Ehegatten

War es einst die eheliche Liebesglut, die man geheimhielt, so ist es heute das Ermatten, ja, das Erlöschen der Empfindung in einem Ehealltag, der durch die Verlängerung der Lebenserwartung von früher ungekannter Dauer ist. Wenn es denn Geheimnisse gibt, die die Ehegatten in gemeinsamer Komplizenschaft eifersüchtig hüten, dann sind es diese. Was wissen wir von den Geheimnissen, die der eine vor dem anderen verbirgt? Natürlich nichts. Einst fand man sich mit dem Rätsel ab, das die Identität des anderen aufgab, vorausgesetzt, er spielte seine Rolle in Gesellschaft und Familie. Sie ist vielleicht nicht erfunden, die »wahre Geschichte« von dem alten Herrn, der am Vorabend seiner Goldenen

Hochzeit seine Schwiegertochter fragt: »Was könnte ich deiner Schwiegermutter nur schenken? Ich kenne ihren Geschmack überhaupt nicht!« Was verbindet (noch) ein Paar, in dem der eine seinen Plänen lebt, der andere seinen Erinnerungen? Was geschieht in dem Ehebett, in dem man nicht mehr miteinander schläft: ein Aufflackern der Leidenschaft, Phantasien, Enthaltsamkeit aus Gewohnheit, freundschaftlicher Austausch, Schweigen? Wie funktioniert im Alter der Mechanismus der Erinnerung an das gemeinsam verbrachte Leben? Was dem einen als »schönste Zeit« im Gedächtnis geblieben ist, das hat der andere vergessen. Selbst die bereits erwähnten, angeblich »objektiven« Zeichen wie Briefe, Photos, Filme werden unterschiedlich gelesen. Ehegatten haben Jahrzehnte miteinander verbracht und dabei wohlweislich bestimmte Bemerkungen oder Fragen unterdrückt. Ich denke nicht nur an die »zweckmäßigen« Geheimnisse wie das Verschweigen eines Ehebruchs oder der Phantasietätigkeit, sondern auch an so irdische Dinge wie den unterdrückten Ärger über ein Schnarchen, über eine Geste oder die Wiederholung einer hundertmal erzählten und also bekannten »Anekdote«. Die Vergangenheit – eine durch das Vergessen beschädigte Vergangenheit – ist in jedem Augenblick des Lebens gegenwärtig, doch alte Eheleute, die dieselbe Existenzform miteinander geteilt haben, bewahren daneben eine potentielle Autobiographie (die sie nicht schreiben), an der der andere keinen Anteil hat. Und so bleibt es ungelöst, das Geheimnis der Mechanik des Begehrens und seines Scheiterns.

Primat des Ichs?

Wie gehen die Ehegatten mit dieser sehr unvollständigen »Transparenz« um? Meinungsumfragen liefern uns einige Informationen, die indes mit Vorsicht aufzunehmen sind – daß Antwort und Wahrheit sich decken, bleibt bei der Erforschung des Geheimen eine Hypothese. Eine Umfrage aus dem Jahre 1969 (also nach den »Ereignissen« von 1968) ergab, daß 41 Prozent der Frauen einen »guten Ehemann« wollten; 20 Prozent hofften auf ein »schönes, harmonisches Heim«. Nur 22 Prozent sagten, sie hofften auf die Liebe in der Ehe, obwohl 44 Prozent an die »große Liebe« glaubten. Aber wo suchten sie die? Ermutigender sind die Ergebnisse von Alain Girard und Jean Stoetzel.[10] Die Franzosen befürworten durchaus die Empfängnisverhütung, sind aber der Ansicht, daß eine Frau Kinder haben muß, um ihre Erfüllung zu finden. Ausschlaggebend für den Erfolg der Ehe sind »sexuelle Harmonie« (70 Prozent) und »wechselseitige Treue« (73 Prozent), vor allem jedoch »Achtung vor dem anderen« (86 Prozent) und »gegenseitiges Verständnis« (73 Prozent). Die Autoren kommen zu dem Schluß: »Die Familie ist der privilegierte Ort der Entspannung und Muße, der Ort des Glücks. Hier fühlt man sich geborgen (66 Prozent), entspannt (61 Prozent) und glücklich (57 Prozent). Der Grad der Zufriedenheit mit dem häuslichen Dasein beträgt 7,66 auf einer von 1 bis 10 reichenden Skala. Die Familie erscheint als Zufluchtsort vor den Aggressionen der Alltagswelt.«

»Mir ist kalt, ich bin hungrig, und ich will Sex!« (Cartoon von Sempé, © C. Charillon – Paris)

Diesen Optimismus kann ich nicht teilen. Sobald der Mensch sich als »begehrende Maschine« fühlt, gibt er Meinungsforschern keine Auskunft. Früher stillte der Mann bei Prostituierten die Begierde nach Partnerwechsel. Heute, da die Prostitution noch immer gedeiht, kann sich ein »Abenteuer« in der eigenen Lebenswelt zu einer »Liaison« ausweiten, und das gilt für die Frau ebenso wie für den Mann. Seitdem die Ehe nicht mehr auf der gemeinsamen Ausbeutung zweier durch Heirat zusammengefügter Vermögen beruht und auch nicht mehr auf einer gemeinsam ausgeübten Tätigkeit (der Bäcker am Backofen, die Bäckersfrau hinter dem Ladentisch), ist ihr Fundament das Gefühl. Man kann sich verpflichten, sein Leben lang ein Gewerbe auszuüben, doch für die Dauerhaftigkeit des eigenen Begehrens kann man nicht garantieren. Die Angst vor dem Alleinsein und die Überzeugung, daß es mit einem (oder einer) anderen nach der ersten Verliebtheit nur wieder derselbe Alltagstrott wäre, bilden den prekären Kitt, der Ehen zusammenhält, die Neugier der Meinungsforscher aber kaum erregt. In der Tat organisieren die sozialen Akteure ihr Eheleben auf sehr unterschiedliche Weise. François de Singly schlägt deshalb vor, auf die Familie die Definition anzuwenden, die Georg Simmel von der Sozialisation gegeben hat: eine ganz unterschiedlich realisierte Form, welche die Individuen auf der Grundlage gemeinsamer (vorübergehender oder dauerhafter, bewußter oder unbewußter) Interessen und Ideen eint und diese Interessen Wirklichkeit werden läßt. Aktuelle Untersuchungen (1985), auch wenn sie sozial begünstigte Schichten betreffen, machen deutlich, daß der Einzelne zunehmend der eigenen Entfaltung und dem eigenen freien Willen Priorität einräumt, hingegen die »mit einer langfristigen multifunktionalen Beziehung verbundenen Beschränkungen, Rücksichten, Reibereien und Opfer« scheut (F. de Singly). Dieser Primat des Ichs vor dem ehelichen Wir, durch den Treue und Dauer zugunsten der Selbstverwirklichung entwertet werden, läßt die Existenzform der Ehe in einem neuen Licht erscheinen. Es kommt heute nicht mehr darauf an, sich in der Ehe »einzurichten«, sondern in dem Wissen zu leben, daß der andere jederzeit seine Andersheit geltend machen kann. So wird die Ehe zu einer Sphäre des Ungewissen, so wie es der Krieg in den Augen von Clausewitz war. Vielleicht gehört die Zukunft der »Ehe der verschiedenen Geschwindigkeiten«: auf eine erste Phase der körperlichen Liebe, der Treue und der Fortpflanzung folgt eine Periode gegenseitiger Freiheit mit sporadischen sexuellen Beziehungen und schließlich eine Zeit der Freundschaft und Komplizenschaft, in der man gemeinsam altert und sich des Vergangenen erinnert. Es sei denn, das kollektive Unbewußte, jüdisch-christlich geprägt und stets präsent, trage zur Aufrechterhaltung der alten Ordnung bei.

Scheidung in Freundschaft

Im vorrevolutionären Frankreich gab es keine Ehescheidung. Das kanonische Recht kannte nur die Annullierung der Ehe, die allerdings häufig vorkam. Das Gesetz vom 20. September 1792 brachte eine liberale Regelung und legalisierte nicht nur die einvernehmliche Ehescheidung, sondern auch die Scheidung wegen Unverträglichkeit, die jeder der beiden Gatten beantragen konnte. Der Code civil sah diese Scheidungsgründe nicht mehr vor, und das Gesetz vom 8. Mai 1816 untersagte die Ehescheidung überhaupt. Das Wort »Revolution« war also auch in seiner astronomischen Bedeutung zu verstehen. Das Gesetz vom 27. Juli 1884 (die Lex Naquet) ließ die Ehescheidung wieder zu, allerdings unter restriktiven Vorzeichen; es beruhte auf dem Prinzip der »Scheidungssanktion«, die nur ausgesprochen werden konnte, wenn das Verschulden des einen oder des anderen Gatten nachgewiesen war. Eindeutige Verfehlungen (Ehebruch, Verurteilung zu einer schweren Strafe, Verlust der bürgerlichen Ehrenrechte) begründeten zwingend die Scheidung; leichte Verfehlungen (Ausschweifung, Mißhandlung, Körperverletzung) stellten fakultative Scheidungsgründe dar, deren Einschätzung dem Ermessen des Richters überlassen blieb. Das Gesetz vom 11. Juli 1975 hält am Verschuldensprinzip fest, kennt jedoch auch die Scheidung in gegenseitigem Einvernehmen (auf gemeinsamen Antrag beider Ehegatten oder auf Antrag des einen Gatten, dem der andere zustimmt) und die Scheidung wegen Aufhebung der ehelichen Lebensgemeinschaft (mindestens sechsjährige faktische Trennung, mindestens sechsjährige schwere Beeinträchtigung der mentalen Fähigkeiten eines Gatten). Neu geschaffen wurde das Amt eines Richters für Eheangelegenheiten; er allein ist befugt, »die Ehescheidung auszusprechen, wenn sie in beiderseitigem Einvernehmen begehrt wird« (Artikel 247 Code civil). Er bestimmt auch die Höhe der Ausgleichszahlungen (der früheren »Unterhaltsrente«), die dazu dienen, das finanzielle Gleichgewicht der Ehegatten unter Berücksichtigung ihrer zu erwartenden künftigen Vermögensverhältnisse herzustellen – keine leichte Aufgabe für den Richter.

1960 gab es in Frankreich 30 000 Ehescheidungen, 1984 waren es über 100 000. Ihre Zahl hat sich in kaum 25 Jahren verdreifacht, und sie erfolgen immer früher. Zur Alltäglichkeit geworden, gehört die Scheidung heute zur Normalität des Ehelebens. Der Anteil geschiedener Ehen bei Personen, die vor 1975 geboren sind, wird auf 21 Prozent geschätzt. In Schweden enden heutzutage 40 Prozent aller Ehen mit der Scheidung, und nicht selten hört man Sätze wie: »Meine letzte Ehe war ein Erfolg – sie hat sieben Jahre gedauert.« Das heißt, daß das Gesetz von 1975 mit der gewachsenen Scheidungsfreudigkeit nichts zu tun hat. Wieder einmal hat der Gesetzgeber lediglich zur Kenntnis genommen, »was der Fall ist«, hat die Entwicklung nicht gesteuert, sondern nachvollzogen. Wenn das Begehren schwindet und die Liebe verkümmert, macht die Scheidung das Geheimnis dieser doppelten Enttäuschung offenbar. Früher blieb man beisammen, »um den Schein zu wahren« oder »um der Kinder willen«. Heute ist das anders: Sobald sich im Ehebett, nach den glücklichen Zeiten des Miteinander und des Nebeneinander, der dritte Akt des Dramas abspielt, das Gegeneinander, beschließt man, sich scheiden zu lassen. In zwei Dritteln der Fälle sind es Frauen, die die Scheidung einleiten. Die meisten von ihnen sind unter dreißig; sie sind im Dienstleistungsbereich oder als Angestellte tätig, sofern es sich nicht um berufstätige Frauen der oberen Schichten handelt.

Kann man mit einer Scheidung jemals »fertig werden«? Gelingt eine Trennung, ohne daß sie in Bürgerkrieg ausartet? Das ist keineswegs ausgemacht. Bei Paaren, die erst zwei oder drei Jahre verheiratet sind, keine Kinder haben und keine nennenswerten gemeinsamen Vermögenswerte angesammelt haben, funktioniert die Scheidung »in beiderseitigem Einvernehmen« am besten. Sind Kinder und Vermögen vorhanden, so müssen beide Parteien sich über das Sorgerecht für die Kinder und die Aufteilung des Hausrats einig sein, um die Trennung möglichst rasch und möglichst schmerzlos zu vollziehen. Sie erscheinen vor dem Anwalt, weil sie sich zu einer freundschaftlichen Lösung entschlossen (und resigniert?) haben. Der Konflikt entzündet sich an den Kindern und an der Aufteilung der Güter, also an der Liebe und am Geld. Reklamieren die Frauen für sich dieselben Rechte wie die Männer, so verlangen die Männer, daß auch die Pflichten dieselben und die Privilegien – namentlich das Sorgerecht für die Kinder – gleichmäßig verteilt seien. Viele Frauen bevorzugen anstelle der Ausgleichszahlung die alte Unterhaltsrente. Aber ob sie auch gezahlt wird? Wie das Ministerium für die Rechte der Frauen mitteilt, kommt der Mann in 40 Prozent der Fälle seinen Zahlungsverpflichtungen unregelmäßig oder gar nicht nach. Dann muß die Frau sich ihr Recht durch komplizierte Verfahren (Einbehaltung des Lohns, Eintreiben der Forderungen durch den Staat) erwirken, die freilich nach dem Sullerot-Bericht im Falle einer »organisierten Insolvenz« nicht weit führen. Und obwohl dem Geschiedenen nicht mehr der Makel der Schande anhaftet, wird die Ehescheidung doch immer noch als Sanktionierung eines Scheiterns gewertet – ein altes jüdisch-christliches Erbe, von dem die Skandinavier sich erfolgreich befreit haben.

Daher bleibt die Scheidung eine »Prüfung«. Doch ist nicht auch die Ehe eine Prüfung, und zwar eine längere? Verschiedene Anzeichen deuten darauf hin. Zu denken gibt der Umstand, daß Geschiedene neuerdings viel seltener als früher noch einmal heiraten. Bedauernd konstatiert der Sullerot-Bericht hier »eine dauerhafte Abneigung gegen die Ehe«. Demnach ist bei Frauen aller Altersgruppen der Prozentsatz der Geschiedenen, die noch einmal heiraten, von 57,1 Prozent im Jahre 1970 auf 49,7 Prozent im Jahre 1978 »und in den letzten vier Jahren, für die noch keine genauen Statistiken vorliegen, weiter gesunken«. In den sechziger und siebziger Jahren hatten über 80 Prozent der Geschiedenen unter dreißig noch einmal geheiratet, oft weniger als zweieinhalb Jahre nach der Scheidung. Die Situation der (bzw. des) Geschiedenen jüngeren Alters »war also nur ein Übergangsstadium zwischen zwei Ehen, der Status als Geschiedene(r) ein kurzer Ausnahmezustand« (ebd.). Man könnte sich vorstellen, daß in diesen Fällen eine – verschwiegene – dritte Person bereits in das Leben eines der beiden Ehegatten eingetreten war und den Entschluß zur Scheidung ausgelöst – oder erzwungen? – hatte: Die Salonkomödien, deren Meister Feydeau war, leben ja seit jeher von diesem Stoff. Heute läßt man sich häufiger scheiden und geht seltener eine neue Ehe ein. Von den 1982 gezählten 847 000 Familien mit nur einem Elternteil waren 123 000 alleinerziehende Väter und 724 000 alleinerziehende Mütter. Bei diesen nimmt der Anteil der geschiedenen Frauen rapide zu, während der Anteil der Witwen zurückgeht. Die Witwen waren vielleicht niemals glücklich; doch ist nicht auszuschließen, daß es unter den geschiedenen Frauen viele glückliche gibt.

Männerdämmerung?

Den Ausdruck – und die Frageform – verdanke ich Dr. Pierre Simon. Zahlreiche verifizierbare Fakten legen eine positive Antwort auf die Frage nahe: Frauen drängen zunehmend in »Männerberufe« (etwa die Ingenieurinnen, die allerdings im Forschungsbüro häufiger anzutreffen sind als in der Fabrik oder an der Spitze einer Produktionseinheit); sie haben Zugang zu den »großen» Hochschulen; die Männer klagen über die erschreckende sexuelle Appetenz ihrer Partnerinnen. Hinzu kommt, daß junge Mädchen – oder besser gesagt: junge Frauen, die nicht verheiratet sind (die nicht schon ganz früh ihre erste »große Liebe« geheiratet haben) – die Ehe ablehnen oder sie zumindest aufschieben, weil sie wissen, daß Liebe sich im Lauf der Zeit verschleißt (manche ihrer Freundinnen, die jung geheiratet hatten, sind bereits geschieden), und weil sie das Risiko kennen, das die Mutterschaft für ihre Karrierepläne darstellt.

Ausbeutung der Ehefrau durch den Mann – wie lange noch?

Quantifizierende Untersuchungen zur Hausarbeit in Frankreich ergaben (1981) folgendes Bild: Es wurden 53 Millionen Stunden *unengeltlicher* Hausarbeit und 39,5 Millionen Stunden »produktiver«, das heißt bezahlter Arbeit geleistet. Nun weiß jedes Kind, daß unentgeltliche Hausarbeit fast immer Frauenarbeit ist; erwerbstätige Arbeiter widmeten der Hausarbeit täglich 96 Minuten, ihre Frauen, wenn sie nicht erwerbstätig waren, 483 Minuten. Die häusliche Arbeit scheint wenig Spaß zu machen, denn beim Zensus von 1982 war zum erstenmal die Anzahl der Paare mit zwei Einkommen größer als die Anzahl der Paare, in denen der Mann allein verdiente. Zu ergänzen ist noch, daß durch Überalterung der Bevölkerung und früheres Ausscheiden aus dem Beruf die Anzahl der Paare steigt, in denen beide Partner nicht mehr erwerbstätig sind, und es neuerdings auch viele Paare gibt, in denen der Mann nicht mehr berufstätig ist, wohl aber die Frau (was damit zusammenhängt, daß die Frau, statistisch gesehen, stets jünger ist als ihr Mann).

Der Wunsch der Frau, »tätig«, nämlich berufstätig zu sein, gilt für alle Berufsgruppen, selbst wenn die angestrebte Beschäftigung alles andere als befriedigend ist. Es geht also um den Ort der Frau in den sozialen Strukturen, namentlich den Produktionsstrukturen. Man könnte auch, mit einem aus der Mode gekommenen Ausdruck, von einer »Kulturrevolution« sprechen. Ein kurzer historischer und geographischer Rundblick erhärtet diese Einschätzung. Laut amnesty international werden in bestimmten Mittelmeergesellschaften – und das in den achtziger Jahren des 20. Jahrhunderts – schwangere Mädchen von ihrem Bruder getötet, um »die Ehre der Familie zu retten«. Dieser Ehrenkodex ist unabhängig von der Religionszugehörigkeit; man trifft ihn bei Muslimen ebenso wie bei Juden und Christen an; er scheint also historisch älter zu sein als der Monotheismus und wird besonders von den Frauen überliefert, die gewöhnlich stärker als Männer an Traditionen hängen, auch wenn sie selber deren Opfer sind.

»Die Ehe ist eine Form der häuslichen Produktion, die sich dadurch auszeichnet, daß eine bestimmte Kategorie der Bevölkerung, nämlich die verheirateten Frauen, zu unentgeltlicher Arbeit gepreßt wird. Der Ehevertrag ist die Sonderform eines Arbeitsvertrags, der als solcher nicht ausdrücklich gekennzeichnet ist und durch den der Ehemann sich die Arbeitskraft seiner Frau aneignet.«[11] Das sind entschiedene Worte. Gelten sie auch noch für die Gesellschaft der achtziger Jahre? Elena Gianini Belotti resümiert in einem Buch, dessen wichtigste Gedankengänge wir kurz skizzieren wollen, amerikanische und französische Untersuchungen, deren Ergebnisse konvergieren.[12] Alle Mütter geben einem männlichen Säugling länger die Brust als einem weiblichen – das kleine Mädchen wird mit drei Monaten entwöhnt, der kleine Junge mit fünf. Die tägliche Stillzeit ist bei Jungen länger als bei Mädchen; dafür beginnt die Erziehung zur Reinlichkeit bei diesen früher als bei jenen. Den Sohn zeigt die Mutter gern nackt, während sie das Mädchen zur

Schamhaftigkeit anhält. Was beim Mädchen »Laune« heißt, ist beim Jungen Zeichen von Männlichkeit, weshalb seine Aggressivität als ermutigendes Indiz gilt; er wird sich später nicht nur zu wehren wissen, sondern auch zurückschlagen. Das kleine Mädchen muß »brav« sein; es darf nicht weinen und keine »schlimmen« Wörter benutzen, es muß »ordentlich« sein und sich jederzeit stören lassen, um irgend etwas zu tun, worum man es bittet, gegen die kleinen Geschwister muß es sich »mütterlich« verhalten, sonst ist es ein »böses Kind«. Selbst in den sogenannten »fortgeschrittenen« Industriegesellschaften überwiegt unverändert der Wunsch nach einem Jungen, dem »Stammhalter« – ist das erstgeborene Kind ein Mädchen, muß das zweite unbedingt ein Junge werden. Elena G. Belotti beschließt das Plädoyer der Anklage mit militanten Tönen: »Der ständige Vergleich mit den Jungen, die Privilegien genießen, welche den Mädchen versagt bleiben, beschädigt diese in ihrem Selbstwertgefühl, das sie aber zur Durchsetzung ihrer Ziele in ihrem eigenen Kampf brauchen.« Ich möchte daran erinnern, daß schon lange vor Elena G. Belotti Carl Gustav Jung – abweichend von Freud – betont hat, daß Repression sich beim Mann und bei der Frau auf unterschiedliche Weise auswirkt. Jung konstatiert, daß das Ideal des Mannes »Männlichkeit« ist (physischer Mut, Tatkraft, Selbstbeherrschung usw.) und die Gesellschaft die »weiblichen« Gefühle in ihm verdrängt, und er kommt zu dem Schluß, daß gleichwohl in jedem Mann eine weibliche Seele verborgen sei. Gleichzeitig bilden die Frauen, weil sie gezwungen wurden, den männlichen Teil ihres Wesens zu verdrängen, ein männliches Unbewußtes aus. Wenn es diesem – dem »animus« im Gegensatz zur »anima« – gelingt, die Zensur der Gesellschaft zu überwinden, offenbart es Züge, die als typisch für die Psychologie des Mannes gelten: das intellektuelle Vergnügen an logischer Argumentation, den Wunsch, das letzte Wort zu behalten, usw. Man sagt von einer solchen Frau gern, sie sei ein »Mannweib«, oder erklärt sie zur »Megäre« – ein Wort, zu dem es kein Maskulinum gibt.

Das Spielzeug trägt auf seine Weise zur Differenzierung der Geschlechter bei. Die Mitarbeiterin eines Meinungsforschungsinstituts, die in mehreren Spielzeugläden die Frage zu stellen hatte: »Haben Sie etwas für ein dreijähriges Kind?« bekam unweigerlich zu hören: »Für ein Mädchen oder für einen Jungen?« Eltern, die sich Sorgen machen, ihr Sohn könne sich zu viel mit den Puppen seiner Schwester befassen, suchen ihn durch aggressive und kompetitive Spiele auf die »richtige« Bahn zu lenken. Eine amerikanische Studie über 144 Lesebücher für den Gebrauch in Grundschulen ergab, daß in allen Texten berufstätige Mütter entweder als Sekretärin oder als Krankenschwester oder als Lehrerin figurierten, also einen traditionellen Frauenberuf ausübten. Eine französische Untersuchung zu Kinderbüchern wies nach, daß in Kinderbanden der »Boß« stets ein Junge ist. Die Einrichtungen des Vorschulunterrichts heißen in Frankreich »écoles maternelles«, nicht »paternelles«. Die dort Beschäftigten sind fast ausnahmslos Frauen, die behaupten, sie hätten sich für diese Tätigkeit aus »Berufung« entschieden. E. G. Belotti bemerkt in dem erwähnten Buch: »Opfermut ist immer verdächtig. Man sieht nicht, warum ein Mensch, der seine fünf

Die Frau ist Ingenieur – sie ist jung, sie ist hübsch, sie ist schwanger, und sie ist der Chef auf dieser Baustelle.

Für die kleinen Mädchen Puppen, für die kleinen Jungen Waffen: wie lange noch? »Noch der unterdrückteste Mann hat jemanden, den *er* unterdrücken kann: seine Frau. Die Frau ist die Proletarierin des Proletariers«, schrieb Flora Tristan nicht ohne Bitterkeit. Aber das war 1843.

Sinne beisammen hat, sich spontan entschließen sollte, sich zu opfern, anstatt sein Leben tunlichst zu genießen.« Kindergärtnerinnen und Vorschulerzieherinnen neigen dazu, die Geschlechtertrennung zu forcieren; kleine Mädchen haben »artig zu sein«, sie müssen aufräumen und saubermachen, während die Jungen von diesen Aufgaben befreit sind. Aber unzweifelhaft verspüren die Mädchen, wenn sie erwachsen sind, keinen Groll über diese Geschlechtertrennung; neuere Forschungen belehren uns darüber, daß verheiratete Frauen auf sehr vertraulichem Fuß mit ihrer Mutter stehen (leider ohne uns zu verraten, welche Geheimnisse sie vertraulich besprechen) und daß verheiratete Paare mehr Kontakt zu den Eltern der Frau als zu denen des Mannes unterhalten.

Der allmähliche soziale Aufstieg der Frau

Daß die Ungleichheit der sozialen Chancen von Mann und Frau endlich aufhören möge, ist ein alter Wunsch; offenbleibt, wie ernst es den Beteiligten – Männern, aber auch Frauen – damit ist. Das Wort »Feminismus« scheint Fourier erfunden zu haben; 1832 riefen die Saint-Simonisten die erste feministische Zeitschrift ins Leben, *La Femme libre*. Doch während in den USA die Emanzipation der Frau mit der Sklavenbefrei-

ung Hand in Hand ging, machten in Frankreich Männer wie Frauen der unteren Volksschichten – zur Reservearmee des Kapitals gehörend – einander die Arbeitsplätze streitig, deren Angebot in jenen Jahren hinter der Nachfrage weit zurückblieb.

Dies erklärt das sehr zögerliche Einrücken von Frauen in Positionen, die mit dem Siegel sozialer Achtbarkeit (Entscheidungsbefugnis, kulturelles Kapital) versehen sind. Die Langsamkeit dieses Prozesses läßt sich an einigen Zahlen und Daten ablesen: 1920 erhielten die Frauen das Recht, auch ohne Einwilligung ihres Mannes einer Gewerkschaft beizutreten; damals waren die Löhne der Frauen immer noch 31 Prozent niedriger als die der Männer. 1921 gab es in Frankreich 300 Ärztinnen, 1929 519; 1914 zählte man 12 plädierende Rechtsanwältinnen, 1928 96; 1930 gab es lediglich 7 Universitätsprofessorinnen; 1936 wurden die Löhne der Frauen auf 85 Prozent der Löhne der Männer festgelegt, während im Primar- und Sekundarschulbereich seit 1927 gleiche Gehälter für Mann und Frau gezahlt wurden, wenn Qualifikation und Dienstalter gleich waren. Erst nach dem Zweiten Weltkrieg konnten berufstätige Frauen endlich soziale Positionen besetzen, die bis dahin das Monopol der Männer gewesen waren. Und noch immer ist der unbefangene Blick auf diese Frauen vom Sexismus verstellt; hiervon zeugt die genüßliche Umständlichkeit, mit der gewisse Journalisten sich bei der äußeren Erscheinung einer weiblichen »Persönlichkeit« aufhalten.

In drei Zeitungen unterschiedlicher politischer Couleur begann das Porträt von drei politisch aktiven Frauen mit der Beschreibung ihres Körpers und ihres Familienlebens. Florence d'Harcourt »ist groß, schlank, blond und vor allem Mutter«[13]; Anne-Marie Dupuy, Kabinettsdirektor (nicht »Direktorin«) im Generalsekretariat des Staatspräsidenten und Mitglied des Staatsrats, »liebt das Segeln und das Skifahren. Lächelnd, braune Augen, heller Teint, das dunkelblonde Haar unauffällig hochgebunden, trägt immer klassische Kostüme oder strenge Kleider in diskreten Farben«[14]; Marie-France Garaud »strahlt freundschaftliche Wärme aus. [. . .] Man muß sich den Hals ansehen: biegsam und fest, verrät er die Walküre – kriegerisch, zum Kampf bereit. Wer ist diese elegante Dame? Ganz einfach eine Frau aus der Provinz, ehrgeizig, gescheit und gerissen. Sie hat zwei Kinder, einen Mann, der Anwalt am Kassationshof ist, und wie die meisten Adepten Pompidous einen ausgeprägten Willen zur Macht«.[15]

Der Aufstieg der Frau in soziale Spitzenpositionen muß zwangsläufig die ehelichen Beziehungen auf eine harte Probe stellen. Zu der unbestreitbaren Unterlegenheit des Mannes in der Lebenserwartung und in sexualibus gesellt sich möglicherweise eine kontraproduktive Karriereplanung. Untersuchungen von Andrée Michel belegen, daß die am höchsten qualifizierten berufstätigen Frauen zugleich diejenigen sind, die mit ihrer Ehe augenfällig unzufrieden sind, und daß ihre Autonomie eine neue Definition des Ehelebens, eine neue Aufgaben- und Rollenverteilung erforderlich macht, und zwar nicht nur innerhalb, sondern auch außerhalb der Familie. Hinzu kommt, daß die Arbeitslosigkeit in allen sozialen Gruppen die Ehegatten zu einem beruflichen Umdenken zwingt. Die Arbeitslosigkeit des Mannes bei fortdauernder Erwerbstätigkeit der Frau stellt die Ehe als »Wirtschaftsbündnis« auf den Kopf. Noch vor wenigen Jahrzehnten war es nicht ungewöhnlich, daß eine Frau, die ein abgeschlossenes Studium vorzuweisen hatte, im Augenblick der Eheschließung auf jede Berufstätigkeit verzichtete; sie nutzte ihr kulturelles Kapital, um ihrem Mann bei seiner Karriere zu helfen und ihre Kinder zu erziehen. Eine in den siebziger Jahren veranstaltete Umfrage unter Medizinstudenten aus dem Großraum Marseille ergab, daß Medizinstudentinnen häufig das Studium abbrachen, wenn sie einen Studenten derselben Fachrichtung heirateten. Oder sie beschränkten sich auf die Promotion, ohne sich auf das Staatsexamen vorzubereiten und ohne sich zu spezialisieren, und begnügten sich mit einer wenig prestigeträchtigen Stellung im Medizinalwesen. Heute liegen die Dinge anders: Es kann zu Spannungen, ja, zum Bruch kommen, wenn die Frau höherrangige Studienleistungen erbringt als der Mann (sie schafft den Einzug in die École Nationale d'Administration, er nicht). Dann entsteht eine neue Form der Eifersucht; unausrottbare konventionelle Vorstellungen machen vielleicht dem Mann den Gedanken unerträglich, daß seine Frau beruflich mehr Erfolg hat als er. Diese Karriererivalität ist bisher noch nicht erforscht worden; dafür ist es noch zu früh. Aber sie beeinflußt auch die Beziehungen zu den Kindern. Wie nehmen diese die »Rollen« der Eltern wahr, wenn die Mutter Finanzinspekteur bei der Generalinspektion der Finanzen, der Vater aber Ministerialrat im Staatssekretariat für Freizeit ist? Und die Rivalität der Frauen untereinander, die sich bislang an unterschiedlichen körperlichen Vorzügen oder der Konkurrenz mehrerer »Hausherrinnen« entzündete, wird sich alsbald auf neue Vergleiche stützen (und stürzen): Wer hat die bessere Karriere gemacht? Es ist alles schon einmal dagewesen.

Anmerkungen

1 G. Calot, »Forces et faiblesses de la population française. La population française de A à Z», in: *Les Cahiers français* 219 (Januar–Februar 1985), S. 69–72.
2 Wir folgen hier der Darstellung Dr. P. Simons in *De la vie avant toute chose*, Paris 1979.
3 Diese Angaben entstammen dem Sammelband *Les Mères de substitution* von Dr. P. Coutant et al., Institut d'Études Politiques, 1985 (hektographiert).
4 Y. Verdier, *Façons de dire, façons de faire*, Paris 1980.
5 A. Béjin, »Le mariage extraconjugal d'aujourd'hui«, in: *Communications* 35 (1982), S. 138–146.
6 S. Chalvon-Demersay, »L'union libre«, in: *Encyclopaedia Universalis* 1985, S. 408–311.
7 *Le Statut matrimonial et ses conséquences juridiques, fiscales et sociales*, Bericht vor dem Wirtschafts- und Sozialrat am 24./25. Januar 1984, vorgelegt von Évelyne Sullerot.
8 Benutzt wurden folgende Quellen: M. Martin, »Images du mari et de la femme au XXe siècle: les annonces de mariage du *Chasseur français*«, in: *Revue d'histoire moderne et contemporaine*, April/Juni 1980, S. 295–311; S. Roberts und O. Robin-Mariéton, *Les petites Annonces de mariage du Chasseur français*, Memorandum des Institut d'Études Politiques, hektographiert, 1972.
9 Ph. Ariès, »Le mariage indissoluble« und »L'amour dans le mariage«, in: *Communications* 35 (1982), S. 123–137 und 116–122.
10 A. Girard und J. Stoetzel, *Les Valeurs du temps, une enquête européenne*, Paris 1983.
11 C. Delphy, »Mariage et divorce: une impasse à double face«, in: *Les Temps modernes*, Nr. 333/334 (1974), S. 1815.
12 E. G. Belotti, *Du côté des petites filles*, Paris 1974.
13 *Jours de France*, Dezember 1973.
14 *France-Soir*, 11. Januar 1974.
15 *Le Nouvel Observateur*, 24. Dezember 1973.

Picasso, *Frau vor dem Spiegel*, 1932. »Sie suchen offenkundigerweise sich selbst als Liebesobjekt.« (Freud)
(New York, Museum of Modern Art)

Der Körper und das Rätsel der Sexualität

Der Körper des Narziß

Teiresias hatte es vorhergesagt: »Besser wird es für das Kind sein, wenn es niemals sich selber erkennt.« Narkissos war sich der eigenen Schönheit nicht bewußt und wollte nichts von den Frauen und Nymphen wissen, die sich in den schönen Jüngling verliebten. Eine von ihnen, Echo, verfiel in Anorexie; ihr Körper schwand dahin, bis von ihr nichts mehr da war als ihre Stimme. In ihrem Zorn flehten die verschmähten Nymphen zur Nemesis, die von den Göttern den Auftrag hatte, jede Maßlosigkeit zu vergelten, welche die Ordnung und die rechte Stufenfolge der Dinge bedrohte. Narkissos erblickte sich in einer Quelle und verliebte sich so sehr, daß er über der Betrachtung seines Spiegelbildes starb. Die Überfahrt über den Styx nutzte der Unverbesserliche, um sich ein letztes Mal zu bewundern. In der böotischen Version dieses Mythos reicht Narkissos, verärgert über die Avancen des schönen Ameinias, diesem ein Schwert, mit dem der Liebende sich tötet – nicht ohne zuvor die Nemesis anzurufen. Sie überzeugt den Gleichgültigen von der Eitelkeit seiner Selbstliebe und bewegt ihn zum Selbstmord. Bei Pausanias ist Narkissos in seine Schwester verliebt, die ihm wie ein Bruder ähnelt. Sein Schicksal ereilt ihn, als das Mädchen stirbt und er das Bild der Entschwundenen auf einer stillen Wasserfläche sucht. Narzißmus, Homosexualität, Inzest – drei Themen sind in diesem Mythos verwoben. Dieses dichte Beziehungsgeflecht mußte Freud reizen, der in den *Drei Abhandlungen zur Sexualtheorie* über die Homosexuellen (er nennt sie noch »Invertierte«) schreibt, daß sie »sich selbst zum Sexualobjekt nehmen, das heißt vom Narzißmus ausgehend jugendliche und der eigenen Person ähnliche Männer aufsuchen, die sie so lieben wollen, wie die Mutter sie geliebt hat«.

Das historische Stadium des Spiegels

Wer unaufmerksam durch die Straßen geht, wird es nicht bemerken: Die Franzosen werden immer schöner. Man kann das durch Zahlen belegen. 1980 waren die 25jährigen Männer im Durchschnitt 1,74 m groß, 1970 waren es 1,72 m, 1914 rund 1,60 m. Kein »durchschnittlicher« Erwachsener würde heute mehr in die Rüstung eines Du Guesclin oder die Montur eines Napoleon passen. 1930 begegnete man noch

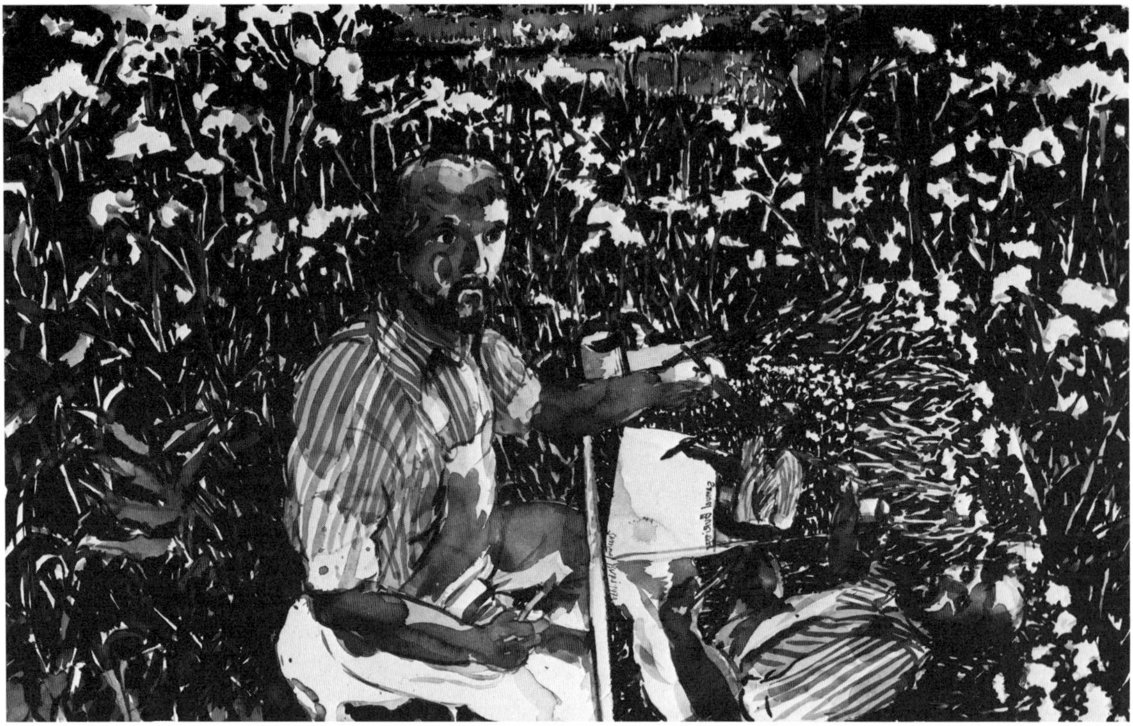

Samuel Buri, *Maler, einen sich malenden Maler malend*, 1974. Eine komplizierte Bezeichnung für einen uralten Vorgang: das Selbstporträt – oder vielmehr drei Selbstporträts, die das Staunen über das eigene Da-Sein ausdrücken.

Menschen mit Kropf, Klumpfüßigen, Verwachsenen, Zahnlosen. Die ästhetische Verfeinerung ist unbestreitbar; sie perpetuiert allerdings die sozialen Ungleichheiten. 1980 maßen Ärzte oder Anwälte durchschnittlich 1,75 m, Landarbeiter hingegen nur 1,68 m.

Der Spiegel, in dem wir diesen bewunderungswürdigen Körper heute bewundern können, kam erst im 16. Jahrhundert auf, wurde aus Venedig importiert und war ein Luxusartikel. Er blieb selten und teuer, und noch in der Zwischenkriegszeit gab es in den Wohnungen von Arbeitern oder Bauern nur einen einzigen, kleinen Spiegel, der über dem Ausguß hing und zum Rasieren diente; große Spiegel, in denen man sich von Kopf bis Fuß betrachten konnte, besaßen damals nur die begüterten Schichten. Seither könnte man mit Lacan von einer historischen »Spiegelstufe« sprechen. Man nimmt seine körperliche Identität nicht mehr im Blick der anderen wahr, sondern vor dem hohen Spiegel im Badezimmer.

Das Badezimmer wurde um 1880 vom Bürgertum »erfunden«. Es war der Ort der extensiven Heimlichkeit im Haus – der Raum, in dem man seine Schönheitsbehelfe (Mieder, Korsett, Perücke, Zahnprothese usw.) ablegte und sich endlich nicht zurechtgemacht, sondern tatsächlich nackt wahrnehmen konnte – ein bisweilen kritischer Augen-Blick. Heute gibt es in dieser Hinsicht keine Klassenunterschiede mehr: Eine Erhebung des französischen Instituts für Statistik und Wirtschaftsstudien (INSEE) ergab, daß 1980 80 Prozent aller Wohnungen ein Bad mit Wanne oder Dusche hatten. Es scheint freilich, als würde hier mehr in den Spiegel geschaut als sich gewaschen, denn die Franzosen verbrauchen jährlich nur 2,25 Stück Seife, und drei Personen teilen sich eine Zahnbürste.

Der Spiegel verrät nichts über das Körperinnere. Erst mit Hilfe von Röntgenstrahlen, durch Ultraschalldiagnostik, Computertomographie, Positronen-Emissions-Tomographie usw. erfahren wir, was im Innern unseres Körpers vorgeht. Diese Methoden sind wirksame Präventionsmittel, doch sie haben auch etwas Beunruhigendes an sich. Die Medizin begnügt sich nicht mit einer Symptomatologie; sie läßt nicht locker, bis sie noch der geringsten Dysfunktion auf die Spur gekommen ist. Die Ausforschung des Körperinnern bannt nicht die Angst; sie verschiebt sie nur. Tief drinnen in dem Körper, den ich wohlgefällig im Spiegel betrachte, wo versteckt sich da die Mikrobe, wo der tödliche Virus? Welche Grenzen sind dem ätiologischen Eifer gezogen? Hier tun sich enorme Probleme auf – deontologische für die Medizin, finanzielle für die Sozialversicherung.

Der weibliche Körper

Die Kirche beobachtete den Drang zur Reinlichkeit mit Mißtrauen. Die Entdeckung des eigenen Körpers konnte zu verdächtigen Berührungen führen oder die Lust wecken, den Körper des anderen kennenzulernen. In den dreißiger Jahren wurde in begüterten Familien einmal wöchentlich gebadet, und die Kinder wechselten nur einmal in der Woche die Wäsche. In dieser Welt »roch es«. Einen geliebten Menschen erkannte man an der Ausdünstung seiner Füße, heute dient der Achselspray als Duftmarke. Auf dem Lande wurde die Menstruation verheimlicht. »Meine Mutter hatte mir nie etwas über die Regel gesagt, aber ich habe gemerkt, daß dann Papa immer an das Pökelfaß ging. Wenn man seine Regel hat, darf man dem Pökelfaß nicht zu nahe kommen, weil sonst der Speck umschlägt, das Gepökelte umschlägt und überhaupt alles kaputt ist.«[1] Einer menstruierenden Frau gerinnt die Mayonnaise, es sei denn, die Frau nähere sich der Menopause. Die Regel soll die Lüsternheit entfachen, und Georg Groddeck behauptet, »daß die Periode des Weibes ein Lockmittel für den Mann ist«: »Daß dem wirklich so ist, beweist uns eine seltsame Tatsache: Über drei Viertel aller Vergewaltigungen finden während der Periode statt.«[2] Heutzutage scheint die Menstruation auf der Grenze zwischen Gesagtem und Ungesagtem zu geschehen. Untereinander sprechen die Frauen darüber, allerdings mit gedämpfter Stimme. Die Pille ermöglicht eine Veränderung des Menstruationszyklus, so daß die Frau disponieren kann, ohne den Partner zu informieren.

Es wäre zu einfach, die Geschichte des Schönheitsideals vom weiblichen Körper auf die eindimensionale Entwicklung von der Üppigkeit zur Schlankheit zu reduzieren.[3] Gewiß wird in den unterernährten Gesellschaften Leibesfülle bewundert, und André Burguière hat darauf hingewiesen, daß in den mittelalterlichen Stadtstaaten Italiens die herrschende Adelsschicht als »popolo grasso«, das einfache Volk aber als »popolo magro« bezeichnet wurde. Hélène Fourment führt uns Run-

Rubens, *Die Erziehung der Prinzessin Maria von Medici*, 1625 (Ausschnitt). Rubens malt das Frauenideal einer Zeit, in der der magere Körper Armut bedeutete, der füllige Opulenz. Heute, so heißt es, wirkt ein üppiges Gesäß nicht mehr verführerisch . . .
(Paris, Louvre)

dungen vor, die uns schwanken machen – ein dickes Hinterteil kommt uns eher zellulitisch vor, während wir einen großen Busen als fest empfinden. Den molligen Frauen eines Rubens oder Jordaens könnte man die verführerisch-schlanken Gestalten eines Cranach gegenüberstellen. Weibliche Dämonen, zum Beispiel Succubi, sind häufig dünn wie ein Strich. Gabrielle d'Estrées, die Geliebte des französischen Königs Henri IV., und die Frau des Marschalls de Villars hatten einen schmalen Kopf, einen hohen, runden Busen und einen flachen Bauch. Véronique Nahoum hat nachgewiesen, daß das Ideal der schlanken, kerzengeraden Frau »vor allem bei den sozialen Eliten verbreitet war. [...] Vertikalität diente dem Wunsch, Eindruck zu machen. Die Kinder der Elite mußten daher an ihrer Körperhaltung arbeiten.«[4] Beim einfachen Volk und auf dem Lande indes konnte man bis zum 19. Jahrhundert keine ästhetischen Rücksichten nehmen. Véronique Nahoum schreibt dazu: »Als es noch keine Landmaschinen gab, wurde der Körper durch die Arbeit auf dem Feld einfach ausgezehrt.« Das Ideal der Schlankheit breitete sich also von oben nach unten aus, worin Pierre Bourdieu eine subtile Form des Klassenkampfes vermutet. »Der Körper wird zum Objekt eines Kampfes, der zum Ziel hat, den Beherrschten (der seinen Körper dem Willen eines anderen unterwirft) zur Hinnahme seiner Situation und zur Integration in die Gesellschaft zu zwingen. Dieser Kampf zur Durchsetzung der Wahrnehmungsnormen der herrschenden Gruppe ist insofern mit dem Klassenkampf identisch, als es sich darum handelt, die als vorbildlich legitimierten und anerkannten Charakteristika einer Gruppe in der ganzen Gesellschaft durchzusetzen.«[5] Die Ästhetik der Schlankheit – charakteristisch für eine Überflußgesell-

... und wird daher im Dienste einer Ästhetik der Schlankheit wegtrainiert.

schaft, der Fett für »schädlich« und Beleibtheit für »vulgär« gilt – wird heute von den Medien propagiert und beschert den Frauen die »bewußte Ernährung« und immer neue Varianten der Gymnastik: Aerobic, Aerogym, »sanfte Gymnastik«, »energic dance«, »gym tonic«, Bodybuilding, Stretching, »Turbo-Aerobic« usw. Die meisten Bezeichnungen lassen die Herkunft dieser Gymnastikformen aus den USA, genauer gesagt: aus Kalifornien, erkennen. Ein solcher Körperkult erheischt natürlich Opfer: zunächst einmal finanzielle (man gibt heute mehr für die Pflege seines Äußeren aus als für Kleidung), sodann und vor allem ethische: Die unablässige Botschaft der Medien, daß man »den Körper hat, den man verdient«, erzeugt ein neuartiges Verantwortungsgefühl des Menschen sich selbst gegenüber. Dieser Körper, den man nackt am Strand gestaltet, muß dem Kanon des Augenblicks Genüge leisten.

Der sportliche Körper

Die Aufgabe der Körpergestaltung fällt heute dem Sport zu. Die Olympischen Spiele, wie sie um 800 v. Chr. eingeführt und 394 n. Chr. von Theodosius verboten wurden, bildeten sportliche Spektakel, die von Gewalt geprägt waren. Der heutige Sport – und das Wort dafür – kommt aus England. Um 1830 wurde er von Thomas Arnold an den »public schools« eingeführt, um die Gewaltbereitschaft der Schüler zu kanalisieren und zu sozialisieren. Für Pierre de Coubertin, der 1896 die ersten Olympischen Spiele der Neuzeit organisierte, sollte der Sport zur Charakterbildung und Selbsterziehung beitragen. Noch in den zwanziger Jahren umgab den Sport die Aura des Noblen, Uneigennützigen: Geld hätte seine Reinheit befleckt. Der Amateurstatus stand nicht nur auf dem Papier; die Athleten übten einen bürgerlichen Beruf aus. Seither haben starke kompetitive Aspekte und mächtige finanzielle Interessen zu einer unaufhaltsamen Professionalisierung des Sports geführt. Heute geben im Sport drei Gruppen den Ton an: die Sponsoren, die Ärzte und die Medien. Der Sportprofi hat keine Privatsphäre mehr: Ernährungsphysiologen, Krankengymnasten, Kardiologen usw. übernehmen die Aufgabe, einen Körper »in Form« zu bringen, während es dem Trainer obliegt, erstens die Arbeit dieser Fachleute zu koordinieren und zweitens eine mediengerechte »Sportlerpersönlichkeit« zu präsentieren. In Florida gibt es die Trainingslager Colony Beach und Tennis Resort, in denen bereits zehnjährige Kinder mit ausgepichten Drillmethoden zu künftigen Profis abgerichtet werden. Nick Bolletieri, der Gründer dieser Einrichtungen, ist ein ehemaliger Marine. Nur bei streng zweckgerichteter Askese in Kindheit und Jugend kann man schließlich international mithalten und es zu jenem medikalisierten und gesponserten Profi bringen, der nicht trinkt, nicht raucht und nicht »über die Stränge schlägt«, um möglichst schnell möglichst viel Geld zu verdienen; denn der Leistungsanspruch ist so hochgesteckt, daß ihm nur wenige Jahre genügt werden kann – dem Tennisspieler Björn Borg wurde ausdrücklich Anerkennung dafür gezollt, daß er klug genug war,

seine Karriere im Alter von 26 Jahren zu beenden. Auch bei der Aufrechterhaltung der sozialen Ordnung spielt der Sport eine nicht zu unterschätzende Rolle. Ein x-beliebiges Fußballspiel der Zweiten Liga, das im Fernsehen übertragen wird, hat Einschaltquoten, von denen selbst die bekanntesten Politiker nur träumen können. Ob Tennis, Boxen oder Fußball, die Medien stürzen sich auf alle Sportarten und suggerieren den Zuschauern die Überzeugung, daß über den Sport sozialer Aufstieg möglich ist. Dieser Eindruck ist zwar nicht völlig illusorisch (dergleichen *ist* möglich), aber er stützt sich doch eher auf die Ausnahme als die Regel. Der Sportplatz bleibt der Ort, an dem sich der krasseste Nationalismus austoben darf – ungeniert und ohne sich lächerlich zu machen. In Roland-Garros, wo die französischen Tennismeisterschaften stattfinden, beklatschen die Zuschauer jeden Doppelfehler, den ein Ausländer macht, und jedes As eines Franzosen. Die Rechtsextremen wollen alle Immigranten aus dem Land jagen – »bis auf Platini«, spöttelte *Le Canard Enchaîné*. Als Gegenreaktion gegen dieses gigantische Unterhaltungsspektakel entwickeln zahllose friedliche Franzosen eine hedonistischere Auffassung vom Sport. Aus Alters-, Berufs- oder Mentalitätsgründen liegt ihnen jeder sportliche Ehrgeiz fern, wenn sie joggen, Fahrrad fahren oder den Langlauf bevorzugen. Was nicht ausschließt, daß dieselben Leute bei Sportübertragungen gebannt vor dem Bildschirm sitzen ...

»Der Sport ist die Kunst, sich von sich selbst und der schlimmsten, würdelosesten und störendsten Last zu befreien: einem ungepflegten Körper.« (Giraudoux) Aber das Geld lockt und verwandelt den »gepflegten« Körper in eine wandelnde Litfaßsäule.

Die Früchte der Erde

Einige afrikanische Stämme verbieten den Frauen, Vögel zu essen; denn »Vögel machen flatterhaft«. Der Beschuldigte, der von einem erfahrenen Polizisten »gegrillt« wird, »spuckt alles aus« und offenbart sich. Ein hübsches Mädchen ist eine »Augenweide«; nachdem man sich den »süßen Fratz« »geangelt« hat, wird er »vernascht«. Alles, was mit der Nahrung zu tun hat, weist so über den Ernährungsaspekt hinaus und bringt andere soziale Codes ins Spiel. Mary Douglas hat das Kulinarische unter strukturalistischen Gesichtspunkten im Sinne von Claude Lévi-Strauss untersucht und bemerkt in diesem Zusammenhang: »Die alten mosaischen Speisegesetze fügen sich in einen Komplex von Regeln, die dem Kult und der rituellen Reinheit ebenso gelten wie dem Sexualverhalten und dem Eheleben. Die Speisevorschriften haben nur Sinn, wenn man sie als Bestandteil einer allgemeinen Weltvorstellung begreift, der zufolge das Volk Gottes sich vor anderen auszeichnen mußte, um seine geschichtliche Bestimmung zu erfüllen.«[6] Für die alten Hebräer bestand die materielle Welt aus drei Elementen: Erde, Wasser, Luft, und jedes Lebewesen, das in dieser Taxonomie keinen eindeutigen Platz hatte, wurde vom Tisch verbannt. Der Hebräer, homothetisch, konnte keine Fremde heiraten, die zu anderen Göttern betete. »Auserwählt« zu sein bedeutete – und bedeutet – immer auch, etwas Besonderes oder Gesondertes zu sein. So fügen sich auch die Speiseregeln in den Gesamtkomplex des mosaischen Gesetzes. Mary Douglas schreibt: »Sie haben einen Sinn für den, der sie im sinnhaften Ganzen eines Erfahrungszusammenhanges zu begreifen weiß; wer sie isoliert betrachtet, wird in ihnen nur Un-Sinn sehen.« Das gilt für alle Völker; Mary Douglas erwähnt, daß auch bei den Lele in Zaire (ebenso wie bei den Juden) Amphibien, ja, alle Tiere, die sich einer eindeutigen Zuordnung entziehen, tabuisiert sind. Selbst die Franzosen beachten, ohne es zu wissen, eine strenge Ernährungsregel: Sie meiden das Fleisch von Karnivoren. Pelztierjäger essen das Fleisch von Wildschweinen und Rehen, aber kein Fuchsfleisch, das hingegen in manchen Gegenden der Sowjetunion ebenso begehrt ist wie in China Hundefleisch. Mary Douglas kommt daher zu dem Schluß: »Die Auswahlkriterien, die den Menschen bei der Wahl seiner Nahrungsressourcen leiten, sind nicht physiologischer Art, sondern kulturell bedingt. [...] Die Kultur prägt das Kommunikationssystem der Menschen über das, was eßbar, giftig oder gesund ist.« Soziale Codes befinden auch darüber, wer das Essen austeilt. Zu den von Yvonne Verdier interviewten Personen gehörte eine Frau aus Millot, die sich an die Zeit um die Jahrhundertwende erinnerte, als junge Ehepaare manchmal noch gezwungen waren, bei den Eltern des Mannes zu wohnen: »Wenn man zusammengewohnt hat, wäre es der Schwiegertochter nicht eingefallen, das Brot zu schneiden. Die Schwiegermutter hat gekocht, und sie hat auch das Essen ausgeteilt; damals hat sich noch nicht jeder selbst genommen, wie das heute der Fall ist. [...] Wenn man jemand ein ganz kleines Stück Brot gibt, sagt man bei uns: ›Ach, du gibst mir wohl ein Schwiegermutterstück?‹ Das

Die Speisegesetze werden von den Juden in Frankreich unterschiedlich streng beachtet. Eine strenge Observanz verbietet den Besuch praktisch aller Restaurants und Cafés (selbst das Abwaschen muß nach genauen Regeln erfolgen). Einige orthodoxe Juden nehmen das auf sich, andere essen nur zu Hause koscher, wieder andere nur an jüdischen Festtagen. Die Achtung vor den Speisevorschriften – die in ihren fernen Anfängen zweifellos einen hygienischen Sinn hatten – stärkt den Zusammenhalt der jüdischen Gemeinde in der Diaspora.

soll heißen, daß die Schwiegermutter stets kleinlich ist, sie knausert, wenn sie ihrer Schwiegertochter zu essen gibt. [. . .] Eine Schwiegermutterscheibe, das ist gar nichts. [. . .] Ein Schwiegermutterfeuer ist ein Feuer, bei dem dich friert, das ist gar nichts. Eine Schwiegermutter, das ist ein Geizhals.«[7] Der Augenblick des Abstillens bezeichnet den Übergang von der Natur zur Kultur, einen Übergang, der in traditionellen Gesellschaften für den Säugling tödlich enden kann: Man versucht, ihm weiße Nahrung zu geben, als symbolischen Ersatz für die Muttermilch, bei manchen Stämmen Äquatorialafrikas »Affenbrotmilch«, eine weißliche, aus dem Fruchtfleisch des Affenbrotbaums gewonnene Mixtur, auf den Antillen Kokosmilch. Übrigens obliegt es nach der Entwöhnung noch immer den Frauen, den Männern das Essen zu servieren; der Mann behält sich dafür das Recht vor, als »Chef« eines Luxusrestaurants zu fungieren oder Restaurantkritiken zu schreiben. Es soll Frauen geben, die »in der Küche am glücklichsten sind« – behaupten die Männer. Doch wenn man genauer hinsieht, sind das die nicht erwerbstätigen Frauen, die am meisten von ihrem Mann abhängig sind. Der genießt es natürlich, vor Verwandten oder Freunden mit der Kochkunst und dem Einfallsreichtum seiner Frau renommieren zu können. Es kommt auch vor, daß eine Frau sich Kochrezepte von ihrer Schwiegermutter besorgt, um die Geschmacksknospen ihres Mannes mit Gerichten aus seiner Kindheit zu erfreuen und gleichsam pränatale Reminiszenzen in ihm zu wecken. Bleibt nun das Zubereiten der Speisen die Sache der Frau, so gibt es im Hinblick auf den Nahrungsgenuß kaum noch Geschlechtsunterschiede. Früher blieben Honig und Süßigkeiten der Frau vorbehalten, diesem »ewigen Kind«, während die Männlichkeit des Mannes nach Rotwein und stark alkoholhaltigen Getränken verlangte. Heute sind die traditionellen Vorstellungen von Männlichkeit und Weiblichkeit ziemlich verblaßt. Das starke Geschlecht ist wohl nicht mehr das, was die Kultur behauptet, und die Frauen rauchen, trinken und essen nichts Süßes, um nicht zuzunehmen.

Peinliche Befragung: die Personenwaage

Der Zucker ist zum Volksfeind Nummer eins geworden; er soll schuld sein an Übergewicht, Diabetes, Bluthochdruck, kardiovaskulären Erkrankungen, Karies usw. Schon essen die Franzosen kaum noch Brot, diese Speise der Armen (heute werden nur noch 150 Gramm Brot pro Tag und Person verzehrt, gegenüber 600 Gramm vor hundert Jahren), sie meiden Hülsenfrüchte und Kartoffeln. Folglich ist man sich einig, daß 36 Kilo Zucker pro Person und Jahr zuviel sind, ja, geradezu lebensgefährlich. Empfohlen werden statt dessen gegrilltes Fleisch, Molkereiprodukte, frisches Gemüse und Obst. Unsere Ernährungsweise folgt nicht mehr dem Kreislauf der Natur; »ohne es zu merken, ernähren wir uns so, wie es Jäger und Sammler sich erträumt haben mögen: zu jeder Mahlzeit Fleisch, nach Belieben Obst und Gemüse, und das alles in Hülle und Fülle und das ganze Jahr hindurch; ferner Käse, Süßigkeiten usw. Wir kennen nicht mehr das Alternieren von fetten und mageren

Wer ißt, macht sich schuldig: Man meide tierisches Fett, die meisten Pflanzenöle, Mehlspeisen, Brot, Zucker, Alkohol. Was bleibt, sind grüne Bohnen und Lauch – oder schuldbewußt genossene Kalorienbomben.

Speisen: Fett ist unser täglich Brot geworden.«[8] Das frische Obst und Gemüse kommt heute aus der ganzen Welt zu uns, so wie früher die Gewürze. Allerdings haben Kostenerwägungen zu einer gewissen Eintönigkeit geführt – die »intraspezifische« Vielfalt der Gemüsesorten ist geschrumpft. In Frankreich gab es noch im 19. Jahrhundert 88 verschiedene Melonen- und 28 verschiedene Feigensorten; heute sind es 5 bzw. 3. Trösten wir uns über diesen Verlust mit der Sorge um unsere Figur ... Die Medien reizen uns zum Essen und ermahnen uns gleichzeitig zur Entsagung; sie entlassen uns mit Rezepten für kalorienarme Gerichte in die Küche. Sie preisen gleichzeitig die kulinarische Kunst der Gourmetküche und die funktionale Nahrung der Diätküche. Wie kann man Feinschmecker sein und gleichzeitig auf seine Linie achten? Nachdem Frankreich das Grauen der Hungerjahre während der Okkupation überwunden hat, ist der flache Bauch Mode geworden. Dick sein ist schlimm, Übergewicht der blanke Horror. Das Ungeheuer im Märchen mästet sich an dem Fleisch kleiner Kinder, der schmerbäuchige Kapitalist mit Zylinder und Zigarre an Blut und Schweiß seiner Arbeiter – ein Stück dieser Mythologie lebt bis heute fort. Um die Jahrhundertwende wurde der Embonpoint als Statussymbol des Bürgertums in Ehren gehalten, heute findet ihn nur noch die Plebs akzeptabel; für die feine Gesellschaft des Jet-set ist er nachgerade obszön. Schon im Mai 1955 erklärte eine Titelgeschichte in *Marie-Claire* den dicken Bauch und die Zellulitis zu den Feinden jeder Frau. Kalorienreduzierte Produkte erfreuen sich enormer Beliebtheit. Also gibt man sein gutes Geld für Käse und Joghurt »mit 0 Prozent Fett« aus; im Krieg hätte man dergleichen sogar »ohne Essensmarke« bekommen. Jeden Morgen durchlebt man bange Sekunden, wenn man sich auf die Waage stellt. Der Angst vor dem Mangel ist die Angst vor dem Übermaß gewichen. Bedeutet das, daß in puncto Ernährung die Klassenschranken gefallen sind?

Die tägliche Angst des Dicken vor der Diät.

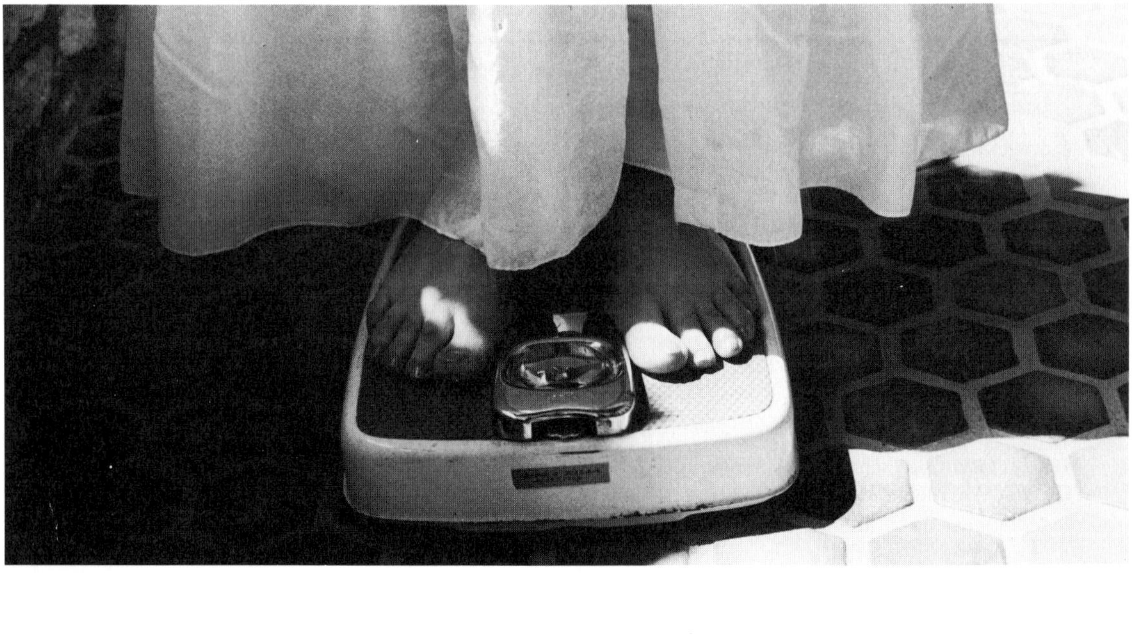

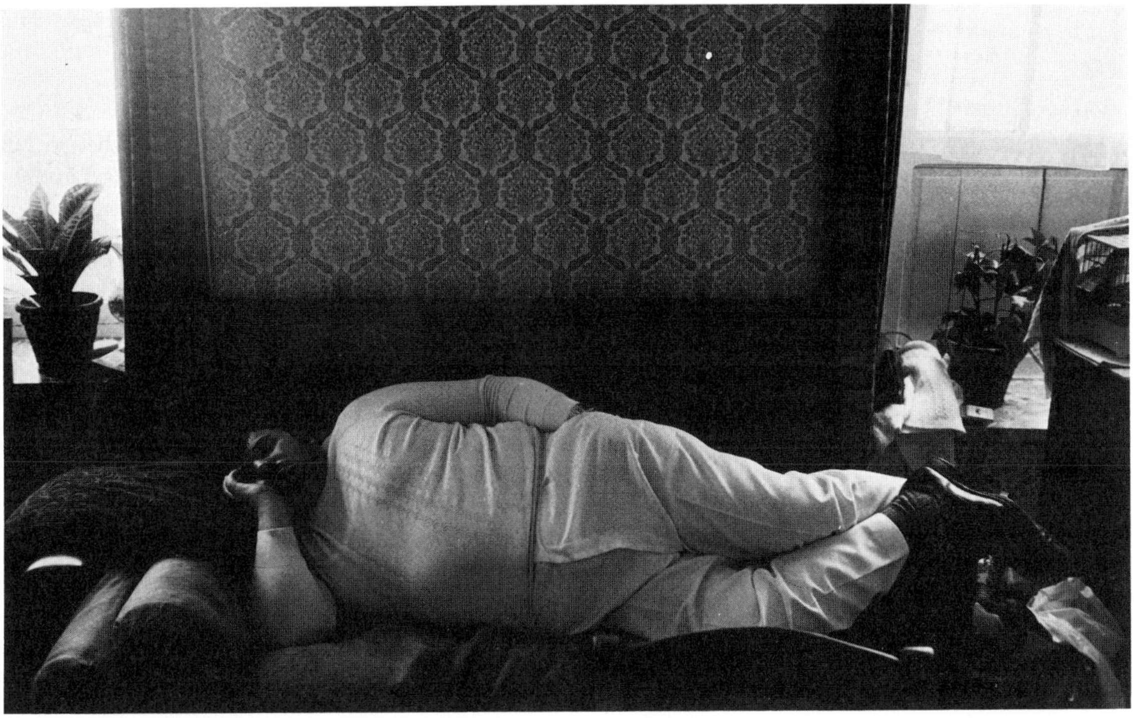

Diese Form der Freiheit ist mehr als »out«: das Dicksein. Und doch gibt es glückliche Dicke.

Ernährung und Klassenzugehörigkeit

Der Anteil des Einkommens, der für Ernährung ausgegeben wird, ist beim Arbeiter prozentual höher als beim Advokaten. Die Küche variiert in den einzelnen sozialen Milieus. Die »neue französische Küche«, lanciert durch (und für) das traditionelle Bürgertum, will leicht sein, schonend garen und weitgehend auf Crème fraîche verzichten, um den »natürlichen Geschmack« der Speisen zu bewahren. Die unteren Volksschichten halten es mehr mit der althergebrachten Küche und den Soßen. Dem »Dampf«, mit dem die oberen Schichten vorzugsweise kochen, steht die »Schwere« (im Sinne von schwer verdaulich) der von den unteren Klassen bevorzugten Gerichte gegenüber. Diese räumliche Metapher – oben der Dampf, unten die Schwere – gilt im Gastronomischen wie im Soziologischen. »Die oben« trinken Whisky, »die unten« Pastis; Champagner ist zwar in allen Klassen beliebt, wird aber nur im Bürgertum als Apéritif »genommen«. Unterschiede gibt es auch bei den Tischsitten: Am unteren Ende der sozialen Skala dauert das Hochzeitsessen Stunden (häufig übergangslos vom Frühstück bis zum Abendessen), am oberen Ende der Skala serviert man ein leichtes Gabelfrühstück für die Familie und ein paar enge Freunde, bevor man die übrige Verwandtschaft zum Lunch bittet. Allerdings sind hierbei regionale Unterschiede zu berücksichtigen; in der Provinz steht das Bürgertum den Gepflogenheiten des Volks noch näher. Die Feinanalyse einer Erhebung der Zeitschrift *Cinquante Millions de Consommateurs*, bei der 1975 12 300 Haushalte mit insgesamt 43 000 Personen befragt wurden, erlaubt die Konstruktion einer »sozialen Ernährungshierarchie«.[9] Die Autoren legen einen Index 100 zugrunde, der dem durchschnittlichen Gesamtverbrauch eines Produkts durch alle erfaßten Franzosen über einen Zeitraum von acht Jahren (1965–1972) entspricht. Dieser Index liegt für Hammel- und Lammfleisch in der Berufsgruppe »Arbeiter« bei 72, in der Gruppe »Industrielle, Großhändler, Führungskräfte, Freiberufler« bei 228, was bedeutet, daß ein Advokat oder hoher Beamter mehr als dreimal soviel Hammel- und Lammfleisch verzehrt wie ein Arbeiter. Einer Gruppe »bürgerlicher« Lebensmittel (bestimmte Fleischsorten, Fisch, Käse, frisches Gemüse, frisches Obst) kann man eine Gruppe von Lebensmitteln der Unterschichten gegenüberstellen (Schweinefleisch, Kartoffeln, Pasteten, Brot, Margarine), »womit die These von der sozialen Nivellierung der Ernährungsgewohnheiten erledigt sein dürfte«. Die Faktorenanalyse zeigt, daß, wer Lammkeule, Chicorée und Birnen ißt, auch ins Theater oder ins Konzert geht, Museen besucht, *Le Monde* liest, Tennis spielt, an Auktionen teilnimmt, eine Zweitwohnung oder sogar ein Schiff besitzt und einen Mercedes, BMW oder Alfa Romeo fährt. Wer Erdäpfel und Margarine zu sich nimmt, ist noch nie geflogen, kutschiert einen Renault 4-L, hat seine Möbel auf Kredit gekauft, besitzt keine Stereoanlage und glaubt eher an die Astrologie als an »seriöse« Wissenschaften. Modifiziert, jedoch nicht widerlegt werden diese krassen Resultate durch bestimmte Variablen wie Alter, Geschlecht, Anzahl der Kinder, Berufstätigkeit der Ehefrau sowie regionale und familiäre Traditionen. Die Kongruenz des sozialen Status wird durch sie aber nicht berührt. Die französische Gesellschaft bleibt eine streng hierarchische, und wenn die heutigen Kartoffelesser auch nicht mehr so aussehen, wie van Gogh sie gemalt hat, so bleiben sie doch am unteren Ende einer Stufenleiter, auf der weder sie noch ihre Kinder jemals weit nach oben klettern werden.

Pulverisiert und tiefgekühlt

Früher haben die gemeinsamen Mahlzeiten – Frühstück, Mittagessen, Abendbrot – das Familienleben wie ein Ritual geprägt. Heute ist das Essen vornehmlich den Zwängen des Berufslebens unterworfen. Der ununterbrochene Arbeitstag hat zu dem geführt, was Fischler »taylorisierte Essensaufnahme« nennt. Rund tausend Fast-food-Restaurants verabreichen Tag für Tag eine unbekannte Zahl von Mahlzeiten. Das moderne, fabrikmäßige, ernährungsbewußte, billige Massenrestaurant verspricht eine Art Tischgemeinschaft; doch wenn man in der Kantine oder »auf Essensmarke« hastig sein Mittagessen verschlingt, ißt man zwar im Kreise von Kollegen, aber nicht *mit* ihnen. Man hat keine Zeit, weil man in der »Pause« noch Besorgungen machen muß. Man hat kaum Zeit zur Nahrungsaufnahme, und man hat wenig Zeit zur Nahrungszubereitung. Die Gerichte sind konserviert, pasteurisiert, tiefgekühlt, gefriergetrocknet – Tätigkeiten, die früher in der Küche verrichtet wurden, hat heute schon die Fabrik erledigt. Die Zeit »drängt«, wenn man ständig »in Eile« und »überlastet« sein muß, um auf sich

»Ein kranker Gott gewänn' zurück den Appetit / von solcherlei Gericht.« (La Fontaine)

aufmerksam zu machen. Bei solcher Hektik sind langwierige und minuziöse Vorbereitungen, wie sie die traditionelle Küche erfordert, undenkbar geworden. Aber die Lösung wurde gefunden, sie hieß: Pulverisierung. Sie verhindert, daß man vor Hunger stirbt. Was gibt es nicht alles in Pulverform: Kaffee, Milch, Suppen, Soßen. Als Ergänzung und Ersatz kam dann die Tiefkühlkost auf. Schon 1961 kündigte *Elle* diese Revolution an: »Französische Fachleute sagen für dieses Jahr eine große Kältewelle voraus. [. . .] Nach dem liebgewordenen Eisschrank, der uns immer noch und weiterhin gute Dienste leistet, nun also der Sieg der Tiefkühlkost.« Nach dem Pulverisierten das fade Tiefgekühlte. Zwar gab es hie und da noch Skepsis: »Noch viele Vorurteile sind zu überwinden«, heißt es in demselben Artikel; aber sie wurden überwunden.

Kulinarische Abwege

Warum essen wir? Der Aspekt der Nahrungszufuhr ist nur der offenkundigste, jedoch nicht der einzige Aspekt des Essens. In allen Gesellschaften konsumiert man berauschende und betäubende Substanzen (Betelnuß, Alkohol usw.). Keine Einladung, bei der nicht zunächst ein Apéritif kredenzt würde, als Auftakt einer kulinarischen Symphonie. Das Wort »Apéritif« kommt aus dem Medizinerlatein: »aperitivus« ist abgeleitet von »aperire«, »öffnen«. In der Medizinersprache bezeichnet man als »aperitivus« das, was die Sekretion im Verdauungs- oder Urogenitalapparat anregt. Im 19. Jahrhundert tauchte das Wort, vom Adjektiv zum Substantiv geworden, in seiner neuen Bedeutung als appetitanregendes Getränk vor der Mahlzeit auf. Ein Apéritif ist fast immer alkoholhaltig und erzeugt eine leichte Euphorie, die dem Schüchternen oder Befangenen die Hemmungen nimmt; er ist daher nicht nur Auftakt der Mahlzeit, sondern auch Einleitung des Gesprächs. Auch das Wort »Digestif« (zu spätlateinisch »digestus«, von »digerere«, »verdauen«) entstammt dem Wortschatz der Medizin. So begleitet der Alkohol in Frankreich den gastronomischen Diskurs vom Anfang bis zum Ende; er dient nicht als Nahrungsmittel, sondern zur Euphorisierung. Diese Euphorie ist eines der Tore, durch die wir auf kulinarische Abwege geraten. Denn wir essen zuviel – mehr, als der Körper in seiner Weisheit verlangt. Unseren Hunger nehmen wir wahr, die Signale der Sättigung vermögen wir nicht mehr zu vernehmen. »Die Überflutung mit externen Signalen, die unablässig unseren Appetit reizen, hat dermaßen überhandgenommen, daß die internen Signale der Sättigung nicht mehr wahrgenommen werden. [. . .] Die Natur wird durch die Kultur entregelt oder pervertiert; die Weisheit des Körpers läßt sich von der Torheit der Kultur täuschen«, meint Fischler; 30 Prozent der Franzosen leiden an Übergewicht. Der Hunger alarmiert uns, der Überschuß in unserer Energiebilanz nicht. Tröstlicherweise ist es nicht nur der Mensch, der auf kulinarische Abwege geraten kann: Naturforscher versichern uns, es seien schon Schafe an Magenverstimmung eingegangen, weil sie zu viel Klee gefressen hatten, und Drosseln hätten durch exzessiven Genuß wilder Himbeeren und reifer Trauben sich eine Alkoholvergiftung zu-

gezogen. Die Medien warnen uns heute vor zu reichlichem Essen. Ist das »große Fressen« vorbei? Werden wir es den Amerikanern gleichtun? Familien der urbanen Mittelschicht haben dort zwanzig »food contacts« pro Tag (wobei Knabberzeug und Snacks an der Spitze liegen), aber nur drei gemeinsame Mahlzeiten pro Woche.

Claes Thure Oldenburg, *Fleisch*, 1964. Trotz ihrem Namen ist die Pop Art alles andere als eine populäre Kunst. Oldenburg, ein amerikanisierter Schwede, wählt konsequent Sujets, »die kein Interesse verdienen. [. . .] Es begann damit, daß ich in den Kaufhäusern umherging wie in Museen. Ich sah die Gegenstände in den Regalen und auf dem Kassentisch wie kostbare Kunstwerke an«. Diese Gegenstände malt er sehr großformatig. Er löst sie aus ihrem sozialen Kontext, isoliert sie und macht sie zum Quellpunkt seiner Reflexion über die Gesellschaft, deren Produkte (Fleisch wie Malerei) und Produzenten (Abdecker wie Maler) er ins Lächerliche zieht. (Privatsammlung)

Ernährung – das große Geheimnis

Was essen wir? Ohne Zweifel Köder; womit wir wieder einmal beim Geheimnis wären. Dieses appetitliche Obst: mit Pestiziden gespritzt, mit Silicium behandelt, nach nichts schmeckend. Dieser Wein: verschnitten, gezuckert, geschwefelt. Dieses Huhn: man braucht einen kleinen Löffel, um das lappige Fleisch zum Mund zu befördern. Man liest auf der Verpackung die Bestandteile des Lebensmittels, das man essen will, und wendet sich mit Grausen ab: »Konservierungsstoff«, »Farbstoff«, »Bindemittel«, »Geschmacksverstärker« . . . Produkte werden nicht mehr ihrer natürlichen Beschaffenheit gemäß verpackt, sondern nach den Erfordernissen der Verpackung »kalibriert«. Von den Geheimnissen der Lebensmittelfabrikation hat der Verbraucher keine Ahnung. Aus Experimenten weiß man, daß das Kleinkind stets das Lebensmittel mit dem höchsten Zuckergehalt wählt, auch wenn durch Beifügung einer bitteren Substanz der Zucker nicht zu schmekken ist. Die Nahrungsmittelindustrie, die unsere unbewußte Vorliebe für den Zucker kennt, offeriert uns bittere Produkte, gesalzen und gepfeffert, die allesamt Zucker enthalten. Zucker ist in der Sauce Béarnaise, in der Mayonnaise, sogar in der Schnittwurst. »Der moderne Esser weiß nicht, was er ißt. [. . .] Das Lebensmittel ist ein Produkt mit unbekannter Geschichte geworden.« (Fischler) Dieses Unwissen macht Angst. Enthüllungen von Experten über die neuen Methoden bei der Geflügel- oder Rinderzucht wecken Besorgnis. Die Journalisten machen daraus Meldungen, die Panik schüren und den Umsatz gewisser Produkte fast zum Erliegen bringen. In den siebziger Jahren war davon Kalbfleisch, speziell Kalbsleber, betroffen. »Man kann noch Fleisch essen. Aber es ist gefährlich und riskant. Vor allem, wenn man keine Antibiotika, Enzyme, Tranquilizer, Östrogene usw. verträgt«, sschrieb ein Journalist unter der Überschrift »Gefährliche Cocktails«.[10] Wir essen noch, aber wir essen in Angst. Wenn man weiß, daß Tabak Krebs erzeugt, kann man aufhören zu rauchen. Aber was ist, wenn Geflügel, Kalbfleisch, Rindfleisch, Obst und Salate Krebs erzeugen? Dann verzichtet man auf »üppige Gelage«; man weiß ja nicht, welche Folgen sie haben können. Man prüft seinen Cholesterinspiegel. Der Arzt ist ein unerbittlicher Wächter (wenn er selber mager ist): »Sie essen zuviel.« Eine systematische Untersuchung der Zeitschrift *Elle* wies die redundante Erörterung des Themas »Schlankheit« im redaktionellen wie im Anzeigenteil nach: »schlank sein«, »schlank werden«, »schlank bleiben«. Dieselbe Wochenzeitschrift publiziert in jeder Nummer Kochrezepte. Es wird noch gegessen in Frankreich – freilich unter Hangen und Bangen.

Der bedrohte Körper

Vom Patienten zum Kunden

Krankheiten von einst

Die Franzosen werden nicht nur immer schöner, sie werden auch immer gesünder. Theodore Zeldin behauptet, daß in der Zwischenkriegszeit ein Zehntel der französischen Bevölkerung – rund 4 Millionen Menschen – Syphilis gehabt habe, daß jährlich 140 000 Menschen daran gestorben und jährlich 40 000 Totgeburten auf das Konto dieser Krankheit gegangen seien. Auch die Gonorrhöe forderte ihre Opfer, und die Gründung einer Liga zur Bekämpfung der Geschlechtskrankheiten (1924) konnte diesen Übeln nichts entgegensetzen, weil es an wirksamen Therapien fehlte. Die Verbreitung der Tuberkulose nahm so bedrohliche Ausmaße an, daß der Staat sich 1918 zu einem Eingriff in die Privatsphäre der Bürger genötigt sah und die Meldepflicht für diese Krankheit einführte. Es wurden zusätzliche Ambulatorien eingerichtet, »Hygienelehrerinnen« ausgebildet und Schulen für Gemeindeschwestern geschaffen. Die zunehmende Urbanisierung der Bevölkerung erleichterte die soziale Kontrolle der Krankheit. Zehntausende von Menschen starben jährlich an sogenannten »Infektionskrankheiten« oder »schwerer Grippe«. Die staatlichen Maßnahmen zeitigten Erfolge:

Szene aus Hans W. Geißendörfers Film *Der Zauberberg*, 1982. Krankheiten werden eingestanden oder verschwiegen, imaginiert oder ersehnt. Hans Castorp, der Held in Thomas Manns Roman *Der Zauberberg* (1924), will krank sein und glaubt daher, krank zu sein, als er seinen Vetter Joachim in einem Sanatorium in Davos besucht. Er verbringt sieben Jahre auf diesem Zauberberg, wo er über die Unbeträchtlichkeit seiner Person und die Eitelkeit des Wissens belehrt wird. Die Hypochondrie ist eine der raffiniertesten Versionen des Narzißmus – die Inszenierung des Dramatischen erlaubt die Vermeidung des Tragischen.

Nach 1929 gab es keine größeren Ausbrüche von Typhus mehr; die Masernepidemie von 1930/31 konnte unter Kontrolle gebracht werden; die Tuberkulose ging durch den Bau zusätzlicher Sanatorien stark zurück, ohne allerdings zu verschwinden. Je weiter verbreitet eine Krankheit war, desto mehr versuchte man, sie zu verhehlen: Syphilis und Tripper gehörten zur Welt des Geheimen, und erst die Abreise in ein Sanatorium verriet, daß jemand Tuberkulose hatte. Physische Schmerzen hingegen waren etwas Alltägliches und wurden nicht als Versagen der Medizin empfunden. Man nahm früher viel weniger Schmerzmittel als heute zu sich und fand sich recht und schlecht mit seiner Schlaflosigkeit ab, ohne gleich zur Schlaftablette zu greifen. Vielleicht hätte der Krieg 1914/18 nicht das sein können, was er war, wenn die Kombattanten nicht daran gewöhnt gewesen wären, Schmerzen zu ertragen.

Vom Hausarzt zum praktischen Arzt

Die Zahl der Ärzte in Frankreich hat sich von der Jahrhundertwende bis zum Vorabend des Zweiten Weltkriegs fast verdoppelt (von 18 000 auf rund 35 000). Der Hausarzt war, zusammen mit dem Beichtvater, dem Zimmermädchen und dem Notar und manchmal in eifersüchtiger Konkurrenz zu diesen, in alle Familiengeheimnisse eingeweiht. Lebenserinnerungen von Ärzten und »naturalistische« Romane machen deutlich, daß zu Beginn des Jahrhunderts »der Arzt des Körpers auch der Seelenarzt war; er hielt, jenseits der Symptome, die Fäden der Familiengeschichte in ihrer affektiven und sozialen Dimension zusammen«.[11] Der Arzt des 19. Jahrhunderts war eher der Arzt einer ganzen Familie als eines einzelnen Kranken. Er hielt selten Sprechstunden ab (außer in den ärmsten Stadtvierteln, wo die Kranken »zur Konsultation« bestellt wurden), sondern suchte den Patienten in seiner Wohnung auf, wie es in der »feinen Gesellschaft« auch der Friseur, die Fußpflegerin oder die Schneiderin mit ihren Kunden hielten. »Der Arzt wußte über die Familie Bescheid, so wie er das häusliche Leben in seiner praktischen Dimension, aber auch mit allen seinen Geheimnissen, Problemen und Gefühlen von innen kannte«, schreibt Francine Muel-Dreyfus und setzt hinzu: »Der Arzt durchschaute alles auf einen Blick, weil ihm alles bewußt war: der soziale Ort der Familie, ihre Mißerfolge und Ambitionen, ihre ›Verhältnisse‹, aber auch die geheimen Leiden, die Enttäuschungen, Sorgen, Liebschaften, der Kunstsinn und der Lebensekel: Schreie und Flüstern. [...] Diese innere Teilhabe an der Intimität der Familie, diese Kenntnis der Körper (Entbindungen, kleine chirurgische Operationen, Hausbesuche bei Schwerkranken, Sterbehilfe bei Todkranken), und zwar über Generationen hinweg, werden in ärztlichen Selbstauskünften im 19. Jahrhundert bei der Reflexion über die Beziehung des Arztes zu seiner Klientel als das Wesentliche beschrieben.« Der Kranke war der »Leidende«, der Patient (von lateinisch »pati«, »leiden«), und nicht der zahlende Kunde. Einmal im Jahr berechnete der praktische Arzt sein »Honorar« – ein bezeichnendes Wort, »das den finanziellen und kommerziellen Aspekt der Transaktion unterschlug«. In manchen Gegenden scheint es Brauch gewesen zu sein, daß der Arzt erst nach dem Tode des Patienten seine Gebühren berechnete. Als die Fachärzte aufkamen, galten sie zunächst als Krämerseelen, weil sie auf sofortiger Bezahlung beharrten. In seinem Buch *De l'honnêteté professionelle* äußert sich Dr. Ch.-F. Perron verächtlich über diese Praxis: »Der Arzt gehört zu einer Art erweiterter Familie. [...] Der Facharzt sieht gar nichts, weder neben dem Patienten noch hinter dessen Krankheit. Er gleicht dem erfahrenen Antiquitätenhändler, der ein goldenes oder silbernes Familienreliquiar taxieren soll und dabei weder die in ihr aufbewahrte Asche und die frommen Überreste veranschlagt noch die mit ihnen verbundenen Erinnerungen.« Der Hausarzt ist verschwunden; an seine Stelle ist der praktische Arzt getreten, der heutzutage weiß, daß er es oft mit Funktionsstörungen psychosomatischer Art zu tun hat, zu deren Therapie die Kenntnis des Milieus, in dem der Kranke lebt, unabdingbar ist. Der Kranke, der nachts aus Angst den Notarzt ruft, ist in einer Ausnahmesituation, die gleichwohl gewohnte Züge trägt; er fühlt sich bedroht angesichts eines praktischen Arztes, der je nachdem eine Notoperation vornimmt, ein Medikament verschreibt oder sich ans Telefon hängt, um einen Facharzt-Kollegen oder die Notaufnahmestation eines Krankenhauses zu verständigen. »Diese Hilfeleistung wird unverzüglich abgerechnet. Der Arzt hat es mit einem Individuum, nicht mit einer Familie zu tun. [...] Die Konsultation des Notarztes hat keine Vorgeschichte; sie basiert auf dem, was der Kranke selbst über seine Symptome sagt.« (F. Muel-Dreyfus)

Der Facharzt

Mit den zwanziger Jahren begann das Zeitalter der Fachärzte, die bis dahin »nur Schattierungen auf der Palette der Allgemeinmedizin«[12] gewesen waren. Allmählich bildeten sich neue Modalitäten der medizinischen Praxis heraus; die Zahl der Fachärzte stieg enorm; Untersuchungs- und Früherkennungsmethoden wurden technisiert und machten Laboratoriumsbefunde und die Einweisung des Patienten in ein Krankenhaus notwendig; die pharmazeutische Forschung und Industrie nahmen einen unerhörten Aufschwung; es gab Krankenhausreformen; alle möglichen Verfahren der Vorbeugung und des Gesundheitsschutzes wurden erprobt usw. Um nur die neuesten Statistiken anzuführen: 1980 kamen auf 100 000 Einwohner 201 Ärzte, 1970 waren es 128; in diesen zehn Jahren erhöhte sich die Anzahl der Fachärzte insgesamt um 5,7 Prozent, und zwar im Jahresdurchschnitt bei den Psychiatern um 20,8 Prozent, bei den Anästhesisten um 11,1 Prozent, bei den Gynäkologen und Geburtshelfern um 9,1 Prozent, bei den Haut- und Geschlechtsärzten um 9,1 Prozent und bei den Kardiologen um 8,2 Prozent. In diesen zehn Jahren (1970 bis 1980) stieg die »mittlere bis lange« Verweildauer in den öffentlichen allgemeinen Krankenhäusern um 12,3 Prozent pro Jahr. Der Facharzt ist in der Gefahr, seine Diagnose einzig auf das konstatierte Symptom zu stützen, ohne Rücksicht auf das, was der Diskurs des Kranken selbst über dessen möglicherweise aufschlußreiche Lebensbedingungen verrät. Dr. Norbert Bensaïd betont, daß manche Fachärzte gar nicht zuhören *wollen*, »denn der Kranke hat keine Ahnung, und deshalb ist das, was er sagt, nicht von Interesse«. Und was mag im Kopf des Arztes (des praktischen wie des Spezialisten) vorgehen, der am Abend seine »Vorgänge« und seine Einnahmen zusammenzählt? Der Patient ist zum Kunden geworden. Und der Arzt läuft Gefahr, zum Händler zu werden, der mehr auf die Erweiterung seiner Praxis achtet (das ist die Logik des Marktes) als auf das Ungesagte, das sich im verschämten Diskurs des Kranken verbirgt.

Der bedrohte Geist

Geisteskrankheiten

Ätiologische Erwägungen

Wir können an dieser Stelle nicht die Geschichte der psychiatrischen Nosographie nacherzählen. Wir wollen nur daran erinnern, daß sie nicht nur Bestandteil der Wissenschaftsgeschichte ist, sondern auch ein wichtiges Element in der Geschichte der Mentalitäten und damit der Hintergedanken.[13] In der Ätiologie der Geisteskrankheiten spielte der soziogenetische Ansatz seit Beginn des 19. Jahrhunderts eine immer größere Rolle (auf Kosten des ontogenetischen Ansatzes), bis er schließlich zur Anti-Psychiatrie führte, die in den sechziger Jahren eine »herrschende Ideologie« wurde. Heute ist dieser Ansatz wieder umstritten.

Jean Louis Théodore Géricault, *Der Kleptomane*, 1822.
(Genf, Musée des Beaux-Arts)

Krankheiten beginnen in dem Moment, sagbar zu werden, da sie heilbar werden – in den vierziger Jahren die Tuberkulose, mit dem Erscheinen von Aureomyzin; heute der Krebs. Wenn Geisteskrankheiten noch immer von der Aura des Geheimen umgeben sind, dann gewiß deshalb, weil die Geschichte der psychiatrischen Therapie mehr oder weniger auf der Stelle tritt. Seitdem das Christentum der Geschichte einen »Sinn« gegeben hat, nämlich Richtung und Bedeutung (Augustinus), impliziert die Verkündigung der Parusie, daß das Leben – das individuelle wie das kollektive – nicht vergebens gelebt wird. In dieser dramatischen Konzeption der Geschichte (bei der etwas passiert, während für Thukydides der Peloponnesische Krieg, sei's auch in verwandelter Gestalt, so lange dauern wird, wie es Menschen gibt) hat der Mensch der Neuzeit sich eingerichtet. Der Supremat eines zyklischen Geschicks (ob anthropomorph begriffen oder nicht) ist inakzeptabel für die Zeitgenossen des technischen Fortschritts, die ein kumulatives Geschichtsverständnis verinnerlicht haben. Beim gegenwärtigen Stand des therapeutischen Unvermögens gemahnen die Geisteskrankheiten den Menschen daran, daß er keine Macht hat über den Erzeuger seiner Kosmogonie: seinen Geist. Im übrigen stützt sich die Klinik der somatischen Erkrankungen auf den Beweis: Röntgenstrahlen, Ultraschall, Tomographie usw. erlauben es, den bösartigen Tumor aufzuspüren, ihn zu *sehen* und die weitere Entwicklung abzuschätzen. Die Klinik der psychiatrischen Erkrankungen stützt sich auf den Diskurs des Kranken – ein zweifelhaftes Zeugnis. Bekanntlich hat Antoine Bayle 1822 »seinen« Beweis dafür gefunden, daß die allgemeine Paralyse von der Schädigung der kortikalen und subkortikalen Gehirnsubstanz durch die Syphilisspirochäte herrührt. Aber dann? Dann widmete Emil Kraepelin sein ganzes Leben der Erforschung der Dementia praecox, einer Psychose, von der er steif und fest behauptete, sie sei endogen. Er fand zwar nichts, aber er behauptete es immerfort.

Jean Louis Théodore Géricault, *La monomane de l'envie*, 1822. Es gehörte einige Naivität zu der Überzeugung, die Monomanie (heute würde man sagen: die Zwangspsychose) am Gesicht ablesen zu können. Kurz bevor er dreiunddreißigjährig starb, soll Géricault, dieses verzogene und überbegabte Kind, gerufen haben: »Wenn ich wenigstens fünf Bilder gemalt hätte! Aber ich habe nichts gemacht, absolut nichts.« Diese Selbstverneinung war wohl der wahre Wahnsinn: Géricault hat ein Œuvre von dreihundert Gemälden hinterlassen, darunter das *Floß der ›Medusa‹* (im Louvre) – für ihn eine bloße »Vignette«.
(Lyon, Musée des Beaux-Arts)

Die Psychiatrie – ratlos

In Ermangelung klinischer Beweise schwankt die Psychiatrie zwischen den Faktoren Vererbung und Umwelt – ein ewiger Streit. Sind die Selbstmorde, die in einer gefährdeten Familie in jeder Generation aufs neue vorkommen, genetisch bedingt oder Nachahmungstaten? Der Psychiater, der alle nur denkbaren Ursachen für eine Neurose in Betracht ziehen wollte, müßte über ein kognitives Kapital verfügen, das weit über den spezifischen Horizont seines »Faches« hinausginge. Wer wollte sich brüsten, darüber zu verfügen? Soll man dem Kranken genau sagen, welche Krankheit er hat, ihm eröffnen, daß er an Schizophrenie leidet, und ihn darauf vorbereiten, daß er künftig immer wieder ins Krankenhaus muß? Oder soll man nur von »Depression« reden, weil dieses Wort sozial sagbar ist, obwohl es keine präzise klinische Bedeutung hat? Vor Entscheidungen gestellt, die nicht nur eine einzelne Person, sondern eine ganze Familie betreffen, wird der Arzt versucht sein, den Weg der Chemotherapie zu wählen, die es dem Kranken erlaubt, zu

Hause wohnen zu bleiben. Dieser Ausweg wirft jedoch ethische Probleme auf, die fast so mächtig sind wie die mit der Euthanasie verbundenen. Wie groß ist die Ansteckungsgefahr, wenn es in der Familie noch einen anderen »labilen« Menschen gibt? Es ist Aufgabe des Psychiaters, den Patienten zu beurteilen. Aber es ist Aufgabe der Familie, ihn gegebenenfalls aufzunehmen. Wird sie die Anwesenheit eines schwer Depressiven oder Manischen verkraften, ohne sich kaputtzumachen? Und wenn es zur Hospitalisierung kommt, wird die Familie sich dann nicht schuldig fühlen und sich sagen, daß ihre manifeste Sorge um den Kranken nur den latenten Wunsch nach Ruhe verhüllt? Der Irre, ob in der Anstalt oder zu Hause, bleibt derjenige, der die Regeln verletzt und sich zuletzt in einem überreglementierten Gefängnis wiederfindet. Er ist es, der uns »irre« werden läßt an unserer eigenen Identität: Hat er nicht manchmal »recht«, und wo ist der Punkt, an dem er nicht mehr »recht« hat? Kommunikationsunfähig, demonstriert er uns unsere eigene Kommunikationsunfähigkeit, können wir doch weder ihn verstehen noch ihm antworten. Er demonstriert durch die Perpetuierung seines Deliriums die Mängel der wissenschaftlichen Forschung – zumindest da, wo sie sich nicht medienkonformere Gebiete ausgesucht hat wie etwa Aids. Und eine letzte Unwägbarkeit des Irren: Er stirbt in der Regel nicht an seiner Krankheit. Seine Beziehungen zur Norm gestalten sich so wie in dem Bild Supervielles: »Ein Ertrinkender hebt den Arm und ruft: ›Hilfe!‹ Das Echo fragt zurück: ›Wie meinen Sie das?‹« Aber der Irre geht nicht unter, und die Nymphe Echo konnte, wie wir sahen, lediglich die Frage wiederholen ...

Altern

Ab wann ist man »alt«? Als Ludwig XIV. wieder heiratete, bezeichnete Madame de Sévigné (*Madame de Maintenon est devenue Madame de Maintenant*) den Sonnenkönig als »Greis«. Er war siebenundvierzig. Das Alter ist also eine soziale Konstruktion. Die zeitgenössische Gesellschaft ist mit einer ganz neuen Ordnung der Lebensalter konfrontiert: Zwischen Kindheit und Erwachsenenalter schiebt sich heute die Adoleszenz; ferner trennen zwei bis drei Jahrzehnte das Ende der Berufstätigkeit von dem Augenblick, in dem der Verfall der körperlichen und geistigen Kräfte den Menschen seiner Autonomie beraubt und ihn zum »Greis« bzw. zur »Greisin« macht. Früher war die Lebenserwartung so gering, daß die Spanne zwischen dem Ende des aktiven Daseins und dem Tod sehr kurz war (sofern es sie überhaupt gab). Heute sind Millionen von Menschen, die aus dem Berufsleben ausgeschieden sind, in »reifem« Alter, ohne wirklich alt zu sein. Was soll man mit ihnen tun? Und was sollen sie tun?

Die biologischen Fakten sind klar. Wir beginnen sehr früh zu altern; unser Organismus erreicht rasch die Phase seiner höchsten Leistungsfähigkeit. Von unserem 15. Lebensjahr an verlangsamt sich der Prozeß der Wundheilung, vom 25. an verlieren wir pro Tag 300 000 Neurone (von denen wir freilich mehrere Milliarden besitzen). Die Zeichen des

»In solchen Dörfern muß man sie suchen, die unverwüstlichen Greise, oder vielmehr die Greisinnen; denn – nach dem vielstrapazierten Bonmot einer Alten – ›ein Mann, das ist kaum was Rechtes‹.« (Colette)

körperlichen Verfalls sind nicht zu übersehen: beginnende Fehlsichtigkeit, leichte Schwerhörigkeit, Kurzatmigkeit, Probleme mit dem Blutdruck usw. Hinzu kommt der geistige Abbau: Man hat »Gedächtnislükken« und vergißt zunächst Eigennamen, dann die rezente Vergangenheit, die verschwimmt, während alte Erinnerungen frisch bleiben. Der Greis, der von immer weiter zurückliegenden Zeiten erzählt, hört auf, Zeitgenosse seiner eigenen Geschichte zu sein, und macht sich als »laudator temporis acti« bei seinen Mitmenschen unbeliebt, denen er ohnehin schon mit seiner Schrulligkeit auf die Nerven fällt (die mit dem Gedächtnisverlust zusammenhängt). Mit dem Alter kommt – oder verstärkt sich – der Hang zur Bequemlichkeit, der Wunsch, geehrt zu sein. Als Proselyt des eigenen Lebens regt der alte Mensch seine Umwelt durch das auf, was sie für unberechtigte Selbstbeweihräucherung hält. Der bekannte Ausdruck vom »Kindischwerden« ist durchaus zutreffend – statt fester Nahrung nimmt man mehr und mehr Suppen zu sich, das Interesse verengt sich auf das Essen und die Ausscheidungsfunktionen, das Schamgefühl schwindet, der Arzt wird zum Vater, die Krankenschwester zur Mutter. Doch während die Abhängigkeit des Kindes immer geringer wird und in das Leben mündet, führt die des alten Menschen zum Tod. Ein Gerontologe hat es treffend definiert: »Der Greis ist die Karikatur des Kindes, eines Kindes, das keine Zukunft vor sich hat; das Alter ist eine leere und absurde Kindheit. Vor sich und in sich hat es diese Leere.« Ganz und gar mit dem Überleben beschäftigt, verliert der Greis etwas von seinem Mitgefühl; der Tod anderer Menschen rührt ihn kaum, der Tod von Angehörigen und Freunden erfüllt ihn mit uneingestandener Befriedigung.

Anhand einiger Zahlen läßt sich belegen, daß der Anteil der Alten in der Alterspyramide unsere Zivilisation vor eine neue Herausforderung stellt: »Kein Wertesystem, das den Respekt vor alten Menschen lehrt, mußte sich jemals über deren enorme Zahl Gedanken machen.«[14] Von 10 000 Lebendgeborenen werden heute 3 194 Männer und 5 797 Frauen 80 Jahre alt (1936 waren es 1 333 Männer und 2 399 Frauen). Und diese 80jährigen haben noch sechs Lebensjahre vor sich, wenn es Männer sind, und siebeneinhalb, wenn es Frauen sind. Man schätzt, daß sich die Gesamtzahl der 80jährigen zwischen 1950 und 2025 versechsfachen wird. Nach der Volkszählung von 1982 sind 7,5 Millionen Franzosen, das heißt 13,8 Prozent der Gesamtbevölkerung, älter als fünfundsechzig. Von 100 Männern über fünfundsechzig sind 74 verheiratet; von 100 Frauen in demselben Alter sind 52 verwitwet. »Der wesentliche Unterschied innerhalb dieser Population ist also das Geschlecht.« (P. Paillat) 1 058 000 Männer sind über 65 Jahre alt, gegenüber 2 106 000 Frauen. Die Greise sind also überwiegend Greisinnen. Menschen, die nicht oder nicht mehr verheiratet sind, weisen eine deutlich höhere Sterblichkeitsrate auf als Verheiratete. Man kann das sogar präzisieren: Unverheiratete Männer zwischen 65 und 69 Jahren sind »anfälliger« als gleichaltrige Witwer – eine Tatsache, die bei Frauen nicht zu beobachten ist. Drei Viertel aller Selbstmorde werden von Alten begangen, und zwar häufiger von Männern als von Frauen. Bei den 60- bis 69jährigen gibt es dreimal mehr Selbstmorde von Witwern als von verheirateten Männern, deren Frauen noch leben. Die Selbstmordhäufigkeit spiegelt die soziale Hierarchie wider – am ehesten töten sich Landarbeiter und Hilfsarbeiter, während Führungskräfte sich um so weniger das Leben nehmen, als sie im öffentlichen Sektor tätig waren.

Die Menschen werden immer älter, und sie scheiden immer früher aus der Berufstätigkeit aus. 1906 haben 66,2 Prozent der Männer von 65 Jahren und darüber noch gearbeitet; 1954 waren es 36,2 Prozent, 1975 nur noch 10,6 Prozent. Bei den leitenden Angestellten zog man sich 1950 mit 68 Jahren und fünf Monaten zurück, 1972 mit 65 Jahren und elf Monaten; seither dürfte diese Altersgrenze bei 60 Jahren liegen. Einer Untersuchung des französischen Instituts für Gesundheit und medizinische Forschung (INSERM) zufolge wiesen bei den 65- bis 69-jährigen 83 Prozent der Männer und 50 Prozent der Frauen keinerlei Beeinträchtigung auf; bei den 70- bis 74jährigen lagen die Zahlen bei 65 Prozent bzw. 39 Prozent. »Männer und Frauen verfügen heute über eine zusätzliche disponible Lebenszeit von zwanzig Jahren (zwischen dem 60. und 80. Lebensjahr), das heißt, eine Zeit, die so lang ist wie Kindheit und Adoleszenz zusammen.« (P. Paillat) Es ist verständlich, daß 60jährige, die noch zwanzig Jahre zu leben haben, sich nicht mit der Statistenrolle in unserer Gesellschaft zufriedengeben.

Der Ruhestand

Der Abstand zwischen dem Zeitpunkt des Ruhestands und dem Zeitpunkt, an dem das Alter biologisch wahrnehmbar wird, ist ein gesellschaftliches Faktum. Ein Mensch wird »in den Ruhestand versetzt«; er ist Objekt und muß etwas mit sich geschehen lassen. Signalisiert der Ruhestand also Passivität, Scheitern? Alfred Sauvy meint: »Einen Menschen mit sechzig Jahren aus dem sozialen Leben davonzujagen, obwohl er noch arbeitsfähig und arbeitswillig ist, ist ein Akt, dessen Schändlichkeit man nur unter großem Aufwand an blumiger Rhetorik verklausulieren kann.« Als Übergang von einem zeitlichen Rhythmus, den die Arbeit diktierte, zu einem völlig anderen Tempo ist der Ruhestand für alle Menschen ein Problem; für jene, die ihn nicht wollten, ist er ein Trauma. Frauen werden mit ihm besser fertig als Männer; ihr Stundenplan umfaßte schon immer viele Stunden, die der Hausarbeit gewidmet waren. Es gibt Umfragen über die »Abgangsrate« in den einzelnen Berufsgruppen, die einige Rückschlüsse erlauben. Hilfsarbeiter und angelernte Arbeiter (die ohnehin von allen Berufsgruppen die geringste Lebenserwartung haben) sind mehrheitlich froh, mit sechzig in Rente gehen zu können, auch wenn die Rente bescheiden ausfällt. Selbständige Gewerbetreibende ziehen sich so spät wie möglich aus dem Berufsleben zurück, weil ihre spätere Rente nicht hoch ist und sie überdies die Möglichkeit haben, ihre tägliche Arbeitszeit sukzessive zu verringern. Landwirte setzen sich früher zur Ruhe, seitdem der Staat hierfür finanzielle Anreize geschaffen hat. Die beiden Berufsgruppen, in denen die Lohn- bzw. Gehaltsempfänger am längsten ihrer Tätigkeit nachgehen, finden sich an den beiden Enden der Einkommensskala:

Der Ruhestand lacht?

Gérard Vincent, *Porträt Madame P.*
(Privatsammlung)

»Die Gruppe des Dienstpersonals am einen Ende ist gekennzeichnet durch geringes Einkommen, sehr unfeste Arbeitsorganisation, wenig qualifizierte körperliche Arbeit und einen Nachfrageüberhang. Diese Gruppe umfaßt Berufe, die von älteren Menschen ohne Ressourcen (z. B. Hausfrauen) gesucht werden. Am anderen Ende befindet sich die Gruppe der Führungskräfte. Hier erklären Interesse an der Arbeit und eine überdurchschnittlich gute Bezahlung die Verlängerung der Berufstätigkeit.«[15]

Die Revolte der »Jungrentner« wird aus naheliegenden Gründen von der Konsumgesellschaft begünstigt. Die Zeitschrift *Notre temps* (1968 gegründet) schreibt dazu: »Sie [die Rentner] erstreben den besseren Lebensstandard, den sie sich jetzt leisten können.« Mit sechzig hat man in der Regel eine Erbschaft gemacht, die Kinder sind »erwachsen«, und wenn man sie »unterstützt«, dann ohne sein finanzielles Polster anzutasten. Jetzt kann man endlich Sport treiben, reisen oder schnelle Autos fahren. »Die Kunst des Alterns« heißt das neue gerontologische Evangelium. *Notre temps, le magazine de la retraite* (960 000 Exemplare) hat aus ihrem Vokabular alle diskriminierenden Ausdrücke wie »drittes Lebensalter« oder »alte Menschen« verbannt. Ein euphorisierendes Syntagma ist bereits gefunden: die »Freizeit-Generation«, die »dritte Zielgruppe« der Werbewirtschaft. Derlei Zeitschriften weihen ihre Leserinnen und Leser in die taktischen Finessen beim Kampf gegen das Altern ein: Haartinkturen, spezielle Lotionen für schwarzes Haar, Lifting, Schönheitschirurgie, Cremes gegen Falten und für den Busen, Verjüngungskuren. Diätspezialisten und Ernährungswissenschaftler

Wir haben die ersten Autos erlebt, das erste Flugzeug, die ersten Atombomben, den ersten Menschen auf dem Mond. Wir haben alle unsere Freunde und fast alle Freundinnen verloren. Einige unserer Kinder sind schon tot. Zu Hause sind wir genauso allein wie im überbelegten Altersheim. Wir können unsere Erinnerungen erzählen, verändern können wir sie nicht. Wir sind da. Wir haben, wie Voltaire gesagt hat, »den Tod zwischen den Zähnen, oder vielmehr zwischen den Kiefern, denn Zähne haben wir keine mehr«. Wir wollen nicht sterben.

verbreiten sich über die Zusammensetzung des Speiseplans; Sexologen erinnern daran, daß das sexuelle Vergnügen keine Altersgrenze kennt. Clubs für das »dritte Lebensalter« wenden sich vorwiegend an die Mittelschicht; die ersten entstanden 1970, mittlerweile gibt es Tausende mit schätzungsweise einer Million Mitgliedern. Rund dreißig »Universitäten für das dritte Lebensalter« (die erste wurde 1973 gegründet) werben um jene, die sich ihren Wissensdurst bewahrt haben (1980 waren es rund 10 000). Umfragen der französischen Stiftung Gerontologie unterstreichen die Bedeutung des Familienlebens für die Rentner: 65 Prozent von ihnen treffen sich mindestens einmal wöchentlich mit einem ihrer Kinder. Wenn sie einmal »wirklich alt« sind, besteht die Familie oft schon aus vier Generationen, und die Urgroßeltern erleben noch ihre Urenkel. Ist also für alle Menschen eine solche Lebensqualität erreichbar, wie die Freizeitmagazine sie beschreiben?

Der Eintritt in den Ruhestand verschärft die sozialen Ungleichheiten. Es hängt von der bisherigen Tätigkeit ab, in welcher körperlichen und seelischen Verfassung man in den Ruhestand geht; im Anschluß an diesen »Übergangsritus« kumulieren die Beschwerden. »Menschen mit geringerem Bildungsgrad gehören immer häufiger als andere zu denen, deren Gesundheit angeschlagen ist, die eine lange und schlecht bezahlte Berufstätigkeit hinter sich haben, deren Arbeit mühsam und wenig befriedigend war, die keine oder kaum eine andere Freizeitbeschäftigung kennen als eine körperliche oder manuelle, die in diesem Bereich ein eher passives als aktives Verhalten zeigen, die weniger soziale Kontakte haben usw.«[16] Später findet man diese Menschen in großer Zahl in Alters- und Pflegeheimen wieder, weil sie körperlich oder geistig nicht mehr selbstverantwortlich handeln können. Ihre Zahl beläuft sich auf 400 000 bis 500 000. Die Armen, die schon immer arm waren, steckt man in staatliche Heime, wo sie einen »vorweggenommenen Tod« leben (B. Ennuyer). Die Selbstversorgung in der eigenen Wohnung ist in der Stadt leichter als auf dem Land; hier sind die Pensionen höher (auch die Alten sind Wähler), und die einschlägigen Dienstleistungen sind besser organisiert. Doch wer kümmert sich um die Alten auf dem Lande, dem immer mehr Leute den Rücken kehren? Die traditionelle bäuerliche Großfamilie fällt den Wettbewerbszwängen zum Opfer, die zur räumlichen Ausweitung der Erwerbstätigkeit zwingen.

Früher besaßen die Alten Weisheit und Wissen. In sogenannten »primitiven« Gesellschaften zählt das Alter als Aufstieg, nicht als Abstieg. In oralen Zivilisationen sind die Alten Träger der kollektiven Erinnerung. Wo die Lebenserwartung kurz ist, verdient das Überleben als solches schon Bewunderung und Achtung. In den dynamischen Industriegesellschaften folgen die Umwälzungen so schnell aufeinander, daß vor lauter »Recycling« keine Erfahrung mehr wachsen kann. Die Alten sind so zahlreich, daß sie niemanden mehr interessieren: Das Wertvolle ist bekanntlich das Seltene. Trotzdem gibt es ein Gebiet, auf dem Erfahrung zählt und Greise für Überraschungen sorgen: die Politik. Politiker vermeiden sorgfältig den verfrühten Rückzug. Die Lust an der Macht entschädigt für die Last des Alterns. Marschall Pétain wurde mit 84 Jahren Staatschef; General de Gaulle gelangte mit 67 noch einmal an

(zur Abbildung auf Seite 291)
Schad ist als einer der großen Maler der »Neuen Sachlichkeit« in die Kunstgeschichte eingegangen. Neue Sachlichkeit – das Adjektiv paßt nicht zum Substantiv. Sofern Sachlichkeit (Objektivität) möglich – denkbar? – ist, transzendiert sie die Zeit und kann nicht »neu« sein. »Mit dem Begriff Objektivität wird Wortspielerei getrieben. Bald meint sie die passive Qualität des betrachteten Objekts, bald den absoluten Wert einer ihrer subjektiven Schwächen entkleideten Betrachtung.« (Sartre)

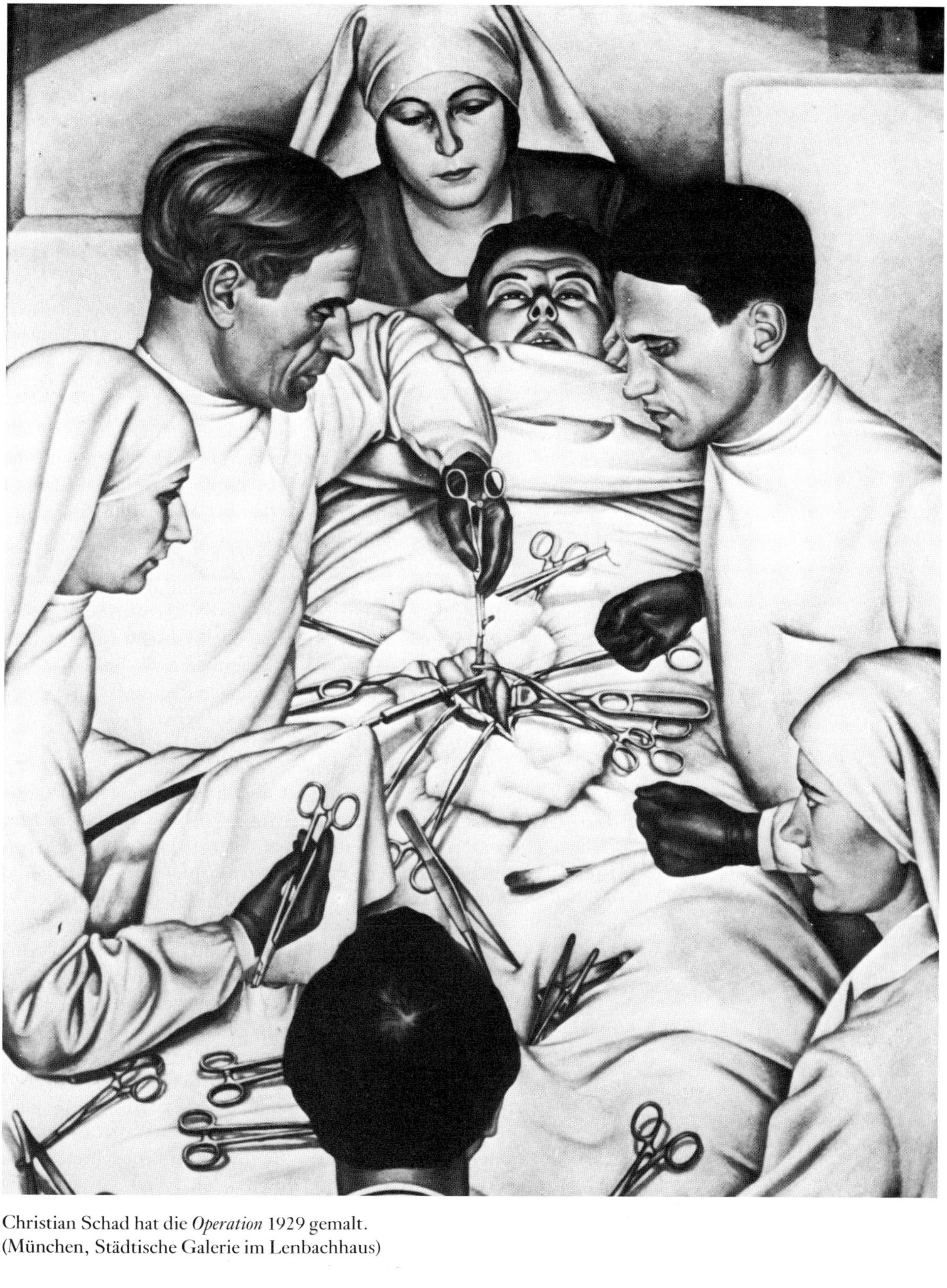

Christian Schad hat die *Operation* 1929 gemalt.
(München, Städtische Galerie im Lenbachhaus)

die Macht; der Ajatollah Khomeini war 78, als er den Schah von Persien entthronte; François Mitterrand, ein Befürworter des Ruhestands mit sechzig, wurde in seinem 65. Lebensjahr Staatspräsident. Nach Simone de Beauvoir sind sämtliche Patentrezepte gegen den Jammer des Alters lächerlich, weil keines von ihnen die systematische Zerstörung rückgängig machen kann, deren Opfer der Mensch in seinem Leben geworden ist. Gewiß; aber manchmal muß man sich auch vor den Opfern hüten.

Wer stirbt woran und wann?

»O Herr, gieb jedem seinen eignen Tod.
Das Sterben, das aus jenem Leben geht,
darin er Liebe hatte, Sinn und Not.«
Rainer Maria Rilke

Zum Thema Sterben und Tod gibt es eine erdrückende Fülle von Statistiken, mit denen wir den Leser verschonen wollen. Doch mögen einige Zahlenangaben die Überlegungen vorbereiten. Zwischen 1975 und 1980 waren die wichtigsten Todesursachen bei Männern zwischen 55 und 64 Jahren (in der Reihenfolge ihrer Häufigkeit): Krebs, Kreislauferkrankungen, Leberzirrhosen, Unfälle, Selbstmord, Alkoholismus und Infektionskrankheiten. Die übrigen Todesfälle hatten nach den Angaben des Instituts für Statistik und Wirtschaftsstudien (INSEE) »nicht ermittelte und sonstige Ursachen«. Die Aufschlüsselung nach Altersgruppen macht große Unterschiede sichtbar. So ist bei den 35- bis 45jährigen der Unfalltod ebenso häufig wie der Krebstod. Infektionskrankheiten enden dank Antibiotika nur noch selten tödlich. Haupttodesursache sind bösartige Tumore, so daß die Feststellung Philippe Ariès' ihre Gültigkeit behält: »Mehr als der Knochenmann in den Totentänzen des 14. und 15. Jahrhunderts oder der Aussätzige mit seiner Lazarusklapper ist heute der Krebs der Inbegriff des Todes.« Um 1900 betrug die Lebenserwartung des Neugeborenen 48 Jahre, 1935 waren es 61 Jahre. 1981 hatten Männer eine Lebenserwartung von 70 Jahren und 5 Monaten, Frauen eine solche von 78,5 Jahren.[17] Starben 1940 noch 91 von 1000 Säuglingen, so waren es 1978 nur noch 12. Die Wahrscheinlichkeit, daß ein Kind im jeweils laufenden Jahr stirbt, ist sehr gering (bei den Zehnjährigen beträgt sie 3:10 000), außer bei den 18- bis 22jährigen, die sich vom Auto zu »anormalen« Risiken verführen lassen. Im 18. Jahrhundert kamen auf 100 Neugeborene 5, deren Großeltern noch lebten (1973 waren es 41); von den 30jährigen hatten 91 Prozent bereits beide Großelternpaare, 28 Prozent beide Eltern verloren (1973 nur 53 Prozent bzw. 4 Prozent). Der Demograph bemerkt dazu: »Im 18. Jahrhundert folgten die Generationen aufeinander, ohne daß es zu den Überschneidungen gekommen wäre, die heute zu beobachten sind.« Daß vor dem Tod die Menschen nicht alle gleich sind, ist statistisch beweisbar. Am spätesten sterben Lehrer, Ingenieure, hohe Beamte sowie Freiberufler. Am »exponiertesten« sind Hilfsarbeiter (2,5 Prozent von ihnen sterben zwischen dem 35. und 60. Lebensjahr, das heißt dreimal mehr als Lehrer und Ingenieure), Dienstpersonal und Arbeiter. Die Wahrscheinlichkeit, zu sterben, beträgt bei 35jährigen Männern insgesamt 0,23 Prozent, bei Führungskräften, Freiberuflern und Lehrern jedoch 0,1 Prozent, bei Hilfsarbeitern 0,6 Prozent und bei Landarbeitern 0,4 Prozent. Auf gleichem Beschäftigungsniveau verbürgt bessere Bildung längeres Leben; das gilt für Arbeiter und Führungskräfte gleichermaßen. Tätigkeit schützt vor dem Tod: Arbeitslose sterben früher als ihre erwerbstätigen Kollegen aus derselben Berufsgruppe. Frührentner und Rentner weisen eine höhere Sterblichkeit auf als gleichaltrige Berufstätige; am wenigsten »exponiert« sind pensionierte Beamte. Schutz vor dem Tod bietet ferner die Ehe oder das Familienleben: Bei unverheirateten, verwitweten oder geschiedenen Männern zwischen 35 und 60 ist die Sterblichkeit dreimal so hoch wie bei gleichaltrigen Verheirateten. Bei den Frauen sind die Unterschiede nicht so ausgeprägt: Unverheiratete, verwitwete oder geschiedene Frauen sterben nicht sehr viel

— « *Quand je pense que ça va disparaître, ça, un jour !...* »

»Wenn ich mir vorstelle, daß das eines Tages verschwunden sein wird!« Cartoon von Sempé, © C. Charillon-Paris. Chamfort sagt: »Leben ist eine Krankheit, die alle sechzehn Stunden durch den Schlaf gelindert wird. Der Schlaf ist ein Palliativ. Die wahre Arznei ist der Tod.«

früher als verheiratete. Das läßt zwei Deutungen zu: Entweder ist die Affektivität der Frauen nicht das, was sie zu sein vorgibt, oder die Ehe erlegt ihnen unerträgliche materielle und emotionale Belastungen auf. Wie dem auch sei, Frauen werden besser als Männer mit dem Tod des Gatten fertig; das straft die Redensart Lügen: »Es gibt untröstliche Witwen, aber es gibt keinen untröstlichen Witwer.« Die Ungleichheit vor dem Tod wird durch die Urbanisierung noch verschärft: In ländlichen Gegenden ist die Mortalität der Landarbeiter zweieinhalbmal so hoch wie die der Volksschullehrer; in den großen Agglomerationen ist sie bei Hilfsarbeitern viermal so hoch wie bei Hochschullehrern (im Großraum Paris sogar fünfmal höher).

Der Tod tritt in 80 Prozent der Fälle im Krankenhaus oder in der Klinik ein und ist völlig medikalisiert. Ein Gerichtsmediziner muß den Eintritt des Todes feststellen, bevor das Standesamt ihn registriert. Die Fixierung des genauen Zeitpunkts wirft Probleme auf – früher war es das Aufhören der Atmung, wenn der Spiegel, den man dem Sterbenden vor den Mund hielt, nicht mehr beschlug; später war es das Aufhören der Herztätigkeit; heute gilt der Tod als erwiesen, wenn das Elektrokardiogramm nicht mehr ausschlägt. Der Tod ist nicht mehr der plötzliche Übergang vom Lebendigsein zum Gestorbensein; er besteht aus einer Reihe von Stadien, die sich über mehrere Stunden, ja, Tage erstrecken können; er ist zum technischen Datum geworden, das weitgehend von der Entscheidung der Ärzte und des Krankenhauspersonals abhängt, die Versorgung des Sterbenden ein- und alle Apparate abzustellen (Ph. Ariès).

Tod und Sterben

Der Tod ist ein Modethema. Als »domestizierten Tod« bezeichnet Philippe Ariès die öffentliche Zeremonie, die der Sterbende selbst leitet, weil er deren »Protokoll« kennt.[18] Das berühmte Bild *Der Fluch des Vaters* von Greuze (1777, Louvre) hält eine derartige Selbstinszenierung fest. Die »artes moriendi« des 15. Jahrhunderts machen es einem Seelenfreund des Sterbenden zur Pflicht, als »nuntius mortis« zu fungieren – für den Fall, daß der Kranke sich noch irgendwelchen Illusionen über seinen Zustand hingeben sollte. Was Saint-Simon über den Tod Ludwigs XIV. schrieb, galt gleichermaßen für das gemeine Volk: Man starb, wie man geboren wurde, in einem Zimmer voller Menschen, in dem es oft so beengt war, daß die Ärzte, die an die segensreiche Wirkung der frischen Luft glaubten, dafür sorgten, daß das Zimmer geräumt, die Fenster geöffnet und die Kerzen angezündet wurden. Seit etwa 1930 begann man in den USA, sich zum Sterben in ein Krankenhaus oder eine Klinik zu legen. Das war die Geburtsstunde der Soziologie des Todes. Ihr theoretisches Fundament legte Geoffrey Gorer 1955 mit seinem Traktat »The pornography of death«; die Themen dieser Abhandlung griff derselbe Autor später in seinem Buch *Death, Grief and Mourning* auf. Seither war – laut Ariès – jede Anspielung auf den Tod verpönt; das Thema galt als morbid, man tat so, als existierte es nicht; es gab nur Menschen, die plötzlich verschwanden und von denen man nicht mehr sprach – oder erst später, wenn man vergessen hatte, daß sie tot waren. Die Toten verabschiedeten sich unter Blumen, so wie die Kinder unter Blumen geboren wurden. Ariès fragt, ob nicht diese Verbannung des Todes aus unserem Alltag, dieses Verbot von Trauer und Tränen um die Toten, mitverantwortlich für den pathologischen Zustand der modernen Gesellschaft sei. Man verheimlicht dem todgeweihten Kranken seinen wahren Zustand und ist froh, »daß niemand ihn sterben gesehen hat«. Auf die einstige Dramatisierung des Sterbens ist der Tod als traurige Farce gefolgt: Der Sterbende muß einen Menschen spielen, der nicht sterben wird, und seine Umwelt spielt die Komödie mit. Der Sterbende wird seines Todes beraubt, die Gesellschaft ihrer Trauer. Weinen darf man nur heimlich, schreibt Gorer, »as if it were an analogue of masturbation«.

Angesichts dieser apodiktischen Behauptungen ist eine gewisse Skepsis angebracht. Um seinen eigenen Tod als öffentliche Zeremonie und streng nach Protokoll inszenieren zu können, mußte der Sterbende wenigstens bei klarem Verstand und frei von quälenden Schmerzen sein, die seinen Auftritt vereitelt hätten. Ariès meint, der Tod habe sich fast immer angemeldet, da früher auch minder schwere Krankheiten unweigerlich zum Tode geführt hätten. Auch daran mag man zweifeln. Von der Pest einmal abgesehen, gab es schon damals Herzanfälle, und Infektionserkrankungen wirkten sich verheerend aus, weil keine Therapie bekannt war. Gewiß, »Roland merkt, daß alles dem Tod zufällt«, und Tristan »fühlte, daß sein Leben verloren sei und er sterben werde«. Aber das sind literarische Texte, keine Patientenaussagen. Philippe Ariès behauptet, daß die Bauern bei Tolstoi genauso sterben wie Tristan oder der Ackersmann bei La Fontaine und dieselbe zutraulich-resignierte Haltung gegenüber dem Tode beweisen. Dem könnte man die Aussage eines Krebsspezialisten entgegenhalten, der über das Endstadium der Leukämie sagt: »Ich habe niemals einen Sterbenden ein denkwürdiges ›letztes Wort‹ äußern hören; von 1500 todkranken Leukämiepatienten, die ich gekannt habe und unter denen auch viele Ärzte waren, hatte nur ein einziger den Mut, dem Tod ins Auge zu sehen.« Es gab und gibt ihn gewiß, den »schönen Tod«, der es Ariès so angetan hat und den der Sterbende in geistiger Klarheit, im Wissen vom bevorstehenden Ende und in Selbstbeherrschung stirbt. Aber ihn für eine allgegenwärtige Tatsache zu halten, zeugt weniger von erkenntnistheoretischem Scharfblick als von der Sehnsucht nach früheren Zeiten. »Der domestizierte Tod [...] ist kein historisch vorfindliches Modell, sondern ein in mythischer Zeit angesiedeltes Ideal. [...] Der Diskurs über den Tod ist zur Ausdrucksform sozialer Sehnsüchte und Utopien geworden.«[19] Indes war Ariès auf der rechten Fährte, als er vom Englischen die Unterscheidung zwischen »death« und »dying« (»le mourir«) übernahm. Mit dem Sterben befassen sich zahlreiche amerikanische Studien. Bei aller Verschiedenheit der Ansätze und Autoren ergibt sich als gemeinsamer Tenor, daß der Sterbende sich – nach einer Krisenphase der Angst und der Auflehnung – mit der Unausweichlichkeit seines Todes abfindet. Bei der Lektüre dieser Studien zur »Arbeit des

»Der Tod, den die einen den schrecklichsten der Schrecken heißen: wer weiß, ob nicht andere ihn als die einzige Zuflucht vor der Qual dieses Lebens begrüßen?« (Montaigne)

Sterbens« verblüfft deren Ähnlichkeit mit der »Arbeit des Lebens« – auch bei dieser wechseln Auflehnung, Angst und Zeiten der Ruhe miteinander ab, auch sie kennt widersprüchliche Einstellungen, deren Erfahrung man gemacht haben muß und die doch im Angesicht des Todes allesamt nutzlos sind. Diese entscheidende Etappe des privaten Lebens hat Sartre wohl richtig beschrieben, wenn er sagt: »Von dem Moment an, da der Mensch nicht mehr das Gefühl hat, unsterblich zu sein, ist der Tod nur noch eine Frage der Zeit.« So gesehen, wäre die Arbeit des Lebens nichts anderes als die antizipierende Wiederholung der Arbeit des Sterbens.

Wo stirbt man?

Das Sterben spielt sich heute überwiegend im Krankenhaus ab und stiftet eine komplexe Komplizenschaft zwischen dem Sterbenden und dem Pflegepersonal. Die wenigen französischen Untersuchungen über das, was P. Soudet »examen de passage« nennt, bestätigen die amerikanischen Befunde. Das Krankenhauspersonal verhält sich so, als sei es die Pflicht des Kranken, am Leben zu bleiben, während die fortgesetzte ärztliche Fürsorge insbesondere die Funktion hat, den unmittelbar bevorstehenden Tod zu verschleiern. Alle französischen Ärzte, die 1968 hierzu befragt wurden, lehnten es im Gegensatz zu ihren amerikanischen Kollegen kategorisch ab, den Patienten im Krankenhaus über das

Herannahen seines Todes zu informieren. Dabei geht es ebensosehr um den Ruf des Personals und des Krankenhauses wie um die Seelenruhe des Kranken. Ein amerikanischer Arzt und ein amerikanischer Soziologe, R. S. Duff und A. B. Hollingshead, hoben in ihrer Untersuchung von 40 Todesfällen in einem Krankenhaus unter anderem das stillschweigende Bescheidwissen des Pflegepersonals wie des Patienten hervor. Ein Arzt erklärte ihnen: »Ein wohlerzogener Mensch begreift die Wahrheit auch ohne Worte.« Das ist das »gemeinsame Simulieren«.[20] Crane hat festgestellt, daß Krankenschwestern ganz unbewußt auf Wünsche Sterbender weniger schnell reagieren als auf die Wünsche anderer Patienten.[21] Einen Kranken, der gar nichts sagt, kann das Pflegepersonal nicht ertragen, und darum verfällt es selbst in Schweigen. Zwei Patienten in derselben körperlichen Verfassung können, wie aus einer amerikanischen Studie hervorgeht, schon bei der Einlieferung ins Krankenhaus als unheilbar oder als heilbar eingestuft werden, und zwar je nach ihrem Alter und ihrer sozialen Stellung; so wird bei einem Greis die negative Prognose womöglich schon vor dem Eintreffen des Arztes gestellt. Bei Alkoholikern, Drogensüchtigen, Prostituierten, Stadtstreichern lautet die Diagnose: »bei Einlieferung tot«. »Die Wahrscheinlichkeit, daß jemand als sterbend oder tot angesehen wird, ist teilweise abhängig von seinem Platz in der sozialen Hierarchie«, betont C. Herzlich. Falls ein Mensch, der alle Benachteiligungen in sich vereinigt (arm, alt, ohne Familie usw.), nicht die Chance hat, einer jener »Fälle« zu werden, über welche die Ärzte gern in Fachzeitschriften schreiben, wenn er also aus sozialer und medizinischer Sicht uninteressant ist, dann fügt sein Tod sich in eine Art Serienproduktion ein, die rationalisiert werden muß. Das Mahlwerk der sozialen Ungleichheiten mahlt fein und unerbittlich bis zur letzten Sekunde. Der Tod eines Menschen »ohne Eigenschaften« »ist in organisatorische Abläufe eingebunden, er wird um das individuelle Erleiden, um seine eigene Zeit gebracht und statt dessen von der Hektik der Aktivitäten ringsherum erfaßt und hat nur noch in der Rationalität einer bürokratischen Organisation seinen Platz. Er ist jetzt nur noch Objekt einer Tätigkeit, die sachgemäß verrichtet werden muß«. (C. Herzlich) Es scheint, als solle diese Auflösung des Todes im Organisatorischen die Verdrängung verbürgen. Dennoch wäre es falsch, der Ärzteschaft einen Vorwurf zu machen. »Es liegt nicht an der Gleichgültigkeit der Ärzte, es ist die Gesellschaft als ganze, die den Tod nicht mag; aber im Sterbezimmer ist nun einmal der Arzt der Repräsentant der Gesellschaft, und deshalb richtet sich das Unbehagen gegen ihn.«[22]

Euthanasie

Das Universum des Sterbenden umfaßt drei Welten: die des Arztes mit seiner Kompetenz; die der Familie und der Freunde; die der Gesellschaft mit ihren Zwängen und Tabus. In diesem Universum stellt sich das Problem der Euthanasie mit seinen Geheimnissen. Die Etymologie des Wortes entbehrt nicht der Ironie, es kommt vom griechischen »Thanatos«, »Tod«, und dem Präfix »eu-«, »gut«. Euthanasie ist also »der gute Tod«. Aber ist der »gute Tod« möglich? Und wer hat das Recht, ihn zu organisieren? 1968 erklärte Professor Jean Hamburger: »Aufgabe der Medizin ist es weder, Leben um jeden Preis zu erhalten, noch, den natürlichen Tod zu verhindern; Aufgabe der Medizin ist einzig und allein, dem vorzeitigen pathologischen Tod vorzubeugen und entgegenzuwirken.« Doch wer bestimmt, wann ein Tod »vorzeitig« ist? Im November 1976 äußerte der Ehrwürdige Vater Riquet im Rahmen der Rencontres de Strasbourg zum Thema »Patient, Medizin, Tod«: »Es gilt, unsere Gesellschaft so zu gestalten, daß der Sterbende nicht in Versuchung kommt, Selbstmord zu begehen, sondern betreut, umsorgt und verstanden wird, und ihm andererseits nicht therapeutische Verrenkungen zuzumuten, die einen hoffnungslosen Todeskampf nur sinnlos verlängern.« Aber wo beginnen diese »Verrenkungen«?[23] Schon 1967 hat der amerikanische Anwalt L. Kurtner aus Chicago für »Verfügungen zu Lebzeiten« plädiert, in denen der potentielle Kranke eine »aktive« Euthanasie für den Fall verlangen kann, daß sein Zustand es ihm nicht erlaubt, diese Entscheidung selbst zu treffen. Der Abgeordnete C. Hollister aus Michigan brachte einen Gesetzesantrag ein, der dem Kranken das Recht gewähren sollte, seine medizinische Versorgung durch eine »rechtsgültig bestimmte Vertrauensperson« überprüfen zu lassen, »die ermächtigt ist, die für eine Behandlung notwendigen Entscheidungen zu treffen, wenn der Patient selber hierzu durch Krankheit oder Unfall nicht imstande ist«. Ebenfalls in den USA stellte das Louis-Harris Institute einer repräsentativen Stichprobe von Protestanten, Katholiken und Juden die Frage: »Sind Sie der Meinung, daß jemand, der an einer unheilbaren Krankheit leidet, die Möglichkeit haben müßte, seinem Arzt zu sagen, er solle ihn lieber sterben lassen, als sein Leben zu verlängern, wenn keine Aussicht auf Heilung besteht?« Mit Ja antworteten 76 Prozent der Protestanten, 70 Prozent der Katholiken und 75 Prozent der Juden. In Frankreich brachte Senator H. Caillavet am 6. April 1978 einen Gesetzesantrag ein, der das »Recht, seinen Tod zu leben«, zum Gegenstand hatte. Am 13. Oktober desselben Jahres stellte er gemeinsam mit Senator J. Mézard, einem promovierten Mediziner, einen neuen Antrag, der eine Ergänzung von Artikel 63 Absatz 2 Strafgesetzbuch vorsah. Unterlassene Hilfeleistung sollte für den Arzt nicht strafbar sein, wenn er »auf Verlangen des Kranken, sofern dieser bei Bewußtsein ist, oder im gegenteiligen Fall aus eigenem Entschluß es unterläßt, eine Behandlung oder eine Wiederbelebung vorzunehmen oder fortzusetzen, die nur geeignet ist, das Leben des Kranken künstlich zu verlängern, wenn dieser von einem unfall- oder krankheitsbedingten unheilbaren Leiden befallen ist«. Um beide Gesetzesanträge entbrannte alsbald eine heftige Polemik. Die Zeitschrift *Le Panorama des médecins* befragte dazu 701 Mediziner; 666 sprachen sich gegen den Antrag Caillavets aus. Hingegen ergab eine andere Umfrage unter 300 praktischen Ärzten, daß 65 Prozent derjenigen, die unter dreißig waren, die »passive Euthanasie« befürworteten, »wenn ein altes Koma vorliegt oder der Kranke oder Verletzte *unbestreitbar* unheilbar ist«. Auch hier hängt alles vom Adverb ab.

Was sagt nun der Richter, der ja im Zentrum des Problems steht? Das Gesetz schreibt ihm die Antwort vor: Aktive Euthanasie ist Mord, der vor das Schwurgericht führt; passive Euthanasie erfüllt den Straftatbestand der unterlassenen Hilfeleistung. Aber wie beim Kampf gegen die Unfruchtbarkeit gehen Richter und Geschworene auch im Falle der Euthanasie mit dem Gesetzbuch »rechtsschöpferisch« um. Einige Beispiele seien erwähnt. Mireille Gouraud, die Mörderin ihres unheilbar kranken Sohnes, wurde im November 1966 vom Schwurgericht Chambéry freigesprochen. Im März 1972 wurde in Metz ein Mann freigesprochen, der seine Frau ermordet hatte, um ihre Leiden zu verkürzen. Sieben Monate nach dem Tod seines Vaters tötete Fernando Carrillo seine unheilbar an Krebs erkrankte Mutter; auch er wurde, im Oktober 1977 in Aix-en-Provence, freigesprochen. Im Mai 1978 verurteilte das Schwurgericht Versailles Gilles Millote wegen Mordes an seiner anormalen Tochter zu drei Jahren Gefängnis mit Bewährung. Luigi Faïta, der seinen unheilbar kranken Bruder getötet hatte, wurde im Januar 1982 vom Schwurgericht Colmar freigesprochen. Derek Humphrey, ein Journalist der *Sunday Times*, offenbarte im März 1978 in einer Livesendung des englischen Fernsehens, daß er seine Frau, die unheilbar an Krebs erkrankt war, mit ihrer Einwilligung getötet hatte; er wurde freigesprochen. In Großbritannien ist in den letzten 25 Euthanasiefällen keine Gefängnisstrafe mehr verhängt worden. Ein Gericht in Stockholm verurteilte (überraschenderweise, wenn man die geläufigen Vorstellungen über Schweden zugrunde legt) am 15. September 1978 den Arzt Dr. Toss zu acht Monaten Gefängnis wegen Totschlags an einem Patienten, der 1974 vor Zeugen ein Testament unterschrieben hatte, in dem er darum bat, sich jeder »therapeutischen Hartnäckigkeit« in bezug auf ihn zu enthalten.

Und was soll der Mediziner tun? Dr. Pierre Simon schreibt: »Wenn es sich um ein Neugeborenes handelt, ist das Dilemma noch schlimmer. Eine ungeschriebene Regel besagt, daß man die künstliche Beatmung nicht länger als fünf Minuten fortsetzt, wenn das Neugeborene bis dahin nicht angefangen hat zu atmen. Danach treten irreversible Schädigungen des Zentralnervensystems auf.« Aber derselbe Autor weist auch auf Ausnahmen hin: Es gibt Neugeborene, die über die kritischen fünf Minuten hinaus beatmet wurden und sich zu ganz normalen Erwachsenen entwickelt haben. Und was soll der Arzt sagen, wenn eine Mutter von ihm verlangt, ein anormales Kind nicht am Leben zu lassen? Es ist anzunehmen, daß aktive und passive Euthanasie viel häufiger praktiziert werden, als zugegeben und vermutet wird. Sie gehört ins Reich des Geheimen, und zwar um so mehr, als es auf die Frage, die sie stellt, keine klare Antwort gibt. Zwei nicht erfundene Beispiele mögen zeigen, wie schwer sich die Ratgeber tun. Ein leitender Angestellter, dynamisch, »leistungsorientiert«, sportlich, erkrankte unheilbar an Krebs. Durch die massiven Folgen der Kortisonbehandlung fielen ihm die Haare aus, das Gesicht wurde aufgedunsen; er verlor seine physische Identität. Bis zum letzten Tag bekam er täglich Besuch von seiner jungen, schönen, gesunden Frau; dann strahlte das Gesicht des Todkranken vor Freude. Sein Arzt bestätigte, daß der Mann so lange wie möglich dieses Leben leben wollte, das ihm jeden Tag ein intensives, für Außenstehende nicht zu ermessendes Glücksgefühl bescherte. – Eine schizophrene Frau, an langsam fortschreitendem Krebs leidend, brach sich den Oberschenkel. Sie war sechzig. Nach der Operation und mehrtägigem Koma war sie wieder »gesund« und bettlägerig. Jeden Tag kam ihre jüngere Schwester sie besuchen. Die Miene der Kranken verriet, daß sie die Besucherin erkannte; ihre Äußerungen waren unzusammenhängend. Wer will sagen, daß in dem Rest Luzidität bei dieser todgeweihten Frau nicht ein Stück Lebenslust steckte, und sei es nur, weil sie sich darauf freute, »morgen« ihre geliebte Schwester wiederzusehen? So scheint es mir besser, die Euthanasie im rechtsfreien Raum zu belassen. Die Beteiligten in diesem Totentanz – der Kranke selbst, der Arzt, der Vater, die Mutter, der Freund – mögen ihr Gewissen befragen.

»Selbstmord geht keinen etwas an...« Jeder, der einen Selbstmörder gekannt hat, fühlt sich der unterlassenen Hilfeleistung schuldig. Aber wie hätte man auf diesen oft lautlosen Hilferuf reagieren sollen? Wie kommt man einem Menschen nahe, der sich verloren fühlt unter lauter unbeirrt lebensbejahenden Mitmenschen und entschlossen ist, sich umzubringen? Vielleicht ist dies das rätselhafteste Geheimnis. »Beim melancholischen Abendessen spricht Saint-Beuve vom Freitod wie von einem legitimen, fast natürlichen Ende des Lebens, einem schlagartigen, freiwilligen Abgang nach der Art der Alten, anstatt dem Tod mit allen Sinnen und allen Organen beizuwohnen – und er hat bedauert, daß er nicht den Mut besitzt, sich zu töten«, berichten die Brüder Goncourt unter dem 3. April 1863 in ihrem *Journal*. Aber Saint-Beuve war ein Mann von Welt, ein Mann, der in der Welt stand. Er starb sechs Jahre später – in seinem Bett.

Selbstmord

Der Selbstmörder ist der personifizierte Trotz. Er trotzt den Lebenden, indem er ein Dasein wegwirft, das ihm unbefriedigend oder unerträglich scheint. Er trotzt den Toten, denen er sich mit unverständlicher Eile zugesellt. Er trotzt Gott, denn er leugnet dessen Schöpfung, weshalb für den Katholizismus die Selbsttötung des Judas Ischariot eine Todsünde ist, die nicht vergeben werden kann. Ein Selbstmord weckt ebensosehr Verachtung wie Bewunderung. Die einen sagen: »Wie feige, sich dem Lebenskampf nicht zu stellen!« Die anderen sagen: »Wie mutig, es wirklich zu tun!« Trotz des Provokanten, ja Ostentativen, das ihm anhaftet, bleibt etwas Geheimnisvolles um den Selbstmord. Der Manisch-Depressive, der sich seit Jahren »gehenläßt«, der nicht den geringsten Wert mehr auf sein Äußeres legt, der sich nicht wäscht und seine Kleidung vernachlässigt: Woher hat er die Kraft genommen, sich im Park der psychiatrischen Klinik zu erhängen oder von einem Balkon zu springen? Der scheinbar »wirklichkeitsferne« Schizophrene: Wie konnte er so viele Tabletten sammeln, daß sie für das ausreichten, was man einen »gelungenen« Selbstmord nennt? Was mag im Kopf des leitenden Angestellten vorgegangen sein – oder sich angebahnt haben? –, der bei schönem Wetter mit seinem Auto gegen einen Baum raste? Um den Selbstmord ist so viel Geheimes, daß wir nicht einmal die Zahl der jährlichen Selbstmorde kennen. Gewiß, wir haben die Statistiken, aber sie verzeichnen nur die »gelungenen« und behördlich erfaßten Suizide und setzen daher ihre wahre Zahl zu niedrig an. 12 000 waren es 1983, dazu kamen rund 150 000 Selbstmord-»Versuche«. 10 Prozent aller Todesfälle bei den 15- bis 24jährigen dürften autodestruktiven Akten zuzuschreiben sein. Eine Sondernummer der Zeitschrift *Laennec* (April 1985) wußte zu berichten, daß man sich meistens montags das Leben nimmt, aber fast nie am Ende der Woche; vorzugsweise im Mai oder Juni, jedoch selten im Winter; die Städter wählen meistens den August; auf dem Land ist Selbstmord doppelt so häufig wie in Paris. Eine Studie der Gruppe *Phénix* hebt die Bedeutung des Alleinseins hervor (bei Unverheirateten, Geschiedenen und Verwitweten). Das Buch *Suicide mode d'emploi* von Claude Guillon und Yves Le Bonniec (erschienen 1983) erregte Aufsehen: Einer der Autoren wurde von der Familie eines Selbstmörders, der bereits mehrere Selbstmordversuche unternommen hatte, bevor es ihm endlich »gelungen« war, wegen unterlassener Hilfeleistung verklagt. Schuld ist allemal der andere. Der Selbstmörder ist ein Toter, der seine Angehörigen in Ewigkeit zu Schuldgefühlen verdammt.

Die Bedeutung des Todes

Wohin mit dem Toten?

Im Altertum pflegte man den Ahnenkult und feierte die Unsterblichen. Für die Menschen des Hochmittelalters war der Tod nur eine »Verwandlung« in der Erwartung der kollektiven Auferstehung. Seit dem 13. Jahrhundert kam es zu einer Individualisierung des Todes, und der Sterbende antizipierte in seiner Todesqual den Spruch des Jüngsten Gerichts. Denselben Standpunkt vertritt der Islam: »Jede Seele wird den Tod schmecken, aber euren gerechten Lohn werdet ihr erst am Tag der Auferstehung empfangen. [. . .] Der Genuß des irdischen Lebens ist nur Schein.« (Koran, III, 185) Das reformatorische Predigen von der Gnade und die gegenreformatorischen Gebete um Erbarmen für die Toten waren ebenfalls Ausdruck der Individualisierung des Todes. In der christlichen Eschatologie ist alles, was auf Erden geschieht, gleichzeitig sekundär (das Leben ist eine Reise) und entscheidend (die Todsünde führt zur ewigen Verdammnis in der Hölle). So ist es begreiflich, daß die Menschen am Ende ihres Lebens Vorsichtsmaßregeln trafen. La Fontaine, der ein großer Lebemann gewesen war, nachdem er es als gut 20jähriger mit dem Priesterseminar versucht hatte, verbrachte seine beiden letzten Lebensjahre im Gebet, um Vergebung für seinen Leichtsinn zu erlangen. Damals war es mehr die Angst vor der Hölle als vor dem Tode, die die Sterbenden umtrieb. Im 19. Jahrhundert kam es zur Säkularisierung dieser »Übergangsprüfung« – an die Stelle der Eschatologie trat die Teleologie. Wie Pastor André Dumas treffend sagt: »Auch Hegel und Marx – jener durch seinen Erkenntnisbegriff, dieser durch das Konzept der gesellschaftlichen Veränderung – feiern den Tod des Einzelnen im Interesse der Zukunft des ganzen Menschengeschlechts. Hier ist alles auf den Kopf gestellt: Es kommt nicht mehr darauf an, sich auf einer religiösen oder mythischen Ebene mit den Ahnen zu versöhnen, sondern darauf, auf einer profanen und historischen Ebene zum Geburtshelfer der künftigen Menschheit zu werden.« Ob es sich um den Gottesstaat handelt oder um das kommunistische Eldorado, in beiden Fällen geht es (mit den Worten desselben Autors) darum, »das Unzugängliche zu meistern, indem man seine Bestimmung bejaht, in einen anderen, besseren Zustand überzugehen«. Freud fragt sich, ob Eros nicht bloß ein Umweg auf dem Weg zu Thanatos ist. In *Das Ich und das Es*[24] schreibt er: »Beide Triebe benehmen sich dabei im strengsten Sinne konservativ,

Ungleichheit vor dem Tode, Ungleichheit nach dem Tode: ein Prunkbegräbnis in der Stadt und eine schlichte Bestattung auf dem Dorf. Nur wenige Personen folgten dem Sarg Oscar Wildes. Ungleichheit auch vor der Nachwelt, dieser Berufungsinstanz, deren Urteil die Hierarchie der Lebenden verändert. Oscar Wilde gestand Laurence Housman: »Aufgabe des Künstlers ist es, ein vollendetes Leben zu leben. Das Gelingen ist nur ein Aspekt, auch das Scheitern ist ein veritables Ende.« Ein Scheitern, das im Urteil der Nachwelt keines war.

indem sie die Wiederherstellung eines durch die Entstehung des Lebens gestörten Zustandes anstreben.«

Für den Agnostiker oder den Skeptiker, der weder an die Stadt der Gerechten noch an das Nahen der klassenlosen Gesellschaft glaubt, ist der Tod zum wahren Tod geworden, zum Verschwinden des Gestorbenen in einem der vier Elemente: der Erde (Erdbestattung), dem Feuer (Feuerbestattung), dem Wasser (Wasserbestattung), der Luft (Luftbestattung). Seit die gelebte Geschichte additiv geworden ist, die Fortschritte in Naturwissenschaft und Technik von der zunehmenden Naturbeherrschung des Menschen künden und dieser durch die Verlängerung seines Lebens die Akkumulation der ihm zu Gebote stehenden Güter und die Dauer ihres Genusses verdoppeln kann, wird die Unfähigkeit des Menschen, den Tod zu besiegen, als Scheitern seines Wissens und seiner Macht erlebt: Der Tod ist die große Obszönität. »Der Tod als Tod des Subjekts wird doppelt dramatisch: Er mündet ins Nichts, ins Sinnentleerte; vor allem aber vernichtet er das Ich. Diese Qual scheint typisch für die abendländische Welt zu sein.« (Louis-Vincent Thomas)

Wie töten wir die Toten? Feuer- oder Erdbestattung?

Philippe Ariès verurteilt die übertriebene »Sozialisierung« des Todes in unserer Gesellschaft (man stirbt im Krankenhaus, umringt nicht mehr von den eigenen Angehörigen, sondern von Sterbespezialisten) und die »Entsozialisierung« der Trauer (man wird »im engsten Familienkreise« beigesetzt, und die Trauergemeinde trägt nicht mehr Schwarz); Kinder

dürfen den Sterbenden nicht besuchen und brauchen an der Beerdigung nicht teilzunehmen, so bleibt der Tod für sie etwas Fremdes. Das ist zweifellos richtig. Indes besagt das Prunkbegräbnis von einst nichts über die Nachdrücklichkeit des Schmerzes der Hinterbliebenen. Verbargen sich hinter den schweren schwarzen Schleiern der Witwe und der Verwandten heiße Tränen oder unbeteiligte Mienen? Louis-Vincent Thomas betont, daß Kurzbegräbnisse und unterdrückte Trauer seelische Störungen mit sich bringen. Die Psychoanalyse sagt uns, daß wir es nicht mehr verstehen, »unsere Toten zu töten«, und daß durch das Ausbleiben einer schuldlindernden Sühnezeremonie die Hinterbliebenen in den Bildern ihrer Phantasie von dem Toten verfolgt werden. Doch ist dies alles nicht zu belegen.

Ariès verweist darauf, daß die britische Intelligenz, an der Spitze der »Revolution des Todes« marschierend, die Einäscherung als radikalstes Mittel zur Beseitigung der Toten bevorzugt. In Frankreich gab es in den achtziger Jahren einen regelrechten Werbefeldzug für die Feuerbestattung, die das heikle Problem der überfüllten Friedhöfe lösen sollte. In der Februarnummer 1977 des *Bulletin municipal officiel* von Talence (Gironde) zählt F. Candelou, der Friedhofsbeauftragte der Stadt, die Vorzüge der Einäscherung auf – sie ist kostengünstig, respektiert die Überzeugungen des Verstorbenen (»geistliche Musik, falls der Verstorbene Christ war, andernfalls klassische Musik«) und ist »sauber, was bei Erdbestattungen mit den gesundheitsschädlichen Grüften, Exhumierungen und unangenehmen Verwesungsvorgängen nicht der Fall ist; die Ökologie würde davon profitieren«. Für die Urnenhallen schlägt F. Candelou die Bezeichnung »Gedächtnisgärten« vor. Im übrigen ist die Erdbestattung noch immer die verbreitetste Art der Bestattung in Frankreich. Vielleicht deshalb, weil laut Louis-Vincent Thomas »die sterblichen Überreste etwas Fundamentales sind. Nichts ist schlimmer als eine verschwundene Leiche. [. . .] Was ist ein Leichnam? Eine Gegenwart, die eine Abwesenheit bezeugt.« Das wußten auch die argentinischen Folterknechte, die sich weigerten, den Hinterbliebenen die Leichen der »Verschwundenen« herauszugeben. Thomas erinnert auch daran, daß »die Zeit der Trauer die Zeit der Verwesung« ist.[25] (Es dauert wohl ein Jahr, bis der beerdigte Körper sich völlig zersetzt hat – genauso lange, wie der Trauernde braucht, um seinen Schmerz zu überwinden.) In unserer vom Christentum geprägten Gesellschaft ist das Grab zum »eigentlichen Haus der Familie« (Ariès) geworden; das Kreuz auf dem Grab ist das Symbol der Auferstehung, der Grabstein wird zum Substitut des Toten. Was liegt unter dem unvergänglichen Marmor, den wir polieren und mit Blumen schmücken? Thomas gibt zur Antwort: »Ein Leichnam, in dem nicht besonders anziehende Veränderungen vorgehen und an den man nicht mehr denken muß. Es hat sich also eine Verschiebung, eine Metonymie vollzogen.« Was muß man tun, um die Erinnerung an einen Toten zu bewahren und zugleich zu vergessen, daß er nur noch ein sich zersetzendes Gerippe ist? Thomas rät zum »Rückgriff auf Photos, Filme, Tonbänder und die modernen Methoden der Informationsspeicherung. In der Zukunft kann man sich eine Art Mnemothek nach Art der Bibliotheken denken, wo die

Menschen die Lebensspuren der Verstorbenen studieren können und wie sie beispielsweise die Mormonen kennen. Damit würden wir das hüten, was jeder Mensch und jede Gruppe braucht, um leben zu können: eine Erinnerung und eine Vergangenheit.«

Der Friedhof Père-Lachaise gleicht einer Mietskaserne für die Toten; in mehreren Schichten liegen die Gräber übereinander. In den USA hat man ein anderes Verhältnis zum Raum ... Kann man dabei den Gedanken an die sich zersetzenden Leichen unterdrücken? Überall drängt der Tote sich dem Lebenden auf.

Der Preis des Todes

Die Sehnsucht nach der einstigen »Sozialisierung der Trauer« darf nicht darüber hinwegtäuschen, daß mit dem Tod stets die Weitergabe von Vermögen verbunden ist. Gewiß wird immer öfter den Kindern schon zu Lebzeiten der Eltern ein Teil des elterlichen Besitztums geschenkt. Es ist heute die Regel, daß drei Generationen nebeneinander leben, und keine Ausnahme mehr, wenn es vier sind. Man erbt also immer später, während die Zahl der Menschen wächst, die eine ältere Generation zu versorgen haben, unter ihnen immer mehr Menschen im frühzeitigen oder gar im vorgezogenen Ruhestand. Es seien nur zwei Beispiele von vielen möglichen genannt: Der Anwärter auf ein sehr großes Vermögen kann auch mit sechzig Jahren noch nichts geerbt haben, wenn ein Elternteil oder beide noch leben und eine Schenkung unter Lebenden nicht stattgefunden hat; ein mittelloser sechzigjähriger Rentner kann ein Elternteil sowie ein oder mehrere noch nicht (oder nicht mehr) berufstätige Kinder zu versorgen haben. Ich bin derselben Ansicht wie Jean-Claude Chamboredon, der schreibt: »Eine Soziologie des Todes, die sich nicht auf eine Soziologie der Erbschaftsformen gründet, läuft Gefahr, idealistisch und abstrakt zu bleiben.« In der Erkenntnis, daß ihre Kinder normalerweise erst im Rentenalter erben würden, entschließen sich immer mehr Eltern zur Schenkung unter Lebenden: 1970 waren es 100 000, 1983 185 000. Im Durchschnitt waren die Empfänger solcher Schenkungen zehn Jahre jünger als »normale« Erben. Die partiellen Schenkungen beliefen sich 1964 auf 28 000, 1977 auf 54 000, und ihre Zahl ist seither ständig gestiegen. Dazu hat das Steuerrecht insofern beigetragen, als es vorsieht, daß bei großen Vermögen dessen Nutznießer die ganze Steuerlast zu tragen hat. Früher erbte man, wenn man in das Berufsleben eintrat; heute erbt man, wenn man aus ihm ausscheidet. Die Schenkung unter Lebenden (namentlich an die Kinder) ist eine Antwort auf diese demographische Neuentwicklung.

Daß sich hinter den Tränen und Klagen, mit denen früher der Verstorbene auf seinem Weg zur letzten Ruhe begleitet wurde, oft die ungeduldige Gier auf die Erbschaft verbarg, und daß das Verschwinden dieses Rituals heute die Bedeutung des Todes – und das Grauen vor ihm – nicht berührt, scheint unbestreitbar zu sein. Aber der Tod ist nicht nur »obszön« oder »anstößig«, er ist nicht auf die Aufteilung des Erbes zu reduzieren, er betrifft auch den Fortbestand der Familie und ihrer gesellschaftlichen Position. Auch würde man die Bedeutung des Erbes verkennen, wollte man in ihm nur eine Akkumulation von Dingen sehen. Man könnte »Erbe« definieren als die Gesamtheit der Güter, die mit der Affektivität einer Familie und mit der Last ihrer Geschichte behaftet sind. Der Vater, der Geld spart, einsetzt und anhäuft, um seinen Kindern mehr zu hinterlassen, als er selbst geerbt hat, gehorcht nicht nur seiner Raffsucht. Vielmehr hat das Geld instrumentellen Wert für die Sicherung der Fortdauer der Familie. Das Erbe, das »Patrimonium«, gemahnt an die Vaterimago. Deshalb hat der Gesetzgeber – auch der sozialistische – die Progression bei der Erbschaftssteuer stets in Grenzen gehalten.

Auf der Jagd nach dem Orgasmus

Die Suche nach der sexuellen Harmonie

Laut Pierre Guiraud[26] gibt es im Französischen 1 300 Wörter oder Syntagmata zur Bezeichnung des Koitus, 550 für den Penis und ebenso viele für das weibliche Geschlechtsorgan. Der *Grand Robert* definiert den Orgasmus (von griechisch »orgasma«, zum Verbum »orgân«, »heftig verlangen«) als »höchsten Grad der sexuellen Erregung«. Er bezeichnet die Lust des Mannes ebenso wie die Lust der Frau, doch soll diese schwerer zu erreichen sein als jene. Das ist zweifellos der Grund, warum der Mann in den Augen seiner Partnerin den glücklichen Abschluß der Unternehmung zu lesen sucht, wofür das Französische zahlreiche umgangssprachliche bis vulgäre Wendungen kennt: »die Augen verdrehen«, »die Pupillen verdrehen«, »weiße Augen machen«, »Glotzaugen machen«, »Fischaugen machen« usw. Dieser lexikalische Reichtum an oft metaphorischen und stets von der Sprache der Sittsamkeit verpönten Ausdrücken steht im Gegensatz zu der Zurückhaltung in den verbreiteten Wörterbüchern. Im *Petit Larousse* (Ausgabe von 1978) wird Sexualität definiert als »Gesamtheit der speziellen inneren oder äußeren Merkmale der Menschen, die durch ihr Geschlecht bestimmt sind«. Diese abstrakte Formulierung dürfte keinen Schüler zum Träumen verlocken, doch mahnt Michel Foucault, auf die Beredsamkeit des Schweigens zu achten. Dagegen galt der weiblichen Lust, die für die Fortpflanzung überflüssig und von der Kirche entweder ignoriert oder verdammt worden ist, seit jeher die Aufmerksamkeit aller, und einige haben sogar gewagt, von ihr zu sprechen. Schon im 17. Jahrhundert schrieb Dr. Nicolas Verrette, die Frauen seien von Natur aus »wollüstiger« als die Männer, und die 1885 erschienene *Petite Bible des jeunes époux* ermutigt die Jungvermählten, den gemeinsamen Orgasmus zu suchen. Früher hielt man eine Frau, die sich dem Genuß hingab, ohne zu lieben, für nymphomanisch, während der Ehemann, der regelmäßig ins Bordell ging, als »normal« galt. Der Mann ist ein ziemlich primitives Geschöpf, das dazu neigt, die Ejakulation mit der Akme zu verwechseln. Historisch neu ist ein weiblicher Diskurs, der seine Sexualität ausspricht und seine Beschwerden einreicht. Masters und Johnson berichten, daß in den fünfziger Jahren ihre Patienten vor allem Männer waren, die Probleme mit ihrer sexuellen Leistungsfähigkeit hatten (Impotenz, verfrühte Ejakulation usw.). Seit den sechziger Jahren waren die Ratsuchenden immer häufiger Frauen, die den Orgasmus selten oder nie erlebten. Seit den siebziger Jahren tritt diesen Autoren zufolge eine neuartige Angst auf, nämlich die Angst vor der »physiologischen Orgasmusunfähigkeit«. Das heißt, nach Lösung der seelischen Probleme bleibt das Problem der individuell sehr ungleich verteilten sexuellen »Performanz«. Kristallisationspunkt der Paarbeziehung ist seither die sexuelle Harmonie. »Das Paar wird ebensowenig allein von den Imperativen der gegenseitigen Verpflichtung und Hingabe beherrscht, wie es nur um das Kind als wesentlichen Bezugspunkt zentriert ist. Es kommt zu einer Verschiebung der Werte zugunsten des individuellen und/oder ehelichen Narzißmus. Die Suche nach dem sexuellen Einvernehmen wird von den Medien verbreitet und von den verschiedenen Beratungs- und Informationseinrichtungen gepredigt.«[27]

Die Last der Vergangenheit

Das wichtigste Ereignis der letzten Jahrzehnte im privaten Leben der Westeuropäer war vermutlich die Entfaltung einer Erotik, die mit dem jüdisch-christlichen Kultursystem nichts mehr gemein hatte – ein Vorgang, der sich in jenem Dunstkreis des Zotigen und Jauchigen abspielte, den wohl am besten Egon Schieles *Selbstbildnis masturbierend* versinnbildlicht. Um dieses Phänomen begreiflich zu machen, bedarf es eines historischen Rückblicks, der kurz ausfallen wird, da die sexuellen Tabus des Christentums bereits in den früheren Bänden ausführlich erörtert worden sind.[28] Man muß essen, um zu leben; man darf nicht leben, um zu fressen. Man muß sich paaren, um Nachwuchs zu zeugen; man darf nicht leben, um zu huren. Im ersten Brief an die Korinther entwik-

Egon Schiele malte dieses Aquarell 1911, mit 21 Jahren. Er scheint bei der Masturbation nicht jene »unschuldige« Lust zu empfinden, die die moderne Sexualwissenschaft empfiehlt.
(Wien, Graphische Sammlung Albertina)

kelt Paulus seine Auffassung von den ehelichen Pflichten: »Die Frau hat kein freies Recht über ihren Leib, sondern der Mann; ebenso hat der Mann über seinen Leib kein freies Recht, sondern die Frau.« Zwar ist die Keuschheit dem Ehestand vorzuziehen, doch ist nicht jeder dazu imstande: »Um aber Ausschweifungen zu verhüten, mag jeder seine Frau haben, und jede Frau ihren Mann haben.«[29] Der Mann soll seine Frau mit Zurückhaltung »erkennen«: »Ein Ehebrecher ist, wer sein Weib zu glühend liebt. [...] Der Mann bezwinge seine Wollust und lasse sich nicht überstürzt zum Beischlaf verleiten. Nichts ist schändlicher, als die eigene Gattin wie eine Konkubine zu lieben«, schreibt der hl. Hieronymus. Die Lust der Frau kam bei den Theologen nicht vor; sie war angeblich belanglos für die Ausstoßung des »weiblichen Samens«, der zusammen mit dem männlichen Samen zur Zeugung führte. Alle Methoden der Empfängnisverhütung waren untersagt. Verboten war der Beischlaf in der Fastenzeit, an Feiertagen, während der Regel, vierzig Tage nach der Niederkunft, während der Schwangerschaft und der Stillzeit. Montaigne riet dazu, sich der eigenen Frau nur zu einem »verhaltenen, ernsten, mit einer gewissen Nüchternheit vermischten Vergnügen« zu bedienen, »sind unsere Weiber doch immer hinreichend bereit für uns«. Brantôme empfahl dem Ehemann, in seiner Frau nicht den Geschmack am Liebesspiel zu wecken, denn »aus einem Fünklein Feuer, das sie im Leibe haben, machen sie hundert«. Aber sowohl Montaigne als auch Brantôme erachteten es für normal, daß der Mann außereheliche Liebschaften unterhielt und mit seiner Geliebten »Aretinos grandiose Stellungen« probierte. Seit dem 14. Jahrhundert befaßten sich einige Theologen mit den Problemen von Ehepaaren, die schon Kinder hatten. Pierre de La Palu riet zur »vorsichtigen Umarmung« (Penetration ohne Ejakulation). Ende des 16. Jahrhunderts ver-

Gérard Vincent, *Die Versuchung des hl. Antonius;* nach Klimt. Die Entpathologisierung der weiblichen Masturbation stieß auf erhebliche Widerstände; mehr als die männliche ist die weibliche Onanie etwas Geheimes. Klimt hat es (in seinen Zeichnungen und Skizzen) als einer der ersten Maler gewagt, ein Thema zu gestalten, das den Voyeur verwirrt. (Privatsammlung des Künstlers)

trat Thomas Sanchez die Ansicht, daß es keine Sünde sei, wenn die Ehegatten sich ohne Zeugungsabsicht (aber natürlich ohne aktive Verhütung) »fanden«. Die meisten Historiker sind der Meinung, daß diese Regeln streng eingehalten wurden. Doch wie Jean-Louis Flandrin dargelegt hat, verraten uns die Beichtspiegel sehr viel über außereheliche Verhütungsmethoden und über Masturbation. Nach seinen Beobachtungen ist an den normalen Konzeptionskurven kein durch die Fastenzeit bedingter Geburtenknick ablesbar. Er bezweifelt sogar, daß die Christianisierung zumal der ländlichen Gebiete wirklich so gründlich war, wie allgemein angenommen wird. »Jeder war Christ nach seiner eigenen Fasson, die weder die der Theologen noch die unsere war.«

Orgasmologie und Orgasmotherapie

Die Sexualwissenschaft kam in der zweiten Hälfte des 19. Jahrhunderts auf. In seinem *Traité de l'impuissance et de la stérilité chez l'homme et chez la femme*[30] beschrieb Dr. F. Roubaud den Orgasmus folgendermaßen: »Beim Orgasmus beschleunigt sich der Blutkreislauf. [. . .] Die blutunterlaufenen Augen werden trüb. [. . .] Die Atmung geht bei den einen keuchend und stoßweise, bei den anderen setzt sie aus. [. . .] Die gestauten Nervenzentren übermitteln nur noch unklare Empfindungen und Willensimpulse. [. . .] Die Gliedmaßen, von konvulsivischen Zuckungen und mitunter Krämpfen erfaßt, bewegen sich nach allen Richtungen oder erschlaffen und werden hart wie Eisen; die aufeinandergepreßten Kiefer lassen die Zähne knirschen, und manche Menschen erleben das erotische Delirium so stark, daß sie den Genossen ihrer Wollust vergessen und eine unvorsichtigerweise dargebotene Schulter bis aufs Blut beißen. Raserei, Krampf und Delirium dauern für gewöhnlich nicht lange, reichen indes aus, die Kräfte des Organismus zu erschöpfen.« Zu einem anerkannten Zweig der Humanwissenschaften wurde die Sexualwissenschaft nach dem Ersten Weltkrieg (Wilhelm Reich, *Die Funktion des Orgasmus*, 1927), vor allem aber nach dem Zweiten (A. Kinsey, *Das sexuelle Verhalten des Mannes*, 1948). 1950 beobachteten William H. Masters und Virginia E. Johnson zum erstenmal den Sexualapparat des Mannes und der Frau während des Geschlechtsaktes. Nach jahrelangen Untersuchungen veröffentlichten sie 1966 *Die sexuelle Reaktion* und beschrieben das orgastische Erleben des Menschen. Der weibliche Orgasmus erscheint als Resultante aus drei Faktorenreihen: physiologischen, psychologischen und soziologischen. Der Mythos von der Klitoris als dem Pendant zum männlichen Penis wird demoliert. Die Unterscheidung zwischen vaginalem und klitoridalem Orgasmus sei eine Illusion, denn »die spezifische Reaktion der Vagina auf den explosiven physiologischen Zustand des Orgasmus ist auf eine orgastische Manschette im äußeren Drittel der Vagina beschränkt«.[31] Die Qualität des sexuellen Lustempfindens der Frau hängt also, entgegen dem verbreiteten Vorurteil, nicht von der Größe des Penis ab. (Die durchschnittliche Länge des erigierten Penis beträgt laut Dr. Simon 155 Millimeter, während sie von Männern auf 172 Millimeter und von Frauen auf 162 Millimeter geschätzt wird.) *Les Mésententes sexuelles* (1971) entwickelten eine Nosographie der sexuellen Störungen, die zur Grundlage von Orgasmologie und Orgasmotherapie wurde. Im Gegensatz zum Psychoanalytiker erhebt der Sexualwissenschaftler den Anspruch, Heilmethoden zu entwerfen und sich auf ein Corpus experimentell gesicherter naturwissenschaftlicher Aussagen zu stützen. Während Freud zwei Jahre vor seinem Tod einen Aufsatz schreibt, dessen Titel als Eingeständnis des Scheiterns gedeutet werden kann – »Die endliche und die unendliche Analyse«[32] –, nimmt der Orgasmotherapeut eine zeitliche Begrenzung der Behandlung vor. Erleben wir die »Götterdämmerung der Psychoanalytiker« und die »Morgenröte der Orgasmotherapeuten«, wie Béjin[33] es formuliert hat? Die Sexualwissenschaft orientiert sich an der Verhaltenstherapie, für die neurotisches Verhalten »erlernt« ist. Beim Sexualwissenschaftler soll der Patient dieses Verhalten wieder verlernen. »Es geht also darum, die *aktuellen* Symptome (nicht die *früheren* Verdrängungen) zu verflüssigen, indem man den Organismus des Patienten dekonditioniert und rekonditioniert. Zwei Ansätze sind demnach denkbar: entweder die Angst, die mit dem zu lernenden Verhalten verbunden ist, beseitigen oder das zu verlernende Verhalten mit Angst besetzen.« (Béjin) Es bleibt anzumerken, daß die Therapie zwei Wochen dauert, daß sie von zwei Ko-Therapeuten (einem Mann und einer Frau, einem Mediziner und einem Psychologen bzw. einer Psychologin) durchgeführt wird, daß im Erfolgsfall die Langzeitüberwachung (in der Regel per Telefon) fünf Jahre währt und daß die Erfolgs- und Mißerfolgsstatistiken ständig aktualisiert und veröffentlicht werden. Die Masturbation spielt bei der Therapie eine große Rolle; wir erleben eine Entpathologisierung der Onanie, was einen gründlichen Bruch mit unserem Kultursystem anzeigt. Das Verbot der einsamen Lust geht bekanntlich auf die Bibel zurück: »Und Juda nahm Ger, seinem Erstgebornen, ein Weib, deren Name war Thamar. Aber Ger, der Erstgeborne des Juda, war böse in den Augen Jehovas, darum tötete ihn Jehova. Da sprach Juda zu Onan, wohne dem Weibe deines Bruders bei, und erfülle ihr die Schwagerpflicht, und erwecke deinem Bruder Samen. Da merkte Onan, daß der Same nicht sein gehören würde, darum geschah es, wenn er dem Weibe seines Bruders beiwohnte; so verderbte er es zur Erde, damit er seinem Bruder keinen Samen gäbe. Und es war böse in den Augen Jehovas, was er tat, darum tötete er ihn auch.«[34] Wegen Masturbation zum Tode verurteilt – so lautet das uralte Verdikt. Nach Jahrtausenden der Verdammung tritt die Masturbation aus der Zone des Geheimen heraus und erweist sich, wie die Sexualwissenschaftler versichern, als die beste Vorbereitung auf die sexuelle Begegnung mit dem Partner. »Wir können einen anderen Menschen nur lieben, wenn wir uns selbst so ganz und gar lieben, daß wir wirklich, das heißt bis zum Orgasmus, masturbieren. [. . .] Wir werden auf den anderen zugehen, wenn wir dazu bereit sind«, schreibt David Cooper.[35] Für Gilbert Tordjman »masturbieren alle Kinder beiderlei Geschlechts schon von kleinauf«.[36] Es ist sehr wichtig, daß nach der Latenzperiode, in der Pubertät, Mädchen und Jungen diese nicht mehr »schlechte«, sondern gute Angewohnheit wiederaufnehmen, denn »Heranwachsende, die diese Etappe auf dem Weg zur Reifung – die Masturbation – nicht kennengelernt haben, geraten viel häufiger als andere in Schwierigkeiten, sobald sie ins Erwachsenenalter kommen«. Den gegenwärtigen Endpunkt dieser Entwicklung beschreibt die Zeitschrift *Vital*, wo man lesen kann: »Verbissen arbeiten die Biologen daran, die Gesetzmäßigkeiten der sexuellen Lust zu entdecken. [. . .] Ob es nun die Wollustkörperchen in den primären erogenen Zonen oder die im Gehirn produzierten Morphine sind, fest steht, daß Lust keine Sünde der Zivilisation ist, sondern eine dem Körper innewohnende biologische Realität.«

Vom Beichtvater zum Sexualwissenschaftler

In der alten französischen Gesellschaft, wo die Heirat noch nicht eine Liebesbeziehung besiegelte, sondern nur ein Kontrakt zwischen zwei Familienvermögen oder zwei Habenichtsen war, bedurfte das Leben des Ehepaars einer Leitlinie. Das war die »eheliche Pflicht«, der man »nicht nur im Bett, aber vor allem im Bett« (Jean-Louis Flandrin) nachkommen mußte. Verweigerte einer der Gatten den Geschlechtsverkehr, so wandte sich der andere an den Beichtvater, der zur Pflichterfüllung mahnte und sogar Absolution und Kommunion versagen konnte. Das eheliche Geheimnis wurde also vom Beichtvater geteilt. Heute lüftet die versorgte und »in Ehren gehaltene«, aber unbefriedigte und daher frigide Frau ebenfalls ihr Geheimnis und sucht den Sexualwissen-

Auch der Sexualtherapeut bringt heute sein Firmenschild an der Tür an – freilich mit der euphemistischen Bezeichnung »Psychosoziologie«.

Die Sexualität ist der Ort der ewigen Unbefriedigtheit. 1986 warben alle möglichen Sophies, Géraldines usw. auf Mauern und Wänden für Telefonsex. Auf diese Weise gerät das – gehörte, aber nicht gesehene – Objekt einer möglichen Begierde zum Phantasieprodukt. Solche Reklame weckte den Unmut der Tugendhaften und das Hohngelächter der Befriedigten (oder derer, die es zu sein behaupteten).

schaftler auf. Dasselbe tut der Mann, wenn die Erektion schwach und die Ejakulation verfrüht oder unmöglich ist. Dann ist der Orgasmologe, wie einst der Beichtvater, der unbeteiligte Dritte, der eingeweiht wird. »Auf der ethischen Ebene postuliert und definiert er eine einfache Norm: den orgastischen Imperativ, das heißt einen sexuellen Vertrag des Genießens ›auf Gegenseitigkeit‹, der sexuelle Demokratie stiftet. Auf der technischen Ebene lehrt er seine Patienten die orgastische Selbstdisziplin.« (Béjin) Und anders als der Psychoanalytiker, der um sein Honorar ein merkwürdiges Manöver veranstaltet (»Manche der Widerstände des Neurotikers werden durch die Gratisbehandlung enorm gesteigert«, schreibt Freud in *Zur Einleitung der Behandlung*), präsentiert er seine Rechnung frank und frei und verlangt ein legitimes Entgelt für geleistete Dienste.

Die Mediengesellschaft mochte es natürlich nicht hinnehmen, daß sich in die »Zweierbeziehung« ein Dritter mischte (Beichtvater, Psychoanalytiker, Sexualwissenschaftler), und so schaltete der Staat sich ein. 1976 installierte das Gesundheitsministerium ein »Informationszentrum für Schwangerschaftsregulierung, Mutterschaft und Sexualleben« (CIRM). Ratsuchende sollten sich, wie es in einer Einführungsbroschüre hieß, »über das Telefon melden, was die Herstellung einer personalisierten und gleichzeitig anonymen Beziehung zu den Mitarbeitern erlaubt«. Die Nachfrage übertraf wenn auch nicht die Hoffnungen, so doch die Erwartungen des Ministeriums. »Herr Doktor, ich hätte gerne ein paar Tips über oral-genitale Liebkosungen oder erotische Stimulierungen.«[37] 1980 stellte das CIRM die Beratung ein. 1983 gab es im französischen Fernsehen die »Psyshow«, eine Sendereihe, bei der jeweils ein Mann und eine Frau mit zwei Journalisten und einem Psychoanalytiker über ihre sexuellen und affektiven Probleme redeten.

Die Frauenzeitschrift *Elle* sprach empört von »Tele-Striptease«, für *Confidences* war die Sendereihe »vulgär – ein Skandal und eine Schande«. Die Produzentin Pascale Breugnot konterte: »Gerade weil es im Fernsehen kommt, funktioniert es. Die beiden nutzen unsere Gegenwart, um ihre Hemmungen zu überwinden und aufeinander einzugehen. Sie fühlen sich sicher.« Fazit von Karima Dekhli: »Das unmittelbare Leiden, die Hysterie dieser öffentlichen Veranstaltung, die forcierte Transparenz um jeden Preis erinnern stark an die Mechanismen der öffentlichen Beichte und des Geständnisses.«

Die sexuelle Erregung und ihre Geheimnisse

Warum sind wir sexuell erregt? Für ein schlichtes Gemüt gibt es auf diese Frage naheliegende Antworten: Entwöhnung vom Geschlechtsverkehr, Anblick einer begehrenswerten Person, direkte Stimulierung der erogenen Körperpartien, starke Vermehrung androgener Substanzen usw. In Wirklichkeit ist der Mechanismus viel komplizierter, wie uns der Psychoanalytiker aufklärt. R. Stoller versichert, daß die sexuelle Erregung im wesentlichen aus dem Wunsch entsteht, den Partner zu quälen, und durch das Geheime und Verschwiegene zum Paroxysmus gelangt. »Die Phantasien – bewußte wie unbewußte – funktionieren um so besser, als sie durch Verschweigen, Verhehlen und Verdrängen abgesichert werden, denn stumm sind sie mehr aus Schuldgefühl, Scham und Haß als aus unbeschwerter Wollust.«[38] Stoller zählt auf, welche seelischen Faktoren zur sexuellen Erregung beitragen: »Feindseligkeit, Geheimnis, Gefahr, Illusion, Rache, der Wunsch, Kindheitstraumata und -frustrationen auszulöschen, Fetischisierung – alle jene Faktoren, die durch Verschwiegenes und Geheimes miteinander verknüpft sind.« Mit anderen Worten, dank seinen Phantasien genießt der Erwachsene, das viktimisierte Kind von einst, seine Rache im erotischen Sieg. Derselbe Autor gibt dafür ein konkretes Beispiel: »Eine Patientin, für die seit ihrer Kindheit die Angst vor der Demütigung alles beeinträchtigte, was sie tat, sagte, der beste Augenblick beim Geschlechtsverkehr sei für sie nicht der Orgasmus, sondern der Moment kurz davor, bevor ihr Partner ihn erlebte, wenn sie wußte, daß es ihm nicht mehr möglich war, sich zurückzuhalten.« An erster Stelle der erregenden Phantasien stehen Vergewaltigungsphantasien. Daß sie zur männlichen Vorstellungswelt gehören, wissen wir seit langem, davon zeugen zahllose »akademische« Gemälde; erinnert sei an den ehrenwerten Gérome (denselben, der den französischen Staat zwang, einen Teil der Hinterlassenschaft Caillebottes auszuschlagen) und seine Bilder *Der Sklavenmarkt* und *Der Schlangenbeschwörer*, welch letzterer vor allem Päderasten affizieren sollte. Der männliche Diskurs über die Vergewaltigung pocht in seiner Arroganz immer wieder darauf, »daß die Frauen das mögen«. »Das ist richtig«, bestätigt Stoller – aber nur, wenn es bei der Phantasie bleibt. Die »imaginierte« Vergewaltigung versichert die Frau ihrer Anziehungskraft auf den Mann, gibt ihr ein Gefühl der Überlegenheit über den Vergewaltiger und erlaubt unter Zuhilfenahme der Masturbation, zum Orgasmus zu kommen, ohne Schuldgefühle zu haben (sie ist nicht »in Wirklichkeit« untreu). Nancy Friday liefert zahlreiche Beispiele, die in dieselbe Richtung wie die Thesen Stollers weisen.[39] Zwei seien zitiert. Eine Frau berichtete, daß sie ihre ersten sexuellen Phantasien kurz nach der Pubertät gehabt habe. Wenn sie nachts im Bett lag, stellte sie sich vor, sie gehe durch einen Wald. Ein unbekannter Mann folgte ihr, überwältigte und verschleppte sie und zwang sie, Dinge zu tun, die sie nicht tun wollte. Später veränderte sich diese Phantasie: Die Frau wurde in die Sklaverei verkauft, wo sie von immer neuen Männern gekauft und verkauft wurde. – Im anderen Fall handelt es sich nicht um eine Vergewaltigung, sondern um eine Entmenschlichung des Partners, durch welche die Frau ihn auf die Rolle eines Fetischs reduziert: Sie stellt sich einen Hausierer vor, der im Wohnzimmer seine Waren ausbreitet und anpreist, während sie sich streichelt. Der Mann beobachtet die Frau, er wird nervös und offensichtlich erregt, versucht aber, es zu verbergen und mit seiner Rede fortzufahren. Dann hebt die Frau den Rock und beginnt zu masturbieren, wobei sie den sichtlich um Selbstbeherrschung bemühten Mann nicht aus den Augen läßt. Sie gibt sich »cool«, empfindet jedoch gleichzeitig eine merkwürdige Erregung. Schließlich kann der Mann der Verführung nicht mehr widerstehen und nimmt die Frau mitten im Wohnzimmer. – Diese Spiele der Phantasie sind nicht außergewöhnlich oder pervers, wie Stoller versichert: »Wir versuchen, alle bizarren Menschen zu unseren Sündenböcken zu machen, aber alle, die erotische Gedanken haben – Analytiker wie Laien – wissen, daß zahllose offenbar heterosexuelle und normale Bürger – und nicht nur die Freunde der Peitsche und des erotischen Erbrechens, die Ziegenschänder, die Koprophilen oder jene, die am Telefon Obszönitäten sagen – genauso voller Haß sind und den Wunsch – wo nicht den Vorsatz – haben, den anderen zu quälen: *jeder hat seinen schlechten Geschmack.*« Der Autor gelangt zu dem Schluß: »Meine Theorie macht aus der sexuellen Erregung ein weiteres Beispiel zur Veranschaulichung dessen, was andere Beispiele seit Jahrtausenden belegen: daß nämlich die Menschen keine besonders liebevolle Gattung sind und daß sich das vor allem bei der Liebe offenbart.« Jean Baudrillard ist der Meinung, daß die Entschleierung des »Geheimnisses« und das Verschwinden des Rituals der Entkleidung die erotische Phantasie lähmen, und zitiert folgende Anekdote: »Mitten in der Orgie flüstert ein Mann einer Frau ins Ohr: ›*What are you doing after the orgy?*‹«[40] Merkwürdige Umkehrung der Anstandsregeln! Früher fragte der Herr beim Besuch einer Ausstellung die ihn begleitende Dame: »Was machen Sie danach?« Wenn er sie zum Essen einlud, fragte er: »Wo werden Sie den Abend verbringen?« usw. Nach dem Schema von einst ging man erst ins Grand Palais und dann ins Bett. Geht man heute erst ins Bett und dann ins Beaubourg?

Inzest

Über den Inzest wissen wir wenig, weil er in die Welt des Geheimen gehört. Weder das französische Institut für demographische Studien (INED) noch das Institut für Statistik und Wirtschaftsstudien (INSEE)

Jean-Léon Gérome, *Der Sklavenmarkt*.
(Williamstown [Massachusetts], Sterling and Francine Clark Art Institute)

können mit verläßlichen Zahlen aufwarten. Gewiß ist er an »objektive« Bedingungen gebunden, und in der Vierten Welt weckt der Inzest zwischen Vater und Tochter – der zweifellos häufiger vorkommt, als man denken sollte – nicht notwendig Schuldgefühle. Wirklich vorgefallen ist die Geschichte von dem vierzigjährigen Mann, der mit seiner vierzehnjährigen Tochter »ehelich« zusammenlebte. Der Mann wurde angezeigt und ins Gefängnis gesteckt, die Tochter kam in ein Heim; beide waren völlig fassungslos. – Aufgrund der Amnestie vom 14. Juli wurde ein blutschänderischer Vater freigelassen und kehrte nach Hause zurück, wo er seine minderjährige Tochter vorfand und sie »erkannte«. Am 17. desselben Monats saß er wieder im Gefängnis. In den sozial begünstigteren Schichten ist der Inzest nicht unbekannt, jedoch weniger leicht nachzuweisen. Vielleicht nimmt er dort die Gestalt einer Substitution an: das »junge Mädchen« als Mätresse eines Mannes, der ihr Vater sein könnte; die Mutter, die ihren Sohn durch eine ihrer Freundinnen »initiieren« läßt, aber »nichts davon wissen will«. Das Alte Testament verbietet den Inzest nicht; er bleibt eine Sache der Gelegenheit. Nach dem Untergang von Sodom und Gomorrha und dem Verlust seiner zur Salzsäule erstarrten Frau sah der alte Lot sich ohne männliche Nachkommen. Seine beiden Töchter wußten, was sie zu tun hatten: Sie legten sich zu ihm und gebaren Moab, den Stammvater der Moabiter, bzw. Ben-Ammi, den Stammvater der Ammoniter. »Er aber wußte nichts darum, weder als sie sich niederlegte, noch als sie aufstand« – der alte Mann war noch recht potent, aber ein wenig zerstreut.[41]

Jean-Léon Gérome, *Der Schlangenbeschwörer*.
Gérome genießt heute wieder den Ruhm, in dem er sich schon zu Lebzeiten sonnte. Dieser Professor hatte das einzigartige Privileg, sich in Gestalt einer Büste im Innenhof des Instituts verewigt zu sehen. Er prangerte den Impressionismus an (»eine Schande für die französische Kunst«) und gefiel sich in der Mode des Orientalismus. Die beiden kleinen Bilder entstanden 1874 – in demselben Jahr, in dem bei Nadar die erste große Impressionistenausstellung stattfand. Der fünfzigjährige Gérome »enthüllt« die Verlogenheit einer Gesellschaft, in der viele Ehemänner ihre Frau noch nie nackt gesehen hatten.
(Williamstown [Massachusetts], Sterling and Francine Clark Art Institute)

Sadomasochismus

Der Wunsch, das Sexualobjekt leiden zu machen – bzw. das entgegengesetzte Gefühl, der Wunsch, selber zu leiden –, ist nach Freud die wichtigste und häufigste Form aller Perversionen. Wer könnte sich von ihr völlig freisprechen? Sind nicht die Erwachsenen, ebenso wie die Kinder, polymorph pervers? Die großen Sadisten (Gilles de Rais – trotz allem der Gefährte Jeanne d'Arcs) pflegten sich zum Schluß »nehmen« zu lassen. Kleine und mittlere perverse Sadisten (wie etwa der göttliche Marquis) versuchten recht und schlecht, Selbstbeherrschung und Hemmungslosigkeit in Einklang zu bringen. Am verbreitetsten sind die zahllosen anonymen und sozialisierten Sadisten der dritten Art: die kleinen Bürochefs und Werkstattmeister, die in ihrer Umgebung ein Schreckensregiment errichten; gewisse Lehrer; Familienväter, die ihre maßlose Strenge mit der Moral rechtfertigen; Autofahrer, die den Wunsch nach Vergeltung bis zur Wollust des bewußt herbeigeführten Unfalls treiben usw. Die Hitze des Gefechts (Krieg, Revolution) und eine unerbittliche Rigidität der Strukturen (alle Formen des Totalitarismus) treiben die latenten sadistischen Triebe des »normalen« Menschen in einem Ausmaß hervor, daß man füglich von der Kontagiosität des Sadismus sprechen könnte. Rätselhaft bleibt der Masochismus, der vor allem die sexualwissenschaftliche Literatur des 19. Jahrhunderts beschäftigt hat: Welches Vergehen veranlaßt den Masochisten, nach Bestrafung zu verlangen? Warum ist die Vollstreckung dieser Strafe Vorbedingung des gelingenden Orgasmus? Soll man mit Freud annehmen, daß Sadist und Masochist ein »Paar« bilden (Aktivität-Passivität), das auf eine ursprüngliche Bisexualität des Menschen verweist? Oder mit Gilles Deleuze, daß beide Rollen nicht austauschbar sind? Wie dem auch sei, der geringste häusliche Krach offenbart die sadomasochistischen Strebungen der Beteiligten. Nach dem Zank folgen Erklärungen: »So habe ich dich noch nie gesehen. – Ich habe mehr gesagt, als ich sagen wollte.« Kann das sein? Der Streit hat ein Geheimnis gelüftet.

Sex als Konsumware?

Den Medien blieb es vorbehalten, die Jagd nach dem Orgasmus zu propagieren, da dieser als »Beweis« einer reifen Sexualität gilt. Wir wollen uns damit begnügen, einen Blick in einige auflagenstarke Zeitschriften zu werfen. Bis in die sechziger Jahre wurde das Sexuelle praktisch verschwiegen. Man bewunderte – oder kritisierte – Marcelle Auclair, die »Briefkastentante« von *Marie-Claire*, für einen Artikel mit der Überschrift »Die Liebe, die ›körperlich‹ zu nennen man den Mut haben muß«. In der Presse der achtziger Jahre werden unaufhörlich zwei Themen miteinander verwoben: Tips – beinahe Techniken – zum Erreichen der Akme und der Lobpreis der »Liebe, die ewig währt«, der Zärtlichkeit. Bei dem zweiten Thema wird als »eigentlicher« Zweck des sexuellen Gelingens die Bereicherung des Gefühlslebens herausgestellt. Ein

Otto Dix, *Lot und seine Töchter*, 1939 (Ausschnitt). Es ist unerheblich, ob Claude Lévi-Strauss mit seiner (übrigens differenzierten) Behauptung recht hatte, das Inzestverbot sei weltweit verbreitet. Lot und seine Töchter sind ein zeitloses Thema: die Versuchung der Grenzüberschreitung.
(Aachen, Sammlung Fritz Niescher)

gutes Beispiel für diese Themenkombination, mit der die Forderungen der Sexualität ebenso wie die Erwartungen des Herzens erfüllt werden sollen, bietet die Zeitschrift *Cosmopolitan*.[42] Ein Beitrag trägt den reißerischen Titel »Einen Geliebten zum Geschenk!« Hier werden scheinbar gewagte Ratschläge erteilt, wie die Frau »den Geliebten einer Nacht halten« kann – ein Abenteuer, das ohne alle moralisierende Konnotationen als etwas Normales vorgestellt wird. Dieser Stil hält sich selbst für »emanzipiert«. Demgemäß der Ratschlag: »Vermeiden Sie lockende Küßchen und verbales Klammern.« Am Ende des Beitrags kommt dann doch wieder das traditionelle Thema der ewigen Liebe zum Vorschein: »Ein besonderes Spiel, das es erlaubt, Rollenmuster zu durchbrechen. Zu sein, was man sein will. Sich selbst zu vergessen. Das Liebespaar zu spielen, auch wenn man dabei biologisch so treu wie ein Bernhardiner ist. Zu träumen. Und sich schließlich eine echte Passion zu erschaffen. Denn von diesen Augenblicken wird der andere nicht mehr loskommen. Und also nicht von Ihnen loskommen. [...] Eine Investition auf lange Sicht.« In derselben Nummer gibt es auch einen Artikel für Männer. Hier geht es nicht um das Halten, sondern um das Erobern (immer der Wortschatz des Krieges). Titel: »Das Werbeverhalten des Menschen.« Erster Satz: »Wir sind nicht umsonst auf der Welt. Schließlich ist es nicht unsere Schuld, wenn unser Reptilienhirn uns drängt, die Schultern zu rollen, mit den Fäusten auf die Brust zu trommeln und verliebte Augen zu machen, wenn jemand auf unser Unbewußtes fliegt.« Der Rat: nichts überstürzen; es ist wirkungslos, zu einer Frau abrupt zu sagen: »Kommen Sie, schlafen wir miteinander«, denn »dieses Anbandeln führt nicht zwangsläufig zum Ziel, und es gibt Leute, die sich weigern, weiterzuspielen, bevor sie auch nur auf das Feld ›berühren‹ vorgerückt sind.« Die richtige Strategie hat fünf Phasen: 1. Beachtung; 2. Wiedererkennen; 3. Gespräch; 4. Berührung; 5. Paarung. Der letzte Satz des Beitrags: »Diese so besondere Form der Kommunikation – Verführung, Intimität, sanfte Zärtlichkeiten, Gesichts- und Körperkontakt – hat manchmal ungeahnte Wirkungen. Und die wechselseitigen Signale der Verführung können ein Band der Liebe knüpfen, das nicht leicht zu zerreißen ist.« Verfasser dieser Platitüdensammlung ist ein Dr. David Givens. Ein dritter Artikel (immer noch aus derselben Nummer) trägt den Titel »Wenn man kann, dann will man auch« – ein Postulat, das angeblich aus den Tagebüchern Jules Renards stammt. Der Artikel, eine Apologie des Willens, rät der Leserin, bei der Wahl ihres »Ziels« die eigenen körperlichen, geistigen und sozialen Voraussetzungen zu bedenken. Nicht jede Frau kann einen Goncourt- oder Nobelpreisträger oder einen Filmstar »haben«. Man orientiere also das Angebot an der Nachfrage, konkret gesprochen: an der Erwartung. Das ist das Gesetz des Marktes. Zugegeben, es ist schwer, seine Phantasien an den »kleinen Dicken mit Glatze« zu heften. Aber es ist auch gefährlich und vermessen, von nichts anderem als einem »jungen, schönen und reichen Mann« zu träumen. Analog hierzu »versteht« der Verfasser des Artikels, daß jemand, der zeichnen kann, »davon träumt, ein Picasso zu werden«, sich aber klarmacht, daß eine Zeichnung »auch eine Anzeige, ein Theaterkostüm, der Entwurf für eine Zeitschrift, ein

»Ich bin ganz für dich da«: aseptischer Kundenfang zum Telefonsex.

Maurice Utrillo, *Rue des Saules in Montmartre*. Die Straße wirkt leer: Es gibt in ihr keine Autos. Der fließende und ruhende Verkehr, der heute die Straßen erfüllt, verdeckt die Fußgänger und entzieht sie den Blicken der Nachbarn. (Oslo, Sammlung M. N. Bungard)

Raoul Dufy, *Sonntag. Musik auf dem Lande*, 1942. Dufy versammelt die Zeichen sonntäglicher Muße in einem ganz und gar irrealen Universum. Dieser Raum hat eine Mitte, aber keine Grenzen; es ist weder der Raum der Arbeit noch der Häuslichkeit. Wir sind irgendwo. Die Muße hat noch keinen festen Ort; sie ist vor allem eine Flucht.
(Paris, Musée d'Art moderne)

Pierre Bonnard, *Die Toilette* oder *Akt vor dem Spiegel*, 1931. Diese Atmosphäre gehört der Vergangenheit an. Es gibt keine Trennung zwischen Toilettentisch und Schlafzimmer, zwischen dem unverhüllten Körper und dem Putz, dem Tand und den tausend Nichtigkeiten der Intimität. Das Ankleidezimmer errichtet eine Barriere und stellt die Nacktheit in eine andere Umgebung.
(Venedig, Galerie für moderne Kunst)

Aufforderung zum Glanz: »Gesundheit und eine bronzene Haut für den Winter – Mit Ambre Solaire werde ich fünfmal schneller und ohne Sonnenbrand braun!« Die Sorge um die Gesundheit legitimiert das Schönheitsideal des nackten, sonnenvergoldeten Körpers. Der Urlaubssommer ist die Zeit der Modernität.
(Plakatwerbung für Ambre Solaire, 1937)

Gérard Vincent, *Die Abwesenheit*. »Die Blume habe ich nicht bekommen, sie schien Dir im letzten Augenblick doch zu schade für mich.« (Franz Kafka, *Briefe an Milena*) (Privatsammlung)

Gérard Vincent, *Das Geheimnis*. »Alles vergessen. Fenster öffnen. Das Zimmer leeren. Der Wind durchbläst es. Man sieht nur die Leere, man sucht in allen Ecken und findet sie nicht.« (Franz Kafka, *Tagebücher 1910–1923*, 19. Juni 1916)

Gérard Vincent, *Kind* und *Alte Dame*.
(Privatsammlung)

Gérard Vincent, *Mireille*.
(Sammlung des Malers)

Leonardo Cremonini, *Alle spalle del desiderio [An den Schultern des Begehrens]*, 1966.
»Mühsal des Zusammenlebens. Erzwungen von Fremdheit, Mitleid, Wollust, Feigheit, Eitelkeit und nur im tiefen Grunde vielleicht ein dünnes Bächlein, würdig, Liebe genannt zu werden, unzugänglich dem Suchen, aufblitzend einmal im Augenblick eines Augenblicks.« (Franz Kafka, *Tagebücher 1910–1923*, 5. Juli 1916)
(Privatsammlung)

Marshall Arisman ist der Maler der Angst. In neunzig Gemälden evoziert er die Rückkehr des Reptiliengehirns, »das tödliche Erbe Hiroshimas und Nagasakis« (*The Last Tribe*, 1986). Der Kriminelle selbst entgeht nicht der Angst, die er erzeugt: Das ist sein Fluch. Die Abbildung ist eine Illustration Arismans zu einem Artikel über die Gewalt. (Privatsammlung des Künstlers)

Jacques Villon, *Die Kreuzigung*, Glasfenster 1957 (Ausschnitt). »Mit ihm wurden noch zwei Räuber gekreuzigt; einer zu seiner Rechten, der andere zu seiner Linken. So ward die Schrift erfüllt, welche sagt: Er ist unter die Missethäter gerechnet.« (Markus 15,26)
(Metz, Kathedrale Saint-Étienne)

Édouard Pignon, *Der tote Arbeiter*, 1952 (Vorstudie). Eluard wollte, daß das Bild »Der erschlagene Arbeiter« heiße, doch Pignon blieb bei seiner Benennung. Junge christliche Arbeiterinnen sahen in dem Bild eine »Grablegung«. Das Gemälde und die Vorstudien dazu wurden im Salon vom Mai 1952 ausgestellt.
(Paris, Galerie de France)

W. Spitzer, *Nicht vergessen!* 1972. Der »Schnorrer« erinnert die seßhaften Juden an das Wanderleben, das ihnen ständig droht. Aber neben die traditionelle Fiedel und das Diplom hat die Geschichte auch das polnische Schtetl gestellt, die jiddische Sprache und Kultur – und sechs Millionen von den Nazis ermordete Juden. (Sammlung des Künstlers)

Rachid K., *Die Familie*, 1985. Gefertigt aus dem Metall der Straße und in den Farben der Städte, Patchwork der Vorstadt, Blick des Malers, Objektiv des Photographen, Reflex der Ewigkeit.
(Privatsammlung des Künstlers)

Edward Hopper, *Nachtschwärmer*, 1942. Ein Emblem der Einsamkeit. Jede der Gestalten ist, obwohl in Gesellschaft, allein, im »Exil«, für sich.
(The Art Institute of Chicago)

Gunhild Kvist, *Feenlandschaft*, 1976. Mondlicht, das Blau der Nacht: eine kühle Zauberwelt, in der die Phantasie entfesselt wird. Keine Worte, nur Zeichen.
(Privatsammlung)

Stoff- oder Möbelmuster sein kann«. Der dritte Teil des Artikels hat den prosaischen Zwischentitel »Die Mittel heiligen den Zweck«. Die Botschaft ist klar: Jeder Mensch, Mann wie Frau, hat an seinem Platz, in seiner Kaste, in seiner Klasse zu verharren.

Union, eine der »permissivsten« Zeitschriften, bekommt anscheinend über 800 Leserbriefe im Monat. Die Anfragen betreffen sexuelle Phantasien, Masturbation, Partnertausch, Familie, Homosexualität, Inzest, Ehebruch usw. Die Antworten auf der Leserbriefseite sind überaus vorsichtig und zumal in puncto Inzest und Pädophilie sehr kritisch. »Ich rate Ihnen von jedem sexuellen Kontakt mit Ihrer Schwester ab; das kann auf der seelischen Ebene sehr traumatisierend sein. [...] Der Inzest ist ein sehr machtvolles Tabu unserer Zivilisation, das man nicht verletzen darf.« »Sie müssen ›nein‹, ›nein‹ und abermals ›nein‹ sagen, wenn Ihre Tochter nicht aufhört, Sie herauszufordern.« »Ich rate entschieden davon ab, ein zwölfjähriges Mädchen zu masturbieren, es oral zu liebkosen oder andere Akte der sexuellen Annäherung an ihm vorzunehmen. Das ist streng verboten und daher enorm gefährlich (Sie riskieren ganz einfach Verhaftung, Polizeiverhör und und und).«[43] Der Partnertausch wird als »Bereicherung« des Ehelebens empfohlen, der Ehebruch hingegen zwar nicht ausdrücklich verurteilt, aber doch als Situation bezeichnet, »die für das Paar schwer erträglich ist«. Daran schließt sich der hausbackene Rat: »Machen Sie Ihre Frau wieder zu Ihrer Geliebten, entdecken Sie in ihr das junge Mädchen Ihrer Jugend.« Leicht gesagt, schwer getan ... »Gerade in *Union*«, schreibt Karima Dekhli, »werden die elementaren sexuellen Verbote der Gesellschaft klar und nachdrücklich formuliert. Die Permissivität des sexuellen Humanismus wird mit dem Appell an die Ordnung erkauft.« Derselben Autorin zufolge vollzieht sich in den achtziger Jahren eine soziosexuelle Revolution in Frankreich; man kann ihre These so zusammenfassen: Die Frau erreicht einen immer höheren Status, was ihre Beziehungen zum Mann verändert. Früher erwartete die Frau von ihrem Partner Aufmerksamkeit, Zartgefühl und das Eingehen auf den Rhythmus der weiblichen Sexualität. Die aktive Frau von heute findet es demütigend, mit »Rücksicht behandelt« zu werden. Sie zieht den »Macho« vor, der schnell zur Sache kommt. »Penetration ohne Präparation« ist ein Beweis von Männlichkeit. Es ist Sache der Frau, die Sexualität des Mannes nach Belieben zu nutzen und aus ihr ein Maximum an eigener Lust zu ziehen, ohne von ihm die Anpassung an ihr eigenes Tempo zu verlangen. Der Mann, der größte Rücksicht auf das komplexe Problem des weiblichen Orgasmus nimmt, entspricht dieser Autorin zufolge nicht mehr der Erwartung der modernen berufstätigen Frau. Diese will den Mann in seiner Andersheit, seiner Virilität; den lesbischen Mann verachtet sie. Ein sexuelles »Tier« zu zähmen bereitet mehr Genuß als das Katzbuckeln eines zuvorkommenden Schwächlings. Karima Dekhli stützt ihre Ausführungen auf diverse Texte aus Frauenzeitschriften. *F. Magazine* begrüßt vorbehaltlos »die Rückkehr des Macho«. »Die Männer von heute«, so kann man dort lesen, »sind außerstande, eine Machtbeziehung auszuhalten. Sie sind unentschlossen, in ihrer Sexualität bis zum Zwitter verkümmert. Entweder kastriert oder frauenfeindlich. Darum ist es Zeit, daß die gute alte Zeit der virilen Männer wiederkehrt.« Der ideale Mann sieht so aus: »Ein Mann, *auf den Verlaß ist*; was wir wollen, sind Profis, keine Amateure. Im Bett haben wir keine Zeit mehr für Männer, die nicht wissen, wie man Liebe macht.« (Im Jargon der Pornofilme ist auf einen Mann »Verlaß«, wenn er während der Dreharbeiten eine Erektion ununterbrochen aufrechterhalten kann.) »Manche Männer, die zu sehr auf unsere Sexualität fixiert sind, führen sich auf wie veritable Lesbierinnen. Ich nenne sie ›sexuelle Papageien‹.« Die Zeitschrift *L'Amour* feiert »die anspruchsvolle Liebhaberin mit der herrlichen Fähigkeit zu stürmischen Orgasmen«. Man pfeift dabei auf unnütze Scham. Sich auf die Phantasien des Mannes einzustellen ist nicht mehr ein Akt der Unterwerfung, sondern ein einvernehmlicher Vertrag. Welche »Rolle« man spielen soll, ist für den Orgasmus gleichgültig. Warum soll die Frau keine schwarzen Strümpfe, Mieder usw. tragen, wenn sie dadurch für den Mann erst recht begehrenswert wird? Nach den neuen Tauschbedingungen des sexuellen Kommerzes muß die Frau auf die »Dummheiten« ihres Partners eingehen, und umgekehrt. Eine Leserin von *Marie-Claire* – Beruf: Prostituierte – rät den Ehefrauen, die Phantasien ihres Mannes gutzuheißen, »sonst machen Sie ihm am Ende das Fremdgehen schmackhaft«.

Die Proselyten dieser soziosexuellen Revolution sind nach wie vor eine kleine Minderheit (worauf sie erwidern werden, daß Revolutionen allemal das Werk von Minderheiten sind). Die »Rückkehr des Gefühls« (oder dessen Fortdauer) findet in der Presse und in den Umfragen statt, in denen die »Kommunikation« des Paares stets den Vorrang vor der sexuellen Harmonie hat. Das Gefühlsleben mit seinen Mysterien und Geheimnissen wirkt reicher als eine gleichsam totalitäre Nacktheit, die die Phantasie kastriert. Wo alle Hüllen fallen, da ist die sexuelle Gemeinschaft abgeschafft. Ein Lieblingsthema der Medien bleibt die Gerontophilie. Wen liebt die Tänzerin in *Limelight* mehr: den jungen Mann oder den wehmütigen Alten, der einmal so berühmt war? Was ist es, was manche jungen Mädchen und jungen Frauen an diese(n) verbrauchten Gesichter(n) fesselt? Eigennutz (Geld, Karriere)? Manchmal. Der Vaterersatz, die Vaterimago, die einen Inzest ohne Schuldgefühle erlaubt? Zweifelsohne. Aber auch das Wechselspiel einer Bilanz mit dem Entwurf, die Überschneidung von Thanatos und Eros.

Von der Lasterhaftigkeit zur Beispielhaftigkeit: der Homosexuelle in unserer Mitte

Von der Kirche wurde die Homosexualität als Perversion gegeißelt, später galt sie als Krankheit. Heute erscheint sie als legitime Weise, seine Sexualität auszudrücken, und manche Beobachter sehen im homosexuellen Paar sogar den Vorgriff auf das heterosexuelle Paar von morgen. Die Zeiten sind vorbei, da Dr. Ambroise Tardieu im 19. Jahrhundert schreiben konnte: »Ich wollte, ich müßte meine Feder nicht mit der schändlichen Verderbtheit der Päderasten beflecken!« Paul Veyne klärt uns darüber auf, daß die Römer bisexuell waren, und Philippe

Ariès hat dargelegt, daß die Einstellung des Klerus zur »Sodomie« ebenso unerbittlich wie zweideutig war. Immerhin befinden sich in Dantes Schema die Sodomiten im neunten Kreis der Hölle, dem untersten – gemeinsam mit Kain, Judas, allen Verrätern, Mördern usw., in nächster Nachbarschaft Satans. Dante begegnet dort seinem geliebten alten Lehrer Brunetto Latini, der über die Sodomiten sagt:

»So wisse denn: sie waren Geistliche,
große Gelehrte und berühmte Männer,
vom selben Laster droben all befleckt.«[44]

Das läßt vermuten, daß die Homosexualität in der (wie wir heute sagen würden) »Intelligenz« verbreitet war. Nicht ohne Bosheit setzt Brunetto Latini hinzu, daß die Ehefrauen eine große Mitschuld an dieser abscheulichen Sünde tragen. Philippe Ariès bemerkt dazu: »Der Theologe im Manne verurteilt, der Mann im Theologen gesteht seine Nachsicht. Homosexualität war die Sünde der Kleriker, die Sünde der Erzieher, vielleicht die Sünde der jungen Leute.« Zwischen dem 15. und 17. Jahrhundert wurden die Festgelage der »collèges« von den Kirchenbehörden überwacht – und häufig kurzerhand verboten –, weil es sich um veritable Initiationsfeiern handelte, bei denen auch Huren zugegen waren (nach Montaigne war es nichts Außergewöhnliches, mit vierzehn Jahren Syphilitiker zu sein); doch deutet alles darauf hin, daß die Sodomisierung von Knaben bei solchen Orgien nicht ausgeschlossen war. Die Bisexualität – zumindest der Erwachsenen – hatte noch Jahrhunderte nach dem Ende des Römischen Reiches fortbestanden. Im Tagebuch Barbiers hat Philippe Ariès unter dem 6. Juli 1750 folgende Lokalnachricht entdeckt: »Heute, um fünf Uhr nachmittags, hat man auf der Place de Grève öffentlich zwei Arbeiter verbrannt, einen jungen Tischler und einen Metzger, ihres Alters 18 und 25 Jahre, welche der Wächter in flagranti delicto bei der Sodomie ertappt hatte. Wir fanden, daß die Richter recht hart geurteilt hätten. Es scheint ein wenig zu viel Wein im Spiele gewesen zu sein, um die Dreistigkeit so weit zu treiben.« Ariès vermutet, daß man ein Exempel statuieren wollte und daß die Homosexualität weit verbreitet war. Anfang des 19. Jahrhunderts bewegte sich der Diskurs über die Homosexualität zwischen zwei Hypothesen – für traditionalistische Geister war sie eine Perversion, für Modernisten war sie eine Krankheit; jene beriefen sich auf die Ethik, diese bemühten eine endogene Ätiologie. Im ersten Falle mußte man verurteilen, im zweiten mußte man begreifen und behandeln. Bis zur Mitte des 20. Jahrhunderts blieb die Homosexualität tabuisiert. Dominique Fernandez zufolge sind homosexuelle Texte »Köder«. Es entsteht eine Form des literarischen Ausdrucks, die ein Geheimnis erahnen läßt, ohne es auszusprechen. Der Kinsey-Report behauptet, nach den geltenden Gesetzen müßten 95 Prozent der Amerikaner wegen sexueller Verfehlungen im Gefängnis sitzen. Er enthüllt unter anderem auch, daß jeder vierte Mann eine »längere« homophile Erfahrung hinter sich hat und daß zwei Drittel aller verheirateten Frauen schon vor der Hochzeit einen Orgasmus gehabt haben. Doch in dem Bewußtsein, daß ihrer viele sind, fühlen die Schuldigen sich unschuldig.

»Geschlechtsverkehr mit Knaben galt sprichwörtlich als ein nervenschonendes Vergnügen, das die Seele nicht aufwühlte, während die Leidenschaft für ein Weib einen freien Mann in unerträgliche Sklaverei stürzte.« (Paul Veyne, *Geschichte des privaten Lebens*, 1. Band, Frankfurt a. Main 1989, S. 200) Die Zeiten haben sich geändert: Die Liebe zu den Knaben zeigt sich auf der Straße, aber sie zeigt sich maskiert.

Heute können die Homosexuellen aus ihrer Heimlichkeit heraustreten und sich zu ihrer besonderen Normalität bekennen. Werte und Normen trennen Geschlechtsakt und Fortpflanzung, die Jagd nach dem Orgasmus gerät zur Buchführung über erfolgreiche Sexualkontakte, und so nähern sich die homosexuellen Praktiken den heterosexuellen an. Der Sexualwissenschaftler hat die Aufgabe, Schuldgefühle abzubauen. Masters und Johnson boten 1980 den Homosexuellen zwei Arten von »Dienstleistung« an: »für diejenigen, die keine Änderung ihrer sexuellen Orientierung wünschen, die Wiederherstellung ihrer normalen Sexualfunktion im Rahmen der Homosexualität; für diejenigen, die aufgrund ihrer Homosexualität unzufrieden sind oder Schuldgefühle haben, den Versuch einer Umorientierung auf die Heterosexualität«. Heute wird der Homosexuelle in seiner bewußten Andersartigkeit anerkannt und braucht sich nicht mehr auf jene Selbstkarikatur des »warmen Bruders« mit Fistelstimme einzulassen, auf die ihn früher der Heterosexuelle zur eigenen Selbstbestätigung festzulegen verstand. Viril, sportlich, zum Ledermann hergerichtet wie der Motorradfahrer auf seiner schweren Maschine, ähnelt der moderne Homosexuelle aufs Haar jenem »Macho«, den sich die in brutalen Sex verliebten Damen ersehnen. »Kurzes Haar, Schnurrbart oder Bart, muskulöser Körper. [...] Die häufigsten mythischen Bilder in der Homosexuellenpresse wie in einschlägigen Pornoheften sind der Cowboy, der Fernfahrer und der Sportler.«[45] In den Homosexuellen-Ghettos der USA, zwischen West Village und Manhattan, zwischen Castro District und San Francisco, zwischen South End und Boston kontrollieren Homosexuelle die Bars, den Immobilien- und den Arbeitsmarkt. Sie bilden im übrigen eine nicht zu unterschätzende Wählergruppe.[46]

Homosexuelle Biographie

Über die Lebensweise der Homosexuellen können wir uns anhand zweier großer Untersuchungen ein Bild machen; die eine, von Dannecker und Reiche[47], stammt aus Deutschland, die andere, von Bell und Weinberg[48], aus den USA. Der entscheidende Augenblick scheint das »coming out« zu sein, also der erste homosexuelle Akt. Der amerikanischen Untersuchung zufolge haben 36 Prozent der weißen Homosexuellen ihr »coming out« mit frühestens 24 Jahren gehabt; man kann es als Ende eines Weges bezeichnen, der möglicherweise schon jahrelang beschritten worden ist. Der Augenblick ist gekommen, um die bisherige Sozialisation (namentlich durch die Ehe) mit dem homosexuellen Habitus in Einklang zu bringen – eine schwierige Aufgabe, die nach den Worten Pollaks »eine schizophrene Lebensführung« bedingt. Der Schock ist um so kräftiger, je später das »coming out« erfolgt – Selbstmordversuche in dieser Population sind zwei- bis dreimal häufiger als in vergleichbaren Altersgruppen. 35 Prozent der deutschen Befragten erklärten, sie hätten sich nach diesem entscheidenden Augenblick am liebsten »in Behandlung« begeben. Sobald jedoch die Hürde des »coming out« einmal genommen worden sei, ist, diesen Autoren zufolge, die Selbstmordrate bei Homosexuellen extrem niedrig gewesen.

Das Sexualleben des »gewöhnlichen Homosexuellen« ist von einer Intensität, die auch dem »nicht-gewöhnlichen« Heterosexuellen den Atem verschlägt. Auf die Frage »Wie viele Sexualpartner haben Sie in den vergangenen zwölf Monaten gehabt?« antworteten 28 Prozent der Weißen und 32 Prozent der Schwarzen: »51 oder mehr.« Der deutschen Untersuchung zufolge erzielten hier nur 17 Prozent der Befragten dieses Ergebnis. Als Treffpunkte fungieren Bars, Saunas, Kinos, Restaurants, Parks usw. Nach Pollaks Resümee kennzeichnen »hohe Promiskuität, Häufigkeit der Kontakte und Spezialisierung der Praktiken« das Homosexuellendasein. Äußere Zeichen verraten Pollak zufolge den derzeitigen sexuellen Geschmack ihres Trägers. »Das Schlüsselbund über der linken Gesäßtasche signalisiert Vorliebe für die aktive Rolle, über der rechten für die passive Rolle. [...] Die Farbe des Taschentuchs in der Gesäßtasche signalisiert den gewünschten Akt: hellblau bedeutet ›orale Praktiken‹, dunkelblau ›Analverkehr‹, hellrot ›Penetration mit der Faust‹.« Es fragt sich, ob nach einmal erfolgtem »coming out« die offen bekannte Homosexualität ohne Angst und Schuldgefühl erlebt wird.[49] Das jahrhundertelange Verbot der Homosexualität zwang die Homosexuellen zur Trennung von Sexualität und Affektivität; sie waren zu einer Organisation ihres Lebens genötigt, »welche die Risiken möglichst gering hielt und den Ertrag, das heißt den orgastischen Gewinn, möglichst maximierte«. Daher rührt die Sehnsucht der Homosexuellen nach der Paarbeziehung. Sexualwissenschaftler berichten, daß Homosexuelle bei ihnen Rat suchen, wie sie eine dauerhafte Beziehung mit sexueller Freiheit in Übereinstimmung bringen sollen. Der amerikanischen Untersuchung zufolge lebten im Augenblick der Befragung 31 Prozent der Weißen und 8 Prozent der Schwarzen seit fünf Jahren in

Caravaggio, *Johannes der Täufer in der Wüste*. Das »Thema« des jugendlichen Täufers Johannes bot Caravaggio mehrfach Gelegenheit zu Bildern, auf denen er seine Vorlieben darstellte. (Rom, Galleria Borghese)

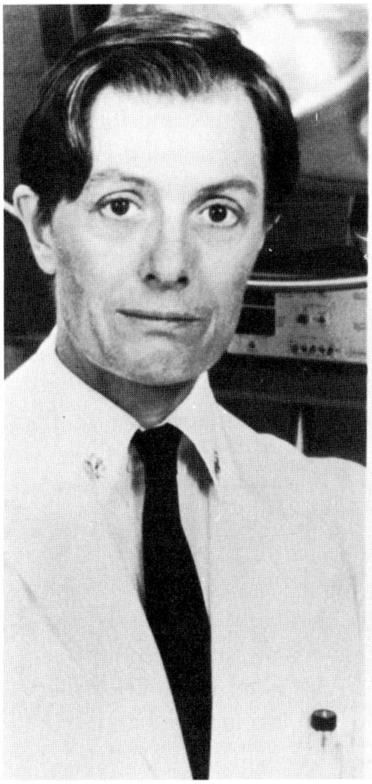

Der amerikanische Fernsehfilm *Second Serve* beruht auf der »wahren Geschichte« des Tennischampions René Richards, aus dem die Frau Dr. Renée Richards wurde. Er versucht, dem »breiten Publikum« klarzumachen, daß Transsexualität nicht schmutziger Phantasie entspringt, sondern auf dramatische Weise die Identität in Frage stellt.

einer stabilen Beziehung. In der Bundesrepublik Deutschland hatten 23 Prozent der Befragten seit mindestens fünf Jahren eine Liaison. Die bleibenden freundschaftlichen Beziehungen zwischen Homosexuellen, die keinen sexuellen Kontakt mehr miteinander haben, ergeben eine Art von »homosexueller Großfamilie«, die – annähernd – die Funktion der nicht erreichbaren Zweierbeziehung erfüllt.

Besteht eine Korrelation zwischen Homosexualität und Status? Das französische Institut für Statistik und Wirtschaftsstudien (INSEE) und das Institut für demographische Studien (INED) schweigen sich hierüber aus, weil dieser Zusammenhang sich der Analyse entzieht. Wenn es zutrifft, daß der Homosexuelle zu einer »schizophrenen Lebensführung« verdammt ist, daß er seine »Rolle« auf den jeweiligen Gesprächspartner einstellen muß, dann wird er die Fähigkeiten, die er durch den Zwang zur Anpassung an implizite Diskriminierung »erworben« hat, am besten im PR-Bereich anwenden können. Das ist vielleicht der Grund, warum Homosexuelle im Dienstleistungssektor ebenso überrepräsentiert sind wie in Berufen, die hohe Mobilität erheischen. In der Führungsschicht der herrschenden Klasse ist Homosexualität kompromittierend, weshalb Homosexuelle aus diesen Kreisen sich eher intellektuellen oder künstlerischen Berufen zuwenden, wo ihre Neigung geduldet wird, ja, für eine Karriereplanung, die auf Ausbeutung des sozialen Kapitals in dieser Subgesellschaft setzt, sogar förderlich sein kann. Hingegen laufen homosexuelle Arbeiter oder Bauern Gefahr, zu Adressaten höhnischer Sticheleien zu werden, die ihre Identität antasten und sie zum sozialen Außenseitertum verdammen.

Homosexuelle Exemplarität?

Für amerikanische Sexualwissenschaftler wie Masters und Johnson leben die Homosexuellen uns ein »Modell« vor, wie man den bisher unaufgelösten Widerspruch zwischen instinktiver Sexualität (Promiskuität) und sozialisierter Sexualität (Treue) beheben kann. Indessen darf man daran zweifeln, daß homosexuelle Paare wegweisend sind für das »neue« heterosexuelle Paar, das aus Sicherheitsgründen zusammenlebt und nur flüchtige Abenteuer kennt, die nicht einmal jenem Ehebruch im Geiste gleichen, den die Theologen dem Ehebruch im Fleische gleichsetzen. Gewiß, am 26. Juni 1983 konnte man in New York (das nicht Amerika ist) zusehen, wie Polizeioffiziere in einer Schwulen-Band mitmarschierten, während eine Riege von Schriftstellern Bilder von Roland Barthes, Jean Cocteau und André Gide schwenkte. Es handelte sich um eine Demonstration, die die Öffentlichkeit zum Kampf gegen AIDS aufrütteln sollte. Aber der Meinungsumschwung ließ nicht auf sich warten: Hatte man die neue Pest nicht justament den »Homos«, diesen unverbesserlichen Sündern, zu verdanken? Patrick J. Buchanan, der einstige Redenschreiber von Präsident Nixon, stimmte die üblichen Tiraden an: »Die Homosexuellen haben der Natur den Krieg erklärt. Die Natur rächt sich. [. . .] Die sexuelle Revolution ist dabei, ihre Kinder zu verschlingen.« Die Homosexuellen haben ihre sozial sehr plazierten »Erwerbungen«. Aber sie sind anfällig.

Vom Chromosomengeschlecht zum psychologischen Geschlecht: Transsexualität und sexuelle Identität

»Es ist noch immer der Finger Gottes, der die Teilung der Geschlechter vornimmt und diese *summa divisio* den Menschen auferlegt.« So drückte sich 1965 der Staatsanwalt in einem Prozeß aus, auf den wir noch zurückkommen werden. Allein, diese »summa divisio« ist heute nicht mehr so selbstverständlich wie zur Zeit der Abfassung des Code civil, wo man eine Definition des Geschlechts vergeblich sucht. Am 14. Mai 1901 erklärte das Appellationsgericht Douai eine Ehe für nichtig, mit der Begründung, »daß Frau G. nach Auskunft der Ärzte weder Vagina noch Eierstöcke, noch Gebärmutter hat und damit jener Organe entbehrt, die das weibliche Geschlecht ausmachen, obgleich sie die Brüste, die Beckenbeschaffenheit und die Klitoris besitzt, welche das äußere Erbteil ihres Geschlechts sind; und daß sie in Wirklichkeit keine Frau, sondern eine unvollkommene Person ist«. Auf Berufung der Staatsanwaltschaft wurde dieses Urteil am 6. April 1903 von der Zivilkammer des obersten Gerichts kassiert, »da die angefochtene Entscheidung keineswegs nachgewiesen hat, daß das Geschlecht von Frau G. nicht feststellbar oder mit dem ihres Gatten identisch ist, vielmehr ausdrücklich betont, daß Frau G. zwar keine inneren Geschlechtsorgane hat, jedoch alle äußeren Merkmale des weiblichen Geschlechts besitzt«. Sechzig Jahre später, 1965, war das Landgericht Seine mit dem Antrag einer

Person befaßt, die behauptete, eine Geschlechtsumwandlung vom Mann zur Frau vorgenommen zu haben, und die Korrektur ihres Personenstandes verlangte. Ein ärztliches Zeugnis, das der Antragsteller vorlegte, bestätigte ihm »das Vorhandensein aller sekundären Geschlechtsmerkmale der Frau sowie des äußeren Genitalapparats, dessen morphologische Beschaffenheit normale sexuelle Kontakte als Frau erlaubt«. Der Antrag wurde abgelehnt. Das Landgericht vertrat die Ansicht, daß es nur in drei Fällen statthaft sei, sich auf eine irrtümliche Geschlechtsbestimmung zu berufen: bei einem groben, offenkundigen Fehler des Meldenden oder des Standesbeamten, bei unbestimmtem Geschlecht und bei Transsexualismus. In den ersten beiden Fällen sei die »Korrektur« des Personenstandes ohne Schwierigkeiten möglich, dagegen bedeute die Zulassung des dritten Falles einen Anschlag »auf das Prinzip der Indisponibilität des Personenstandes«, denn, wie der bereits zitierte Staatsanwalt erklärte, »die Differenzierung der Geschlechter als fundamentale Grundlage jeden Lebens und infolgedessen auch jeder menschlichen Gruppenbildung ist eine Naturtatsache«. Diese Rechtsprechung wurde am 16. Dezember 1975 von der 1. Zivilkammer des Kassationshofes bestätigt; sie billigte die Entscheidung eines Berufungsgerichts, das einem Transsexuellen die Änderung des Personenstandes unter Hinweis auf dessen Indisponibilität verweigert hatte, obwohl der Antragsteller sich einer ärztlichen Behandlung unterzogen hatte und einen chirurgischen Eingriff hatte vornehmen lassen.

Der Grundsatz der Indisponibilität des Personenstandes

Konnte das Recht die immer präziseren wissenschaftlichen Untersuchungen über die Wahrnehmung des Geschlechtsunterschiedes auf Dauer ignorieren? Daß ein Mensch (ein Mann oder eine Frau) verändernde und verstümmelnde chirurgische Eingriffe nicht nur duldet, sondern verlangt, beweist das nicht, daß er unter einem unwiderstehlichen Zwang gehandelt hat? Daß das Fundament der Identität in erster Linie die Überzeugung von der Zugehörigkeit zu einem bestimmten Geschlecht ist? Die Weiterentwicklung der Rechtsprechung in diesem Punkt läßt sich am Fall Nadine S. ablesen.[50] Die Frau wollte sich vom Landgericht Nancy bestätigen lassen, daß sie männlichen Geschlechts sei, und ihren Vornamen von Nadine in Michel ändern. Der Antrag wurde abgelehnt, und sie ging in die Berufung. Das Berufungsgericht bestätigte die Entscheidung des Landgerichts; zwar erkannte es an, daß Nadine S. »das fast perfekte Beispiel eines transsexuellen Menschen bietet, insofern sie gegen den Augenschein ihrer Morphologie und Anatomie unbeirrbar an jener Überzeugung festhält«, doch ging es »von dem Grundsatz aus, daß auch ein Zustand seelischer Not kein legitimes Interesse an der Änderung des Personenstandes begründet«. Nadine S. legte Revision ein. Von der 1. Zivilkammer des Kassationshofes wurde die Revision am 30. November 1983 verworfen. In der Begründung hieß es, trotz der Operationen, denen sie sich unterzogen habe, »ist die Antragstellerin nicht männlichen Geschlechts«.

Während der oberste Gerichtshof sich auf traditionalistische Positionen zurückzog, gingen die Dinge auf anderen Ebenen des sozialen Daseins – der wissenschaftlichen, der reflexiven – ihren Gang. Humanwissenschaften und Freudismus formulierten das Problem der sexuellen Identität auf neuartige Weise. Sie beschrieben sie als Resultante von vier Faktoren: dem chromosomalen, dem anatomischen, dem morphologischen und dem psychologischen. Der letztere Parameter, verstanden als das Gefühl der Zugehörigkeit zu einem der beiden Geschlechter, erschüttert, ja, untergräbt den Grundsatz der Indisponibilität des Personenstandes: Der Transsexuelle, der sich dem anderen Geschlecht zugehörig »fühlt«, verlangt keinen Wechsel seines Personenstandes, sondern dessen Korrektur, keine Änderung, sondern eine Feststellung. Die Achronie der richterlichen Entscheidungen erklärt sich aus dem Festhalten am Begriff der sexuellen Identität (das Geschlecht eines Menschen als Gleichgewicht, im günstigsten Fall als Harmonie seiner verschiedenen Elemente, unter Einschluß des psychologischen und des soziologischen). Mehr als vier Jahre vor der erwähnten negativen Entscheidung des Kassationshofes, genauer gesagt, am 11. Juli 1979, hatte das Landgericht Saint-Étienne befunden: »Der Transsexualismus ist, wie die seriösesten wissenschaftlichen Untersuchungen gezeigt haben, keineswegs das Ergebnis einer Laune.« Noch deutlicher äußerte sich am 24. November 1981 (zwei Jahre vor dem »Ukas« der Zivilkammer des Kassationshofes) der Oberstaatsanwalt: »Das Gesetz kennt keine Definition des Geschlechts; es wird allgemein anerkannt, daß es sich dabei um eine komplexe Vorstellung handelt, deren diverse Komponenten – genetische, anatomische, hormonelle, psychologische – in der großen Mehrheit der Fälle übereinstimmen.« Aber es gibt auch eine Minderheit von Fällen, und sie hat das Landgericht Paris dazu bewogen, sich auf den Standpunkt der Staatsanwaltschaft zu stellen und zu entscheiden, daß »der Antrag des Transsexuellen nicht als Wunsch nach Änderung des Geschlechts zu betrachten ist, sondern als das Begehren, festzustellen, daß die ursprüngliche Bestimmung des Geschlechts des Antragstellers nicht mehr der gegenwärtigen Realität entspricht, so daß er in sozialer Hinsicht zu ihrer Erfüllung nicht imstande ist; daß angesichts des bezeichneten, irreversiblen Mißverhältnisses der spezifischen Geschlechtselemente beim Transsexuellen das Prinzip der Indisponibilität des Personenstandes eine rechtliche Würdigung der eingetretenen Veränderung nicht verhindern darf, die an die Stelle der physischen Komponenten der Geschlechtsbestimmung das nicht weniger reale und beherrschend gewordene andere Element des Geschlechts, die psychologische Komponente, treten läßt.« Am 2. Februar 1983 (zehn Monate vor dem »Ukas«) gab das Berufungsgericht Agen Annie S. recht, die fristgerecht Berufung gegen ein Urteil des Landgerichts Agen vom 27. August 1980 eingelegt hatte. Das Gericht hatte ihren Antrag auf personenstandsrechtliche Anerkennung ihres männlichen Geschlechts, Korrektur ihrer Geburtsurkunde und Änderung ihres Vornamens in Alain abgelehnt. Ein kurzer Blick in die Akten dieses Falles enthüllt das Ausmaß dieses Dramas eines/r Transsexuellen. 19. Februar 1965: Dr. Bonhomme erwägt eine Hormonbehandlung zur »Ausbalancierung« des Kindes, dessen tiefe Stimme und männliches Aussehen ihn überrascht hatten. 1971: Der Psychiater Professor Gorceix konstatiert eine »virile Persönlichkeitsstruktur«, erklärt den Zustand der Patientin für »besorgniserregend« und regt an, »eine chirurgische und soziale Korrektur« ins Auge zu fassen. Annie S. unterzieht sich in der Folgezeit einer beidseitigen Mamektomie sowie einer anatomischen Korrektur der Geschlechtsorgane, nachdem der Chirurg bestätigt hat, es habe die »Gefahr der Autodestruktion« bestanden. Aus dem vom Landgericht eingeholten Sozialgutachten ging hervor, daß das eigentliche Geschlecht von Annie S. von ihrer Umwelt ignoriert wurde, bei der Sozialversicherung wurde sie als Mann geführt, sie lebte seit mehreren Jahren in eheähnlicher Gemeinschaft mit einer Frau zusammen, die Mutter zweier Kinder war. Neue ärztliche Gutachten konstatierten einen männlichen Habitus (Bart, tiefe Stimme), Implantation eines künstlichen Gliedes in der Schamgegend, hypertrophierte Klitoris, sehr kleine Vagina. Die Experten kamen zu dem Schluß, daß es sich um eine in frühester Jugend aufgetretene Art der Transsexualität handelte und daß keine therapeutische Maßnahme die Überzeugung der Patientin mehr ändern könne, ein Mann zu sein. Zusammenfassend meinte Professor Klotz: »Annie S. ist ungeachtet ihrer äußeren Morphologie (weiblicher Phänotyp) und ihres Karyogramms XX von Geburt an ein Individuum männlichen Zerebralgeschlechts.« Der Experte erinnerte auch an die Geschichte der Patientin: Beharren auf ihrem Standpunkt, Fehlen delirierender Phänomene, seit zehn Jahren Stabilität der sozialen Rolle als Mann, Anerkennung ihrer Männlichkeit durch eine heterosexuelle Frau, Konsens der Gesellschaft.

Am 21. April 1983 erlaubte das Landgericht Nanterres Thérèse A. die Änderung ihres Geschlechts, »da die neueste Rechtsprechung einräumt, daß der das Personenstandsrecht beherrschende Grundsatz der Indisponibilität kein Hindernis für eine Änderung des Geschlechts sein kann«. Laut Madame Sutton, der Vizepräsidentin des Landgerichts Paris, gab es zwischen dem 1. Januar 1980 und November 1983 14 Entscheidungen in Sachen Transsexualismus; in 11 Fällen wurde die Änderung des juristischen Geschlechts genehmigt, in 3 Fällen verweigert, davon nur einmal unter Berufung auf die Indisponibilität des Personenstandes. Madame Sutton zufolge ist diese Fortentwicklung der Rechtsprechung darauf zurückzuführen, daß hohe medizinische Autoritäten die Existenz eines Transsexualitätssyndroms bestätigt und die Humanwissenschaften psychologische Komponenten in den Begriff des Geschlechts eingeführt haben.[51] So konnte es geschehen, daß 1983 die Zivilkammer des Kassationshofes eine Änderung des Geschlechts ablehnte, während verschiedene Landgerichte sie zuließen. Die Mühlen des Rechts mahlen langsam, und sie mahlen auf mehreren Ebenen.

Pornographie oder: Das Ende der Lust an der Grenzüberschreitung

Das Wort »Pornographie« hat 1769 Restif de La Bretonne geprägt. Es bezeichnet nicht die Sexualität selbst, sondern den Diskurs über sie; das lehrt die Etymologie (griechisch »pornê«, »Hure«, »graphein« »schreiben«). Diesen Diskurs gab es natürlich schon, bevor ein Begriff ihn benannte; die Höhlen von Lascaux bezeugen es. Menschliche Sexualität erlebt sich nicht nur in ihrem Vollzug, sondern auch in den zahllosen »Darstellungen« ihrer selbst; das unterscheidet den Menschen vom Tier. Unscharf ist die Grenze zwischen (akzeptierter) Erotik und (verpönter) Pornographie: »Pornographie, das ist die Erotik der anderen«, schreibt Alain Robbe-Grillet. Oft ist die Erotik von heute die Pornographie von gestern. Wohlmeinende entrüsten sich über die »Flut« von Pornographie, die aus Skandinavien zu uns herüberschwappt, namentlich aus Schweden, das die Franzosen so schlecht kennen und das daher den Nährboden ihrer Projektionen bildet. Der Historiker begegnet dieser Einschätzung mit Skepsis. Im 17. Jahrhundert wirkten in den puritanischen Vereinigten Provinzen Vermeer und Pieter de Hooch, die mit Gusto Bordellszenen und Mädchenmaklerinnen malten. Sie setzen zwar nur das Vorspiel ins Bild, also das gemeinsame Zechen; aber im Hintergrund ist die alte Kupplerin schon damit beschäftigt, das Bett zu bereiten. Im 18. Jahrhundert spielten die Pariser Theater *Foutre ou Paris foutant* von Baculard d'Arnaud und *Sirop au cul* von Charles Solé – Stücke, deren Titel ein Programm war. Anfang des 19. Jahrhunderts nisteten in der Londoner Holiwell Street so viele Buchhandlungen, die obszöne Schriften feilboten, daß ein »Verein zur Bekämpfung des Lasters« einen Kreuzzug gegen dieses gottlose Viertel führte. Die Behörden nahmen und nehmen an der Pornographie nur zeitweilig Anstoß. In den sechziger Jahren wurde der Verleger Jean-Jacques Pauvert belangt, weil er pornographische Bücher veröffentlicht hatte, darunter die des göttlichen Marquis. Eine 1975 geschaffene Extrakategorie von Filmen setzt pornographische mit gewaltverherrlichenden Filmen gleich; sie dürfen nur in ausgewählten Kinos gezeigt werden, die einer Sonderbesteuerung unterliegen. Vorsichtigerweise – oder aus semantischem Unvermögen – verzichten die einschlägigen Bestimmungen darauf, zu definieren, was man unter einem pornographischen Film zu verstehen hat. So ist wieder einmal die Rechtsprechung gefordert. Zur Richterin der öffentlichen Moral bestellt, hat die Kontrollkommission (von subversiven Geistern hartnäckig der Zensurtätigkeit verdächtigt) die Aufgabe, das Sagbare vom Nicht-Sagbaren, das Sichtbare vom Nicht-Sichtbaren zu scheiden. Als »X-Filme« werden Filme eingestuft, »die den Geschlechtsakt nur um seiner selbst willen und in ständiger Wiederholung zeigen«. Oh ja. Die Kontrollkommission kann Filme sogar verbieten. Sie hat allerdings keine Befugnisse in den Sexboutiquen, wo praktisch alles sichtbar und käuflich ist und zu denen Minderjährige keinen Zutritt haben. Im Verlagsgewerbe ist das Pornographieverbot an einen Begriff von »literarischer Qualität« gekoppelt, der nirgendwo zurei-

Jan Steen, *Liederliches Frauenzimmer*. Jan Steen hatte zwei Berufe: Schankwirt und Maler. Für seine ca. 700 Gemälde ließ er sich von dem inspirieren, was in seinem Gasthof geschah – oder im Hinterzimmer. In den asketischen Vereinigten Provinzen des 17. Jahrhunderts brachte Max Weber zufolge die protestantische Ethik den modernen Kapitalismus hervor; aber auch die Hurerei war nicht unbekannt. Das Bild zeigt das ewige Dreigestirn: das junge Mädchen, den betrunkenen Freier und die alte Kupplerin. Es war ein Modethema; derartige Bilder hingen sogar bei den gestrengen Arminianern an der Wand. (Sain-Ouen, Hôtel Sandelin)

chend präzisiert wird. So konnten Verleger wie Jean-Jacques Pauvert, Éric Losfeld oder Régine Desforges trotz gelegentlicher Schwierigkeiten vielgelesene Bücher publizieren, die nicht als pornographisch, sondern als erotisch galten (aber wer bestimmt das?).

Zwei Bemerkungen zur angeblichen »Pornowelle«. Sexboutiquen und Pornokinos mögen gute Geschäfte machen, aber die Leute stehen vor ihnen nicht Schlange. Die Kunden kommen und gehen schnell und verstohlen; die wenigsten reden über ihre Erlebnisse und Eindrücke. Man erzählt nicht beim Abendessen, daß man sich einen harten Porno in einer »separaten Kabine« angesehen hat – wahrscheinlich, um zu masturbieren. Weder das französische Institut für Statistik und Wirtschaftsstudien noch das Institut für demographische Studien können uns etwas über diese Menschen sagen, die ihr Geheimnis für sich behalten. – Die zweite Bemerkung besteht aus zwei Fragen: Wo bleibt noch Raum für die Kunst und das Imaginäre, wenn die Pornographie, vom Recht toleriert, unablässig Momentaufnahmen der »Urszene« auf die Leinwand oder die Buchseite bannt, alles offenbart und nichts verschweigt? Und: Muß nicht ein legalisierter und banalisierter Voyeurismus die Lust an der Grenzüberschreitung zerrütten? »Die erotische Literatur – ihr Erfolg, ihr Verdienst, ihr Tiefsinn – sowie das Vergnügen ihrer Leser leben von dem ständigen Aufbegehren gegen die Tabus, welche die Sexualität und ihren freien Vollzug umgeben. [. . .] Ihre suggestive Geschlossenheit verdanken diese erotischen Werke dem Licht der Sünde, des Verbotenen. Insofern behält die erotische Literatur des Altertums wie der Moderne ihren religiösen, moralischen und metaphysischen Charakter.« (G. Lapouge)

Wer sind die Menschen, die sich in einschlägigen Kinos Pornofilme anschauen? Entbehren sie irgend etwas? Oder haben sie eine schwache Phantasie?

Prostitution

»Eine willige Jungfer ist besser als ein toter König«, meint Brantôme, der, unbekümmert um Widersprüche, auch gesagt hat: »Je mehr die Gaben der Venus kosten, desto mehr gefallen sie.« Das Wort »Prostituierte« kommt vom lateinischen »prostituere«, »öffentlich preisgeben«; es bezeichnet also die Frau, die nicht mehr »Privatbesitz« ist, sondern dem zahlenden Kunden angeboten wird. Es hat ein weites lexikalisches Feld; im Französischen sind für die Prostituierte über 600 Wörter und Ausdrücke von zum Teil drastischer Bildlichkeit bekannt: »Pfeifensäuberin«, »Büchsenschleuder« usw. Das »älteste Gewerbe der Welt« wahrt sein Geheimnis: Wir wissen viel über die Dirne, jedoch wenig über den Zuhälter und (fast) nichts über den Freier, den Motor der ganzen Zunft. Die aufblasbare Sexpuppe mit Vaginalöffnung bezeugt die vollständige Verdinglichung des Freudenmädchens. Und nicht die Prostitution ist verboten, sondern der »Kundenfang«; die Dirne muß also wenn schon nicht heimlich, so doch diskret zu Werke gehen. Darum ist es Nacht, wenn im Bois de Boulogne das lose Treiben beginnt.

1565 kamen einer Volkszählung zufolge in Venedig auf 165 000 Einwohner 10 000 Kurtisanen, die mit ihren Preisen und Spezialitäten in eigenen Verzeichnissen aufgeführt waren. Aretino legt einer Kurtisane den Satz in den Mund: »Erprobt habe ich so viele Kräuter, wie auf zwei Wiesen stehen, so viele Worte, wie man auf zwei Märkten wechselt, aber ich habe nicht das harte Herz und nicht den Finger eines Mannes rühren können, dessen Namen ich nicht nennen darf. Mit nichts als einer leichten Drehung der Hüfte machte ich ihn so verrückt nach mir, daß man in allen Bordellen der Welt darüber staunen möchte: und doch ist man dort gewohnt, alle Tage etwas Neues zu sehen, und wundert sich über nichts mehr.« Von derselben Nanna erfahren wir auch, daß die Kirche für den ehelichen Verkehr die »Missionarsstellung« vorschreibt, weil sie am besten geeignet sei, »den Schoß des Weibes zu befruchten«, während die ausgefallenen Stellungen im Bordell praktiziert – und toleriert – wurden. »Der eine liebt es gekocht, der andere gebraten; sie machen es von hinten, ihre Beine über unseren Backen, à la Giannina, stehend, gebückt [...]; sie haben Stellungen erdacht, die bizarrer sind als die Bewegungen eines Artisten. Ich schäme mich, mehr davon zu berichten.« Ob es das Venedig Tizians ist oder das zeitgenössische Frankreich, stets existieren nebeneinander ein traditionelles Familienleben und die »civilità putanesca«, eine Subgesellschaft mit eigenen Regeln, deren unverblümter Zweck es ist, Sexualtechniken zu Geld zu machen.

Im 19. Jahrhundert erlebte Alain Corbin zufolge die Prostitution einen tiefgreifenden Wandel ihrer gesellschaftlichen Funktion.[52] In der ersten Hälfte dieses Jahrhunderts herrschte in Paris und anderen großen Städten ein numerisches Ungleichgewicht zwischen Männern und Frauen. Die damaligen »Immigranten« (Landbewohner, die nur vorübergehend in der Stadt arbeiten wollten, und solche, die blieben, wie etwa die Maurer aus der Creuse) mußten oft lange warten, bevor sie ihre

Familie nachkommen lassen konnten. Deshalb waren die – polizeilich überwachten – Bordelle eine unentbehrliche Einrichtung, um Vergewaltigungen und gewissen moralischen Verfehlungen vorzubeugen. Mit der Besserung ihrer Lebensverhältnisse seit dem Ende des Zweiten Reichs wurden die »werktätigen Klassen« ungefährlicher: Die Familien waren wieder vereint, und es entstanden, wie Michèle Perrot dargelegt hat, ordentliche Arbeiterhaushalte. Die »Sittigung« der Arbeiter – von den Unternehmern gefördert, aber auch für die Stärkung des Klassenzusammenhalts bedeutsam – wurde so streng, daß es nun die Bürger waren, die dem Laster frönten (sie betranken sich, trieben Völlerei und nahmen gegenüber ihren Arbeiterinnen und Angestellten das »ius primae noctis« in Anspruch). So entstand eine neue Klientel der Prostitution: Söhne aus gutbürgerlichem Hause, die erst spät heiraten durften und die Jungfräulichkeit der Mädchen ihrer Klasse zu respektieren hatten; Angestellte, die zu schlecht bezahlt waren, um einen »bürgerlichen« Haushalt gründen zu können, aber keine Arbeiterin heiraten mochten; Studenten; kasernierte Soldaten und »Reservisten«, die ihre Dienstzeit ableisteten, usw. Diese Kunden stellten neue Ansprüche – sie wollten eine abwechslungsreiche, jedoch dauerhafte »Liaison«, und so teilten sich anscheinend mehrere Freier ein Freudenmädchen. Der Nachfrage entsprach ein Angebot: Es war die Zeit der »kleinen Näherinnen«, die, aus dem Arbeitermilieu stammend, in der Modebranche tätig waren und dabei in Kontakt mit den »ehrbaren Bürgerinnen« kamen, von denen sie ausgebeutet und schikaniert wurden und die sie trotzdem als faszinierend empfanden. 1890 schrieb G. de Tarde *Les Lois de l'imitation*, die Jean Genet sich für *Les Bonnes* zunutze machte. Diese jungen Frauen lehnten es ab, fürs Alter vorzusorgen, und zogen der zunehmenden »Verbürgerlichung« der Arbeiterklasse, wohin sie nicht mehr zurückwollten, den Reiz der flüchtigen Abenteuer vor.

Tizian, *Pietro Aretino*, 1545. Aretino behauptete von sich, »alle Geheimnisse der Welt zu kennen«, und so erhält er in diesem Buch den Platz, der ihm gebührt. Gern nannte er sich auch »Erlöser der Tugend«, doch in dieser Rolle war er minder überzeugend. Im Venedig des 16. Jahrhunderts verkehrte er bei allen Großen, umgab sich aber mit sozialen Außenseitern (Kurtisanen, Gondolieri, Bettlern usw.). Die märchenhaften Summen, die er von Königen und Päpsten erpreßte, verschwendete er und lehrte so die bestürzte und faszinierte Serenissima, das Geld zu verachten.
(Florenz, Galleria Pitti)

Die Angst vor Syphilis und »Degeneration«

Die »Umwälzung der Prostitution« hatte ihren Preis: die Syphilis und die Angst vor ihr. Der verheiratete Bürger, der aus dem ehelichen Verkehr nur begrenzten Genuß zog, ging zu den Freudenmädchen und steckte sich häufig bei ihnen an; die Treponemen übertrug er dann auf seine Frau. Dr. A. Fournier nennt als Opfer dieser »Syphilis der Unschuldigen«: »das syphilitische Neugeborene, die bei seiner Entbindung mitwirkende Hebamme, die vom Säugling angesteckte Nähramme, der durch schlecht sterilisierte ärztliche Instrumente oder eine Tätowierung infizierte Patient, die von ihrem Gatten angesteckte anständige Frau. Aufgrund von 842 Fällen aus seinem privaten Patientenkreis kam Fournier zu dem Schluß, daß mindestens 20 Prozent aller syphilitischen Frauen ehrbare Ehefrauen waren«. (A. Corbin) Derselbe Autor schätzte die Anzahl der Syphilitiker allein in Paris auf 125 000. E. Duclaux, der Direktor des Institut Pasteur, bestätigte 1902, daß es in Frankreich eine Million kontagiöser Syphilitiker und zwei Millionen Gonorrhoekranke gab. Weltuntergangsprediger malten die Syphilis-

Henri de Toulouse-Lautrec, *Frau bei der Toilette*. Wer sind die Freier? Der Graf Toulouse-Lautrec läßt es erahnen. Er kannte sie, weil er die Kneipenwirte kannte und die Huren, die seine Freundinnen waren – er lebte bei ihnen im Bordell. Der Graf verachtete die gesellschaftliche Rangordnung. Er starb mit 37 Jahren – wie Raffael und van Gogh. (Toulouse, Musée des Augustin)

verseuchung der gesamten Menschheit an die Wand, falls nicht die Moral die Triebe zügelte: 1899 tagte in Brüssel eine Konferenz, in deren Verlauf eine internationale »Gesellschaft zur gesundheitlichen und moralischen Vorbeugung« gegründet wurde. Die Syphilis erfaßte auch die französischen Kolonien, und der von Corbin zitierte »Père Peinard« erfand das Wortspiel »Zivilisation ist Syphilisation«. In den USA prognostizierte Flexner 1913: »Das Volk, dem es als erstem gelingt, die Geschlechtskrankheiten einzudämmen, wird große Überlegenheit über seine Feinde erlangen.« Hitler (möglicherweise selbst Syphilitiker) erließ am 18. Oktober 1935 ein Gesetz, das die obligatorische ärztliche Untersuchung Heiratswilliger, das Verbot der Ehe zwischen Geschlechtskranken sowie deren Zwangssterilisierung durch Kastration des Mannes verbindlich machte. Wenn man bedenkt, daß manche Freudenmädchen auch Trinkerinnen und viele schwindsüchtig waren, begreift man, daß die »Angst vor der Degeneration« die Leute in Furcht und Schrecken versetzen konnte und daß die Rückkehr zu Zucht und Ordnung die »Rasse« vor dem Verderben schützen sollte. Die Syphilophobie verschwand erst nach dem Zweiten Weltkrieg mit der Entwicklung der Antibiotika. Zwar haben sich Treponemen und Gonokokken auf diesen neuen Gegner eingestellt, aber ihre Gegenoffensive hat die Angst vor der Geschlechtskrankheit nicht wieder zu entfachen vermocht. So bleiben zwei Fragen: Wer prostituiert sich, und wer sind die Freier?

Wer prostituiert sich?

Es wäre beruhigend, eine ontogenetische Ätiologie der Prostitution nachweisen zu können. Noch Ende des 19. Jahrhunderts vertraten »Experten« die These von der »geborenen« Prostituierten. Der Vorschlag einer soziogenetischen Ätiologie wurde mit dem Hinweis abgefertigt, daß es zwar notleidende Frauen gäbe, daß aber nicht alle notleidenden Frauen Prostituierte würden. 1911 nahm Dr. O. Simonot, Haut- und Geschlechtsarzt bei der Sittenpolizei, eine Untersuchung von 2000 »Liebesdienerinnen« vor und kam zu dem Schluß: »Die Prostitution ist eine pathologische organische Affektion.« Er bezeichnete sie als »generativen Wahnsinn«, weil sie seiner Ansicht nach »erblich« war und auf einer »chemischen und biologischen Veränderung des Erbguts« beruhte. So erwehrte man sich der für die damalige Zeit skandalösen Behauptungen eines G. de Tarde, der zwar Professor am Collège de France war, früher aber, als Leiter des Statistischen Dienstes im Justizministerium, gewagt hatte, das Problem der Nachfrage nach der Prostitution aufzuwerfen: »Wer sind die Freier?« Mit einem für damalige Verhältnisse unerhörten Mut gab Tarde (er starb 1904) zu verstehen, daß es in einer christlichen Gesellschaft, welche die Erotik nicht kennt und das Vergnügen an der ehelichen Sexualität verpönt, durchaus verständlich ist, wenn der frustrierte Ehemann (der seine Frau meist noch niemals nackt gesehen hat) seine Zuflucht zu Straßennymphen nimmt. Mehr noch, Tarde redete einer neuen Ethik das Wort, die »den utilitaristischen oder ästhetischen Wert des sinnlichen Vergnügens und seine Rolle für den Einzelnen und die Gesellschaft anerkennt. Hieraus wird eine ganz neue Konzeption der Ehe und der Familie erwachsen.«[53] Hausangestellte, Verkäuferinnen, Servierfräulein, Schneiderinnen, Gouvernanten, Klavierlehrerinnen, Privatlehrerinnen usw., mochten sie auch keine »Professionellen« sein, bescherten dem »Bürger« – oft unter dessen eigenem Dach – jene erotische Gratifikation, von der seine tugendhafte Gattin nichts ahnte. Erwähnt sei auch die Prostitution von Frauen aus dem mittleren und dem Kleinbürgertum, die fasziniert vor dem Warenangebot der Kaufhäuser standen, welche den Beginn der Konsumgesellschaft signalisierten. Zur Erklärung dieser »Mittagspausen-Prostitution« muß man weder eine »genetische Anomalie« noch eine »hysterische Natur« bemühen; ihr Grund waren materielle Not, eine Vergewaltigung in jungen Jahren oder Geldmangel.

Wer sind die Freier?

Warum der zur Enthaltsamkeit verurteilte Immigrant im Bordell die notwendige und unvollkommene Entspannung suchte, ist klar. Doch der vierzigjährige Manager, der in der Mittagspause mit seinen BMW durch die Avenue Foch kutschiert und ein Straßenmädchen aufgabelt? Aus dem *Rapport Simon* geht hervor, daß die Prostituierten – und ihre Zuhälter – von solcher »Laufkundschaft« leben. Wer aber ist das? Wir wissen es nicht. Männer, denen der Sinn nach Raffinements steht, für die ihre Frau (oder Geliebte) kein Verständnis hat? Kleine, schäbige Perverse, die so ihre voyeuristischen, fetischistischen oder sadomasochistischen Gelüste befriedigen? Schüchterne, die sich an keine anderen Frauen als an Prostituierte trauen, deren Einwilligung sie erkaufen können? Psychopathen der Heimlichkeit, die in der Anonymität der Beziehung die Gewißheit finden, unentdeckt zu bleiben? Halbherzige Homosexuelle, die von den anderen Freiern und ihrem Geschlecht träumen? Männer, die ihre Sexualität sorgsam vom Gefühlsleben scheiden und, als gute Katholiken, aber doch Sünder allzumal, ihrer Gemahlin die fatale Gewöhnung an den Orgasmus ersparen wollen? Der von Komplexen Geplagte, der sich keinem Vergleich stellen mag, mit dem eine unbezahlte Partnerin ihn konfrontieren könnte? Der Reiche, der sich wieder einmal beweisen will, daß er für Geld alles haben kann (und wenn schon nicht »alles«, so doch fast perfekte Imitate)? Übersozialisierte, die von Zeit zu Zeit die Grenzüberschreitung genießen wollen? Das alles sind nur Hypothesen. Was bleibt, ist eine Gewißheit und eine beruhigende Erkenntnis: die Gewißheit, daß die »sexuelle Befreiung« die Zahl der pornographischen Zeitschriften und Filme vervielfacht hat und daß von Klagen der Prostituierten über ausbleibende Kundschaft nichts bekannt ist; und die Erkenntnis: Masters und Johnson sprechen von den »therapeutischen Vorzügen von Ersatzfrauen« und plädieren für eine »wissenschaftliche Rehabilitierung« der Prostitution, welche unter ärztlicher Kontrolle zur Vorbeugung oder Behandlung sexueller Störungen dienen könnte.

Sexualität und soziale Kontrolle

Die sozialisierte Sexualität in der Kleinfamilie, wo die Liebe die Gatten unauflöslich aneinander und an die Kinder bindet, ist eine »Praxis« in dem Sinne, wie Michel Foucault dieses Wort verstanden hat. Das heißt, sie ist das Produkt eines gesellschaftlichen Zustandes und wandelt sich mit der Gesellschaft. Allerdings ist es eine idealisierte Praxis, denn Liebe und Freundschaft vergehen (oder können vergehen). Dieses Bewußtsein (oder Eingeständnis) der Vergänglichkeit hat sich seit den zwanziger Jahren entwickelt und gehört zu den großen Neuerungen unseres privaten Lebens. Früher waren soziale Regeln und Tabus so streng, daß jeder gedankliche oder gar verbale Zweifel an ihnen geächtet war. »Affären« wurden geduldet, sofern der Mann sie hatte, er durfte sich mit seiner Geliebten (oder einem Freudenmädchen) vergnügen, wenn er darüber seine ehelichen Pflichten nicht versäumte. Mit der Verlängerung der Lebenserwartung – und damit des gemeinsamen Zusammenlebens – und mit dem Triumph der »sexuellen Freiheit« wurde deutlich, daß den Partner zu wechseln der instinktiven Sexualität entspringt und daß die Einehe eine historische Erfindung ist.

Das treue Weib und der leichtsinnige Mann, die mustergültige Gattin und der fremdgehende Gatte – solche Paare gehören der Vergangenheit an. Die westliche Gesellschaft hat die sexuelle Potenz der Frau wiederentdeckt – schon Ovid hatte von ihr gesprochen, und die antike Mythologie liefert dafür manches Beispiel. Zahlreiche Kultursysteme bändigen die Sexualität der Frau: durch erzwungene Ehe, Ghettoisierung, Exzision, Infibulation usw. Im französischen Bürgertum sollte das Gebot der Jungfräulichkeit die Möglichkeit des Vergleichs verhindern. Die Frau erlebte die Hochzeitsnacht häufig als Gewaltakt, die körperliche Hingabe als »Pflicht«, ja, als »Fron«. Wird sie sich heute, sexuell »emanzipiert«, fünfzig Jahre lang mit demselben Mann begnügen wollen? Wird sie, unbefriedigt, gelangweilt oder angeekelt, nicht versucht sein, sich »anderswo umzuschauen«? Die Sexualwissenschaftler geben sich alle Mühe, die Männer zu beruhigen und die Frauen zu entlasten: Sie preisen als das optimale Modell, die Bedürfnisse des Geschlechts mit den Anforderungen der Gesellschaftsordnung in Einklang zu bringen, die »geschmeidige Einehe« (ein oder zwei stabile Beziehungen im Laufe des Lebens, daneben mehrere flüchtige »Abenteuer«). Die soziale Kontrolle ist nämlich nicht abgeschafft; doch hat sie die »ehelichen Pflichten« in das »Recht auf den Orgasmus« und schließlich in die »Pflicht zum Orgasmus« übersetzt.

Auf dem Weg zur Unisexualität?

Philippe Ariès erblickt in der Herausbildung einer unisexuellen Gesellschaft die Besonderheit der Gegenwart. »Die Rollen sind vertauschbar«, schreibt er, »die von Vater und Mutter ebenso wie die der Geschlechtspartner. Merkwürdigerweise ist das Einheitsmodell viril. Die Silhouette der jungen Frau ähnelt heute der des Mannes. Sie hat den verhüllten Formenreiz verloren, der vom 16. bis zum 19. Jahrhundert das Entzücken aller Maler war.«[54] Eine kategorische Behauptung – doch entspricht sie der Wahrheit? Gewiß gab es früher Orte, die nur einem Geschlecht vorbehalten waren: Die Pubs und Clubs der viktorianischen Ära waren für Frauen versperrt; in den französischen Kneipen trafen sich nur Männer, und die wenigen Frauen, die dort saßen, standen im Ruf eines »schlechten Lebenswandels«; dafür gab es in den dörflichen Waschküchen keinen Zutritt für die Männer, die im übrigen besorgt mutmaßten, welche Geheimnisse dort ausgeplaudert werden mochten. Diese Geschlechtertrennung ist heute überwunden. Angesehene Männerberufe und die Hochschulen stehen den Frauen offen. Gleichzeitig dringt der Mann in die Welt der Frau ein: Der Gynäkologe verdrängt die Hebamme, der Ehemann ist bei der Geburt seines Kindes zugegen, er wickelt das Baby, kocht, wäscht ab usw. Die Einheitskleidung von Mann und Frau sind die Jeans; die Silhouette ist knabenhaft (ein weiterer Beweis für die ewige »Dominanz« des Mannes?) und zeugt von der Anpassung des weiblichen Phänotyps an den männlichen. Frühe sexuelle Erfahrungen verwischen die Grenzen zwischen den Geschlechtern; als die Mädchen noch bis zur Eheschließung unberührt bleiben mußten, teilten sie ihre sexuell getönten Phantasien nur mit ihresgleichen. Die Jungen wiederum lernten die Sexualität durch Prostituierte kennen, besuchten gemeinsam das Bordell und tauschten Rat-

Lucas Cranach d. Ä., *Cupido beklagt sich bei Venus*. Die weiblichen Brüste, mit der Fruchtbarkeit und der Nahrung assoziiert, sind Symbole der Mutterschaft, der Weichheit, der Geborgenheit. Sie laden auch zur Liebesumarmung ein; die Preziösen nannten sie »Pfühl der Liebe«. Erotische Zeitschriften bilden Brüste ab, die kaum dem androgynen Ideal des »Mannequins« entsprechen. Die gertenschlanke Silhouette, wie sie heute von der Werbung propagiert wird, hat es in der Malerei zu allen Zeiten gegeben. Diese Venus ist eine von vielen, die der ältere Cranach für seine asketischen (?) protestantischen Schirmherren gemalt hat. Aber der grausame Blick und die Andeutung eines Lächelns lassen vermuten, daß dieser Körper für die Lust geschaffen war und nicht zur Mutterschaft.
(London, National Gallery)

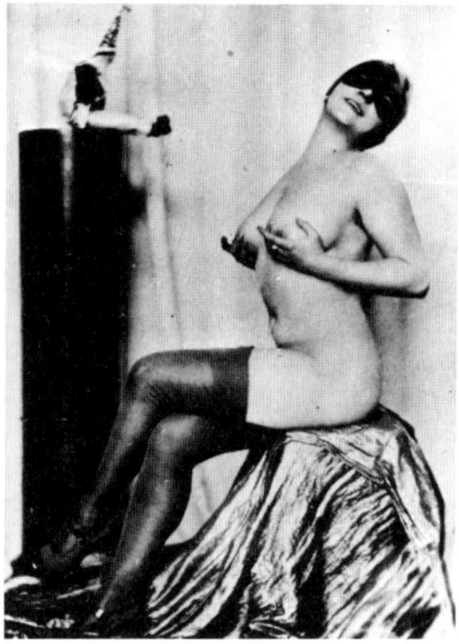

schläge zur Behandlung von Geschlechtskrankheiten aus. Heute gehen die jungen Paare Hand in Hand ins Krankenhaus, um ihre Gonorrhoe heilen zu lassen. Die bereits erwähnte Umfrage von Girard und Stoetzel über die Wertvorstellungen der heutigen Franzosen ergab »ein sehr hohes Maß an Übereinstimmung zwischen den Geschlechtern«. Wenn die Frauen religiöser, kirchentreuer und konservativer sind als die Männer, dann liegt das, wie man liest, an ihrer Altersstruktur: Achtzigjährige Männer sind genauso »rechts« wie gleichaltrige Frauen, aber weniger zahlreich. Man kann auch geltend machen, daß junge Mädchen und Frauen gern dieselben Kraftausdrücke und Obszönitäten gebrauchen wie ihr Freund, Geliebter oder Mann, daß sie bei der Verführung – beim »Anmachen«, wie man heute sagt – eindeutig die Initiative ergreifen, daß die Reklame den Mann inzwischen ebensosehr verdinglicht wie die Frau usw. Der Marsch in die Unisexualität scheint unaufhaltsam zu sein. Ist er es tatsächlich?

In *Sodome et Gomorrhe* sagt Proust, die Zukunft der Menschheit hänge von der absoluten Trennung beider Geschlechter ab; Mann und Frau müßten verschiedene Wege gehen. Aber in Frankreich scheinen die Rollen von Mann und Frau noch immer nach traditionellen Normen geordnet zu sein. Wie viele Frauen gibt es in politischen oder wirtschaftlichen Führungspositionen? Hat man schon eine Frau als Präsidenten, Premierminister, Verteidigungs-, Innen- oder Außenminister gesehen? Und sind die Anführer von Jugendbanden nicht immer – oder fast immer – Jungen? Eine Auswertung von *Lui*, *Penthouse* und anderen für Männer bestimmten erotischen oder pornographischen Zeitschriften ergibt, daß das androgyne Ideal den Phantasien der Männer kaum entspricht – die dort abgebildeten Modelle stellen einen Brustumfang zur Schau, der eher an Rubens denken läßt als an Cranach und die Schlankheitsreklame. Es war immer der (durchsichtige) Trick der Männer, der »Natur« zuzuschreiben, was in Wahrheit der »Kultur« zukam. Die weibliche, feministische Gegenoffensive hat (noch?) keinen entscheidenden Sieg errungen. Gewiß, das Äußere (die Kleidung) und die Statistik (der Zugang von Frauen zu traditionell männlichen Berufsgruppen) beweisen scheinbar den unwiderstehlichen Aufstieg der Frau und ihre erfolgreiche Einmischung in die Verteilung pekuniärer, sozialer und kultureller Privilegien; aber man darf nicht Maske und Gesicht, Attrappe und Wirklichkeit verwechseln.

Mir scheint, als sei in den letzten Jahrzehnten die Freundschaft ausgestorben, dieses Gefühl, das so wenig bekannt und so schwer zu leben und aufrechtzuerhalten ist; vielleicht hat ihr der Kult des »Paares« den Garaus gemacht, das diesen »Anderen« ausschließt – nicht zuletzt deshalb, weil er Zeuge der Vergangenheit ist. Philippe Ariès schreibt: »Heute absorbiert die Familie alle Gefühle. Früher besaß sie dieses Monopol nicht; darum konnte die Freundschaft eine so große Rolle spielen. Das Gefühl, das die Menschen miteinander verband, ging über Freundschaft selbst im weitesten Sinne hinaus. Es lebte von zahlreichen Diensten und Gefälligkeiten, die heute vertraglich geregelt werden. Das soziale Leben war um persönliche Bande, um Bande der Abhängigkeit, der Patronage, auch der gegenseitigen Hilfe organisiert. Dienst- und

Arbeitsbeziehungen waren Beziehungen von Mensch zu Mensch, die aus Freundschaft oder Vertrauen gewachsen waren und sich bis zur Ausbeutung und zum Haß steigern konnten.«[55] Heute ist, wie wir sahen, die Liebe zur Vorbedingung für das Gelingen der Ehe geworden. Liebende Ehegatten müssen die »Kommunikation« miteinander suchen. Wenn die Stürme des Begehrens sich gelegt haben, kehrt eine Art Freundschaft ein. Das ist die Ehe der zwei Geschwindigkeiten – oder die Scheidung. Die familiären Beziehungen werden inniger, auch zwischen den Generationen. Alle Untersuchungen belegen, daß Eltern und Kinder einander noch nie so nahe waren wie heute, daß namentlich die Mutter die bevorzugte Vertrauensperson ist. Früher gab es zwischen den Geschlechtern und auch zwischen Eltern und Kindern eine ausgeprägte Differenzierung im Hinblick auf Status, Aufgabe und Rolle in der Gesellschaft. Die relative Homogenisierung, die wir heute beobachten, macht diese Grenze durchlässiger. Der vierzigjährige Vater hat die Aufgabe, »jung zu bleiben«, denselben Sport zu treiben wie seine Kinder und deren »Kumpel« zu sein. Der »Kumpel« oder »Kumpan« ist ursprünglich derjenige, mit dem man sein Brot teilt. So verstand man es in den sechziger Jahren. Die Freundschaft zur Mutter und zum Vater tritt neben die zwischen den Ehepartnern. Ob es bei den Frauen außer Liebesrivalitäten auch Karriererivalitäten gibt? Die Männer behaupten es – zur eigenen Beruhigung und um von diesen Querelen profitieren zu können. Doch ist nicht auszuschließen, daß heute die Frauen den entscheidenden Pakt eingehen, der ihr durch grobe Männerlist provoziertes Gezänk überwindet und es ihnen erlaubt, morgen nicht mehr des erschöpften Kriegers Ruhekissen zu sein, sondern seine Herrin.

Anmerkungen

1 Y. Verdier, *Façons de dire, façons de faire*, Paris 1980, S. 19.

2 Georg Groddeck, *Das Buch vom Es. Psychoanalytische Briefe an eine Freundin* (zuerst 1923), 12. Brief.

3 Ph. Perrot, *Le Travail des apparences*, Paris 1984.

4 V. Nahoum, »La belle femme ou le stade du miroir en histoire«, in: *Communications* 31 (1979), S. 22–32.

5 P. Bourdieu, »Remarques provisoires sur la perception sociale du corps«, in: *Actes de la recherche en sciences sociales* 14 (April 1977).

6 M. Douglas, »Les structures du culinaire«, in: *Communications* 31 (1979), S. 145–170.

7 Y. Verdier, a. a. O., S. 322.

8 C. Fischler, »Gastro-nomie et gastro-anomie. Sagesse du corps et crise bioculturelle de l'alimentation moderne«, in: *Communications* 31 (1979), S. 189–210.

9 C. und Ch. Grignon, »Styles d'alimentation et goûts populaires«, Sonderheft der *Revue française de sociologie*, Oktober/Dezember 1980, S. 531–569.

10 G. Petitjean, »Des cocktails dangereux«, in: *Le Nouvel Observateur*, 13. August 1973.

11 F. Muel-Dreyfus, »Le fantôme du médecin de famille«, in: *Actes de la recherche en sciences sociales* 54 (September 1984), S. 70 f.
12 M. Bariety und Ch. Coury, *Histoire de la médécine*, Paris 1963.
13 G. Vincent, *Les Jeux français, Essai sur la société moderne*, Paris 1978, S. 82–100.
14 P. Paillat, »La vieillesse«, in: *Encyclopaedia Universalis; Les enjeux*, 1985, S. 32–36.
15 E. Andréani, *Indicateurs sociaux pour la population âgée. Documents d'information et de gestion. Gérontologie*, September/November 1974.
16 P. Paillat, a. a. O., S. 33.
17 Die neuesten statistischen Daten versammeln die *Données sociales*, Ausgabe 1984, INSEE 1985, S. 348–383. Siehe auch G. Desplanques, »L'inégalité sociale devant la mort«, in: *Économie et Statistique* 162 (Januar 1984), S. 29–50.
18 Ph. Ariès, *Essais sur l'histoire de la mort en Occident du Moyen Age à nos jours*, Paris 1975 (dtsch.: *Geschichte des Todes*, München 1982). Ferner »La mort inversée, le changement des attitudes devant la mort dans les sociétés occidentales«, in: *Archives européennes de sociologie* Bd. VIII (1967), S. 169–195.
19 J.-C. Chamboredon, »La restauration de la mort, objets scientifiques et fantasmes sociaux«, in: *Actes de la recherche en sciences sociales* 2/3 (Juni 1976).
20 C. Herzlich, »Le travail de la mort«, in: *Annales ESC*, Januar/Februar 1976, S. 197–217. Diesem Aufsatz verdanke ich einen Teil meiner Informationen.
21 D. Crane, *The Dying Patient*, New York 1970.
22 J.-C. Sournia, *Mythologies de la médecine moderne*, Paris 1969, S. 106.
23 D. Pouillard, »Le droit de vivre sa mort«, *Encyclopaedia Universalis* 1979, S. 162–164. Ein Teil der folgenden Informationen beruht auf diesem Artikel.
24 Zu Beginn von Abschnitt IV, »Die beiden Triebarten«.
25 Louis-Vincent Thomas, *Anthropologie de la mort*, Paris 1975.
26 P. Guiraud, *Dictionnaire historique, stylistique, rhétorique, étymologique de la littérature érotique*, Paris 1978.
27 K. Dekhli, »Civilité du sexe moderne«, in: *La Chose sexuelle, Nouvelle Revue de psychanalyse* 29 (1983). Ergänzend sei bemerkt, daß zwar viel von Sexualität gesprochen wird, aber nur selten ernsthaft: Es gibt zahllose einschlägige Umfragen, die aber fast alle oberflächlich sind. Eine Ausnahme ist der – leider schon ältere – *Rapport sur le comportement sexuel des Français, dit Rapport P. Simon*, hrsg. von R. Julliard und P. Charron; 1972. Zwischen dem 20. Juni und 25. September 1970 wurden 2625 Personen mit Hilfe von zwei Fragebögen mündlich und schriftlich von 173 speziell geschulten Mitarbeitern des Französischen Instituts für Meinungsforschung (IFOP) befragt. Die Mitarbeiter hatten ein zu jedem Fragebogen gehörendes »Protokoll« und nach Beendigung der Befragung einen »Bericht« zu schreiben.
28 Im folgenden stütze ich mich vor allem auf die Arbeiten J.-L. Flandrins, die er selbst ausgezeichnet zusammengefaßt hat: »La vie sexuelle des gens mariés dans l'ancienne société: de la doctrine de l'Église à la réalité des comportements«, in: *Communications* 35 (1982), S. 102–113, dtsch. in: Ariès, Béjin, Foucault u. a., *Die Masken des Begehrens und die Metamorphosen der Sinnlichkeit*, Frankfurt a. Main 1984.
29 1. Korinther 7, 4. 2 (Leander van Eß).
30 Baillière 1855.
31 W. H. Masters und V. E. Johnson, *Die sexuelle Reaktion*, übs. v. V. Sigusch und J. D. Wilson, Frankfurt a. Main 1967, S. 80.
32 *Internationale Zeitschrift für Psychoanalyse*, Bd. 23 (2), 1937, S. 209 ff.
33 A. Béjin, »Crépuscule des psychanalystes et matin des sexoloques«, in: *Communication* 35 (1982), S. 159–171, 178–191, dtsch. in: Ariès, Béjin, Foucault u. a., a. a. O.

34 1. Mose 38, 6–10 (Leander van Eß).
35 *Death of the Family*, 1970.
36 *The Sexual Dialogue*, 1976.
37 Zitiert bei K. Dekhli, »Civilité du sexe moderne«, a. a. O., S. 112, wo auch die Frage gestellt wird: »Was antwortet man einem Anrufer, der sagt, daß er gerade masturbiert?«
38 R. Stoller, »L'excitation sexuelle et ses secrets«, in: *Nouvelle Revue de psychanalyse* 14 (1976), S. 159–182.
39 N. Friday, *My Secret Garden*, New York 1973.
40 J. Baudrillard, *Traverses* 29 (1983), S. 2–15.
41 1. Mose 19, 30–38 (Leander van Eß).
42 *Cosmopolitan* 118 (September 1983).
43 Zitiert von K. Dekhli, a. a. O., S. 120.
44 *Die göttliche Komödie*, »Inferno«, 15. Gesang, 106–108 (deutsch von Ida und Walther von Warburg). [Die Szene spielt nicht im neunten, sondern im siebenten Kreis des Infernos. *A.d.Ü.*]
45 M. Pollak, »L'homosexualité masculine ou le bonheur dans le ghetto?« in: *Communications* 35 (1982), S. 37–53, dtsch. in: Ariès, Béjin, Foucault u. a., a. a. O.
46 Bei den Präsidentschaftswahlen 1992 sollen 7 Millionen Homosexuelle für Bill Clinton gestimmt haben. *[A.d.Ü.]*
47 M. Dannecker und R. Reiche, *Der gewöhnliche Homosexuelle*, Frankfurt a. Main 1974.
48 A. P. Bell und M. S. Weinberg, *Homosexualities. A Study of Diversity among Men and Women*, New York 1978.
49 Der Ausdruck »coming out« ist nicht eindeutig. Pollak übersetzt ihn mit »passage à l'acte«. Mir scheint er eher das Eingeständnis einer bisher verheimlichten Homosexualität, mit einem Wort: die Entschleierung des Geheimnisses zu bezeichnen. Die Gleichzeitigkeit von erstem homosexuellen Akt und dem Eingeständnis dieser Praktik scheint mir nicht evident zu sein.
50 *Recueil Dalloz-Sirey*, 1984, S. 165–168.
51 *Gazette du Palais*, 6.-8. November 1983, S. 5–12.
52 A. Corbin, *Les Filles de noce. Misère sexuelle et Prostitution au XIX*[e] *et XX*[e] *siècles*, Paris 1978.
53 Ebd., S. 450.
54 Philippe Ariès, »Réflexions sur l'histoire de l'homoséxualité, in: *Communications* 35 (1982), S. 57, dtsch. in: Ariès, Béjin, Foucault u. a., a. a. O.
55 Ebd., S. 63.

Das Pariser Stadtviertel Goutte-d'Or (1986). Vor dem Problem der Interkulturalität stehen vor allem Menschen, die aus Afrika kommen und muslimischen Glaubens sind. Es geht nicht nur um die Kontakte zur »französischen Kultur« (Kultur im ethnologischen Sinne, verstanden als Gesamtheit der Antworten, die ein Mensch, ebenso wie ein Volk, auf die Probleme seines Daseins gibt), sondern um die spezifischen Kulturprobleme jeder einzelnen Immigrantengruppe. In der Schule lernen die Kinder Französisch; zu Hause spricht man eine andere Sprache. Im *Sturm* (I, 2) läßt Shakespeare Caliban sagen: »Wie du erstlich kamst, / Da streicheltest du mich und hieltst auf mich [. . .] / Ihr lehrtet Sprache mir, und mein Gewinn / Ist, daß ich weiß, zu fluchen. Hol' die Pest Euch / Fürs Lehren Eurer Sprache! « (Schlegel)

Gérard Vincent, Perrine Simon-Nahum,
Rémi Leveau, Dominique Schnapper

III. Die Vielstimmigkeit der Kultur: das Beispiel Frankreich

Priesterordination in Notre-Dame, Paris (Juni 1985). Erst im 12. Jahrhundert setzte sich für die Sakramente die symbolische Siebenzahl durch: Taufe, Firmung, Eucharistie, Bußsakrament, Krankensalbung, Ehe, Priesterweihe. Das Konzil von Trient (1545–1563) verlieh diesen sieben Sakramenten dogmatischen Rang. »Ordination« ist ein Wort lateinischer Herkunft und bedeutet »das In-die-Ordnung-Bringen«. »Ordnung« hat also hier eine doppelte Bedeutung: das Sakrament und die Eingliederung in die Kirchenhierarchie.

Gérard Vincent

Die Katholiken: das Imaginäre und die Sünde

»Wenn du Almosen gibst, so posaune es nicht vor dir her, wie es die Heuchler in den Synagogen und auf den Straßen thun, um von den Leuten gepriesen zu werden. Wahrlich! ich sage euch: Sie haben ihren Lohn dahin! Deine Linke wisse nicht, was deine Rechte tut, wenn du Almosen gibst; daß dein Almosen *verborgen* bleibt; und dein Vater, der ins *Verborgene* sieht, wird dir es vergelten. [. . .] Wenn du betest, so geh in deine Kammer, schließe die Thüre zu, und bete zu deinem Vater im *Verborgenen*, und dein Vater, der ins *Verborgene* sieht, wird dir vergelten. [. . .] Du aber salbe beim Fasten dein Haupt, und wasche dein Angesicht; damit die Leute dir nicht ansehen, daß du fastest; sondern dein Vater, der im *Verborgenen* ist [. . .].«

Bergpredigt[1]

Daten, die nichts Verborgenes enthüllen

Die Religionssoziologie ist ein reputierliches Fach, das uns mit einer Fülle von Informationen versorgt. Diese Informationen rühren zwar kaum an das Problem des Verborgenen, das uns beschäftigt. Doch mögen ein paar Zahlen den Rahmen abstecken für unseren Kommentar zum privaten Leben der Katholiken (den wir auf ihr Imaginäres und ihre Schuldgefühle beschränken) – Zahlen, die dem Leser wenn schon nicht die Geschichte des Katholizismus in Frankreich, so doch immerhin die Geschichte einiger seiner Praktiken erschließen. 1913 gab es 59 000 französische Priester, 1965 waren es 41 000, 1985 nur noch 28 000 (von denen mehr als die Hälfte über 40 Jahre alt waren). Im Jahre 2000 werden es voraussichtlich 16 000 sein. Eine Umfrage des Institut Louis-Harris aus dem Jahre 1985 beleuchtete die Stellung des katholischen Klerus in der französischen Gesellschaft.[2] 19 000 Fragebögen wurden verschickt, 1700 wurden beantwortet; mit 609 Priestern wurden Interviews geführt. Trotz ihrer Armut (bei einem durchschnittlichen Monatseinkommen von 3600 Francs) gaben 82 Prozent der Priester an, finanziell ausreichend versorgt zu sein (»das gibt uns das Recht, von Armut zu sprechen«); 63 Prozent fanden es »normal«, daß ein Priester nebenbei noch eine andere Berufstätigkeit ausübt. Die Hälfte von ihnen lebten allein (»die Büchse Ölsardinen, die man am Weihnachtstag mutterseelenallein verzehrt, schmeckt schon arg nach Einsamkeit«). Ihre politischen Präferenzen und Optionen waren höchst unterschiedlich: 1986 hatten 36 Prozent die Union pour la Démocratie Française (UDF, eine Mitte-Rechts-Koalitionspartei) gewählt, 18 Prozent die Soziali-

Kirchweih in einem kleinen Dorf der Mayenne (1963). Ein altes Bauernehepaar hört ehrerbietig den Worten des Pfarrers zu. Sind diese drei schwarzgekleideten Menschen die Allegorie einer sterbenden Kirche? Oder wird der kleine Junge mit den weißen Socken und im Sonntagsstaat die Fackel weitertragen?

sten (PS), 10 Prozent den Rassemblement pour la République (RPR, eine Rechtspartei), 2 Prozent die Kommunisten (PC) und 1 Prozent die Nationale Front. Ein linker Priester gab zu Protokoll: »Aus meinem bedingungslosen Respekt vor der etablierten Ordnung ist bedingungsloses Mißtrauen gegen die etablierte Ordnung geworden.« Konservative beklagten »die Orientierungslosigkeit, die Dekadenz und die Verderbtheit der modernen Gesellschaft«. 1980 kamen 215 700 katholische Trauungen auf 334 300 standesamtliche Trauungen (also 65 Prozent gegenüber 79 Prozent im Jahre 1954). Von den sieben Sakramenten erlebte den stärksten Einbruch die Beichte: 1952 gingen 37 Prozent der Franzosen, die sich als Katholiken bezeichneten, niemals zur Beichte; 1974 waren es 54 Prozent.

Greift man aus der umfänglichen Erhebung *Les Valeurs du temps* nur die stichprobenartige Befragung von 1199 Franzosen zwischen dem 16. März und dem 30. April 1981 heraus, so lassen sich folgende Feststellungen treffen.[3] 26 Prozent der Befragten gaben an, keiner Religion anzugehören. 10 Prozent der Katholiken besuchen jede Woche die Messe. 62 Prozent der Franzosen glauben an Gott, 46 Prozent an die Existenz der Seele, 42 Prozent bezweifeln die Realität der Sünde, 35 Prozent (50 Prozent derer, die sich als Katholiken bezeichnen) glauben an ein Leben nach dem Tode, 22 Prozent an Reinkarnation, 27 Prozent an das Paradies, 15 Prozent an die Hölle (gegenüber 77 Prozent), 17 Prozent an den Teufel. Für 40 Prozent wird die Religion in Zukunft an Bedeutung verlieren, für 35 Prozent wird sie ihre gegenwärtige Bedeutung behalten. 37 Prozent meinten, die Religion gebe ihnen »Kraft und Trost«, nur 10 Prozent behaupteten, »überzeugte Atheisten« zu sein. Die Autoren der Studie heben besonders die Säkularisierung der religiösen Ethik hervor: Nur 11 Prozent der Franzosen sprachen sich dafür aus, Kinder im religiösen Glauben zu unterrichten, während 76 Prozent darauf setzten, sie zu »anständigen Menschen« zu erziehen. Für 21 Prozent ist der Unterschied zwischen Gut und Böse »nicht immer klar«, und 43 Prozent haben »manchmal oder oft Gewissensbisse«. Wenn Regeln verletzt werden, wollen 28 Prozent, daß »der Schuldige büßen muß«, während 39 Prozent auf Vorbeugung und Umerziehung vertrauen. 27 Prozent fordern, »daß jeder Mensch das Recht auf ein uneingeschränktes Sexualleben haben sollte«; für 29 Prozent ist die Ehe »eine überholte Einrichtung«, doch sind 42 Prozent der Franzosen der Ansicht, daß drei Kinder pro Familie die »ideale« Zahl sind. Diese Forderungen setzen als einzige die Familien praktizierender Katholiken in die Tat um; bei ihnen sind Scheidungen die Ausnahme, und die Frauen sind weniger häufig berufstätig als im Durchschnitt der französischen Familien. Die Schlußfolgerungen Girards und Stoetzels lassen sich folgendermaßen zusammenfassen: Das Bewußtsein der Franzosen wird nicht vom Materialismus beherrscht; allen großen Religionen werden »grundlegende Wahrheiten und Sinngebungen« zugebilligt; für die Franzosen birgt die eigene Zivilisation keine »überlegene, weltweit gültige Botschaft«, sie sind tolerant und verständnisvoll.

Ein kurzer soziologischer Seitenblick auf den Protestantismus offenbart dessen Ähnlichkeit mit dem Katholizismus.[4] 4,2 Prozent der Fran-

Ein Priesterseminarist erwartet den Besuch des Papstes (Ars, 1986). »[...] ein gewisses, fast unwahrnehmbares Beben wie von innerer Freude – eine Freude, so tief, das nichts sie zu beeinträchtigen vermag, ebensowenig wie die großen ruhigen Wasser unten, wenn oben die Stürme toben.« (Georges Bernanos, *Tagebuch eines Landpfarrers*)

Anders als das Brechtsche Theater der »Verfremdung« war das mittelalterliche Theater mit seinen Mysterienspielen Gemeinschaftstheater. Mehrere Tage nacheinander wurde das Leiden Christi oder das Leben eines Kalenderheiligen von der Bevölkerung nachgespielt, einen Unterschied zwischen Zuschauern und Darstellern gab es nicht. 1437 wäre bei einer Aufführung der Priester, der Jesus verkörperte, um ein Haar am Kreuz gestorben. Ein Chronist berichtet, daß 1547 in Valenciennes die fünf Brote sich vermehrt hätten und an mehr als tausend Menschen verteilt worden seien. Es kam auch vor, daß die Aufführung in einem Judenpogrom endete – die Juden wußten, daß sie in Gefahr waren, und verschanzten sich im Ghetto. 1985 versuchte Pater Guy de Fatto in der Kathedrale zu Nevers, an die Tradition der Mysterienspiele anzuknüpfen: Kann das gelingen, trotz technischer Unterstützung durch das Mikrofon?

zosen, das heißt rund 1800000 Personen, erklären, sie stünden »dem Protestantismus nahe«: Von den 800000 Gläubigen rechnen sich 400000 zur reformierten Kirche Frankreichs (Kalvinisten) und 280000 zur Kirche des Augsburger Bekenntnisses (Lutheraner, im Elsaß und in der Gegend von Montbéliard); die übrigen verteilen sich auf diverse evangelische Bekenntnisse (Baptisten, Anhänger der Pfingstbewegung usw.). Die Zahl der »Gläubigen« scheint seit hundert Jahren zu stagnieren, was Pastor André Dumas zu dem Kommentar veranlaßt: »Dieser Stillstand bedeutet soziologisch einen Rückgang, da die einstigen Reserven des Protestantismus auf dem Lande erschöpft und die bei Ausgang des Zweiten Weltkriegs noch sehr aktiven Jugend- und Erwachsenenbewegungen auseinandergebrochen sind und ferner der Glaube nicht mehr so zuverlässig überliefert wird wie früher, als die Familien noch mit Nachwuchs, Traditionen und Berufungen gesegnet waren.« Unter diesen »Gläubigen« gibt es mehr Männer als Frauen (57 zu 43 Prozent) und mehr Alte als Junge (39 Prozent sind 50 Jahre oder älter, nur 13 Prozent zwischen 13 und 24). Zusammenfassend schreibt Mehl in seinem *Rapport*: »Im Gesamtdurchschnitt ist die regelmäßige religiöse Betätigung relativ gering (15 Prozent); im Protestantismus ist sie den neuesten Zahlen zufolge leicht höher als der wöchentliche Besuch der Messe bei den Katholiken.« Das ist wenig tröstlich, vor allem wenn man folgende Bemerkung des Pastors André Dumas hinzunimmt: »Der historische Protestantismus in Frankreich war gewiß immer fähig, markante Persönlichkeiten hervorzubringen; doch scheinen diese nicht sonderlich fähig gewesen zu sein, ein deutlich sichtbares, einheitliches Kirchenvolk zu schaffen.« Indessen ist diese »Dechristianisierung« (sofern der quantitative Schwund des Klerus von einer solchen zeugt) nicht auf Frankreich beschränkt: In den USA ging zwischen 1965 und 1975 die Zahl der Priesterseminaristen von 49 000 auf 17 000 zurück; die Zahl der Nonnen verringerte sich um 25 Prozent, die der Mönche um 30 Prozent. Überdies schieden 45 000 Nonnen und 10 000 Priester aus ihrem Amt, ja, verließen in vielen Fällen sogar die Kirche.

Diese Daten belegen den Verfall praktizierter Kirchentreue; sie verraten aber nicht, wie der Christ seinen Glauben »privat« lebt. Der »praktizierende« Christ von heute ist nicht mehr der von gestern. Der wöchentliche Besuch der Messe war früher eine soziale Pflicht; heute ist er ein Akt des Glaubens. Im Ancien Régime war es das sozial bedingte Los der jüngsten Kinder bestimmter Familien, Priester oder Nonne zu werden; heute werden diese Berufe *gewählt* – und es ist die unerschrokkene Wahl einer Lebensweise. Die Hörerschaft der Kirche und die Teilnahme am religiösen Diskurs bemessen sich nicht an der Zahl der praktizierenden Christen. Angesichts der Statistiken, deren Bedeutung sich kaum bestimmen läßt, ist jede Hypothese möglich, sogar diese: daß nachlassende praktizierte Kirchentreue sehr wohl mit einer Erneuerung der Frömmigkeit einhergehen kann.

Das christliche Imaginäre

Alles, was wir auf Erden vollbringen, ist gleichzeitig zweitrangig (was bedeuten unsere paar Lebensjahre, verglichen mit der Ewigkeit?) und entscheidend (von dem Gebrauch, den wir von unserer Freiheit machen, hängt unser Seelenheil ab). Doch welcher Katholik wird heute noch umgetrieben von diesem furchtbaren Gedanken? Wer glaubt noch, daß jeder Augenblick seines Lebens – jede Minute, jede Sekunde – Lohn oder Strafe im Jenseits finden wird, und zwar für alle Ewigkeit? Das christliche Imaginäre hat sich, wie mir scheint, erst in den letzten Jahrzehnten von den (sehr anthropomorphen) Vorstellungen von Hölle, Fegefeuer und Paradies gelöst, deren Beschwörung der Zweck unzähliger Bilder und deren eindringliche Schilderung das Lieblingsthema unzähliger Prediger war.

Die Ewigkeit ist unvorstellbar

Die Ewigkeit – wer würde heute noch Arbeitszeit oder Freizeit opfern, um über sie nachzudenken, sie sich auszumalen? Die Zeiten sind noch nicht so fern, da sprachgewaltige Kanzelredner die jungen Herzen gegen die vergänglichen Freuden des Augenblicks und ihre Verlockungen zu wappnen und sie mit dem »Donnerwort« Ewigkeit zu fesseln suchten. Man erinnere sich der Mahnungen des Jesuitenpaters, die der junge Stephen Dedalus, alias James Joyce, entsetzt vernimmt: »In alle Ewigkeit! [. . .] Versucht euch den grauenhaften Sinn dessen vorzustellen. Ihr habt oft den Sand am Strand gesehen. Wie fein sind seine winzi-

Die Darstellung des Antlitzes Christi ist für alle katholischen Maler eine schwierige Aufgabe gewesen. Viele sind daran gescheitert, im Gesicht Christi das Göttliche wie das Menschliche, den Tod und die Auferstehung, das Transzendente und das Immanente sichtbar zu machen. A. Manessier, ein Schüler Bissières, der 1943, mit 32 Jahren, zum Katholizismus konvertierte, läßt den Betrachter im farblichen und formalen Lyrismus seines Bildes das Rätsel des »heiligen Antlitzes« erahnen.
(Galerie de France)

gen Körnchen! Und wie viele dieser winzigkleinen Körnchen machen erst die schmale Handvoll aus, die ein Kind beim Spiel sich greift. Nun stellt euch einen Berg aus diesem Sande vor, eine Million Meilen hoch, die von der Erde bis an die fernsten Himmel reichen, und eine Million Meilen breit, die sich bis in den entlegensten Raum erstrecken, und eine Million Meilen in der Tiefe: und stellt euch vor, man multipliziere eine solch enorme Masse von Partikeln Sands so oft, als da Blätter im Walde sind, Tropfen Wassers im mächtigen Ozean, Federn an Vögeln, Schuppen an Fischen, Haare an Tieren, Atome in der unermeßlichen Weite der Luft: und stellt euch vor, daß am Ende jedes millionsten Jahrs ein kleiner Vogel an diesen Berg käme und in seinem Schnabel ein winziges Körnchen dieses Sandes davontrüge. Wie viele Millionen und Abermillionen von Jahrhunderten würden vergehen, bis dieser Vogel auch nur einen Quadratfuß dieses Berges abgetragen hätte, wie viele Äonen und Aberäonen von Zeitaltern, bis er ihn ganz abgetragen hätte. Doch am Ende dieser unermeßlichen Zeitspanne könnte man nicht sagen, daß auch nur ein Augenblick der Ewigkeit vorüber wäre. Am Ende all dieser Billionen und Trillionen von Jahren hätte die Ewigkeit kaum erst begonnen.«[5]

Und die Hölle? Die Schreckensvisionen eines Bosch oder Signorelli sind Postkartenansichten gemessen an den peinigenden Drohungen des Jesuiten aus Irland: »In der Hölle verleiht [...] eine Qual einer anderen, statt ihr entgegenzuwirken, nur noch größere Kraft: und da darüber hinaus jedes innere Vermögen vollkommener ist als die äußeren Sinne, so hat es auch eine größere Leidensfähigkeit.«[6] Und es ist auch unmöglich, sich daran zu gewöhnen, denn: »in der Hölle können die Qualen nicht durch Gewohnheit überwunden werden. Während sie nämlich eine schreckliche Intensität besitzen, besitzen sie gleichzeitig eine immer neue Mannigfaltigkeit, indem jeder Schmerz, sozusagen, bei einem anderen Feuer fängt und an den, der ihn entfacht hat, eine noch wildere Flamme zurückgibt.«[7] Und diese körperlichen Qualen werden gering sein im Vergleich mit den Gewissensbissen und dem Entsetzen des Sünders vor sich selbst: »Im See der allesverzehrenden Flamme erinnert sich der stolze König an den Prunk seines Hofes, der weise doch böse Mann an seine Bibliotheken und Forschungsgeräte, der Liebhaber künstlerischer Vergnügungen an seinen Marmor und seine Bilder und andere Kunstschätze, er, den die Vergnügungen der Tafel entzückten, an seine üppigen Gelage [...]; der Geizige erinnert sich an seinen Goldhort, der Räuber an seinen unrechtmäßigen Reichtum [...], die Unkeuschen und Ehebrecherischen an die unsagbaren und dreckigen Vergnügungen, die sie entzückten. Sie werden sich an alles das erinnern, und es wird ihnen ekeln vor sich selbst und ihren Sünden. [...] Wie werden sie rasen und schnauben, wenn sie bedenken, daß sie den Segen des Himmels um des Unrats der Erde willen verloren haben, für ein paar Stücke Metall, für eitle Ehren, für körperliche Annehmlichkeiten, für einen Nervenkitzel.«[8] Indes hat Rom seit Anfang des 19. Jahrhunderts die Beichtiger ermahnt, nicht länger Angst und Bangen um das Seelenheil einzuflößen. 1828 wurden sie angewiesen, »eine harte Sprache zu vermeiden, die geeignet ist, das Herz des Reuigen zu verschließen«, und sich vor dem Rigorismus zu hüten, »der gewöhnlichen Frucht der Jugend, der Unerfahrenheit und vielleicht Unserer traditionellen Weisung«. Jede »Übertreibung in der Schilderung der schrecklichen Wahrheiten« sei gefährlich, während »eine freundliche Aufnahme vielleicht den Keim einer glücklichen Umkehr in die Herzen zu werfen vermag«. Seit der Mitte des 19. Jahrhunderts wurde die Wahl des Beichtvaters zunehmend freigestellt, und es schwand die Angst der Beichtkinder vor der Hölle, deren grausame Folterqualen ohnehin schwer zu vereinbaren waren mit der Güte Gottes und Seinem Erbarmen, von dem die Priester sagten, es sei »unendlich«. Die Herde lernte, zu lesen und zu schreiben, und konstatierte statistische Widersprüche: »Wie ich den Pfarrer so hörte, habe ich mir gesagt, daß ich unmöglich zu den Auserwählten zählen kann, und das hat mich beunruhigt. Ich könnte mich noch so sehr anstrengen, das würde ich nie schaffen. Als ich dann in den Zeitschriften die Statistiken über die Zahl der Katholiken auf der Erde gesehen habe, habe ich mir gesagt: ›Aber wenn praktisch feststeht, daß die Nichtkatholiken zu den Verdammten gehören, und wenn es bei den Katholiken selber so wenige Auserwählte gibt, dann müssen ganz schön viele Sünder in die Hölle kommen.‹ Diese Frage hätte ich ihnen gern gestellt, aber ich habe mich nicht getraut.« Und wenn Gott uns nach Seinem Bild erschaffen hat, ist Er dann nicht wenigstens teilweise mitverantwortlich für unsere Sünden? So denkt man auf dem Lande: »Wir sind so, wie Gott uns gemacht hat.« »Er ist schließlich der Schöpfer.« »Wenn ich in die Hölle komme, werde ich nicht allein dort sein.« »So boshaft kann der Herrgott nicht sein.« »Wir sind doch keine Kommunisten!«[9]

Doch wenn es keine Hölle gibt (oder wenn sie nur einigen Erzbösewichtern vorbehalten ist), welchen Sinn hat es dann, sich unangenehme Aufgaben aufzubürden und auf angenehme Tätigkeiten zu verzichten? Von Napoleon stammt die zynische Bemerkung: »Eine Gesellschaft kann ohne ungleiche Verteilung des Reichtums nicht existieren, und die ungleiche Verteilung des Reichtums ist nur zu ertragen, wenn es eine Religion gibt, die uns versichert, daß später einmal, und für alle Ewigkeit, die Verteilung eine andere sein wird.« Wenn diese Bemerkung dem Geist der »wahren« Religion widerspricht, warum dann nicht hier und jetzt Ehren und Besitztümer häufen? Gegen solches Denken protestierten die Alten, die sich so abgemüht hatten, auf Erden Verdienste zu sammeln, von denen sie hofften, sie würden ihnen im Jenseits mit Zins und Zinseszins vergolten. »Wir sind so oft in die Kirche gegangen, damit wir nicht in die Hölle kommen«, sagte eine Landwirtin. Und eine andere meinte: »Entweder gibt es gar nichts, oder jeder kriegt was, ganz egal wer, und dann kann es nicht viel wert sein, denn umsonst kriegt man nichts.«[10] Wenn es aber weder Sündenfall noch Todsünde, weder Hölle noch Fegefeuer, weder den Versucher noch die Strafe Gottes gibt, »dann sind die traditionellen Fundamente des Christentums in Gefahr, vorab die Theodizee des Leidens und die Soteriologie der Erlösung«.[11]

Das Paradies auf Erden?

Daß die Hölle aus dem Imaginären verschwand, hing zweifellos damit zusammen, daß es bis vor nicht allzulanger Zeit (etwa bis zum Zweiten Kaiserreich) die Hölle auf Erden gab. Im vierten Band der *Geschichte des privaten Lebens* ist beschrieben worden, wie die Privatsphäre der werktätigen Klassen aussah: Elend, Unterernährung, Enge, Inzest, Prostitution von Frauen und Töchtern, Kinderarbeit, Trunksucht usw. Doch die Marxsche Prophezeiung der absoluten Verelendung ist von der Entwicklung dementiert worden: Der Kapitalismus hatte ein Interesse daran, daß »seine« Proletarier gleichzeitig zahlungsfähige Kunden sind. Das kontinuierliche Wirtschaftswachstum in den dreißig Jahren nach dem Zweiten Weltkrieg hat zwar die sozialen Unterschiede nicht beseitigt, aber allen gesellschaftlichen Schichten Vorteile gebracht. Die neue Triade »Wohnung, Auto, Fernseher« (mochte es auch eine bescheidene Wohnung und ein kleines Auto sein) hat, in Verbindung mit der Sozialversicherung und anderen wirksamen Mitteln, das irdische Leben wenn nicht »paradiesisch«, so doch erträglich gemacht. Früher bestand für die unteren Volksschichten zwischen der Fron ihres Alltags und der Hölle, die sie sich vorstellen konnten, nur eine graduelle, keine substantielle Differenz. In der Stunde des Todes sah die Welt kaum anders aus als zur Zeit der Geburt; sie machte sozialen Aufstieg undenkbar (und ungedacht). So heftete sich das Imaginäre an das Jenseits. Die Menschen heute denken an den Erwerb der »neuen Triade« (die sogar den Benachteiligten bei hinreichend langem Warten erreichbar ist) und träumen nur auf kurze Sicht. Die Konsumgesellschaft hat die Eschatologie aufgebraucht, freilich ohne dem Leben einen »Sinn« geben zu können.

Was predigen?

Was also predigen? »Gewiß ist niemand verpflichtet, seinem Nächsten mit dem zu helfen, was er selbst oder seine Familie benötigt, oder von dem abzugeben, was Schicklichkeit und Anstand ihn zu besitzen nötigen.« (Leo XIII., *Rerum novarum*) »Die Religion birgt ihren süßesten Trost für die Unglücklichen darin, daß sie in ihnen die Hoffnung auf unermeßliche und unsterbliche Schätze weckt, die um so größer sein werden, je geduldiger und länger das Leiden gewesen ist.« (Leo XIII., *Auspicato concessum*) »Die christliche Demokratie muß, eben weil sie eine christliche heißt, auf den Grundsätzen des göttlichen Glaubens aufbauen. Sie muß die Interessen der Kleinen und Geringen verfolgen [...]. Es darf für sie nichts Heiligeres geben als die Gerechtigkeit; sie muß sich vor jedem Anschlag auf das Recht an Besitz und Eigentum hüten und den Unterschied der Klassen wahren, die das Merkmal eines wohlgeordneten Staates ist.« (Leo XIII., *Graves de communi*) »Du sollst gutwillig deinen Herren die Achtung zollen, die ihnen gebührt, und die Arbeit tun, die ihnen zusteht; du sollst das dienende Leben nicht verachten, das so reich gesegnet ist mit Gütern jeglicher Art; vor allem sollst du die Religion ausüben und von ihr den gewissen Trost in allen Schwierigkeiten des Lebens erwarten« (ebd.). Diese päpstlichen Sentenzen sind kaum hundert Jahre alt, aber welcher Priester möchte sie heute von der Kanzel herab verkünden? Einer der von Lambert befragten Landwirte meinte zum Thema Sonntagspredigt: »Die haben Wasser in ihren Wein gießen müssen, sonst wäre kein Mensch gekommen.« Bei den Protestanten erblicken 55 Prozent der praktizierenden Gläubigen im Pastor einen geistlichen Berater; die Predigt ist für weniger als 40 Prozent der wichtigste Teil des Gottesdienstes. Auch die Predigt muß sich dem Gesetz der Medienwelt beugen, eine Erwartung erfüllen. Und wenn Hölle, Fegefeuer und Paradies »nicht mehr ziehen«, dann deshalb, weil sich das Imaginäre vom Anthropomorphismus freigemacht hat. Die verborgenen Orte des Glaubens liegen anderswo.

Beichte, Reue, Umkehr

Ein überholtes Sakrament?

Die Beichte war und ist die Gelegenheit, ein Geheimnis weiterzugeben, das nicht offenbart werden wird. Es gereicht dem Klerus zur Ehre, daß er die Beichte in der Achtung der Menschen und gemäß den Regeln des Sakraments bewahrt hat. Sogar die antiklerikale Literatur um 1900 hat sich gehütet, katholischen Priestern den Bruch des Beichtgeheimnisses vorzuwerfen. Manche Priester haben den Märtyrertod erlitten, weil sie nicht reden wollten. Der weltläufige Prälat ebenso wie der einfache Vikar wahrten Stillschweigen über das, was sie gehört hatten. »Die Ohrenbeichte war Inbegriff einer mündlichen Kultur, die den menschlichen Kontakt hochhielt, das Wort, das nur unter den Augen Gottes, an einem bestimmten Ort zu einer bestimmten Zeit gesprochen wurde; für die historische Forschung ist das Gespräch mit dem reuigen Sünder der Ort par excellence, um in die Geheimnisse der Religion zu dringen.«[12] Die Geschichte der Beichte kann dennoch nicht geschrieben werden, da sie keine Archive kennt. Der berühmteste Beichtvater des 19. Jahrhunderts, Jean-Marie Vianney – der Pfarrer von Ars –, wurde 1925 heiliggesprochen; er hat das Geheimnis von Tausenden privater Leben mit ins Grab genommen. Von seinen rund 200 Briefen an Monseigneur Devie, in denen er besonders verwickelte Fälle unterbreitete, ist keiner überliefert. Anfang des 20. Jahrhunderts riet der Klerus zur häufigen Beichte: »Eine Medizin schmeckt auch nicht angenehm, und Ihr nehmt sie doch, wenn es um die Gesundheit Eures Leibes geht. Warum solltet Ihr weniger Mut haben, wenn es sich um das ewige Heil Eurer Seele handelt?«[13] Die Gläubigen sollten darauf vorbereitet sein, daß unerwartet der Tod kam: »Wird Gott einen Menschen ernst nehmen, der alles im letzten Augenblick regelt?« Bereit sein, vor den Schöpfer zu treten – das war das immergleiche Thema unzähliger Predigten: »Zu Allerseelen 1922 wurden Kinder in gleicher Zahl wie die Verstorbenen des letzten Jahres, deren Namen verlesen wurden, teils

Der Priester hört; Gott allein richtet. Die Beichte, für Huysmans »das Unerträglichste, das die Kirche der Eitelkeit des Menschen zugemutet hat«, gleicht nicht mehr dem Erscheinen vor einem Tribunal. Sie will den Sünder mit Gott versöhnen. Sie ist Reue, das heißt »Schmerz und Abscheu über die begangenen Sünden, verbunden mit dem Vorsatz, sie nicht wieder zu begehen« (Bourdaloue). Sie ist zugleich Umkehr, Hinwendung zu Gott, »Selbstauslöschung vor diesem universalen Wesen, das man so oft erzürnt hat und das dich mit Fug und Recht jederzeit verderben kann« (Pascal). »Schlimmer als eine perverse Seele ist eine abgebrühte Seele«, heißt es bei Péguy. Dieser Priester ist nicht mehr der Großinquisitor, fast unsichtbar in dem traditionellen Beichtstuhl. Mit kenntlichem Gesicht sitzt er auf einer Kirchenbank – die Beichte als Miteinander von Kind, Mann und Christus.

weiß, teils schwarz und teils schwarz-weiß gekleidet, um die Worte des Predigers zu illustrieren. Die Weißen kamen in den Himmel, die Schwarzen in die Hölle, die übrigen ins Fegefeuer. So blieb die Sünde kein abstrakter Begriff, sondern wurde zu einer vergegenständlichten, affektiv besetzten Vorstellung.«[14] In Limerzel, einer kleinen Gemeinde in der Bretagne, pflegte man in den zwanziger Jahren an Ostern gemeinsam zur Beichte zu gehen. Die Hälfte der Bevölkerung (mehr Frauen als Männer) ging am ersten Freitag im Monat; Schulkinder gingen klassenweise. Ob alle Menschen an die Hölle glaubten? Möglicherweise; doch vor allem glaubte man es um der anderen willen. Die Beichte diente der Entlastung von einem Überschuß anerzogener Schuldgefühle. »Ich komme auf ein Gläschen Roten«, sagte der reuige Sünder zum Schankwirt. »Nachher werde ich runtergeputzt, da kann ich das brauchen.« Allmählich wurde das Beichtreglement gelockert. Der Zeitplan war nun minder streng (in Quimper durfte man zwischen 1710 und 1851 weder vor Tagesanbruch noch nach Sonnenuntergang beichten, »außer in der Christnacht«); das Recht, die Beichte abzunehmen, wurde erweitert (um 1830 besaßen es nur die Gemeindepfarrer, 1895 wurde es auch Religionslehrern und in den vierziger Jahren Anstaltsgeistlichen eingeräumt). Die Gewißheit der göttlichen Vergebung, die man durch die Absolution erlangt (wenn nicht beim ersten, dann beim zweiten Versuch), nahm dem reuigen Sünder die Angst vor der ewigen Verdammnis und führte zu allerlei »Beichtschwänken«, die gern kolportiert wurden. Ein Mann hat Reisig gestohlen; der Priester fragt nach der Zahl der Bündel. »Zehn, Herr Pfarrer. Aber sagen wir gleich zwanzig; die andern hol' ich, wenn ich retour komm'.« Ein anderer hat ein Seil gestohlen; der Pfarrer fragt: »Ein langes Seil, mein Sohn?« »Nein, so arg lang war es nicht, aber eine Kuh hat halt drangehangen.« Ungleiche Strenge wurde von der Gemeinde übel vermerkt: In der Bretagne konnte der Besuch öffentlicher Tanzvergnügungen die Verweigerung der Absolution nach sich ziehen, während Trunksucht eher milde geahndet wurde. Den reuigen Sünder empörte diese Ungerechtigkeit, und er konnte sich bis zur Erpressung versteigen. »Herr Pfarrer, wenn Sie mir nicht die Absolution erteilen, komme ich nie mehr wieder!« drohte 1933 ein Kaufmann, der auf einer Hochzeit nach Jazzrhythmen getanzt hatte. Versöhnlich gab der Pfarrer zurück: »Nun gut. Gehen Sie hinaus, denken Sie eine Weile nach, und dann kommen Sie wieder.«[15]

In den fünfziger Jahren entschieden sich rund hundert Priester für ein Leben als Arbeiter. Sie wollten nicht so sehr missionieren als vielmehr eine neue Form des Priestertums erproben. Im Januar 1954 wies der französische Episkopat diese Priester an, sich jeder gewerkschaftlichen Betätigung zu enthalten (einige von ihnen liebäugelten mit der CGT) und pro Tag nicht länger als drei Stunden zu arbeiten. Die Hälfte beugte sich dem Spruch; es war das Ende eines Experiments, das in den achtziger Jahren für manche Priester beispielhaft gewesen sein mag: Pater G. Gilbert teilt das Leben von Jugendlichen in Randgruppen, von denen er sogar die Kleidungsgewohnheiten übernimmt.

Nach dem Zweiten Weltkrieg ging der Besuch der Beichte drastisch zurück. 1952 erklärten laut einer Umfrage des Instituts für Meinungsforschung (IFOP) 15 Prozent der Katholiken, sie gingen einmal im Monat, 3 Prozent, sie gingen nie zur Beichte; 1974 lauteten die entsprechenden Zahlen nach einer Umfrage der französischen Gesellschaft zur Meinungsbefragung (SOFRES) 1 Prozent bzw. 54 Prozent. Die Zeit, welche die Priester für die Beichte aufwenden müssen, verringert sich stetig. In der Diözese Quimper lag die Anzahl der jährlichen Beichttage pro Beichtiger im Jahre 1934 bei 34, 1954 bei 24, 1960 bei 13 und 1974 bei 7. Gerade junge Priester, deren Zahl ohnehin schrumpft und die mit anderen Aufgaben überlastet sind, haben wenig Neigung, sich einer

Die Pille, Cartoon von Tim. Sehr viele – auch praktizierende – katholische Frauen nehmen die Pille. Manche meinen, daß es »nicht Aufgabe der Kirche ist, über die Sexualität in der Ehe zu befinden«. Die Kirche hält dem entgegen, daß das christliche Dasein ein Ganzes ist und daß kein Bereich des Lebens sich ihren Regeln entziehen kann.

Aufgabe zu widmen, die viele von ihnen als mühsam und »peinlich« empfinden. Und doch war die Ohrenbeichte, nach Marcel Mauss das »individualisierte Instrument der Gewissenserforschung«, ein Fundament – vielleicht das entscheidende – der klerikalen Macht. Gewiß, es handelte sich um symbolische Macht; denn sie gründete im Geheimnis und war nicht mit physischer Bestrafung verbunden. Aber sie war gleichwohl furchtbar und gefürchtet, weil sie ihrem Besitzer erlaubte, zu verurteilen und freizusprechen, und weil es gegen diesen Spruch keine Berufung und keinen Einspruch gab – es sei denn im Jenseits. Die Beschränkung klerikaler Macht löste die Ethik aus ihrer Abhängigkeit von der Religion und wertete die Rolle der Laien in den kirchlichen Strukturen auf. Nach Ansicht der Integralisten untergrub sie auch die traditionellen Pfeiler der Heilsökonomie.

Die Bedeutung des »Standes« für die Theologie

Von allen Sakramenten hat die Beichte im Laufe der Zeit die meiste Abneigung geweckt; soviel steht fest. Dennoch muß ihre Geschichte erst noch geschrieben werden; sie ist verknüpft mit der schwindenden Wahrnehmung der menschlichen Natur als sündhafter. Wir kennen rund 500 Briefe oder Mitteilungen (Anfragen eher als Beichten) an den Pfarrer von Ars, der im Sommer 17 Stunden täglich, im Winter 13 Stunden täglich die Beichte abnahm. Seit jener Zeit (Jean-Marie Vianney lebte von 1786 bis 1859) arbeitet die katholische Theologie mit dem Begriff des »Standes«. In einer Abhandlung zur Moraltheologie aus dem Jahre 1845 ist zu lesen: »Der Beichtiger ist verpflichtet, demjenigen, welchem er die Beichte abnimmt, eine Buße aufzuerlegen, die der Zahl und der Schwere seiner Verfehlungen entspricht, unter Berück-

Der Priester Alain de La Morandais

sichtigung seines *Standes* und seiner Disposition.«[16] Ein Kapitel im zweiten Band dieses Werkes trägt die Überschrift: »Von den Pflichten des Beichtigers gegen jene, die in den Wahrheiten des Glaubens ungenügend unterrichtet oder die in Unkenntnis dessen sind, was zu ihrem *Stande* gehört.«[17] Es geht darum, die – wie wir heute sagen würden – »soziale Stellung« des Sünders zu würdigen, also die Soziogenese sündhaften Verhaltens angemessen zu berücksichtigen. Hier drängt sich der Vergleich mit der Geschichte der psychiatrischen Nosographie auf: Die Ätiologie der Geisteskrankheiten stützte sich, wie an anderer Stelle gezeigt worden ist, zunächst auf ein ontogenetisches Konzept, ging dann über zu einem soziogenetischen Konzept, wie es vor allem Freud verfolgt hat, und endet schließlich um 1968 in den Spitzfindigkeiten und Widersprüchen der Anti-Psychiatrie.[18] Ob es um die Untersuchung der Sünde, der Neurose oder des Verbrechens geht, der einschlägige Diskurs nahm seit der Mitte des 19. Jahrhunderts stets den nämlichen Weg: Es galt, die »Eigenverantwortung« des Sünders, des Wahnsinnigen, des Verbrechers abzuwägen gegen seinen *Stand*. Das von Michel Foucault entwickelte Deutungsmuster der »Interdiskursivität« erweist hier seine Reichweite.

Die Geschichte der Schwester Marie-Zoé, die ein unbeantwortet gebliebener Brief von 1858 an den Pfarrer von Ars erzählt, ist geeignet, den Begriff des *Standes* zu erhellen. Marie-Zoés Eltern waren so arm, daß sie ihr Kind nicht ernähren konnten und es bei einem Onkel unterbrachten. Er mißbrauchte das Mädchen, so daß es mit 14 Jahren die »Unschuld« verlor. Nach zwei Jahren in einem Internat kehrte es zu dem Onkel zurück, der den sexuellen Kontakt wiederaufnahm. Ohne sich berufen zu fühlen, trat Marie-Zoé als Novizin in ein Kloster ein, wo sie von einem Priester verführt wurde: »Unsere Herzen fanden sich in einer gefährlichen Freundschaft, und wenn wir uns sahen, umarmten wir uns und taten andere solche Dinge; das ging drei Jahre.« Als diese Beziehung endete, setzte Marie-Zoé ihre »unglücklichen Gewohnheiten« fort; mit 29 schrieb sie an den berühmten Beichtiger, um ihm ihre Angst vor der ewigen Verdammnis zu bekennen. Ihr Unvermögen, die klösterlichen Regeln zu befolgen, erfüllte sie mit Schuldgefühlen, nicht mit Protest. Boutry schreibt dazu: »Sie verurteilt sich über dasselbe Schema der Rekonstruktion von Lebenseinschnitten, dieselben Darstellungsweisen und dasselbe Vokabular wie in den Handbüchern der Moraltheologie.« Der zufolge gab es drei Arten von Sündern: Gelegenheitssünder, rückfällige Sünder und gewohnheitsmäßige Sünder. Marie-Zoé war zunächst eine *Gelegenheits*-Sünderin. Zweimal in ihrem Bericht gebraucht sie dieses Wort. Einmal nach dem Aufenthalt bei dem Onkel: »Meine Eltern holten mich zu sich zurück, dort hatte ich wenigstens keine *Gelegenheit*.« Und später noch einmal: »Als ich Novizin wurde, gab es eine neue *Gelegenheit*, ein Priester gewann mich lieb, und ich erlag wiederum, da meine Leidenschaften so heftig waren.« Der zweite Aufenthalt beim Onkel und das Noviziat machten sie zur rückfälligen Sünderin, die Masturbation schließlich zur gewohnheitsmäßigen Sünderin. »Ich glaube, daß ich mich selbst verdamme, weil ich nicht zu meiner Berufung stehe.« Was sie wollte, war eine Veränderung

Pater Christian. »Beati pauperi spiritu« (Bergpredigt, Matthäus 5,3), was man übersetzen kann mit: »Glücklich, wer sich von den Gütern dieser Welt gelöst hat.« Léon Bloy sagt dazu: »Seit fast zweitausend Jahren predigt die Kirche die Armut. Zahllose Heilige haben sie gewählt, um Jesus Christus ähnlich zu werden, aber nichts rührt sich im Gewissen der Anständigen und Gebildeten.« Der Priester steht nicht mehr über den anderen, er ist einer von ihnen: ein Armer unter Armen.

ihres *Zustands*: Einzig das eheliche Leben hätte »das Feuer der Wollust« löschen können. Die Beichte konnte es nicht löschen, denn außer bei zwei »außerordentlichen Beichten« hatte Schwester Marie-Zoé niemals ihre bösen Gewohnheiten eingestanden. Die Rückversetzung in den Laienstand, noch dazu aus diesen Gründen, war damals ausgeschlossen. Es scheint das Schicksal von Marie-Zoé gewesen zu sein, ihr Leben in der Angst vor der unwiderruflichen Verdammnis hinzubringen.

Heute könnte die Sexualität niemanden mehr in solche Schrecken stürzen. Die Schuldgefühle haben sich verschoben, die Hierarchie der Sünden ist nicht mehr das, was sie einmal war. Laut einer SOFRES-Umfrage vom Dezember 1983 im Auftrag der Zeitschrift *Clair Foyer* meinen 12 Prozent der Französinnen und Franzosen: »Es ist die Aufgabe der Kirche, die Gläubigen an ihre moralischen Verpflichtungen im Zusammenhang mit der Sexualität und dem ehelichen Leben zu erinnern.« 33 Prozent meinen: »Die Kirche sollte sich auf Ratschläge beschränken.« 51 Prozent meinen: »Es ist nicht die Aufgabe der Kirche, sich mit der Sexualität und dem ehelichen Leben zu befassen.« Auf die Frage »Folgen Sie persönlich den Empfehlungen der Kirche in bezug auf Sexualität und eheliches Leben?« antworteten 19 Prozent »ja, soweit wie möglich«, 69 Prozent sagten »nein«, 12 Prozent gaben keine Auskunft. Eine andere Enquête ergab, daß sogar von den Frauen, die regelmäßig zur Kirche gehen, nur ein Viertel die Empfängnisverhütung bei verheirateten Frauen ablehnt. Über die Haltung des Klerus gibt die bereits zitierte, in *La Vie* veröffentlichte Enquête vom Herbst 1985 Aufschluß: Während 98 Prozent der Priester die Art und Weise billigen, wie Johannes Paul II. sich für die Menschenrechte einsetzt, erklären sich nur 56 Prozent mit den Erklärungen des Papstes zum Thema Sexual- und Familienmoral einverstanden.

Zahlreiche Priester und Laien relativieren also die Lehren Roms zur Sexualmoral. Sie vernehmen zwar die Empfehlungen der Kirche, aber sie halten sich nicht daran. Dieser Ungehorsam, der von moralischer Mündigkeit zeugt, bereitet keine Schuldgefühle mehr, allenfalls ein gewisses Unbehagen.

Von den Protestanten votieren 63 Prozent für unbeschränkte Empfängnisverhütung. Auch im Ausland hat sich die Einstellung zur Sexualität gewandelt. Einer Umfrage Andrew Greeleys zufolge lehnen in den USA 50 Prozent der Katholiken die päpstliche Lehre über die Scheidung ab (15 Prozent billigen sie), während 68 Prozent der katholischen Frauen »unstatthafte« Methoden der Geburtenkontrolle anwenden. Wie Michel de Certeau vermutet, hat dort die Enzyklika *Humanae vitae* zu einer massiven Entfremdung der praktizierenden Katholiken von der Kirche geführt. Polen weist trotz des Kultes um Johannes Paul II. eine der niedrigsten Geburtenraten Europas auf. Einem französischen Priester, der sich hierüber erstaunt zeigte, sagten mehrere Paare übereinstimmend: »Das ist kein Problem – hinterher gehen wir beichten.« Als der Papst Frankreich besuchte und im Parc des Princes die »Permissivität« beklagte, jubelten ihm Hunderttausende von Jugendlichen zu. Es ist nicht auszuschließen, daß unter ihnen auch viele junge Leute waren, die unverheiratet und kinderlos zusammenlebten.

Ein neues Verständnis des Priesteramts?

Die neue Einstellung zur Sexualität wirft die Frage nach dem Priesterzölibat auf. Die Kirche hat die Keuschheit zu einem Wert an sich erhoben und kehrt die geistliche Fruchtbarkeit sowie die Ungebundenheit des zolibatären Priesters hervor. Die Enquête in *La Vie* hat jedoch gezeigt, daß 29 Prozent der Befragten (alles Geistliche, wohlgemerkt) für die Priesterehe sind; 86 Prozent wünschen sich die Ordination verheirateter Männer, 36 Prozent würden Frauen im Priesteramt begrüßen, 92 Prozent wären einverstanden, »wenn Christen, die keine Priester sind, Beisetzungen vornehmen könnten«. Viele erklären, daß sie das Priesteramt »gewählt« haben, daß aber der Zölibat ihnen »aufgezwungen« worden sei. Die Rückläufigkeit der Berufungen, das Beispiel der evangelischen Pastoren und der jüdischen Rabbiner sowie die große Zahl von Priestern, die ihr Amt aufgegeben haben, haben zu neuen Befragungen geführt, und zwar nicht nur innerhalb des Klerus, sondern bei den Gläubigen insgesamt. Lambert zitiert unter anderem folgende Bemerkungen: »Und dann haben sie noch bis zum letzten Augenblick die Beichte abgenommen!« »Der Abbé X. ist mit einer Nonne durchgebrannt! Wozu sollen wir solchen Leuten unsere Dummheiten beichten, wenn sie selber noch viel größere machen?« »Uns verbieten sie die Scheidung, und selber gehen sie weg, ohne zu irgend jemandem ein Sterbenswörtchen zu sagen!«

Immer mehr Frauen erlangen heutzutage einen Status, der üblicherweise Männern vorbehalten war. Ist es da nicht Ausdruck ihrer traditionellen Zurücksetzung durch die Kirche, wenn ihnen der Zugang zum Priesteramt verwehrt wird? Michel de Certeau schreibt: »Die Frauen eignen sich ihren Körper wieder an und lassen ihn nicht länger von den Erkenntnissen und Wünschen einer männlichen Theologie manipulieren und definieren.« Mit welchem Recht schanzen die Männer sich das Monopol der Rechtsprechung zu? Heute hat die zivile Gesellschaft sich mit Frauen als Ministern und Richtern abgefunden, und morgen wird sie vielleicht sogar eine Frau an der Spitze des Staates dulden. Liefert da die Kirche nicht nur ein Rückzugsgefecht, wenn sie Männern das Recht vorbehalten will, die Geheimnisse von Sünderinnen zu hüten? Eine solche Diskriminierung erscheint um so weniger plausibel, als es an Priesternachwuchs mangelt und immer mehr Laien sich mit Aufgaben konfrontiert sehen, die früher dem Klerus oblagen. Außerdem bekennen viele Priester, daß sie gerade in christlichen Familien Trost und Rückhalt in Augenblicken der Anfechtung finden – bei jenen Menschen also, denen sie selbst Führung und Geleit angedeihen lassen sollten. »Früher war man Priester für die Christen«, erklärte ein Pfarrer, »heute ist man es viel eher mit den Christen.« In der Enquête der Zeitschrift *La Vie* sprach ein sechzigjähriger Priester für Dutzende seiner Amtsbrüder, als er sagte: »Durch meine Ordination 1948 stand ich ›drüber‹; sie hat mir ›Vollmachten‹ gegeben und ein bestimmtes ›Wissen‹ anvertraut. [...] Inzwischen stehe ich ›drin‹. Ich bin nicht mehr so sicher und autoritär. Es gibt Leute, die mehr wissen als ich. Ich habe alles revidieren müssen,

Johannes XXIII., der 259. Papst, tat während seines allzu kurzen Pontifikats (1958–1963) alles, damit die Kirche *werde*, ohne aufzuhören, zu *sein*. Die älteste hierarchische Struktur der Welt wählte aus ihrer Mitte einen Mann von 77 Jahren, der aufbrach, sie in Frage zu stellen.

was ich ›gewußt‹ habe. [...] Ich habe eingesehen, daß Glaube nicht nur die Treue zu Christus ist, sondern genauso sehr die Treue zu unserer Welt und zum heutigen Menschen.« Und: »Wir sind dabei, Christen zu werden.«

Ein neues Beichtritual

Das II. Vaticanum hat eine Reform des Bußrituals eingeführt. Der Priester sollte als erster das Wort ergreifen, den reuigen Sünder warmherzig aufnehmen und ihm von der Liebe und dem Erbarmen Gottes sprechen. In manchen Gemeinden wurde der Beichtstuhl durch den »Raum der Versöhnung« ersetzt, wo Priester und Beichtkind ein vertrauliches Gespräch führen konnten. Es gab mehr kollektive Bußfeiern, die es dem Christen erlaubten, sich in einer liturgischen Gemeinschaft mit Gott und seinem Nächsten zu versöhnen. Dabei wird das im 11. Jahrhundert eingerichtete Bußsakrament immer weniger in Anspruch genommen. 1952 gingen 23 Prozent der französischen Katholiken einmal im Monat zur Beichte, 1983 war es nur noch 1 Prozent; 69 Prozent der Katholiken erklärten, niemals zur Beichte zu gehen. In diesem Punkt – wie in vielen anderen – wollte Johannes Paul II. zur traditionellen Praxis zurückkehren und, wie er in einer Ansprache in Lourdes am 15. August 1983 sagte, »die Gläubigen davon überzeugen, daß es notwendig ist, die göttliche Vergebung persönlich, mit heißem Herzen und oft zu erflehen«. Die Beichte ist zwar selten geworden, aber sie scheint zu ihrem Wesen gefunden zu haben: Sie ist – und soll sein – Reue und Umkehr. Manche Pfarrkinder lehnen es aus ethischen Gründen ab, oft zur Beichte zu gehen. »Das ist zu einfach – man geht zur Beichte und schwupps! steht der Zähler wieder auf Null.« Beichten heißt, Gott ein Geheimnis anvertrauen, das Ihm schon bekannt ist. Der Beichtiger, wie die Kirche, die er im Augenblick des Bekenntnisses verkörpert, ist nur ein Mittler; es liegt nicht in seiner Macht, zu richten und zu strafen. Seine Aufgabe ist die Übermittlung, richten wird Gott. Die Beichte, zum Sakrament der Versöhnung geworden, profitiert von jener »positiven« Lektüre des Evangeliums, die heute vom Klerus empfohlen wird, nachdem die institutionalisierte Kirche viel zu lange dessen »negative« Lektüre, im Sinne von Verboten, betrieben hat. Dabei zeigt sich, daß Christus wenig verbietet; er breitet die Arme aus, er verzeiht und eröffnet eine Zukunft, die den Menschen respektiert.

Neues Schuldgefühl, erhöhte Empfindlichkeit des Gewissens

Einige Enzykliken

»Das Christentum ist in der Geschichte, aber die Geschichte ist im Christentum«, hat Pater Daniélou gesagt. Und Kardinal Suhard erklärte: »Die Kirche muß jederzeit zugleich *sein* und *werden* – unverändert in ihrer unsichtbaren Wirklichkeit *sein*, von Jahrhundert zu Jahrhundert in ihrer sichtbaren Wirklichkeit *werden.*« Anfang des 20. Jahrhunderts wurde das private Leben des Katholiken peinlich genau reglementiert von einem Papsttum, das auf der Hut war vor dem, was wir heute »Basis« nennen. So verurteilt die Enzyklika *Pascendi* vom 8. September 1907 den Modernismus in der Dogmatik und verpflichtet die Theologen auf Predigten im antimodernistischen Geist. Pius X., von Pius XII. 1954 heiliggesprochen, kritisierte in einem Brief vom 25. August 1910 das christlich-demokratische Meinungs- und Ideenblatt *Le Sillon*; dessen Herausgeber Marc Sangnier unterwarf sich dem päpstlichen Verdikt und stellte die Zeitschrift ein. Derselbe Papst ergriff nachdrücklich Partei für häufiges Beichten, für die Verehrung des Allerheiligsten Herzens, die Heiligenverehrung und den Marienkult. Doch die wissenschaftlichen, technischen, politischen, sozialen und kulturellen Umwälzungen des 20. Jahrhunderts blieben nicht ohne Auswirkung auf das Verhältnis zwischen Kirchenhierarchie und katholischem Volk, das gezwungen war, neue Antworten auf neue Herausforderungen zu improvisieren. Ein derartiger Wandel ist in der Geschichte der Kirche allerdings nichts Neues: Die Auflehnung des hl. Franz von Assisi gegen seinen Vater und das merkantile Klima in seiner Heimatstadt Assisi ist bekanntlich von Innozenz III. so kirchengerecht kanalisiert worden, daß Honorius III. 1223 dem Orden der Minderbrüder seinen Segen geben konnte. Was neu ist, ist das Tempo des Wandels. Um nur ein einziges, demographisches Beispiel zu nennen: 1900 gab es 1,7 Milliarden Menschen auf der Erde, 1970 waren es 3,6 Milliarden, und für das

Eröffnung der zweiten Sitzung des Vatikanischen Konzils, 1962. Das II. Vaticanum begnügte sich nicht damit, die katholische Liturgie zu reformieren. Zwei feierliche Erklärungen (über die Religionsfreiheit und über die nichtchristlichen Religionen, insbesondere über das jüdische Volk) sowie das Dekret über den Ökumenismus bewiesen, daß ein Konzil nicht mehr nur eine innere Angelegenheit der katholischen Kirche ist.

Jahr 2000 rechnet man mit 6,2 Milliarden, wobei die Bevölkerung der sich entwickelnden Länder sich alle 25 Jahre verdoppelt. An dieses Tempo muß die älteste Bürokratie der Welt sich anpassen, wenn sie *werden* will, ohne aufzuhören, zu *sein*. Johannes XXIII. hat das gewußt, schließlich war er aus dieser Bürokratie hervorgegangen, und um sie zu verändern, mußte man alle Kräfte nutzen, die von der Peripherie freigesetzt wurden. Noch bevor das II. Vaticanum zu seiner ersten Sitzung zusammentrat, verkündete er am 15. Juli 1961 die Enzyklika *Mater et Magistra*. (Datiert ist sie auf den 15. Mai 1961, den 70. Jahrestag von *Rerum novarum* und den 30. von *Quadragesimo anno*.) Ihr vollständiger Titel lautet: »Päpstliches Rundschreiben [. . .] über die zeitgenössische Entwicklung des sozialen Lebens im Lichte der christlichen Grundsätze.« Aus diesem Text seien zwei Themen herausgegriffen. Um das *Werden* der Kirche zu sichern, das heißt die Präsenz der Welt in ihr, führte der Papst Neuerungen ein; man konnte in der Enzyklika lesen: »Das wichtigste Problem unserer Zeit bleibt das Verhältnis der wirtschaftlich entwickelten Länder zu den sich entwickelnden Ländern; wir alle sind solidarisch verantwortlich für unterernährte Bevölkerungen; ebenso bedarf es einer Erziehung des Gewissens zum Gefühl der Verantwortung, die allen Menschen zufällt, insonderheit aber den Bessergestellten.« Um das *Sein* der Kirche zu wahren, das heißt ihre Transzendenz, wiederholte er das Verbot jeder sexuellen Betätigung, deren Ziel nicht die Fortpflanzung ist: »Die Weitergabe des Lebens vollzieht sich durch einen absichtlichen und bewußten Akt und unterliegt den heiligen, unwandelbaren und unverletzlichen Gesetzen Gottes.« Am 11. April 1963 wurde die Enzyklika *Pacem in terris* verkündet, die ausnahmsweise nicht nur an die Christen, sondern an »alle Menschen« gerichtet war. Sie brach mit der traditionellen Frauenfeindlichkeit der Kirche und sprach sich nachdrücklich für den Eintritt der Frau ins öffentliche Leben aus: »Mehr und mehr wird die Frau sich ihrer menschlichen Würde bewußt. Sie duldet nicht länger, als Instrument betrachtet zu werden. Sie fordert, daß man sie als Mensch behandele, zu Hause ebenso wie in der Öffentlichkeit.«

Vom II. Vaticanum zur Synode im Dezember 1985

Johannes XXIII. wurde am 28. Oktober 1958 zum Papst gewählt. Am 18. Juni 1959 sandte er an alle Bischöfe, Nuntii und Ordensoberen einen langen Fragebogen, auf den über 2000 Antworten eingingen. Am 2. Februar 1962 gab er bekannt, daß das Konzil am 11. Oktober desselben Jahres beginnen werde. Das Konzil tagte in vier Sitzungen (11. Oktober – 8. Dezember 1962, 21. September – 4. Dezember 1963, 14. September – 21. November 1964, 14. November – 8. Dezember 1965). Die komplizierte Geschichte des Konzilsverlaufs mit seinen Spannungen, Konflikten und Kompromissen kann hier nicht nachgezeichnet werden. Die gefaßten Beschlüsse setzten eine grundlegende Veränderung altgewohnter Praktiken in Gang: Die obligatorische Messe durfte außer am Sonntag auch am Wochenende gelesen werden; an die Stelle des Latei-

Dom Helder Camara besucht ein Armenviertel in Recife (1962). »Sämtliche Sophismen der Menschen ändern nichts an dem *Mysterium*, daß die Freude des Reichen von dem Schmerz des Armen zehrt. Wenn man das nicht begreift, ist man stumpfsinnig für Zeit und Ewigkeit – in Ewigkeit.« (Léon Bloy, *Le Désespéré*)

nischen trat die Muttersprache; ein neuer Ritus löste die vom hl. Pius V. stammende Messe ab; die Kommunion konnte nun auch von Laien und unter bestimmten Umständen in beiderlei Gestalt (Brot und Wein) erteilt werden; vor allem verpflichtete sich der Papst, in regelmäßigen Abständen Bischofssynoden einzuberufen, um die Vielfalt der Landeskirchen besser in Einklang zu bringen mit der Einheit der universalen Kirche. Die nationalen Episkopate sollten in Zukunft unter einem doppelten Vorzeichen arbeiten: »Mobilisierung der Kleriker, um in allen Sprachen eine religiöse Sprache zu schaffen, und Gewissensschärfung der christlichen Gemeinden in Dingen der sozialen Gerechtigkeit« (Michel de Certeau). Zwei Männer waren es vor allem, die eine zentrale Rolle bei der Sensibilisierung der Bischöfe für das wachsende Elend der Dritten Welt gespielt haben: Dom Helder Camara, damals Weihbischof in Rio de Janeiro und Generalsekretär der brasilianischen Bischofskonferenz, und der Bischof von Talca (Chile), Larrain. Beide Prälaten hatten sich vorgenommen, das unheilige Bündnis der Kirche mit den konservativen Ordnungskräften aufzukündigen. Wie kann ein Priester in den Favelas oder »poblaciones« der Bergpredigt eine neue Deutung geben? »Liebet eure Feinde; segnet, die euch fluchen; thut Gutes denen, die euch hassen, und betet für eure Verfolger und Verläumder [...] Denn wenn ihr die liebet, die euch lieben, welchen Lohn werdet ihr haben?«[19] Wer brächte es über sich, sich hier auf Erden nicht zu »engagieren«? Wer wollte nicht die unvergeßliche Formulierung des Abbé Pierre: »Armut macht dumm und Reichtum verrückt«, beherzigen?

(Das sagte er 1954, just zu dem Zeitpunkt, als der Heilige Stuhl gegen die Arbeiterpriester zu agitieren begann.) Kurzum, wie kann man zwanzig Jahre nach dem Holocaust, der in Rom kaum ein Echo geweckt hat, in einer Welt, in der der Überfluß den Mangel vertuscht und Millionen von Kindern hungern müssen, während andere sich an Weihnachten krank essen, die unendliche Güte Gottes predigen? Das Problem der Theodizee und die Pflicht zur Solidarität beschweren das Gewissen der Priester ebenso wie der Gläubigen – erst recht, seit das Fernsehen den Hochmut der Pharisäer ebenso enthüllt wie die Not der Massen. Und wie soll man dem »atheistischen Marxismus« begegnen, wenn man nicht bereit ist, das Wort der Erlösung in die Gegenwart zu tragen? Das II. Vaticanum wollte daran erinnern, daß die Kirche das Volk Gottes ist und nicht eine hierarchische Gesellschaft, an deren Spitze der Papst auf einem Thron sitzt, obwohl Jesus in einem Stall zur Welt gekommen ist. Mit diesem Konzil hörte die Kirche für eine Weile auf, sich einzig mit sich selbst, ihren internen Problemen und Befindlichkeiten zu befassen. Rom, so mochte man glauben, war nicht mehr in Rom, »sondern auf der Straße, ohne festen Wohnsitz. An der Werkbank, unterwegs, vogelfrei. In den Slums. Am Pfahl. Vor den Mauern« (Cardonnel). Dieses »tiefe und weite Eintauchen in die historische Situation der Menschheit« (ebd.) hatte der lateinamerikanische Episkopat (CELAM) im Sinn, als er 1968 die Konferenz von Medellín einberief, bei der auch Papst Paul VI. zugegen war und die für Afrika in Kampala und für Asien in Manila fortgesetzt wurde. Die Kirche hat, wie die Enzyklika *Gaudium et spes* anerkennt, von dem »Anderen« zu lernen, auch wenn dieser Andere einem anderen Glauben anhängt oder gar keinen hat. Die Beachtung des Anderen und die Entdeckung des materiellen und moralischen Elends der Dritten und Vierten Welt ließen das Gefühl der individuellen Schuld, das sich im Sündenbewußtsein und in der Angst vor der Hölle artikulierte, mehr und mehr zugunsten eines sozialen Schuldgefühls zurücktreten, das im Bewußtsein der Mitverantwortung und der Solidarität seinen Ausdruck fand. Die Verstöße gegen die Menschenrechte, ob sie im Westen, Osten oder Süden, ob in Chile, in der UdSSR, in Polen oder in Südafrika begangen werden, rufen den Katholiken auf, sich in die politischen Streitigkeiten seines Zeitalters einzumischen – nach dem Vorbild der Reformatoren, die das immer getan haben: Luther ebenso wie Calvin, Zwingli ebenso wie Bucer. So gesehen, markierte die Synode, die Johannes Paul II. im November und Dezember 1985 nach Rom einberief, die erneute Hinwendung zu eher innerkirchlichen Belangen. Dies war jedoch nicht die Antwort auf jene Frage, die die christlichen Gewissen umtreibt und die Michel de Certeau so formuliert: »Vollzieht sich nicht vor unseren Augen eine Verschiebung des Sakramentalen?« Und weiter: »Sakramentalen Wert gewinnt heute das soziale und politische Engagement [...]. Aus kirchlicher Sicht bilden die Erfahrungen der Solidarität und der Kommunikation ein riesiges Laboratorium katholischer Sakramentalität [...], in dem noch die sieben Sakramente von einst erkennbar sind.« Mit anderen Worten, das Papsttum versteift sich darauf, an *Prinzipien* festzuhalten, gleichgültig, wie die *Praxis* aussieht; es beharrt darauf, eine Ethik zu

verordnen, die in Rom ausgetüftelt worden ist und den gänzlich anderen Erwartungen von Millionen Christen, die in Lateinamerika und anderen Regionen der Welt unerbittlichen Nöten und Nötigungen ausgeliefert sind, nicht gerecht wird; es verschließt bewußt die Augen vor dem »entscheidenden Anteil, den die Praxis am Aufbau der Theorie hat, welche die Praxis artikuliert und wiederum von dieser verifiziert oder falsifiziert wird« (Certeau). Wenn die Kirche »in der Geschichte« ist, dann heißt die zentrale Frage: »Mit wem soll man sich in der heutigen Gesellschaft solidarisieren?« Für viele Katholiken, die dem Klerus und seinen Hierarchien nicht mehr das Monopol der christlichen Sprache überlassen, liegt die Antwort auf der Hand: »Mit den Armen.« Sie ist auch die Antwort der lateinamerikanischen Seelenhirten. Die Botschaft Christi bedarf keines Vermittlers, um den hungernden Bauern Nordostbrasiliens oder den Jammergestalten in den Slums der Großstädte »verständlich« zu sein: Aus dieser Überlegung heraus entstanden in den siebziger Jahren die »Basisgemeinden«. Und doch hatte schon die von Papst Paul VI. eröffnete Konferenz von Medellín zum Abschluß ihrer Beratungen ein Dokument verabschiedet, das den Titel trug »Die Kirche in der gegenwärtigen Übergangssituation Lateinamerikas im Lichte des Konzils«. Dieser Text schlug ein Programm pastoraler Erneuerung für den Kontinent vor, und damals – 1968 – gab es weder Basisgemeinden noch Bibellektüre der Ärmsten. So konvergierten die aus der Kirchenhierarchie selbst kommenden Impulse mit den Erwartungen des katholischen Volks. Man sollte also denken, die »Entschei-

Mysterium oder kausale Serie? »Die Akkumulation des Reichtums am einen Ende bedeutet am entgegengesetzten Ende die Akkumulation von Elend, Leid, Sklaverei, Unwissenheit, Verblödung, moralischer Herabwürdigung jener Klasse, deren Produktion das Kapital bildet.« (Karl Marx) Abbé Pierre widmet sein Leben einer traditionelleren karitativen Tätigkeit, ohne daß er deswegen ein Blatt vor den Mund nähme. »Armut macht dumm und Reichtum verrückt«, erklärt dieser Apostel der evangelischen Armut.

dung für die Armen« wäre von der Lateinamerikanischen Bischofskonferenz (CELAM) und dem Papsttum gebilligt worden.

Das wurde sie auch – jedoch mit ausgeklügelter diskursiver Behutsamkeit, so daß sie wirkungslos wurde. 1972 brachte die konservative lateinamerikanische Kirchenhierarchie die CELAM unter ihre Kontrolle. Bischof López Trujillo, ihr Präsident, verfolgte eine neokonservative Strategie und lancierte die ersten Angriffe gegen die Theologie der Befreiung. Papst Johannes Paul II. besuchte 1979 die Konferenz von Puebla, wo der Versuch, an den Errungenschaften von Medellín zu rütteln, am Widerstand der Prälaten scheiterte. 1985 kam er erneut nach Lateinamerika; die 45 Ansprachen, die er dort hielt, waren klug ausgewogen und für jedermann erkennbar an die gesamte katholische Christenheit gerichtet. Der Papst verurteilte die »unerträglichen« sozialen Ungerechtigkeiten, sprach sich für eine »Kirche der Menschenrechte« aus, »die ihrer vornehmsten Entscheidung, jener für die Armen, treu bleibt«. Er predigte »eine neue Evangelisierung«, mahnte aber zugleich vor dem »ansteckenden Gift des Marxismus«. Er betonte, daß es allein Sache der Kirchenhierarchie sei, Orientierungshilfe für »jenes Drängen, jene Kraft« zu geben, die das Volk der Armen bewege. Kurzum, er versuchte, die Botschaft des Evangeliums, das soziale Handeln und den Primat Roms auf einen gemeinsamen Nenner zu bringen.

Nicht nur Rundfunk und Fernsehen, sondern auch katholische Predigten und Presseorgane konfrontieren das christliche Gewissen aufs neue mit dem Janusgesicht der Kirche: hie Inquisition, hie Befreiung. Daß Bischof Romero ermordet wurde, während er die Messe las, ging nicht nur die Salvadorianer an. Auch der französische Katholik, der seinen Glauben ernst nimmt, ist gezwungen, sich zu entscheiden zwischen der (weltlichen oder kirchlichen) Hierarchie und den Ausgestoßenen: den Armen, den Immigranten, den Arbeitslosen usw. Genauer gesagt, er erkennt zwei gegensätzliche Tendenzen: eine konservative Tendenz, die von der Kirchenhierarchie und manchen Laien vertreten wird, und eine andere Tendenz (bei einem Teil der Hierarchie und vielen Laien), die offen ist und nach mehr Gerechtigkeit strebt. Die Synode von 1971 hat, obwohl dort ausschließlich Bischöfe vertreten waren, den »Kampf für die Gerechtigkeit« als integrales Moment der Verkündigung des Evangeliums anerkannt. Der französische Katholik in seiner Heilsungewißheit liest die furchtbaren Worte aus dem Sendschreiben des Jakobus und gibt ihnen einen tieferen Sinn: »Wohlan, ihr Reichen! weinet, jammert über euer Elend, das euch droht! Euer Reichthum verschwindet, eure Kleider werden eine Speise der Motten. Euer Gold und Silber verrostet, und deren Rost wird ein Zeugniß gegen euch sein und wie Feuer euer Fleisch verzehren. Ihr habet Schätze des Zorns gehäuft in den letzten Tagen. Siehe! es schreiet der von euch vorenthaltene Lohn der Arbeiter, die eure Felder ernteten, und die Klagen der Schnitter sind zu den Ohren des allherrschenden Herrn gedrungen. Ihr lebet üppig auf Erden, ihr schwelget, ihr mästet eure Herzen wie zum Schlachttage! Ihr verurtheilet, ihr mordet den Gerechten; er konnte euch nicht widerstehen.«[20] Die Reichen von heute mögen ohne Tricks und Gaunerei reich geworden sein, gleichwohl sind sie auch und vor

Zusammenkunft einer brasilianischen Basisgemeinde in Crateus (1983).

allem Nutznießer eines Systems, das sie begünstigt und das Zweifel verdient. Wenn die Befreiungstheologen heute darauf insistieren, daß es »kein christliches Leben ohne Engagement für die Armen gibt«, dann knüpfen sie an diese Botschaft des hl. Jakobus an. Schon 1542 schreibt Bartolomé de Las Casas in seinem *Kurzen Bericht über die Ausrottung der Indianer* einen ebenso schlichten wie grauenvollen Satz: »Die Indianer sterben vor der Zeit.« Seine Anklage gegen die Greueltaten der Spanier macht ihn bis heute in Spanien unvergessen. Manche Einsicht ist auch in der Geschichte der Kirche von Dauer.

Die Theologie der Befreiung

Die Theologie der Befreiung weist über den »Fall« Lateinamerika hinaus, obschon sie dort ihre Wurzeln hat. Befreiungstheologie ist »Reflexion auf Gott, Ringen um eine Sprache, in der man zu den enterbten Christen dieses Kontinents von Gott sprechen kann, der die Liebe ist. Befreiung ist ein komplexer Begriff, der an die soziale, politische und menschliche Ordnung rührt. Er meint Befreiung der Person, nicht einfach Veränderung der Strukturen. Befreiung von der Sünde, wenn man es biblisch ausdrücken will, weil Sünde nichts anderes ist als die Aufkündigung der Liebe zum Nächsten und zu Gott«, erläuterte der peruanische Priester Gustavo Gutiérrez.[21] Und zum Thema Theodizee setzte er hinzu: »Wir müssen uns fragen: Wie können wir dem, der sich für weniger als nichts hält, wie können wir dem, der leidet, begreiflich machen, daß Gott die Liebe ist? Wie können wir vom Messias singen, wenn der Schmerz einem ganzen Volk die Stimme raubt?«

Am 7. September 1984 mußte vor der römischen Glaubenskongregation (der früheren Inquisition) der Franziskanerpater Leonardo Boff erscheinen, Professor der Theologie an der Universität Persepolis (Brasilien). Anlaß hierfür war sein Buch *Die Kirche – Charisma und Macht*, in dem es unter anderem heißt, daß der Theologe mit denselben Gefühlen nach Rom fährt wie die Tschechoslowaken zu einem Gespräch mit dem sowjetischen Politbüro nach Moskau. In dem inkriminierten Buch behauptet Boff, die sakrale Macht sei Opfer einer Enteignung der religiösen Produktionsmittel durch den Klerus zum Schaden des christlichen Volkes geworden und das katholische Dogma gelte nur für eine begrenzte Zeit und unter bestimmten Umständen. Die Glaubenskongregation erklärte schließlich eine »authentische Theologie der Befreiung« für möglich, sofern es sich um die Befreiung von der Sünde handele, die nicht auf gesellschaftspolitische Befreiungen verkürzt werden dürfe, und hob die »schwerwiegenden Abweichungen und die Gefahren einer Verkehrung und Verneinung des Glaubens« hervor, die in den Werken des Paters Leonardo Boff enthalten seien. Dieser selbst erklärte: »Die Kirche sagt, daß man für die Armen kämpfen muß. Sie sagt nicht, daß sie auf der Seite der Armen steht. Das ist der Standpunkt der Almosenleistung, nicht der Befreiung.«[22] Was die Kirche verteidige, sei weniger die Autorität Gottes als vielmehr die geschichtliche Gestalt, welche sie angenommen habe. Im Juni 1985 verbot die Glaubenskongregation Pater Boff das Predigen. In einer spontanen Stellungnahme von zehn brasilianischen Bischöfen heißt es dazu unter anderem: »Es ist unsere Pflicht, öffentlich zu erklären, daß die über den Theologen Leonardo Boff verhängte Strafe nicht unseren Beifall hat [. . .]. Das dabei beobachtete Verfahren erscheint uns als wenig evangelikal, als Anschlag auf die Menschenrechte wie auf die Freiheit der theologischen Forschung, als schlechter Dienst an der christlichen Freiheit und Nächstenliebe. Es

Illustration von de Bry zu Bartolomé de Las Casas, *Narratio regionum indicarum per Hispanos* . . . (1598). Treblinka? Auschwitz? Nein – die spanische Kolonisierung im 16. Jahrhundert. Bartolomeo de Las Casas »berichtet, was er sah: die Vernichtung der Indianer«. Mit 40 Jahren erkannte er, daß »alles, was den Indianern angetan wird, ungerecht und tyrannisch ist«. Die restlichen 52 Jahre seines Lebens widmete er der Aufgabe, für sie einzutreten. Als er 92jährig starb, beschwor er »alle Menschen, im Schutz der Indianer nicht nachzulassen«, und warf sich vor, selber nicht genug für sie getan zu haben. Er zog sich den Haß der Kolonisatoren zu und wurde beschuldigt, sein Vaterland verleumdet zu haben.

stört das Leben in unseren Kirchen und beeinträchtigt die Mitverantwortung unserer Bischofskonferenz.«

Zu dem Zeitpunkt, da diese Zeilen geschrieben werden (im Dezember 1985), ist die »offizielle« Linie die von Kardinal Ratzinger, der vier Tage vor dem Auftritt Leonardo Boffs vor der Glaubenskongregation die Instruktion über einige Aspekte der Befreiungstheologie veröffentlicht hatte. »Manche sind versucht, angesichts der Dringlichkeit, das Brot zu teilen, die Evangelisierung einzuklammern und auf morgen zu verschieben: erst das Brot, dann das Wort Gottes. Es ist ein törichter Irrtum, beides zu trennen, ja einander entgegenzusetzen [...]. Unkritische Anleihen bei der marxistischen Ideologie und der Rückgriff auf eine vom Rationalismus geprägte biblische Hermeneutik bilden den Ursprung der neuen Bibelauslegung, die alles verdorben hat, was an dem anfänglichen großmütigen Eintreten für die Armen echt gewesen ist [...]. Das Evangelium darf sich nicht in einem rein irdischen Evangelium erschöpfen.« Derselbe Autor räumt ein: »Alles Volk Gottes muß am prophetischen Wirken Christi teilhaben, jedoch in der Achtung vor der Hierarchie der Kirche«, die letzten Endes über deren Authentizität entscheiden wird. Daher die Anfrage des Dominikanerpaters Jean Cardonnel: »Als die Kinder in den Fabriken vor Erschöpfung starben, hat Rom nichts gesehen und nichts gehört; dafür hat es Zeitschriften wie *Le Sillon* verboten und den Arbeiterpriestern den Kampf angesagt. Als die Juden in Rauch aufgingen, hat Rom wenig gesehen und wenig gehört. Für Pius XI. war es ein großes Ärgernis, daß die Kirche die Arbeiterklasse verloren hatte. Heute verliert sie die Frauen, die auf dem Weg in die Emanzipation sind. Wird sie auch die Dritte Welt verlieren?«

Écône (Kanton Wallis, Schweiz; 1975). Subversiv durch ein Übermaß an Traditionalismus: das ist das Paradoxe an Bischof Lefebvre. Er gründete 1970 die »Internationale Priesterbruderschaft des Hl. Pius X.« und nahm seit 1971 mehrfach Priesterweihen vor. Am 24. Juli 1976 wurde er vom Heiligen Stuhl »suspendiert«, blieb jedoch unbelehrbar. Er fand Rückhalt bei einem Teil der französischen Katholiken; eine Bäuerin erklärte: »Ich gehe nicht mehr zur Messe, seit sie auf französisch ist; man versteht alles, es gibt nichts Geheimnisvolles mehr.«

Der Integralismus

Von Walter Bagehot, dem englischen Gelehrten des 19. Jahrhunderts, stammt der Satz: »Nichts ist dem Schmerz zu vergleichen, den ein neuer Gedanke verursacht.« Es ist verständlich, daß die Beschlüsse des II. Vaticanums (im Zweifelsfalle für die Armen, aber kein Bruch mit den Reichen), die sich in die Befreiungstheologie(n) hinein fortsetzten, den Unmut der Traditionalisten erregten. Diese wissen viele französische Katholiken hinter sich, die gewohnt sind, bei einer relativ esoterischen Liturgie, gefeiert in einer nicht mehr verstandenen Sprache – dem Lateinischen –, in Kindheitserinnerungen zu schwelgen. Die integralistischen Bekundungen kamen – zumindest anfänglich – einem Teil der Kirchenhierarchie nicht ungelegen: Man hatte sich ohne innerliche Überzeugung mit Neuerungen abgefunden, die letzten Endes eine Minderheit von Klerikern, gestützt auf Laien und die Erwartungen nichtkatholischer Christen, einer Mehrheit aufgedrängt hatte, die wenig Lust zur Änderung ihrer Gewohnheiten verspürte. Symbolfigur dieses Widerstandes gegen Veränderungen war zwischen 1975 und 1980 Bischof Lefebvre. Die Medien, sensationslüstern wie immer, machten ihn zum Star, doch fand er sich bald in einer paradoxen Lage, die Michel de Certeau so beschreibt: »Durch die irreguläre Priesterweihe im Namen der Tradition lehnte er sich gegen den Papst auf; der Papst aber griff im Namen einer pluralistischen Seelsorge zu einem autoritären, ja archaischen Verfahren.« Paul VI., ein komplizierter Mann, hin- und hergerissen zwischen dem Vermächtnis Johannes' XXIII. und den Verdikten der Glaubenskongregation, sah sich schließlich zu einer windelweichen Verurteilung der Nostalgiker genötigt. Mit Johannes Paul II., dem Liebling des Starsystems, dessen kugelsicheres »Papamobil« als Symbol einer sich öffnenden und gleichzeitig abschottenden Kirchenhierarchie gelten kann, wurde die konservative Empörung nahezu gegenstandslos.

Auf dem Weg zum Ökumenismus?

Rückgang der Zahl der Priester, wachsende Bedeutung der Laien, bewußte Verstöße auch praktizierender Katholiken gegen die vom Papsttum verordnete Sexualmoral, Priesterehe und Frauenordination als Fernziel, die Überzeugung, für die Fortdauer aller Ungerechtigkeiten, in der Dritten Welt wie in den französischen Städten, zumindest mitverantwortlich zu sein, schließlich größere Vertrautheit mit der Bibel, die nun in der Muttersprache gelesen und erklärt wird – das sind die anscheinend unumkehrbaren Tendenzen im französischen Katholizismus von heute. Wirken sie im Sinne des Ökumenismus, genauer gesagt: einer Annäherung an den Protestantismus?

Die im *Rapport* von Mehl erwähnte Enquête[23] offenbarte eine starke ökumenische Neigung im Protestantismus. Auf die Frage »Wünschen Sie sich eine Vereinigung der verschiedenen protestantischen Kir-

Ökumenisches Zentrum in Saint-Quentin-en-Yvelines. Seit seiner Wahl zum Papst machte Johannes XXIII. deutlich, daß eine der Hauptaufgaben des von ihm geplanten Konzils die Konkretisierung der ökumenischen Hoffnungen sein solle. Er schuf ein Sekretariat für die Einheit der Christen und lud nicht-katholische Beobachter zur »aktiven« Teilnahme an der Arbeit des Konzils ein. Am 4. Dezember 1965 (vier Tage vor der feierlichen Schlußsitzung des Konzils) nahm Papst Paul VI. in einem Festakt gemeinsam mit Nicht-Katholiken Abschied von den »Beobachtern«. Es entstanden Ökumenische Zentren, aber das Gewicht der Vergangenheit läßt sich nicht leicht abwerfen – die Spaltung zwischen den Konfessionen besteht fort.

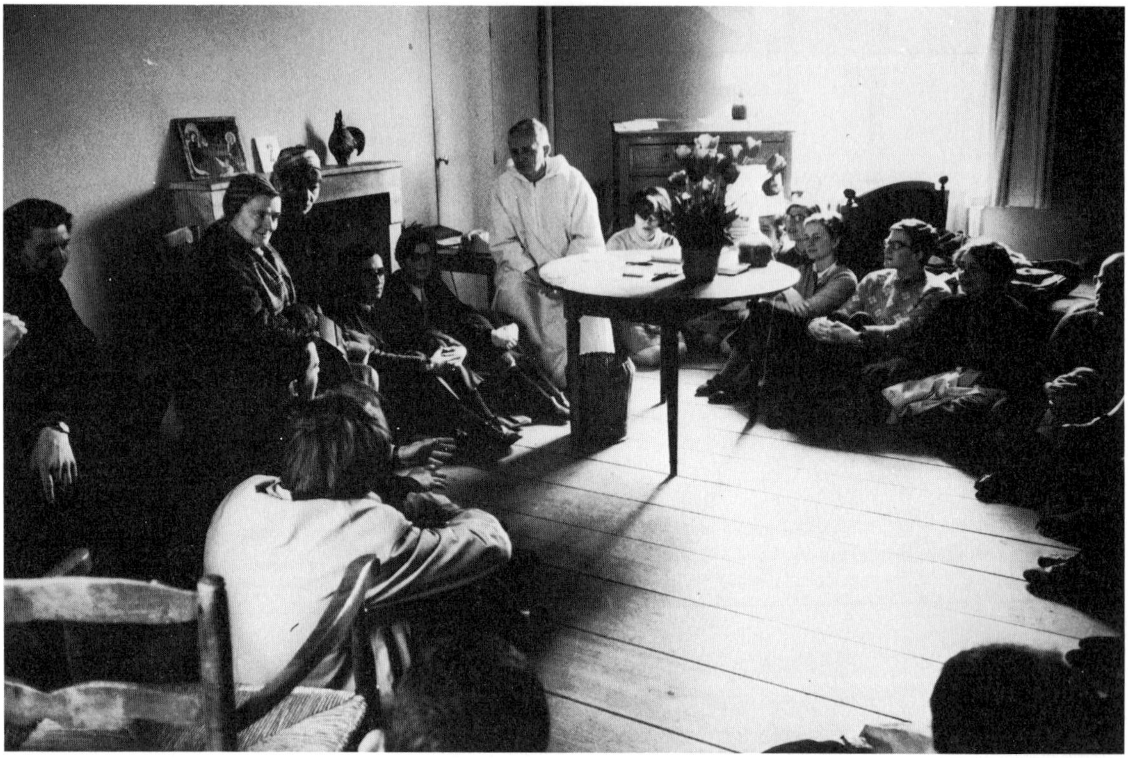

1940 erwarb Pastor Roger Schutz, vom Gedanken des Könobitentums ebenso angezogen wie vom Ökumenismus, ein großes Grundstück in Taizé (Département Saône-et-Loire). Er nahm dort Juden auf, die von den Nazis verfolgt wurden. Als ihm die Gestapo auf die Spur kam, floh er in die Schweiz. 1949 verpflichteten sich sieben Novizen »für das Leben und zum Dienst an Gott und dem Nächsten im Zölibat, in Gütergemeinschaft und dem Gehorsam gegen eine Obrigkeit«. In der Präambel der *Regel von Taizé* (1953) steht zu lesen: »Habe die Leidenschaft für die Einheit des Leibes Christi.« Katholische Brüder traten dem Orden ebenso bei wie protestantische. Jahr für Jahr kommen mehrere Zehntausend junge Christen nach Taizé.

chen?« antworteten 74 Prozent der Befragten mit Ja. Die Enquête belegte überdies eine ersichtliche Schwächung des Antikatholizismus. 69 Prozent wünschten sich »engere Kontakte« zum Katholizismus, 23 Prozent waren der Meinung, daß es unter Johannes Paul II. zu einer Annäherung der beiden Konfessionen gekommen sei, 12 Prozent fanden, sie hätten sich weiter voneinander entfernt, 44 Prozent erkannten keine Veränderung. Mischehen waren erstaunlich weit verbreitet: Nur 20 Prozent der befragten Protestanten hatten einen protestantischen Gatten, jedoch 50 Prozent einen katholischen. 23 Prozent (von den praktizierenden Protestanten sogar 35 Prozent) waren dafür, daß ihre Kinder eine Mischehe eingingen, 45 Prozent waren »weder dafür noch dagegen«, nur 2 Prozent waren »entschieden dagegen«. Mehl zeigt sich über diese Gleichgültigkeit beunruhigt und betont: »Für eine kleine Gemeinde wie den Protestantismus stellt die wachsende Zahl von Mischehen zweifellos ein Übel dar.« Sind wir also dabei, das »durch und durch gewirkte Gewand« der Kirche wiederzuentdecken? Wohl nicht. In protestantischen Kreisen kursiert folgendes Bonmot: »Für Katholiken ist die Kirche die Mutter; für Griechisch-Orthodoxe ist sie die Braut; für Protestanten ist sie ein Hagestolz, der nein sagt.« Das ist das ganze Problem. Gewiß freuen sich die Reformierten darüber, daß Johannes Paul II. der ganzen Menschheit das Evangelium verkündet, aber sie erinnern auch daran: »Das Wort des Papstes zieht seine Kraft aus dem Evangelium – nicht umgekehrt.« Das hat Pastor André Dumas gesagt, für den die Kirche niemals »Besitz oder Schutzschirm« sein darf, sondern stets »Verkündigung und Dienst« sein muß. Die ökumenische Bewegung wird niemals die dogmatische Differenz überwinden können, die darin besteht (und bestehen bleibt), daß für den Protestanten die Kirche (ihre Geistlichen, ihre Sakramente usw.) aus dem Evangelium lebt, während es für den Katholiken genau umgekehrt ist. Pastor Dumas schreibt: »Die Reformation sieht in der Kirche die Verkündigerin der Gnade. Sie bestreitet ihr daher jede Unfehlbarkeit und betont, daß die Kirche selbst eine Sünderin ist, die bereut und der vergeben wird: *Ecclesia semper reformata et reformanda.*« Die protestantische Glaubenspraxis ließe sich definieren als Allianz des Ernstes mit der Freiheit. Das erklärt, warum 18 Prozent derjenigen, die sich Protestanten nennen, eine religiöse Unterweisung ihrer Kinder ablehnen. Mehl meint dazu: »Was am Protestantismus vor allem geschätzt wird, ist die geistige Freiheit, die er gibt.« Doch er fügt hinzu: »Aber es gibt vielleicht eine Gruppe von Gläubigen, die den Respekt vor der nicht-direktiven Erziehung übertreiben und die Freiheit des Kindes nur achten, weil sie Angst haben, es zu ›manipulieren‹, bevor es alt genug ist, selbst zu entscheiden.« Der katholischen Hierarchie sind solche Skrupel fremd, nicht jedoch zahlreichen katholischen Eltern, die insgeheim an dieser Gewissensnot leiden. Da die Kirche aus dem Evangelium lebt, bleibt die Nähe zum heiligen Text Grundlage der protestantischen Glaubenspraxis. Der genannten Enquête zufolge lag bei allen untersuchten Gruppen die regelmäßige Bibellektüre prozentual deutlich über dem regelmäßigen Besuch des Gottesdienstes. Um nur die Arbeiter zu nehmen: 8,7 Prozent von ihnen gingen regelmäßig zur Kirche, aber 28 Prozent lasen regelmäßig in der Bibel. Und 41 Prozent derjenigen, die *nie* in die Kirche gingen, lasen regelmäßig in der Bibel. Daher sollte die Religionssoziologie statt von »Dechristianisierung« lieber von »Exchristianisierung« sprechen, worunter zu verstehen wäre, daß manche Gläubigen

»Oh, ich weiß sehr wohl, daß schon der Wunsch zu beten ein Gebet ist und Gott mehr nicht verlangen kann [. . .]. Wir machen uns gewöhnlich eine gar widersinnige Vorstellung vom Gebet [. . .]. Wäre das Gebet wirklich das, was die da denken, eine Art Geschwätz, die Zwiesprache eines Wahnbesessenen mit seinem Schatten, oder sogar noch weniger als das: ein eitles und abergläubisches Bittgesuch, um die Güter dieser Welt zu erlangen – wäre dann wohl möglich, daß Tausende bis zu ihrem letzten Tag zwar vielleicht nicht so sehr Süße darin finden [. . .], wohl aber eine harte, starke und vollkommene Freude?« (Georges Bernanos, *Tagebuch eines Landpfarrers*) Das ökumenische Gebet symbolisieren auf diesem Bild die Kultgegenstände der monotheistischen Religionen.

Der Pilger – der »peregrinus« – ist einesteils der Fremde, andernteils der Mensch, der unterwegs ist. Durch seine »peregrinatio ascetica« wird er *ein Anderer*, der *den Anderen* begegnet. Die Gemeinschaft derer, die unterwegs sind (die Pilgerfahrt ist wandelndes Gebet), darf nicht enden, sobald sie die Kathedrale von Chartres betreten: Schon auf dem Rückweg soll sie sich untilgbar in das Gedächtnis graben.

sich durch das Verhalten gewisser Kleriker oder christlicher Bewegungen von ihrer (katholischen oder protestantischen) Glaubenspraxis abbringen lassen, ohne dabei dem Glauben selbst abzuschwören.

Hat die katholische Kirche Frankreichs einen Tiefpunkt erreicht? Nun, zwar ist sie quantitativ nicht mehr das, was sie einmal war; aber die »Kinder«, die ihr geblieben sind, sind nicht aus Zufall oder Eigennutz geblieben. Die Liebe zu Christus bewährt sich in der Liebe zum Nächsten, und die Konsumgesellschaft hält uns zu hedonistischem Selbstgenuß an: Wir sollen immer schöner werden, jung bleiben, unser Geld so lange wie möglich dafür ausgeben, daß unser Äußeres dem Körper des Narkissos gleiche. Können die Anhäufung von Dingen und die »sexuelle Befreiung« dem Leben einen Sinn verleihen? Nein, antwortet der Christ; die Dechristianisierung ist keine Befreiung. Befreiung ist an Gerechtigkeit und an Brüderlichkeit gebunden. »Seit der Auferstehung Christi mündet der Tod nicht mehr ins Nichts, sondern ist auf geheimnisvolle Weise der Eintritt ins Leben.« So kann der sprechen, der an Gott glaubt. Was jedoch den betrifft, der nicht an ihn glaubt – er kann für die Befreiung des Menschen ebenso glühend und tatkräftig wirken wie der, der glaubt.

Anmerkungen

1 Matthäus 6, 2–4. 6, 17–18 (Übersetzung: Leander van Eß).
2 Im einzelnen sind die Ergebnisse dieser Enquête nachzulesen bei G. Bessière, J. Piquet, J. Potel, H. Vulliez, *Les volets du presbytère sont ouverts* [. . .]; eine Zusammenfassung gibt J.-C. Petit, *La Vie* 2091, 26. September – 2. Oktober 1985.
3 A. Girard und J. Stoetzel, *Les Valeurs du temps: une enquête européenne*, Paris 1983. Die Enquête wurde in neun europäischen Ländern vorgenommen. Ein Resümee für Frankreich ziehen dieselben Autoren in »Les Français et les valeurs du temps présent«, in: *Revue française de sociologie*, Januar–März 1985, S. 3–31. Nicht übersehen werden darf, daß jede Untersuchung von »Werten« komplexe Probleme in bezug auf die Formulierung der Fragen aufwirft.
4 R. Mehl, *Rapport présenté au Conseil de la fédération protestante de France le 30 mai 1981*. Der Autor stützt sich auf eine im März 1980 vom Französischen Institut für Meinungsforschung (IFOP) vorgenommene Befragung von 9871 Personen, die für die Bevölkerung über 15 Jahre repräsentativ waren. Von ihnen erklärten 414, sie stünden »dem Protestantismus nahe«. Die Enquête war von den Zeitschriften *La Vie*, *Les Dernières Nouvelles d'Alsace*, *Midi Libre*, *Réforme* und *Le Christianisme au XX*[e] *siècle* in Auftrag gegeben worden.
5 James Joyce, *Ein Porträt des Künstlers als junger Mann*, übersetzt von Klaus Reichert, Frankfurt a. Main 1986, S. 147.
6 Ebd., S. 145.
7 Ebd., S. 146.
8 Ebd., S. 143.
9 Y. Lambert, »Crise de la confession, crise de l'économie du salut: le cas d'un paroisse de 1900 à 1902«, in: *Pratiques de la confession. Les Pères du Désert de Vatican II.*, Bussière-Colloquium, Cerf 1983.
10 Ebd.
11 Ebd.
12 Ph. Boutry, »Réflexions sur la confession au XIXe siècle: autour d'une lettre de sœur Marie-Zoé au curé d'Ars (1858)«, in: *Pratiques de la confession.* [. . .], a. a. O.
13 Aus einem Gemeindebrief von 1913.
14 Y. Lambert, a. a. O., S. 257.
15 Ebd., S. 259.
16 Thomas Gousset, *Théologie morale*, Bd. II, S. 296.
17 Wir stützen uns hier auf Ausführungen Boutrys, a. a. O.
18 G. Vincent, *Les Jeux français*, Paris 1978, S. 83–100.
19 Matthäus 5, 44. 46 (Übersetzung: Leander van Eß).
20 Jakobus 5, 1–6 (Übersetzung: Leander van Eß).
21 Gespräch mit *Le Monde*, 5. Februar 1985.
22 Gespräch mit *Le Monde*, 13. September 1984.
23 Siehe Anmerkung 4.

Wahlplakate der französischen Kommunisten bei den Parlamentswahlen 1986: Reduktion der »weltlichen Religion« auf Stimmenfang?

Gérard Vincent

Die Kommunisten: Eingriff und Realitätsverleugnung

»Was ist Sozialismus anderes als die vergöttlichte Verwaltung, ausgestattet mit höchster Wissenschaft und schrankenloser Macht und dazu aufgerufen, die intimsten Akte des *privaten Lebens* der wohltätigen Lenkung des Staates zu unterwerfen und alle Menschen wohl oder übel glücklich und weise zu machen – sei es durch Angleichung der Vermögen, durch Reglementierung der Neigungen oder durch Reinigung der Gewissen.«

A. Prévost-Paradol, *Journal des débats*, 21. Dezember 1860

Sich engagieren

Das jüdisch-christliche Erbe

Kommunisten werden häufig als »Fanatiker« abgestempelt; darauf entgegnen sie, daß auch der Antikommunismus ein Fanatismus sei. So halte ich mich für die folgenden Seiten, die dem privaten Leben von Kommunisten gewidmet sind, an die Mahnung Tocquevilles: »Ich schreibe über die Geschichte, ich erzähle sie nicht.« Was es heißt, Mitglied »der« Partei zu sein (in den Augen des Neophyten gibt es keine andere), ist nur im Zeichen unseres jüdisch-christlichen Erbes verständlich. Der Übergang von der Eschatologie zur Teleologie gründet in der monistischen Sehnsucht, die Vielfalt der Erscheinungen auf ein einheitliches Erklärungsprinzip zu reduzieren. Seit Jahrhunderten wünschen sich alle Denker, die Menschheit möge nach dem Willen einiger Entscheider formbar sein, die in voller Kenntnis aller Ursachen und Wirkungen handeln. Prometheus hat das versucht und ist für seine Dreistigkeit bestraft worden. Die Kirche trachtete danach, eine Moral der Notwendigkeit zu etablieren; sie errichtete eine durchziselierte Hierarchie, welche die Jahrhunderte überdauerte und in der die einzelnen Funktionen farblich differenziert waren (Schwarz für den niederen Klerus, Violett für den Bischof, Rot für den Kardinal, Weiß für den Papst); sie folgte eher der Gewalt der Dinge, als daß sie sie gesteuert hätte. Es wird erzählt, in den Büros der *Humanité*, der Zeitung der französischen KP, habe jahrelang ein Satz von Gabriel Péri an der Wand gehangen: »Ich habe meinen Beruf als eine Art Religion aufgefaßt, in der das tägliche Redigieren eines Artikels das abendliche Priesteramt war.« Der indochinesische Kommunist Nguyên Tat Thanh wählte das Pseudonym Hô Chi Minh (»der Erleuchter«), ermahnte seine Genossen, »den alten Menschen abzustreifen«, predigte die Askese und sagte, er bewundere

Otto Griebel, *Die Internationale*, 1928–1930. »[. . .] das Proletariat, die Klasse der modernen Arbeiter, die nur so lange leben, als sie Arbeit finden, und die nur so lange Arbeit finden, als ihre Arbeit das Kapital vermehrt.« (Karl Marx und Friedrich Engels, *Manifest der Kommunistischen Partei*) (Berlin, Museum für Deutsche Geschichte)

Lenin nicht nur wegen seines Genies, »sondern auch wegen seiner Verachtung des Luxus, seiner Liebe zur Arbeit und der Reinheit seines *privaten Lebens*«. In seiner Auseinandersetzung mit der Hegelschen Rechtsphilosophie schreibt Marx, die Religion sei die Seele einer herzlosen Welt und, weil der symbolische Ausdruck des sozialen und menschlichen Dramas, der phantasmagorische Versuch, an das Andere in einer »anderen Welt« anzuknüpfen. Gegen diese in seinen Augen illusorische Kommunikation entwarf er ein Assoziationsmodell selbstbestimmter Menschen. Ob es sich um den »Ewigen Juden« handelt, der Goethe faszinierte, um Dostojewskis Großinquisitor, Eugène Sues Samuel oder Edgar Quinets Ahasver, das Thema ist stets das gleiche: Die Kirche ist sündig, sie hat die Lehre Christi verraten, und das Volk der Christen ist bereit, Christus aufs neue zu kreuzigen, wie der ältere Bruegel es auf seiner *Kreuztragung* dargestellt hat. Hier ist gleichsam ein Erbe anzutreten, was erklärt, warum so viele Kommunisten aus dem Katholizismus kommen und manche Katholiken im Proletariat den Agenten der Erlösung gesehen haben. »Das echte engagierte Denken ist zunächst das marxistische Denken [. . .]. In ihm ist die Einheit des Denkens und des Handelns ohne Zweifel am engsten«, schrieb Jean Lacroix im Dezember 1944 in der katholischen Zeitschrift *Esprit*. Der Mitschurinismus[1] galt als wissenschaftlich stichhaltig: Mit seiner These von der Erblichkeit erworbener Eigenschaften durch Kreuzung »bewies« er, daß der Mensch die Natur verändern kann, so wie Davidovs Plan, die sibirischen Ströme umzulenken und das unermeßliche sibirische Ödland in ein fruchtbares Andalusien zu verwandeln.

In der jüdisch-christlichen Tradition wurzelt der Personenkult des atheistischen Materialismus. Die Kirche hört zwar nicht auf, das zu sein, was ihr griechischer Name »ekklesia« besagt: die Versammlung der Gläubigen; aber sie beweihräucherte (im wörtlichen wie im übertragenen Sinne) den Nachfolger Petri, den sie auf den Thron hob. Die narrative Geschichte, die nicht Gesetzmäßigkeiten ermittelt, sondern Koinzidenzen festhält, konstatiert, daß jede Revolution im Bonapartismus endet, heiße dieser Bonaparte nun Cäsar, Cromwell, Napoleon, Stalin, Mao Zedong oder Fidel Castro. Auch die französische KP (PCF) hatte ihr Idol: Maurice Thorez, der seiner »geschönten« Biographie zufolge ursprünglich Bergarbeiter gewesen war. Thorez machte mit dem Kommunismus keine so einschneidenden Erfahrungen wie Palmiro Togliatti, der Intellektuelle mit der akademischen Aura, der während des Spanischen Bürgerkriegs ein unbeugsamer Stalinist war, dann dem Polyzentrismus huldigte und sich schließlich energisch dagegen verwahrte, die »Auswüchse« des Stalinismus mit dem Hinweis auf die »Persönlichkeitsstruktur« seines Urhebers hinwegzupsychologisieren. Thorez mußte niemals jenen »Pessimismus-Schock« erleben, von dem Dominique Desanti spricht und den Togliatti in den Führungsrängen der Komintern erfahren hat.

Das Prestige der UdSSR im Jahre 1944

Die Beitrittswelle zur PCF unmittelbar nach der Befreiung Frankreichs erklärt sich aus dem eminenten Prestige der Roten Armee. Daß die Alliierten schon 31 Monate nach dem Eintritt der USA in den Krieg in der Normandie landen konnten, war nur möglich, weil die deutschen Armeen teilweise in den russischen Ebenen aufgerieben worden waren; das begriffen die Franzosen. Als besonders effizient blieben die ersten drei Fünfjahrespläne in Erinnerung: Sie hatten der UdSSR eine Armee beschert, der es entgegen allen Erwartungen nach den Katastrophen des Sommers und Herbstes 1941 gelungen war, durch die großen Gegenoffensiven bei Rostov im November und rund um Moskau am 7. Dezember das Blatt zu wenden. Man begann sogar, an den großen Säuberungen von 1937/38 zu zweifeln, denen die Hälfte der höheren Offiziere zum Opfer gefallen waren: Wenn das stimmte, wie war dann die außerordentliche Schlagkraft der Roten Armee zu erklären, die niemanden mehr überrascht hatte als Hitler (der soeben 400 000 Mann von der Ostfront abgezogen und in den Westen geworfen hatte, um den Widerstand seiner westlichen Gegner zu brechen)? Hatte man sich nicht vielleicht doch von der »bürgerlichen« Propaganda täuschen lassen? Unterdessen lieferte Stalin eine gemeinverständliche Textfassung jener Geschichte, die er zu machen gedachte. Beim Wiederlesen seiner Schriften (wenn sie wirklich von ihm stammen) frappiert sein Talent zur Popularisierung, ob es sich um Probleme der Nationalitäten, des Marxismus-Leninismus oder der Sprachwissenschaft, um Wirtschaftsfragen oder den »Menschen, unser kostbarstes Kapital«, handelt. Die Komplexität der Marxschen und Leninschen Argumentation verdünnte er zu handlichen For-

Mit 180 Divisionen, 41 000 Geschützen und 6300 Panzern rückten Schukow, Konjew und Rokossowskij seit dem 12. April 1945 gegen Berlin vor. Am 2. Mai ergab sich General Weidling mit 70 000 deutschen Überlebenden dem Sieger von Stalingrad, Tschuikow. Auf dem Reichstag wurde die Rote Fahne gehißt.

meln, die den Hoffnungen der ungebildeten Massen ebenso zu genügen schienen wie der Sehnsucht der Intellektuellen, die der scholastischen Textexegese überdrüssig waren und endlich die Welt verändern wollten.

Der PCF in der Résistance

Die Kommunistische Partei Frankreichs profitierte gewiß von ihrer Haltung während der Résistance. Wohl war sie zu sehr »Partei« (im doppelten Sinne des Wortes), als daß sie sich zur »Partei der Füsilierten« hätte aufwerfen dürfen (deren Zahl sie übertrieb), während sie ihr peinliches Taktieren in der Zeit zwischen dem Hitler-Stalin-Pakt und dem deutschen Angriff auf die UdSSR mit Stillschweigen bedeckte. Gleichwohl darf man die Rolle des PCF in der Résistance nicht herabsetzen. An das Agieren im Untergrund gewöhnt, bewies die Partei ihre Effizienz in dem Augenblick, als sie den Krieg nicht mehr als »Kampf raubgieriger Imperialisten« deutete, sondern zum »antifaschistischen Kreuzzug« erklärte. Die Kommunisten vermieden es auch, sich in die endlosen Intrigen zwischen Giraudisten und Gaullisten hineinziehen zu lassen; sie setzten von Anbeginn auf die gaullistische Karte, und Fernand Grenier war der erste, der dem General de Gaulle die Unterstützung einer Partei melden konnte.

Der Splitter und der Balken

Der Ostblock besaß übrigens nicht das Monopol auf Ungerechtigkeit und Schrecken. 1947 gab es die Massaker in Madagaskar, in den fünfziger Jahren machte der endlose Krieg in Indochina Henri Martin zum Märtyrer der Dekolonisierung. Dieser 24jährige Matrose wurde zu fünf Jahren Zuchthaus verurteilt, weil er ein Pamphlet verteilt hatte, in dem zu lesen stand: »Unser Blut ist nicht käuflich, und für eure Millionen opfert ihr unsere zwanzig Jahre [. . .]. Keinen Sou und keinen Mann mehr für diesen schmutzigen Krieg [. . .]! Matrosen Toulons, wir haben uns nicht verpflichtet, für den größtmöglichen Profit der französischen Bankiers unsere Haut in Indochina zu Markte zu tragen!« In den USA wurde im Juni 1947 das Taft-Hartley-Gesetz verabschiedet, das alle Gewerkschaftsführer verpflichtete, sich eidlich zum »Nicht-Kommunismus« zu bekennen; die CIO, anfangs widerspenstig, dann resigniert, schloß 1949/50 zwölf angeblich kommunistisch orientierte Gewerkschaften aus und verlor eine Million Mitglieder. Der »Ausschuß für unamerikanische Umtriebe« unter Senator Joseph McCarthy verhörte und ächtete »Kommunisten, ehemalige Kommunisten und angebliche Kommunisten, die sich jeder Möglichkeit beraubt sahen, Arbeit zu finden oder das Land zu verlassen, da man ihren Paß eingezogen hatte«.[2]

Gründe für die Mitgliedschaft

Ausbeutung war der Grund, warum Proletarier in die Partei eintraten. Bekanntlich hat Bismarck den Mut gehabt, die traditionellen staatstragenden Strukturen wie Verwaltung, Armee, Justiz, das kapitalistische Unternehmertum zu stärken und gleichzeitig soziale Reformen einzuführen, die in der damaligen Zeit durchaus fortschrittlich waren. In den zwanziger Jahren war die französische Sozialgesetzgebung rückständiger als die deutsche. Auch Hitler hätte nicht einen so großen Teil der Arbeiterklasse um sich scharen können, wenn er nicht, bei aller Abhängigkeit von der Großindustrie, ein System der »sozialen Absicherung« geschaffen hätte, an das die Vereinbarungen von Matignon (über die Beilegung des Generalstreiks von 1936) bei weitem nicht heranreichten. Hinzu kommt, daß die soziale Mobilität der französischen Gesellschaft in den zwanziger Jahren genauso beschränkt war wie in den fünfziger Jahren. Die kommunistische Partei weckte die Hoffnung auf eine Umwälzung der Verhältnisse und damit auf weitergespannte Karrieren, während die herrschenden Zustände im Grunde nur die »Reproduktion« erlaubten. »Bloß weil man Kommunist ist, ist man noch kein prima Kerl. Ich kenne Kommunisten, die Arschlöcher sind. Natürlich. Und mit denen muß man auskommen. Aber der Unterschied ist eben, daß es kommunistische Arschlöcher sind und daß auch sie an der Veränderung der Gesellschaft mitwirken«[3] – dies ist die Einschätzung eines Fräsers.

Zahlreiche Intellektuelle, unter ihnen Sartre, sowie die Liga für Menschenrechte setzten sich für Henri Martin ein. Im August 1953 wurde er freigelassen.

Nachdem es in den zwanziger Jahren in Tours zur Spaltung zwischen

Porträt Marcel Cachins von Fougeron (*L'Humanité*, 20. September 1944).

Sozialisten und Kommunisten gekommen war, bemühte sich der PCF besonders um jene Intellektuellen, die aufgrund ihrer Zugehörigkeit zur »bürgerlichen Intelligenz« (also ihrer »objektiven« Lebensbedingungen) nicht zum Kommunismus neigten. Seit den zwanziger Jahren umwarb man Jean Jaurès, Romain Rolland und Anatole France. 1923 trat Henri Barbusse der Partei bei; obwohl kein guter Kenner des Marxismus, gründete er die Bewegung »Clarté«, aus der die Zeitschrift gleichen Namens hervorging. Georges Duhamel und Jules Romains schlossen sich der Bewegung an. 1928 gründete Barbusse die Zeitschrift *Monde*, deren Chefredakteur Jean Guéhenno war. 1927 stießen fünf Surrealisten, unter ihnen Breton, Aragon und Eluard, zur Partei. Ihnen folgten Politzer, Lefebvre, Nizan, Léger, Picasso, Joliot-Curie und andere. Unmittelbar nach dem Zweiten Weltkrieg traten in großer Zahl junge Intellektuelle aus dem Bürgertum ein; für viele von ihnen hatte dies den Bruch mit ihrer Familie zur Folge. Die exemplarische Gestalt des Arbeiters faszinierte sie; sie hatten nicht den Ehrgeiz, an seine Stelle zu treten, sondern wollten den revolutionären Weg entdecken und einschlagen. Ein Text von Sartre aus dem Jahre 1948 kündet von der Emphase der Stunde: »Der Arbeiter, absolut bedingt durch seine Klasse, seinen Lohn, die Natur seiner Arbeit, bedingt bis in seine Gefühle und Gedanken hinein – er ist es, der über den Sinn seiner eigenen Bedingtheit und der seiner Genossen entscheidet, er ist es, der in voller Freiheit dem Proletariat eine Zukunft in nicht endender Demütigung oder der Eroberung und des Sieges gibt, je nachdem, ob er sich als Resignierten oder als Revolutionär wählt.« Mit Ausnahme Aragons waren diese Intellektuellen nicht an Entscheidungen beteiligt, sondern wirkten als Gärtner im Weinberg. Die Künstler unterstellten, daß man ihnen nicht in ihr Handwerk hineinredete. Das sah man im März 1953, als die *Lettres françaises* auf der Titelseite das Stalinporträt Picassos druckten (Stalin war am 5. März gestorben). Die Darstellung erzürnte die Partei-Oberen, die den Maler »eitel und kleinbürgerlich« fanden und ihm Fougerons Zeichnung zu Ehren Marcel Cachins vorhielten: treu, ähnlich, »revolutionär« und nicht mit »formalen« Eigenwilligkeiten behaftet . . .

Agitieren

Karrieren in der kommunistischen Subgesellschaft

»Der Mensch ist weder ganz gut noch ganz schlecht«, sagt Machiavelli. Auch Georges Lefebvre vertrat die Ansicht, es sei die Überzeugung, mit den eigenen Interessen zugleich den Interessen der Gesamtheit zu dienen, was in einer Klasse das revolutionäre Feuer entzünde. Wenn »bürgerliche« Intellektuelle nach dem Krieg massenhaft in die kommunistische Partei eintraten, dann deshalb, weil die Partei auch jungen Menschen Karrierechancen bot, die in der stark gerontokratischen französischen Gesellschaft nur Ältere haben. Für junge Leute von 25 Jahren war es eine Genugtuung, die Bataillone des kommunistischen Studentenverbandes (UEC) zu kommandieren, als man bei einer Großkund-

CE QUE NOUS DEVONS A STALINE

par ARAGON, Frédéric JOLIOT-CURIE, PICASSO
Henri BASSIS, Pierre COURTADE, Pierre DAIX, Georges SADOUL

LES LETTRES françaises
ARTS
Spectacles

Prix : 35 fr. Suisse : 0 fr. 70. - Belgique : 7 fr. Italie : 100 lires
Fondées en 1942 par Jacques DECOUR (fusillé par les Nazis)
Directeur : ARAGON
Suisse : 0 fr. 70. - Belgique : 7 fr. Italie : 100 lires Prix : 35 fr.

37, rue du Louvre, Paris-2e. — TURbigo 52-00 — N° 456. — Semaine du 12 au 19 mars 1953

STALINE le marxisme et la science

par F. JOLIOT-CURIE

Le marxisme, comme toute science, vit et se développe. Parler du marxisme comme science, parler du marxisme dans son développement, parler du marxisme vivant c'est, aujourd'hui comme il y a une semaine, lorsque l'homme extraordinaire que chacun de nous aimait et vénérait comme un maître, menait une activité inlassable, parler du marxisme vivant, c'est parler de Staline, c'est parler du stalinisme.

QUELLE SORTE DE SCIENCE EST LE MARXISME, DISENT D'AUCUNS, A QUEL DOMAINE S'APPLIQUE CETTE SCIENCE ?

« Le marxisme — répond Staline — c'est la science des lois du développement de la nature et de la société, la science de la révolution des masses opprimées et exploitées, la science de la victoire du socialisme dans tous les pays, la science de l'édification de la société communiste. »

Le marxisme est d'un grand intérêt pour le physicien, le chimiste ou le biologiste.

Paul Langevin, en 1945, avait expliqué qu'il avait conscience de n'avoir bien compris l'histoire de la physique qu'à partir du moment où il avait eu connaissance des idées fondamentales du matérialisme dialectique.

Aucune science n'est achevée. Aucune ne peut se développer indépendamment des autres sciences. Les progrès et les reculs de la pensée scientifique et des applications de la science dépendent pour une large part des conditions sociales.

L'épanouissement sans précédent de la science soviétique ne peut s'accomplir que parce que les talents des savants de ce pays s'exercent dans un milieu favorable créé par les grands savants révolutionnaires Lénine et Staline — je répète dans un milieu où la science est au service de l'homme. Dans ce pays, les savants travaillent avec enthousiasme, la conscience en paix, car ils ont la certitude que les résultats de leur recherche serviront à défendre les libertés gagnées et à améliorer sans cesse les conditions de vie matérielles et morales.

Staline, continuateur de Marx et d'Engels, associé et continuateur de Lénine aura marqué de son empreinte notre époque. Son œuvre pratique est considérable. Elle est indissociable d'une œuvre théorique que nous devons plus que jamais assimiler et mettre en valeur.

Staline, contre les dogmatiques glossateurs, a souvent montré que le marxisme, comme toute science, ne peut rester à la même place, qu'il se développe et se perfectionne. « Le marxisme, écrit-il, ne peut manquer de s'enrichir d'expériences nouvelles et de connaissances nouvelles ; par conséquent, certaines de ses formules et de ses conclusions ne peuvent manquer de changer avec le temps, ne peuvent manquer d'être remplacées par des formules et des conclusions nouvelles qui correspondent aux nouvelles tâches théoriques. »

Et quelle est la méthode qui permet la mise au jour de ces nouvelles conclusions, le remplacement des formules périmées : c'est la lutte d'opinion, la liberté de critique sans lesquelles « il n'est point de science qui puisse se développer et prospérer ».

Staline a eu aussi l'immense mérite de critiquer impitoyablement tout abandon de la science et, en particulier, toute tentative de nier le caractère objectif des lois de la science. Son dernier ouvrage, « Les problèmes économiques du socialisme en Union Soviétique » contient des vues très fécondes auxquelles chacun de nous peut réfléchir et dont il tirera des règles d'action et de pensée pour sa propre discipline scientifique.

La lecture des œuvres des maîtres du marxisme constitue un enseignement d'un intérêt primordial. Mais il faut reconnaître que l'assimilation de ces œuvres serait extrêmement difficile si on se limitait à leur seule lecture. Certes, cette doctrine se fonde sur l'expérience passée qui constitue l'histoire. Elle devait permettre, en tant que science rigoureuse, de prévoir et de continuer l'action.

Il était réservé à deux hommes de grand génie, Lénine et Staline, de se pénétrer profondément de cette œuvre et d'apporter les preuves expérimentales les plus éclatantes de sa valeur. En effet, combien il est fécond de lire les discours et notes de Lénine et Staline à telle époque précise et de trouver dans les faits qui ont suivi leur conséquence directe la preuve expérimentale de la justesse de la pensée marxiste qui préparait l'action et conduisait au succès.

Tout ceci doit bien mettre en lumière la grande perte que le monde du progrès vient de subir en perdant un maître tel que Staline. Comme tout maître dont l'œuvre est complète, il a su inspirer des disciples qui continueront l'œuvre entreprise et, à leur tour, l'enrichiront.

STALINE, par Pablo Picasso (8 mars 1953).

Poème pour le Vél' d'Hiv'

par Henri BASSIS

Cette nuit-là, derrière les fenêtres closes,
Moscou tremblait — le souffle et le sommeil coupés
— Angoisse sur espoir — heures qui s'enchaînent
— Millions de cœurs, percés d'une pareille épée.

La nuit sur l'univers allumait ses veilleuses.
L'attente s'accrochait aux boutons des radios.
Les horloges tiraient leurs lentes mitrailleuses
— De Berlin à Shanghaï, de Brooklyn à Tokyo.

Le Paris de Gavroche avait cessé de rire.
Le printemps s'étranglait aux kiosques des journaux.
Des gens depuis deux jours s'apprenaient à souffrir.
Quarante mille voix chuchotaient chez Renault.

Tous écoutaient frémir le Moscou des vainqueurs
— Océan de silence aux berges du Kremlin...
... Et le deuil s'engouffra par les mots du speaker.
La nuit devint la nuit,
et le monde — orphelin.

☆

Il est mort... Et sa mort retentit sur le monde !

Le rieur de Harlem et le docker de Londres,
Le bûcheron nordique et le maçon latin
Qui partaient, sifflotant, dans le petit matin,
Ont titubé — ivres de peine et de stupeur.
Dans les rues de Madrid, quelqu'un se signe — et
(pleure.

(Lire la suite en troisième page)

STALINE et la FRANCE

par ARAGON

Quand Sergei Mironovitch Kirov est mort, et que son corps a été exposé dans la Salle des Colonnes, Staline a pleuré, j'étais à quelques pas, j'ai vu les larmes sur son visage. On sait de reste que les hommes sont mortels. La grandeur de celui qui disparaît n'y change rien sauf au caractère de la douleur. La douleur, on croirait qu'elle a ses limites, et la mort est la mort, et nous ne mesurons pas devant elle. Tout cela est vrai. Pour vous et pour moi. On croit avoir atteint le fond de soi-même, chacun, qu'il s'agisse de son amour ou de sa mère. Ce n'était que le pis de ce qui peut arriver à un homme. C'est pourtant à cela qu'il faut cette fois comparer son chagrin. Pour comprendre ce qui s'abat sur nous, je veux dire, pour comprendre qu'il n'y a pas de commune mesure, si étrange que cela paraisse, entre ce deuil de tous les hommes et le deuil qu'on a seul, et qui paraît si grand.

Sans doute chaque fois qu'un grand homme meurt, y a-t-il quelque chose qui finit, et qui laissera toujours cette pensée que tous les hommes viennent de perdre ce qui ne sera jamais plus, et qui ne pouvait naître que de cet homme-là. J'ai souvent relu, et toujours avec un serrement de cœur, ces cinq pages de Victor Hugo, dans *Choses vues*, où il raconte la mort de Balzac, sans élever la voix, presque sèchement ; et rentrant chez lui... *c'était un dimanche, je trouvai plusieurs personnes qui m'attendaient... Je leur dis : « Messieurs, l'Europe va perdre un grand esprit... »* Ce n'était que Balzac. Ce n'est pas pareil.

J'écris cela très tranquillement, en apparence. Deux jours ont passé. Il s'est fait une sorte d'engourdissement, l'autre matin, avec la nouvelle en moi comme un couteau, j'étais arrivé à Gennevilliers, dans la Salle de la Conférence Nationale du Parti Communiste, où tout le monde attendait, presque muet, devant la scène avec ses hautes draperies tricolores derrière les grandes plantes vertes découpées qui assiégeaient le rouge sombre de la tribune vide. Chaque fois que quelqu'un me serrait la main, lui et moi, que ce fût Fernand ou François, ou Daniel, nous avions comme peur des yeux de l'autre, d'y voir ces larmes qui allaient rendre impossible de contenir les nôtres... C'est bête, cette honte qu'on a. Aussi, il y avait autre chose : quand c'est ta mère qui meurt, tu n'as pas besoin de dissimuler ces gouttes d'eau qui débordent. Ici, ici... La pudeur peut-être est plus grande.

Et puis on nous a appelés, le Bureau Politique demandait au Comité Central de venir dans la pièce où se tenaient les collaborateurs techniques. On nous a fait passer de là — *il n'y avait pas la place* — dans l'arrière-fond de la scène, derrière les drapeaux, dans les coulisses, entre les portants, pleins d'ombre et de poussière. Il venait un peu de lumière de la salle éclairée ; nous ne savions comment nous placer, personne ne parlait, cela faisait un piétinement sourd. Debout, devant Jacques Duclos, presque sans voix, on entendait mal ; *j'étais au fond...* Qu'est-ce que je raconte là ? Quelle importance ? Mais quand on est revenu dans la salle et que la voix brisée de Jacques Duclos, monté à la tribune, nous a atteint, droit à nous, et qu'il a dit : *Nous avons du mal à réaliser ce qui vient de nous arriver... Staline est mort. C'est horrible d'être obligé d'associer ces mots...* Oh ! bien sûr, il y avait tout le reste, tout ce pour quoi ces petites phrases-là étaient insupportables... mais je ne sais pas si quelqu'un de nous a pu alors, pour ces petites phrases-là, se contrôler comme il aurait voulu. Il y a comme ça des mots plus déchirants que les autres.

Et tandis que la Conférence nationale s'était levée, que nous allions tous, épaule à épaule, dans le couloir vers l'escalier de sortie, j'ai compris ce grand besoin de la musique pour le deuil, de la musique qui facilite la banalité des choses nécessaires, et qui nous manquait cruellement, [illegible], avec nos pensées, tant de choses dans les têtes qui s'y pressaient comme les hommes et les femmes dans le couloir.

C'est à ce moment-là que je me suis demandé... il faut dire que Elsa m'avait prié de l'attendre, et on l'avait appelée, je croyais l'avoir perdue, je suis sorti dans la rue, rassuré, ah ! non, il était là... Les gens reprenaient leurs pardessus au vestiaire, les voix, d'abord mal assurées, se faisaient normales, pour ce qu'il fallait machinalement accomplir... C'est à ce moment-là que je me suis demandé comment cela avait été pour ma mère, pire, ou quoi ?

J'y ai repensé toute cette longue nuit suivante.

Je n'ai rien de plus profond à offrir...

Ma mère... On me pardonnera cette digression quand il s'agit de Staline. Ou on ne me la pardonnera pas. On parle avec la langue qui est la sienne, et on n'a qu'un seul cœur, qui s'est usé à ces choses-là. Toutes les choses humaines ne s'évaluent que par comparaison, et quand je regarde ma vie, peut-être puis-je y trouver d'autres douleurs, certaines assez fortes pour que j'aie cru en mourir, mais cela, c'est une autre histoire. Mais le pis, l'abîme, cela a été tout simplement quand ma mère est morte. Je n'ai rien de plus profond à offrir, et une mère, après tout, qui meurt, est-ce que c'est vraiment une affaire privée ?

C'était en 1942, à Cahors. Ma mère, avant la guerre, ne partageait pas mes idées, elle avait seulement ressenti si profondément Munich, la honte, que cela l'avait fait me comprendre. Et puis, depuis deux ans et demi, il y avait eu les propos des gens qu'elle voyait, même ses proches immédiats, auxquels elle ne passait pas un mot contre les communistes, à cause de moi, bien sûr ! A cause de ma fidélité à mon parti. Elle trouvait ça bien, imaginez-vous, et puis il y avait Vichy... En 1941, c'était avant l'agression hitlérienne contre l'U.R.S.S., elle m'avait dit, à un passage fugitif à Cahors (nous ne pouvions demeurer ensemble) : *Je n'ai confiance qu'en les Russes... que dans M. Staline...* Elle disait toujours comme ça, en me parlant, Monsieur Staline. « Monsieur » aussi, était chez elle une expression de la confiance.

(La suite en deuxième page.)

Stalinporträt von Picasso (*Les Lettres françaises*, 12.–19. März 1953). »Jeder Künstler und jeder, der sich dafür hält, nimmt als sein gutes Recht in Anspruch, frei nach seinem Ideal zu schaffen, mag das nun etwas taugen oder nicht.« (Clara Zetkin, *Erinnerungen an Lenin*) gebung am 28. Mai 1952 gegen Eisenhowers Nachfolger im Obersten Hauptquartier der Alliierten Streitkräfte in Europa (SHAPE), General Matthew Ridgway (»Ridgway die Pest«), protestierte. Ebensoviel bedeutete es für einen jungen Studenten, als Chefreporter für *Ce soir* (ein Abendblatt mit einer Auflage von 600 000 Exemplaren) die Länder des Ostens zu bereisen. »Man hat sofort ein Echo, das außerdem die eigenen Worte hundertfach verstärkt zurückgibt. Das schmeichelt einem [...]. Man ist nicht mehr der einsame Intellektuelle, sondern wird zum Dolmetscher einer Gruppe«, erinnert sich Jean-Toussaint Desanti beim Rückblick auf die Nachkriegszeit. Auf die Frage freilich, welche Art von Macht die Partei an diese Überläufer aus der »Bourgeoisie« delegierte, antwortet Desanti, »ohne zu zögern: nur den Schein von Macht«.[4]

Kommunistische Agitation hat ihre eigenen Mythen und ihre eigenen Zwänge. In den fünfziger Jahren wurde der erbarmungslose Charakter der Stalinschen Repression von allen erkannt, die weniger naiv oder besser informiert waren als die Masse der Parteimitglieder (jene also, die Victor Serge oder Boris Souvarine gelesen hatten). Trotzdem zeigte die »kommunistische Familie« keinerlei Reaktion. Man hielt das Thema für »überwunden« und stützte sich dabei auf drei Argumente. 1. Die kapitalistische Welt hatte kein Recht, Lektionen in Humanismus zu erteilen, da sie sich mit sattsam bekannten Methoden an die Reste ihres Kolonialbesitzes klammerte. 2. Die Fortdauer eines Zwangssystems in der UdSSR erklärte sich aus den besonderen, »objektiven« historischen Gegebenheiten in diesem Riesenreich: 1914 war Rußland ein unterentwickeltes Land; 1918–1921 wurde die UdSSR vom Bürgerkrieg verheert, ebenso zwischen 1941 und 1945 vom Zweiten Weltkrieg, während die USA seit dem Sezessionskrieg keinen Krieg mehr auf ihrem eigenen Territorium erlebt hatten, ausgenommen den Kampf um die Prohibition. 3. Auch das Christentum verfolgte – seit zweitausend Jahren – das Ziel, einen »neuen Menschen« zu schaffen; das Ergebnis war Auschwitz. Daher sollte es sich lieber an die eigene Nase fassen (der Papst hatte die Kommunisten exkommuniziert). Außerdem zählten ja auch die Deutschen, ob Protestanten oder Katholiken, zur Gemeinschaft der Christen. Wenn Mitschurin und Lyssenko, wie die »bürgerliche« Presse schrieb, Scharlatane waren, dann mußten die Kommunisten daran erinnern, daß das heliozentrische Weltbild noch 73 Jahre nach Kopernikus' Tod von Papst Paul V. verurteilt worden war und daß Galileo Galilei, den die Inquisition am 22. Juni 1633 zum Widerruf gezwungen hatte, für den Rest seines Lebens unter Hausarrest gestellt wurde, weil er daran festhielt, daß die Erde »sich doch bewegt«.

Der Bergmann als Idealtypus des Proletariers

Stalin wurde abgöttisch geliebt, der Bergmann aber wurde abgöttisch bewundert. In den fünfziger Jahren war dieser Beruf noch eine Familientradition, und wenn der Sohn mit 14 Jahren zum ersten Mal einfuhr, trat er sozusagen das stolze Erbe seines Vaters an. Der Bergmann, eine

exemplarische und mythische Gestalt, wurde in drei »künstlerischen« Werken verherrlicht: in André Stils Sammlung von Kurzgeschichten *Le Mot mineur, camarade* (1949), in Louis Daquins Film *Le Point du jour* (1949) und in einer Ausstellung von Bildern André Fougerons unter dem Motto *Le Pays des mines* (1951). In jenen Jahren wurden 80 Prozent der französischen Energie aus Steinkohle erzeugt, in den Steinkohlebergwerken arbeiteten über 300 000 Menschen, und die Bergarbeiter, die es wagten, vom 27. Mai bis zum 9. Juni 1941 zu streiken, symbolisierten den Widerstand der Arbeiter gegen den Nationalsozialismus. Maurice Thorez profitierte von diesem Mythos. Er gab sich als Sohn eines Bergarbeiters aus, was nicht stimmte, und erklärte: »Welche Größe liegt in diesem harten Kampf gegen die Materie, in diesem Ringen Mann für Mann mit dem Berg! Gebückt, oft liegend, in allen Stellungen entreißt der Kumpel die Kohle dem umgebenden Gestein.«[5] Der Bergmann, mutig, heldenhaft, solidarisch, diszipliniert, verantwortungsbewußt, männlich und unbesiegbar, ließ sich vom Schicksal nicht beugen, sondern trotzte ihm die strahlende Zukunft ab. Er war der neue Mensch, der kommunistische Mensch, den Aragon so definierte: »Er, der den Menschen über sich selbst stellt [. . .], der nichts fordert und alles will – für den Menschen.«[6] Mehr noch, er verkörperte den »Intellektuellen neuen Typs«, den Laurent Casanova folgendermaßen beschrieb: »Jede Handlung des Bergmanns impliziert die fortgesetzte und entwickelte Anstrengung des Begriffs, eine neuartige Methode des Denkens, welche Millionen von Proletariern entwickelt ha-

»Die Formel von der ›Partei Maurice Thorez'‹ ist zu verurteilen. [. . .] Ich muß sagen, daß ich gegen diese Formel mehrfach vor dem Politbüro und bei der *Humanité* protestiert habe. Ich bedauere, daß dies dem Zentralkomitee nicht schneller zur Kenntnis gelangt ist. [. . .] Man darf Beweise des Vertrauens und der Zuneigung nicht mit Personenkult verwechseln.« (Thorez vor dem französischen Zentralkomitee, 10. Mai 1956) ben [. . .]. Der Arbeiter bewegt sich bereits auf einer höheren Ebene des Denkens als jeder beliebige Ideologe, der in bürgerlichen Disziplinen geschult und befangen ist.«[7] Jeder Bergmann ist ontologisch Kommunist, auch wenn er es nicht weiß. Er ist der Idealtypus des Proletariers. So stand der Bergmann im Mittelpunkt der neuen Ikonographie, die die Partei propagierte. Auf dem XI. Parteitag des PCF (1947) skizzierte Laurent Casanova die Kulturpolitik der Partei. In der Malerei wurden Allegorie und Symbol als Relikte einer dekadenten Ideologie verpönt. In Ehren standen Porträts, Industrielandschaften und historische Fresken zum Ruhme des Klassenkampfes. Ausdrücklich wurde betont, die Malerei habe sich an »den politischen und ideologischen Positionen der Arbeiterklasse« zu orientieren. Der »Formalismus«, verstanden als Primat der Form über den Inhalt, wurde verworfen. Was zählte, war die vollständige Übereinstimmung des Bezeichnenden mit dem Bezeichneten. Richtschnur war das Diktum Schdanovs: »Alles wahrhaft Geniale ist verständlich, und um so genialer, je verständlicher es der breiten Masse des Volkes ist.« Der »Sozialistische Realismus« hatte die Realität in ihren revolutionären Signalen zu bezeugen. Er sollte nicht nur den Sinn des Kampfes darstellen, sondern auch »die Unausweichlichkeit des Sieges«. André Fougerons Bild *Les Parisiennes en marché*, ausgestellt auf dem Herbstsalon 1948, hielt sich streng an diesen Kanon. Seinen Höhepunkt erreichte der »Neue Realismus« 1951, als die Galerie Bernheim-Jeune Fougerons Bilderzyklus *Le Pays des mines* präsentierte. Die herbe Kritik, die in *Le Monde* erschien, bestärkte die Partei in ihrer Überzeugung, auf dem »richtigen Wege« zu sein, da die »bürgerliche« Presse derart empört reagierte. Der Herbstsalon 1951 brachte die Apotheose: Die Polizei entfernte sieben Bilder wegen »Verletzung des nationalen Empfindens«. In seiner Kolumne in der Zeitschrift *La Nouvelle Critique* erläuterte Fougeron, der bürgerliche Maler flüchte sich in die Bilder, weil er die Wirklichkeit nicht ertrage. Wie jede Subgesellschaft war die kommunistische Partei ein Verein zur gegenseitigen Bewunderung, solange man nicht von der reinen Lehre abfiel. Jean Fréville kommentierte zwei Bilder aus dem Zyklus *Pays des mines* folgendermaßen: »Wir kommen zur *Trieuse* [Erzklauberin]: ein junges Mädchen aus dem Steinkohleland, doch mit dem Antlitz einer florentinischen Jungfrau, in seiner Arbeitskleidung, durch eine Kopfbedeckung vor dem Kohlestaub geschützt, ruhigen Mutes und mit jenem Ausdruck in den Augen, in welchem Trauer mit dem Traum vom Glück verschmilzt, eine Erzklauberin wie jene, die während des Streiks von 1948 den Sicherheitskräften, die auf sie einprügelten, zurief: ›Schlagt mir doch den Schädel ein! Das, was drin ist, kriegt ihr nie!‹« Und über den *Pensionné* [Rentner], einen ausgemergelten alten Mann in seinem Häuschen, schrieb er: »Er hat seinen Schweiß und seine Gesundheit gegeben, seine Lungen und sein Blut, damit die Herren der Zeche sich bereichern konnten. Nach einem langen Leben unter Tage hat er nicht mehr die Kraft, endlich den Sonnenschein zu genießen, und keine ausreichende Rente für eine ordentliche ärztliche Behandlung. Von der Staublunge gezeichnet, invalide, vorzeitig gealtert, kaum fünfzig Kilo wiegend, auf dem zerfurchten Gesicht die Spuren vergangenen und gegenwärtigen Elends, wartet er,

André Fougeron, *Der Rentner*, 1950. »Das Wesen des Sozialistischen Realismus beruht in der möglichst genauen Treue zur Wirklichkeit des Lebens, ausgedrückt in künstlerischen Bildern aus kommunistischer Perspektive. Die ideologischen und ästhetischen Grundprinzipien des Sozialistischen Realismus sind folgende: Hingabe an die kommunistische Ideologie, Wirksamkeit im Dienst des Volkes und des Geistes der Partei, unmittelbare Verbundenheit mit dem Kampf der werktätigen Massen, sozialistischer und internationalistischer Humanismus, historischer Optimismus, Ablehnung des Formalismus und des Subjektivismus sowie des naturalistischen Primitivismus.« (*Philosophisches Wörterbuch*, Moskau 1967) (Bukarest, Museum der Schönen Künste)

neben ein schwächliches Feuer gekauert, auf den Tod. Doch in den Augen des alten Kämpfers brennt noch immer die alte, einzigartige Flamme.« Trotz ihres »Miserabilismus« wurden diese Bilder den Regeln gerecht, die Thorez formuliert hatte: »Wir brauchen eine optimistische, in die Zukunft gewandte Kunst [...]. Den orientierungslosen Intellektuellen, die verirrt sind im Labyrinth ihrer Fragestellungen, halten wir unsere Gewißheiten entgegen, die Möglichkeiten einer unbegrenzten Entwicklung. Wir rufen sie auf, sich abzuwenden von den falschen Problemen des Individualismus, des Pessimismus, der dekadenten Ästhetik, und ihrem Leben einen Sinn zu geben, indem sie es mit dem Leben anderer verknüpfen.«

Es war nicht das erste Mal, daß eine politische (oder religiöse) Macht eine deskriptiv-didaktische Bekehrungsmalerei durchzusetzen suchte. Schon die Kunst der Gegenreformation hatte sich diesen Normen gebeugt. Indessen erlebte die nachtridentinische Kunst aus vielen Gründen einen enormen Aufschwung (das »Jenseits« beflügelte die Phantasie der Maler, die Kirche akzeptierte auch mythologische Themen usw.). Die Kirche hatte Rubens, die Partei hatte Fougeron. Nach dem Tode Stalins ging der PCF von der Linie des »Sozialistischen Realismus« ab. Der XIII. Parteitag formulierte Zweifel an der Schdanovschen Kulturpolitik, und das Chamäleon Aragon war der erste, der die Kunst Fougerons kritisierte.

Die Identität des militanten Kommunisten gründet in zwei Faktoren, die auf komplizierte Weise ineinandergreifen. Der eine Faktor ist die Leugnung, die Abwehr jeder Information, die der verordneten Teleologie widerspricht; der andere ist die Kraft, die der gläubige Kommunist sozusagen aus dem Haß zieht, den er als potentieller Zerstörer der etablierten Ordnung weckt. Diese »Existenzweise« kommt in dem vertraulichen Geständnis zum Ausdruck, das Jean-Tousssaint Desanti von Laurent Casanova gehört haben will: »Jawohl, die Partei fordert viele Opfer, aber sie verleiht auch viel Macht, und zwar nicht nur über die anderen Mitglieder der Partei, sondern über die Gesellschaft insgesamt. Denn wenn du kritisiert und geschmäht wirst, ist das nicht die Bestätigung dafür, daß du Macht ausübst?« Wieder einmal stehen wir vor dem Rätsel des »harten Kerns« des privaten Lebens: dem Geheimnis der Militanz. Wir werden unsere Betrachtung auf die Nachkriegszeit beschränken.

Realitätsverleugnung

Ob es um die Liquidierung der Kulaken ging, um die Schauprozesse und Säuberungen in den dreißiger Jahren oder den Antisemitismus in der UdSSR, der militante Kommunist »wußte« alles oder hätte es wissen können. Boris Souvarine, nach den Worten Alain Besançons »acht Jahre Kommunist und sechzig Jahre Antikommunist«, wurde nach seinem Ausschluß aus dem PCF 1925 nicht müde, die Mechanismen des Stalinismus anzuprangern. Seine Stalinbiographie kam in Frankreich 1935 heraus und trug den Untertitel *Aperçu historique du bolchevisme*; sie blieb nahezu unbemerkt und wurde der Schmähung bezichtigt. Emanuel Le Roy Ladurie freilich vermutete in Souvarines *Staline* »eines der größten Bücher des Jahrhunderts« – doch das war 1977, als eine Neuausgabe des Werkes erschien. Die Schriften Victor Serges sowie die zahlreichen Augenzeugenberichte über die Liquidierung des POUM und der Trotzkisten während des Spanischen Bürgerkriegs waren jedem Kommunisten zugänglich. In der Januarnummer 1950 der Zeitschrift *Temps modernes* konnte man folgende Sätze lesen, unterzeichnet von Sartre und Merleau-Ponty: »Es steht also fest, daß Sowjetbürger aus der Untersuchungshaft heraus ohne richterliches Urteil und ohne zeitliche Begrenzung deportiert werden können [...]. Es steht ferner fest, daß der Repressionsapparat immer mehr zu einem selbständigen Machtfaktor in der UdSSR wird [...]. Angesichts der umfangreichen Arbeiten an den Kanälen zwischen Ostsee und Weißem Meer sowie von Moskau zur Wolga ist anzunehmen, daß die Gesamtzahl der Häftlinge in die Millionen geht; manche sprechen von zehn Millionen, andere von fünfzehn.« Das im Februar 1948 gegründete Rassemblement Démocratique Révolutionnaire (RDR) machte es sich zur Aufgabe, die sowjetischen Gefangenenlager zu durchleuchten. David Rousset, ein Résistancekämpfer, der von den Nazis verschleppt worden war und zusammen mit Sartre und Camus das RDR gegründet hatte, veröffentlichte niederschmetterndes Material über die UdSSR. Die kommunistische Presse

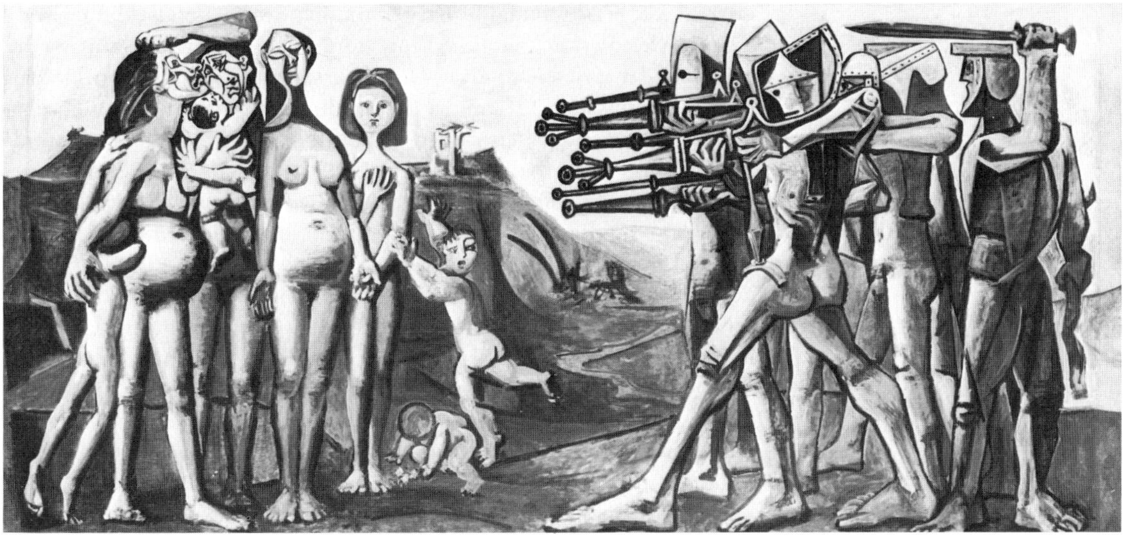

Pablo Picasso, *Massaker von Korea*, 1951. Gemalt auf Befehl der Partei – oder auf Befehl des Gewissens? Picasso konnte nicht schweigen, er war das erlauchteste Mitglied der französischen KP. Der Kunstdiktatur Schdanovs widersetzte er sich. Die Kriege haben sich wiederholt – *Guernica* nicht. (Vallauris, Sammlung Pablo Picasso)

denunzierte ihn als Lügner. Es herrschte die Tendenz, nicht wissen zu wollen. Auch das war nichts Neues, seitdem viele Menschen behauptet hatten, von den nationalsozialistischen Greueltaten erst 1945 Kenntnis erlangt zu haben. Und paradoxerweise hatten die großen Prozesse der Nachkriegszeit (gegen Rajk, Slansky usw.) zur Folge, daß die aktiven französischen Kommunisten immer stalinistischer wurden. Dominique Desanti schreibt: »Nach stalinistischer Logik konnte es ›keinen ehrlichen Widerspruch in der Weisheit geben, die in konzentrischen Kreisen aus der Moskauer Zentrale dringt‹. Von mir kann ich sagen, daß ich erst im Verlauf der Prozesse und durch meine öffentlichen Erklärungsversuche für sie zu einer hundertprozentigen Stalinistin geworden bin.«[8] Über ihr Buch *Les Staliniens* sagt dieselbe Autorin, sie habe es geschrieben, »um zu zeigen, wie und warum man, wenn man das Bedürfnis nach Glauben hat, jede Information zurückweist, die diesen Glauben erschüttern oder schwächen könnte«.[9] Und auf die selbstgestellte Frage »Hätte mich der *Archipel Gulag* überzeugt, wenn er damals erschienen wäre?« antwortet sie: »Nein; ich hätte es nicht geglaubt. Niemand gibt die Hoffnung auf, wenn sie als unerbittliche Notwendigkeit demonstriert worden ist. Die UdSSR blieb für uns der Erlöser, der Mythos. Dafür hatten wir die Nazis kennengelernt.«[10]

Im Januar 1955, in einer Phase des wirtschaftlichen Aufschwungs, veröffentlichte Maurice Thorez *La Situation économique de la France, mystifications et réalités*, worin er gegen jeden Augenschein die »absolute Verelendung« der französischen Arbeiterklasse beklagte. Auch dieser Beitrag zur kommunistischen Lehre zeichnete sich durch den konsequenten Willen zur Realitätsverleugnung aus – eine Haltung, die in den nächsten zehn Jahren befestigt wurde: »Die Erfahrung hat das Gesetz von der absoluten und relativen Verelendung voll und ganz bestätigt.« »Heute haben die meisten Stundenlöhne in Frankreich eine Kaufkraft, die etwa um die Hälfte geringer ist als vor dem Krieg.« »Der Pariser Arbeiter ißt heute weniger Fleisch als zur Zeit des Zweiten Kaiserreichs.« Derlei redundante Behauptungen des Generalsekretärs wurden von den Parteiökonomen flink »untermauert«. In der Januarnummer 1965 der Zeitschrift *Économie et Politique* »bewies« J. Kahn, daß die Kaufkraft zwischen 1957 und 1962 um durchschnittlich 6 bis 9 Prozent gesunken wäre. Demgegenüber ermittelte das französische Institut für Statistik und Wirtschaftsstudien (INSEE), das nicht eben als Filiale der CIA bekannt ist, folgende Daten über Arbeiterhaushalte: 1954 besaßen 8 Prozent von ihnen ein Auto, 1969 waren es 61,1 Prozent; 1954 hatten 0,9 Prozent ein Fernsehgerät (nationaler Durchschnitt: 1 Prozent), 1969 waren es 71,3 Prozent; einen Kühlschrank besaßen 3,3 bzw. 80,5 Prozent, eine Waschmaschine 8,5 bzw. 65 Prozent (immer auf denselben Zeitraum bezogen). Das pauperisierte Frankreich begann, Auto zu fahren und Wohneigentum zu erwerben. Es entdeckte den Kredit, und das erfüllte die Partei mit Sorge, denn die monatlichen Rückzahlungsverpflichtungen mochten die Kampfbereitschaft der Arbeiter mindern. Hinzu kam, daß seit Beginn der sechziger Jahre immer mehr Arbeiter abends vor dem Fernseher hockten, anstatt Parteiversammlungen zu besuchen.

Realitätsverleugnung ist allerdings nicht eine Eigentümlichkeit des aktiven Kommunisten. Sie ist konstitutiv für das private Leben überhaupt: Man weigert sich beharrlich, die Untreue des Ehegatten zur Kenntnis zu nehmen, die einen längst zum Gespött gemacht hat; man »will nicht wissen«, daß der eigene Sohn, die eigene Tochter drogensüchtig sind, usw. Dasselbe Phänomen gibt es in der politischen Sphäre: Es bedurfte (um nur ein Beispiel aus der »freien Welt« zu nennen) des hartnäckigen Protestes der »Mai-Mütter«, um unser Bewußtsein für die Einsicht zu schärfen, daß die »Ordnung« in Argentinien auf Folter und Mord beruhte, das heißt auf Terror. Man leugnet das, was zutage liegt – nicht so sehr, um andere zu überzeugen, als um sich selbst zu beruhigen. Warum haben Rajk und Slansky ihre »Schuld« gestanden? Für den Kommunisten ist die Antwort einfach: »Weil sie schuldig waren.« Warum hat die Hexe gestanden, mit dem Teufel im Bunde gewesen zu sein? »Weil es stimmt«, antwortet der Inquisitor und schickt die nächste Hexe auf den Scheiterhaufen, um die Feuertode von gestern zu rechtfertigen. »In dem Moment, da man den Anderen, den Feind wittert und mit Argumenten konfrontiert wird, die einen selber treffen, reagiert man sektiererisch und gewalttätig. Deshalb war das Sektierertum gerade in der Zeit des Kalten Krieges weit verbreitet«, gestand Jean-Toussaint Desanti. Aber das allein wäre nicht ausreichend gewesen, hätte die militanten Kommunisten nicht der Haß zusammengeschweißt, den sie provozierten – der ihnen freilich auch bewies, daß sie »ernstgenommen« wurden.

Der Kommunist als unentbehrlicher »innerer Feind«

Die französischen Kommunisten hatten die gesamte Nation gegen sich; sie waren die Inkarnation des Bösen. Mietlinge im Solde des Auslands, waren sie schuld am Verlust des Weltreichs. Sie betrieben die totale

Entfremdung aller Franzosen, entweder durch Gehirnwäsche oder mit der Knute. Es mangelte ihnen jegliche politische Moral (bei ihnen »heiligt der Zweck die Mittel«). Sie sabotierten jede Reform, die geeignet gewesen wäre, die Arbeiterklasse durch Besserung ihrer Lage zu pazifizieren. Was ihnen vorschwebte, war die Vernichtung des christlichen Humanismus und die Sowjetisierung des gesamten Planeten. Die Naivität der Sozialisten schamlos ausnützend, drohten sie überall mit einem »Einmarsch in Prag«. So hatte der PCF vor allem den Effekt, die Nichtkommunisten vom Gegenteil dessen zu überzeugen, was die Partei behauptete; denn die kommunistische Partei war die Partei der notorischen Lüge. War der PCF der Meinung, der Marshallplan werde die vollständige Integration Frankreichs in die amerikanische Einflußsphäre zur Folge haben, so bestritten das seine Gegner einfach deshalb, weil der PCF diesen Verdacht formulierte. Da der PCF die »Partei Moskaus« war, folgte daraus zwingend, daß die anderen Parteien das »wahre Frankreich« verkörperten. In Wirklichkeit hat der PCF, wie alle anderen Parteien auch, ebenso viele Wahrheiten wie Heucheleien verbreitet. Er hat die Existenz des Gulag bestritten, doch er hat auch darauf beharrt, daß der Krieg in Indochina mehr war als das Werk einiger weniger Fanatiker, die, in China ausgebildet und von Moskau bezahlt, ein paar Anschläge verübten. Die kommunistische Partei beschwor das Gespenst der »absoluten Verelendung« in Frankreich, aber sie enthüllte auch die Wurzeln des Kolonialismus. Damals freilich war sie der »Feind«, der für den inneren Zusammenhalt des französischen Volkes unentbehrlich war und – nach der trefflichen Analyse Herbert Marcuses – bewirkte, daß die gesamte Gesellschaft sich als Verteidigungsgemeinschaft verstand. »Freie Institutionen wetteifern mit autoritären darum, den Feind zu einer tödlichen Kraft *innerhalb* des Systems zu machen [. . .]. Denn der Feind ist permanent. Er existiert nicht in einer Notsituation, sondern im Normalzustand. Er droht im Frieden wie im Krieg (und vielleicht mehr noch im Frieden) [. . .].«[11]

»Wie stimmt man gegen den Bolschewismus?« Sollte dieses Wahlplakat die Besitzenden ermutigen?

Man könnte ein ganzes Buch mit Sätzen füllen, die diesen staatstragenden Haß auf den Kommunismus belegen. Ich beschränke mich auf einige Beispiele. Anfang 1954 schrieb Georges Duhamel: »Marokko, Tunesien, Algerien – alles dort arbeitet gegen Frankreich: die Kräfte des Islams, die Kräfte des Kommunismus.«[12] Weshalb kam es an Allerheiligen 1954 zu dem Aufstand von Aurès (im algerischen Bergland)? Antwort: »Durch die nationalistische Agitation des Kommunismus.«[13] »Das Politbüro ist eine Sackgasse, aus der nur die freundliche Mitwirkung eines Bestattungsinstituts herausführt.«[14] »Man hat den Menschen die Knute so präsentiert, daß sie sich im Namen der Freiheit selber geißeln.«[15] »Eine Okkupation [Frankreichs] durch die mongolischen und tatarischen Horden wäre grausamer als die Besetzung durch Hitlers Legionen: es gäbe Raub, Mord, Brandschatzung, Vergewaltigung. Den Deportationen in die Arbeitslager würden die Kollaborateure Duclos und Lecœur Beifall klatschen, diese würdigen Nachfolger eines Laval und Henriot. Kommunistische Wähler, seid logisch! Packt eure Koffer für die Zwangsarbeit in Sibirien!«[16] *Le Figaro* zitierte ein junges Mädchen, das in Budapest gelebt hatte, mit folgender Bemerkung: »Hier hat der Mensch keine Heiligen, keinen Gott, keine Engel. Es gibt für ihn kein Paradies; dafür gibt ihm die Partei anstelle der Sterne des Himmels die großen roten Sterne, die über die Hausdächer ragen und die sogar den Regen, der vom Himmel auf diese Hölle fällt, in Blutstropfen verwandeln.«[17] Der Schriftsteller François Mauriac verkündete: »Die sieghaften Russen, deren Reich auf schlimme Weise von dieser Welt ist, nutzen die Macht, die der Marxismus über die Köpfe hat, um ihre Herrschaft über die Körper und die Materie auszudehnen [...]. Wir müssen mit allen unseren Kräften dieser Ideologie entgegentreten, weil sie im Dienst des Panslawismus steht [...]. Amerika vergreift sich weder an unserem religiösen Glauben noch an unserem Menschenbild.«[18] Und sein Argument für die Wiederbewaffnung Deutschlands lautete: »Nutzen wir die schreckliche Erinnerung, welche die Deutschen an den Einmarsch der Russen 1945 haben, und ihren Abscheu vor dem Kommunismus.«[19]

Die kommunistische Subgesellschaft kontrolliert das private Leben

Die kommunistische Subgesellschaft geriert sich gerne als eine »große Familie«; sie gründet auf der Familie. Die Grenze zwischen politischem Aktivismus und Privatsphäre ist fließend; Eheschließungen unter aktiven Kommunisten sind häufig. In der asketischen kommunistischen Moral setzt die jüdisch-christliche sich fort – man muß nicht unbedingt verheiratet sein, doch die Beziehung soll Bestand haben. Ehebruch ist verpönt; die Scheidung wird nur geduldet, wenn einer der Partner kein Kommunist ist. Der Don Juan gilt als verächtlich und kleinbürgerlich, weil er das Endziel der Partei, die Revolution, an seine erotisch-sentimentalen Vorlieben verrät. Wie einst Savonarola in Florenz, so wacht die Parteihierarchie über die Aufrechterhaltung der moralischen Ordnung. »Da ich erst wenige ›Kader‹ kannte, wußte ich noch nicht, wie inquisitorisch das private Leben kontrolliert wurde: Liebschaften mußten auf Befehl von oben beendet werden, die Beteiligten wurden wegen ihrer ›liaison dangereuse‹ parteiintern degradiert [...] oder auch nur deshalb, weil die Ehefrau eine wackere Aktivistin war und sich beschwert hatte, daß solche Sitten eines Kommunisten unwürdig seien.«[20] Das Familienleben steht ganz im Zeichen des politischen Kampfes, der Tag ist verplant. »Man sieht die Partei als großartige Sache. [...] Den Sportpalast für eine Parteiveranstaltung mit 100 000 Leuten vorbereiten, das schafft man nicht allein. Wir haben die Stufen gelegt!«[21] Deshalb diente zahllosen französischen Kommunisten die puritanische Ehe, die Maurice Thorez und Jeannette Vermeersch führten, als Vorbild. Die Tochter eines trunksüchtigen Bergmanns und einer Mutter, die Waschfrau für »bürgerliche« Häuser war, pflegte zu sagen: »Wenn man eine Kindheit wie bei Zola gehabt hat, vergißt man das nie, das schwöre ich dir. *Germinal* ist für mich kein Roman.« Sie votierte begeistert für die in der UdSSR entwickelte Methode der schmerzlosen Geburt und lehnte gleichzeitig die Empfängnisverhütung als Aufforderung zu kleinbürgerlicher Zuchtlosigkeit vehement ab. Jeannette Ver-

»Für eine glückliche Familie – wählt Kommunisten!« Die Machtergreifung der Nazis führte zu einer Kurskorrektur der III. Internationale. Die Parole lautete nun nicht mehr »Klasse gegen Klasse«, sondern »Volksfront gegen den Faschismus«. Die französische KP, das heißt die französische Sektion der Komintern (SFIC), näherte sich den französischen Sozialisten an, und dieses Wahlplakat von 1936 sollte ein beruhigendes Bild vom Kommunismus vermitteln: Die (vertagte) Revolution wird die Familie respektieren.

Maurice Thorez und Jeannette Vermeersch mit ihren vier Kindern.

meersch und die Partei waren entschieden für Geburtenförderung; aus kommunistischen Ehen sollten lauter kleine künftige Kommunisten hervorgehen. In diesem Punkt unterschieden sie sich nicht von der Enzyklika *Humanae vitae*.

Damit sind wir bei dem subtilsten inneren Widerspruch angelangt, der dem kommunistischen Lebensstil innewohnt: seinem Isomorphismus mit der Gesellschaft insgesamt. Die zahlreichen Erlebnisberichte alter Parteimitglieder stimmen in dieser Hinsicht überein: Der aktive Kommunist muß ein untadeliger Arbeiter sein, ein guter Gatte und Vater, mit einem Wort: ein Konformist. Es geht also darum, »die bestehende Gesellschaft dadurch zu ändern, daß man die Aktivisten zur Konformität mit eben dieser Gesellschaft anhält. ›Originale‹, wie sie in anarchistischen Zirkeln gang und gäbe waren – Bastarde, Bucklige, Päderasten, Schmetterlingssammler, Drogensüchtige, Fetischisten, alle, die ein persönliches Problem belastete, alle kulturellen, sexuellen und philosophischen Minderheiten, alle, die ›zu sehr liebten‹, ob es die Musik, der Film oder das Zelten war – alle diese Menschen fühlten sich in kommunistischen Organisationen nicht zu Hause.«[22] Dieser Konformismus in Verbindung mit dem Prinzip der Anciennität bahnte den Aufstieg in der Parteihierarchie. Um den Aufstieg dauerhaft abzusichern, mußte der Aktivist Konformist bleiben – bei Strafe, zur Basis zurückversetzt zu werden und wieder einen Beruf ausüben zu müssen. Denn an der Spitze des PCF standen nicht, wie in der Wirtschaft oder in der Verwaltung, die umsichtigen Absolventen großer Schulen, die von ihrer Firma oder vom Staat für einige Jahre »freigestellt« werden und

»Bevor wir uns vereinigen und um uns zu vereinigen, müssen wir uns zuerst entschieden und bestimmt voneinander abgrenzen.«
(Lenin, *Ankündigung der Redaktion der »Iskra«*)

Fest der Zeitschrift *L'Humanite* im September 1962 in La Courneuve.

dennoch die Gewißheit haben, jederzeit an ihren alten Arbeitsplatz zurückkehren zu können. Vielmehr fanden sich in der Parteihierarchie sehr häufig ehemalige Arbeiter, und die Aussicht, wieder in die Fabrik gehen zu müssen, war gewiß nicht verlockend, weshalb KP-Funktionäre gern jene »blasierte Unentwegtheit« bekundeten, von der Annie Kriegel spricht und die es ihnen erlaubte, die Irrtümer des Politbüros ebenso wie seine spektakulären Kurswechsel gutzuheißen. Philippe Robrieux, ein ehemaliger Aktivist, der mit der Partei brach und eine kritische Biographie über Maurice Thorez verfaßte, nennt als besonders markanten Zug der französischen KP »den monarchisch-religiösen Kult um den Parteichef, der als neuer oberster Führer präsentiert und über alle anderen Parteiaktivisten gestellt wird«.[23] Dieser »monarchische Kult« beherrschte auch die verschiedenen gaullistischen Gruppierungen, die in Frankreich nach der Befreiung entstanden: Das Idol war nicht dasselbe, aber die Liturgie war ähnlich.

Doch trotz diesem Isomorphismus ist die kommunistische Subgesellschaft nicht wirklich in die Gesamtgesellschaft integriert. Insofern widerlegt die Geschichte des PCF die Beobachtung Georges Sorels, daß der Geist bürgerlicher Institutionen auf die Revolutionäre, die sich auf sie einlassen, abzufärben pflege: Nichts ähnele einem Repräsentanten des Bürgertums so sehr wie ein Repräsentant des Proletariats.[24] Der PCF hat nicht das Schicksal der deutschen Sozialdemokratie gehabt, und keiner seiner Führer hat jemals mit Friedrich Ebert gesagt: »Ich hasse die Revolution wie die Pest.« Die Kommunistische Partei Frankreichs ist nicht in der »bürgerlichen« Gesellschaft aufgegangen, doch die Gratifikationen, welche diese Subgesellschaft ihren Aktivisten und

Vorbereitungen zu einem Fest der Kommunisten des Var. Solange die »Zeit der Notwendigkeit« dauert, die der »Zeit der Freiheit« vorangeht (oder sie ankündigt?), sind Feste ein Zwischenspiel, das der »Erstarrung« entgegenwirkt und vielleicht »den Menschen selbst und den anderen Menschen in Freiheit hervorbringt«.

Funktionären gewährte, lenkten sehr wohl vom Projekt des »Entscheidungskampfes« ab. Anders ausgedrückt: Obwohl er verdächtigt wird, »moskauhörig« zu sein, ist der PCF gut französisch. Das Syndrom der Realitätsverleugnung, die Bevorzugung der Vulgata gegenüber dem Urtext, die Vereidigung auf hierarchische Strukturen, die »Unfehlbarkeit« dessen, der an der Spitze der Pyramide agiert – dies alles zeichnet den Katholizismus ebenso aus wie den Kommunismus.

Man kann die Analyse noch weitertreiben, um diesen Kern des privaten Lebens zu begreifen, der die Geschichte des Denkens bestimmt. Man kann dann – wie ich meine, zu Recht – die These vertreten, der Isomorphismus des PCF mit der Gesamtgesellschaft zeige sich am sinnfälligsten im Beifall der französischen Kommunisten für den Austausch der Marxschen Dialektik gegen die Stalinsche Vulgata. Schon lange, bevor Martin Malia die These von der »ideokratischen Weltbürokratie« verfocht[25], hatte Henri Lefebvre gewarnt: »Die russischen Marxisten, die zwischen 1917 und 1920 die Trümmer der sozialen und politischen Realität aus einem unbeschreiblichen Chaos und in einem überwiegend bäuerlichen Land beseitigen mußten, bedienten sich der marxistischen Ideologie auf neue, unerwartete, fruchtbare Weise. Die Lehre, die angetreten war, das Bestehende zu kritisieren und zu negieren, geriet zur Rechtfertigung des Bestehenden, das im übrigen wirklich neu, aber nicht das war, was die radikale Kritik am alten Bestehenden verheißen hatte.«[26] Wenn man mit Stalin zugestand, daß die ersten Fünfjahrespläne eine sozialistische Gesellschaft geschaffen hatten, dann mußte man auch zugestehen, daß diese Gesellschaft mit einer vollkommenen – der kommunistischen – schwanger ging und daß nach gut marxistischer

Antonio Gramsci, der Theoretiker der »organischen Intellektuellen« der Arbeiterklasse, wurde 1926 verhaftet und zu 20 Jahren Gefängnis verurteilt. Er starb 1937. Der Bolschewismus forderte seine Opfer. Er hatte auch seine Märtyrer.

Lehre diese Geburt schwer sein würde. Wie jeder Diktator war Stalin ein Mann der Ordnung. Darum schreibt er in den *Ökonomischen Problemen des Sozialismus in der UdSSR*, einer Art politischem Vermächtnis aus dem Jahre 1952, im Sozialismus werde es nicht zu einem Konflikt zwischen den Produktionsverhältnissen und den Produktivkräften kommen, da die sozialistische Gesellschaft genügend Zeit habe, für die Entsprechung zwischen den rückständigen Produktionsverhältnissen und der Art der Produktivkräfte zu sorgen. Bei diesem »Gesetz der vollkommenen Entsprechung« handelt es sich nicht mehr, wie bei Marx, um eine deskriptive, sondern um eine normative Kategorie. Das bedeutet eine enorme Aufwertung des Überbaus (eine politische Entscheidung vermag die Produktionsverhältnisse zu verändern, wie die Kollektivierung des Grundbesitzes »beweist«, die angeblich »konfliktfrei« verlief, woraus erhellt, daß Stalin schwarzen Humor und Sinn für die Litotes besaß), die den Schluß erlaubt, daß die Entwicklung der UdSSR kontinuierlichen, unausweichlichen Fortschritt verkörpert – den Fortschritt, auf den die Enzyklopädisten, die utopischen Sozialisten gesetzt haben, also den französischen Fortschritt. Diese Todeserklärung der Dialektik besiegelt ein Satz aus dem *Handbuch der politischen Ökonomie*, das 1954 in der UdSSR erschien: »Das ökonomische Entwicklungsgesetz der sozialistischen Gesellschaft ist das Gesetz der zwangsläufigen Entsprechung von Produktionsverhältnissen und der Art der Produktivkräfte.« Ein solcher zum »progressistischen« Empirismus verkommener Marxismus konnte den französischen Intellektuellen nur recht sein. Aber er stand dem konservativen Denken so nahe (»konservativ« im angelsächsischen Sinne des Wortes: »Ich bin konservativ, um das Gute zu konservieren, und radikal, um das Schlechte zu zerstören«, hat Disraeli gesagt), daß er die Abwendung von der Partei begünstigte.

Sich abwenden

Kritik des bolschewistischen Elitismus

Die Bolschewisierung einer revolutionären Partei, wie Lenin sie in *Was tun?* skizziert hatte und die III. Internationale sie dem PCF drei Jahre nach der Spaltung in Tours aufnötigte, war dem französischen Sozialismus in der Tradition eines Blanqui und Jaurès fremd. Er setzte eher auf die Spontaneitätstheorie und auf wechselnde Bündnisse mit diversen »bürgerlichen« Parteien, um die Lage der Arbeiter zu verbessern. Eugène Varlin, der sich als »antiautoritärer Kollektivist« verstand, verwarf das Modell eines »zentralistisch-autoritären Staates, der die Direktoren von Fabriken, Betrieben und Zuteilungsstellen beruft, welche Direktoren ihrerseits ihre Stellvertreter, Werkmeister usw. berufen«, was schließlich »zu einer hierarchisch von oben nach unten gegliederten Organisation führt, in welcher der Arbeiter nur noch ein bewußtloses Rädchen ohne eigene Freiheit oder Initiative ist«. Ich möchte hier weder die Polemik zwischen Marx und Bakunin während der I. Internationale noch deren Fortsetzung in der Auseinandersetzung zwischen Lenin und

Rosa Luxemburg rekapitulieren. Luxemburg wurde nicht müde zu betonen, daß die Thesen Lenins in *Was tun?* die Herrschaft einer totalitären Bürokratie ankündigten, und schrieb in ihrem (zu Lebzeiten unveröffentlichten) Buch *Die russische Revolution*, das sie 1918 in einem Berliner Gefängnis schrieb, die prophetischen Sätze: »Freiheit ist immer nur die Freiheit des anders Denkenden. [. . .] Aber diese Diktatur [sc. des Proletariats] muß das Werk der *Klasse*, und nicht einer kleinen, führenden Minderheit im Namen der Klasse sein [. . .]. Ohne allgemeine Wahlen, ungehemmte Presse- und Versammlungsfreiheit, freien Meinungskampf erstirbt das Leben in jeder öffentlichen Institution, wird zum Scheinleben, in der die Bürokratie allein das tätige Element bleibt. Das öffentliche Leben schläft allmählich ein, einige Dutzend Parteiführer von unerschöpflicher Energie und grenzenlosem Idealismus dirigieren und regieren, unter ihnen leitet in Wirklichkeit ein Dutzend hervorragender Köpfe, und eine Elite der Arbeiterschaft wird von Zeit zu Zeit zu Versammlungen aufgeboten, um den Reden der Führer Beifall zu klatschen, vorgelegten Resolutionen einstimmig zuzustimmen, im Grunde also eine Cliquenwirtschaft – eine Diktatur allerdings, aber nicht die Diktatur des Proletariats, sondern die Diktatur einer Handvoll Politiker, d. h. Diktatur im bürgerlichen Sinne [. . .].«[27] Für Antonio Gramsci war der Marxismus eine Philosophie der Praxis, die Praxis die Einheit von Theorie und Handeln. Er konstatierte die Gleichzeitigkeit, mit der die letzten Freiheitsreste in Italien von den Faschisten, in der UdSSR von den Bolschewisten beseitigt wurden, und hatte den Mut, die Führer der KPdSU brieflich zu beschwören, die demokratische Dialektik in der Partei nicht durch »exzessive Maßnahmen« auszulöschen.

Rosa Luxemburg, nach den Worten Franz Mehrings »der genialste Kopf, den der Marxismus seit Marx hervorgebracht hat«, wurde im Januar 1919 von Freikorpsoffizieren erschlagen; die Leiche warf man in den Berliner Landwehrkanal.

Klasse gegen Klasse oder antifaschistische Sammlung?

Nach dem Parteitag von Tours wandte sich die Mehrheit der aktiven Sozialisten dem PCF zu, nicht der französischen Sektion der Arbeiter-Internationale (SFIO). Das war die sozialdemokratische Phase des PCF, und die aktiven Kommunisten erblickten im »bolschewistischen Pfropfreis« die Chance, die Überwältigung durch die »bürgerliche« Gesellschaft, die die deutsche Sozialdemokratie erlebt hatte, abzuwenden. Die französischen Sozialisten hingegen fühlten sich in dieser Subgesellschaft unwohl, in der die Grenze zwischen privatem Leben und politischer Tätigkeit abgeschafft war. Sie kehrten der Partei den Rücken, und die Subgesellschaft wurde zur Mikrogesellschaft, ja, zur Sekte, deren Mitgliederzahlen von 120 000 im Jahre 1920 auf 28 000 im Jahre 1934 schrumpften. Der PCF isolierte sich von den anderen Linksparteien, und die aktiven Kommunisten mußten die von der Partei vorgegebene Strategie »Klasse gegen Klasse« propagieren, während die Institutionalisierung des italienischen Faschismus und der Aufstieg des deutschen Nationalsozialismus die Wirkungslosigkeit der ultrabolschewistischen Taktik und die Notwendigkeit einer antifaschistischen Sammelbewegung bewiesen. Schon im August 1932 organisierten Henri Barbusse und Romain Rolland in Amsterdam den ersten Weltkongreß gegen den imperialistischen Krieg, und im Juni 1933 fand in der Salle Pleyel in Paris der erste europäische Antifaschisten-Kongreß statt, während der PCF in seinem selbstgewählten Ghetto die ewig gleiche Frage wiederkäute: »Wann übernehmen wir die Macht?« Maurice Thorez, seit 1930 Generalsekretär des zur Winzlings-Partei gewordenen PCF, sah in den Februarunruhen von 1934 die Gelegenheit, das antikapitalistische »Einheits«-Programm seiner Partei (das nichts und niemanden geeint hatte) durch ein Programm des Antifaschismus und der »Verteidigung der republikanischen Freiheitsrechte« zu ersetzen, das einer verbreiteten Hoffnung entsprach und die Mitgliederzahlen wieder steigen ließ. Indes dauerte es noch fünfzehn Monate, bis zum August 1935, bevor der VII. Kongreß der III. Internationale den Kurswechsel bestätigte, die Strategie »Klasse gegen Klasse« preisgab und die Aktionseinheit mit der Sozialdemokratie und dem Kleinbürgertum im antifaschistischen Kampf beschwor. Bei den Wahlen 1936 konnte der PCF die Ernte dieser Kehrtwendung einfahren: Er erzielte 1 468 000 Stimmen und entsandte 72 Abgeordnete ins Parlament (1932 waren es 783 000 Stimmen und 10 Abgeordnete gewesen). Die Zahl der aktiven Parteimitglieder stieg im November 1936 auf 300 000, ohne daß die Partei ihre »radikale Besonderheit« (Annie Kriegel) eingebüßt hätte.

Wann ist die Lage »revolutionär«?

Der PCF war eine »besondere« Partei, deren aktive Mitglieder mit denen anderer Parteien nicht zu vergleichen waren. Der Kommunist agitierte im Betrieb und war ständig der Gefahr der Kündigung ausgesetzt. Er agitierte auch außerhalb seiner Arbeitszeit, besuchte Versammlungen, klebte Plakate, ging von Haus zu Haus, um für seine Partei zu werben, usw. Er agitierte sogar die eigene Familie, was nicht ohne Konflikte und Verletzungen abging. Vor allem gab er sich alle erdenkliche Mühe, die Direktiven zu »erklären«, die »von oben ausgegeben« und ihm kommentarlos vorgesetzt worden waren. Er mußte jede Hoffnung auf Aufstieg in dieser »bürgerlichen« Gesellschaft begraben, als deren Totengräber er sich verstand. Man warf ihm vor, der Proselytenmacher einer totalitären Gesellschaft zu sein, doch sein Alltagsdasein zeugte von der Totalität seines politischen Engagements. Wer vermochte auf Dauer solche Askese durchzuhalten? Der neue Mensch? Aber konnte der auf dem »Misthaufen des Kapitalismus« geboren werden, wenn der Kapitalismus den Proletariern zunehmend die Freuden der Konsumgesellschaft offerierte? So ist es begreiflich, daß die Geschichte des PCF von einer starken Mitgliederfluktuation gekennzeichnet ist. Jedes Jahr, jede neue »Krise« brachte Austritte und Eintritte. Man darf nicht vergessen, daß auch bei stabilen Mitgliederzahlen (wenn es sie gab) bis auf die Funktionäre und den »harten Kern« der Aktivisten die Kommunisten von heute weder die von gestern noch die von morgen waren. Der Austritt aus der Partei war ein schmerzhafter Bruch (man verlor alle Freunde dort, und es war fraglich, ob man neue fand) und brachte Risiken mit sich (die Sirenen des Antikommunismus lockten den Abtrünni-

»Die Menschen sind nicht Sklaven der objektiven Realität. Vorausgesetzt, das Bewußtsein der Menschen befindet sich in Übereinstimmung mit den objektiven Entwicklungsgesetzen der Dinge, kann die subjektive Tätigkeit der Volksmassen sich in vollem Umfang entfalten, alle Schwierigkeiten überwinden, die notwendigen Bedingungen schaffen, um die Revolution voranzutreiben. In diesem Sinne erschafft das Subjektive das Objektive. Von allen Gütern der Welt ist der Mensch das kostbarste. Solange es Menschen gibt, sind unter Leitung der Kommunistischen Partei alle Arten von *Wundern* erreichbar.« (Mao Zedong) Hat da jemand »Wunder« gesagt?

Streik der Bergarbeiter nach dem Ausschluß der Kommunisten aus der Regierung (1947).

gen, wenn er nur bereit war, sein Leid zu klagen und seine Verbitterung einzugestehen). Gewiß, der aktive Kommunist fühlte sich als etwas anderes und Besseres, wirkte er doch mit an der Befreiung der Menschheit. Aber wann, wann würde diese säkularisierte Parusie kommen? Wann würde die Lage »revolutionär« sein? Nach dem Ersten Weltkrieg, nach dem Sieg der Repression in Deutschland und dem Scheitern der großen Streiks in Oberitalien hatte die Lage fürs erste aufgehört, revolutionär zu sein. 1936? Auch da war sie es nicht; die Sicherung der UdSSR von der Peripherie her und die Gefahr eines Putsches im Stile Francos mahnten zur Mäßigung. Nach der Befreiung Frankreichs? Da erzwangen die Präsenz der alliierten Truppen und die Direktiven aus Moskau ein Dreiparteiensystem. 1947, als die kommunistischen Minister aus der Regierung entlassen wurden? Da waren die Amerikaner immer noch da, mit ihren Truppen, ihren provisorischen Hilfeleistungen und bald auch mit dem Marshallplan. 1958? Da waren die politischen Parteien heilfroh, General de Gaulle die Lösung des »Algerienproblems« überlassen zu können, und die vom PCF verfochtene Gleichsetzung von Gaullismus mit Faschismus überzeugte niemanden. 1968? Das war die spielerische Revolte aufmüpfiger Bürgersöhne, die gewiß nichts mit Klassenkampf zu tun hatte. In den 65 Jahren, die der PCF existiert, ist die Lage niemals »revolutionär« gewesen. Schließlich wurde der Aktivist es müde, ewig zu warten, und erlag den Einflüsterungen der »Realisten« – der Propagandisten der unmittelbaren Bedürfnisbefriedigung.

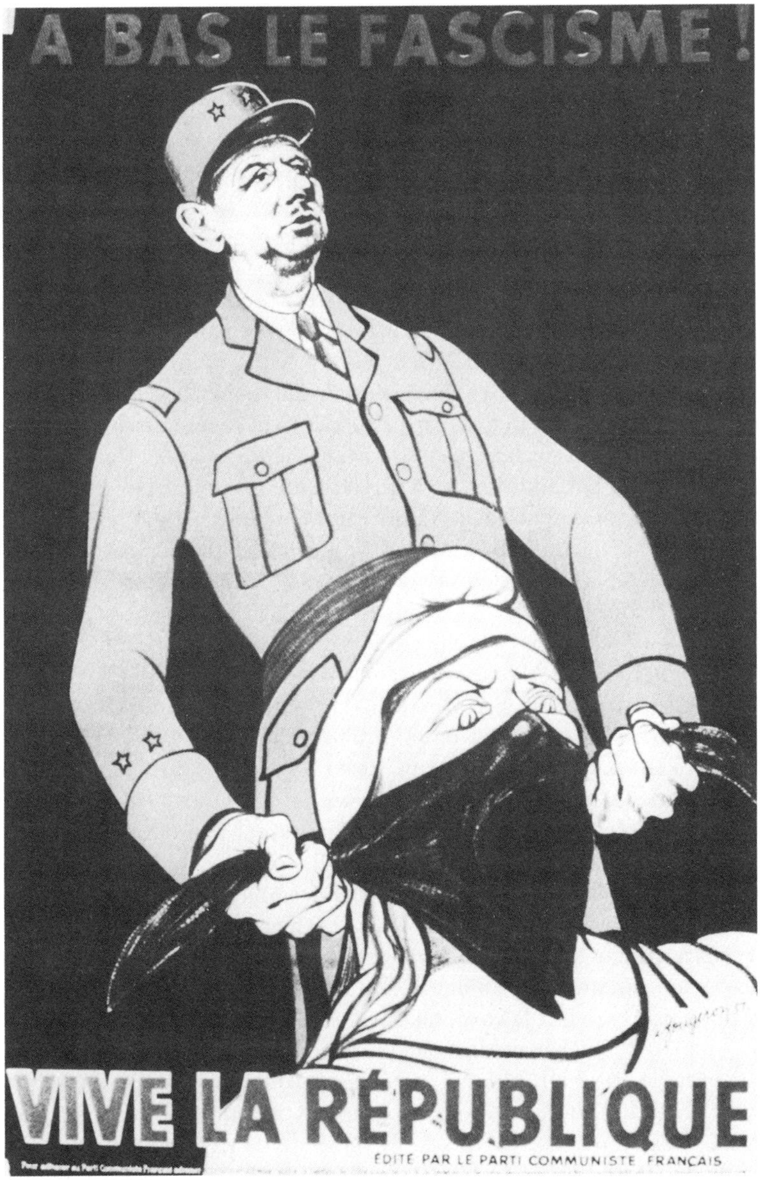

»Nieder mit dem Faschismus! Es lebe die Republik!« Kommunistisches Wahlplakat nach einem Entwurf Fougerons. Für General de Gaulle waren die Kommunisten seit Juli 1947 »Separatisten«; für die Kommunisten bedeutete General de Gaulle die permanente Gefahr des Faschismus.

Säkulare Parusie und »realer Sozialismus«

Der aktive Kommunist stand vor der Aufgabe, die Vorgänge im Vaterland des »realen Sozialismus« und die Direktiven aus Moskau zu begründen. Zur Rechtfertigung der großen Säuberungen der Vorkriegszeit genügte der Hinweis, daß die Angeklagten, da sie ja ein Geständnis abgelegt hatten, schuldig waren. Der Hitler-Stalin-Pakt vom August 1939 hatte die Parteiaktivisten in Verwirrung gestürzt und zu massenhaften Austritten geführt; doch die tatkräftige Beteiligung des PCF an der französischen Résistance machte das wieder gut. 1946 erreichte die

Partei den Höhepunkt ihrer Wirksamkeit: Bei den Parlamentswahlen im November wurde sie mit 28,6 Prozent der abgegebenen Stimmen und 166 Abgeordneten die nach Stimmen und Parlamentssitzen stärkste Partei des Landes. Einige Jahre später kam aus der UdSSR die neue Vulgata: der »Stamokap« oder staatsmonopolistische Kapitalismus. Der Kapitalismus stagnierte, und so bekräftigte der IX. Parteitag der KPdSU, *daß* er stagnierte. Diese unausweichliche Krise hat also folgende Phasen durchlaufen: Die erste Etappe war 1917 die Errichtung eines sozialistischen Staates. Die zweite Etappe kam 1945 bis 1949 mit der Ausweitung des sozialistischen Lagers von der Oder-Neiße-Linie bis zum Chinesischen Meer. Die dritte Etappe begann 1950: Die Befreiungsbewegung der kolonisierten Völker inaugurierte weltweit den Übergang zum Sozialismus. Der Kapitalismus befand sich in einem unumkehrbaren Prozeß der Selbstzerstörung: Mit dem Aufschwung von Wissenschaft und Technik war es vorbei, die Produktion ging zurück, die Profitrate fiel aufgrund der verstärkten Akkumulation usw. 1956 war das Jahr des polnischen Oktober und des ungarischen November. Die Niederschlagung des Aufstands in Ungarn kommentierte *L'Humanité* mit der Schlagzeile »Budapest lächelt«. Gilbert Mury vertraute Jean-Toussaint Desanti an: »Aber das kann doch nicht wahr sein! Wenn das wahr wäre, wäre mein Leben und unser aller Leben sinnlos. Und das ist unmöglich.« Aber es war wahr, und es war möglich. »Alles brach zusammen«, erinnerte sich Desanti. »Das war kein Brand, das war ein Erdbeben.«[28] Viele aktive Kommunisten verließen die Partei. Den Mitgliederschwund beschleunigte die Reaktion des PCF auf die Rückkehr General de Gaulles an die Macht. In der Juninummer 1958 der *Cahiers du communisme* erinnerte Roger Garaudy daran, daß der gaullistische Rassemblement pour la France (RPF) »alle sozialen Merkmale einer faschistischen Partei« aufweise, und in der Augustnummer derselben Zeitschrift verkündete Maurice Thorez: »Seit dem 1. Juni herrscht in Frankreich ein Regime der persönlichen und militärischen Diktatur, das dem Land unter Drohungen und Gewaltanwendung aufgezwungen worden ist [...]. Ein Ja am 5. Oktober wird ein Ja zum Faschismus sein [...].« Der PCF ordnete die Generalmobilmachung aller Aktivisten an; sie mußten auf ihren Urlaub verzichten und die bis zum Referendum verbleibende Zeit dem »Kampf gegen die Diktatur« widmen: »Es geht um die Zukunft unseres Volkes, es geht um die Zukunft unseres Landes.« Die Franzosen fuhren unbeeindruckt in Urlaub. Am 5. Oktober wurde die neue Verfassung mit 79,25 Prozent der abgegebenen Stimmen angenommen. Bei den Parlamentswahlen im November 1958 erhielt der PCF nur 20,5 Prozent der abgegebenen Stimmen; durch das neue Wahlgesetz, das die Gaullisten durchgedrückt hatten (Persönlichkeitswahl mit erforderlicher absoluter Mehrheit nach zwei Wahlgängen), entfielen auf die Kommunisten 10 Parlamentssitze (auf die Unabhängigen mit 15,4 Prozent der Stimmen 130 Sitze). Zwei Jahre später zog Moskau brüsk die Berater ab, die in China gearbeitet hatten; das war das Ende des ökumenischen Traums von der »Einheit des sozialistischen Lagers«, der die zweite Etappe des »Stamokap« gekennzeichnet hatte.

Daß sowjetische Panzer in Budapest auf die Arbeiter schossen, wurde zu einer Zerreißprobe für den französischen Kommunismus. Für dessen Gegner waren sie der »Beweis« (*ihr* Beweis), daß der Kommunismus das Böse schlechthin war. Vierzehn Jahre später wurde Costa-Gavras' Film *Das Geständnis* (mit Yves Montand) ein außerordentlicher Kinoerfolg.

Im Mai 1968 witterte der PCF ein Bündnis zwischen den Linksradikalen, dem CIA und den Technokraten. In der Septembernummer 1968 der Zeitschrift *La Nouvelle Critique* schrieb Pierre Juquin: »Das Großbürgertum versteht sich darauf, die Linksradikalen zu manipulieren. Man braucht nur *Le Monde* zu lesen oder Europe N° 1 zu hören. Schon sickern die ersten Informationen über die Rolle des Innenministers und des CIA bei den Maiereignissen durch [. . .]. Linksradikale und Technokraten haben schon immer eng zusammengearbeitet: Das ist beim PSU nicht anders als bei der Geismar-Herzberg-Fraktion des SNE-Sup. [. . .]. Als Demagogen sind die Linksradikalen die schlimmsten Feinde des Volkes.« In seiner Rundfunkansprache vom 30. Mai 1968 verkündete General de Gaulle die Auflösung der Nationalversammlung, und Kommunistenführer Robert Ballanger gab eine halbe Stunde später bekannt, an den bevorstehenden Wahlen werde sich auch der PCF beteiligen, von dem de Gaulle gerade gesagt hatte, er suche »in der Stunde der nationalen Verzweiflung die Macht des totalitären Kommunismus zu errichten«. Im Sommer 1968 marschierten die Truppen des Warschauer Pakts in der Tschechoslowakei ein und bereiteten dem

»Prager Frühling« ein Ende. Machen wir es kurz: Ob es um die Unterzeichnung des gemeinsamen Programms von Kommunisten und Sozialisten ging (26. Juni 1972) oder um den Bruch mit diesem Programm (23. September 1977), den Einmarsch in Afghanistan (1979), die Attakken des kommunistischen Kandidaten Marchais gegen seinen sozialistischen Widersacher im ersten Wahlgang der Präsidentschaftswahlen 1981 oder Marchais' Unterstützung für Mitterrand im zweiten, die Beteiligung kommunistischer Minister am Kabinett Mauroy oder ihr Fernbleiben vom Kabinett Fabius, mit jeder neuen Kehrtwendung der Partei waren die aktiven Kommunisten gezwungen, entweder »umzudenken« oder die Partei zu verlassen.

Abschwören?

Es gab solche, die »daran geglaubt haben« und, als sie nicht mehr daran glaubten, die Partei diskret verließen. Stalin, Mao, Fidel Castro mögen ihre Vorbilder gewesen sein, sie über Jahre hinweg bestärkt haben in der Hoffnung auf eine Welt, die nicht beherrscht wäre von Tragik, Ohnmacht und Illusionen. Es gab solche, die in jungen Jahren der Partei beitraten, nur um später aus Karrieregründen der Utopie zu entsagen; solche, die eine Zeitlang in der Partei den Ersatz für eine Familie fanden; solche, die ihre Identität auf jüdisch-christlichem Fundament errichtet hatten und ohne Stütze nicht auskommen konnten; solche, die nach dem Krieg eintraten, um den Vater zu strafen, der Pétainanhänger gewesen war. Vor allem aber gab – und gibt – es solche, die als Arbeiter und Söhne von Arbeitern wissen, daß sie und ihre Kinder wenig Chancen haben, aus der »Lage« herauszukommen, in die sie hineingeboren worden sind. Es gibt jedoch auch solche – Männer wie Frauen –, die den Nutzen früherer Bindungen berechnet haben. Erstaunlich ist nicht die Faszination, die der sowjetische Kommunismus auf die französische Intelligenz ausgeübt hat – aus Jahrtausenden einer jüdisch-christlichen Kulturtradition erwachsen, beruhte sie in der Erwartung einer neuen Parusie. Erstaunlich ist vielmehr, wie die Experten des Irrtums sich zu Gralshütern der Wahrheit stilisierten. Als Kommunisten zögerten sie nicht, jeden in den Gulag zu schicken, der es wagte, an der Möglichkeit einer »Überwindung« des gegenwärtigen Grauens zu zweifeln. Als linksradikale Achtundsechziger verbanden sie ihren neuen Antikommunismus und ihren alten Antiamerikanismus zu einer Spontaneitätstheorie, die sich berufen wähnte, eine neue, gerechte Gesellschaft zu begründen. Endlich wieder angelangt bei den Gefühlen ihrer Väter, verwöhnt von dem Medienrummel, der Wunderkindern gebührt, führten sie ihresgleichen zurück zur Versammlung um die traditionellen, reparierten »Werte«. Claude Mauriac, gewiß weder ein Kryptokommunist noch boshaft, stellte damals die Frage, warum die vielbewunderten Mitglieder dieser Sekte so lange »stumm geblieben sind, als gäben eine lange Blindheit und ein langes Schweigen den von ihren Binden und Knebeln endlich Befreiten das Recht, fortan allein über den rechten Weg zu befinden«.[29] Wenn ein Kommunist von einiger Berühmtheit die Fronten wechselt und der Ankläger von gestern heute zum Flagellanten wird, dann kommt einem die folgende Stelle aus dem *Ulysses* in den Sinn: »Wäre Pyrrhus nicht von einer alten Vettel Hand in Argos gefallen und Julius Caesar nicht zu Tode gemessert worden? Sie sind nicht fortzudenken. Die Zeit hat sie unauslöschlich gezeichnet, und gefesselt sind sie nun untergebracht im Raum der unbegrenzten Möglichkeiten, die sie ungenutzt gelassen haben. Aber können die denn überhaupt möglich gewesen sein angesichts dessen, daß sie niemals waren? Oder war allein das möglich, was sich auch wirklich begab? Webe, Weber des Winds.«[30]

Anmerkungen

1 Iwan W. Mitschurin (1855–1935) schob durch Neuzüchtungen die Obstbaumgrenze in der UdSSR nach Norden vor. [A.d.Ü.].
2 D. Desanti, *Les Staliniens, une expérience politique, 1944–1956*, Paris 1975, S. 270.
3 A. Harris und A. de Sédouy, *Voyage à l'interieur du parti communiste*, Paris 1974, S. 34.
4 D. Desanti, a. a. O., S. 513 und 520.
5 *Action*, 22. März 1946.
6 Zitiert in M. Lazard, »Le mineur de fond. Un exemple de l'identité du PCF«, in: *Revue française de science politique*, April 1985, S. 190–205.
7 L. Casanova, *Le PCF, les Intellectuels et la Nation*, Paris 1949, S. 67 f.
8 D. Desanti, a. a. O., S. 205.
9 A. a. O., S. 206.
10 A. a. O., S. 36.
11 H. Marcuse, *Der eindimensionale Mensch*, Neuwied 1967, S. 71 (deutsch von Alfred Schmidt). Ich wiederhole hier meine Argumentation in *Les Jeux français*, Paris 1978, S. 256, 257, 273.
12 *Le Figaro*, 5. Februar 1954.
13 *Le Figaro*, 12. November 1954.
14 Bedell Smith in *Le Figaro* vom 9. November 1952.
15 Ein Reporter des *Figaro* nach seiner Rückkehr aus der UdSSR, 6. Januar 1947.
16 *Le Populaire*, 16. April 1951.
17 12. Januar 1951.
18 *Le Figaro*, 23. Januar 1948.
19 *Le Figaro*, 11. November 1949.
20 D. Desanti, a. a. O., S. 33.
21 A. Harris und A. Sedouy, a. a. O., S. 35.
22 A. Kriegel, *Les Communistes français (1920–1970)*, Paris 1985.
23 Ph. Robrieux, *Maurice Thorez, vie secrète et vie privée*, Paris 1975, S. 365.
24 Georges Sorel, *Réflexions sur la violence*, Paris 1908, S. 55.
25 M. Malia, *Comprendre la révolution russe*, Paris 1980.
26 H. Lefebvre, *La Somme et le Reste*, Paris 1959, Bd. 1, S. 73.
27 R. Luxemburg, *Schriften zur Theorie der Spontaneität*, Reinbek 1970, S. 186, 188, 191.
28 Desanti, a. a. O., S. 510.
29 *Le Monde*, 7. Juli 1977.
30 James Joyce, *Ulysses*, übersetzt von Hans Wollschläger, Frankfurt a. Main 1975, S. 36 f.

»Glücklich wie Gott in Frankreich«? Behaupten die Juden im heutigen Frankreich, zwischen Öffentlichem und Privatem angesiedelt, noch ihre Eigenständigkeit?

Perrine Simon-Nahum

Jude sein in Frankreich

»Wenn einer am Morgen zwei Gesetzesstellen lernt und am Abend zwei weitere, und wenn er tagsüber seiner Arbeit nachgeht, so wird es ihm angerechnet, als habe er die Thora zur Gänze durchgearbeitet.«

Tanchuma Bechalach, 20

Annäherung an das Problem

Der Fortbestand der Judenheit trotz tausendjähriger Heimatlosigkeit, gezeichnet und besiegelt von den Verfolgungen, die im Genozid während des Zweiten Weltkriegs explodierten, legt eine Hypothese nahe: Jüdische Gemeinden waren zur Anpassung an ihre Umwelt gezwungen, wenn sie überleben wollten, und so ist der »harte Kern«, der das Judentum durch die Mannigfaltigkeit dessen perpetuiert, was man einst »Judenvölker« nannte, nur in der eingeschränkten Sphäre des privaten Lebens ausfindig zu machen (das zwar ständig von der feindlichen »herrschenden« Kultur überwacht wird, aber gleichwohl einen Freiraum bezeichnet, an dessen Nichtreduzierbarkeit, die auf der Gewißheit eines Geheimnisses gründet, die Kontrolle scheitert). Das »Skandalon« dieser »Verhärtung« (Bossuet) ist einer der Gründe für den Antisemitismus. Vladimir Jankélévitch hatte recht: Wenn der Fremdenhaß die Angst vor dem Anderen und der Haß auf das Andere ist, dann ist der Antisemitismus der Ausdruck unserer Aversion gegen etwas in uns selbst.

Es gibt Orte des Privaten, die allein dem Judentum eigentümlich sind, und weil auf sie neugierige Blicke fallen, soll die Privatsphäre besonders verborgen bleiben. Zu den räumlichen und kulturellen Grenzen, die üblicherweise das Öffentliche vom Privaten trennen, tritt im Judentum eine dritte: die Politik, verstanden als das Leben im Gemeinwesen. »Zu Hause Jude, draußen Bürger«, sagte man im 19. Jahrhundert in Frankreich, wo der jüdische Partikularismus schon vor der Judenemanzipation weniger prononciert war als anderswo und die jüdische Privatsphäre die von Assimilation wie von Ausgrenzung gleichermaßen bedrohte jüdische Identität zu behaupten ermöglichte.

Eine erste Frage, die sich beim Nachdenken über das Judentum aufdrängt (und nicht leicht zu beantworten ist), lautet: Wer ist Jude? Wie viele französische Juden oder jüdische Franzosen gibt es? Neuesten Schätzungen zufolge sind es zwischen 535 000 und 700 000. Aber eine präzise Zählung dieser »Gemeinschaft« (sofern es eine ist) überfordert

Das Blutbad in der rue des Rosiers vom August 1982, der Anschlag vom März 1984 gegen das Festival des Jüdischen Films, die Schändung von Gräbern – hier im Friedhof von Bagneux – und antisemitische Schmierereien erinnern die jüdische Gemeinde Frankreichs daran, daß sie trotz ihrer zahlenmäßigen Stärke und einem hohen Maß an Integration in die Gesellschaft nicht sicher ist vor Ächtung, Fanatismus und Verfolgung.

den Statistiker: Die quantitative Ungewißheit wird durch die Vielzahl von religiösen, soziologischen oder antisemitischen Definitionen verstärkt; man muß sich für eine von ihnen entscheiden und damit simplifizieren. Wir bezeichnen hier als Juden jene, die sich selbst als Juden betrachten oder als Juden betrachtet werden. Die Vielzahl der Definitionen ist im übrigen informativer Ausdruck der verschiedenen Formen der Zugehörigkeit zum Judentum. Die Analyse dieser Vielfalt ist dadurch erschwert, daß es an Quellen aus der Zwischenkriegszeit mangelt. Damals verspürten sowohl alteingesessene wie eingewanderte Juden wenig Neigung, ihr »Anderssein« öffentlich zu bekunden. Diskret verhüllten sie es in der Sphäre des Privaten, wo es keine Spuren hinterließ. Nach dem Krieg wurde das Judentum im Alltag leichter erkennbar, da der Genozid die Antisemiten vorläufig zum Schweigen verurteilt hatte. Die komplexe Geschichte der jüdischen Minderheit (oder der Summe der verschiedenen Minderheiten) ist also untrennbar verbunden mit der Geschichte der Gesamtgesellschaft, welche sie toleriert, ignoriert, ablehnt oder vor ihrer Vernichtung die Augen verschließt – je nach innerer oder äußerer Konfliktlage.

Wenn Juden über Juden sprechen, bedienen sie sich spontan einer »soziologischen« Redeweise; das belegen Umfragen. Wenn Antisemiten über Juden sprechen, betonen sie – versteckt, unbewußt oder absichtlich – die »Unterschiede«. Während das Ghetto den Juden ihren eigenen Raum zuwies, der Öffentliches und Privates verwob, definiert sich seit der Emanzipation der französische Jude im wesentlichen über den Ort des Judentums in seinem privaten Leben. Das

Der Anschlag auf die Synagoge in der rue Copernic im Oktober 1980.

zwingt den Historiker zu Vereinfachungen. Der Leser hat es daher im folgenden mehr mit Hypothesen zu tun als mit gesicherten Erkenntnissen.

Privates Leben im Zeichen des Heiligen?

Man ist versucht zu sagen, im heutigen Judentum sei das private Leben *essentiell* religiös. Auf den ersten Blick könnte dafür die Verflechtung des Heiligen (der unantastbaren Praxis des religiösen Gefühls) mit dem Profanen (dem, was »außerhalb des Tempels« und damit der Religion fremd ist) als konstitutiv erscheinen. Aber diese Vermutung führt zu Widersprüchen, denn man sieht nicht, welche Osmose zwei Kategorien, die Inneres (spirituelles Leben) bzw. Äußeres (Alltagsdasein) meinen, bei einem agnostischen oder atheistischen Juden eingehen könnten. Der jüdische Agnostiker oder Atheist (ich spreche nicht vom »heimlichen« Juden) wahrt gewisse Praktiken (er feiert Feste wie Rosch ha-Schana oder Jom Kippur und beachtet jedenfalls zu Hause Speisevorschriften wie das Verbot von Schweinefleisch), akzeptiert sein Judentum und bekennt vor sich und anderen die Zugehörigkeit zur »Gemeinschaft«. Anders gesagt: Ist auch der manifeste Inhalt der von ihm unregelmäßig geübten Praktiken säkularisiert, so bekundet doch ihr latenter Inhalt die unzerstörbare (Raum und Zeit transzendierende) Bindung an das »auserwählte« Volk. Der Ritualismus schützt den (fast »assimilierten«) Juden vor den Phantasiegebilden seines Inneren; er ist religiös, »ohne es zu wissen«, und wird es wieder werden, wenn eine neue Gefahr für Israel oder irgendeinen Teil der Diaspora droht; dann findet man ihn an der Seite gläubiger und praktizierender Juden, die er seine Glaubensgenossen nennen muß. Das jüdische Volk gründet menschliche Identität auf einen moralischen Entwurf. Man kann geradezu von einer »Sakralisierung« des privaten Lebens sprechen, denn das geschriebene Gesetz (die Thora) und das mündliche Gesetz (der Talmud) bestimmen die Ordnung des Alltags (Ernährung, Sexualität, Erziehung, Feste, gesellschaftliche Existenz usw.).

Pädagogik des Abstrakten und die Dialektik von Tradition und Moderne

Gleichwohl ist dieser Ritualismus, mag er in präzise Regeln fassen, was anderen »folkloristisch« dünkt, eine »Pädagogik des Abstrakten« (Georges Hansel). Das von der Thora Vorgeschriebene oder Verbotene begründet eine simplifizierende Pädagogik, welche nur Verpflichtungen kennt, die abstrakt interpretiert werden. Das jüdische Gesetz nennt Regeln und Schranken, es installiert ein Gleichgewicht, predigt weder Askese noch Ertötung des Fleisches. Mäßigung und freier Wille stiften eine Verantwortungsethik, die in der jüdischen Religion allenthalben präsent ist; doch fehlt der Gedanke des »Dispenses«. Dieser Begriff von Pflicht verschmilzt mit dem Gedanken der Auserwähltheit. Das Kon-

Anzünden der Lichter am Chanukka-Fest. Die Erinnerung ist eine fundamentale Kraft jüdischen Denkens: »Rede davon«, heißt es im Schema Israel. Neben dem Erinnern steht die Observanz. Diese bipolare Spannung zwischen Reflexion und Handeln findet ihre Auflösung in der Lehre.

zept des »auserwählten Volkes« verweist denn auch mehr auf dessen Pflichten als auf dessen Rechte. Das Judentum ist eine Religion des »Sich-Einsetzens«, in der jeder vor den anderen für seine Handlungen verantwortlich ist. Das Verhältnis zu Gott konkretisiert sich vornehmlich in der Beziehung zum Mitmenschen – ein Gedanke, aus dem Emmanuel Levinas seine Philosophie entwickelt hat.

Der Primat des Religiösen (im oben definierten Sinne der bewußt oder unbewußt mit »Religiosität« aufgeladenen Praktiken) wurzelt in einer Dialektik von Tradition und Moderne, deren Gelenk der biblische Text bleibt. Die Existenz eines mündlichen Gesetzes erlaubt die Anpassung der schriftlichen Gebote an die sich wandelnden Umstände oder Zeitverhältnisse und verhindert so, daß die Lehren der Thora außer Gebrauch geraten. Im Zentrum dieser Dialektik steht die »Praktik« der Disputation. Da diese den Charakter eines Kommentars hat, selbst wenn es um eine formale Definition geht, die die Umdeutung von Normen verdecken soll, wird die Diskussion zur Deduktion, und die neuen Gesetze haben ebenso sakralen Charakter wie das offenbarte Gesetz, dessen Emanation sie sind.

Diese Nähe zum biblischen Text verleiht jeder Bekundung der Zugehörigkeit zur jüdischen Gemeinschaft das Zeichen des Religiösen. Der Jude, der sich zu seiner Gemeinde zählt, ob Agnostiker oder Atheist, nimmt an einem Ritus teil, der entweder Ausdruck des Glaubens ist oder – verweltlicht – die Vitalität der einmal versammelten Gruppe feiert. Selbstverständlich hat auch das Judentum, wie die anderen monotheistischen Religionen mit Ausnahme des Islam, mit dem Desinteresse der Gläubigen zu kämpfen. Dennoch gibt es einen wesentlichen Unterschied: Der Jude, der »den Glauben verloren« hat, bleibt Jude, für sich selbst und für die anderen.

Welche Typologie?

Da bei Volkszählungen in Frankreich seit 1872 nicht mehr nach der Religionszugehörigkeit gefragt wird, ist die Zahl der Juden, die sich als religiös verstehen, nicht exakt festzustellen. Nach einer in den siebziger Jahren durchgeführten Erhebung begründen ca. 20 Prozent der Juden die Beachtung des Rituals mit religiöser Überzeugung, während ebenfalls 20 Prozent sich jeder religiösen Betätigung enthalten; für den Rest hatte die Wahrnehmung des Rituals eher soziale als religiöse Bedeutung.

Der private Ausdruck des Judentums hat viele Gesichter. Doch bietet der orthodoxe Teil der jüdischen Gemeinde, wiewohl in der Minderheit, das prägnanteste und insofern typischste Beispiel jüdischen privaten Lebens. Ich beschränke mich hier jedoch darauf, an die Typologie Dominique Schnappers zu erinnern: Sie unterscheidet die *praktizierenden* Juden mit ihrem metaphysisch-religiösen Judentum von den *militanten* Juden, die politisch für Israel engagiert sind. Eine dritte Gruppe bilden jene, die mit dem Judentum nur noch lose verbunden sind; Dominique Schnapper nennt sie »israélites«[1], ich bezeichne sie als Erinnerungs-Juden, um jede Verwechslung zu vermeiden; Traditionalisten sind sie nur insofern, als sie die Übergangsriten respektieren. Was die sogenannten »juifs honteux« (»Schamjuden«) angeht, so halte ich nichts von dieser Beschreibung: Erstens weiß man nicht, ob die Scham dem Umstand gilt, Jude zu sein, oder dem Umstand, das Judesein zu verbergen; zweitens gibt es unter ihnen viele, die man als Kinder von ihren Eltern getrennt hat, um sie vor dem Genozid zu retten, und die katholisch aufgewachsen und von ihren jüdischen Wurzeln getrennt sind; drittens haben einige von ihnen eine französische Großmutter mütterlicherseits, deren Mädchennamen sie nicht wissen. Diese nicht identifizierbare Gruppe entzieht sich der analytischen Klassifizierung, doch kann ein unerwartetes Ereignis – genealogische Nachforschungen, der Sechstage-Krieg – sie mit dem Rätsel ihrer Identität konfrontieren. Ich verkenne nicht, daß es spezifische Bräuche und Rituale in jeder einzelnen der jüdischen »Gemeinden« oder Mikrogemeinden gibt. Aus Platzgründen beschränke ich mich jedoch im folgenden auf die »israélites« und die jüdischen Immigranten der Zwischenkriegszeit sowie auf die französischen Juden nach dem Zweiten Weltkrieg.

Privatheit, kollektiv gelebt

Das private Leben, symbolischer Ort und Unterpfand des Überlebens der Gruppe, unterliegt gleichwohl der Kontrolle, ja, der Intervention von außen. Es kann zwar ins Öffentliche ausgreifen, ist aber nicht der Hort der Intimität. Von Gott als Volk »auserwählt«, sind die Juden kollektiv für ihr Schicksal verantwortlich. Der gesetzestreue Jude erfreut sich uneingeschränkter Willensfreiheit, doch die Gruppe hat ein Auge auf ihn. Die Familie ist das Fundament sozialen Handelns; sie bringt Freiheit und Kontrolle ins Gleichgewicht. Und die Gestalt der »jüdischen Mutter« herrscht über sie: Inbegriff erdrückender Liebe und einer Schuldgefühle erzeugenden Selbstverleugnung, ist sie die Heldin der jüdischen Familie. Ihr fällt eine der wichtigsten Aufgaben im Judentum zu: die Weitergabe des Erbes. In ihrem »Gynäkeion der Küche« (Joëlle Bahloul), das denselben Reinheitsgeboten unterworfen ist wie ein geweihter Ort, stellt sie die heilige Ordnung der Welt wieder her. Die Küche ist ein sozialer Raum, in dem stets aufs neue die Grundsätze der Gemeinschaft bekräftigt werden. Sie ist ferner der Ort der Rekonstruktion der Familiengeschichte. Geschützt vor der Neugier der Männer, tauschen hier die Frauen Geständnisse und Familienrezepte aus, in denen sich das Gedächtnis der Geschmäcker und Vorlieben verkörpert hat. Es gehört zu den Stärken des Judentums, daß seine Lehren ohne Mittelsmann, zum Teil durch die Frau, überliefert werden: Wenn man der Tradition verbunden bleibt, dann weniger wegen ihrer religiösen Bedeutung als wegen ihres persönlichen Symbolwerts. Wenn in einem Geruch oder Geschmack Kindheitserinnerungen aufsteigen, begegnet man in ihnen dem Ritus.

Bei Tisch erfährt der Jude sein »Anderssein« und lernt die Geschichte seines Volkes. Die Bestimmungen des jüdischen Gesetzes über

Seder-Tafel. »Und zu deinem Sohn wirst du sagen an diesem Tag: ›Dies ist zum Gedächtnis dessen, was der Ewige mir getan hat, da ich auszog aus Ägypten‹.« (Exodus 13,8)

das rituelle Schlachten verweisen auf das biblische Verbot, Leben zu vernichten (das Fleisch darf kein Blut mehr enthalten, um genießbar zu sein). Auch verbietet die Achtung vor dem Leben den gleichzeitigen Genuß von Milch- und von Fleischspeisen – ein Gegensatz, der auf das Inzestverbot zurückgeht. Lauter Normen, die über bloße Speisevorschriften hinausgehen und in denen sich eine ganze Kosmogonie spiegelt. Jedes Gericht, jeder Geschmack ist erinnerungsträchtig, gemahnt an Heiliges und an Vergangenes. Die Tafel ist der pädagogische Schauplatz einer narrativen Religion; Feste beschwören markante Ereignisse der Geschichte des jüdischen Volkes, dargestellt durch Speisen. So ißt man an Rosch ha-Schana (dem jüdischen Neujahrsfest) nach der Segnung von Brot und Wein einen in Honig getauchten Apfel als Symbol für ein süßes, angenehmes Jahr. Die Dattel signalisiert die Güte Gottes, der die Pläne der Feinde Israels vereitelt. Granatapfel und Fisch bedeuten Wohlstand. Das Lamm endlich erinnert an die Opferung Isaaks. Das Ostermahl oder Seder (Ordnung) versinnbildlicht in Geschmäkkern und Farben die Bitterkeit der Sklaverei in Ägypten und die überstürzte Flucht.

Gebet, Studium, Tat und Zeit

Jeder Jude, der in der Bar Mizwa die religiöse Volljährigkeit erreicht hat, ist aufgerufen, für seine Gemeinde Fürbitte im Gebet einzulegen. Der Priesterin am häuslichen Herd entspricht somit die Gestalt des Offizianten, der nicht den Status des Priesters hat. In der religiösen Feier verbinden sich Gebet und Studium – eine charakteristische Vermischung des Heiligen mit dem Profanen. Die Gruppe hat darin einen wesentlichen Platz: Das Gebet erheischt die Gegenwart eines Minjan, das heißt einer Gruppe von zehn männlichen Betern. Ebenso wie der Kult ist das Studium ein kollektives Projekt; in der jüdischen Überlieferung haben die Gerechten das Gesicht von Gelehrten. Das Studium des Gesetzes und der 613 Gebote[2], die den Alltag regeln, hat nicht nur

»Wird dein Sohn von einem jüdischen Weibe geboren, so soll er dein Sohn heißen; wird dein Sohn aber von einem nicht-jüdischen Weibe geboren, so soll er nicht dein Sohn heißen, sondern ihr Sohn.« (Kidduschim 68b) Der Talmud legt also fest, daß es die Frau ist, welche die Identität des Kindes bestimmt.

Die Transposition der traditionellen jüdischen Tugenden des Arbeitseifers und der moralischen Intransigenz ins Weltliche rechtfertigte in den Augen der »israélites« ihre Teilnahme am Leben der Nation. Seit den 1870er Jahren verlagerten sich die Stätten des Lernens von der Synagoge in die École Normale Supérieure – hier die Klasse von 1878 mit Bergson, David, Durkheim und Salomon – und in die École Pratique des Hautes Études. Die französischen Juden behaupteten einen wichtigen Platz in der Literatur und in den Humanwissenschaften.

einen spirituellen und moralischen, sondern auch einen hohen praktischen Wert. Die Einheit von Gebet und Studium verweist auf die Einheit von Lernen und Handeln. In dieser Religion der aktiven Erlösung, in welcher der Mensch aufgefordert ist, die Welt zu verändern, sind Handeln und Lernen innig verschwistert. Denkverbote gibt es nicht: »Ein Jude ist ein Mensch, der auf eine Frage mit einer Gegenfrage antwortet.«[3] (Edmond Jabès) Die Einheit des Gesetzes erheischt nicht Einmütigkeit der Auslegungen. Der Kommentar, erbeten und erwünscht, ist nicht Paraphrase des Heiligen Buches, sondern dessen Nach-Erschaffung unter dem zweifachen Gesichtspunkt von Tradition und Moderne.

Die Zeit, die jedem Juden zugemessen ist (seine Lebensdauer), muß er zu diesem doppelten Ziel der Veränderung und der Heiligung der Welt nutzen und sie daher dem Studium wie dem Handeln widmen, in einem Verhältnis, das seinem Naturell entspricht. Auf jeden Fall und in einem sehr tiefen Sinne darf er seine Zeit nicht »verlieren«. Es gibt also eine profane Zeit, die der Historizität angehört, eine heilige Zeit, welche die Geschichte transzendiert, und vielleicht eine Zwischen-Zeit, geprägt von Gefahr und Verfolgung: die Zeit der Geschichte des »auserwählten Volkes«. Und eben diese »dritte Zeit« legitimiert die Aneignung profanen Wissens, von dem das Überleben des Juden und seiner Gemeinschaft abhängen kann. Der Jude weiß, daß »der Andere« eine ständige Bedrohung, ein potentieller Denunziant ist. Darum muß er etwas besitzen, das niemand ihm nehmen kann: Wissen. Im Grenzbereich zwischen Öffentlichem und Privatem bezeugt der Kult der Diplome die säkularisierte Achtung vor dem Wissen und die Mentalität eines »Volks des Buches«. Die Drohungen, die auf seiner Gemeinschaft lasten, verlangen vom Juden, daß er mögliche oder wahrscheinliche Aggressionen antizipiere, daß er die Welt in seinem Kopf habe und daß sein

Kopf die ganze Welt sei. Das impliziert Sich-Einlassen auf die Welt (um sie zu fühlen) und Distanz von ihr (um sie zu bewerten). Es gibt keine spezifisch jüdische »Intelligenz« als Erbteil einer jüdischen »Rasse«. Was es gibt, ist die extrem angespannte Aufmerksamkeit für das, was ist und was kommen kann. Antisemiten denunzieren diese Aufmerksamkeit, die kulturell verankert ist, gern als »jüdische Neugier«. Sie ist es, die den Rang der Juden bei der Entfaltung von Begrifflichkeiten erklärt – ein Thema, dessen Geschichte noch zu schreiben wäre.

Gruppengebet und gemeinsames Studieren sind der religiöse Ausdruck einer Solidarität, die einem jahrtausendelang attackierten Volk in der einzelnen Gemeinde wie in der gesamten Diaspora das Überleben ermöglicht hat. Denn vor der Vernichtung aller »Ausnahmen« durch die Nazis hat es stets Juden gegeben, die minder exponiert waren und den am meisten bedrohten Glaubensgenossen rettende Hilfe gewähren konnten. Diese Solidarität ist gleichsam die kollektive Dimension des privaten Lebens. Und deren sichtbarstes Zeichen ist im heutigen französischen Judentum das Verbot der Exogamie. Die exogame Ehe gefährdet den Zusammenhalt der gesamten jüdischen Minderheit. Das Exogamieverbot ist gewiß religiös begründet, hat jedoch auch eine Identitätskomponente. Wer in der Synagoge heiratet, der beweist öffentlich seine Verbundenheit mit der Gemeinschaft. Laut einer Umfrage Albert Memmis von 1973 hatten 82 Prozent der befragten Juden religiös geheiratet. Der Anteil der Mischehen ist bei Juden zwar geringer als bei anderen Minderheiten, nimmt aber zu. Dahinter steht der Wunsch nach Integration in die Gesamtgesellschaft. Das zeigt sich an einer stark ge-

»Über einen Text gebeugt, den er unerbittlich befragt, weil in ihm die Wahrheit ruht, bedarf diese Befragung seines ganzen Lebens, um sich zu entwickeln, nicht nur darum, weil sie ihn immer noch belehren kann, sondern auch darum, weil das einmal Gelernte ihm hilft, die nächste Frage besser zu formulieren.« (Edmond Jabès, *Judaïsme et écriture*)

gliederten jüdischen Gemeinde wie der von Straßburg, wo in den sechziger Jahren 60 Prozent der jüdischen Ehen Mischehen waren. Die Mischehe hatte übrigens nicht automatisch die Konversion zur Folge, da in Frankreich die Rabbiner des Konsistoriums (im Gegensatz zu denen der liberalen Synagoge) die Konversion des exogamen Gatten ablehnten. Heutzutage konvertieren durchschnittlich zehn Menschen pro Jahr zum Judentum. Die rigide Haltung des Rabbinats ist zu bedauern, da nach den Umfragen von Doris Bensimon und Françoise Lautmann aus dem Jahre 1972 Ehepaare, in denen ein Partner zum Judentum konvertiert ist, ihren Glauben eifriger praktizieren als rein jüdische Paare.

So unterliegen Heirat und Konversion – zwei private Akte – der Kontrolle durch die Gruppe. Das schließt ein hypothetisches heimliches Leben nicht aus, das sich dem Blick der Öffentlichkeit und der spezifisch jüdischen »Privat«-Sphäre entzieht und Schauplatz möglicher Übertretungen sein mag. Häufig umgangen werden die Speisevorschriften, die jede Gastlichkeit bei nicht-koscherer Kost ausschließen und freundschaftliche und berufliche Kontakte erschweren. Dieses Spiel mit der Norm hat seine positive Seite, weil es zu allen Zeiten gewissen »randständigen« Mitgliedern der jüdischen Gemeinschaft die Möglichkeit gab, durch ihre berufliche Tätigkeit orthodoxe Juden zu unterstützen. Hier waltet wieder jene doppelte Zeitlichkeit, die es zu akzeptieren gilt. Doch gibt es auch Praktiken, die an die Überlegenheit der spirituellen Zeit gegenüber der profanen Zeit gemahnen: den vom Sabbat interpunktierten Wochenzyklus, den Jahresfestkreis, die in der Wohnung aufgeschlagene Laubhütte am Sukkot-Fest, die den Juden daran erinnert, daß er auch zu Hause im Exil ist. Die Dialektik von Tradition und Moderne und die aus ihr erwachsende doppelte Zeitlichkeit führen also zu einem gleichsam schizophrenen Verhalten der Juden. Die soziale Zeit stößt an die traditionelle Zeit, die Zeit der Intimität. Dieser Konflikt hat seine eigene kleine Geschichte.

Die Sphäre des privaten Lebens der französischen Juden hat Veränderungen erlebt, die von der Art ihrer Einbindung in die nationale Gemeinschaft abhingen. Größer war diese Sphäre bei den jüdischen Opfern des in der Zwischenkriegszeit stetig wachsenden Antisemitismus, kleiner wurde sie mit zunehmender Integration der Juden in die Gesellschaft. Nach 1945 unterschied sie sich von dem, was sie in den zwanziger Jahren gewesen war. Für Juden französischer Abstammung war sie anders als für jüdische Immigranten. Die Geschichte dieser Sphäre, deren Grenzen immer neu definiert wurden, sei hier kurz skizziert.

Juden in der Zwischenkriegszeit

Die Juden französischer Abstammung, 1920–1939

Heitere Gelassenheit hatte das eingesessene französische Judentum geprägt, das durch die Ankunft seiner verfolgten Glaubensgenossen aufgeschreckt wurde. Die Juden hatten in einer Republik gedeihen können, der sie das Bürgerrecht verdankten und die sie glühend verteidig-

Die Laubhütte, die am Sukkot-Fest in der Wohnung aufgeschlagen wird, mahnt den Juden, daß er auch zu Hause im Exil ist. Das Bild zeigt die Vorbereitung dieses Festes bei den chassidischen Juden des Pariser Stadtteils Saint-Paul: Aus Nordafrika eingewandert, aber in der Tradition des Ostjudentums stehend und an Bart, Kaftan und Hut festhaltend, haben sie sich entschlossen, nicht nur privat, sondern auch öffentlich an der traditionellen Lebensweise festzuhalten.

ten. Und obwohl die Wunden aus der Affäre Dreyfus noch nicht ganz vernarbt waren, so symbolisierte doch der Freispruch des Hauptmanns im Jahre 1906 in den Augen der Juden den Sieg der universellen Werte der Französischen Revolution über die Willkür des Staates, mochte es auch ein republikanischer sein. Über diese »glücklichen Juden« schreibt Dominique Schnapper: »Durch ein historisches Wunder, für das sie dem Himmel und Frankreich dankten, konnten sie an der Erinnerung an ein Judentum festhalten, dem sie in Würde treu blieben, während sie zugleich in Frankreich verwurzelt waren. In dieser Verwurzelung versöhnten sie die Singularität ihres Patriotismus mit der Universalität der Werte der Revolution. Das Frankreich der Menschenrechte und der Emanzipation ihrer Väter löste das Problem ihrer Identität – Juden aus Erinnerung und Franzosen aus Leidenschaft – und ihrer Treue zur Vergangenheit wie zur Gegenwart.«[4]

Während der zwanzig Jahre zwischen 1919 und 1939 gab es einen tiefgreifenden Wandel. Jüdische Gruppen aus Mittel- und Osteuropa stießen zu der jüdischen Gemeinschaft in Frankreich, ohne sich mit ihr zu identifizieren oder zu vermischen. Die Beziehungen zwischen der traditionellen Gemeinschaft und der neuen Diaspora waren, abgesehen von offiziellen Kontakten, gleichgültig, ja gespannt. Die beiden Gruppen waren in allem verschieden – im Demographischen wie im Ökonomischen und Kulturellen – und lebten, jede den eigenen Gesetzen gehorchend, nebeneinander her. Die Krise der dreißiger Jahre traf also eine Judenheit, die von inneren Konflikten gezeichnet war.

In dieser Situation münzten die französischen Juden auf sich selbst das Wort »israélites«, das ihren französischen Ursprung bekräftigen sollte, die gelungene Synthese aus Nation und alteingesessenem Judentum, unter Ausschluß der neuen Immigranten. Von diesen wollten die französischen Juden sich nach außen deutlich abgrenzen, ihnen wollten sie sich selbst als Muster geglückter Integration präsentieren. Diese neuartige Definition des französischen Judentums berief sich auf die doppelte Verwurzelung in der französischen Erde und in der französischen Geschichte. Gegen die eigene Genealogie schrieben die »israélites« die Anfänge des französischen Judentums um und schlossen ausländische Ahnen zugunsten französischer Vorfahren aus. Symbolisch für diese Symbiose zwischen Frankreich und seinen jüdischen Bürgern waren die Lehrtätigkeit Durkheims an der Sorbonne und die Wahl Bergsons in die Académie Française (1914). Innerhalb der Gemeinschaft der »israélites« herrschte noch eine ungeschriebene Hierarchie, wonach den alten jüdischen Familien aus Burgund, Metz oder dem Comtat Venaissain der Vorrang gebührte. Hierzu gesellten sich nun jene, die erst nach 1870 ins Land gekommen waren, aber im Weltkrieg mitgekämpft hatten. Im August 1940 meldeten 10000 ausländische Juden sich freiwillig zum Dienst in der Armee, 4000 wurden der Fremdenlegion zugeteilt, bevor man ihnen erlaubte, in französische Bataillone einzutreten. Und das französische Judentum, im Kampf schwer geprüft, teilte auch die Euphorie des Sieges – sogar der Antisemit Maurice Barrès huldigte dem Patriotismus der Juden.[5] Juden von alter französischer Abstammung und jüdische Neuankömmlinge, vor dem Großen Krieg noch strikt getrennt, fanden sich jetzt zusammen und reklamierten gemeinsam die Bezeichnung »israélites« für sich.

Die »Juden des Papstes« waren berechtigt, in den vier Gemeinden Cavaillon, Carpentras, Avignon und L'Isle-sur-Sorgue zu leben, und genossen zahlreiche Privilegien. Die Juden der Grafschaft Venaissain, am 28. Januar 1790 emanzipiert, stellten im ganzen 19. Jahrhundert eine Art jüdischer Aristokratie dar. Als Erinnerung an die glückliche Zeit in der Grafschaft zeugt die Synagoge von Cavaillon von der Symbiose zwischen der Provence und ihren Juden.

Jüdische Traditionen, wiewohl im öffentlichen Leben unsichtbar und auf die Intimität des Privaten beschränkt, prägten nachdrücklich soziale und familiäre Beziehungen. Die Beziehungsmuster der »israélites« besaßen denn auch mehr Ähnlichkeit mit denen der vorangegangenen Generation französischer Juden als mit denen des katholischen Bürgertums der Zeit. Die »israélites« hatten anscheinend Zugang zu allen sozialen Stellungen, aber von besonderer Bedeutung waren die innerjüdischen Beziehungen. Das französische Judentum der Zwischenkriegszeit war »parochial«, es ruhte auf einer eher sozialen als religiösen Praxis, deren Ordnungsfaktor die Synagoge war – nicht als Ort des Gebets, sondern als Ort der Begegnung. Wie beim katholischen Bürgertum standen der wöchentliche Besuch des Gotteshauses und wohltätige Werke im Mittelpunkt des sozialen Verhaltens. Die Zahl der Bar-Mizwa-Feiern und der religiös geschlossenen Ehen nahm ab. Die Rabbiner des Konsistoriums (1905 waren es 30, 1931 17) nahmen durchschnittlich 800 Beerdigungen und 400 Eheschließungen jährlich vor. Trotzdem hielten auch die nicht-religiösen Juden an der Endogamie fest – teils aus Respekt vor der Religion, teils weil die jüdische Gemeinschaft sehr klein war. Nur wenige Juden konnten sich, wie Julien Benda, daran erinnern, im Bekanntenkreis ihrer Eltern auch Nicht-Juden getroffen zu haben. Indessen waren im jüdischen Bürgertum die Schranken zwischen den gesellschaftlichen Schichten weniger undurchlässig als im katholischen Bürgertum; das Prestige der Bildung ersetzte hier

den Mangel an Geld. Bergson, in »bescheidenen« Verhältnissen lebend (sein Vater war ein Musiker polnischer Abstammung), heiratete die Tochter eines Direktors der Rothschild-Bank; Lucien Lévy-Bruhl, Sohn eines Handelsvertreters, wurde der Schwiegersohn eines reichen Juweliers usw. Arrangierte Ehen und vor allem »Doppelehen« (wobei zwei Brüder zwei Schwestern heiraten) waren an der Tagesordnung. Während in Paris die Endogamie durch die relativ große Zahl der dort lebenden »israélites« erleichtert wurde, war sie in der Provinz schwer zu verwirklichen. Dem halfen große Gesellschaften ab, bei denen Juden aus der ganzen Umgebung samt ihren mehr oder weniger entfernten Bekannten zusammenkamen; die gesamte Familie besuchte diese Veranstaltungen, die Repräsentation und Heiratsmarkt in einem waren.

Die Geschichte des privaten Lebens der Juden folgt einer anderen Periodisierung als die nationale Geschichte. Der Große Krieg beschleunigte die soziale Eingliederung, die durch die Dreyfus-Affäre eine Zeitlang unterbrochen worden war. Zu Beginn der Dritten Republik aber beförderte die Urbanisierung die Auflösung der ländlichen Gemeinden, und es kam zu einem Niedergang des Bekenntnisjudentums. Dennoch hatte die erklärte republikanische Gesinnung der Juden keineswegs den Bruch mit ihren religiösen Traditionen zur Folge. Diese blieben vielmehr im Familienkreis lebendig, obschon man es vermied, sie demonstrativ zu praktizieren. An dieser Stelle ist an die Rolle der Katholiken – oder jedenfalls der großen Mehrheit von ihnen – in dem wüsten Antisemitismus zu erinnern, der Ursache und zugleich Folge der

Als quasi offizieller Wortführer der jüdischen Gemeinde zählte das Zentralkonsistorium, dessen Leitung in den Händen des elsässischen Judentums liegt, in der Zwischenkriegszeit knapp sechs Millionen Familien. In den Synagogen des Konsistoriums, die das jüdische Bürgertum von Paris besucht, ist das Ritual stark christianisiert: Es wird Orgel gespielt, und die Ansprachen des Rabbiners, auf französisch gehalten, sind auf einen patriotischen Ton gestimmt.

Dreyfus-Affäre war. Von den 106 000 Abonnenten der antisemitischen Zeitschrift *La Libre Parole* (herausgegeben von Édouard Drumont) waren 30 000 katholische Priester. In den Augen eines republikanisch-weltlichen jüdischen Bürgers mußte es widersinnig erscheinen, sich der freiheitlichen Republik verpflichtet zu fühlen und gleichzeitig seine religiösen Überzeugungen zur Schau zu stellen. Nach außen hin diskret, überdauerte das Judentum in der Sphäre des Privaten, wo die jüdische Mutter herrschte und eifersüchtiger denn je die Wahrung der Tradition überwachte. Jules Isaac gestand: »Wenn ich Jude war, dann hatte ich das hauptsächlich meiner Mutter zu danken.« In dieser Hinsicht blieb die Generation, die zwischen den Kriegen heranwuchs, der Diskretion ihrer Eltern treu.

Bei den »israélites« hielten sich Teile jener traditionellen Praktiken, die ein Relikt der Religiosität ihrer Kindheit waren. Von den anderen Wochentagen war der Sabbat unterschieden: Beim gemeinschaftlichen Abendessen am Freitag kamen Gerichte auf den Tisch, die es während der Woche nicht gab und die nicht streng koscher waren. Sie hatten etwas Festliches, vergleichbar jener »Sprache der Väter«, die einem vor Fremden peinlich war, die jedoch im Familienverband ihren starken affektiven Wert behielt – Marcel Proust hat das trefflich beschrieben. Man feierte Jom Kippur, Rosch ha-Schana und Pessach, aber ohne Einhaltung des orthodoxen Rituals. Beim Seder, dem traditionellen Ostermahl, begnügte sich das Familienoberhaupt mit dem Vorlesen einiger Gebete und einer allgemeinen Betrachtung über die Geschichte des jüdischen Volkes.

Diese Privatisierung des Judentums wurde begründet durch die mangelhafte religiöse Unterweisung. Die französischen Rabbiner waren nicht mehr Träger einer exegetischen Überlieferung und vernachlässigten die Lehre. Der Unterricht in den wenigen Talmud- und Thoraschulen war dürftig: »Man ging zwei- oder dreimal wöchentlich zu einem Rabbiner und lernte sehr wenig. Ich habe mit Mühe meinen Text gelernt.«

Was sich vollzog, war eine Transformation der traditionellen Werte des Judentums nach Grundsätzen der republikanischen Moral. Dieses »Judentum der Treue« ist geeignet, die Bedeutung der »Assimilation« neu zu fassen. Die Erziehung der Kinder betrieb auf weltliche Weise die Vermittlung biblischer Tugenden wie Achtung vor dem Wissen, Pflichteifer, moralische Rechtschaffenheit. Die »israélites« bewahrten das charakteristische Merkmal frommer jüdischer Familien: die Religion der Kultur. »In meinen Kreisen herrschten die kulturellen Werte vor. Kultur war etwas Heiliges [...]. Ich bin in einer Familie des Buches großgeworden.« (Claude Lévi-Strauss) Diese Anpassung der traditionellen jüdischen Werte an republikanische Werte erklärt das relative Scheitern der zionistischen Bewegung in Frankreich: Unter den 94 131 Einwanderern, die zwischen 1919 und 1926 nach Palästina kamen, befanden sich nur 105 Franzosen. Es fragt sich, ob ohne den Einschnitt des Zweiten Weltkriegs dieses Judentum der Treue in der Familie weitergelebt hätte oder ob es nach einigen Generationen ausgehöhlt worden wäre und die Bezeichnung »Assimilation« in ihrer vollen

Bedeutung gerechtfertigt hätte. Eine Antwort auf diese Frage verbietet sich.

Die Konzeption des Judentums als Privatsache machte es den französischen Juden unmöglich, die mit dem Zustrom jüdischer Immigranten auftretenden Probleme zu lösen und eine Antwort auf den Ausbruch des Antisemitismus zu finden. Die Entwicklung einer kollektiven Strategie im öffentlich-politischen Bereich hätte eine Absage an die von der Französischen Revolution ererbte Ideologie der Assimilation bedeutet. Abgesehen davon, daß die »israélites« das Phänomen des Antisemitismus falsch einschätzten – aber wer hätte dessen Ausmaß voraussehen können? –, ließen die sich überstürzenden Ereignisse keine Zeit für ein *aggiornamento*. Ein Judentum, das sich in seine Privatsphäre zurückzog, hatte auf die Frage nach seiner Emanzipation eine positive Antwort erhalten: In dieser Erfahrung suchten die »israélites« seit den dreißiger Jahren trügerischen Schutz vor dem Antisemitismus. Daher ihre Vorbehalte gegen die Neuankömmlinge, die ihnen zu »sichtbar« waren und durch ihr Erscheinungsbild antisemitische Pöbeleien auslösten. Zu denken gaben ihnen erst die 60 000 Juden, die seit 1933 aus Deutschland und Österreich nach Frankreich kamen und das Scheitern eines Emanzipationsmodells erhärteten, das dem französischen Vorbild gefolgt war.

Die Hoffnung auf Emanzipation wurde von den jüngeren Generationen, die nach 1910 zur Welt kamen, nicht mehr geteilt. Sie verwarfen die Ideologie der Assimilation, in der sie groß geworden waren und die in ihren Augen die Schuld daran trug, daß es keine Lösung für das gab, was man seither wohl oder übel die »Judenfrage« nennen mußte. Sie definierten ihre Identität auf einem anderen Wege und suchten den kollektiven Selbstausdruck in Jugendbewegungen, deren wichtigste die 1923 gegründete Pfadfindergruppe »Éclaireurs Israélites de France« war. Die nachfolgenden Ereignisse ließen jedoch die Ausreifung dieser neuartigen Form der Identitätssuche nicht zu.

Die jüdischen Immigranten, 1920–1939

In den zwanziger Jahren war Frankreich für jüdische Einwanderer Aufnahmeland, nicht Durchgangsstation. Zwischen 1920 und 1939 kamen rund 80 000 Juden aus Mitteleuropa und 15 000 aus der Levante. Gemessen an der Gesamtzahl aller Immigranten war das nicht viel (2 Prozent); für die jüdische Gemeinschaft in Frankreich aber war der Zustrom so erheblich, daß er Ablehnung hervorrief. Aus Nordafrika kamen etliche sefardische Juden, die kein Problem darstellten: Sie gaben sehr bald ihr Spaniolisch auf und sprachen Französisch, das sie sich in französischen Schulen oder auf Lehrgängen der Alliance Israélite Universelle aneigneten. Kulturell standen sie den Südfranzosen näher als ihren Glaubensgenossen aus Mitteleuropa; ein eigenes »Milieu« bildeten sie im Grunde nicht. Seit 1907 wohnten 37 Prozent der levantinischen Juden, die sich in Paris niederließen, in Stadtvierteln mit geringer jüdischer Bevölkerung. Ihre Einrichtungen waren denen des Konsistoriums angegliedert. Unsere besondere Aufmerksamkeit soll daher den aschkenasischen Juden gelten. Die mit ihrer Integration verbundenen Identitätsprobleme wurden noch vergrößert durch die »nationale« Dimension ihres Judentums, an der auch die krasseste Diskriminierung in ihrem Herkunftsland nichts hatte ändern können. Die Ansiedlung in Frankreich bedeutete einen Bruch mit den Lebensgewohnheiten des Schtetl. Die Grenzen zwischen Öffentlichem und Privatem mußten neu bestimmt, traditionelle Formen der Solidarität zwischen Individuum und Gruppe dem herrschenden Klima der Feindseligkeit entsprechend modifiziert werden. Die Gründe für den Aufbruch konnten politischer oder ökonomischer Art oder beides gewesen sein; in jedem Fall blieb die Emigration eine Entscheidung, die sich (oft unbewußt) auf eine doppelte Absage stützte: die Absage an das bisherige kulturelle System und die Absage an die gemeinsame Zukunft der Gruppe. Insofern bestätigte der Entschluß zur Emigration eine gewisse Abweichung von der Norm, obwohl das Trauma der Entwurzelung zunächst die Traditionsverbundenheit verstärkte. Von der obligatorischen Unterwerfung unter die Normen des Schtetl machten diese Juden sich erst nach der Auswanderung frei, und das Bild ihrer Herkunftsgesellschaft verdüsterte sich rapide, sobald sie in Frankreich Fuß gefaßt hatten und dem Mythos vom »freiheitlichen und fortschrittlichen« Charakter der Französischen Revolution huldigten. Das machte sie unempfänglich für den Zionismus; ihre Zukunft, so glaubten sie, lag nun in Frankreich.

Da es sich um die Immigration ganzer Familien handelte (polnische und italienische Katholiken kamen als Gastarbeiter zunächst allein nach Frankreich und ließen ihre Familien erst nachkommen, wenn sie einen stabil erscheinenden Arbeitsplatz gefunden hatten), war die Familie, die Hüterin jiddischer Werte, auch Schauplatz des Bruches mit der Lebensweise des Schtetl. Bei manchen führte das zur Abkehr von jüdischen Praktiken. Von den 769 Juden, die zwischen 1915 und 1934 zum Katholizismus übertraten, waren 43 Prozent im Ausland geboren. Schon im Ghetto, wo sie von vielen religiösen Übungen ausgeschlossen war, hatte die Frau die Moderne verkörpert, und sie blieb auch nach der Ankunft in Frankreich die Wegbereiterin der Moderne. Die Konzeption ihrer Rolle in der Paarbeziehung mochte unangetastet sein – was sich wandelte, war ihr Bild von sich selbst. Die wichtigste Veränderung betraf das Verhältnis zu ihrem eigenen Körper. Sie weigerte sich, ihn länger zu verstecken, und warf sowohl die traditionelle Tracht (schwerer, pelzbesetzter Mantel und Persianermütze) als auch das Joch einer religiös reglementierten Schamhaftigkeit ab. Sie entdeckte die Koketterie, ja, das Vergnügen an der Verführung. Wenn sie noch traditionsgemäß eine Perücke trug, dann änderte sie deren Schnitt und Haarfarbe nach dem Gebot der Mode. Der Mann wiederum verzichtete auf Kaftan und Schläfenlocken und gab seine Studien auf, um den Anforderungen des Berufslebens zu genügen. Die Kinder schickte man in eine weltliche Schule, nicht mehr in den Cheder, die Lehrstube, wo Bibel- und Talmudkenntnisse vermittelt wurden. So verschwand der wichtigste Transmissionsriemen für die Überlieferung der Normen. 1939 gingen 753 Kinder in eine der 16 Cheder-Schulen in Paris, 760 besuchten eine

1927: Gemeindemitglieder verlassen die Synagoge an der rue Pavée. Es ist der erste Tag im Petljura-Prozeß. Semjon Petljura, Hetman der Ukraine, war 1926 aus Rache für die Judenmassaker bei osteuropäischen Pogromen von dem französischen Uhrmacher Scholem Schwartzbard erschossen worden. »Ich wanderte durch die Straßen des Judenviertels im Herzen von Paris. Ich glaubte, wieder in Warschau zu sein, in Muranow: dieselben kleinen Geschäfte, dieselben bescheidenen Restaurants, dasselbe Menschengewimmel. Mein Herz schlug schneller, als ich meine Muttersprache vernahm. Aus einem Laden drangen die traurigen Weisen jüdischer Volkslieder.« (Moshé Zalcman, *Histoire véridique du Moshé*)

der 15 Schulen mit jiddischer Unterrichtssprache. Die Eltern reagierten auf diese »Gallisierung« mit gemischten Gefühlen: Auf der einen Seite waren sie stolz darauf, daß ihre Kinder in dem neuen Land ihren Weg machten; auf der anderen Seite bedauerten sie, daß sie sich von der gemeinsamen Kultur entfernten. Das Jiddische verschwand aus dem Alltag. Es war nur noch die (oft kaum verstandene) private Sprache zur Mitteilung familiärer Angelegenheiten. Von dieser »Verwestlichung« wurde die Struktur der Familie selbst berührt: An die Stelle der Großfamilie trat mehr und mehr die Kleinfamilie; die Geburtenrate ging drastisch zurück (in Belleville hatten die Juden der zweiten Generation, die aus Familien mit zehn Kindern stammten, selber nur zwei); exogame Heiraten nahmen zu, übrigens fast nur von jüdischen Männern.

Die aschkenasischen Juden waren im doppelten Sinne eine Minderheit: als Ausländer und als Juden. Ihre Daseinsnöte im katholischen Frankreich überwanden sie, indem sie in kleine Gemeinden eintauchten, die in gewisser Weise das Ghetto reproduzierten. Für den Neuankömmling war es in der Tat leichter, sich die französische Kultur zu erobern, als Zugang zu einer alteingesessenen jüdischen Familie zu finden. Jacques Tchernoff erinnert sich: »Ich hatte Kontakte zu einer Elite, aber wenn ich mich in Gegenwart einer jüdischen Familie befand, hatten meine Freunde und ich [. . .] das Gefühl, daß diese Familien mich in erster Linie als Fremden betrachteten, als einen Juden, der aus Polen, der Türkei oder Rumänien stammte.«[6] Im Gegensatz zu ihren Eltern fanden die Immigranten der zwanziger und dreißiger Jahre zumindest ansatzweise eine strukturierte Gemeinschaft mit nützlichen verwandtschaftlichen und karitativen Querverbindungen vor; 44 Prozent von ihnen kamen denn auch zunächst bei Verwandten unter. Jede Immigrantengruppe hatte ihr besonderes Viertel, ihren besonderen Ort. Was sie einte, war vornehmlich die Sprache. In der Rue Sedaine wurde nur Spaniolisch gesprochen, das schon ein paar Straßen weiter kein Mensch verstand. Im Café Le Bosphore bekam man Reisbällchen mit Bohnen vorgesetzt, die an die Gaumenfreuden der Türkei gemahnten. Die Immigranten versammelten sich hier, »um Karten zu spielen und orientalische Musik zu hören und dazu ›borrekas‹ zu essen, Käse- oder Fleischpasteten, die eine der Frauen aus dem Viertel zubereitet hatte«.[7] Die Rumänen wohnten in der Rue Basfroi, der Verlängerung der Rue Popincourt. Dort lebten die Juden zurückgezogen; doch kam einmal im Jahr der Rabbiner und schlachtete unter einem Haustor Hühner. Dieses Viertel, La Roquette, genoß einen mystischen Ruf, »der ihm bis zu den künftigen Emigranten in Istanbul vorauseilte« (A. Benveniste). Die Avenue Ledru-Rollin markierte die Grenze zwischen dem sefardischen Viertel und der aschkenasischen Welt. Das »Pletzl«, der Stammplatz der Juden aus Elsaß-Lothringen, wurde nach dem Krieg das Viertel mit den jiddisch sprechenden Juden.

Die vielen Mikrogesellschaften waren dem Neuankömmling behilflich, Arbeit zu finden. Im Unterschied zu anderen Immigranten widerstanden die Juden der Proletarisierung und damit der Atomisierung. Sie mieden Tätigkeiten im öffentlichen Dienst, im Bergbau und in Privathaushalten; hier waren vor allem Polen und Italiener anzutreffen. Sie

Russen und Polen, die Anfang des 20. Jahrhunderts nach Paris kamen, richteten sich kleine Werkstätten und Läden ein. Die ersten schafften sehr schnell den wirtschaftlichen und sozialen Aufstieg, dank der billigen Arbeitskraft der osteuropäischen Immigranten.

Familie Goldberg, Vincennes, 1938.

bevorzugten Handel und Handwerk. In den zwanziger Jahren waren 40 Prozent der Pariser Bekleidungsindustrie in jüdischer Hand, was zum Teil mit den Arbeitsbedingungen zusammenhing: Man brauchte wenig Startkapital, die Produktionsstätte deckte sich oft mit der Wohnung, und die ganze Familie konnte mithelfen. Als Händler durfte der Jude, der im Herzen seines Viertels lebte, auf sichere Kundschaft rechnen. Allerdings reduzierte die räumliche und berufliche Konzentration, die den Antisemiten ein Dorn im Auge war, die Kontakte der Juden zur Außenwelt: Anders als bei den übrigen Immigranten bewirkten bei ihnen die Arbeitsverhältnisse keinen Assimilationsschub.

In den französischen Synagogen fühlten sich die mitteleuropäischen Juden fehl am Platze: Sie irritierte der Anblick von Gläubigen, die, nach religiöser Vorschrift gekleidet, während des Gottesdienstes Geschäfte erörterten. Abgestoßen von diesem Mangel an Inbrunst, erfüllt von mystischer Glut, kamen sie in ihren eigenen Synagogen zusammen, die der Bestimmung gerecht wurden, als Haus des Gebetes und des Lernens zu dienen, in dem das Volk sich versammelt. Die Trennung von Kirche und Staat, die 1906 den Supremat des Konsistoriums beendet hatte, ermöglichte es den Neuankömmlingen, eigene Andachtshäuser zu gründen und eigene Rabbiner zu unterhalten. So entstand ein religiöser Pluralismus, der im französischen Judentum bis dahin unbekannt gewesen war. Der Ritus in diesen neuen Synagogen war weniger feierlich als in den Synagogen des Konsistoriums. Der Tempel wurde zu einer Stätte der Sozialität des jüdischen Viertels – und damit auch zum Ort der Konfrontation zwischen französischen Juden und ausländischen Juden.

Die jüdischen Immigranten aus Mitteleuropa, die alle erdenklichen Verfolgungen überlebt hatten, reagierten auf den wachsenden Antisemitismus viel besorgter als die einheimischen Juden. Das »westliche Modell« war für sie eine Versuchung, doch sie erlagen ihr nicht, gewarnt durch den explosionsartigen Ausbruch von Fremdenfeindlichkeit und Judenhaß, der während der großen Wirtschaftskrise zu zahlreichen diskriminierenden Maßnahmen führte. Angesichts der Aggression – oder der drohenden Aggression – begünstigte die Fortdauer der alten, lebendigen Gemeinschaftsstrukturen unverzügliche Abwehr, die ihre politische Kraft aus der Tradition des Schtetl zog. Wie einst im Ghetto war Politik, die säkularisierte Form des Gemeinschaftslebens, wieder im Grenzbereich zwischen Öffentlichem und Privatem angesiedelt. Diese »politische« Antwort auf den Antisemitismus, die traditionelle Werte und Loyalitäten der Gruppe mobilisierte, drückte einen eigentümlichen Aspekt der Lebensweise mitteleuropäischer Juden aus: die Verschwisterung von Individuum und Kollektiv.

Die französischen Juden seit 1940

»Wer jeden Tag seinen Namen ändern muß, wer am Morgen nicht weiß, wo er am Abend schlafen wird, wer die Willenlosigkeit der Gesellschaft und die Gnadenlosigkeit des Systems erlebt, der lernt, an allen Grundsätzen und allen Gewalten zu zweifeln [. . .]. Wie sollte für einen Vogelfreien wie mich, vom Staat in Acht und Bann getan, das Gesetz unantastbar, der Staat heilig sein? Ich lernte schnell, den Abstand zwischen der verhärteten Regel und dem übervollen Leben zu ermessen.«

Pierre Simon[8]

Der Krieg als Genozid

Die Verfolgung durch die Nazis kostete ein Drittel der französischen Judenheit das Leben; zwei Drittel davon waren Immigranten. Offizielle Berichte und Schätzungen jüdischer Organisationen nennen übereinstimmend die Zahl von 75 000 aus »rassischen« Gründen Deportierter. Der letzte Transport in die Vernichtungslager verließ Frankreich am 17. August 1944. Die »israélites«, die sich als »Franzosen« vor der Verfolgung sicher gewähnt hatten, teilten nun das Schicksal jener, denen sie vor dem Krieg die Schuld an dem um sich greifenden Antisemitismus gegeben hatten. Wie kann man von einem »privaten Leben« sprechen in diesen vier Jahren, in denen Franzosen und Immigranten in der Gemeinschaftlichkeit des Leidens vereint waren? Welchen Sinn hat Privates, wenn der Alltag Ächtung, Flucht und Vernichtung heißt? Der einzige Gedanke war, zu überleben. In der qualvollen Bedrängnis der Lager erlosch jede Privatheit. Dieser Bedrängnis setzten die Deportierten die bewußte Dezenz ihrer Sprache entgegen: An das Thema Sexualität wurde nicht gerührt. Das moralische und das physische Überleben des Deportierten, das heißt seine Selbstachtung und seine Arbeitsfähigkeit, hing davon ab, ob es ihm gelang, ein akzeptables äußeres Erscheinungsbild zu wahren. Georges Wellers erinnert sich, daß man »in Drancy in vierzehn Tagen einen Menschen besser kennenlernte als normalerweise in vierzehn Monaten«.[9]

Die Austilgung des Privaten machte nicht vor der eigenen Identität halt, wenn das für die rettende Flucht erforderlich war. Für die ängstlich wartenden Kinder waren Namensänderung und Adoption durch eine Familie oder eine unbekannte Institution traumatisierend.

Legalisten bis zum letzten Atemzug, mußten auch die »israélites« Razzien, Denunziationen und Massenverhaftungen hinnehmen; so erlebten sie die Einheit des jüdischen Volkes. Der Erlaß eines »Judenstatuts«, der der Vernichtung voranging, markierte für diese »israélites«, die davon geträumt hatten, gute Franzosen zu sein, das Ende vom Mythos der Assimilation. Die Loslösung von Frankreich führte zu einer neuen, nicht minder mythischen Definition des Judentums: die Juden als Volk, geeint in der Wiedergeburt wie einst in der Verfolgung. »Wir Juden haben das, was zwischen 1940 und 1944 geschehen ist, anders erlebt als die Nicht-Juden, mögen sie uns noch so gerecht, herzlich und wohlmeinend begegnet sein«, sagte später Pierre Dreyfus, das Muster des vermeintlich »assimilierten« Bürgers.[10] Auch die jungen sefardischen Nachkriegsgenerationen haben diese entscheidende Differenz als Element ihrer eigenen Geschichte verinnerlicht. Der Genozid gehört seit 1940 zur Geschichte der jüdischen Gemeinde in Frankreich, der sefardischen wie der aschkenasischen. Dieser identitätsstiftenden Rolle des Genozids entsprach spiegelbildlich die emotionale Erschütterung der jüdischen Gemeinde beim Ausbruch des Sechstage-Krieges. Die Angst vor der Vernichtung Israels mobilisierte alle Juden, Zionisten wie Nicht-Zionisten. Das Ausmaß der Reaktionen bei jenen, die bisher niemals aktive Solidarität mit Israel bezeugt hatten, ist nur im Zusammenhang mit der dramatischsten Episode in der Geschichte der französischen Juden zu verstehen. In diesen Tagen des Jahres 1967 lebten sie nach israelischer Zeit. Was zählte, waren allein die Nachrichten aus Jerusalem, dessen Wiedervereinigung auch Nicht-Religiöse begeisterte. Der Sechstage-Krieg strafte alle antisemitischen Gemeinplätze Lügen. Das Volk der »Lämmer« und Krämer, das sich widerstandslos zur Schlachtbank führen ließ, erschien plötzlich als ein Volk in Waffen, in der großen Tradition der Französischen Revolution. General de Gaulle nannte Israel »ein Elitevolk, selbstbewußt auftrumpfend«. Fortan hatten die französischen Juden ein anderes Bild von sich selbst, weil die Nicht-Juden ein anderes Bild von den Juden hatten.

Die Beziehungen zwischen den französischen Juden und Israel spielen sich nicht in der öffentlichen Sphäre einer doppelten nationalen Verbundenheit ab; ihre Wurzeln reichen weiter zurück, in eine sehr viel ältere private Erfahrung. Der Besitz der doppelten Staatsangehörigkeit ist eine im Völkerrecht nicht unbekannte Konstruktion. Der Bezug zu Israel und das ihm zugrundeliegende Gefühl der Zugehörigkeit zu demselben »Volk« läßt jedoch, wie Jankélévitch gesagt hat, die Abhängigkeit von einer höheren Norm erkennen. Wenn die französischen Juden in den sechziger Jahren die sefardischen Nordafrikaner mit offenen Armen aufnahmen und ihnen den Ostrazismus ersparten, den in der Zwischenkriegszeit die Juden aus Mitteleuropa erleben mußten, dann deshalb, weil auch sie zu diesem »Volk« gehörten.

... selbstbewußt auftrumpfend, Cartoon von Tim nach einer Ansprache de Gaulles im November 1967. »Falls die Großmächte in ihrem kalten Interessenkalkül zulassen, daß dieser kleine Staat, der nicht der meine ist, vernichtet wird, würde dieses – in seiner Größenordnung bescheidene – Verbrechen mir die Kraft zum Leben nehmen.« (Raymond Aron am 4. Juni 1967)

Die Hinwendung zu Israel führte jene Art von Politik wieder ein, die die Grenze zwischen Öffentlichem und Privatem aufhebt. In der »Gemeinde« meldeten sich »Aktivisten« zu Wort, deren Zugehörigkeit zum Judentum formale Anleihen bei der Politik machte, einhergehend (oder auch nicht) mit dem Festhalten an traditionellen religiösen Praktiken. Der Zionismus als politische, öffentliche Bewegung hatte 1975 in Frankreich rund 45 000 Anhänger, von denen allerdings kaum 40 Prozent sich an regelmäßigen zionistischen Aktivitäten beteiligten. Wohl hatte der Genozid die vollständige »Assimilation« als Illusion entlarvt. Doch die wenigen Auswanderungen nach Israel sowie die lange Latenzperiode, die ihnen vorausging, belegten die Verwurzelung der französischen Juden in Frankreich. Bei der Untersuchung der Straßburger Alija [Auswanderung nach Israrel] hat Lucien Lazare festgestellt, daß das treibende Motiv häufig die Erinnerung an die Verfolgungen war: Es gingen nicht die »offiziellen« Zionisten weg, sondern die Notabeln der jüdischen Gemeinde. In den meisten Fällen hatte dieser Entschluß

Am 17. Juli 1942 wurde Joseph Koganowsky – hier bei seiner Bar-Mizwa – nach einer von der französischen Polizei organisierten Menschenjagd zusammen mit 4050 anderen jüdischen Kindern in Vel d'Hiv interniert und deportiert. Es kamen nur wenige zurück. »Ich weiß nicht, ob ich dir davon erzählt habe: aus dem Zug, der sie alle nach Auschwitz gebracht hat, hat meine Mutter eine Postkarte fallen lassen; ich habe sie später bekommen, als ich wegen meiner Krankheit bei den Priestern war. Es standen nur ein paar Worte darauf: ›Bubele, paß auf dich auf. Es geht nach Auschwitz. Ich liebe dich. Mama.‹« (Claudine Vegh, *Je ne lui ai pas dit au revoir*, 1979)

Familie Benhaïm, Ain-Temouchent, Oranie, 1937. Im Gegensatz zu den Juden Marokkos und Tunesiens waren die Juden Algeriens seit dem Crémieux-Dekret von 1870 französische Staatsbürger. 1962 waren 15 Prozent der repatriierten Algerier Juden.

zwanzig Jahre reifen müssen. Zwischen 1968 und 1970 registrierte die Jewish Agency 13 300 Ausreisen nach Israel. Wie viele Juden wieder zurückkamen, wissen wir nicht. Meinungsumfragen ergaben, daß in den achtziger Jahren 30 bis 50 Prozent der Befragten die Alija »in Betracht zogen«. In die Tat umgesetzt wurde die Absicht viel seltener. Die französischen Juden, seit 1945 wie in einer Diaspora lebend, sind in der Tat, wie man so sagt, »glücklich wie Gott in Frankreich«. Geographisch und beruflich unterscheiden sie sich vom nationalen Durchschnitt weniger denn je.

Die sefardischen Juden und die Rückkehr zum Judentum

Die Zuwanderung nordafrikanischer Juden hat dem sozio-ökonomischen Partikularismus des französischen Judentums ein Ende gemacht. Häufig besetzten die Neuankömmlinge mittlere Positionen in Wirtschaft und Verwaltung, meist wurden sie Lehrer der Primar- oder Sekundarstufe – als sie kamen, war aus den französischen Juden ein Volk von Lohn- und Gehaltsempfängern geworden, worin sich ihre horizontale soziale Mobilität bekundete. Trotzdem hat das Judentum nie so stark auf seinen Partikularismus gepocht. Das stolze Bekenntnis zum eigenen Judentum, aus dem Syndrom des Überlebenden geboren und ohne falsche Scham, war die große Veränderung seit 1945. Das verrät der neue Gebrauch des Wortes »israélite«, das nicht mehr zur Stigmatisierung eines frostigen Judentums dient, sondern den Unterschied zwischen Israelis und Juden in der Diaspora bezeichnen soll. Jeder öffentliche Ausdruck von Antisemitismus war, in Erinnerung an den Genozid, streng verpönt, jedenfalls bis zum Libanon-Krieg, was das fordernde Bekenntnis zum eigenen, privaten Judentum begünstigte. Aber das war nicht das Wesentliche. Das Einfordern des Judentums rührt her von der Erinnerung an die Vernichtung und von der Zuwanderung sefardischer Juden nach Frankreich – beide Phänomene wirkten zusammen und werteten das Bekenntnis zu einem privaten Judentum auf.

Historiker konstatieren seit einiger Zeit die neuerliche Erörterung des Genozids in der Öffentlichkeit. Es handelt sich in der Tat um einen neuen Anfang: weniger um ein Wiederaufleben des Themas als um seine »Entprivatisierung«. Die Erinnerung an die Vernichtung war lange Zeit in den Schächten des Gedächtnisses der Überlebenden verschüttet. In der unmittelbaren Nachkriegszeit gab es eine Minderheit, die nicht an ihr Judesein erinnert werden wollte und jede öffentliche Demonstration vermied, auch nicht mehr in der Synagoge heiratete. Von 2500 Namensänderungen in den letzten 150 Jahren entfielen 2150 auf die Jahre 1946 bis 1958 (280 allein 1950). Die meisten Überlebenden aber empfanden es als unabweisbar, Zeugnis abzulegen, und fanden zu ihrer Gemeinde zurück, von der sie sich vor dem Krieg entfremdet hatten. Bei den Internierten oder Deportierten war die Verletzung so schmerzhaft und allgegenwärtig, daß schon der Gedanke an sie – für eine gewisse Zeit – unerträglich und unaussprechlich war: tragisches Paradox einer Zeugenschaft, die ein ganzes Leben verzehrt hatte und doch nicht mitteilbar war. Doch die Zeit verging, und es setzte eine neue »Arbeit« des Erinnerns ein. Die Zeugenschaft des Genozids, aufgestört in ihrer schmerzerfüllten Intimität, wagte den Schritt ins Öffentliche. Der Auslöser war die Zuwanderung der nordafrikanischen

Ankunft nordafrikanischer Juden im Lager Arénas bei Marseille, 1961.
Für die Wahl zwischen Israel und Frankreich war bei den nordafrikanischen Auswanderern der Grad ihrer »Gallisierung« ausschlaggebend. Diejenigen, die nach Frankreich kamen, bildeten die intellektuelle und ökonomische Elite. Das Problem, vor dem sie standen, war ein doppeltes: Sie mußten in Frankreich Fuß fassen, und sie mußten sich in eine religiöse Gemeinschaft integrieren, die selber eine Minderheit war.

Juden; sie verlieh der Renaissance eines Judentums Gestalt, das sich von seinen Wurzeln entfernt hatte. Die sefardische Emigration, eine Folge der nordafrikanischen Unabhängigkeitsbestrebungen, mündete in einer Verdoppelung der jüdischen Bevölkerung Frankreichs (1956 300 000, 1967 660 000). Obgleich in französischen Schulen erzogen, mußten die maghrebinischen Juden sich in eine Gesellschaft, die anders war als ihre, erst allmählich hineinfinden. Sie ließen den umfriedeten urbanen Bezirk hinter sich, der die Sinnbilder der alten Gemeinde beherbergt hatte (die Synagoge mit ihrem Mikwe [Tauchbad], den koscheren Metzger), emanzipierten sich aber zugleich von der normativen Kontrolle durch Familie und Nachbarschaft. Da Jüdisches nicht mehr auf natürliche Weise den sozialen Raum prägte, verlor jüdische Identität ihr Unausweichliches: Um in Frankreich bestehen zu können, mußte sie behauptet werden. Eine Untersuchung der Bedingungen der Integration in die französische Gesellschaft zeigt, daß die Verpflanzung wo nicht die Praktiken, so doch den Ausdruck des Judeseins unversehrt ließ. Gewiß, die äußeren Formen wandelten sich. Die Emigration hatte zur Folge, daß die Strukturen der Großfamilie, die das maghrebinische Judentum gepflegt hatte, zerbrachen – in Frankreich wohnte ein Drittel der Erwachsenen nicht mehr dort, wo ihre Eltern wohnten. Doch die Familienbande blieben lebendige Wirklichkeit. Jüngste Untersuchungen über den Prozeß der Akkulturation haben erwiesen, daß die Situation des Emigranten das Familienleben als identitätsstiftendes Fundament und als Kraftquelle der Anpassung aufwertet. Doris Bensimon-Donath zufolge verbringt einer von vier Jugendlichen regelmäßig den Freitagabend und die Feste bei der Familie.[11] Die Sitte, die da wollte, daß man ein Mädchen oder einen Jungen aus seinem Heimatort heiratete, und der Brauch der »arrangierten« Ehen sind verschwunden, zugleich mit dem ausgedehnten verwandtschaftlichen Beziehungsnetz; beides widersprach französischen Normen. In ihrer Gesamtheit jedoch bleiben die nordafrikanischen Juden ihren überlieferten Werten treu. Endogamie ist noch die Regel. Der Wunsch, ein jüdisches Alltagsleben zu führen, hat die sefardischen Juden bewogen, neue Gemeinden zu bilden. Claude Tapia[12] hat die verschiedenen Etappen auf dem Weg zu einer neuen Gemeinde rekonstruiert: die Erneuerung von Formen traditioneller Sozialität (Begegnung von Frauen beim Einkaufen, von Männern in der Synagoge); gemeinsame Initiativen, Festtage zu begehen. 47 Prozent der Familien in Sargellos, einer der wichtigsten jüdischen Gemeinden im Raum Paris, haben sich aus familiären und religiösen Gründen dort niedergelassen. Dieselben Überlegungen haben 400 Familien aus Haret-el-Jahub, einem Vorort von Kairo, dazu veranlaßt, eine neue Gemeinde in Villiers-le-Bel zu gründen. Nur eine derartige Gemeinschaft erlaubt sefardischen Juden eine sowohl jüdische wie maghrebinische Lebensweise. Die Mahlzeiten am Sabbat und an den Festtagen führen die gesamte Gemeinde zusammen. In den Läden, wo die Frauen sich wieder ein Stelldichein geben können, wird den spezifischen sozialen und Ernährungs-Bedürfnissen einer oft rein jüdischen Kundschaft Rechnung getragen. So kann die Frau beim Bäcker Brot kaufen, das nach maghrebinischer Art zubereitet ist, und jeden Laib kritisch prüfen.

Sabbatmahlzeit. In der traditionellen Gesellschaft begünstigte der Druck des Milieus das Festhalten an religiösen Gepflogenheiten. Bei vielen Neuankömmlingen kam die Bindung an das Judentum in dem Wunsch zum Ausdruck, alte Bräuche und familiäre Loyalitäten zu bewahren.

So antwortete das maghrebinische Judentum auf den Wunsch der französischen Juden, an ihre alten Gepflogenheiten wieder anzuknüpfen. Gewiß, die Rückbesinnung der »israélites« hatte schon vor den sechziger Jahren begonnen, aber Gestalt gewann sie erst durch das Vorbild des sefardischen Judentums. Die sefardischen Juden, streng religiös und traditionsbewußt, gehen häufiger in die Synagoge, sie halten die Sabbatregeln genau ein, essen mehr koschere Kost und beachten an Jom Kippur striktes Fasten; mehr als 80 Prozent von ihnen lassen ihre Söhne beschneiden, 70 Prozent heiraten religiös. Aber der religiöse Brauch teilt sich auch, kontagiös oder mimetisch, den aschkenasischen Juden mit.

Die Zukunft des französischen Judentums

Der Aufschwung der Hebraistik, die steigenden Schülerzahlen an jüdischen Schulen und die Entstehung eines literarischen Marktes für Judaica: dies alles beweist die gegenwärtige Erneuerung des französischen Judentums. Die neue Form jüdischer Identität verbreitet sich durch die Selbstbehauptung des sefardischen Judentums und die Entwicklung von »horizontalen« Strukturen (neben der traditionellen »vertikalen« Struktur zwischen der Gemeinde und ihrem Establishment), die in Gemeindezentren und Jugendorganisationen verankert sind. Und obwohl diese neue Form paradoxerweise auch zum Rückgang der Religionsaus-

»Vergesse ich dein, Israel . . .«

übung führen kann, bleibt die Rolle Israels für ihre Gestaltung doch zentral. Die extreme Aufmerksamkeit für die Ereignisse im Nahen Osten erklärt die gespannten, konfliktreichen Beziehungen junger Juden zu den gleichaltrigen Muslimen, die in denselben Vororten wohnen wie sie und mit vergleichbaren Problemen bei der sozialen Eingliederung zu kämpfen haben.

Die Geschichte der jüngeren Generationen von Juden ist nicht zu verstehen ohne Rückblick auf den Genozid. Es handelt sich dabei weniger um eine »teschuwa« [Umkehr, Buße] im Sinne der Tradition als vielmehr um eine Erneuerung: eine Erneuerung, die hervorgeht aus einer »privaten« Geschichte – der Geschichte der Opfer, die den Nazismus erlebt haben – und die häufig in Konflikt mit der älteren Generation gerät. Diesem denkwürdigen Willen zur Klarheit entspringen die gelegentlich panischen Reaktionen auf antisemitische Anschläge oder auf »Angriffe« der Medien gegen den Staat Israel. Der Nahost-Konflikt bestärkt die jungen Juden Tag für Tag darin, auf eine Identität zu pochen, die ihr Anderssein zum Grund und zur Grundlage hat. Werden diese jungen »Juden der Imagination«[13] ein auf seine Innerlichkeit verpflichtetes Judentum oder ein politisches Judentum leben? Die öffentliche und private Artikulation des neuen Judentums wird davon abhängen, welchen Platz die Gesellschaft dieser Entwicklung einräumt, die inzwischen bereits ein Element der französischen Kultur geworden ist.

Anmerkungen

1 Dominique Schnapper, »Une Mémoire de l'enracinement: les juifs français avant 1940«, in: *Revue des sciences humaines de Lille III*, Nr. 191 (Juli–September 1983).
2 Genaugenommen sind es 248 positive Gebote und 365 Verbote.
3 Edmond Jabès, *Judaïsme et écriture*, Paris 1972.
4 Dominique Schnapper, a. a. O., S. 91.
5 Information aus dem Privatarchiv der Familie Reinach: Eine Photographie zeigt Barrès, wie er einen der Brüder Reinach auf dem Schlachtfeld besucht.
6 Jacques Tchernoff, *Dans le creuset des civilisations*, 4 Bände. Bd. 4: *Des Prodromes du bolchévisme à la société des nations*, Paris 1938, S. 246.
7 Annie Benveniste, »Structures de la communauté judéo-espagnole du quartier de la Roquette entre les deux guerres: les faits et leur mémoire«, in: *Traces* (Sondernummer über Juden und Judentum) 9/10 (1984), S. 36.
8 Pierre Simon, *De la vie avant toute chose*, Paris 1979, S. 23.
9 Georges Wellers, *De Drancy à Auschwitz*, Paris 1946, S. 117.
10 André Harris und Alain de Sédouy, *Juifs et français*, Paris 1980, S. 44.
11 Doris Bensimon-Donath, *L'intégration des juifs nord-africains en France*, Paris–Den Haag 1971, S. 117.
12 Claude Tapia, »Les Enfants de Belleville«, in: *L'Arche* 155 (Februar 1970), S. 43–49.
13 Alain Finkielkraut, *Le Juif imaginaire*, Paris 1980.

Warten, Unruhe, Hoffen. Die beiden Männer, allein, kommen vom Zug oder wollen die Métro nehmen. Der mit Schnüren umwickelte Koffer enthält die Habseligkeiten des Einwanderers.

Rémi Leveau und Dominique Schnapper

Die Einwanderer

Jede Gesellschaft definiert den Raum, den das private Leben ihrer Mitglieder einnehmen darf; eine sozial freischwebende Privatheit gibt es nicht. Unsere heutige Unterscheidung zwischen dem Bereich des Privaten und dem des Öffentlichen (im doppelten Sinne der Berufstätigkeit und der politischen Aktivität) hängt eng mit dem Wesen der liberalen Demokratie zusammen, die unter bestimmten Bedingungen (Wahrung der öffentlichen Ordnung) die Achtung vor dem privaten Leben garantiert. Sie hängt ferner zusammen mit dem Wesen der Industriegesellschaft, in der die zunehmende Verselbständigung des ökonomischen Sektors die Trennung von Arbeitsplatz und Wohnung, von betrieblicher und privater Buchführung, von Wirtschaftstätigkeit und Privatsphäre zur Folge hat. In der Realität ist diese Trennung nicht absolut; man denke nur an die kleinen Landwirtschafts-, Gewerbe- oder Handwerksbetriebe. Auch in kleinen und mittleren Unternehmen auf privater Kapitalbasis war sie unvollkommen ausgebildet. Dennoch verkörpert sie eine Tendenz, die dem Charakter der Industriegesellschaft entspricht.

Das bedeutet, daß schon die Unterscheidung zwischen Öffentlichem und Privatem eine der Quellen jenes Konflikts zwischen der Kultur (im anthropologischen Verstande) des aufnehmenden Landes und der des Herkunftslandes sein kann, den zahlreiche Einwanderer erleben. Besonders deutlich wird das bei den Nordafrikanern.

Der Begriff »privates Leben« setzt voraus, daß der Akzent auf dem Recht des Einzelnen liegt, einen Teil seines Lebens außerhalb der Familie und der Gemeinschaft, denen er angehört, zu organisieren. Nun mag es in einem von der islamischen Kultur geprägten Milieu vorkommen, daß der Einzelne gegebenenfalls eine autonome Rolle spielt; aber das Prinzip der Autonomie des privaten Lebens selber wird nicht ohne weiteres anerkannt. Sobald man daran festhält, daß eines der Grundprinzipien des Islam, das für Individuen ebenso wie für Gruppen gilt, das Gebot zum Guten und der Kampf gegen das Böse ist, muß das Leben jedes Einzelnen durchsichtig sein und sich sogar legitime Eingriffe gefallen lassen. Das Verhalten des Einzelnen neigt dazu, sich dem antizipierten Urteil aller anzupassen. Verstöße werden auf dem komplexen Markt der Ehre geregelt, der den Ort des Einzelnen und seiner Familie in der Gemeinschaft festlegt und ihr Verhalten kontrolliert. Allerdings werden nicht alle Verstöße mit gleicher Wachsamkeit verfolgt – verurteilt wird nur die öffentliche Normenverletzung. Wer im stillen Wein trinkt oder heimlich das Ramadan-Fasten bricht, hat keine hochnotpeinliche kollektive Untersuchung zu gewärtigen, solange der Vorfall nicht ans Licht kommt. In der Praxis bietet also die islamische Kultur am Rande der Familie und der Gemeinschaft einige Nischen, in denen sich privates Leben abspielen kann. Gleichwohl unterscheidet sich dieses »Recht« auf privates Leben von demselben »Recht« im Einwanderungsland. So drängt sich die Frage nach der Geschichte der Muslime auf, die seit mehr als einer Generation in Frankreich leben.

Privates Leben ist nicht dasselbe wie Familienleben. Auch innerhalb der Familie lebt der Einzelne in seinem eigenen Universum. Da es jedoch keine Quellen über individuelle Erfahrung gibt, deren Dimensionen sich der historischen oder soziologischen Untersuchung entziehen, fassen wir hier »privates Leben« als Synonym für Familienleben.[1]

Gehorcht das Familienleben bestimmten Verhaltensmustern, die der Soziologe und der Historiker zu beschreiben und zu formalisieren sucht, so ist es für die sozialen Subjekte der unmittelbare und evidente Ausdruck des Lebens selbst. Die »normale«, also natürliche und richtige Art, zu essen, sich fortzupflanzen, zu sterben, das Haus zu ordnen, einander anzusprechen, pflichtgemäß Vater und Mutter zu ehren, Söhne und Töchter aufzuziehen, die Beziehungen zwischen Männern und Frauen zu regeln, ist tief verwurzelt in den Gewohnheiten, die wir im Prozeß der Sozialisation erworben haben. Die Auswanderung stellt nun diesen »natürlichen« Habitus brutal in Frage; sie verletzt die unformulierte Evidenz des Alltagshandelns und unterbricht das Kontinuum zwischen gelebter Erfahrung in der Familie und deren Verlängerung in die Nachbarschaft und die Gesamtgesellschaft. Sie setzt außer Kraft, was selbstverständlich gewesen ist.

Die Auswanderer, gleichgültig, woher sie kommen, können weder diese eingefleischten Gewohnheiten aufgeben, die ihre Identität begründen, noch können sie in einer fremden Gesellschaft ihr Leben so fortsetzen, wie sie es in ihrer Heimat geführt haben. Ihre Privatsphäre unterliegt zwangsläufig Veränderungen oder Akkulturationen, die mehr oder weniger freiwillig sind. Die Form dieser Akkulturation hängt von vielen Faktoren ab: Datum und Ausgangspunkt der Migrationswelle, die Geschichte der Beziehungen zwischen dem Herkunftsland und dem aufnehmenden Land, die Vielfalt der heimatlichen Kulturen, der Entwicklungsstand der Gastgesellschaft und vor allem deren unterschiedliche Möglichkeit und Bereitschaft zur Assimilation von Einwanderern verbieten es – abgesehen von der schwierigen Quellenlage –, ein Gesamtbild vom privaten Leben aller Einwanderer in Frankreich zu zeichnen.[2]

Ungenauer Begriff des »Einwanderers«

Man darf nicht außer acht lassen, daß der Begriff »Einwanderer«, der die Einheitlichkeit der Bedingungen in der aufnehmenden Gesellschaft unterstreicht, ungenau ist. Er bezeichnet in Frankreich so unterschiedliche Bevölkerungsgruppen wie Polen, Italiener, Ukrainer oder Nord-

Beim Gebet während der Arbeitspause – hier in den Talbotwerken in Poissy – erlebt man die Selbstbestätigung als Muslim. Diese »Sakralisierung« des Arbeitsplatzes ist heute in Europa öfter anzutreffen als in den Ländern mit überwiegend muslimischer Bevölkerung.

afrikaner. Diese »Einwanderer« unterscheiden sich voneinander durch ihre Religion, die Praktiken ihres Familien- und Gemeinschaftslebens, ihre politische Erfahrung. Ihre Migration nach Frankreich sah ganz unterschiedlich aus: Es gab Ende des 19. Jahrhunderts die organisierte Anwerbung Ausreisewilliger in italienischen Dörfern, um Arbeiter für die lothringische Eisenindustrie zu gewinnen; zwischen 1920 und 1925 die Organisation einer kollektiven polnischen Auswanderung, deren Bestimmungsort die Arbeitersiedlungen der großen Steinkohlebergwerke waren; die gleichzeitige, häufig illegale Elendsemigration der »Levantiner«, der Süditaliener und mancher Nordafrikaner; die Emigration algerischer Familien in den sechziger Jahren. Die Form der Migration aber ist eng verbunden mit dem Sinn, den die Einwanderer dieser Migration und ihrer Einstellung zum Gastland geben. Bestimmte Bevölkerungsgruppen Mitteleuropas, die in den dreißiger Jahren nach Frankreich flüchteten, träumten davon, in der französischen Bevölkerung aufzugehen. Die nordafrikanischen Gruppen dagegen, die sich seit 1950 familienweise in Frankreich niederließen, suchten, unabhängig von ihrer Nationalität[3], die Verbindung zu ihrer Heimat zu bewahren, und verstanden es, sich beide Optionen offenzuhalten, die Rückkehr ebenso wie das Bleiben, obwohl zahlreiche Hürden einer Naturalisierung, die häufig als Konversion oder Verrat[4] empfunden wurde, im Wege standen. Die Akkulturation der verschiedenen Bevölkerungsgruppen und der Stil ihres privaten Lebens geben durchaus Aufschluß über die Einstellung der Einwanderer zur Gastgesellschaft. Im übrigen kamen sie zu

Ein ironisch-selbstironischer Cartoon von Farid Boudjellal über die Akkulturation junger Leute nordafrikanischer Abstammung: Sie sprechen Arabisch, wenn die Eltern es wünschen, aber mit dem Akzent Frankreichs, des Landes, zu dem sie gehören.

unterschiedlichen Zeitpunkten ihrer Akkulturation an das großstädtisch-industrielle Dasein nach Frankreich – einige hatten bereits eine gewisse Urbanisierung in ihrer Heimat kennengelernt (das war nach 1945 häufig bei Italienern der Fall), andere stammten aus einem traditionellen ländlichen Milieu (so etwa die ersten nordafrikanischen Einwanderer seit den fünfziger Jahren). Nebeneinander leben in jeder nationalen Gruppe die Einwanderer der ersten Generation, die selber die Einwanderung betrieben haben, dann die Kinder, die noch im Herkunftsland zur Welt gekommen sind (und in Frankreich teils sogleich gearbeitet, teils die Schule besucht haben), und endlich die Kinder, die in Frankreich geboren sind oder bei ihrer Ankunft so jung waren, daß sie hier die Volksschule absolviert haben. Jede dieser Untergruppen hat ein eigentümliches Verhältnis zur Gastgesellschaft und einen eigentümlichen Begriff von Privatheit. Auch ist das private Leben der Einwanderer nicht unabhängig von der Rekonstitution dessen zu verstehen, was man in den dreißiger Jahren eine »Kolonie« nannte – sie, nämlich die räumliche Konzentration von Gruppen aus demselben Herkunftsland, garantiert die soziale Kontrolle des Verhaltens ihrer Mitglieder, begünstigt die Fortgeltung der Normen des Herkunftslandes und »erzeugt einen Abglanz des nationalen Lebens, einen Ersatz für die Atmosphäre und die Umgebung, von der sie nun völlig abgeschnitten sind«.[5] Wie wir sehen werden, erklärt die ungleiche Struktur der polnischen und der italienischen Einwanderergemeinden zum Teil deren ungleiche Vorstellung und Ausbildung von Privatheit.

Privates Leben ist per definitionem schwer zu ergründen, weil es nur wenige Dokumente jener Art hervorbringt, die der Historiker zu untersuchen pflegt. Da bis in die jüngste Gegenwart das Private als der Aufmerksamkeit der Historiker nicht würdig galt, sind die einschlägigen Zeugnisse über die Vergangenheit selten und ungenau. Das private Leben gehört in den »unsichtbaren Alltag« (Paul Leuillot), von dem die sozialen Subjekte kein klares Bewußtsein haben. Die von Soziologen und Anthropologen zusammengetragenen Informationen betreffen nur die jüngste Zeit. Das private Leben der Einwanderer ist noch schwerer zu erkennen oder zu erahnen als das der übrigen Bevölkerung. In Frankreich haben Staat, Unternehmer und Öffentlichkeit diese Differenz bis vor kurzem nur widerstrebend eingeräumt; die Einwanderer selbst haben sie kaschiert, insbesondere ihre Kinder, die in die – und durch die – französische Schule gegangen sind und sich schämen, keine Franzosen zu sein »wie die anderen auch«. So besteht die Gefahr, daß diese Differenz über Gebühr verleugnet wird. In jüngsten Studien zur Eingliederung der Einwanderer in den letzten zehn Jahren erwies sich die Rekonstruktion ihres privaten Lebens in der Zwischenkriegszeit als unmöglich.

Trotzdem erlaubt die Existenz einer Privatsphäre, generell zwei Typen von Einwanderern besser zu unterscheiden: Die ersten Italiener oder Nordafrikaner – ohne Familie gekommen, in Elendsquartieren, Baracken oder Fremdenheimen hausend und nur über ihre Rolle als Arbeitskräfte definiert – hatten keine Chance zu einem privaten Leben. Dagegen gestatteten bei dem, was man »Einwanderung zum Zwecke der Seßhaftwerdung« nennen könnte, ein angemessener Lohn und die Ansiedlung ganzer Familien die Fortdauer ursprünglicher Formen von Privatheit. Alles deutet darauf hin, daß allein schon die Situation als Einwanderer dem privaten Leben einen neuen Sinn gab: In einer Welt, die nicht nur anders und fremd, sondern feindlich war, bot die Privatsphäre Zuflucht und Schutz und wirkte stabilisierend. Die Verweigerung eines privaten Lebens ist Quelle all jener »sozialen Probleme«, die die Anwesenheit von Einwanderern aufwirft.

Gastfreundschaft und Fremdenhaß

Frankreich als aufnehmendes Land schmeichelt sich gerne, auf eine lange Tradition der Gastfreundschaft gegenüber Fremden zurückblikken zu können; die Dokumente belegen jedoch, daß die Masse der Bevölkerung fremdenfeindlich war, ist und bleibt. Man könnte hier auf die hysterischen Texte der extremen Rechten aus den dreißiger Jahren sowie auf die fast einhellig akzeptierte Korrelation zwischen der Anzahl der Arbeitslosen und der Anzahl der Einwanderer verweisen. Um aber zu zeigen, daß die Franzosen aller Schichten nur die »assimilierten« Einwanderer akzeptiert haben, nämlich diejenigen, die aufgehört haben, Fremde zu sein, und Franzosen geworden sind, sei ein Beobachter von 1932 zitiert, der der Immigration durchaus aufgeschlossen gegenüberstand und den Beitrag der Einwanderer zum Wohlstand des Landes zu würdigen wußte: »Immerhin sei daran erinnert, daß früher der Zuzug von Fremden so langsam vonstatten ging, daß eine geregelte Fusion mit den Franzosen möglich war. Das massive Hereinströmen neuer Immigranten, ihre starke Konzentration innerhalb der Bevölkerung und ihr lebhafter nationalistischer Geist machen das Problem seit dem Krieg komplizierter. Wir haben erlebt, daß der Aufenthalt einer fremden Population von drei Millionen Seelen in Frankreich nicht ohne Einfluß auf das soziale und moralische Leben des Landes geblieben ist. Gegenüber einer gemäßigten französischen Arbeiteraristokratie, die um so konservativer ist, als es ihr materiell gut geht, entsteht so eine inferiore Masse von Fremdlingen ohne Bindung an das Land, die mit ihrer Unwissenheit eine soziale Entwicklung erschwert, welche sie zugleich in Zeiten der Unruhe beschleunigen könnte. Die Vielzahl von Immigranten, unter ihnen viele entwurzelte und unangepaßte, hat die Kriminalität in Frankreich um ein Drittel ansteigen lassen und übt damit unbestreitbar einen demoralisierenden und ordnungsstörenden Einfluß aus. Nicht weniger verderblich ist die moralische Haltlosigkeit gewisser Levantiner, Armenier, Griechen, Juden und sonstiger ›métèques‹, Krämer und Händler.«[6] Die »guten« Einwanderer waren diejenigen, die seit einer Generation ansässig waren und eine »geregelte Fusion« mit der französischen Nation hinter sich hatten. So bestärkte der Fremdenhaß zumindest die Generation der Migranten selber in der Wahrung einer spezifischen Privatheit, die für sie das privilegierte Mittel des Selbstschutzes und der Selbstverteidigung war.

Angesichts der Verschiedenheit der Einwanderer selber, aber auch

Diese Medizinstudenten aus der Zwischenkriegszeit demonstrierten noch gegen die »métèques« …

der Formen ihrer Eingliederung in die französische Gesellschaft wollen wir uns hier damit begnügen, einige allgemeine Hinweise zu formulieren und zur Illustration das Beispiel der Polen und Italiener zwischen 1920 und 1939 und das der Nordafrikaner seit 1945 zu betrachten. In der Tat gilt es zu unterscheiden zwischen der Zeit vor 1940, die die Wirtschaftskrise der dreißiger Jahre mit ihrem starken Assimilationsdruck erlebt hatte, und der Periode der glorreichen Dreißiger, in denen die ökonomische Lage der französischen Arbeiter wie der Einwanderer sich veränderte, die Fähigkeit und der Wille zur Assimilation der eingewanderten Populationen indessen gebrochen war: Seit dem Zweiten Weltkrieg garantieren weder Schule noch Kirche, noch Armee die Sozialisation der französischen Kinder – ob aus Einwandererfamilien stammend oder nicht – mit derselben Selbstgewißheit wie vor 1940.

Vorkriegszeit: Italiener und Polen

Nur ein Mindestlohn und ein familiärer Rückhalt erlauben, an einer bestimmten Lebensweise festzuhalten.

Die Slums rund um Paris – in den dreißiger Jahren zählte man dazu insbesondere die Rue Jules-Vallès in Saint-Ouen, wo sich 300 bis 350 Menschen eine einzige Wasserstelle teilten – oder die italienischen Vier-

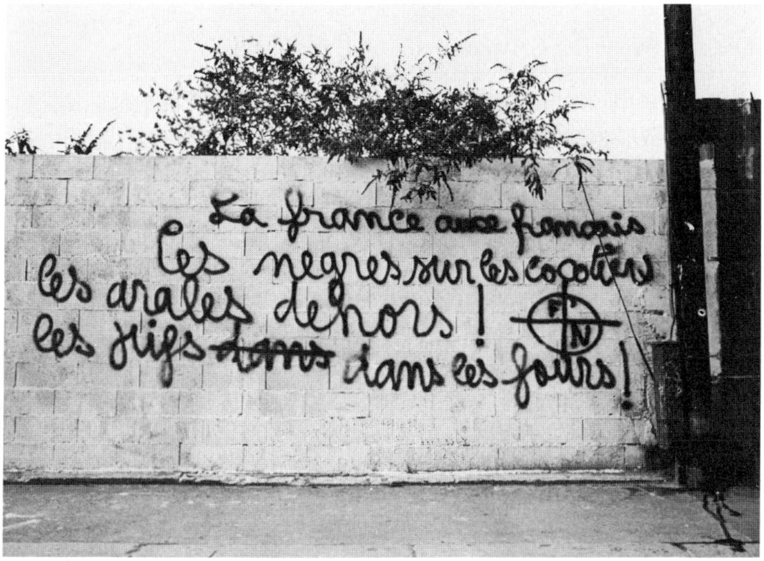

... während die jüngeren Schmierereien (1980) sich gegen »die Araber«, »die Neger« und »die Juden« richten; aber der Fremdenhaß ist derselbe.

tel der Mittelmeerstädte boten dasselbe Schauspiel wie sämtliche Slums der Welt. »Die Straßen, eng, dreckig, sind eingezwängt zwischen hohe, alte Häuser. Bettwäsche und Kleidung hängen vor den Fenstern oder an Leinen, die von Fenster zu Fenster quer über die Straße gespannt sind. Überall tummeln sich braunhäutige Kinder, schmutzig und barfuß, die mit typisch südländischer Ausgelassenheit spielen. Im Innern der Häuser – armselig, schlecht belüftet und beleuchtet – liegen Matratzen herum. Fünf bis sechs Personen, manchmal mehr, teilen sich ein Lager. Die Kinder schlafen zu dritt oder zu viert auf einem Strohsack, der manchmal auf der nackten Erde liegt.«[7] Die Armut tilgt die Unterschiede und macht das private Leben für alle gleich.

Während der gesamten Zwischenkriegszeit hat sich für alleinlebende Arbeiter – ohne ihre in der Heimat zurückgebliebene Familie eingereist und als »undisziplinierte Nomaden« beschimpft – an diesen Zuständen nichts geändert. Das Leben, das ihnen aufgezwungen wurde, negierte jede Privatheit.

Wenn sie in den »Heimen« für alleinstehende Arbeiter einander auf ein und demselben Bett ablösten – ohne Unterbrechung: die Arbeiter der Nachtschicht schliefen tagsüber, die der Tagschicht in der Nacht –, verlor der Begriff »privates Leben« jeden Sinn. Den zuletzt gekommenen Einwanderern blieben außer diesen Fremdenheimen nur Behelfsunterkünfte: roh zusammengesetzte Hütten aus Brettern und Stroh, ohne jeden »Komfort«, oder von ihren Bewohnern verlassene Häuser auf dem Dorf, die wirklich nur noch Schlupfwinkel waren. In solchen miserablen Unterkünften war man in Gefahr, alle Normen des privaten Lebens zu verlernen und der Dekulturation zu verfallen.

Die erste Welle der Einwanderung aus Nordafrika

Gewisse stark strukturierte Gruppen widersetzten sich diesem Prozeß der Dekulturation, indem sie die Kontakte zur Gastgesellschaft auf ein Minimum begrenzten. Das beste Beispiel hierfür sind die Einwanderer der ersten algerischen Immigrationswelle.[8] Bis 1950 kamen ausschließlich alleinstehende Männer: Die Dorfgemeinschaft schickte sie einige Jahre zum Arbeiten in die Fremde, damit die anderen Mitglieder der Gruppe zu Hause bleiben und den Status der Familie aufrechterhalten konnten. Diese Emigration, die in erster Linie die Berber aus den kargen Berggegenden der Kabylei oder aus Souss betraf, stürzte weder die eigene noch die aufnehmende Gesellschaft in Turbulenzen. Die Arbeiter blieben unter sich, um zu sparen und miteinander Freundschaft zu schließen, ohne sich in der sie umgebenden fremden Welt zu verlieren. Sie arbeiteten in den anstrengendsten und bestbezahlten Berufen, zum Beispiel als Bergmann, scheuten keine Überstunden und überwiesen so viel Geld wie nur möglich nach Hause. Ihr privates Leben im aufnehmenden Land beschränkte sich auf provisorische Kontakte mit Landsleuten aus derselben Region oder demselben Dorf, um einander beizustehen und sich durch Neuankömmlinge Neuigkeiten aus der Heimat erzählen zu lassen; denn in diesem Milieu schrieb man einander selten. Ihre Ersparnisse und das genügsame Dasein, das sie in der Fremde fristeten, erlaubten es der Familie daheim, auf dem eigenen Grund und Boden zu bleiben, das Haus zu reparieren, Tiere zu halten und die Söhne und Töchter ordentlich zu verheiraten. Wenn die Arbeiter zurück ins Dorf kamen – entweder auf Urlaub im Fastenmonat Ramadan oder, nach vier oder fünf Jahren, endgültig –, nahmen sie ganz selbstverständlich ihren alten Rang und Platz in der Gruppe wieder ein. Die Arbeit im Bergwerk oder die Tätigkeit in der Kolonialarmee, geradezu das Musterbeispiel der erfolgreichen Emigration, ermöglichte den Kauf von Land, eine vielversprechende Eheschließung und vielleicht eine Statuserhöhung durch Festigung des Gruppenzusammenhalts. Die Emigranten hatten auch – im Urlaub, bei längeren Aufenthalten oder nach ihrer endgültigen Heimkehr – wieder das Recht auf ein kollektives privates Leben, dessen Hauptvorzug seine Öffentlichkeit war, die für jedermann sichtbare Mehrung oder Wahrung des Ehrenkapitals der Familie oder des Einzelnen. Diese Heimkehr ins Dorf, die Besuche bei Verwandten, die Einladungen zu Hochzeiten, die Feste und örtlichen Pilgerfahrten – sie blieben im Exil ein Stück jenes Traumes, der den harten Alltag vergessen ließ. Fast könnte man sagen, das private Leben der Einwanderer habe sich auf diesen Traum beschränkt, der entschädigen mußte für die lange und anstrengende Arbeit und die trotz des gemeinsamen Wohnens in einer Gruppe herben Existenzbedingungen.

Der Bahnhof Saint-Lazare: Einwanderer, wahrscheinlich aus Polen – arm, aber würdevoll. Die Präsenz von Frauen läßt auf eine organisierte Einwanderung schließen. Bestimmungsort sind wohl Arbeitersiedlungen in Nord- und Ostfrankreich.

Italiener und Polen

In den dreißiger Jahren bildeten bestimmte Gruppen von italienischen und polnischen Immigranten, die sich in den Arbeitersiedlungen des Steinkohlebergbaus und der Eisenindustrie niederließen, unter den Einwanderern eine Art von Arbeiteraristokratie, der es aufgrund der Präsenz der Kernfamilie möglich war, eine eigene Privatsphäre zu wahren. Hier erkennt man den Kontrast zwischen der Anpassung der Männer an den Rhythmus und das Reglement der Berufstätigkeit und dem Festhalten an einem privaten Leben, das sich von dem der Franzosen unterschied. So war der berufliche Erfolg der italienischen Einwanderer eklatant – in der lothringischen Eisenindustrie ebenso wie in der Landwirtschaft des französischen Südwestens. Ein Werkmeister berichtete aus Jœuf und Moutiers: »Ich habe es mit italienischen Arbeitern zu tun gehabt, die tauglicher waren als die Franzosen.«[9] Die Arbeitsweise der italienischen Immigranten hatte dort zur Folge, daß Franzosen, die deren Tempo nicht gewachsen waren, weggingen: »Das waren kräftige Burschen, die kamen fast alle aus den Bergen und wollten unbedingt ihre zwanzig Wagenladungen schaffen. Dabei ist einer, der es auf vierzehn bringt, auch kein Faulpelz, das dürfen Sie mir glauben! Aber diese Leute machten eben ihre zwanzig Wagen, wir hatten sogar einen, der hat sechzehn Stunden täglich geschuftet und vierzig geschafft! Und dadurch sind dann die Preise gefallen, und die Franzosen sind weggegangen.«[10] Manche italienischen Landarbeiter, die in den zwanziger Jahren im Südwesten tätig waren, schafften durch Fleiß und Sparsamkeit den sozialen Aufstieg und brachten es vom Saisonarbeiter über den Halbpächter und Bauern bis zum kleinen Grundbesitzer. Georges Mauco schreibt darüber im Stil der Zeit: »Die italienischen Landarbeiter werden sehr geschätzt und sind sehr gesucht. Sie sind im allgemeinen ganz und gar Arbeiter: anstellig, respektvoll, pflichtbewußt. Viele Arbeitgeber ziehen sie den Franzosen vor, die weniger fleißig, aber anspruchsvoller sind.«

Die Anpassung an die Arbeitsverhältnisse schloß indes die Aufrechterhaltung eines spezifischen privaten Lebens nicht aus, ja, sie war vielleicht sogar dessen Vorbedingung. Das, was man den harten Kern der Kultur nennen könnte und was der Akkulturation am längsten widersteht, gründet wahrscheinlich im Innern des Familienkreises, in den Beziehungen zwischen Mann und Frau sowie zwischen Eltern und Kindern.[11] Daß die Einwanderer an Hausschmuck und Ernährungsgewohnheiten, an traditionellen Festlichkeiten festhielten, dafür sorgten die Frauen, die nach wie vor die Normen weiblichen Verhaltens respektierten, wie die Überlieferung sie ausgeprägt hatte. Das Familienleben in den Arbeitersiedlungen der Eisenindustrie wurde bestimmt vom Heulen der Sirene, die dreimal täglich den Schichtwechsel ankündigte und den Alltag der Männer und ihrer Familie skandierte. Innerhalb dieses mechanisierten Rhythmus jedoch blieben viele Möglichkeiten, auf polnische oder italienische Weise (um nur von den größten Gruppen zu sprechen) unter sich zu bleiben.

Der Einwanderer kam nicht als unbeschriebenes Blatt nach Frankreich, begierig, französische Sitten anzunehmen, sondern war bereits sozialisiert durch die Kultur seines Herkunftslandes. Er konnte die Anforderungen der Gesellschaft, in der er sich niederließ, nur in die Normen der eigenen Kultur zurückübersetzen oder nach ihnen deuten. Eingewanderte Italiener, Polen oder Nordafrikaner wurden nicht zu Franzosen wie alle anderen; sie entwickelten eine eigentümliche Privatsphäre, in der sich Elemente des heimatlichen Italiens, Polens, Maghrebs, wenngleich modifiziert durch die Verpflanzung in ein anderes Land, vermengten mit Elementen, die durch die Ansprüche der Gastgesellschaft gesetzt wurden.

Polnische und italienische Gemeinden

Diese allgemeine Aussage ist je nach Population zu modifizieren. Die beiden in der Zwischenkriegszeit zahlenmäßig stärksten Gruppen, die Polen und die Italiener – beide aus europäischen und katholischen Ländern kommend –, bewahrten auf ungleiche Weise die Merkmale ihres privaten Lebens. Mehr als die Italiener ließen die polnischen Arbeiter sich in organisierten Gruppen nieder und bildeten Gemeinden mit besonderen Institutionen, die dazu beitrugen, den vertrauten Lebensstil fortzuführen, die Assimilation aufzuhalten. Weil die Italiener trotz ihrer massiven Präsenz in Lothringen weniger organisiert, sondern mehr zerstreut waren, durch religiöse Institutionen weniger gut kontrolliert wurden, schliffen sich die Eigentümlichkeiten des privaten Lebens bei ihnen rascher ab. Ein Zeichen dafür ist das rapide Schwinden der religiösen Betätigung. So stellte man beispielsweise fest, daß in Auboué zwischen 1909 und 1914 55 Prozent der italienischen Kinder getauft wurden, gegenüber 80 Prozent bei der Gesamtbevölkerung, daß die Zahl der kirchlichen Begräbnisse und die Teilnahme an der Ostermesse niedriger waren als bei den Franzosen und daß wilde Ehen Anklang fanden.[12] Andere Zeugnisse, einschließlich der Berichte der italienischen katholischen Mission, bestätigen den Rückgang der religiösen Betätigung. Dagegen wahrten die polnischen Einwanderer in den für sie errichteten Arbeitersiedlungen länger ihre religiöse und nationale Besonderheit. Die polnischen Arbeitersiedlungen, die in den zwanziger Jahren rund um die Steinkohlebergwerke im französischen Norden entstanden, verfügten über eine eigene Kirche und einen eigenen Pfarrer, der bisweilen sogar von der Zechenleitung besoldet wurde. An diesen Pfarrer wandten sich die Leute mit den kleinen Problemen des Alltags; er fungierte als Mittler, um das gute Verhältnis zur Unternehmensleitung und die moralische Kontrolle der Einwanderer zu gewährleisten. Bis zum Krieg pflegten die Arbeiter ihm die Hände zu küssen und die Mädchen vor ihm einen Knicks zu machen, aus Respekt vor seiner Rolle als spirituelles Oberhaupt und politischer »Verantwortlicher« der Gemeinde. Als einzige von allen Immigrantengruppen hatten die Polen das Recht erhalten, Lehrer ihrer Nationalität zu beschäftigen. 1932 zählte man in Frankreich 150 polnische Lehrer: 65 in den Départments Nord und Pas-de-Calais, ca. 30 in Mittel- und Ostfrankreich und ca. 20 in Süd- und Westfrankreich. Etwa 20 000 polnische Kinder profitierten von diesem Unterricht. Dies alles half mit, die polnische Lebenspraxis bis zum Zweiten Weltkrieg unter den Immigranten wachzuhalten.

In den polnischen Arbeitersiedlungen blieb die Religionsausübung intensiv; der Besuch der Sonntagsmesse bekräftigte eine zugleich religiöse und nationale Identität: »Die Männer sind in Uniform, mit farbigem Hut und Brustschnüren, die Mädchen tragen weiße Röcke und Mieder aus schwarzem Samt, die Kinder eine weiße Tracht, die rot bestickt ist, und die Frauen haben bunte Schals um, rot, grün, blau. [. . .] Alle drängen in die Kapelle. Fahnen und Banner werden vor dem Altar gesenkt und dann im Chor aufgepflanzt. Die Kirche ist immer herausgeputzt und reich mit Blumen geschmückt. Gold und kräftige Farben werden mit naiver Freude zur Schau gestellt. Unter der Woche haben die Frauen die Motive für die Dekoration entworfen, und die Kinder sind durch Wiesen und Wälder gestreift, um Blumen und Grünes zu sammeln. Die Kirche ist oft zu klein, um die vielen Helfer zu fassen [. . .]. Alle wirken an der Zeremonie mit und singen in ihrer Sprache die alten polnischen Choräle.«[13]

Was es hinter dieser Schilderung zu entziffern gilt, ist die Wiederholung bekannter Gesten: die liebevolle Pflege des »Sonntagsgewandes«, das Waschen mit Stärke, das Bügeln, das samstägliche Bad der Kinder im großen Waschzuber – ein Alltag, der trotz Emigration den alten Bräuchen folgte. Eine Romanschriftstellerin beschreibt eine italienische Einwanderin, die sich darüber wundert, »daß die Polinnen alles stärken, sogar ihre Bettlaken. Sie waschen sie auch viel besser, trotz dem

Die Organisation weiblichen Lebens um eine traditionelle Beschäftigung – hier auf einem gestellten Photo verewigt – half mit, polnisches Leben und polnisches Bewußtsein aufrechtzuhalten.

ätzenden Schweiß ihrer Männer. Die Stärke schützt das Gewebe vor der Verschmutzung. Es ist eine Stärke, die sie selber fabrizieren, indem sie das Mehl auflösen, bevor sie es in einen großen Topf mit kochendem Wasser schütten und es mit der Spitze des weihnachtlichen Tannenbaumes umrühren, die sie eigens zu diesem Zweck das ganze Jahr über sorgsam aufbewahren. Wenn sie kein Mehl haben, nehmen sie den Saft von geraspelten Kartoffeln. In beiden Fällen wird die Zubereitung durch ein Sieb gefiltert und mit dem ›Blau‹ vermischt, durch das ihr Leinen so glänzt.«[14] Dieses Rezept wurde seit Urzeiten von der Mutter an die Tochter weitergegeben; die Einwanderinnen hüteten es um so mehr, als sie mit ihm die Position der Frau und die Identität der Gruppe stabilisierten.

Die Wahrung einer glühenden, zugleich persönlichen und kollektiven Religiosität war eng verknüpft mit der Beachtung überlieferter Normen, zumal des traditionellen Verständnisses der Geschlechterrollen. Es war kein Zufall, daß in den Arbeitersiedlungen des französischen Nordens der Kontakt zu den Nicht-Polen mit dem Arbeitstag aufhörte, während der Kontakt mit Freunden und Bekannten innerhalb der Gruppe weiterging. Das mag auch die Erklärung dafür sein, daß die Zahl der Eheschließungen von Immigranten mit Französinnen gering blieb, wiewohl sie zwischen 1914 und 1924 von 5 auf 9 Prozent stieg.

Die Wohnung

Beobachter registrierten, daß die Wohnungen polnischer Einwanderer »trotz der vielen Kinder sauber und aufgeräumt« waren.[15] Die Frauen wurden ihrer Rolle gerecht. Die polnische Wohnung hatte sogar »eine besondere Note, etwas Originelles, woran weder die Serienbauweise noch die billige, in Frankreich gekaufte Einrichtung etwas ändern. An den Wänden viele grell kolorierte Drucke, meist religiöse Darstellungen oder das Porträt eines berühmten Polen. An Wänden und Stuhllehnen sind lange Stoffbahnen mit aufgestickten Mottos, Botschaften oder Bibelstellen befestigt. Auf dem Bett liegt ein mächtiges Plumeau, das manchmal das Laken ersetzt. Man sieht zahlreiche Photographien, vor allem von den verschiedenen Vereinen, denen die Mitglieder der Familie angehören.«[16]

Die »saubere« Wohnung war um so verdienstvoller, als die Immigranten – wie alle Bevölkerungen auf dem Weg der Urbanisierung – Bekanntschaft mit schmutzigen Wohnverhältnissen gemacht hatten. Proteste der belgischen, holländischen, schweizerischen oder italienischen Regierung offenbarten die beklagenswerten Zustände in den Behausungen, in denen eingewanderte Arbeiter untergebracht waren – Zustände, die übrigens auch das Los der französischen Bauern waren. Doch sogar in Arbeitersiedlungen wurde elektrischer Strom erst mit immenser Verspätung installiert. In der Region Briey war die Siedlung Mancieulle die erste, die bereits bei ihrer Gründung (1912/13) ans Stromnetz angeschlossen wurde; sie galt lange Zeit als vorbildlich. In Auboué wurden die Arbeiterwohnungen zwischen 1928 und 1931 mit Strom ausgerüstet; das fließende Wasser in der Küche kam erst 1945, der Gasanschluß 1955.[17] Ein Werkmeister im Vorruhestand erzählt: »Als wir aus Italien hierher kamen, war ich ganz klein. Zur Beleuchtung hatten wir ganz kleine Nachtlichter, in Gläsern und mit Öl. Ich weiß noch, wie meine Mutter abends immer zwei oder drei von diesen Lich-

Die Turnvereine (»sokols«) gehörten zu den Einrichtungen, durch welche die polnische Gemeinde, unter Führung des Klerus, ihren kollektiven Zusammenhalt und den polnischen Charakter des Alltags wahrte.

Das tadellos saubere und aufgeräumte Zimmer, die aufmerksame Frau, der bestickte Wandbehang (rechts), das Kruzifix und die religiösen Bilder, der bemalte Schrank – die Arbeiter schufen mitten in der lothringischen Eisenindustrie in ihren Wohnungen ein polnisches Ambiente.

tern auf den Tisch gestellt hat. Ich weiß auch noch, daß wir zu fünft im selben Bett geschlafen haben – die Buben am Kopfende, die Mädchen am Fußende.«[18] Wohnung, fließendes Wasser, Hygiene – diese Probleme fanden für die Einwanderer erst nach dem Zweiten Weltkrieg eine Lösung.

Wahrte trotz diesen Zuständen das Hausinnere die Erinnerung an die Heimat, so waren es die gemeinsamen Mahlzeiten, wodurch Identität täglich neu sich befestigte. Es ist des öfteren bemerkt worden, daß kulinarische Gewohnheiten gegen Akkulturation besonders resistent sind. In lothringischen Arbeitersiedlungen mit ihren verschiedenen Nationalitäten zogen allabendlich Küchendüfte durch die Straßen, »charakteristischer als ein Personalausweis«.[19] Die polnischen Frauen bereiteten wie früher im Herbst Sauerkraut zu, indem sie Weißkohl hobelten und in Salzlake legten. Auch der Verzehr von Schweinefleisch und Kartoffeln blieb stets hoch, wie der Erfolg polnischer Metzger in den polnischen »Kolonien« in Nordfrankreich beweist.

Die Italienerinnen haben in der Regel leichtere Gerichte zubereitet. Bedacht darauf, unnötige Ausgaben zu vermeiden, begnügten italienische Arbeiter sich oft mit einer Kost, die für die ihnen abverlangte körperliche Anstrengung unzulänglich war. Bei der Ankunft in Frankreich kannten sie, wie Mauco bemerkt, oft nur Gemüsesuppe, Reis, Nudelgerichte und ihre aus Mais und Kastanien gekochte Polenta. Doch Festtage wurden mit der rituellen Zubereitung der »pasta« nach Art des Heimatdorfes oder der Herkunftsregion begangen, und an wichtigen

Feiertagen gab es Fleisch. Fleischgenuß wurde nach dem Zweiten Weltkrieg das Symbol schlechthin für materiellen Erfolg und gelungene Integration.

An Kleidungsgewohnheiten wurde auf unterschiedliche Weise festgehalten. Die Polen, besser organisiert und nationalbewußter, versuchten bis zum Zweiten Weltkrieg, ihre Volkstrachten zu bewahren – nicht nur bei der Sonntagsmesse, sondern auch im Alltag. Übernahmen die kleinen Jungen die schwarze Schürze, den Tornister und das kurzgeschorene Haar unter dem Barett von den kleinen Franzosen, so trugen die Mädchen, wenn sie zur Schule gingen, zur schwarzen Schürze noch eine mit bunten Blumen bestickte polnische »Vorschürze«, einen Fransenschal und rote Bänder an den blonden Zöpfen. Die kleinen Italiener unterschieden sich, sofern die finanziellen Mittel der Familie es gestatteten, nicht von den französischen Kindern. Die Kleidung der italienischen Männer, in der Arbeitswoche einfach, ja nachlässig, entfaltete sonntags und feiertags den ganzen Luxus, der im Heimatdorf üblich war. Camsy kommentiert mit unverhohlener Indignation: »An Sonn- und Feiertagen sind die meisten von ihnen nicht wiederzuerkennen, und ihre Eleganz läßt sogar besser situierte Angestellte erblassen: Sie tragen Anzüge aus feinem Tuch in grellen Farben, leichte Schuhe mit blankgeputzten Kappen, bunte Krawatten und manchmal sogar Handschuhe und Spazierstöckchen.«[20]

Gemeinschaftsleben und spezifische Identität

Die freie Zeit außerhalb der Arbeit drehte sich um Musik- und Theatergruppen und vor allem Sportvereine; dies zementierte die Kontakte innerhalb der »Kolonie« und verstärkte das Gefühl der Zugehörigkeit zu einer bestimmten Gruppe. Überall, wo Polen in größerer Zahl zusammen waren, schossen, wie Vlocevski und Mauco berichten, Verbände und Vereine wie Pilze aus dem Boden. Die Vereinigung polnischer Arbeiter in Frankreich zählte nicht weniger als 182 Ortsvereine und 16 000 Beitragszahler. Die steigende Zahl polnischer Zeitungen (1932 zählte Mauco deren 15) erlaubte es, das Gemeinschaftsleben der Immigranten zu pflegen und diesen zugleich Frankreich nahezubringen (in einer Zeit, in der es noch kein Fernsehen gab). Über die regelmäßigen Zerstreuungen hinaus boten Feiertage die Gelegenheit, eine spezifische Identität zu bekräftigen. Auch hier pflegten die Polen, welche die Affirmation ihrer Nationalität mit der Feier ihres Glaubens verbanden, bis 1940 mit größter Energie ihre heimatlichen Bräuche. Eine Romanschriftstellerin gibt uns Kunde von Glanz und Pracht der Weihnachtsfeier in der polnischen Kolonie der lothringischen Eisenindustrie vor dem Zweiten Weltkrieg. Zu Weihnachten bekam jede Familie von ihren in Polen verbliebenen Verwandten große, rechteckige Oblaten mit einer Abendmahlsdarstellung, die sorgsam bis zum Tag vor Weihnachten aufgehoben wurden, an dem alle strenges Fasten beachteten und nur schwarzen Tee und Salzheringe zu sich nahmen. Der Tag stand ganz im Zeichen der Vorbereitung des Festes und des abendlichen Festessens. Den Baum

Familienphoto, auf dem, sorgfältig herausgeputzt, Eltern und Kinder Achtbarkeit bekunden. Man beachte die Schulauszeichnungen am Revers des Kleinsten – Ausdruck der Hoffnung auf künftigen sozialen Aufstieg.

schmückte man mit farbigen Kerzen, den langen Bändern der Volkstracht, kleinen, in Silberpapier gewickelten Sandkuchen und künstlichen Blumen. Abends um sieben versammelte sich die Familie, frisch gewaschen und im Sonntagsstaat, um den gedeckten Tisch. Der Familienvater zündete den Baum an und sprach ein Gebet. Dann nahm er seinen Teil der Oblate, wandte sich zu seiner Frau und entbot ihr drei Wünsche, wobei er jedesmal ein Stück von der Oblate abbrach und aß. Seine Frau tat dasselbe, und so machte das Wünschen und Oblatenbrechen die Runde durch die Familie. Das Weihnachtsmahl umfaßte zwölf Speisen: Perlgraupen, Rote Bete, Karotten, Buchweizen, weiße Bohnen, Sauerkraut, Pflaumen, Nudeln, Champignons, Salzheringe, Mohnkuchen, Äpfel und Brot. Unter Singen und Beten erwarteten Eltern und Kinder die Mitternacht. Nach der Christmette traf man sich mit den polnischen Nachbarn zu Kaffee, Kuchen und Obst. In Orten mit einer polnischen Schule spielten am Weihnachtstag die Kinder unter Leitung des Lehrers Einakter und sangen weltliche und geistliche Lieder. Auch die italienischen Familien wahrten die Tradition mit der genau festgelegten Speisenfolge beim Weihnachtsessen und natürlich der Christmette.[21]

Vor Ostern gehorchten Italienerinnen und Polinnen demselben Ritual wie die Französinnen und veranstalteten bis Gründonnerstag einen großen Frühjahrsputz im Haus. In den Arbeitersiedlungen lieferten die Hausfrauen einander regelrechte Wettkämpfe, wessen Wäscheleine am schwersten behangen war, wessen Teppiche am längsten geklopft wurden, wessen Fenster am saubersten glänzten. Am Karsamstag sangen die Italiener das Gloria, während sie ein mit Weihwasser versetztes Bad nahmen; dann aßen sie Brot oder Kuchen, die sie in Weißwein tauchten. Die Polen brachten die zwölf für das Ostermahl vorbereiteten Speisen – Eier, Salz, Brot, Aufschnitt, Käse, Rettich, Gänsepastete, Butter, Kaffee, Milch, Zucker, Kuchen – zu ihrem Geistlichen, damit er sie segne. Am Ostertag sang die ganze Familie zunächst das Halleluja; dann fiel der Mutter die Ehre zu, den Segen über das Haus, die Familie und, mit einem in zwölf Stücke geschnittenen Buchsbaumzweig, über die zwölf Speisen zu sprechen.

Der Totenkult an Allerheiligen, in Italien überaus lebendig, fand sich auch in Lothringen wieder – um so mehr, als tödliche Unfälle in den Bergwerken nicht selten waren, wie Gérard Noiriel mit Recht bemerkt. »Als ich abends zum Friedhof ging, wurden auf allen Gräbern Kerzen oder Öllämpchen entzündet [...]. Ich weiß nicht, ob das heißen sollte, daß die Toten wieder lebendig waren, aber es hat mich beeindruckt. Beeindruckt hat mich auch, daß man an Allerheiligen alle Photos von den Toten auf einen Tisch stellte, dazu ein besticktes Tuch, Chrysanthemen und brennende Kerzen. Wir mußten Wache halten.«[22]

Die Kinder der Migranten

Während die Generation der Migranten bis zum Krieg im wesentlichen an der Art des privaten Lebens in ihrer Heimat festhielt, galt das für ihre Kinder nicht mehr. Die Zeugnisse bestätigen übereinstimmend, daß die Kinder dieser im aufnehmenden Land mehr oder weniger fremd gebliebenen Migranten nach Nationalität und Kultur Franzosen wurden, mochten etliche auch noch sentimentale Bindungen an das Herkunftsland ihrer Eltern unterhalten.

Schon 1932 fiel Georges Mauco auf, daß insbesondere die Mädchen sich sehr rasch an eine Gesellschaft anpaßten, in der sie größere Freiheit genossen. Diese schnelle Akkulturation der Migrantenkinder war ein Erfolg der Volksschule; freilich wirkte sie auch traumatisierend durch den Autoritarismus und die Fremdenfeindlichkeit ihrer Lehrer (woran A.-M. Blanc und G. Noiriel mit Gründen erinnern). »Alle Umfragen, die seither beim Lehrpersonal durchgeführt wurden, stellen übereinstimmend fest, daß die kleinen Italiener sich leicht und schnell anpassen.«[23] Dieselben Aussagen wurden für polnische Kinder gemacht; für deren Richtigkeit spricht auch, daß viele von ihnen Priester oder Lehrer wurden. Die Masse der Einwandererkinder war also durch das französische Schulsystem geschleust worden, dessen Effizienz deutlich sichtbar wurde. Jean Willemin aus Moutiers erzählt: »Man muß sagen, die Leute haben sich fabelhaft assimiliert. Wenn ich das rückblickend so betrachte, kann ich es kaum fassen; die alten Italiener, die hierher gekommen sind, haben doch kein Wort Französisch gekonnt, aber ihre Kinder sind hier zur Schule gegangen, die haben den Krieg mitgemacht, die sind oft sogar in Gefangenschaft gewesen. Die sind beinahe noch französischer als ich selber! Die mußten das doch nicht tun, aber sie haben es getan. Es ist unglaublich, wenn man das so sieht.«[24] François Mattenet schrieb 1931: »Das assimilierungsfähigste Element bilden die Italiener; sie sind uns am nächsten, was ohne Zweifel mit der gemeinsamen lateinischen Abstammung zusammenhängt. Ihre Kinder gehen in unsere Schulen, sprechen praktisch ausschließlich unsere Sprache, machen sehr oft den Volksschulabschluß und sind kaum von ihren Schulkameraden mit französischen Eltern zu unterscheiden; sie haben unseren Geschmack und unsere Sitten, und mit zwanzig melden sie sich bei uns zum Militär.«[25]

Die Assimilation der Kinder der italienischen Einwanderer und, in geringerem Maße, der polnischen Einwanderer erscheint im Rückblick als unbestreitbare Bereicherung der französischen Nation. Dennoch darf man weder die feindseligen Gefühle vergessen, die ihnen entgegenschlugen, noch die abwertenden Urteile, die über »Makkaronis« und »Polacken« lange Zeit im Schwange waren.

Nachkriegszeit: die nordafrikanischen Einwanderer

Die Nachkriegszeit schlug ein neues Kapitel auf. Die Herkunft der großen Masse der Migranten war nun eine andere. Auf Polen und Italiener folgten Spanier, Portugiesen und Türken, ferner Nordafrikaner. Auch die Struktur der Migration hatte sich gewandelt: Die Anzahl der Emigranten, die Hunger und Not aus ihrer Heimat vertrieben, ging zurück; dafür wurde Migration für viele ein Modus der sozialen Mobilität. Wenngleich die elenden Bedingungen einer illegalen Migration nicht verschwanden, wie der Fortbestand der überwiegend (wenn auch nicht ausschließlich) von Einwanderern bevölkerten Slums bis gegen Ende der sechziger Jahre bewies, so bleibt doch wahr, daß das goldene Zeitalter der französischen Wirtschaft zwischen 1950 und 1975 die materielle

Durch die Schule, ihre Belohnungen und ihre Strafen, wurden die Kinder der Einwanderer in Lothringen zu Franzosen und konnten auf eine Zukunft hoffen, die sich von der der Eltern unterschied.

Lage der Arbeiter in Frankreich und damit der Masse der Einwanderer verändert hat – die Wohnverhältnisse, die mit denen der Vorkriegszeit nicht zu vergleichen waren, und die Ausstattung des Haushalts mit elektrischen Geräten bewirkten tendenziell eine Angleichung zumindest des materiellen Gerüsts des Alltags, freilich ohne das private Leben zu uniformieren.

Im Krieg waren die Italiener des Pas-de-Calais, wie alle Minderheiten, a priori verdächtig. Man erinnerte sich ihrer Teilnahme am Kampf gegen Hitler und den Faschismus. Ob das ausreichte, um die öffentliche Meinung zu entwaffnen?

Druck der Familiengruppe und individualistisches Verhalten

Das Beispiel der nordafrikanischen Einwanderer ist besonders aufschlußreich. Auf die erste Einwanderung, in deren Folge der Immigrant sich mit dem Nötigsten begnügte, um Geld nach Hause zu schicken, seine Familie zu unterstützen und seine baldige Rückkehr vorzubereiten, folgte eine neue Phase. Unmerklich kehrte sich das Verhältnis um: Jetzt behielt der Einwanderer das meiste Geld für sich und schickte seinen Leuten nur das Nötigste. Natürlich warfen sie ihm vor, daß er undankbar sei, und sannen auf Mittel und Wege, seine Bindung an die Familie zu verstärken und ihre Ansprüche zu begründen. Die Verheiratung des Emigranten, bei fortdauernder Geiselnahme seiner Frau und seiner Kinder im Heimatdorf durch Vater oder Brüder, war gängige Praxis, um die regelmäßigen Geldzahlungen zu garantieren. Die neuen

Einwanderer durchliefen einen Prozeß der Akkulturation an die französische Gesellschaft. Sie waren jünger und daher besser unterrichtet als die Immigranten der ersten Welle. Die Volksschule hatte ihnen die französische Sprache und französische Werte vermittelt. Zaghaft versuchten sie, mehr zu lernen, aus der Isolierung herauszutreten, in welche die Älteren sich freiwillig begeben hatten – nur um allzubald die Isolierung durch die Gesellschaft zu spüren zu bekommen. Individualistische Verhaltensweisen setzten sich so weit durch, daß sie zu Spannungen oder gar zum Bruch mit der Herkunftsgesellschaft führten. Manche wechselten entschlossen von der Sparsamkeit zum Konsum. Nach dem Vorbild der französischen Arbeiterklasse investierten sie in ihre Sonntagskleidung, öffneten sich allmählich der Stadt, dem Freizeitangebot, gingen ins Café oder ins Kino und besuchten die Tanzveranstaltungen am Samstagabend. Doch mußten sie dort häufig einen aggressiven Rassismus erleben, der sie zu den Ihren zurückscheuchte.

Die extremste Variante der Integration, die Ehe mit einer Französin, gelang nur den wenigsten. Sie bedeutete häufig den Bruch sowohl mit der Dorfgesellschaft als auch mit den nordafrikanischen Freunden und Verwandten in Frankreich. Die Aufnahme in die Familie und Gruppe der Frau – häufig eine Arbeitskollegin oder eine Freundin aus der Gewerkschaftsbewegung oder der politischen Betätigung – war einzig um den Preis der Distanzierung von der anderen Gruppe zu haben. Eine solche Ehe war der Alptraum der im Heimatdorf zurückgebliebenen Verwandten: Sie bedeutete das Versiegen der Geldüberweisungen und eine affektive Zäsur; auch war es unmöglich, daß der Emigrant durch eine achtbare Heirat jemals wieder den angestammten Platz im sozialen System seines Heimatdorfes würde einnehmen können. Der Bruch erstreckte sich auch auf die Kinder aus der Mischehe, und die aus der Mésalliance erwachsende Schande fiel, zumindest für einige Zeit, auf die ganze Familie zurück.

Mit der neuen Phase der Einwanderung, die noch mehrheitlich nur Männer betraf, weil sie länger in Frankreich blieben, trat erstmals der Rassismus bei Kontakten mit der französischen Gesellschaft, aber auch die Zurückweisung durch die Herkunftsgesellschaft in Erscheinung. Die französische Kleidung, die er auch in der Heimat trug, das »leichte Geld«, manchmal das Auto, das Glas Wein oder Bier, das für manche nun zum täglichen Konsum gehörte – dies alles unterschied jetzt den Emigranten von den Seinen und machte ihn fast zum Fremden. Seine Wiedereingliederung in die dörfliche Gruppe wurde erschwert. Wenn er sich länger in der Heimat aufhielt, wahrte er eine gewisse Distanz zu der Lebensweise und den Problemen seiner Gruppe. Er war ein Verwandter auf Urlaub, dessen Leben sich im wesentlichen anderswo abspielte. Außerhalb der Gruppe stehend, gewann er Modell- und Symbolfunktion für die informierte Jugend, die ebenfalls das Land verlassen wollte und seine Manieren nachahmte: die Art, wie er sich kleidete und ausländische Zigaretten rauchte. Das Verhältnis zu seiner Familie wurde auch in materieller Hinsicht konfliktreicher. Zur Zeit der ersten Auswanderungsphase vertraute der Emigrant sein ganzes Geld der Gruppe an, deren Repräsentant sein Vater oder sein älterer Bruder war

Vor dem Ghetto. Mit Musik und Tanz öffnet sich die Goutte-d'Or, ein Einwandererviertel von Paris, für die ganze Stadt.

und die allein die Entscheidungen über die Verwendung des Geldes traf. Zugleich profitierte er vom Gemeinschaftseigentum der Familie nur insoweit, als er durch seine Arbeit zu dessen Mehrung beigetragen hatte. Der Emigrant der fünfziger Jahre wollte mit dem Prinzip des Gemeinschaftseigentums nicht brechen, doch er sehnte sich danach, sich sein eigenes Haus zu bauen. Wenn er seinen Eltern zu diesem Zweck Geld schickte, hatte er die Stirn, Rechenschaft zu fordern. Er dachte zwar daran, in dem großen Haus einige Räume für seine Brüder und deren Familien vorzusehen, aber er respektierte nicht mehr die alte Raumaufteilung des traditionellen Hauses. Der Emigrant gerierte sich als Familienoberhaupt und machte so, ohne Rücksicht auf seinen Platz im Familienverband, diese Rolle dem Vater und den älteren Brüdern streitig.

Auch seine Ernährungsgewohnheiten machten sich in der Gruppe geltend. Anstatt sich mit der bescheidenen ländlichen Kost abzufinden, kaufte er sich sein Fleisch und Gemüse in der Stadt, weil er der Qualität und Frische der auf dem örtlichen Markt angebotenen Fleischwaren und Erzeugnisse mißtraute. Nudeln, Reis und Pommes frites verdrängten den Kuskus. Fleisch war nicht mehr nur eine Spezialität für Festtage. Kohlensäurehaltige Getränke und Kaffee traten an die Stelle des Pfefferminztees.

Ansiedlung der Familien in Frankreich

Die dritte Phase der Einwanderung begann mit der Ansiedlung der Immigrantenfamilien. Heute bringen die meisten nordafrikanischen Einwanderer ihre Familien mit. Diese Entwicklung begann in den sechziger Jahren mit der Unabhängigkeit Algeriens. Ausschlaggebend für diese Familieneinwanderung waren: die gegenüber früher verbesserten Wohnbedingungen, der Zugang der Einwanderer zu Sozialwohnungen, ihr Wunsch, die ganze Familie von den besseren Schulen und dem effizienteren Gesundheitssystem in Frankreich profitieren zu lassen, und ihr psychologischer und sozialer Bruch mit dem alten dörflichen Milieu.

Mit der Ankunft der Frauen und Kinder bekam die Privatsphäre der nordafrikanischen Einwanderer ihren wahren Wert. Das eheliche Leben entwickelte sich und schälte sich aus dem Leben in der Großfamilie heraus, das man in Nordafrika gewohnt war. Das Vorbild lieferte die französische Gesellschaft, auch wenn die persönlichen Beziehungen zu dieser schwach blieben. Für die Frauen war die Anpassung an die neue Situation besonders schwierig. Das Alleinsein in einer häufig wenig angenehmen Umgebung, die sprachliche Zäsur und das ungewohnte Klima stellten sie auf eine harte Probe. Nicht selten hörte man, daß eine Frau zwei Jahre lang nur geweint hatte, bevor sie an das Leben in Frankreich gewöhnt war. Wenn es keine arabischen Nachbarinnen gab, die man besuchen konnte, war die Einsamkeit fast tödlich. Die französische Sprache lernten die Frauen eher mit ihrem Mann oder mit Nachbarinnen als in Bildungseinrichtungen. Rundfunk und vor allem Fernsehen

Das Einkaufen gemeinsam mit anderen Frauen oder mit den Männern der Familie ist eine von der Moral sanktionierte Gelegenheit, aus dem Haus zu kommen. Man kann unter sich bleiben und sich doch ganz den Verlockungen der Konsumgesellschaft hingeben. Man betastet, man vergleicht, man spricht miteinander.

haben viel dazu beigetragen, die französische Sprache und französische Kulturmuster in Einwandererhaushalten heimisch zu machen; sie erlaubten es, die französische Gesellschaft zu beobachten, ohne selbst beobachtet und mit Rassismus und Böswilligkeit konfrontiert zu werden. Oft dauerte es über ein Jahr, bis die Frauen sich bereit fanden, ihre Kinder zur Schule zu bringen, einkaufen zu gehen oder Behördengänge zu machen.

Die Einkäufe wurden oft vom Mann kontrolliert. Die Frauen kauften entweder bei nordafrikanischen Händlern in ihrem Viertel oder im Supermarkt ein. Wenn Ehemann und Kinder sich nach französischem Muster kleideten, legten die Frauen den Schleier ab, trugen aber meist ein mittellanges Kleid. Manche beharrten auf der Dschellaba, dem langen arabischen Kapuzengewand, und zogen nur dann ein Kleid an, wenn sie außer Haus gingen. Europäische Kleidung wurde allgemein akzeptiert; allerdings war man bemüht, »Auswüchsen« bei Frauen und Mädchen zu steuern. Manche Männer wiederum trugen am Sonntag statt des Anzugs ihr islamisches Gewand (Turban und Dschellaba). Die Kleidung war nicht mehr, oder noch nicht, in religiöser oder sozialer Hinsicht identitätsstiftend.

Auch hier war die Wahrung der kulinarischen Normen der Herkunftsgesellschaft festzustellen. Die maghrebinische Küche ist zeitintensiv und verlangt Produkte, die nicht überall zu haben sind. Gewürze verliehen den Gerichten das spezifische Aroma; im übrigen aß man in Frankreich viel mehr Kartoffeln, Nudeln oder Reis als in der Heimat.

»Les Gammas, les Gammas!«: Das Fernsehen bleibt für die Frauen Fenster zur Außenwelt, Sprachlehrer, Begleiter durch den langen Tag ohne den Mann und oft die einzige Gelegenheit, symbolisch die Tür in eine französische Wohnung zu öffnen.

Bestimmte maghrebinische Produkte wie etwa Sauermilch wurden aufgrund der Nachfrage durch die Einwanderer auch von der industriellen Milchwirtschaft angeboten. Schweinefleisch war wegen der vorgeschriebenen rituellen Schlachtung der Tiere ein besonderes Problem. Aus Sparsamkeitsgründen sah man über diese Regeln, außer an Festtagen, oft hinweg. Die Tiefkühltruhe erlaubte es, religiöse Vorschriften und Kostensenkung zu verbinden: Mehrere Familien kauften gemeinsam ein lebendes Tier, schlachteten es rituell und teilten das Fleisch untereinander auf.

Das gestiegene Angebot maghrebinischer Waren in den Geschäften und auf dem Markt sowie die Präsenz der Frauen zu Hause hatten die Wiederkehr von Küchenfreuden zur Folge, die die alleinstehenden Männer nur noch von Besuchen in der Heimat oder aus ihren kleinen Stammrestaurants gekannt hatten. Pfefferminztee ist ein Symbol der Gastlichkeit geblieben. Allerdings scheint ihm der Alkohol Konkurrenz zu machen, vor allem unter Männern, bei Kontakten zwischen nordafrikanischen und französischen Arbeitern, aber auch als Sorgenbrecher des Einsamen, der sich über seine schwierige Lage, die harte Arbeit, die täglichen Frustrationen und die Furcht vor dem Verlust seiner Identität hinwegtrinkt. Die maghrebinischen Cafés gehen auf die ersten Jahre der nordafrikanischen Einwanderung zurück; ihre Existenz hat sich günstig auf den Zusammenhalt der maghrebinischen Gemeinde ausgewirkt. Die französische Föderation des FLN bezog dort Horchposten. Doch blieb Trunksucht zumeist auf den Aufenthalt in Frankreich beschränkt und hörte in den meisten Fällen bei der zeitweiligen oder endgültigen Rückkehr in die Heimat auf. Im Rahmen des Familienlebens war Alkoholgenuß zu Hause generell tabu, außerhalb des Hauses jedoch den Ehemännern erlaubt, solange sie ihre Familie ordentlich versorgten.

Das Innere der Wohnung bezeugt beispielhaft den Kompromiß zwischen zwei Kulturen. Man übernimmt vom französischen Vorbild wesentliche Dinge des häuslichen Bedarfs wie Tische, Stühle und vor allem Haushaltsgeräte, deren Zahl mit wachsendem Wohlstand der Familie steigt. Ein Farbfernseher, manchmal ein Videogerät – beides aus zweiter Hand –, ein Radio und ein Kassettenrecorder ergänzen die Ausstattung. Als Symbole des mahgrebinischen Lebensstils findet man Kalligraphien, Farbphotos von Mekka oder aus dem Heimatort, Samttapeten und kupfernes Geschirr, das an der Wand hängt. Manchmal verleiht ein aufklappbarer Diwan als Gästebett für einen Verwandten oder einen durchreisenden Freund dem ansonsten französischen Interieur ein orientalisches Gepräge.

Die Erneuerung des religiösen Bewußtseins

Das Familienleben wirkt sich wohltätig auf die Erneuerung des religiösen Bewußtseins aus. Die Beschneidung der Knaben wird jetzt in Frankreich vorgenommen, während man früher damit bis zur Rückkehr in die Heimat wartete. Doch sind die maghrebinischen Eltern auf der Suche nach einer schwierigen Balance zwischen der von ihnen forcierten Erziehung im Geiste des Islam und den Werten, welche die französische Schule und die französische Gesellschaft vermitteln. Kindergarten und Volksschule werden von den Eltern durchaus akzeptiert, zumal wenn ein längerer Aufenthalt in Frankreich vorgesehen ist, doch wek-

Das Familienoberhaupt hat die Opferung vorgenommen; nun nehmen die Frauen die Sache in die Hand wie in der Heimat. Aïd-el-Kebir bietet Gelegenheit, in die warmherzige Atmosphäre des Maghreb einzutauchen – für einen kurzen Augenblick, in dem man die Nöte des Alltags vergißt.

ken sie auch die Furcht vor völliger Absorption durch die französische Gesellschaft. Denn für junge Nordafrikaner ist die Schulklasse der Ort, wo sie gleichaltrige junge Franzosen kennenlernen, mit denen sie sich, zumindest zu Anfang, identifizieren. Die Jugendlichen, des Französischen besser mächtig als ihre Eltern, lehnen sich gegen die Autorität des Vaters auf, die für sie mit dem verachteten Image des gefügigen Handarbeiters verknüpft ist. Sie verstehen zwar Arabisch, weigern sich aber, es zu sprechen, und geben sich untereinander französische Vornamen. Die Aussichtslosigkeit jedoch, in der französischen Gesellschaft ihre Träume zu verwirklichen, wirft sie bald zurück auf eine imaginäre maghrebinische Identität. Und obwohl die Eltern nach wie vor die französische Schule als Instrument zur Verbesserung ihrer Lage betrachten, machen sie ihr doch eine Erziehung zum Vorwurf, die die Kinder nicht zur anhaltenden Achtung vor den Familienwerten ermutigt.

So erscheint den Einwanderern der Religionsunterricht, der in der Familie oder in der Gemeinde erteilt wird, als bestes Mittel, diese Tendenzen zu bekämpfen und den Gedanken an einen dauerhaften Aufenthalt in Frankreich ohne Selbstpreisgabe zu akzeptieren. Sehr oft jedoch ist diese Art der Unterweisung im Arabischen und im Koran weder so effizient noch so angesehen – vor allem bei Mädchen – wie der Unterricht in einer offiziellen Schule. Die Arabisch- und Korankurse, die mittwochs und sonntags von Moscheen und Vereinen angeboten werden, kommen diesem Bedürfnis entgegen. Die nordafrikanischen Botschaften sind bemüht, dieses Unterrichtsangebot in ihre Einflußsphäre zu integrieren, um den Kontakt mit ihren Schutzbefohlenen zu wahren. Auch Familien nehmen daran teil, wobei sie mitunter das Videogerät nutzen – in islamischen Buchhandlungen kann man Koranlektionen auf Videokassetten ausleihen. Es kommt jedoch auch vor, daß man die Aufmerksamkeit der Schüler durch Filme wie *The Message* zu fesseln sucht, in dem Anthony Quinn einen Weggefährten des Propheten spielt.

Die Tapete mit dem Wandmuster, das Bild des Emirs Abd el-Kader sowie das Kupfergerät und die Puppen, die man aus dem letzten Urlaub in der Heimat mitgebracht hat, markieren einen nostalgischen Winkel.

Die religiöse Besonderheit der Nordafrikaner wirft gewichtigere Probleme auf als ihre Nationalität, bei der man, wenngleich lustlos, zu Kompromissen bereit ist. Die religiöse Erneuerung bekundet sich namentlich in der Observanz des Ramadan-Fastens. In früheren Phasen der Einwanderung war man eher geneigt, sich dem Rhythmus der aufnehmenden Gesellschaft und ihren Gepflogenheiten anzupassen, solange man kein Schweinefleisch essen und keinen Alkohol trinken mußte. Die Rückkehr in die Heimat für die Dauer des Fastenmonats ermöglichte ganz natürlich das freudige Begehen der vorgeschriebenen Nachtwachen, die in Frankreich viel schwieriger zu organisieren waren, ohne mit den Nachbarn in Konflikt zu geraten. Und die regelmäßige Rückkehr in die Heimat erlaubte in einem günstigen religiösen Klima die »Wiedergutmachung« jener Regelverstöße, deren man sich im Gastland zwangsläufig schuldig machte. Seit etwa zehn Jahren jedoch erkennt man die Tendenz zu strengerer Observanz, die der Gruppe Gelegenheit gibt, ihre Identität zu bekräftigen. Die muslimische Familie macht sich ihre eigenen moralischen Regeln bewußt. Manche Einwanderer, die es mit der Religion nicht so genau nehmen, nutzen den Ramadan, um sich das Trinken oder das Rauchen abzu-

Die Familie versammelt sich zum Kaffee. Man genießt das Zusammensein, trotz der Differenz zwischen der traditionellen Tracht der Alten und den Jeans und langen Haaren der Jungen.

gewöhnen. Auch das Almosengeben am Ende des Ramadan erfährt eine gewisse Renaissance. Davon profitieren nicht selten die religiösen Einrichtungen des Herkunftslandes, doch entfällt heute ein immer größerer Teil der Spenden auf die Gemeinden oder Moscheen in Frankreich.

Die eigentlichen Feste sind die muslimischen Feste, vor allem Aïd-el-Kebir, das an das Opfer Abrahams erinnert. Man verbringt sie soweit möglich in der Heimat, da z. B. Aïd-el-Kebir zu begehen in Frankreich Schwierigkeiten bereitet – es ist schwierig, ein lebendes Schaf zu beschaffen; es zu Hause zu halten und zum gegebenen Zeitpunkt zu schlachten führt zu Spannungen mit den Nachbarn.[26] Daß es unmöglich ist, aus Anlaß muslimischer Feste Urlaub zu bekommen, wird als Ungerechtigkeit empfunden. Die vielen französischen Feiertage werden als Ruhetage »mitgenommen«, während an Weihnachten und Neujahr mehr und mehr der Weihnachtsbaum und das Beschenken der Kinder Einzug in die muslimische Familie halten.

Freizeitverhalten

Die französische Gesellschaft beeinflußt auch das Freizeitverhalten der Immigranten. Neben dem Fernsehen spielen dabei Straße und Läden eine große Rolle. Die Funktion der großen Supermärkte geht weit über die Bedarfsdeckung hinaus. Der gemeinsame Einkauf am Wochenende

Die Moschee – oft nur ein schlichter Raum in einem Kellergeschoß oder eine Garage – ist der Ort, wo sich die Alten versammeln. Rentner und Arbeitslose beten noch eifriger als andere Männer.

Im fremden Land seine Würde zu wahren wissen, man selbst bleiben – das ist nicht leicht. So kniet dieser fromme Muslim in einem Hauseingang nieder, um Passanten nicht zu stören. Und die Einkaufstüte von Tati stellt er in Richtung Mekka, um sie besser im Auge behalten zu können ...

ist ein intensives Stück Familienleben. Er bietet überdies Gelegenheit zur Beobachtung der Konsumgesellschaft und der französischen Lebensweise. Die riesige Auswahl fasziniert und vermittelt den Eindruck erreichbarer Fülle. Glücksspiele, Wetten beim Pferderennen und Lotterien haben im Alltag einen Platz eingenommen, der mehr dem französischen Brauch entspricht als islamischer Tradition; sie breiten sich inzwischen auch bei der Mittelschicht in Nordafrika selbst aus. Die Musik ist weithin arabisch geblieben. Das Wesentliche kommt von der Kassette, doch unterhält die nordafrikanische Gemeinde heute auch einige selbständige Rundfunkstationen, die das Freitagsgebet aus Mekka übertragen.

Das Fernsehen ist, wie die Schule, ein um so wirksameres Instrument der Akkulturation, als es von den Eltern akzeptiert wird. Allerdings erkennen die Einwanderer zugleich die Gefahr der vollständigen Angleichung an die Sitten des Gastlandes. Dieses Besorgnis geht häufig mit Schuldgefühlen des Familienoberhaupts einher. Die (reale oder befürchtete) Eheschließung mit Franzosen, das heißt mit Nicht-Muslimen, wird als weitere Etappe auf dem Weg zum kollektiven Identitätsverlust empfunden. Genährt werden diese Befürchtungen durch die Einstellung der jungen Mädchen, die im allgemeinen empfänglicher für schulische Vorbilder und das Beispiel eines von individueller Autonomie geprägten Verhaltens sind.

Rock und Raggae sind die musikalischen Formen, die die aggressiven und zärtlichen Gefühle der Jugend am besten ausdrücken. Jungen und Mädchen genießen es, zusammen zu sein.

Heiratsstrategien

Die Heiratsstrategien bleiben am Herkunftsland orientiert, doch sind die einschlägigen Verhaltensweisen im Begriff, einen Teil ihrer Uniformität zu verlieren. Das Idealmodell für Männer bleibt die Heirat mit einem von der Familie ausgewählten Mädchen (manchmal noch der Cousine) aus dem heimatlichen Dorf. Die Unterwerfung unter den Druck der Familie ist keineswegs total; manche jungen Männer heiraten Französinnen oder Einwanderinnen aus anderen Ländern, etwa Jugoslawinnen oder Portugiesinnen. Dramatischer, aber vielleicht häufiger ist der Bruch bei den Mädchen, die sich oft weigern, in ihre Heimat zurückzukehren und dort zu heiraten und zu bleiben. Sie reißen sich lieber von der Familie los, als daß sie klein beigeben. Um schulische Erfolge bemühter als die Jungen, wollen die Mädchen auch ihre Autonomie bewahren und entlehnen dem französischen Modell des Ehepaares Verhaltensweisen, die sie mit Heftigkeit auf die traditionelle Rolle der Frau reagieren lassen, die ihnen der Vater oder die Brüder zumuten. Sie halten an ihrer Unabhängigkeit fest und riskieren dabei auch den Streit mit der Familie; jeder Gedanke an eine Rückkehr, mit dem sich ihre »Gleichschaltung« verbindet, wird von ihnen wütend abgelehnt. Die muslimischen Immigrantenfamilien sind weniger kinderreich als in ihrem Herkunftsland, haben aber mehr Kinder als die Familien der aufnehmenden Gesellschaft. In der ersten Einwanderergeneration ging die durchschnittliche Kinderzahl von 9 bis 10 auf 5 bis 6 zurück, in der folgenden Generation auf 3 bis 4.

Bewundernd und ein wenig neidisch schauen die Mütter zu, wie das junge Mädchen im Minirock mühelos ein paar Schritte aus einem traditionellen Tanz vorführt.

In der Heimat sterben?

Beim Totenritual finden wir uns, wie bei der Ehe, einer Gesellschaft gegenüber, die an dem Kontakt zu ihren dörflichen Ursprüngen festhält. Das Ideal ist noch immer das Altwerden in der Heimat, in dem großen Haus, das man sich gebaut hat, im Kreise der Seinen, und nur die Erde des Islam verheißt dem Gläubigen, im Seelenfrieden die Auferstehung zu erwarten. Doch bedeutet heute die Rückkehr in die Heimat, um dort alt zu werden, zugleich die Trennung von Kindern und Enkeln. So entschließen sich manche Einwanderer dazu, in Frankreich zu bleiben, treffen jedoch Vorsorge für ihre spätere Beisetzung im Heimatdorf. Für andere allerdings ist die Erde des Aufenthaltslandes mit seinen gewachsenen muslimischen Gemeinden, seinen Moscheen und Gebetssälen heilig genug, und so akzeptieren sie es, in ihr begraben zu werden. Diese Entwicklung symbolisiert ein neues Verhältnis zur französischen Gesellschaft. Die in Frankreich ansässigen Nordafrikaner sind keine eigentlichen Einwanderer mehr und noch keine Staatsbürger im vollen Sinne des Wortes, sondern Angehörige einer Minderheit, die danach trachtet, ihre kollektive Existenz von der Gesamtgesellschaft anerkannt zu sehen.

Es ist, wie hervorgehoben wurde, nicht möglich, eine Analyse des privaten Lebens *aller* Einwanderer versuchen zu wollen; sie stammen aus verschiedenen Kulturen und sind unter verschiedenen historischen Bedingungen nach Frankreich gekommen. Die oben betrachteten Bei-

Bei der Hochzeit sind die Frauen unter sich, wie die Tradition es verlangt. Zwar ist europäische Kleidung, samt weißem Hochzeitskleid, die Regel, aber man bevorzugt orientalische Tänze – solange die Paare getrennt bleiben.

spiele zeigen die Vielfalt der Formen der Partizipation am nationalen Leben. Obwohl die Nachkommen der Polen und Italiener, die sich in den zwanziger und dreißiger Jahren in Frankreich niedergelassen haben, eine vollständige Akkulturation hinter sich haben und an der Gesellschaft partizipieren, deren Bürger sie sind, bewahren doch viele von ihnen symbolische und emotionale Bindungen an die Heimat ihrer Eltern oder Großeltern. Die französischen Nachkommen von immigrierten Polen haben die Nachrichten über die Gewerkschaftsbewegung *Solidarność* mit anderen Ohren gehört als andere Franzosen. Und die Nachfahren der Einwanderer aus dem Piemont, die heute die Universität beziehen, widmen sich vorzugsweise der Untersuchung der italienischen Kultur oder der italienischen Emigration. Es spielen hier analoge, wenn auch nicht identische Gefühle eine Rolle, wie sie der Pariser bretonischer Herkunft für die Heimat seiner Großeltern hegt. Die nationale Einheit schließt Sonderloyalitäten nicht aus.

Die Einstellungen der muslimischen Einwanderer und der bewußten Juden sind nuancierter, insofern ihre traditionelle Definition von privatem Leben sich nicht gänzlich mit der der Gesamtgesellschaft deckt. Von einer dramatischen Geschichte gezeichnet, offenbaren die Juden in der Evolution ihres privaten Lebens eine besondere Form der Akkulturation und der Partizipation an der französischen Gesellschaft: unter Berufung auf eine besondere Kultur und eine besondere Geschichte. Was die muslimischen Bevölkerungsgruppen betrifft, so sind derzeit bei ihnen vielerlei Einstellungen anzutreffen: vom Willen zur Fusion mit

Reise, Tourismus, Suche nach den Wurzeln? Die Verbindungen zum Herkunftsland oder zur Heimat der Eltern bleiben bestehen, wenngleich in neuer Gestalt.

der französischen Gesellschaft durch Ablehnung der arabischen Sprache und der moslemischen Religion bis zum religiösen Auftrumpfen und zur Solidarität mit den Arabern anderer Länder (wovon ihre Ablehnung der Juden zeugt). Ihr privates Leben offenbart die Ambiguität der Partizipation dieser neuen Einwanderer am nationalen Kontext; in einem allgemeineren Sinne läßt es die verschiedenen Formen erkennen, wie Bevölkerungsgruppen ausländischer Herkunft sich zur französischen Bevölkerung zusammenfügen: die Chance gegenseitiger Bereicherung ebenso wie den langen Schatten unverarbeiteter Fremdheit.

Anmerkungen

1 Rémi Leveau und Catherine Wihtol de Wenden, »L'évolution des attitudes politiques des immigrés maghrébins«, in: *Vingtième Siècle* 7 (Juli–September 1985).
2 Seit dem 19. Jahrhundert ist Frankreich immer ein Einwanderungsland gewesen. Die geringe Fruchtbarkeit in der Zeit der wirtschaftlichen Entwicklung und der Fortbestand einer breiten bäuerlichen Schicht erzeugten einen ständigen Bedarf an Arbeitskräften. 1930, in dem Jahr mit der höchsten Einwanderungszahl vor dem Krieg, gab es in Frankreich mindestens 3 Millionen Ausländer, das entsprach 7 Prozent der Gesamtbevölkerung und 15 Prozent der Arbeiterklasse. Nicht enthalten sind in diesen Zahlen die naturalisierten und die heimlichen Einwanderer, die nach Georges Mauco schätzungsweise ein Drittel der kontrollierten Einwanderung ausmachten. Zu diesen sogenannten »Wirtschafts«-Emigranten kamen die politischen Exilanten, die – je nachdem – vor den autoritären Regimes Mitteleuropas, dem russischen Zarismus, den nationalsozialistischen oder faschistischen Regimes und nach dem Zweiten Weltkrieg aus den kommunistischen Ländern flohen.
3 Unter dem Gesichtspunkt, der uns hier interessiert, macht die Staatsangehörigkeit keinen Unterschied aus: Wir betrachten im folgenden global die Gruppe der in Frankreich lebenden Muslime, ohne Rücksicht auf die Nationalität.
4 Die arabischen Begriffe hierfür heißen »rumi« oder »nturmi«, was »Christ« oder »Renegat« bedeutet.
5 Stephane Vlocevski, *L'Installation des Italiens en France*, Paris 1934, S. 84.
6 Georges Mauco, *Les Étrangers en France, leur rôle dans l'activité économique*, Paris 1932, S. 558.
7 Ebd., S. 315.
8 Abdelmalek Sayad, »Les trois âges de l'émigration algérienne«, in: *Actes de la recherche en sciences sociales* 15 (1977), S. 59–79.
9 Serge Bonnet, *L'Homme de fer (1930–1959)*, Centre Lorrain d'Études Sociologiques, Nancy 1979, Bd. II, S. 147.
10 Ebd.
11 Dominique Schnapper, »Identités et acculturation: à propos des travailleurs émigrés«, in: *Communications* 43 (1986), S. 141–168.
12 Louis Köll, *Auboué en Lorraine du fer*, Paris 1981, S. 201.
13 G. Mauco, a. a. O., S. 332.
14 A.-M. Blanc, *Marie Romaine*, Metz 1978, S. 146 f.

15 G. Mauco, a. a. O., S. 333.
16 Ebd.
17 L. Köll, a. a. O., S. 109.
18 Zitiert in Gérard Noiriel, *Longwy, immigrés et prolétaires*, Paris 1985, S. 183.
19 A.-M. Blanc, a. a. O., S. 125.
20 G. Mauco, a. a. O., S. 337.
21 A.-M. Blanc, a. a. O., S. 150, 151.
22 Zitiert in G. Noiriel, a. a. O., S. 225.
23 S. Vlocevski, a. a. O., S. 83.
24 S. Bonnet, a. a. O., S. 146.
25 Ebd., S. 20.
26 Die Muslime begreifen nicht, warum das Halten und Schlachten des Schafs in der Wohnung so viel Abscheu erregt. Sie selbst halten kaum Haustiere und sind ihrerseits entsetzt über die zahllosen Hunde und die Einstellung der Franzosen zu diesen Tieren. Für sie hat der Hund aus zwei Gründen eine negative Konnotation: in erster Linie im Hinblick auf ihre kulturelle Tradition, aber auch aufgrund des häufig aggressiven Verhaltens von Hundebesitzern gegenüber Einwanderern.

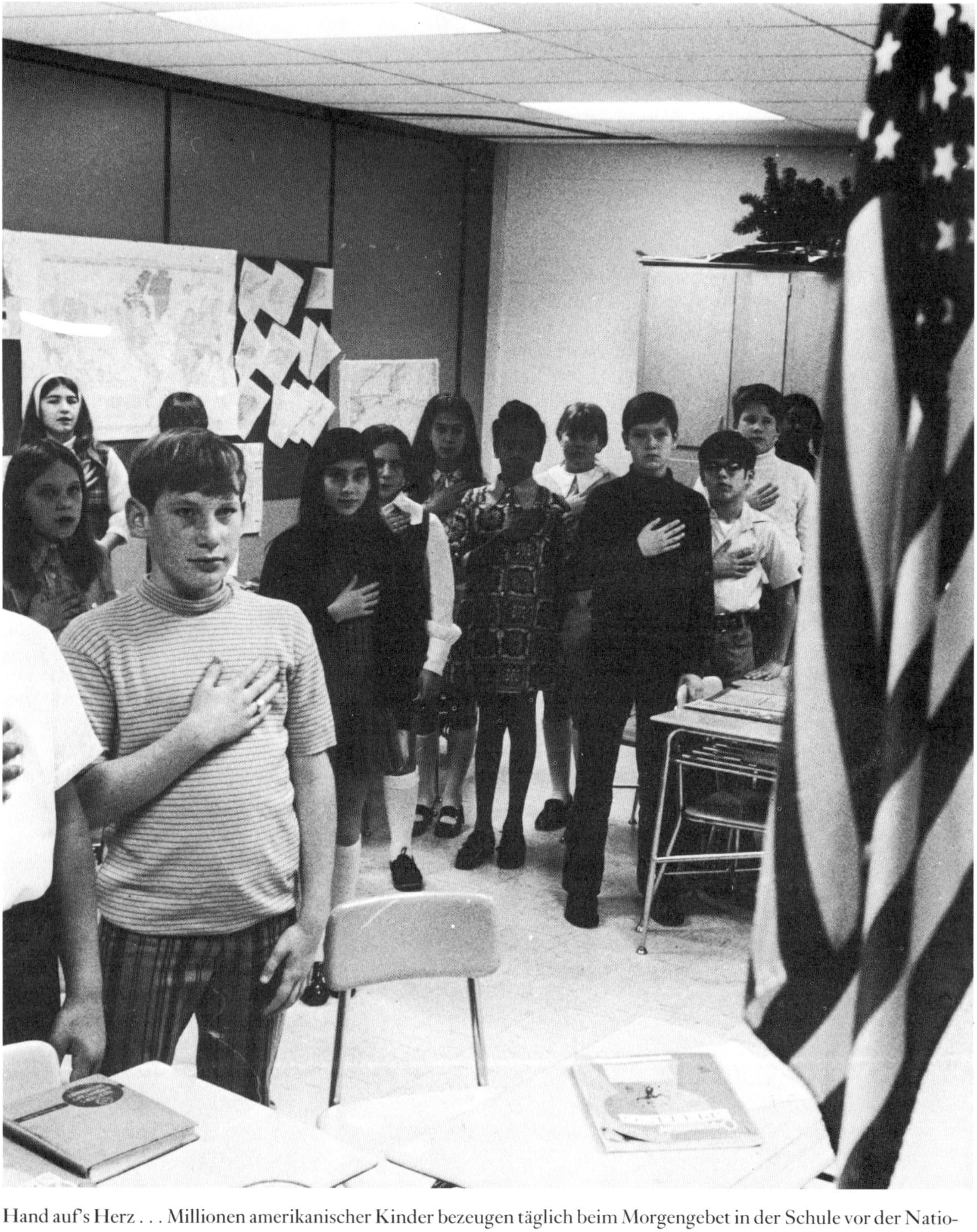

Hand auf's Herz . . . Millionen amerikanischer Kinder bezeugen täglich beim Morgengebet in der Schule vor der Nationalflagge ihren Patriotismus. Andere Länder, andere Sitten.

Kristina Orfali, Chiara Saraceno, Elaine Tyler May

IV. Mythen, Modelle, Maskeraden: private Welt im Umbruch

Das rituelle Ausbringen eines Toasts (»skål«) unterliegt in Schweden peinlich genauen Regeln und spezifischen Zwängen, die den ausländischen Beobachter immer wieder verblüffen. Das Land der scheinbar so freizügigen Sitten präsentiert sich bei solchen Gelegenheiten paradoxerweise in steifer Förmlichkeit.

Kristina Orfali

Modell der Transparenz: die schwedische Gesellschaft

Schweden zählt mit den Vereinigten Staaten von Amerika zu den wenigen Ländern, die auf die Phantasie der Franzosen wahrhaft verführerisch gewirkt haben. Eine ganze Generation hat von diesem sexuellen Eldorado der sechziger Jahre geträumt, von den üppigen Kurven Anita Ekbergs, einer männermordenden Greta Garbo, aber auch von den schmerzensreichen Heroinen Ingmar Bergmans. Schweden war das Bilderbuch der Libertären und Libertins. Doch auf dieses Schlaraffenland der Schönen, der Reichen und der Glücklichen sind mehr und mehr düstere Schatten gefallen: Nun leben dort gelangweilte Leute, todessehnsüchtig und suizidgefährdet; es ist eine Welt der »atomisierten Familien«[1], der »orientierungslosen Sexualität«[2], der »Emanzipierten auf der Suche nach der Liebe«[3], kurzum, des »verlorenen Glücks«.[4] Das schwedische Modell, viel gepriesen und viel gescholten, endlich zur Fata Morgana des Nordens geworden, was war es anderes gewesen als der Franzosen imaginäre Projektion ihrer Wünsche und Ängste? Die Idylle ist dahin, das steht fest. Der Wohlfahrts- und Versorgungsstaat wurde zum Einmischungsstaat und steht nicht länger auf der Ehrenliste der Musternationen; der »mittlere Weg« von einst, zwischen Kapitalismus und Kommunismus, wurde als Utopie ausgemustert. Heute gehört es bereits zum guten Ton, das vormals begrüßte Modell zu kritisieren, die »sanfte Diktatur«, den »weichen Totalitarismus«.

Weder die ursprüngliche Schwärmerei noch die auf sie folgende Ernüchterung waren ein Zufall. Das »schwedische Modell« – gewiß ein ökonomisches und politisches, aber auch und vor allem ein gesellschaftspolitisches – hat wirklich existiert (und existiert zum Teil noch immer). Der Ausdruck »schwedisches Modell« (ein Begriff, der wohlgemerkt außerhalb Schwedens geprägt worden ist) ist aufschlußreich. Während man von der Amerikanisierung der französischen Gesellschaft spricht, vom »amerikanischen Mythos« (»vom Tellerwäscher zum Millionär«) und gar von amerikanischen Werten, ist mit dem »schwedischen Modell« die Vorstellung des Paradigmatischen verbunden. Der Referent ist nicht nur ein materieller oder politischer, sondern auch ein philosophischer (»das Glück«), ja sogar ein moralischer. Mounier gab schon 1950 auf die selbstgestellte Frage »Wer ist glücklich?« zur Antwort: »Die Schweden – sie sind als erste Zeuge des glücklichen Staates«.[5]

Das »schwedische Modell« ist tatsächlich – mehr, als es den Anschein haben mag – das Modell einer sozialen Ethik. Insofern dieses Modell über jeden Verdacht erhaben ist[6], den Anspruch auf Weltgeltung erhebt (Pazifismus, Hilfe für die Dritte Welt, soziale Solidarität, Achtung der Menschenrechte) und ideologisch auf Konsens und Transparenz baut, antizipiert es vielleicht die Vision einer neuen Gesellschaftsordnung.

In dieser Hinsicht sehr bezeichnend ist die Unterscheidung zwischen dem Privaten und dem Öffentlichen in Schweden. Das Lüften des Geheimnisses, die Ent-Privatisierung, die öffentliche Verwaltung des Privaten – diese Grenzverschiebung, so spezifisch schwedisch sie erscheinen mag, bleibt gleichwohl beispielhaft. In der Tat haben die Franzosen gerade in diesem Land – das sich selber paradoxerweise lange Zeit das »Frankreich des Nordens« genannt hat – den Grundriß der idealen Gesellschaft gesucht. Doch die für die schwedische Gesellschaft kennzeichnende Ethik der absoluten Transparenz der sozialen Beziehungen und ihr Ideal der vollkommenen Kommunikation werden heute in Frankreich als Verletzung der Privatsphäre empfunden. Das Modell der Geheimnislosigkeit ist zu einer Maschinerie des Imperialismus geworden.

Das Modell der Geheimnislosigkeit

Dieses »Modell der Geheimnislosigkeit« tangiert in der Tat alle Bezirke des sozialen Lebens bis hin zu den »privatesten«. Stärker als vielleicht irgendwo sonst ist in Schweden Privates der Öffentlichkeit zugänglich: Die sozialdemokratische Gemeinschaftsethik ist von der Zielvorstellung vollständiger Offenheit und Öffnung des gesellschaftlichen Verhaltens und des menschlichen Austauschs besessen.

Die Geheimnisse des Geldes entschleiert

In Schweden unterliegen, anders als in Frankreich[7], Gelddinge nicht der Vertraulichkeit. Materieller Erfolg genießt die Wertschätzung der Gesellschaft und wird, wie in den USA, rückhaltlos zur Schau gestellt. Steuererklärungen sind öffentlich; jedermann kann Einblick in den vom Finanzministerium herausgegebenen *taxing kalender* nehmen, eine Art Jahrbuch, das Name, Adresse und Personenstand aller Steuerpflichtigen sowie ihr erklärtes Jahreseinkommen verzeichnet. Die Ermittlung von Steuerbetrügern ist geradezu institutionalisiert. Die Finanzverwaltung bekennt in der Presse, daß Denunziation zwar moralisch verwerflich sei, dem Finanzamt aber unschätzbare Dienste leiste: Selbst in der Ethik herrscht der Imperativ der Transparenz.[8]

Öffentlichkeit amtlicher Dokumente

Ein weiterer Ausfluß dieses Imperativs ist das »Öffentlichkeitsprinzip«[9], der freie Zugang zu amtlichen Dokumenten. Es resultierte im wesentlichen aus dem Gesetz über die Freiheit der Presse (1766) und garantiert jedermann das Recht, in amtliche Dokumente, das heißt in alle Schriftstücke, die eine staatliche oder lokale Behörde empfängt, anfertigt oder weitergibt, Einsicht zu nehmen. Die einschlägigen Bestimmungen sehen die Möglichkeit vor, die Schriftstücke an Ort und Stelle zu konsultieren, zu kopieren oder von ihnen gegen Entrichtung einer Gebühr eine Abschrift herstellen zu lassen; mehr noch, jeder, dem eine Information verweigert wird, kann sogleich die Gerichte anrufen. In der Praxis wird dieses Recht von Bestimmungen des Gesetzes über die Geheimhaltung eingeschränkt; gewisse »sensible Bereiche« (nationale Sicherheit, Verteidigung, vertrauliche Wirtschaftsinformationen usw.) bleiben geschützt. Die Grundregel jedoch lautet: »im Zweifelsfall für das Öffentlichkeitsprinzip und gegen die Geheimhaltung«.[10]

»Gläserne Akten«

Aufgrund der außergewöhnlichen Durchsichtigkeit seiner Bürokratie ist Schweden seit langem eine »Informationsgesellschaft«. Die Computerisierung hat diese Struktur verstärkt, indem sie enorme Informationsflüsse namentlich zwischen dem privaten Sektor und der Verwaltung ausgelöst hat. Es gibt wohl kaum ein anderes Land, in dem die Rechner mehrerer Versicherungsgesellschaften direkt mit denen zentraler Personenstandsbehörden vernetzt sind. Es kommt sogar vor, daß ein privater Autohändler über ein Terminal mit der Kfz-Zulassungsstelle verbunden ist oder daß eine staatliche Behörde die Dateien einer privaten Firma zu Erkundigungen über die Kreditfähigkeit eines Bürgers benutzt. Seit 1974 sind computergespeicherte Informationen den traditionellen Schriftstücken der öffentlichen Verwaltung gleichgestellt und unterliegen damit ebenfalls dem Öffentlichkeitsprinzip.

Die Kommunikation zwischen den verschiedenen Namensverzeichnissen wird durch das 1946 geschaffene System der Personenkennzahl erleichtert. Jeder Bürger hat seine eigene Kennzahl, die von den Personenstandsbehörden schon vor der Einführung des Computers gebraucht worden ist. Sie geht in die meisten schwedischen Namensregister ein, gleichgültig, ob sie privater oder öffentlicher Art sind. Schweden war das erste europäische Land, das ein zentrales Amt für Statistik einrichtete (1756); es ist auch das erste Land, in dem es möglich ist, sämtliche auf einen bestimmten Menschen bezogenen Informationen mit Hilfe einer einzigen Zahl zentral zu bündeln und abzufragen.

Die Informatik begründet eine gewisse Transparenz des Einzelnen vor dem Staat; zugleich muß sie selber für den Einzelnen transparent sein. Das Gesetz über die computergestützte Datenerfassung (verabschiedet 1973, ergänzt 1982), das erste derartige Gesetz in einem westlichen Staat, hat vor allem eine »Informatik-Inspektion« geschaffen, die die Aufgabe hat, Namensdateien zu genehmigen, für die Überwachung dieser Dateien zu sorgen und Beschwerden nachzugehen. Die Genehmigung zum Anlegen einer Datei, die im allgemeinen ohne Umschweife erteilt wird, ist sehr viel schwerer zu erlangen, wenn die Datei Informationen enthalten soll, die als »privat« eingestuft sind. Zu dieser Kate-

Jeder schwedische Bürger kann ganz legal seine Neugier befriedigen und in dem jährlich erscheinenden Verzeichnis der schwedischen Steuerzahler blättern. Seit 1987 sind die Banken verpflichtet, der Finanzverwaltung sämtliche Informationen über jeden Steuerzahler direkt zugänglich zu machen.

gorie zählen Daten der medizinischen Versorgung und der Gesundheitsbehörden, »amtlicher Eingriffe« der öffentlichen Gewalt in den privaten Bereich, Vorstrafenregister sowie die Namenslisten der öffentlichen Sicherheit, der Landesverteidigung usw. Zum Sammeln und Speichern derartiger Informationen sind allein staatliche Stellen berechtigt, die von Rechts wegen hierzu verpflichtet sind. Schließlich hat jeder, der in einer solchen Datei erscheint, das Recht, einmal im Jahr zu einem beliebigen Zeitpunkt eine Abschrift der ihn berührenden Informationen zu verlangen.

Man mag diese Informatisierung der Gesellschaft für ein ebenso effizientes wie gefährliches Instrument der sozialen Kontrolle halten. In der Tat haben ausländische Beobachter in ihr die Bestätigung dafür gesehen, daß Schweden auf dem Weg zu einem Polizeistaat sei, der alle Bewegungen des »Privaten« manipuliere (von der Gesundheit über das Einkommen bis zum Beruf). Interessanterweise stößt jedoch in Schweden selber die Informatisierung auf keinerlei Protest; jedermann ist (vielleicht zu Unrecht) davon überzeugt, daß die Informatisierung niemals zum Nachteil des Bürgers, sondern stets zu seinem Besten genutzt werden wird. Jedenfalls offenbart dieser Konsens ein ausgeprägtes Vertrauensverhältnis zum Staat (oder zur Gemeinschaft insgesamt, die ja letzten Endes die Kontrolle ausübt): Für die Schweden ist das ganze System (vom privaten Einzelnen bis zu den staatlichen Behörden) in eine kollektive Moral eingebunden und gehorcht folglich ein und denselben Geboten.

Eine »Gesellschaft der Gesichter«

Man muß sich vor Mutmaßungen hüten, welche die schwedische Gesellschaft zu einem Orwellschen Universum, einer Welt seelenloser Statistik dämonisieren. Diese Gesellschaft der in Dateien erfaßten, katalogisierten und numerierten Individuen ist paradoxerweise zugleich, und viel stärker als die französische, eine Gesellschaft der Gesichter. Keine

16(14) familjenytt SVENSKA DAGBLADET Torsdagen den 30 oktober 1986

födelsedagar

dagens jubilar

Från slott till koja

Födda

Erik Bjureman
* 13 april 1907
† 21 oktober 1986
VÄNNERNA

Ingegerd Danielsson
* 26 augusti 1919

Gertrud Heikman

Anna "Benam" Hansson
* 15 februari 1922

Elsa Berghe
* 20 januari 1925
† 24 oktober 1986

Gittan Jarl
* 9 september 1925

Sten Inge Elovsson
* 7 september 1930

Ebba Brita af Geijerstam
f. Lilja
* 22 april 1921

Olle Löfgren
* 15 september 1932
† 23 oktober 1986

Förlovning

Der schwedische Staat teilt jedem Bürger eine einzige, nur für ihn geltende Personenkennzahl zu, die ihn von der Wiege bis zur Bahre begleitet. Dennoch ist Schweden keineswegs eine anonyme Gesellschaft, sondern eine, in der die Gemeinschaftsethik von ehedem noch sehr lebendig ist.

Tageszeitung, die nicht täglich auf einer halben Seite Bilder von ihren Lesern brächte: anläßlich ihres Geburtstags, ihrer Eheschließung oder ihres Todes. Nachrichten aus dem Alltag nehmen mindestens eine Seite ein, wobei besonders auffällig ist, daß soziale Diskriminierung nicht vorkommt. Die Nachrufe zeichnen den Lebensweg des Herrn Andersson, seines Zeichens »Verkställende direktör« (Unternehmensleiter), ebenso nach wie den des Herrn Svensson, der »Taxichaufför« war. Auch die Geburtstage, namentlich der in Schweden besonders wichtige fünfzigste, geben üblicherweise Anlaß zu einigen Zeilen in der Zeitung (und ein paar Urlaubstagen). Diese Durchdringung einer modernen Informationsgesellschaft mit alten, unverändert lebendigen Gepflogenheiten zählt zu den eigentümlichsten, freilich auch verkanntesten Aspekten der schwedischen Gesellschaft.

Ombudsmann und große Volksbefragung

Auch bei kollektiven Entscheidungen ist Transparenz die Regel. Die Einrichtung des Ombudsmann ist auch im Ausland wohlbekannt. Am ältesten ist die Institution des parlamentarischen Ombudsmann (die auf das Jahr 1809 zurückgeht); er hat die Aufgabe, Streitigkeiten über die Festlegung der Grenzen zwischen Öffentlichem und Privatem zu regeln (und insbesondere das individuelle »Recht auf Geheimhaltung« zu wahren), Beschwerden entgegenzunehmen, Verstöße gegen gesetzliche Bestimmungen zu ahnden oder einfach die Beamten zu beraten. Vielleicht weniger bekannt, aber genauso wichtig sind die Volksbefragungen, die auf eine lange Geschichte zurückblicken können. Sie gehen jedem Gesetzgebungsverfahren voraus und werden von Ausschüssen veranstaltet, in denen Persönlichkeiten aus den politischen Parteien neben Vertretern wichtiger Interessengruppen und diversen Fachleuten (Wirtschaftswissenschaftler, Soziologen usw.) sitzen. Nach Anhörungen, Stichproben und gegebenenfalls einer Enquête vor Ort werden die Ergebnisse den Rechtsabteilungen der betroffenen Ministerien zur Prüfung vorgelegt, die ihrerseits um eine Stellungnahme zu den ins Auge gefaßten Maßnahmen gebeten werden. Im übrigen hat jeder Bürger das Recht, dem Ministerium seine Ansicht zu den Ergebnissen der Enquête zu unterbreiten. »Privateste« Themen wie Homosexualität, Prostitution, Gewalt usw. werden so zum Gegenstand öffentlicher Debatten, nicht anders als die Preisbindung, die Kontrolle des Fernsehens, der schwedische Psalter oder die Energiepolitik des Landes.

Dieses für Schweden typische Verfahren spielt eine wesentliche Rolle in der politischen Entscheidungsfindung und bei der Herstellung eines Konsenses. Es zeigt einerseits, daß auch die scheinbar »privatesten« Fragen von den Institutionen aufgegriffen werden, und andererseits, daß jeder Bürger an den einzelnen Gliedern der Entscheidungskette einhaken kann. Das Verfahren der Volksbefragung nimmt zudem die beiden großen Imperative der kollektiven Ethik auf: Transparenz der Entscheidungsprozesse und Übereinkunft bei beschlossenen Maßnahmen.

Seit 1985 läßt die Schwedische Kirche die Ordination von Frauen zu. Es gibt heute rund 450 Pastorinnen; gleichwohl regen sich noch immer Widerstände gegen diese rechtlich erzwungene Situation.

Staatskirche

Nur wenige wissen, daß die schwedische Kirche eine Staatskirche und die evangelisch-lutheranische Religion Staatsreligion ist.[11] Seit 1523, dem Beginn der Reformation, fungiert die Kirche als integraler Bestandteil des Staatsapparats. Die Kirche hat eine maßgebliche Rolle bei der politischen Einigung Schwedens gespielt, zumal die Teilnahme am Gottesdienst damals als Bürgerpflicht galt. Wie stark die Verflechtung der Schwedischen Kirche mit dem Staat ist, geht daraus hervor, daß es den Bürgern erst 1860 erlaubt wurde, aus der Kirche auszutreten – und auch das nur, wenn sie alsbald einer anderen christlichen Gemeinde beitraten. Diese Bedingung wurde erst 1951 fallengelassen. Gleichwohl wird jedes Kind, das als schwedischer Staatsbürger zur Welt kommt, automatisch Mitglied der Schwedischen Kirche, wenn sein Vater oder seine Mutter es auch ist. So gehören denn 95 Prozent der Bevölkerung offiziell der Schwedischen Kirche an.

Schweden ist also einer der (offiziell) christlichsten und zugleich säkularisiertesten Staaten der Erde. Die Kirche befindet sich in den Händen des Staates, der die Bischöfe und einen Teil des Klerus ernennt, die Höhe ihrer Gehälter bestimmt, die Kirchensteuer einzieht[12] usw. Dafür kümmert die Kirche sich um das Führen der Personenstandsregister, die Verwaltung der Friedhöfe[13] usw. So ist jeder schwedische Bürger einer Pfarrgemeinde zugeteilt; der Pastor, der ihn traut, ist zugleich Standesbeamter; damit kann die kirchliche Trauung die standesamtliche ersetzen.

Der Troll Mumin, gezeichnet von Tove Jansson: der kleine Held in einem der wichtigsten skandinavischen Kinderbücher.

Der institutionelle Charakter, den die Schwedische Kirche hat, kommt auch in der Beteiligung der Öffentlichkeit an kirchlichen Zeremonien zum Ausdruck. Rund 65 Prozent aller Ehepaare heiraten kirchlich. Über 80 Prozent der Kinder werden getauft und von der Schwedischen Kirche konfirmiert. Schließlich gehören manche Mitglieder der Staatskirche gleichzeitig noch einer der »freien« oder andersgläubigen protestantischen Kirchen an; diese sind aus dem lutherisch-evangelikalen Flügel der religiösen Erweckungsbewegung (»Väckelse rörelser«) hervorgegangen, die Anfang des 19. Jahrhunderts überaus rege war. Insgesamt zählen die freien Kirchen Schwedens prozentual mehr Gläubige als die freien Kirchen der anderen skandinavischen Länder.

Diese formale Präsenz der Kirche vermag freilich keineswegs über die unverkennbare Abwendung der Schweden von der Religion hinwegzutäuschen: Kaum 20 Prozent bezeichnen sich bei Umfragen als praktizierende Gläubige. Allerdings prägt eine geradezu metaphysische Unruhe, hartnäckig und heimlich, das schwedische Temperament. Die Hölle mag es für Schweden nicht geben, das Übernatürliche allemal. Es genügt ein Blick auf die vielen halb heidnischen, halb christlichen Feste im Kalender, um sich hiervon zu überzeugen. Man denke auch an die wichtige Rolle, die in der schwedischen Folklore, in der Literatur, ja sogar im Film die Welt des Phantastischen und der Trolle spielt. Es sei nur an einen Autor wie Pär Lagerkvist[14] erinnert, der den *Barabbas* und den *Tod des Ahasver* geschrieben hat und dessen Œuvre eine einzige,

Anthony Quinn in Richard Fleischers Film *Barabbas* (1962), der auf einem Roman von Pär Lagerkvist beruht. Christus wurde gekreuzigt, Barabbas wurde freigelassen, doch er trägt noch das Halsband, das ihn als Sklaven ausweist. Allein irrt er durch die Nacht, in sich selbst gefangen, von Gott und den Menschen verlassen. Er trägt das Reich des Todes in sich. Wie kann er sich jemals daraus befreien?

schmerzliche religiöse Selbstprüfung ist. Über *Barabbas* schrieb André Gide – ein gequälter Gewissenserforscher auch er –, es sei dem Autor »die Tour de force gelungen, sich auf dem Seil über der Finsternis zwischen der wirklichen Welt und der Welt des Glaubens zu halten, ohne abzustürzen«.[15]

So fällt die Versöhnung des Wirklichen mit dem Spirituellen minder reibungslos aus, als es den Anschein haben mag. Aus der kollektiven religiösen Moral von einst ist eine zwar noch immer kollektive, aber säkularisierte Moral geworden; doch spiegeln die Literatur und der Film nach wie vor jene metaphysische Angst, jenes peinigende Schuldgefühl, die kennzeichnend sind für das Imaginäre der Schweden.

Die »entprivatisierte« Familie

Die Öffnung der privaten Sphäre ist nicht zuletzt an der Entwicklung der Familie und ihrer Strukturen ablesbar. Freilich ist die Tatsache, daß »Funktionen«, die einst der Familie überlassen waren, nunmehr vom Staat oder der Gemeinschaft wahrgenommen werden, in der modernen Gesellschaft nichts Neues. In Schweden indes hat die »Entprivatisierung« der familiären Sphäre einen ganz eigenen Aspekt. Es geht nicht nur um die Intervention in den privaten Bereich, sondern darum, das »Geheimnis« zu lüften, das heißt, alles zu wissen, was in ihm vorgeht. So stellen die Behörden stets systematische Vaterschaftsnachforschungen an, wenn eine alleinlebende oder geschiedene Mutter finanzielle Unterstützung beantragt und wenn an der Identität des Vaters auch nur der leiseste Zweifel besteht. Jeder Mann, der nach Aussagen der Frau oder ihrer Freundinnen intime Beziehungen zu der Mutter gehabt haben könnte, ist von Amts wegen aufgefordert, sich zum Zweck der Feststellung der Vaterschaft zu melden. In strittigen Fällen müssen die präsumtiven Väter sich einem Bluttest unterziehen. Notfalls entscheidet das Gericht. Ist die Vaterschaft festgestellt, so muß der Vater Alimente zahlen und für den Unterhalt des Kindes aufkommen.

Die Rechtfertigung für ein solches Vorgehen ist nicht ökonomischer, sondern ethischer Art: Jedes Kind hat das Recht, zu wissen, wer sein Vater ist. Natürlich geht es dabei nicht ohne Widersprüche ab. Eine alleinstehende Frau, die sich unbedingt ein Kind wünscht, aber es später allein, ohne Beteiligung des Vaters, aufziehen möchte, muß auf staatliche Unterstützung verzichten, wenn sie die obligatorischen Vaterschaftsnachforschungen ablehnt. Zwar hat die Frau das Recht, selbst über ihren Körper zu bestimmen, wie es das Gesetz von 1975 über die Abtreibung bestätigt; aber sie hat nicht das Recht, »ein Kind zur Welt zu bringen, ohne den Namen des Vaters zu nennen«. Das Recht des Kindes hat also Vorrang. Und selbst wenn die Frau auf staatliche Unterstützung verzichtet, werden alle Hebel (bis hin zu gerichtlichen) in Bewegung gesetzt, um zu erwirken, daß sie bekennt, wer der Vater ist. Geheimhaltung der Vaterschaft gibt es also nicht: Auch die Abstammung muß transparent und eindeutig festgestellt sein. Die Vorstellung der Legitimität spielt in der Familie keine Rolle; die Institution der Ehe selber beruht auf der gesetzlich garantierten Öffentlichkeit der Information.

Auch die neue schwedische Gesetzgebung über die künstliche Insemination entspricht diesem Prinzip. Göron Ewerlöf, Richter und Sekretär der Kommission für künstliche Insemination, betont: »Wir hoffen, daß die künstlichen Inseminationen in Zukunft freier und offener vor sich gehen werden, als das heute der Fall ist. Das Ziel muß sein, daß die Geburt durch Insemination nichts Unvorstellbares mehr ist und daß diese Situation zum Beispiel mit der von Adoptivkindern gleichgestellt wird. Was die Adoptivkinder betrifft, so haben wir in Schweden schon längst die Geheimniskrämerei von einst abgeschafft. Nach Meinung der Experten hat das dazu beigetragen, daß die Adoptivkinder glücklicher sind.« Schweden ist also das erste Land der Welt, in dem es (seit dem 1. März 1985) eine umfassende Gesetzgebung über die künstliche Insemination gibt. Bis dahin hatte man künstliche Insemination mit Spender höchst diskret behandelt; sämtliche Informationen über den Spender wurden geheimgehalten (sofern sie nicht vernichtet wurden). Die wesentliche Neuerung an dem neuen Gesetz – die im übrigen das soziale Modell der Geheimnislosigkeit durchaus bekräftigt – besteht darin, daß der Spender nicht mehr anonym bleibt. Jedes Kind hat also das Recht, zu erfahren, wer sein biologischer Vater ist, und alle im Krankenhaus über ihn gesammelten Daten zur Kenntnis zu nehmen.[16] Früher waren die Anstrengungen darauf gerichtet, das Kind nicht erfahren zu lassen, unter welchen Umständen es empfangen worden war; heute ist es genau

Zwei Männer und ein Kinderwagen: Schweden war das erste Land der Erde, das den Vaterschaftsurlaub einführte (1975). Frankreich folgte 1977. Einer Umfrage von 1981 zufolge sind es in Schweden aber noch immer mehrheitlich die Frauen, die die Vorteile dieses Urlaubs nutzen (nur 4 Prozent der Väter teilen diese Zeit ganz mit der Mutter).

umgekehrt, es kommt darauf an, die Interessen des Kindes zu schützen und ihm daher nicht die Chance zu beschneiden, Kenntnis von verfügbaren Informationen über die Identität seines biologischen Vaters zu erlangen.[17] Die Kommission empfiehlt sogar (obwohl das vom Gesetzgeber nicht vorgeschrieben ist), dem Kind so früh wie möglich zu sagen, wie es empfangen worden ist. Das Interesse des Kindes war auch für die Entscheidung maßgebend, die Insemination nur verheirateten oder eheähnlich zusammenlebenden Paaren zu gestatten; alleinstehenden Frauen oder solchen, die eine lesbische Beziehung unterhalten, wird sie verweigert. So wird in einem Land, in dem die Zahl der Alleinerziehenden steigt, am Bezugspunkt der klassischen Familie mit Vater und Mutter festgehalten, wofür eine Reihe von psychologischen und psychiatrischen Untersuchungen ins Treffen geführt wurden: Es handelt sich darum, die optimale Entwicklung des Kindes zu gewährleisten. Noch restriktiver geht es bei Adoptionen zu, die in den allermeisten Fällen nur verheirateten Paaren gestattet sind.

Das Kind – gleichberechtigter Bürger

Höchst aufschlußreich für die schwedische Kultur und Ethik ist die Stellung des Kindes. In Schweden gelten Kinder als vollgültige Bürger und zugleich als wehrlose Individuen, die in gewisser Weise genauso schutzbedürftig sind wie andere Minderheiten (Lappen, Einwanderer

Sprachkursus für türkische Kinder. Wie gelingt es, eine doppelte kulturelle Identität zu bewahren?

usw.). Die Entwicklung zur »Entprivatisierung« der Familie kommt hierin sehr deutlich zum Ausdruck. Seit 1973 gibt es einen Ombudsmann für Kinder, der die Rolle eines »Anwalts« der Kinder spielt und die Aufgabe hat, die öffentliche Meinung für die Bedürfnisse und Rechte von Kindern zu schärfen und über sie aufzuklären. Der Ombudsmann ist nicht berechtigt, in konkreten Fällen einzugreifen; doch kann er Druck auf Behörden und politische Repräsentanten ausüben, Aktionen vorschlagen, die geeignet sind, die Lage der Kinder zu verbessern, die Erwachsenen an ihre Verantwortung für die Kinder erinnern und schließlich durch einen telefonischen Bereitschaftsdienst Kindern in Not mit Rat und Hilfe zur Seite stehen. Wie man sieht, erkennt die schwedische Gesellschaft den Kindern (in demselben Sinne wie einst den Frauen, den Einwanderern und jeder Minderheit) besondere Rechte zu; es gibt eine spezielle Institution, die über die Beachtung dieser Rechte wacht; das Fernziel ist die möglichst harmonische Integration des Kindes in die Gesellschaft und die Achtung seiner Individualität.

Dieselbe Ethik bestimmt die Haltung gegenüber Einwandererkindern. Diese haben Anspruch auf Unterricht in ihrer Muttersprache. Seit 1979 stellt der Staat Mittel bereit, um den Fünf- und Sechsjährigen in Vorschulen das Erlernen ihrer Muttersprache zu ermöglichen; immer mehr private Kindergärten gehen dazu über, die Kinder in sprachlich homogene Gruppen einzubinden. So haben Einwandererkinder alle Chancen, ihre muttersprachlichen Kenntnisse zu fördern und ihre

Kultur zu bewahren, und sie können eine aktive Zweisprachigkeit erwerben. Auch hier respektiert der Wille zur Integration der Kinder jederzeit ihre kulturelle Identität.

Allerdings muß man einräumen, daß die Resultate nicht immer den hochgespannten Erwartungen genügen. Viele Kinder finden sich in keiner der beiden Kulturen zurecht und sprechen keine der beiden Sprachen besonders gut. Trotz den zahlreichen Rechten, die die Einwanderer genießen (aktives und passives Wahlrecht auf lokaler und regionaler Ebene, Entflechtung der Einwandererwohnungen zur Vermeidung der Ghettoisierung, kostenlose Schwedischkurse, Anspruch auf dieselben sozialen Vergünstigungen wie die Einheimischen usw.), gelingt der schwedischen Gesellschaft die Fusion der Kulturen nicht wirklich, wird sie nicht zu einem »Schmelztiegel« nach amerikanischem Muster.

Auch die Tracht Prügel ist verboten

Die Autonomie des Kindes gegenüber der familiären und elterlichen Instanz ist auch im Verbot der körperlichen Züchtigung verankert. Seit Juli 1979 kennt die schwedische Gesetzgebung, die das Verhältnis zwischen Eltern und Kindern regelt, das Verbot körperlicher Züchtigung, untersagt jedoch auch »seelische Bestrafung« und »schikanöse Behandlung« (das Gesetz nennt als Beispiele: Einsperren des Kindes in einem engen Raum, Bedrohen, Ängstigen, Nicht-Beachten, öffentliches Bloßstellen). Allerdings sind Verstöße nicht mit Strafe bedroht (außer im Falle von Körperverletzung). Immerhin kann ein Kind Anzeige erstatten, wenn es geschlagen worden ist, und der Übeltäter kann sich nicht auf das vermeinte Recht hinausreden, dem Kind eine Tracht Prügel verabreichen zu dürfen – dieses »private« Elternrecht von einst, heimlich und in gewisser Weise symbolisch, gibt es nicht mehr.

Der Kampf gegen die Gewalt in allen ihren Formen – hier die Ausstellung von 1978 unter dem Motto »Gewalt ruft Gewalt« – ist ein ständiges Thema in der schwedischen Gesellschaft.

So kontrolliert die Politik zunehmend den einstmals privaten Bereich. Die Familie hat nicht mehr die ausschließliche Verantwortung für das Kind. Es ist nicht länger die Familie, die die Rechte des Kindes definiert, sondern die Gemeinschaft insgesamt – sei es in Form von Gesetzen, sei es durch sozialen Schutz. Das Kind tritt aus der privaten Sphäre heraus; seine Sozialisation verläuft mehr und mehr außerhalb der familiären Bahnen. Die Eltern-Kind-Beziehung wird von der »Öffentlichkeit« gesteuert. Die Gesellschaft insgesamt ist für die Kinder verantwortlich, und zwar für *alle*.

Ein gutes Beispiel dafür ist eine 1980 eingeführte Reform zur »Erziehung der Eltern«.[18] Sie eröffnet allen künftigen Eltern die Möglichkeit, sich während der Schwangerschaft und im ersten Jahr nach der Geburt des Kindes an freiwilligen Gesprächs- und Fortbildungsgruppen zu beteiligen. (Wer während der Arbeitszeit an solchen Elterngruppen teilnimmt, hat Anspruch auf Ausgleich des Verdienstausfalls aus der Elternversicherung.) Ziel der Fortbildung der Eltern ist »die Verbesserung der gesellschaftlichen Situation von Kindern und Familien«: »Die Gemeinschaft und ihre Einrichtungen dürfen nicht die Verantwortung für die Kinder übernehmen, sondern müssen sich bemühen, den Eltern die Möglichkeiten zur Erfüllung ihrer Aufgabe einzuräumen.«[19] Interessanterweise stärkt diese Fortbildung der Eltern, die mehrere Elterngruppen zusammenführt und meistens außerhalb der Wohnung stattfindet, das Gemeinschaftsgefühl. In diesem Sinne ist die Erziehung der Eltern eine Form der kollektiven Erziehung, die zur Folge hat, daß Menschen mit den gleichen Erfahrungen sich miteinander solidarisieren. Häufig bewirkt sie eine aktivere Einbindung des Einzelnen in die Gruppe; die meisten derjenigen, die zunächst eine Mutterschutzgruppe besuchten, gingen anschließend in eine Kinderschutzgruppe. Die neuen sozialen Reformen trugen also dazu bei, den Gemeinschaftscharakter der schwedischen Gesellschaft zu festigen, indem sie alles begünstigen, was den Einzelnen oder die Kernfamilie in die Gruppe und in die Gesellschaft einbindet.

Da das schwedische Kind als vollgültiger Bürger angesehen wird, muß es, nach Maßgabe seines Alters und seines Entwicklungsstandes, das Recht haben, in eigener Regie zu handeln. Dieser Grundsatz gilt insbesondere bei Streitigkeiten nach einer Ehescheidung. Das Kind muß daher Parteienstatus in allen Verfahren haben, die seine Obhut und das Besuchs- und Aufenthaltsrecht betreffen; ferner muß es einen Rechtsbeistand hinzuziehen können. Im Verfahren darf es durch einen vom Gericht bestellten Bevollmächtigten vertreten werden. Im Falle der Trennung seiner Eltern kann das Kind selbst entscheiden, bei welchem Elternteil es bleiben will, auch wenn seine Entscheidung einer gütlichen Einigung der Eltern widerspricht (das Besuchsrecht bleibt hiervon unangetastet). Das Kind hat also denselben Anspruch darauf, gehört und verteidigt zu werden, wie jeder andere Bürger.

Die Geheimnisse des Alkovens enthüllt

»Egal, wie du drauf bist, es gibt immer ein Kondom, das paßt!« (Kampagne des Reichsbundes für sexuelle Aufklärung [RFSU] zum Gebrauch von Präservativen, 1986)

Was über die Öffnung des Familienlebens gesagt worden ist, gilt genauso für das Eheleben. So unterliegen schon seit 1965 sexuelle Übergriffe in der Ehe, zum Beispiel Vergewaltigung, der Strafverfolgung. Auch müssen mißhandelte Frauen seit 1981 nicht mehr persönlich Anzeige gegen ihren Ehegatten oder Lebensgefährten erstatten; die Aussage eines Dritten genügt, um die Strafverfolgung in Gang zu setzen. Homosexualität gilt in Schweden selbstverständlich nicht mehr als Perversion (die einschlägigen Strafbestimmungen sind 1944 abgeschafft worden). 1970 gründeten die Homosexuellen – im Sog der großen Liberalisierungswelle jener Zeit – den »Reichsbund für sexuelle Gleichberechtigung« (RFSL)[20]. 1980 veranstaltete die Regierung eine Volksbefragung, um die Gesetzgebung über Homosexualität reformieren zu können und jede Diskriminierung auszuschalten. Das Enquêtekomitee schlug nicht nur eine Reihe von Gesetzen vor, welche die Gleichstellung von Heterosexuellen und Homosexuellen garantieren sollten, sondern regte auch die aktive Unterstützung der Kultur und der Organisationen der Homosexuellen an. Diese Modernisierung der Sitten ging auf eine Initiative der Institutionen zurück (in diesem Fall auf die staatliche Enquête).[21] Paradoxerweise löste sie lebhafte Proteste bei einigen Lesbierinnen-Gruppen aus, die befürchteten, man wolle sie in alte Familienstrukturen zurückdrängen, die nicht verdienten, weiterhin unterstützt zu werden. Die neuen Forderungen lauteten, das Gesetz solle sich nicht an – homosexuellen oder heterosexuellen – Paaren ausrichten, sondern an Individuen, unabhängig davon, wie sie lebten. Das Endergebnis war, daß in Schweden nach wie vor die Heirat zwischen Homosexuellen von Rechts wegen nicht möglich ist.

Sexualität

Schon lange vor der »sexuellen Revolution« der sechziger und siebziger Jahre hatte der Sexualkundeunterricht in den Schulen den bis dahin rein privaten Charakter der Sexualität angetastet. Schon 1933 war der »Reichsbund für sexuelle Aufklärung« (RFSU)[22] gegründet worden. Das Ziel dieses gemeinnützigen Vereins war die »Förderung einer vorurteilslosen, toleranten Gesellschaft, die den Problemen der Sexualität und des Zusammenlebens aufgeschlossen gegenübersteht«. Seine Hauptsorge galt zunächst weniger der Liberalisierung der Sexualität als dem Kampf gegen Geschlechtskrankheiten und Abtreibung. Indessen hatte die forcierte sexuelle Aufklärung zur Folge, daß reihenweise die sexuellen Tabus fielen. 1938 hob ein neues Gesetz über Empfängnisverhütung und Abtreibung das seit 1910 geltende Verbot auf, empfängnisverhütende Mittel zu propagieren und zu verkaufen. Auch die rechtlichen Bestimmungen zur Abtreibung wurden modifiziert.[23] 1942 wurde der Sexualkundeunterricht in Schulen empfohlen, seit 1955 ist er obligatorisch. Selbstverständlich war der Unterrichtsstoff zunächst re-

Sexualkundeunterricht in der Schule (in Schweden seit 1955 Pflichtfach).

»Achtung vor Liebesbazillen! Kondom anwenden!« (Kampagne des RFSU zum Gebrauch von Präservativen, 1986)

lativ konservativ (einziges Ziel der sexuellen Beziehung war die Fortpflanzung im Rahmen der Ehe), doch schon sehr bald befaßte sich die Schule mit der Sexualität überhaupt – oder, wie *Le Monde* im Dezember 1973 schrieb, mit »dem Leben zu zweit« –, und zwar ab dem 7. Lebensjahr.[24] »Der Liebesakt«, so betonte der Lehrplan, »muß sich auf das Gefühl der beiderseitigen Zuneigung und auf gegenseitige Achtung gründen«; erörtert wurden auch verschwiegene Themen wie »Onanie, Frigidität, Homosexualität, Empfängnisverhütung, Geschlechtskrankheiten und sogar die Lust«. Und der Staat zog mit. 1946 wurden die Apotheken gesetzlich verpflichtet, empfängnisverhütende Mittel vorrätig zu halten. Seit 1959 ist der Verkauf von Kontrazeptiva auch außerhalb der Apotheken gestattet. Die Sexualität ging buchstäblich auf den Marktplatz. Seit 1964 erreicht die Werbung für empfängnisverhütende Mittel (unterstützt vom »Reichsbund für sexuelle Aufklärung«) Zeitschriften und Werbebeilagen. Diese Werbung will in erster Linie informativ, ja, technisch sein, ist jedoch oft auf einen spielerischen Ton gestimmt. Sie blieb denn auch nicht lange auf Produkte wie Präservative und Monatsbinden beschränkt, sondern umfaßte bald die gesamte Palette der Sexartikel.

Abschaffung der Zensur

Die Entmythologisierung der Sexualität, die vornehmlich dem Kampf gegen Krankheit, Not und Unwissenheit diente, ging in den sechziger Jahren mit einer Diskussion über die Zensur einher. Schon 1957 exportierte Schweden den Film *Sie tanzte nur einen Sommer*, in dem die Liebesumarmung des halbnackten Folke Sundquist mit der halbnackten Ulla Jacobsson für viele Zeitgenossen ein »Skandal« war. Dieser Film trug mit dazu bei, Schweden in den Ruf der sexuellen Freizügigkeit zu bringen. 1963 gab die Zensurbehörde Ingmar Bergmans *Schweigen* frei, obwohl der Streifen viele gewagte Stellen enthielt; Vilgot Sjömans Film *491* jedoch kam erst in die Kinos, nachdem eine Szene herausgeschnitten worden war, in der ein paar Jugendliche eine Frau zu sexuellen Handlungen mit einem Hund zwingen. Dieser Eingriff der Zensur löste eine Debatte aus, die schließlich dazu führte, daß der Film ungekürzt gezeigt werden durfte (1964). Seit 1965 sind auch homosexuelle Szenen auf der Leinwand zu sehen. Die letzten sexuellen Tabus im Kino fielen mit Sjömans Film *Ich bin neugierig*, der für Minderjährige verboten wurde; zensiert wurde er jedoch nicht. Fortan wurden Untersuchungsausschüsse eingesetzt, die eine Überarbeitung der einschlägigen, für überholt erachteten Gesetzgebung vorbereiten sollten. Aufklärungsfilme wurden verbreitet, beispielsweise *Die Sprache der Liebe*, worin die weibliche Sexuallust thematisiert wurde, oder 1971 *Mehr über die Sprache der Liebe*, worin es unter anderem um die Homosexualität des Mannes und die Sexualität von Körperbehinderten geht. In demselben Jahr wurde die Zensur für derartige Filme ganz abgeschafft (mit Ausnahme von Szenen exzessiver Gewalt).

Pornographie

Die Pornographie war für die sexuelle Revolution der siebziger Jahre dasselbe, was für die vierziger und fünfziger Jahre die Sexualaufklärung gewesen war. Sie stellt vielleicht den unmittelbarsten Ausdruck von Sexualität dar, weil sie im Unterschied zur Erotik auf ein Vermittelndes zwischen dem Betrachter und dem Objekt seiner Begierde verzichtet. Nichts wird angedeutet oder auch nur enthüllt; alles ist schon sichtbar. In diesem Zusammenhang ist bemerkenswert, daß die schwedische Literatur keinen erotischen Roman von der Art der *Justine* oder der *Geschichte der O* besitzt; es gibt hier kein Pendant zu Bataille, de Sade oder dem Diderot der *Indiskreten Kleinode*. Die einzige »leichte« und frivole Literatur stammt aus dem 18. Jahrhundert, als Schweden das »Frankreich des Nordens« war. Von dieser Ausnahme abgesehen, kennt die

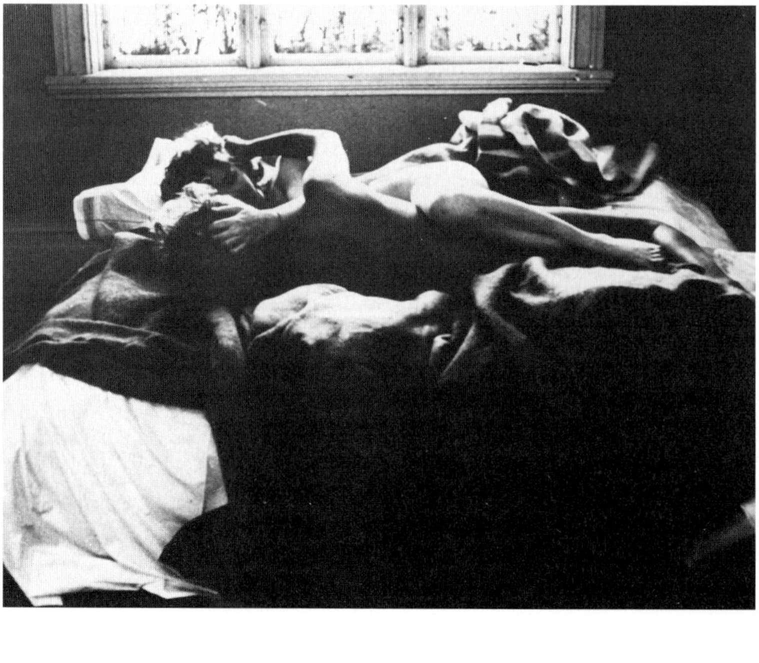

Schweden war das erste Land, das den nackten menschlichen Körper auf der Filmleinwand zeigte, und zwar 1951 in dem Film *Sie tanzte nur einen Sommer* von Arne Mattson.

Kühn war auch diese Szene aus Vilgot Sjömans Film *Ich bin neugierig* von 1967.

schwedische Literatur, insbesondere auf dem Gebiet der Sexualität, nicht die Kunst der Litotes, der Zweideutigkeit, des latenten oder impliziten Inhalts; sie ist entweder offen pornographisch oder penetrant pädagogisch. Die Pornographie zeugt also von einer gewissen Verkümmerung der bilderschaffenden Phantasietätigkeit, der metaphorischen Evokation des Körpers. Das Phantasma gehörte in die Welt des Heimlichen und Möglichen; seine Darstellung, sei es real (zum Beispiel in »live shows«), sei es ikonographisch, entwertet jede Vermittlung, jede Imagination und letztlich jede Grenzüberschreitung. Das ist zweifellos der Grund, warum die pornographische Literatur so eintönig und so anonym wirkt. Die Lehrbücher zur Sexualaufklärung demonstrieren das technische Funktionieren der Sexualität, und die pornographischen Zeitschriften zeigen das nämliche, allenfalls bereichert um ein paar pseudo-perverse Varianten.

Das Recht auf Lust

So hat die sexuelle Revolution augenscheinlich mit den letzten Tabus aufgeräumt. Nach dem Recht auf sexuelle Information wird nun das Recht auf sexuelle Lust proklamiert. Diese Proklamation duldet keine Ausnahmen. Gleichheit verpflichtet: Von der Homosexualität über den Voyeurismus bis hin zur Zoophilie sind alle sexuellen Praktiken gleichermaßen legitim. Aus der Rechtsprechung ist der »Verstoß gegen die guten Sitten« verschwunden und durch das »Sexualdelikt«[25] ersetzt worden. Die Gegenbewegung hat jedoch nicht lange auf sich warten lassen. Bei näherer Betrachtung erweist sich die sexuelle Befreiung der sechziger und siebziger Jahre zum Teil als Fiktion; sie hat zwar formelle Verbote beseitigt, die traditionellen Muster aber nicht grundsätzlich durchbrochen. Jedenfalls ist das die These der schwedischen Feministinnen, die vor allem energisch gegen die Art und Weise protestieren, wie in der pornographischen Literatur das Verhältnis zwischen Mann und Frau dargestellt wird. Hier verdient eine kleine Anekdote unsere Aufmerksamkeit: 1964 wurde die Zeitschrift *Expédition 66* gegründet, die sich als weibliches Gegenstück zum *Playboy* verstand und den Leserinnen von Zeit zu Zeit auch Pin-up-Photos von Männern offerierte. Nach kurzer Zeit war die Zeitschrift wieder verschwunden; es fehlten ihr nicht nur die Leserinnen, es fehlten ihr auch die Modelle. (Die Herausgeberin Nina Estin hatte sich in schwedischer Redlichkeit geweigert, die Archive von Homosexuellen-Zeitschriften zu plündern.) Seither wendet sich die Pornographie fast ausschließlich an Männer.

Prostitution

Ein sehr gutes Beispiel für diese Gegenbewegung und insbesondere die Rolle der Institutionen dabei bietet die Prostitution. Paradoxerweise erlebten die frühen siebziger Jahre – in denen die Sexualität scheinbar aufhörte, etwas Verbotenes zu sein – eine markante Zunahme der Pro-

»Mein Pappi mag keine Pornographie«: Nach den Auswüchsen der sexuellen Revolution der sechziger und siebziger Jahre kam es zu einer Neubewertung dessen, was man nun als illusorische Emanzipation der Sitten empfand.

stitution in Schweden: Auf dem Höhepunkt dieser Welle (in den Jahren 1970 bis 1972) gab es allein im Raum Stockholm gut hundert »Massagesalons« und »Photostudios«.[26] Gleichzeitig wurde der Ruf nach einer freieren und minder verhohlenen Prostitution lauter. J. Erikson forderte bereits 1965 die »Sozialisierung« der Prostitution, ja sogar die »Prostitution auf Krankenschein«.

1976 wurde eine Kommission eingesetzt, 1980 ein präzises Konzept zur Wiedereingliederung der Prostituierten vorgelegt. Der Bericht war außerordentlich detailliert und analysierte sämtliche Aspekte der Prostitution (Prostituierte, Freier und Zuhälter). Er entfachte eine heftige Polemik zwischen den Befürwortern eines Verbots der Prostitution (namentlich den Frauenverbänden) und jenen, die von einer Kriminalisierung der Prostitution nicht deren Verschwinden erwarteten, sondern ihr unkontrollierbares Abtauchen in die Heimlichkeit befürchteten. Der Bericht machte vor allem deutlich, daß die Prostitution in Schweden eng mit der Drogenszene zusammenhängt; daher hegen sogar ihre einstigen Verteidiger aus den sechziger Jahren heute Zweifel an ihrem »emanzipatorischen« Wert. Der Bericht hob schließlich auch hervor, daß die Prostitution eindeutig als Mittel zur Befriedigung allein der männlichen Sexualität dient; auch in dieser Hinsicht war es der Revolution der sechziger und siebziger Jahre nicht gelungen, die Frau wirklich zu »befreien« ...

Im Anschluß an diesen Bericht wurde eine Reihe restriktiver gesetzlicher Maßnahmen ergriffen. In dem neuen Regelwerk wird zwar nicht der Freier mit Strafe bedroht (außer bei sexuellen Beziehungen mit einer

Minderjährigen), aber es kann nun ein Wohnungseigentümer, dessen Räume der Prostitution dienen, wegen Kuppelei belangt werden. Verbunden mit einem effizienten Resozialisierungsprogramm für Prostituierte[27] haben diese Maßnahmen einen deutlichen Rückgang der Prostitution seit 1980 bewirkt.[28] Bekämpft wurde ferner die Verbindung von Sexualität mit Gewalt, wie sie vor allem in pornographischen Publikationen häufig anzutreffen ist. Schließlich sind seit 1982 die »live shows« verboten – die Untersuchungskommission stellte fest, daß deren Klientel überwiegend aus erwachsenen Männern bestand, hauptsächlich ausländischen Geschäftsleuten, und kam zu dem Schluß, daß es sich bei solchen Darbietungen nicht um ein »wirklich erhaltenswertes schwedisches Kulturerbe« handele. Die Pornographieflut der sechziger und siebziger Jahre ist heute zwar nicht verebbt, aber immerhin kanalisiert. Der Streit, der damals um die Sexualität tobte, konzentriert sich heute auf die Gewalt in allen ihren Erscheinungsformen (einschließlich der sexuellen Gewalt).

Facetten des Privaten

In dieser anscheinend gläsernen Gesellschaft gibt es indes ein paar blinde Stellen. Die schwedische Gesellschaft hat ihre Verbote – es sind nicht viele, aber sie werden um so energischer durchgesetzt. Das betrifft zum Beispiel die Anwendung von Gewalt; sie wird einhellig verurteilt und ist dennoch allgegenwärtig. Ein weiteres Beispiel ist der Alkoholmißbrauch, ein Suchtfeld, auf dem der soziale Konsens am zerbrechlichsten und die soziale Kontrolle am umstrittensten ist.

In Schweden haben staatliche Verkaufsstellen (Systembolaget) das Monopol auf den Verkauf von Wein und Spirituosen; im Schaufenster sind allerdings Hinweistafeln zu lesen, die vor den Gefahren des Alkohols warnen. Die Abgabe von Alkohol an Minderjährige ist verboten.

Gewalt

In einer »gedämpften« Gesellschaft wie der schwedischen wirkt Gewalt, auch wenn sie nicht signifikant häufiger vorkommt als in anderen Ländern, um so schockierender. Daher die Verbissenheit, mit der sie verfolgt wird. 1978 gab es eine Ausstellung »Gewalt ruft Gewalt«; gezeigt wurden in buntem Durcheinander angeblich gewaltverherrlichende Comics, Schätzungen über die Zahl der Kinder, die jährlich bei Verkehrsunfällen getötet werden, Statistiken zum Drogenkonsum usw. Im Grunde geht es nicht darum, Gewalt zu verbieten, sondern Gewalt zu verhüten; der Staat betrachtet offene, öffentliche Gewalt als Resultat heimlicher, privater Gewalt – durch die Eltern oder im Spiel. Im Grunde genommen ist Gewalt – innere wie äußere, private wie öffentliche – eine Bedrohung der Ordnung, des Bevölkerungskonsenses; in der Tat bezeichnet sie einen der letzten nicht kontrollierten Räume der schwedischen Gesellschaft.

Alkoholmißbrauch

Ein ebenfalls nicht kontrollierter Raum ist der Alkoholmißbrauch. Der Genuß von Alkohol ist in Schweden keine Bagatelle. Ein nicht abzuschüttelndes Schuldgefühl bedrückt den, der trinkt – nicht nur den ausgepichten Säufer, sondern auch den Durchschnittsschweden, der in einer staatlichen Verkaufsstelle für Wein und Spirituosen Schlange steht, dort tunlichst seine Nachbarn nicht erkennt und mit ein paar sorgfältig eingewickelten Flaschen wieder herauskommt wie in Frankreich der Herr Dupont aus dem Sex-Shop. In der öffentlichen Sphäre ist Trinken in Schweden praktisch tabuisiert; offiziell singt man das Loblied der Mäßigung, Trunksucht gilt als verächtlich, die Bestimmungen über den Verkauf alkoholischer Getränke sind außerordentlich restriktiv. Übrigens trinkt man in Schweden nur sehr selten in der Öffentlichkeit – nicht nur, weil Alkohol teuer ist, sondern vor allem, weil der Alkoholkonsum der Kontrolle durch die Gemeinschaft unterliegt, einer schweigenden, jedoch nachhaltigen Mißbilligung verfällt. Tatsächlich ist das Trinken nur bei ganz bestimmten Gelegenheiten, etwa in der Johannisnacht oder beim traditionellen Krebsessen im August, legitim und sogar »werthaft«: Hier trinkt man bewußt, um sich zu betrinken. Unschicklich ist, der offiziellen Moral zufolge, insbesondere heimliches Trinken zu Hause, ohne »sozialen« Grund, das heißt, ohne daß es durch Geselligkeitsrituale gerechtfertigt würde. Der Apéritif vor dem Essen, das abendliche Glas Rotwein sind im Grenzfall Gegenstände privater Begehrlichkeit, denen zu verfallen Schuldgefühle erzeugt und verwerflich ist.

In allem, was Alkohol betrifft, sind die schwedischen Gesetze extrem streng (auf Alkohol am Steuer stehen sehr schwere Strafen, wobei das Delikt bei 0,5 Gramm Alkohol im Blut beginnt; der Verkauf von Alkohol an Personen unter 21 Jahren ist verboten, auch wenn man schon mit 18 von Rechts wegen volljährig ist, usw.). Die Statistiken allein erklären diese Strenge nicht: So lag der Konsum von reinem Alkohol pro Kopf jedes Erwachsenen zum Beispiel 1979 bei 7,1 Liter, in Frankreich waren es 17 Liter; mit diesen Zahlen rangiert Schweden in der Welt etwa an 25. Stelle. Die Strenge wird erst verständlich, wenn man einen Blick auf die Geschichte des Landes wirft. Schon lange vor dem 20. Jahrhundert waren in Schweden Herstellung und Verkauf alkoholischer Getränke staatlich geregelt. Doch erst zu Beginn unseres Jahrhunderts setzten die im Parlament stark vertretenen Temperenzlerbewegungen ein Gesetz durch, das in der Welt einmalig war, das sogenannte »Bratt-System«, das jeden Käufer von Alkohol verpflichtete, ein Rationierungsbüchlein zu führen. Noch heute erklärt sich die Brisanz, die das Thema Alkohol in Parlamentsdebatten besitzt – kein anderes Problem vermag die Gemüter ähnlich zu erhitzen –, aus dem Einfluß der Mitglieder von Mäßigkeitsvereinen, die prozentual im Parlament viel stärker repräsentiert sind als in der Bevölkerung. Es ist noch nicht lange her, daß jeder dritte Parlamentsabgeordnete organisierter Antialkoholiker war; die Ligen zur Bekämpfung des Alkohols sind traditionsgemäß ein fruchtbarer Nährboden für künftige Politiker.

Gleichwohl scheint der Alkoholgenuß ein entzündlicher Punkt des sozialen Konsenses zu sein. Denn die Mißbilligung seines Mißbrauchs ist nur scheinbar einhellig: Im privaten Leben lehnen die Schweden sich gern gegen diese Bevormundung auf und prahlen, wie die Menschen überall, mit den »Mengen«, die sie »vertragen« können.

Drogenmißbrauch

Einmütig wird der Kampf gegen die Drogensucht geführt. Anders als beispielsweise in Spanien ist in Schweden nicht einmal der Genuß von Haschisch erlaubt; seit 1968 ist die Politik gegen den Mißbrauch von Betäubungsmitteln zunehmend rigoroser geworden. Auf schwere Verstöße gegen das Betäubungsmittelgesetz steht eine der schwersten Strafen, die das schwedische Strafgesetzbuch vorsieht (zehn Jahre Haft). Man macht keinen Unterschied mehr zwischen »weichen Drogen« und »harten Drogen«. Doch ist die Drogensucht, im Unterschied zum Alkoholmißbrauch, ein quantitativ eher begrenztes Problem.

Gewalt, Alkoholmißbrauch, Drogensucht – das sind die wichtigsten Verstöße gegen die »Norm« der schwedischen Gesellschaft. Es sind die letzten Räume, über welche die Sphäre der Politik keine vollständige Kontrolle ausübt, die letzten Grenzüberschreitungen in einer Gesellschaft, die sich von allen früheren Tabus befreit hat.

Das Imaginäre

Wo findet der Einzelne in dieser Gesellschaft, die die Gemeinschaft so nachdrücklich betont und die so sehr von der »Öffentlichkeit« kontrolliert wird, noch ein Refugium des Privaten? In seinem eigenen Haus, dem rustikalen Sommerhaus (»sommarstuga«) aus Holz, am Wasser gelegen oder im Wald versteckt. Das eigene Haus bleibt wie die eigene Insel der private Raum par excellence, abgeschlossen und persönlich. Wie schon Emmanuel Mounier in seinen »Notes scandinaves« bemerkt hat: »Die kollektivistischsten Völker – Russen, Deutsche, Schweden – sind zugleich die Völker, die einsam wohnen.«[29] Der Traum jedes Schweden bleibt im Grunde ein individualistischer Traum, der sich in der Sehnsucht nach ursprünglicher Einsamkeit, der Sehnsucht nach der unermeßlichen Weite der schwedischen Natur artikuliert. In seiner »stuga«, vielfach ohne fließendes Wasser und mit geringem Komfort ausgestattet, findet er seine ländlichen Wurzeln noch intakt und pflegt vertrauliche Zwiesprache mit den Dingen. Kein Schwede (oder fast keiner) wird in den schönen Sommermonaten Mai und Juni ins Ausland reisen, wenn mit einem Schlag, nach ihrem schier unendlichen Winterschlaf, die Natur in ihrem hellsten Licht erstrahlt und Schweden wieder das Land der 24 000 Inseln und 96 000 Seen wird. Das kleine, eigene Haus, auf dem Land oder im Wald verborgen, aber auch die Insel, der Archipel, das Segelboot (allein im Raum Stockholm liegen 70 000 vertäut) bleiben so die letzten Zufluchtsorte des Individualismus in einer Gesellschaft, welche ganz und gar auf die Karte der Gemeinschaft setzt. Und in der Literatur und der Filmkunst werden sie immer wieder beschworen. Der Roman *Die Leute von Hemsö* wirkt als heiterer Prospekt in der düsteren Strindbergschen Welt; Gunnel Lindbloms schöner Film *Sommerparadies* spielt fast ausschließlich und bis zur dramatischen Auflösung vor der zauberhaften Kulisse eines Hauses am Meer. Doch als

Carl Larsson (1855–1919), *Susanne am Blumenfenster*.

reales Refugium kann dieser intime, »private« Raum zu einem mitunter tragischen Gefängnis werden, in dem die Individuen verzweifelt versuchen, eine wenigstens rudimentäre Kommunikation wiederherzustellen. In der Hermetik dieses geschlossenen Raumes, wie sie vor allem das filmische Œuvre Ingmar Bergmans behauptet *(Das Schweigen, Schreie und Flüstern)*, ereignet sich auch die Suche nach einem Wort oder einem Austausch, die niemals kommen. In dem Film *Wie in einem Spiegel* drückt der Held – Filmregisseur und Bergmans Doppelgänger – diese Kommunikationshemmung aus, indem er unablässig wiederholt: »Distanz und Angst, Distanz und Überdruß.« In der schwedischen Gesellschaft, in der laut und mit unerwartetem Freimut über alles gesprochen wird, fällt es den Menschen eigentümlich schwer, miteinander zu reden. Die Beziehungen am Arbeitsplatz sind einfach und direkt und bar jeder Hierarchie; das Duzen hat sich eingebürgert; hingegen zeichnen sich private Essenseinladungen durch eine steife und gezwungene Fröhlichkeit aus, die den in Schweden weilenden Ausländer immer wieder aufs neue verblüfft. »Die diffuse Mystik und Poesie einsamer Menschen: das schwedische Volk scheut gleichsam den Ausdruck«, meinte Emmanuel Mounier.[30] Es ist die eigentlich private Kehrseite eines individuellen Ichs, das sich weniger durch sein Verhalten als in seinem (schwedischen oder skandinavischen) Imaginären bekundet.

Hier muß man ansetzen, wenn man die schwedische Gesellschaft erschließen, ihre Paradoxa und Widersprüche begreifen will. Wie anders ist es zu verstehen, daß in Schweden nebeneinander ein starkes, öffentliches Gemeinschaftsgefühl und ein geradezu blindwütiger Individualismus existieren? Der skandinavische Individualismus schöpft aus der Einsamkeit des hohen Nordens, aus einer Welt des Schweigens, der innigen Bruderschaft mit der Natur. Ob es sich um ein Fest handelt oder um einen Gesetzestext, immer geht es darum, diese Einsamkeit aufzubrechen, jedem das Wort zu erteilen; es geht darum, die traditionelle Gemeinschaft intakt zu erhalten – Vorbedingung für das physische Überleben in der rauhen Welt von einst und für das moralische Überleben in der rauhen Welt von heute. Wie anders ist die unglaubliche Beliebtheit der alten, mittlerweile christianisierten heidnischen Feste zu beurteilen, die zum größten Teil mit dem Landleben zu tun haben? Man feiert den Frühling (in der Walpurgisnacht), die Wintersonnwende (am Tag der hl. Lucia), die Johannisnacht (»Midsommar«) – um nur einige Feste eines Kalenders zu nennen, der die Zeiten überdauert hat ... Für die Frist einer Nacht vergessen alle Menschen die Hierarchie und die sozialen Klassen, ihre Differenzen und Haßgefühle und erschaffen neu, in einträchtigem Austausch, die egalitäre, konsensuelle Geselligkeit, von der die Utopie zehrt. Fräulein Julie, in Strindbergs gleichnamigem Stück, diskutiert, trinkt, schläft und macht Zukunftspläne mit dem Diener ihres Vaters, doch nach der ausgelassenen Mittsommernacht stellt der Morgen die Unterschiede wieder her, das Unglück der gescheiterten Verständigung, die Rage der Revolte. Die Torheit einer Nacht endet mit dem Tod ...

Das »schwedische Modell« läßt sich auch als »totale« oder »totalisierende« Gesellschaft beschreiben. Es kreist um eine ganz auf den Konsens gestellte Gemeinschaftsethik, die wiederum auf der unbedingten Forderung nach Transparenz aller sozialen Beziehungen beruht (von

Tjörnarp, das Haus in den Wäldern ...

Die Johannisnacht (»Midsommar«), ursprünglich ein heidnisches Fest, hat in Schweden den Charakter eines veritablen Nationalfeiertages. Man tanzt um den mit Blattwerk umwundenen »Maibaum« (»majstrång«), ein Sinnbild des nordischen Sommers, der sich noch nicht recht einstellen will ...

dem Partner des jungen Mädchens bei den »nattfrieri«[31] bis zum heutigen Recht des Kindes, seinen Vater zu kennen). Und das private Leben kann sich der herrschenden Ethik nicht entziehen. Der einzige Zwang, den die Gesellschaft zuläßt, ist der Zwang zur Transparenz. Das Geheime und Verborgene erscheint als Bedrohung der Ordnung, als Gefährdung des Konsenses – daher die unerbittliche Entschlossenheit, das Geheimnis zu lüften.

Größe und Niedergang eines Mythos

In den dreißiger Jahren prägte der Amerikaner Marquis Childs die berühmte Formel von Schweden als dem »mittleren Weg« (»Sweden, the middle way«), eine Formel, die das Bild der Amerikaner von Schweden ebensosehr beeinflußte wie später das der Franzosen. Vom materiellen Wohlstand Schwedens kündeten schon 1928 »das Telefon in jedem Hotelzimmer, der überall vorhandene elektrische Strom, die mustergültigen Krankenhäuser, die breiten, sauberen Straßen«, aber auch die geradezu perfekte soziale Organisation. Alle diese Vorzüge förderten bereits in den dreißiger Jahren die Vorstellung vom »schwedischen Modell«. Frankreich, England und andere Länder interessierten sich plötzlich leidenschaftlich für diesen Staat und versuchten schon vor dem Krieg, dem Rätsel seines fulminanten materiellen Erfolges beizukommen.

Schweden, das vom Zweiten Weltkrieg verschont blieb, konnte seinen Produktionsapparat intakt erhalten und nahm sich für das verwüstete Europa aus wie das leibhaftige Land der Verheißung; die Schweden galten als »die Amerikaner Europas«. In mancher Hinsicht war das schwedische Modell sozialer Organisation sogar noch attraktiver als das amerikanische, weil die Ungleichheit dort minder stark ausgeprägt war, weil, wie Queffélec 1948 erklärte, »die Schweden diesen ganzen natürlichen Wohlstand nicht für selbstverständlich nehmen« und weil Schweden schließlich »dank seiner moralischen Solidität den verheerenden Folgen der Amerikanisierung entgeht«. Mounier gab mit Genugtuung die Äußerung eines schwedischen Gesprächspartners wieder, der übrigens viel für die amerikanische Zivilisation übrig hatte: »Der Schwede ist im Grunde mehr dem Individuum verhaftet als der Amerikaner.« Dem amerikanischen Modell schien die Seele zu fehlen. In der unmittelbaren Nachkriegszeit »gibt Schweden den schwindelerregenden Vorgeschmack auf Künftiges«.[32] Und die französische Presse trug mit ihren Schlagzeilen dazu bei, das Bild von einem idealen Schweden in Umlauf zu bringen: »Schweden, ein moderner Sozialstaat«[33], »Hier hungert niemand, hier haust niemand in Slums«[34], »Genese der sozialen Harmonie«.[35] Dem materiellen Modell, das die Franzosen in der Nachkriegszeit faszinierte, folgte nun das soziale Modell.

Der Mythos der Schwedin

In den Augen der Franzosen war die Schwedin der vierziger und fünfziger Jahre »schön, sportlich und gesund«. Gewiß gab es die »legendäre Freiheit der skandinavischen Sitten«, aber: »Für den Betrachter wirken diese jungen Leute zurückhaltend und wenig aufdringlich. Wenn sie tanzen, so tanzen sie dezent.«[36] Oder: »Es ist furchtbar schwer, den Frauen dieses Landes, die einen gleich als Kumpel akzeptieren, den Hof zu machen.«[37] François-Régis Bastide stellte 1954 in seinem Buch über Schweden die Frage: »Was soll man einer jungen Schwedin sagen?« Und er gibt selbst die Antwort: »Auf jeden Fall ist es äußerst riskant, ihr von dem phantastischen Ruf der schwedischen Mädchen in Frankreich zu erzählen. Dann erstarrt sie zu Eis.«[38] Die Vorstellung von der relativ freizügigen Schwedin mußte ziemlich tief in den Köpfen der Franzosen verwurzelt sein, wenn Autoren, die über Schweden schrieben, sich immer wieder bemüßigt fanden, den Mythos zurechtzurücken – und das noch vor der berühmten »sexuellen Befreiung« in den sechziger Jahren. Jener »phantastische Ruf« hing zweifellos mit der Kampagne zur sexuellen Aufklärung zusammen, die, wie oben berichtet, in Schweden schon 1933 die Sexualität enttabuisiert hatte. Die Franzosen setzten natürlich sexuelle Aufklärung mit sexueller Freiheit gleich und machten sich von Schweden das Bild eines sexokratischen Eldorado. Der Mythos war so wirkungsmächtig, daß 1962 die Amerikanerin Sherri Finkbine eigens nach Schweden reiste, um dort eine Abtreibung vornehmen zu lassen. Was Frauen wie Sherri Finkbine nicht wußten, war, daß ihr Fall im schwedischen Recht überhaupt nicht vorgesehen war; in dieser Hinsicht war Schweden rückständiger als beispielsweise Japan, Israel oder einige Ostblockländer. Im Gegensatz zu dem Mythos, der

»Und ähnlich seid ihr euch nicht nur in eurer Tracht, / auch im Gesicht, dem schönen, strahlenden Gesicht, / den festen Zügen und dem wilden, blauen Blick.« (Valéry Larbaud, *Stockholm*)

sich mit der sexuellen Aufklärung und der Propaganda für Kontrazeptiva verbreitete, blieben Abtreibungen in Schweden bis 1975 die Ausnahme.

1964 bereiste Georges Pompidou »dieses seltsame sozialistische Königreich« und prägte die berühmt gewordene Wendung, sein sozialpolitisches Ideal sei ein »Schweden mit ein wenig mehr Sonne«. Das Raunen um das »schwedische Modell« erreichte in den siebziger Jahren seinen Höhepunkt. Schweden war in Mode. Nach dem amerikanischen Traum, nach dem Liebäugeln mit der Sowjetunion, mit der Volksrepublik China oder mit Kuba war es nun das »schwedische Modell«, das Bild eines gerechten Kompromisses, das Europa und die französischen Politiker aller Lager verlockte. »Schweden« wurde eine journalistische Schablone. Die Zeitungen sagten es, das Fernsehen zeigte es, die Bücher erklärten es: Schweden war das Land der Zukunft. Man untersuchte, man sezierte diesen »Fall«. Und endlich begann man auch, Fragen zu stellen.

Der Gegenmythos

Um 1975 erschienen in der französischen Presse die ersten kritischen Artikel. »Frauen – nicht ganz emanzipiert« hieß es nun, oder »Scherbenhaufen Familie«.[39] Roland Huntford legte eine vehemente Abrechnung mit dem sozialdemokratischen Schweden vor.[40] Die Niederlage der Sozialdemokratie im Jahre 1976, nach 44 Jahren Regierungsverantwortung, stellte die Stabilität des schwedischen Modells durchaus in Frage. Jetzt bemerkte man »Schatten auf dem schwedischen Modell«[41], »Gangster gegen finstere Typen«[42], und Schweden erschien plötzlich als ein Ort unerträglicher Zwänge. Ein Beispiel ist Schweden noch immer – allerdings ein abschreckendes Beispiel. Diese »wunderbar permissive« Gesellschaft hat die Mechanismen ihrer Selbstzerstörung selber ausgebildet. »Schweden – Emanzipierte auf der Suche nach der Liebe«.[43] »Der schwedische Spiegel, vom Ausland so bewundert, zerspringt; irgend etwas fehlt in diesem einzigartigen System der Welt.«[44] »Schweden – verlorenes Glück?«[45] Rassismus, Fremdenfeindlichkeit, Selbstmorde, Alkoholmißbrauch – das Modell hat nicht gehalten, was es versprach; das Gegenmodell triumphiert. 1984 veranstaltete die Zeitschrift *Le Point* bei den Absolventen der höheren Schulen eine Umfrage über die Elite von morgen; man wollte wissen, welches Land ihren Vorstellungen von einer guten Organisation der Gesellschaft am besten entsprach. An der Spitze der Nennungen lag die Schweiz[46], dann folgten die USA; Schweden lag an fünfter Stelle, *hinter* Frankreich. Wenn das »schwedische Modell« seine Anziehungskraft verloren hat, dann deswegen, weil es aus den Fugen geraten ist: »Ständige Kontrollen durch Steuer- und Wohlfahrtsbehörden, wahnwitzige Einkommenskontrollen à la Orwell, Kontrolle des Einzelnen; der providentielle Staat, der fürsorgliche Staat, der sich in alles einmischt, selbst in die Art und Weise, wie man seine Kinder erzieht; der Kinder dazu ermutigt, ihre ›kriminellen‹ Eltern zu denunzieren, usw.«[47] Mit anderen Worten: Frankreich wollte mit dieser »Umwälzung des privaten Lebens« nichts zu schaffen haben. Das »schwedische Modell« mag noch existieren, der Mythos jedenfalls ist ausgebrannt.

Anmerkungen

1 *Le Monde*, 18. März 1976.
2 Yves de Saint Agnès in *Paris Match* vom 3. August 1979.
3 Robert Sarner in *Le Monde*, 1980.
4 Marie Müller in *Le Nouvel Observateur* vom 26. Mai 1980.
5 Emmanuel Mounier, »Notes scandinaves«, in: *Esprit*, Februar 1950.
6 Die Schweiz hat ihr Bankgeheimnis, Deutschland hat seine schwere Vergangenheit; die amerikanischen Werte wecken an sich schon Argwohn (»Imperialismus«, »Neokolonialismus«, »Verletzung der Menschenrechte« ...). Die schwedischen Werte hingegen scheinen geradewegs dem Kategorischen Imperativ entsprungen: Jeder kann wollen, daß die Richtschnur seines Handelns jederzeit als Maxime einer allgemeinen Gesetzgebung dienen kann.
7 Die meisten Franzosen würden sich vermutlich in den Worten Charles de Gaulles wiedererkennen, der Diskussionen über Geld als »schamlos« empfand. Alle Umfragen zeigen, daß eine direkte Frage nach dem Lohn, dem Einkommen, dem Erbe bestenfalls zu einer Unterbewertung führt und

schlimmstenfalls einen Abwehrreflex auslöst: »Was ich verdiene, geht nur mich allein etwas an und braucht nicht *nach außen zu dringen*« (Umfrage von P. Zimmer in *France-Inter*, Hervorhebung von K. O.).

8 Zwar spielt die Denunziation von Steuerbetrügern heutzutage auch in Frankreich eine große Rolle, aber man hat doch noch nie erlebt, daß die Finanzämter in der Zeitung bekanntgeben, wieviel sie sich auf diese Weise zurückgeholt haben (nach einem Artikel in *Sydsvenska dagbladet* waren es 1984 in Malmö 150 000 Kronen [rund 41 000 DM] Gemeindesteuern).

9 *Offentlighets Principen.*

10 Jan Freese, Generaldirektor der Informatik-Inspektion.

11 Dagegen gibt es zum Beispiel im katholischen Italien weder eine Staatskirche noch eine Staatsreligion.

12 Auch wer nicht mehr der Schwedischen Kirche angehört, muß mit Rücksicht auf die weltlichen Dienstleistungen der Kirche mindestens 30 Prozent der Kirchensteuer entrichten.

13 Seit 1958 akzeptiert die Schwedische Kirche die Frauenordination. Heute gibt es in Schweden ca. 350 weibliche Geistliche.

14 Er erhielt 1951 den Nobelpreis für Literatur.

15 In einem Brief an L. Maury vom Oktober 1950.

16 Nicht einmal Adoptiveltern haben Zugang zu diesen Informationen.

17 Obwohl das Gesetz zwischen biologischem Vater und juristischem Vater unterscheidet und eindeutig festlegt, daß letzterem die alleinige Verantwortung für das Kind zufällt (der biologische Vater kann *unter keinen Umständen* zu einer wie auch immer gearteten Verantwortung gezogen werden), hat es natürlich zunächst einmal (und trotz der während des Gesetzgebungsverfahrens durchgeführten Meinungsumfragen) dazu geführt, daß die Anzahl der Spender drastisch zurückging.

18 *Barn och vuxna [Kinder und Erwachsene]*, SOU 1980, 27.

19 So die Worte der Gynäkologin Kajsa Sundström-Feigenberg, die im Direktorium des schwedischen Gesundheits- und Wohlfahrtsamtes verantwortlich für das Projekt »Erziehung der Eltern« war.

20 *Riksförbundet för Sexuellt Likaberättigande.*

21 Amtliche Enquête *Homosexuella och Samhället [Die Homosexuellen und die Gesellschaft]*, SOU 1984, 63. 54 Prozent der Befragten waren gegen die Ehe von Homosexuellen, doch waren 46 Prozent dafür, daß Homosexuelle, die eheähnlich zusammenlebten, das Recht auf ein Wohnungsdarlehen haben sollten (25 Prozent waren dagegen).

22 *»Riksförbundet för Sexuellt Uplyssning«.* Seine Mittel stammen zu einem Drittel aus Subventionen des Staates und Einrichtungen des Gesundheitswesens. Der Reichsbund beschäftigt ca. hundert Personen, nicht gerechnet ärztliche Halbzeitkräfte usw.

23 Die Abtreibung war in drei präzise umschriebenen Fällen erlaubt: gesundheitliche Gefährdung der Mutter, Schwangerschaft infolge einer Vergewaltigung, Gefahr der Übertragung schwerer Erbkrankheiten auf das Kind.

24 Von den fünfzehnjährigen Mädchen und Jungen hatten Sexualkundeunterricht genossen: zwischen 1922 und 1926 7 Prozent, zwischen 1952 und 1956 48 Prozent, zwischen 1957 und 1961 65 Prozent.

25 *Sedlighetsbrotten.* Siehe *Sexuella Övergrepp* (Öffentliche Enquête über Sexualdelikte), SOU 1976.

26 Quelle: *Prostitution in Schweden*, SOU 1981, 71. Dafür ist die Straßenprostitution in Schweden so gut wie unbekannt.

27 Das Wiedereingliederungsprogramm, wie es namentlich in Malmö praktiziert worden ist, hat in über 50 Prozent der Fälle zu einer erfolgreichen Resozialisierung der Prostituierten geführt.

28 1980 sank die Zahl der »Massagesalons« und ähnlicher Einrichtungen im Raum Stockholm auf 25.
29 *Prostitution in Schweden*, a. a. O.
30 Ebd.
31 »Nattfrieri«: Verschiedene Autoren (Vilhelm Moberg, Alva Myrdal) bringen dies mit sehr liberalen sexuellen Gepflogenheiten der ländlichen Gesellschaft Schwedens in Zusammenhang. In manchen Gegenden genossen Verlobte so viel Freiheit, daß sie sogar die Nacht in demselben Bett verbringen, dabei allerdings nicht den Geschlechtsverkehr vollziehen durften.
32 *Le Franc Tireur*, Oktober 1951.
33 *L'Économie*, 1950.
34 *Le Matin*, 1948.
35 *Les Documents – Jeune Patron*, Paris 1946.
36 *Action*, September 1946.
37 Louis-Charles Royer, *Lumières du Nord*, Paris 1939.
38 F.-R. Bastide, *Suède*, Paris 1954.
39 *Le Monde*, 1976.
40 R. Huntford, *The New Totalitarians*, 1972.
41 *Le Monde*, 1976.
42 *La Croix*, 1977.
43 *Le Monde*, 1980.
44 *L'Express*, 1980.
45 *Le Nouvel Observateur*, 1980.
46 Die Schweiz, wo es noch keinen Vaterschaftsurlaub gibt, wohl aber den Begriff des Familienoberhaupts, wo Abtreibungen verboten sind (außer bei medizinischer Indikation), wo die Unterschrift der Ehegattin unter der Einkommensteuererklärung nicht obligatorisch ist usw.
47 Claude Sarraute im *F Magazine* (1984), S. 109.

Eine junge Bauernfamilie in den zwanziger Jahren: Die Pose ist steif, der Blick starr auf die Kamera gerichtet.

Chiara Saraceno

Die italienische Familie: Masken der Herrschaft, Wunden der Autonomie

»Es war alles viel schneller gegangen, als Giacomo lieb war. Jetzt besaßen sie also vier elektrische Geräte: das Radio, den Fernseher, den Kühlschrank und die Waschmaschine. [. . .] Seit Jahren hatte er bemerkt, daß die Leute anderswo besser lebten als sie. Am offenen Feuer zu kochen, wie Maria es noch in der ersten Zeit ihrer Ehe getan hatte, kam ihm vor wie bei den alten Germanen, von denen er in der Schule gehört hatte. Schritt für Schritt hatten Maria und er ihren Weg in die moderne Welt genommen: Den Gasherd hatte er 1956 gekauft, fließendes Wasser war 1963 installiert worden, und die Krönung des Ganzen war die Vespa. Es war eine Aufholjagd, dachte er, eine stetige Annäherung an den ›american way of life‹, der jetzt auch allmählich der italienische wurde. Das sah man doch im Fernsehen. Die Reichen in den großen Städten, in Rom und in Mailand, waren ihm und seinesgleichen zwar meilenweit voraus – das würde immer so sein –, aber der Abstand wurde kleiner, das wußte Giacomo.«[1] Das waren die Überlegungen des Tagelöhners Giacomo Rossi aus Valmontone bei Latina in Mittelitalien, als er im Herbst 1969 auf seiner Vespa nach Hause fuhr, nachdem er soeben den Ratenzahlungsplan für den Kauf einer Waschmaschine und eines Kühlschranks unterschrieben hatte.

Die Geschichte von drei Generationen, die der Anthropologe Donald D. Pitkin aufgezeichnet hat, ist zugleich die Geschichte der Umwälzung der Lebensverhältnisse der italienischen Familie, insbesondere der Armen, zwischen dem Beginn unseres Jahrhunderts und der Schwelle zu den achtziger Jahren. Es ist die Geschichte technischer Neuerungen, neuer Bedürfnisse, gewandelter Konsumgewohnheiten sowie des neu zu verhandelnden Ausgleichs zwischen der alten Familiensolidarität und der Anerkennung oder Einforderung individueller Autonomie. Die Söhne verlangen als Gegenleistung für das Geld, mit dem sie jahrelang zum Haushaltsetat beigetragen haben, ein Haus für sich und ihre Familie; doch weiß der jüngere Sohn, daß er mit seinen Ansprüchen warten muß, bis die Aussteuer seiner Schwester finanziert ist. Kurz, die Geschichte, der Pitkin nachgespürt hat, erzählt, wie – und mit welchem wechselnden Erfolg – die Grenzen zwischen dem Öffentlichen und dem Privaten, der Familie und der Gesellschaft im Laufe von drei Generationen neu gezogen worden sind. Einerseits erlauben der Bau eines Hauses und der Gebrauch elektrischer Apparate mehr Privatheit der familiären Verrichtungen, die nun nicht länger, aus Mangel an Platz und geeigneten Geräten, in der Öffentlichkeit vor sich gehen müssen; sie gestatten auch die Individualisierung des persönlichen Freiraums innerhalb der Familie. Andererseits bringt der für die jüngste Generation obligatorische Schulbesuch die Familie und ihre Mitglieder mit Verhaltensmustern, Normen und Werten in Berührung, die der Kontrolle durch die Gemeinschaft nur noch teilweise unterliegen. Doch immerhin ist der Schulbesuch nicht nur eine Pflicht, sondern auch ein verbürgtes Recht. Marias Mutter Rosa, aus Kalabrien nach Valmontone umgezogen, zwang die Lehrerin, ihre älteste Tochter in die erste Klasse aufzunehmen, obwohl das Mädchen das vorgeschriebene Alter längst überschritten hatte. Und Maria selbst hält es für selbstverständlich, daß ihre Kinder, vor allem die Söhne, eines Tages das Abitur machen und vielleicht sogar studieren werden. Das öffentliche Gesundheitswesen markiert ebenfalls einen Eingriff in das private Leben. Maria ließ sich zur Geburt ihrer jüngsten Tochter ins Krankenhaus bringen und setzte sich damit über die traditionellen Vorurteile ihrer Mutter hinweg, für die das Krankenhaus ein Ort war, »wo man nicht gesund wird und nichts zu essen kriegt«. Die Niederkunft ist heute kein Familienereignis mehr; sie findet nicht mehr im breiten Ehebett statt, so wie früher, als der Ehegatte aufgeregt die Hebamme herbeiholte, die Mutter der Gebärenden oder die Nachbarinnen bei der Entbindung assistierten und die Kinder, wenn sie nach Hause kamen, ein neues Brüderchen oder Schwesterchen vorfanden.

Die Geschichte von Giacomo und Maria, ihrer Familie und den Familien ihrer Kinder, ist einmalig wie jede Familiengeschichte; auch läßt sie sich sozial und geographisch genau einordnen. Dennoch habe ich bei der Lektüre manche Ähnlichkeiten – wiewohl bisweilen mit einer zeitlichen Verschiebung von zehn bis zwanzig Jahren – mit der Generationserfahrung vieler mir bekannter Familien entdeckt, vorab meiner eigenen (genauer gesagt: der meiner Eltern). Sie spielte sich in Mailand ab, jener großen Stadt, die Giacomo mit Amerika vergleicht. Meine frühesten Erinnerungen haften an einzelnen, unverbundenen Bildern: Ich werde plötzlich mitten in der Nacht geweckt und in den Keller getragen, weil Mailand bombardiert wird; im Kindergarten gibt es Brot mit braunem (nichtraffiniertem) Zucker; ein Kohleofen erwärmt das Zimmer; die kleineren Brüder werden von meiner Mutter in sehr lange Windeln gewickelt. Aus der Nachkriegszeit erinnere ich mich an den Ruf des Eismanns; die Kinder der ganzen Straße kamen dann aus ihren Häusern gelaufen, um, für ein paar Lire, bei ihm Eis zu kaufen. Der Wäschemann kam jede Woche mit seinem von einem Maulesel gezogenen Wagen, sammelte die schmutzige Wäsche ein und brachte die gereinigte zurück. Dann gab es eines Tages die erste Waschmaschine; das war Ende der vierziger Jahre. Ich weiß auch noch, wie wir das erste Mal ohne Brotkarte Weißbrot kauften. In meiner Kindheit und Jugend hatten wir Hausangestellte, die auf uns aufpaßten, meinen Brüdern und mir haarsträubende Geschichten erzählten. Sobald ich ins »liceo« ging, schrieb ich ihnen die Briefe an ihre Eltern. Diese Briefe mußten einem strengen Formkodex genügen, der vom Absender ebenso wie vom Empfänger als Reglement des schuldigen Respekts verstanden wurde. Die Hausangestellten erkannten zwar meine Überlegenheit in der

Grammatik an, nicht aber meine Vorstellungen davon, wie man sich zu betragen habe. Für mich war das schwer verständlich, und ich verstand auch nicht, warum sie ihre Eltern so förmlich anredeten. Doch als meine Töchter vor ein paar Jahren Briefe entdeckten, die ich selbst als Mädchen meinen Eltern geschrieben hatte, fand ich mich selber in der Rolle der »Anderen«, die mit ihrer unerträglichen Blasiertheit ziemlich komisch wirkte.

Meine Kinder sind in einer Welt aufgewachsen, in der Waschmaschine, Kühlschrank, Staubsauger und Fernsehapparat selbstverständlich sind. Die gelegentlichen Neuanschaffungen sind Luxusgüter, die die Alltagsroutine kaum tangieren: Farbfernseher, Tiefkühltruhe, Personal-Computer, Videorecorder. Als meine Kinder klein waren, hatten sie Babysitter – was ihre Großmutter mit sehr gemischten Gefühlen betrachtete –, aber wir hatten niemals Hausangestellte. In meinem eigenen Haushalt, wie in den Haushalten Gleichaltriger und erst recht Jüngerer, besitzt die Hausarbeit nicht mehr jene rituelle Struktur, die früher den Alltag, zum Beispiel den meiner Mutter, prägte. Sie folgt vielmehr dem Gebot, das durch die stundenweise Anwesenheit der Zugehfrau und durch sichtbare Prioritäten gesetzt ist: ein reinigungsbedürftiger Boden, ein leerer Kühlschrank, genug schmutzige Wäsche für eine Waschmaschinenfüllung.[2] Gleichwohl kann ich verborgene Rhythmen erkennen, die eine Kontinuität mit den Rhythmen meiner Kindheit bezeugen.

Meine Mutter erinnert sich aus ihrer Jugendzeit an die Einführung von Gasbeleuchtung und fließendem Wasser, das in den Mailänder Wohnungen der sozial Schwachen noch Ende der fünfziger Jahre nur die untersten Stockwerke erreichte. Wer daheim kein Bad hatte, mußte die öffentlichen Badeanstalten aufsuchen, die nicht nur ordentlichen Komfort boten, sondern wo man sogar bedient wurde.

Meine Eltern – deren Väter, wie bei vielen ihrer Altersgenossen, sehr jung gestorben waren – entsinnen sich noch einer Welt, in der Kinderarbeit gang und gäbe war. Aber auch da gab es deutlich ausgeprägte Unterschiede zwischen im übrigen benachbarten Klassen: zwischen denen, deren Kinder nach Abschluß der Schule studieren konnten, und denen, die auf die Arbeitskraft und die Einkünfte aller Familienmitglieder angewiesen waren. Beiden Gruppen gemeinsam war jedoch das Ideal eines möglichst langen Schulbesuchs und einer von ökonomischen Rücksichten freien Kindheit und Jugend. In der Welt meiner Mutter konnte ein Mädchen sich heimlich nach einer Stelle umsehen, um dann der Mutter stolz zu erklären: »Bald mußt du nicht mehr arbeiten!« Sie bekannte sich damit zu einer Kultur nicht nur der familiären Pflicht, sondern der familiären Mitverantwortung, die auch von den jüngsten Familienmitgliedern beherzigt wurde und die jeden sich als nützlich empfinden ließ (und nicht nur als ausgebeutet). Wenn dieses kleine Mädchen herangewachsen war, mußte es sich, was sein Benehmen, seine Freizeit und seine Freunde betraf, der Autorität des ältesten Bruders beugen. Die beträchtliche Bewegungsfreiheit, die zu Beginn des Jahrhunderts junge Arbeiterinnen im Vergleich zu ihren bürgerlichen Altersgenossinnen hatten, belegt Vanessa Mahers Studie über die jungen Näherinnen von Turin.[3] Familien, die nach einer achtbaren und geachteten Position in der Mittelschicht strebten, hielten Kontrollen und Regeln für unabdingbar, um ihre Töchter vor den Männern, aber auch vor sich selbst zu schützen. Die Welt damals war, was die soziale Stellung von Mann und Frau betraf, noch stark differenziert. Die Familie als der Hort der Gefühle, der Intimität und der Privatheit wurde zunehmend mit der Gestalt der Frau und Mutter identifiziert, die es gegen eine gemischte, extrafamiliale Sozialität und deren Risiken zu behüten galt. Die ambivalenten Aussagen, die Merli über das Bild zusammengetragen hat, das zu Beginn des Jahrhunderts Fabrikarbeiter von ihren Arbeitskolleginnen (und damit indirekt von sich selber) hatten, bestätigen diesen Eindruck: Diese Frauen waren ungeschützt, eine Beute der Begierde und des gewalttätigen Zugriffs der Männer.[4]

Als meine Mutter heiratete, gab sie ihre Tätigkeit als Näherin auf, obwohl sie ihren Beruf gemocht und es darin weit gebracht hatte. Sie zog es vor, ihre ganze Zeit der Sorge für meinen Vater und später für uns Kinder zu widmen. Im Laufe der Jahre entwarf sie ein Bild von sich selbst, das stolz, aber in bezug auf ihren Entschluß auch ambivalent war. Sie präsentierte sich uns und der Umwelt nicht als erbötiges und schwaches Weib, sondern als die affektive Organisationskraft unseres Familienlebens (mein Vater, so schien es, wäre ohne sie verloren gewesen) *und* als jemand, der auch etwas anderes hätte tun können. Ein starkes Selbstwert- und Autonomiegefühl rumorte in diesen Frauen, die wußten, daß sie die unentbehrlichen »Architektinnen« des Alltags waren.

Für Frauen wie meine Mutter, der schmalen Schicht des gebildeten Kleinbürgertums angehörend, auf geistige und gesellschaftliche Entwicklung bedacht, in einer großen Stadt wohnend, in der die ersten öffentlichen Dienstleistungen verfügbar wurden, war es Ende der dreißiger Jahre eine soziale Errungenschaft, zur Entbindung ins Krankenhaus zu gehen (im nahegelegenen Bezirk Brianza wurde das erst in den fünfziger Jahren üblich). Sie schickten ihre Kinder in Kindergärten – nicht weil sie der Aufsicht bedurft hätten, sondern weil das ihrem Erziehungsplan entsprach. Die »private«, intime, liebevoll pädagogische Familie suchte bewußt an anderen Orten und bei anderen Institutionen Unterstützung. Auf keinen Fall wollte sie ihre erzieherischen Rechte und Pflichten delegieren, wie man es den Müttern in den siebziger und achtziger Jahren oft vorgeworfen hat, als der Besuch des Kindergartens die Regel wurde.

Die Erfahrungen jener Generationen, die in der Periode seit dem letzten Krieg bis heute aufgewachsen sind und Familien gegründet haben, könnte man ausführlich miteinander vergleichen. Dabei wäre das Verhältnis der Geschlechter und der Generationen zu beachten; auch die Privatheit selbst, deren Definitionen immer scharfsinniger werden, bis zu dem Punkt, wo persönliche Privaträume innerhalb der Familie verteidigt werden, wäre zu untersuchen: »Das Familienleben ist ein Eingriff in das Privatleben«, heißt es bei Karl Kraus.[5] Besonders aufschlußreich wären wohl andersartige Eingriffe, die nicht nur artikulierter sind, sondern auch die Verhältnisse innerhalb der Familie treffen und mit einer Form von Öffentlichkeit zusammenhängen, für die der Staat mit seiner Gesetzgebung, seiner Sozial- und Finanzpolitik repräsentativ ist. Die Vielfalt der Erfahrungen, die in solchen Vergleichen zum Vorschein käme, bildet nicht nur den Kontext der Beziehungen zwischen den Generationen, sondern auch den Kontext der Weltansicht der älteren Generationen, die im Laufe ihres Lebens unterschiedliche Bedingungen des Familienlebens und unterschiedliche Definitionen ein und derselben Familienbeziehung kennengelernt haben: Das Problem der Kontinuität oder Diskontinuität von Erfahrungen, Modellen und Werten betrifft nicht nur das Verhältnis zwischen den Generationen, sondern auch individuelle Biographien. In diesen haben Austausch, Prioritäten und Realitätsbegriffe sich nicht nur deshalb verändert, weil Zeit vergangen ist und die Menschen, indem sie älter wurden, unterschiedliche Rollen wahrgenommen haben, sondern auch deshalb, weil die Geschichte, in der sie sich abgespielt haben, höchst markant war – sie war bestimmt von beschleunigtem sozialem Wandel und von politischen Umbrüchen, zum Beispiel dem Faschismus und dem Zweiten Weltkrieg. Man bedenke nur, daß jene Alterskohorten und Generationen, die heute die ältesten sind, vor dem Ersten Weltkrieg geboren wurden, im Faschismus aufwuchsen, während des Zweiten Weltkriegs ihre Familien gründeten und Protagonisten der Überflußgesellschaft wurden.[6] Frauen, die heute siebzig sind, erlebten während zwanzig Jahren den Übergang von der Nachkriegswirtschaft, in der sie die Milch für ihre Kinder auf dem Schwarzmarkt organisieren mußten, zur Konsumgesellschaft mit täglichem Fleischgericht, mit Autos, Kühlschränken und wochenlangen Urlauben. Sie haben mit angesehen, wie ihre Töchter sich von den gemeinsamen Sommerferien absentierten, die in den fünfziger und sechziger Jahren bürgerliche Mütter mit ihren Kindern unter einem Dach zu verbringen pflegten; auch ihre Enkelinnen verreisen auf eigene Faust.

Gleichzeitig ist es zwischen Familien, die Ende der sechziger Jahre nicht nur ganz unterschiedliche finanzielle Ressourcen, sondern auch unterschiedliche Verhaltensweisen hatten, Anfang der achtziger Jahre zu einer auffälligen Angleichung gekommen, jedenfalls was das Wohnen und den Konsum betrifft. Ende der sechziger Jahre kannten die Mailänder Familien in den »Geländer«-Häusern (so genannt wegen der Geländer auf den Brüstungen der niedrigen Balkone, die auf den Innenhof hinausgehen) und erst recht die Familien in den Kleinstädten und Dörfern der Brianza keine Innentoilette und keine Badewanne, in der Regel weder Waschmaschine noch Kühlschrank, sie wußten nichts vom Telefon und orientierten ihre Lebensführung am Sparwillen. In der ersten Hälfte der achtziger Jahre unterschieden sich Wohnstandard und Konsumniveau dieser Familien nicht mehr sonderlich von denen jener Familien, die ihnen vor zwanzig Jahren noch weit voraus gewesen waren. Dieses Phänomen ist nicht einfach mit der sozialen Mobilität oder dem gestiegenen Einkommen zu erklären. Das Frappierende ist vielmehr die neuartige Definition und Anerkennung von Bedürfnissen in bestimmten gesellschaftlichen Gruppen – eine Entwicklung, die sich in den vergangenen zwanzig Jahren außerordentlich beschleunigt und eine unübersehbare kulturelle Transformation innerhalb einer einzigen Generation hervorgerufen hat.

Wir wollen im folgenden die italienische Familie bei ihrer Reise durch das 20. Jahrhundert begleiten, jedenfalls auf den wichtigsten Etappen. Diese sind verbunden mit der italienischen Sozial- und Wirtschaftsgeschichte in einer Epoche, in der das Land den Übergang von einer überwiegend agrarischen Gesellschaft zu einer fortgeschrittenen Industrienation vollzogen hat – obwohl gewisse soziale und territoriale Ungleichgewichte geblieben sind – und einige Male den Zerfall seiner politischen Strukturen hinnehmen mußte. Es handelt sich hier um vielschichtige, nicht-lineare Prozesse, die von scharfen Interessengegensätzen gezeichnet sind. Zu diesen Prozessen gehört die Entstehung eines wie immer rudimentären italienischen Sozialstaates, der durch die Beeinflussung der sozialen Reproduktion auch in das Leben und die Organisation der Familie eingreift und so dazu beiträgt, die Grenzen zwischen dem Öffentlichen und dem Privaten neu zu ziehen.

Die Demographie der Familie, 1920–1980

Demographische Daten sind nützliche Indikatoren für die Entwicklung der Familie und für die Dimension der eingetretenen Veränderungen. Zwar gibt es Probleme bei der Interpretation und beim Vergleich der Daten, weil die italienische Zensusbehörde (Zentralinstitut für Statistik, ISTAT) ihre Definition der Familie im Laufe der Jahre modifiziert hat; doch kann man den Sachverhalt, wie er sich von einem Zensus zum nächsten darstellt, aus drei aufeinander bezogenen Indikatoren »synthetisch« ermitteln. Erstens ist die Anzahl der Familien schneller gewachsen als die Bevölkerung insgesamt; in den hundert Jahren von 1881 bis 1981 hat die Zahl der Familien sich verdreifacht, während die Bevölkerung sich verdoppelt hat. Diese Disparität wird in dem Zeitraum zwischen dem Familienzensus von 1936 und dem nächsten Zensus 1951 besonders deutlich. Zweitens ist die durchschnittliche Zahl der Familienangehörigen, die über Jahrzehnte hinweg konstant bei 4,4 bis 4,5 gelegen hatte, beim Zensus von 1951 auf unter 4 gesunken; auf diesem Stand ist sie in den folgenden Jahren geblieben. Drittens ist eine zunehmende Atomisierung der Familie zu beobachten; die Zahl der Großfamilien nimmt ab, während die Zahl der Kleinfamilien (Eltern mit allenfalls zwei Kindern, Zwei-Personen- und Ein-Personen-Haushalte) zunimmt.

Der Rückgang der agrarischen Bevölkerung und seine Folgen

Der Prozeß der Industrialisierung und Urbanisierung, der um die Jahrhundertwende eingesetzt hat, kam in Italien erst nach dem Zweiten Weltkrieg zum Durchbruch. Er führte zu einem Rückgang der agrarischen Bevölkerung und ging einher mit einem Zerfall der familialen Produktionseinheiten mit ihrer übersichtlichen Gliederung der Ge-

Eine Konsequenz des Bevölkerungswachstums war die Emigration: Hier läuft ein Schiff aus dem Hafen von Neapel aus; die meisten Passagiere wollten ein neues Leben in einem fremden Land beginnen (1958).

schlechterrollen und peniblen Strukturierung von Arbeit, Zeit und Raum. Noch 1931 machten die im primären Sektor Beschäftigten mehr als die Hälfte der arbeitenden Bevölkerung aus; in 41,5 Prozent aller Familien war das Familienoberhaupt in der Landwirtschaft beschäftigt. 1951 waren diese Anteile auf 42 bzw. 29,7 Prozent gesunken, 1981 auf 11 bzw. 6 Prozent.[7]

Der Niedergang der agrarischen Familie hat verschiedene Folgen gehabt. Vor allem hat er die Zahl derjenigen Familien verringert, die tendenziell Großfamilien waren. Wie Marzio Barbagli nachgewiesen hat, ist im mittleren Norditalien mit seinen charakteristischen Besonderheiten der Agrarproduktion (Teilpacht, Grundpacht, Streubesitz) die ländliche Familie stets größer als die städtische Familie gewesen.[8] Die unmittelbare Konsequenz des Rückgangs der Großfamilie war eine Zunahme der Zahl der Familien überhaupt. Wo es früher nur eine einzige Familie mit mehreren »ehelichen Zentren« gegeben hatte, gab es nun zwei oder mehr Familien, sobald Söhne heirateten und Brüder sich selbständig machten. Diese Tendenz hat ein anderer Faktor noch verstärkt. 1931 waren die bäuerlichen Familien praktisch deckungsgleich mit der ländlichen Bevölkerung insgesamt; war das Familienoberhaupt Bauer, wurden fast alle männlichen Familienmitglieder ebenfalls Landwirte. In den folgenden zehn Jahren traf dies immer weniger zu. Die

Diversifizierung des Arbeitsmarktes im Gefolge der Entwicklung der Industrie und des traditionellen und modernen tertiären Sektors bedeutete, daß es jetzt viele bäuerliche Familienmitglieder gab, die in anderen Sektoren der Wirtschaft tätig waren. So hörte die bäuerliche Familie auf, eine Produktionseinheit zu sein, und wurde zur Einkommenseinheit. Das erleichterte es, die Familienwohnung aufzuteilen, sobald die Kinder heirateten, ohne die Solidarität der Familie oder ihre emotionale und ökonomische Interdependenz zu zerstören.

Ein gutes Beispiel für diesen Wandel sind Giacomo und Maria Rossi mit ihren Kindern. Die wirtschaftliche Notlage zwang das Paar, noch einige Jahre nach der Eheschließung getrennt bzw. bei den Eltern des Mannes zu wohnen; später nahmen die beiden die verwitwete und teilbehinderte Mutter der Frau zu sich. Als sie sich schließlich auf einem drei Hektar großen Grundstück, das ihnen nach einer Umverteilung des Bodens zugefallen war, ihr eigenes Haus bauen konnten, begannen sie, das Fundament für das zu legen, was man »interdependente Kleinfamilien« nennen könnte. Hierbei lebt die Kleinfamilie jedes Sohnes in einer eigenen Wohnung, während man sich gewisse Dienstleistungen teilt – angefangen vom Backen über die Gemüsezucht bis zur Beaufsichtigung der Kleinkinder; von Zeit zu Zeit finden gemeinsame Mahlzeiten im Haus von Giacomo und Maria statt. Ähnliche Ordnungsmodelle gelten in Familienbetrieben, in denen Vater und Sohn zusammenarbeiten (mitunter haben sie getrennte Wohnungen in ein und demselben Gebäude – die Werkstatt befindet sich im Erdgeschoß, die Wohnungen in den Stockwerken darüber). Mit der Trennung der Wohnungen geht die Trennung der Einkommen einher; jeder Berufstätige erhält seinen eigenen Lohn, wie in einer Genossenschaft. Neben der Fortdauer alter und der Herausbildung starker neuer Interdependenzen und flexibler Grenzen zwischen den Familien signalisieren diese Erscheinungen den Wunsch nach Herstellung einer Privatsphäre, nach Abgrenzung zwischen den einzelnen Familien. Hier kann man die Türen schließen, eigene Gewohnheiten entwickeln und die ehelichen Beziehungen ohne ständige Kontrolle durch Eltern, Schwiegereltern, Brüder und Schwäger selber gestalten. Die Aufrechterhaltung eines intensiven, nicht nur affektiven, sondern auch ökonomischen und helfenden Austauschs im Familienverband ist kennzeichnend für die zeitgenössische Familie nicht nur in Italien, sondern ebenso in anderen Ländern, findet jedoch erst seit kurzem die Aufmerksamkeit der Forschung.[9]

Ein weiterer Faktor, der mit dem rückläufigen prozentualen Anteil agrarischer Familien zu tun hat, ist die nachlassende Erwerbstätigkeit jener Frauen, die als Agrararbeiterinnen überflüssig geworden sind. Zusammen mit dem seit 1933/35 rückläufigen Anteil der Frauen an der Arbeitslosigkeit (trotz gleichzeitiger Zunahme der Gesamtarbeitslosigkeit) ist dies für sehr viele Frauen eine radikal neue Erfahrung: der Bruch mit Transmissionsprozessen und traditionellen Mustern weiblichen Verhaltens und Lebens in weiten Teilen der Bevölkerung. Zwischen den vierziger und sechziger Jahren fand sich ein wachsender Prozentsatz erwachsener, verheirateter Frauen – volens oder nolens – mit dem Hauptberuf Hausfrau ab, der bis dahin nur in der urbanen unteren und oberen Mittelschicht verbreitet gewesen war. Um diese Frauen – deren genaue Zahl schwerer zu ermitteln ist, als man glauben möchte, weil manche von ihnen gelegentlich Heimarbeit verrichten oder eine Halb- oder Ganztagsstelle, etwa als Reinemachefrau, annehmen – kristallisierte sich in allen gesellschaftlichen Schichten das Modell der Familie als der Sphäre des privaten Lebens. Die Familie wurde zum Mittelpunkt affektiver und persönlicher Dienste; in ihr wurde der Konsum organisiert und geplant. Seit der zweiten Hälfte der fünfziger Jahre setzte dieses Muster sich durch und wurde zur neuen Norm.

Die Figur der erwachsenen verheirateten Frau als Ganztags-Hausfrau war nur eine kurzlebige »Errungenschaft« in Gesellschaft und Familie, obschon sie in der kollektiven Phantasie hartnäckig fortlebt. Mitte der sechziger Jahre nahm die Erwerbstätigkeit der Frauen wieder zu, und zwar genau bei jenen Frauen, auf die sich das Modell der hauptberuflichen Hausfrau gestützt hatte: bei den erwachsenen Frauen mit Kindern. Heute muß die Partizipation der Frau am Erwerbsleben mit einer Organisation des Alltags und einem Kulturbegriff rechnen, die von einer bestimmten Norm privaten Lebens geprägt sind: von der präzisen Rollen- und Aufgabenverteilung in der Familie und spezifischen Verantwortlichkeiten der Ehefrau und Mutter für die Befriedigung der Bedürfnisse aller Familienmitglieder.

Die wachsende Beliebtheit der Ehe

Die im Vergleich zur Bevölkerungsentwicklung prozentual stärkere Zunahme der Familien resultiert aus der gegenüber früher gestiegenen Zahl der Eheschließungen. Das gilt für sämtliche am Industrialisierungsprozeß beteiligte europäische Länder. In Italien ist diese Erscheinung jedoch weniger deutlich erkennbar. Das verspätete Einsetzen der Industrialisierung, gemessen an anderen europäischen Ländern wie England, Frankreich und Deutschland, sowie die länger nachwirkenden Beben der Wirtschaftskrise von 1929 bewirkten in Italien, daß in den ersten Jahrzehnten unseres Jahrhunderts die Zahl der Eheschließungen konstant bei etwa 7 pro 1000 Einwohnern lag. Daran vermochten auch die Maßnahmen der Faschisten zur Förderung der Ehe (zum Zweck der Steigerung der Geburtenrate), beispielsweise Heiratsprämien für Kriegsveteranen, Darlehen für Jungvermählte oder Ehelosigkeitssteuer, nichts zu ändern. Die vermehrten Eheschließungen zwischen 1921 und 1930 sowie 1937 gründeten im Aufschub von Heiraten während des Ersten Weltkriegs bzw. des Äthiopienkriegs, nicht in einer langfristigen Trendwende.[10] Der Anteil derer, die dauernd unverheiratet blieben, sank erst in den Alterskohorten der nach 1920 geborenen Frauen unter 16 Prozent (in anderen Ländern mit einem traditionell höheren Anteil an Nichtverheirateten hatte die Entwicklung bei den Alterskohorten des Jahrgangs 1910 begonnen) und erst bei den um 1930 Geborenen unter 10 Prozent; bei späteren Kohorten ging sie schneller bis auf 5,4 Prozent zurück, was dem Durchschnitt anderer europäischer Länder entsprach.[11] Erst in den fünfziger und sechziger Jahren stieg die

Heiratsquote in Italien merklich an. In dieser Phase setzte sich auch – was nicht überrascht – das Modell der Kleinfamilie durch, das nun die Regel wurde. Die Familie wurde zu dem Ort, wo man Nähe und Intimität suchte und fand. Es ist paradox, daß mit den Alterskohorten, die in diesen Jahren und unmittelbar danach geboren wurden, die steigende Kurve der Eheschließungen in Italien abbrach und die Tendenz sich neuerdings sogar wieder umgekehrt hat (wenn auch in geringerem Grade als in anderen Ländern).

Die italienische Entwicklung unterschied sich von der in europäischen Ländern wie Großbritannien, Frankreich und Schweden auch in bezug auf das Heiratsalter. In anderen Ländern, wo allerdings der Median des Heiratsalters höher liegt (bei über 25), heirateten Frauen, die 1910 und später zur Welt gekommen waren, zunehmend früher, so daß das Heiratsalter bei den nach 1940 Geborenen bis auf 22 sank. Italienische Frauen indes heirateten noch Mitte der dreißiger Jahre mit 25,2 Jahren – ein Alter, das bei den 1940 Geborenen auf 24,2 und bei noch jüngeren Altersgruppen auf 23 zurückging. Der Altersunterschied zwischen den Ehegatten war und ist in Italien größer als in anderen Ländern (obwohl er von fast vier auf drei Jahre zurückgegangen ist).

Die Gründe für die Fortdauer dieser Heiratspraxis (mit relativ großem Altersunterschied zwischen den Ehegatten) liegen in individuellen, insbesondere jedoch in familiären Strategien angesichts einer schwierigen ökonomischen Situation, die von einer hohen Geburtenrate und, bis Mitte der dreißiger Jahre, von hoher Arbeitslosigkeit bei Frauen gekennzeichnet war. In dieser Situation mobilisierten die Familien alle ihnen verfügbaren Arbeitskräfte und opferten dafür manchmal sogar den individuellen sozialen Aufstieg mittels besserer Schulbildung. Das Opfer brachten in den meisten Fällen die Töchter, für die eine lebenslange Erwerbstätigkeit ohnehin nicht vorgesehen war. Die Töchter aus minder begüterten Familien wurden oft schon vor den Söhnen zum Arbeiten verpflichtet und blieben tendenziell solange wie möglich auf dem Arbeitsmarkt; sie schoben auch die Heirat auf, weil diese in der Regel mit dem Verzicht auf Ganztagsarbeit und mit Einkommensverlusten in der Familie der Tochter verbunden war. (Dieser Faktor war auch ausschlaggebend dafür, daß man die Verheiratung des Sohnes möglichst lange hinauszögerte.) Unter diesem Gesichtspunkt sind nach Alter aufgeschlüsselte Daten über den Anteil von Frauen an der erwerbstätigen Bevölkerung aufschlußreich. Der Zensus von 1936 ergab, daß 18,5 Prozent der weiblichen Kinder zwischen 10 und 14 Jahren erwerbstätig waren, 49,8 Prozent der Mädchen zwischen 15 und 20, 47 Prozent der Frauen zwischen 21 und 24 und nicht weniger als 32,9 Prozent der Frauen zwischen 25 und 44 Jahren. Der Anteil der Frauen an der berufstätigen Gesamtbevölkerung dieser Altersgruppen betrug 67, 59, 50,2 und 36,2 Prozent.[12]

Die Lebensgeschichten von Arbeiterfrauen, die Marzio Barbagli nachgezeichnet, und die Materialien, die Guidetti Serra in Turin gesammelt hat, lassen erkennen, daß Frauen und Mädchen – gemessen an heutigen Standards – in den zwanziger und dreißiger Jahren schon sehr früh mit der Arbeitswelt in Berührung kamen. An diesem ungleichen

Anteil von jungen Männern und jungen Frauen an der Arbeitnehmerschaft änderte sich während mehrerer Jahrzehnte nichts. Ein Wandel trat erst in den sechziger Jahren ein, als die jungen Mädchen begannen, länger die Schulen zu besuchen.

Die interessanteste Veränderung ist der Rückgang der sehr frühen Eheschließungen (mit weniger als 20 Jahren bei Frauen), die vom Gesetzgeber seit 1975 begünstigt werden, sowie der späten Heiraten. Das durchschnittliche Heiratsalter und das durchschnittliche Alter, in dem die meisten Menschen heiraten, sind zunehmend deckungsgleich. Das läßt darauf schließen, daß in der Bevölkerung mehr und mehr ein allgemeiner Konsens darüber entsteht, welches Alter für bestimmte Entscheidungen das am besten geeignete ist. Seit Mitte der achtziger Jahre bilden sich übrigens in einzelnen Alterskohorten andere Tendenzen und andere Einstellungen heraus – die Eheschließung wird vertagt oder überhaupt gemieden. Allerdings ist diese Neigung in Italien weniger klar ausgeprägt als in anderen Ländern.

Veränderte Lebenszyklen

Die Zunahme der Zahl der Haushalte im Verhältnis zur Bevölkerung zeigt nicht nur an, daß mehr Kinder als früher eigene Familien gründen, sondern auch, daß mehr ältere Menschen einen eigenen Haushalt bewohnen – mit ihrem Ehepartner oder, wenn sie verwitwet sind, allein. Die meisten Paare ohne Kinder und die meisten Alleinlebenden gehören den älteren Generationen an. Der Lebenszyklus der Familie ändert sich, besser gesagt: die Familienstrukturen haben sich geändert. Es wird wahrscheinlicher, daß ein Mensch, der heute zur Welt kommt, in eine Kleinfamilie hineingeboren wird und daß er im Alter nicht in demselben Haus wie seine Kinder und Enkel leben wird. In bestimmten Altersgruppen sind die Menschen in einer Großfamilie geboren worden und aufgewachsen, während sie im Alter nur mit dem Ehepartner oder allein leben.

Es besteht kein Anlaß zu vermuten, daß diese Diskontinuität von Erfahrungen und Kulturmodellen stets negativ erlebt wird, wenngleich sie eine Umorientierung der Erwartungen verlangt. Zwar boten die Großfamilien von einst Solidarität und einen gewissen Schutz; aber sie hatten auch die Tendenz, ihre Mitglieder zu kontrollieren und in ihrer Privatheit und Autonomie zu beschneiden. Die Großmutter, die aus praktischen Erwägungen gezwungen ist, in der Familie ihres Sohnes oder ihrer Tochter zu leben, mag das eigene Haus, den eigenen Freiraum, die Ungestörtheit (auch durch enge Verwandte) ersehnen. Durch den Abbau altersabhängiger Autoritätshierarchien sind traditionelle Formen der Rechte- und Pflichtenverteilung sowie der Konfliktlösung (oder -verdrängung) geschwunden. Im übrigen erreichen heute mehr Menschen als früher das Erwachsenenalter und können damit rechnen, alt zu werden; auch die Lebenserwartung der Alten selbst ist deutlich gestiegen. Unter dem Gesichtspunkt von Familie und Generation kann man diesen Sachverhalt folgendermaßen beschreiben: Mehr Kinder als früher haben die Chance, erwachsen zu werden, während ihre Eltern und Großeltern noch leben; und mehr Eltern als früher haben die Chance, Großeltern zu werden und das Aufwachsen ihrer Enkel mitzuerleben. Die folgende Tabelle aus dem Jahre 1964 veranschaulicht das. In den vielen Jahren, die seither vergangen sind, haben sich weitere Verbesserungen ergeben.

Mortalität und Lebenszyklus der Familie, 1931–1961[13]

Indikator	Veränderung (in v. H.)
Alter verheirateter Frauen bei ihrem Tod (Median)	+ 12,8
Alter verheirateter Männer bei ihrem Tod (Median)	+ 8,3
Dauer der Ehe (Median)	+ 19,0
Anzahl der Kinder ohne Väter	− 22,9
Anzahl der Kinder ohne Mütter	− 61,9
Elternlose Kinder	− 70,9

Diese Entwicklungen betreffen also nicht nur Familienstrukturen und Muster des Zusammenlebens, sondern auch die Möglichkeit neuartiger Beziehungen zwischen den Generationen, wenn frühere Muster und deren kultureller Kontext sich wandeln.

»Geplante« Kinder

Außer der erhöhten Lebenserwartung, die in der Familie und im Verwandtschaftsgeflecht die Zahl der möglichen Konstellationen zwischen den Generationen vermehrt, hat noch ein anderer Faktor das Verhältnis zwischen den Generationen beeinflußt: die rückläufige Geburtenrate. Dieses Phänomen, das in allen europäischen Ländern vorkam, löste in den zwanziger und dreißiger Jahren »bevölkerungspolitische Initiativen« aus: Kindergeld (zum Beispiel in Frankreich und Italien), gesundheitliche und soziale Unterstützung von Mutter und Kind (in Italien, und zwar mit der »Opera Nazionale Maternità e Infanzia« [ONMI], sowie in Großbritannien, Schweden und Deutschland), Mutterschaftshilfen, Entschädigungen für erwerbstätige Frauen sowie Prämien für die Väter kinderreicher Familien (in Italien). Die Maßnahmen waren von Land zu Land verschieden. Schweden etwa akzeptierte die freie Entscheidung des Einzelnen oder der Familie; einerseits unterstützte der Staat dort kinderreiche Familien, andererseits erlaubte und ermöglichte er Empfängnisverhütung und Abtreibung. In Italien hingegen und teilweise auch in Frankreich förderte der Staat nur eine einzige Variante der »Familienpolitik« – er setzte Prämien auf Geburten aus und schuf Mutterschutzeinrichtungen, während er die Abtreibung mit Strafe bedrohte und die Verbreitung von Informationen über Geburtenkontrolle verbot.

Der Rückgang der Geburtenrate in Italien tangierte, wie Massimo Livi Bacci dargelegt hat, vornehmlich die großen Städte Nord- und Mittelitaliens; er verschärfte Verhaltensdifferenzen zwischen der länd-

Kinderreiche Bauernfamilie aus Südtirol (1967).

lichen und der städtischen Bevölkerung und zwischen den Bewohnern des mittleren Nordens und denen des Südens und der Inseln.[14] Dem Zensus von 1931 zufolge hatten ca. 89 Prozent der verheirateten Frauen in Süditalien und auf den Inseln mehr als vier Kinder; bei verheirateten Frauen aus der Angestelltenschicht (kaum mehr als 10 Prozent der Frauen in diesen Gegenden) lag der Median der Familiengröße bei drei Kindern. In Nord- und Mittelitalien dagegen hatten Familien der Arbeiterschicht, zu der ein Viertel bis ein Drittel aller Frauen gehörten, wie die Familien der Angestelltenschicht im Durchschnitt drei Kinder; in anderen Schichten waren es vier und mehr.

In dem Maße, wie die Industrialisierung die Migration vom Land in die Stadt und aus dem Süden in den Norden beflügelte, änderte sich die Verhaltensdiskrepanz zwischen den ländlichen Schichten des Südens und den städtischen Schichten des mittleren Nordens binnen zweier Generationen. Dabei lösten sich urbanisierte Frauen bäuerlicher Herkunft besonders nachdrücklich von dem Normensystem ihrer Mütter, sie hatten statt sechs bis zehn nur noch drei bis vier Kinder. Das geht aus den »oral histories« hervor, die Barbaglia gesammelt hat.[15]

Unterschiede zwischen den Schichten und geographischen Regionen gibt es auch heute noch, doch zeigen Meinungsumfragen über die ideale Kinderzahl, daß der stetige Rückgang der Geburtenrate alle Schichten und alle Gegenden betrifft.[16] Wie Santini hervorhebt, wird in den großen und mittelgroßen Städten des mittleren Norditalien das dritte und immer öfter bereits das zweite Kind zunehmend seltener. Für die überwiegende Mehrheit der süditalienischen Familie ist diese Konstellation die Regel.[17] Die niedrigere Geburtenrate signalisiert Veränderungen nicht nur des Habitus, sondern auch der Kulturen und vor allem der

Erfahrungen – Veränderungen insbesondere in den Einstellungen der Frauen, die angesichts einer erhöhten potentiellen Fruchtbarkeit aufgrund gesundheitlicher Verbesserungen (früherer Eintritt der Menarche, späterer Eintritt der Menopause) die Zahl ihrer Kinder bewußt beschränkten und damit einen nicht der Fortpflanzung gewidmeten Zeitraum für sich »frei« machten.[18] Zugleich signalisiert die sinkende Geburtenrate ausgehandelte oder einvernehmliche Neuorientierungen im Eltern-Kind-Verhältnis (geplante Wunschkinder, in die absichtsvoll investiert wird usw.), aber auch in der Beziehung der Ehegatten zueinander (die Sexualität ist von der Fortpflanzung abgekoppelt). Und schließlich signalisiert sie den gewandelten Lebenskontext in Familien, in denen nicht nur Vettern und Kusinen, sondern sogar Brüder und Schwestern selten sind.

Die bewußte Zerschneidung des ehelichen Bandes

Der jüngste demographische Indikator für einen Wandel in der italienischen Familie ist die Zunahme der Trennungen und Scheidungen. Während heutzutage die Gefahr, in jungen Jahren verwaist oder in der Blüte seines Lebens verwitwet zu sein, wenig Gewicht hat und die langfristige Arbeitsmigration in bestimmten Gegenden und Schichten eine unfreiwillige, wiewohl faktische Trennung bedeutet (in den fünfziger Jahren gab es im Landesinneren Süditaliens noch zahlreiche »weiße Witwen«, deren Männer fortgegangen waren), hat sich die bewußte Auflösung der Ehe seit den sechziger Jahren in den entwickelten westlichen Nationen mehr als verdreifacht. In Großbritannien stieg die jährliche Scheidungsrate zwischen 1965 und 1975 von 11 auf 32 Prozent; 1981 erreichte sie 40 Prozent. In Frankreich stieg sie in demselben Zeitraum von 11 auf 25 Prozent, in Holland von 1 auf 29 Prozent. In Schweden liegt sie bei den jüngeren verheirateten Alterskohorten schätzungsweise bei 50 Prozent; diese Zahl gilt für Ehepaare jeden Alters und Ehen jeder Dauer.[19] In Italien ist diese Tendenz jüngeren Datums und relativ begrenzt. Da hier das Recht auf Scheidung, verglichen mit anderen Ländern, ziemlich spät eingeführt worden ist, nämlich 1971, kam die Trennung, zumal die legale, lange Zeit kaum vor. Immerhin hat sich die Zahl der legalen Trennungen zwischen 1965 und 1985 versechsfacht, das entsprach 12 Prozent der jährlich geschlossenen Ehen. Diese Steigerung, die übrigens immer noch niedriger als der Anteil an aufgelösten Ehen in anderen Ländern ist, hat sich seit Verabschiedung des einschlägigen Gesetzes nur zögernd in vermehrten Ehescheidungen abgebildet. Die Zahl der italienischen Ehepaare, die 1975 geschieden wurden, lag Santini zufolge bei einem Zehntel der englischen und dänischen und einem Achtel der österreichischen und französischen Paare. Der Anteil der aufgelösten Ehen ist in Italien bis 1982 einigermaßen konstant geblieben. Danach begann er zu steigen; er verdoppelte sich von 14 640 im Jahre 1982 auf 30 876 im Jahre 1988.

Diese Daten verweisen gewiß auf neue Modelle der Paarbeziehung, der gegenseitigen Erwartungen und der Verhandlungsstrategien. Das geht nicht zuletzt aus den Ergebnissen einer Meinungsumfrage von 1983 hervor; die Mehrzahl der Befragten votierte für rechtliche Mittel zur Auflösung der Ehe und befürwortete die herrschende Gesetzgebung auf diesem Feld.[20]

In der erhöhten Zahl der Trennungen und Scheidungen drückt sich wohl eine neue Konstellation zwischen den Mitgliedern der Familiengruppe aus. Sie umschlösse Frauen und Männer, die ihre Gatten wechseln, ohne verwitwet zu sein; Kinder und Heranwachsende, die vor dem Erreichen des Erwachsenenalters zwei oder drei verschiedene Familienstrukturen kennenlernen – eine Familie mit beiden Elternteilen, eine mit einem einzelnen Elternteil (meistens der Mutter) und eine von einem neuen Paar gebildete, in der es nur noch einen biologischen Elternteil und andere Kinder in unterschiedlichen Positionen der (Bluts-) Verwandtschaft gibt. Kinder könnten gleichzeitig zu zwei Familien gehören – der Familie des Elternteils, bei dem sie leben, und der Familie des anderen Elternteils, zu dem sie eine mehr oder minder stabile Beziehung unterhalten.

Vielfalt der Familienerfahrungen

Die in den vorangegangenen Abschnitten erörterten Entwicklungen erfassen Männer und Frauen, Erwachsene und Nichterwachsene aus unterschiedlichen Schichten und Regionen. Die Atomisierung der Familie ist in Mittel- und Norditalien besonders sichtbar, nicht nur, weil diese Regionen industrialisierter sind, sondern auch, weil sie früher, auf ländlichem Niveau, durch komplexere Familienstrukturen gekennzeichnet waren. Im Süden mit seiner andersartigen ländlichen Besiedlung – der Zusammenballung in Dörfern oder Agrarstädten, im Unterschied zu den großen Grundbesitzungen oder Höfen Mittel- und Norditaliens – hatten bäuerliche Familien oft die Struktur von Kleinfamilien, selbst wenn die Familie von Verwandten in der Nähe, in demselben Gebäude oder in derselben Straße wohnte. Das galt selbst dann, wenn Traditionen und Verpflichtungen zur gegenseitigen Hilfeleistung unter Verwandten Grenzen zwischen Öffentlichem und Privatem, Intimität und Schamhaftigkeit absteckten, die sich von den heute üblichen unterscheiden. So erwies Rosa, die Mutter Maria Rossis, ihrem in einem anderen Haus lebenden Schwiegervater ihre »Reverenz«, indem sie ihm einmal in der Woche half, sich zu waschen und seine Zehennägel und Haare zu schneiden. Ihre Enkelinnen hätten dergleichen nicht aus Ehrerbietung getan, ihnen erschiene allenfalls eine Behinderung als ausreichender Grund für eine solche Intimität, die sie andernfalls als demütigend und als Eingriff in die Privatsphäre aller Beteiligten empfänden.

Die bewußte Zerschneidung der ehelichen Bande ist, wie der Rückgang der Geburtenrate, in den Städten Nord- und Mittelitaliens besonders sichtbar. Dort trat die Gestalt der hauptberuflichen Hausfrau als ernstzunehmende Rolle der erwachsenen Frau mehr und mehr hervor, wie es in jüngster Zeit mit der Rolle der berufstätigen Mutter geschah.

Mit anderen Worten, die Erfahrung veränderter Generations- und Geschlechterrollen und -beziehungen und die Neudefinition von Innen und Außen, Öffentlichem und Privatem sind keinem in allen Schichten und allen Regionen gleich gültigen Trend gefolgt. Sie haben zweifellos die komplexe Geographie der italienischen Familie geprägt; doch deren extreme Vielfalt ist geblieben. Der Wandel läßt sich weder in bezug auf Verhaltensmuster noch in bezug auf Werte auf ein einziges Modell reduzieren.[21]

Der häusliche Raum

Die Wohnung – ihr Besitz, ihre innere Gliederung, die Rollen und Rechte, die sie abgrenzt – ist das Symbol schlechthin für privates Leben im 20. Jahrhundert; sie ist der Schauplatz oft zorniger Interaktionen und Reibereien zwischen den beteiligten Akteuren. Konflikte entstanden, als in den dreißiger Jahren städtische Zentren modernisiert wurden, in der Zeit nach dem Zweiten Weltkrieg und noch einmal in den siebziger Jahren. Es gab Auseinandersetzungen zwischen Familien, öffentlichen Einrichtungen und lokalen und staatlichen Behörden darüber, wie wertvoller Wohnraum geschützt und zugänglich gemacht werden sollte. Außerdem sorgten sich die einzelnen Familienmitglieder um die familiären Ersparnisse und Investitionsstrategien sowie um die Aufteilung des Raums (wer würde ein Zimmer für sich bekommen?).

Technischer Fortschritt und häusliches Leben

Bis gegen Ende der fünfziger Jahre bestanden in der Art des Wohnens deutliche Unterschiede nicht nur zwischen Stadt und Land, sondern auch zwischen den sozialen Schichten. Wohnungen und Häuser des städtischen Bürgertums enthielten außer den Zimmern für die Eltern und die Kinder eine Küche, ein Nähzimmer, ein Wohnzimmer, das Arbeitszimmer des Ehemannes und Vaters und manchmal ein Dienstbotenzimmer. Bei derart geräumigen Verhältnissen gab es genügend Platz für das Familienleben, und jedes einzelne Familienmitglied hatte noch zusätzlich Raum für seine privaten Neigungen. In den meisten Arbeiter- und Bauernwohnungen gab es viel weniger Platz, und der Raum, der vorhanden war, mußte verschiedenen Zwecken dienen.

Nach dem Zensus von 1931 zu schließen, lag der Median der Zimmer pro Wohnung bei 3,25 (unter »Zimmer« wurde jeder von Wänden umschlossene Raum mit Fenster verstanden); der Median der Personen pro Wohnung betrug 4,4. Die Belegungsdichte war umgekehrt proportional zur Anzahl der Zimmer pro Wohnung. Derselbe Zensus ermittelte, daß es in 66,9 Prozent der Wohngebäude (nicht unbedingt in jeder einzelnen Wohnung) Trinkwasser und in 78,2 Prozent eine Toilette gab. Nur bei 12,2 Prozent der Familien hatte die Wohnung ein Badezimmer. Die Befragung einer repräsentativen Stichprobe von Arbeitern und Angestellten durch das Statistische Büro der Firma Fiat ergab 1941, daß nicht eine einzige Familie ein Badezimmer besaß. Die Daten aus dem Zensus von 1951 sahen nicht viel anders aus, was zum Teil von den kriegsbedingten Zerstörungen zumal in den Großstädten herrührte.[22] In den ländlichen Gebieten fehlten fließendes Wasser und Toiletten, was insbesondere für die Frauen sehr beschwerlich war, die mehrmals täglich Wassereimer schleppen mußten. In Süditalien taten viele Frauen das noch in den fünfziger und sechziger Jahren.[23]

Für Familien, die in den »Geländer«-Häusern der Großstädte lebten, erschwerte das Fehlen derartiger Einrichtungen die elementarsten häuslichen Arbeiten. Wasser mußte ins Haus getragen, erwärmt, in Zuber gegossen werden usw. (Aus diesem Grund gaben Familien mit bescheidenem Einkommen ihre Wäsche außer Haus, sobald sie es sich irgend leisten konnten.) Ein gewisses Maß an erzwungener Intimität mit den Nachbarn war unvermeidlich; da man wichtige Einrichtungen mit ihnen teilen mußte, waren sie ständig Zeuge und Kolporteur der privaten, ja, intimen Handlungen einer Familie oder eines Einzelnen. Das ständige Kommen und Gehen von einem Zimmer ins andere über den gemeinsamen Balkon (in Wohnhäusern mit inneren Umlaufbalkonen waren die Zimmer selten durch Türen miteinander verbunden, sondern gingen alle auf den Balkon hinaus), der Gang zur Toilette, das Wasserholen, das Aufhängen der Wäsche zum Trocknen usw. bildeten Anlässe zu Zwistigkeiten oder zu gegenseitiger Kontrolle. Mitunter wurde so aber auch die Solidarität gefestigt. Einige der von Guidetti Serra befragten Frauen erinnern sich, wie ein ganzes Mietshaus Menschen schützte, die von der faschistischen Miliz gejagt wurden.[24] Doch war es schwierig, unter solchen Bedingungen eine Privatsphäre zu schaffen – nicht nur physisch, sondern auch in der Beziehung zueinander. Jeder Familienstreit wurde sofort öffentlich und konnte wohl nicht einmal auf jene Distanziertheit rechnen, die heute weithin das gegenseitige Verhalten von Hausnachbarn prägt, deren Familienangelegenheiten der Hellhörigkeit der Wohnungen wegen prompt neugierigen Ohren zugänglich werden.

Beengung herrschte nicht zuletzt innerhalb der Familie. Mehrere Kinder desselben Geschlechts oder auch Kinder und Erwachsene teilten sich ein Zimmer oder sogar ein Bett. Waschen und Ankleiden fanden in gemeinschaftlichen Räumen statt, minimale Privatheit zu wahren erforderte sorgfältige Planung und Verhandlungen über Zeiteinteilungen. In Familien der Unterschicht schliefen die Kleinkinder im Zimmer der Eltern oder gar in ihrem Bett. Viele der von Barbagli befragten Frauen hatten bis zu ihrer Heirat im elterlichen Schlafzimmer geschlafen; lediglich ein Wandschirm markierte eine unscharfe Grenze.

In großen bäuerlichen Familien, in denen die Familie eines Sohnes oder mehrerer Söhne mit der der Eltern zusammenlebte, berührte das Problem der Raumzuteilung unmittelbar das Maß an Privatheit oder Individualisierung, das dem Ehepaar zugestanden wurde. Das Ehepaar bekam in dem gemeinsamen Haus zwar ein Zimmer für sich, notfalls auf Kosten des Platzes für unverheiratete Brüder oder Schwestern; aber dieses Zimmer bezeichnete die ganze Privatsphäre, die dem Paar erlaubt war und die nur auf eine genau festgelegte Weise und zu ganz bestimmten Zeiten genutzt werden durfte. In solchen Gemeinschaftswohnungen hatten das Paar und seine Kinder keinen Raum, um ein eigenes häusliches Leben führen zu können; alle Tätigkeiten mußten der Ordnung und Arbeitsteilung der Familienhierarchie nicht nur angepaßt, sondern untergeordnet werden. Von den Essenszeiten über den Speiseplan bis zu der Frage, welcher Stoff für ein Kleid oder gar welches Geschenk gekauft werden sollte, mußten die täglichen Belange in der Familiengemeinschaft entschieden und deren Autorität unterworfen werden. Da die bäuerliche Familie eine Arbeitseinheit war, lebte man sein Leben nicht vor allem in der Paarbeziehung, sondern in Geschlechts- und Altersgruppen. Das galt selbst für Tätigkeiten wie Essen, Vergnügungen usw., die in anderen Familien bereits jene Intimität symbolisierten, die in den fünfziger und sechziger Jahren die Regel wurde (so daß sogar Protest gegen neue Errungenschaften wie Schul-Cafeterias, Mittagspause, Fünftagewoche usw. laut wurde, die man als Bedrohung häuslicher Rituale empfand). All dies bestimmte nachhaltig die Konzeption oder jedenfalls die Erfahrung von Privatheit. War privates Leben auf eine paradoxe Weise eher außerhalb der Familie möglich, in den Räumen der Gesellschaft draußen? Hatten nicht die Männer ihre Osteria und das Bocciaspiel, die jungen Leute den Tanz oder Spaziergang am Samstagabend, die Frauen die Kirche, die Wallfahrt und das Waschhaus? Diese Plätze waren zweifellos öffentlich, der Kontrolle der Familie und der Nachbarn entzogen. Man darf vermuten, daß das Maß an Privatheit, das Männer und Frauen, Erwachsene und Jugendliche genossen, umgekehrt proportional zu der Zeit war, die sie in der häuslichen Sphäre verbrachten.

Der soziale Wohnungsbau, der in Italien in den dreißiger Jahren begonnen hatte, spiegelte die Aufteilung von Räumen und Einrichtungen auf das Private und das Gemeinschaftliche. In Sozialwohnungen gab es meist weder Toiletten noch Badezimmer, oft nicht einmal fließendes Wasser. Im bürgerlichen Heim sah es anders aus. Raum stand in der Regel ausreichend zur Verfügung, obwohl es bei einer großen Zahl von Kindern manchmal schwierig sein mochte, jedem das »eigene Zimmer« zu gewähren, das traditionsgemäß zumindest dem ältesten Kind zustand. Jede Tätigkeit hatte ihren eigenen Ort in der bürgerlichen Wohnung, die räumlich die vielfältige Gliederung des privaten Lebens abbildete, nach außen (geschlossene Türen, private Badezimmer) ebenso wie nach innen. Das elterliche Schlafzimmer war für die Kinder tabu, wenn die Tür geschlossen war; die männlichen Familienmitglieder waren von den weiblichen getrennt, die Erwachsenen von den Kleinen, die Küche vom Eßzimmer, das Eßzimmer vom Wohnzimmer. Die Dienstboten und bisweilen auch die kleinen Kinder aßen getrennt von der Familie; Gäste durften weder die Küche noch das Schlafzimmer betreten, sondern nur das Wohnzimmer oder das Eßzimmer, also »neutrale« Zonen.

Familien der unteren Mittelschicht näherten sich diesem Muster an; sie richteten ein kleines Arbeitszimmer für den Ehemann her, auch wenn er es nur gelegentlich benutzte, und leisteten sich ein Wohnzimmer, das freilich oft verschlossen blieb und dessen Möbel man durch

Tücher vor dem Verstauben schützte. Die Familie lebte und aß im »tinello«, einem für Wohnungen der unteren Mittelschicht typischen, kurzen Raum, der den Ort der Nahrungszubereitung von dem Ort der Nahrungsaufnahme schied. Hier war das eigentliche »Familienzimmer«, wo man Radio hörte (und später fernsah) und Zeitung las. Hier machten die Kinder ihre Schularbeiten, und die Mutter nähte. Mitunter stand hier auch ein zum Bett aufklappbares Sofa für einen Sohn, der zu alt war, um bei seinen Brüdern zu nächtigen.

Das alles begann sich Ende der fünfziger Jahre rasch zu ändern. Mit der Verbreitung der Elektrifizierung sowie den verbesserten Technologien der häuslichen Infrastruktur (Kanalisation, Heizung) und der Haushaltsgeräte wandelten sich die Wohnstandards, und zwar just zu dem Zeitpunkt, da die Familien kleiner wurden. Seit 1961 zeigen Zensus und Erhebungen, daß fließendes Wasser, Toilette und Bad zur normalen Ausstattung der italienischen Wohnung gehören. Ende der sechziger Jahre – also viel später als in den USA oder in nordeuropäischen Ländern, aber etwa zur gleichen Zeit wie in Frankreich[25] – waren Waschmaschine, Kühlschrank, Radioapparat, Fernsehgerät und Auto »Massenbesitztümer« und prägten die Gewohnheiten der Menschen und die Formen der Hausarbeit. Typologische Unterschiede zwischen dem städtischen und dem ländlichen Haus schwanden allmählich, häufig zum Vorteil des letzteren, da auf dem Lande mehr Platz zum Bauen verfügbar war.

Dieser Prozeß ging einher mit einer gründlichen Transformation des Konsumniveaus und der Konsumformen. Während in den dreißiger Jahren der Lebensstandard der Familien im Vergleich zu den vorangegangenen Jahrzehnten gesunken war und noch in den fünfziger Jahren die Ausgaben für Lebensmittel bei 50 Prozent des Medians des Familieneinkommens lagen, fiel dieser Prozentsatz in den sechziger Jahren auf 39 und hatte sich Anfang der achtziger Jahre bei etwa 30 Prozent eingependelt.[26] Das bedeutet, daß die Familie bei besserer Ernährung einen größeren Teil ihres Einkommens für andere Konsumgüter auszugeben und eine Vielfalt von Bedürfnissen zu befriedigen in der Lage ist. Gewiß bestehen zwischen den sozialen Schichten und den geographischen Regionen weiterhin enorme Unterschiede, was die Mittel und Möglichkeiten betrifft, Wohneigentum zu bilden und den häuslichen Lebensstandard, der heute als angemessen gilt, zu pflegen. Eine jüngere Studie über die Armut in Italien verweist auf das Ungleichgewicht zwischen den mittleren und nördlichen Gebieten Italiens einerseits und dem Süden andererseits; hinzu kommt noch die beträchtliche Verarmungsgefahr bei kinderreichen Familien (Familien mit drei oder mehr Kindern) und bei Alten.[27] Technische Fortschritte auf dem Wohnungsmarkt scheinen nicht überall stattgefunden oder sich gleichmäßig ausgebreitet zu haben. Das hat zu sozialen und auch politischen Verzerrungen geführt, die um so eklatanter sind, als sie sich von dem Standard des Angemessenen weit entfernen. Bis zum heutigen Tag gibt es in weiten Teilen Süditaliens in den Häusern kein Trinkwasser, man gewinnt es aus Brunnen (die in regelmäßigen Abständen aufgefüllt werden müssen). Selbst in einigen süditalienischen Großstädten wie Neapel, Messina oder Palermo wird Wasser gelegentlich knapp, was Folgen für die Organisation der Hausarbeit und die körperliche Hygiene hat. Man kann ein Bad nicht dann nehmen, wenn der Reinlichkeitswunsch danach verlangt; man muß es dann nehmen, wenn Wasser verfügbar ist. In manchen apulischen Kleinstädten haben die Frauen es sich angewöhnt, nachts um zwei Uhr, wenn das Wasser kommt, aufzustehen, die Wasserbehälter im Haus zu füllen und die Waschmaschine einzuschalten.

Eine ambivalente Entwicklung

Mit der fortdauernden Ungleichheit der Wohnverhältnisse ist eine Diskontinuität der generationenspezifischen Erfahrungen verknüpft, die sich in Abhängigkeit von der Schichtzugehörigkeit unterschiedlich ausgeprägt hat. Übten sich zahlreiche Arbeiterfamilien in den sechziger und siebziger Jahren in Wohn- und Konsumgewohnheiten, die zehn Jahre zuvor undenkbar gewesen wären, so waren die Wohnraumstandards, die noch in den fünfziger Jahren für eine Mittelschichtfamilie typisch waren, ihren Kindern zehn und erst recht zwanzig Jahre später nicht mehr erreichbar. Hinzu kommt, daß in bürgerlichen Familien und vielen Familien der Mittelschicht in den fünfziger Jahren schwere Hausarbeiten noch von Hausangestellten verrichtet wurden. Die Töchter und manchmal sogar die Ehefrauen der »einfachen Leute« verdingten sich bei den Wohlhabenden. Mit der Einführung von Haushaltsgeräten änderte sich das. Frauen des städtischen Bürgertums, die Anfang der vierziger Jahre zur Welt gekommen sind, leisten als Erwachsene Arbeiten (mit weniger Anstrengung, aber vielleicht minder »perfekt«), die in ihrer Kindheit und Jugend von Hausangestellten erledigt worden waren.

Diese Entwicklung hat verschiedenartige Ursachen; eine von ihnen hängt mit den unterschiedlichen Vorstellungen von Privatheit zusammen, die sich in den einzelnen sozialen Schichten herausgebildet haben. Einerseits entscheiden sich Mädchen, die früher die Hauswirtschaftsschule besucht hätten, zunehmend nicht nur für lohnabhängige Berufe, sondern auch für die klare Trennung zwischen der Berufssphäre und der privaten Sphäre. Sie gehen in die Fabrik, und sie sind nicht mehr bereit, die »mütterliche« Beaufsichtigung durch die Frau des Hauses hinzunehmen oder sich mit der Einschränkung ihres privaten Raums auf eine Bettstelle in der Küche oder im Nähzimmer abzufinden. Andererseits mögen sich Frauen der mittleren und oberen Schichten ihr privates Leben durch die Anwesenheit eines fremden Menschen in der Wohnung, auch wenn es ein Dienstbote ist, nicht mehr beeinträchtigen lassen. Neue Formen der Interaktion sind entstanden, die, aus moralischen Erwägungen oder mit Rücksicht auf den guten Geschmack, jede Intimität in der gesellschaftlichen Hierarchie verpönen. Es ist kein Zufall, daß infolge dieses Wertewandels die Zahl der Hausangestellten sich drastisch verringert hat. Seit Ende der fünfziger Jahre hat für die überwiegende Mehrheit der Familien häusliche Privatheit nicht nur mit erhöhtem Komfort (fließendem Wasser in der Wohnung, Badezimmer usw.) zu tun, sondern auch mit der »Internalisierung« der häuslichen Arbeiten, die nun von der »Hausfrau und Mutter« übernommen wurden.

Aus diesen Veränderungen tritt uns ein Bild des Familienlebens entgegen, das heute »kanonische« Rhythmen und Räume hat. Geschlafen wird in eigens dafür eingerichteten separierten Zimmern; die persönliche Hygiene verlangt einen besonderen Ort, an dem man nicht nur funktionalen und Reinlichkeits-Bedürfnissen, sondern auch Ansprüchen der Ästhetik und des Komforts genügen kann (sobald man es sich leisten kann, dringt man auf zwei Badezimmer); das Kochen ist eine komplexe Tätigkeit, die vielerlei Gerätschaften und viel Platz erheischt (man denke an die Diskussion um die »funktionale Küche«, die in den dreißiger Jahren in Deutschland und den USA geführt wurde); immer mehr Platz okkupieren auch die Konsumgüter (Haushaltsgeräte, Kleidung, Spielzeuge der Kinder) sowie die Einrichtungsgegenstände zur Ordnung der häuslichen Sphäre (Schränke, Vitrinen usw.). Es kommt zu einer kontinuierlichen Neubestimmung des häuslichen Raums und der Familienrollen. Charakteristisch dafür ist die Küche. Sie variiert zwischen einem Maximum an Kompression (Kitchenette), das ihr Merkmal als Arbeitsplatz verleugnet, und einem Maximum an Sozialisation, das in eigentümlicher Weise an die alte bäuerliche Küche gemahnt und hier den Mittelpunkt des Familienlebens setzt. In der Mini-Wohnküche sind die Arbeit des Kochens und die Person, die kocht, nicht vom Familienleben separiert. Die Kücheneinrichtung selbst und die einschlägigen Reklamebotschaften oszillieren zwischen dieser doppelten Bedeutung der Küche: Funktionalität/Effizienz einerseits, Geselligkeit/Geborgenheit andererseits.

In diesen Entwicklungen drängen die sozialen Schichten, und vor allem die Frauen in ihnen, in entgegengesetzte Richtungen. »Meine eigene Küche« ist der hartnäckig festgehaltene Traum jemandes, der nie eine gehabt hat, und die Utensilien, die sie nach und nach füllen, sind Symbole eines endlich errungenen Status. Für andere Frauen, denen nach der Heirat die Küchen- und Hausarbeit aufgebürdet worden ist – nach einem Jugendtraum vom Studieren, einer Berufstätigkeit als Angestellte und Phantasien von einem Dasein in Zuneigung und Bindung –, sind die »Beseitigung« der Küche bzw. deren Vergötzung praktische und symbolische Strategien zur Wiedererlangung ihres Ortes im sozialen Feld und in familiären Beziehungen. In den sechziger Jahren sagte eine gleichaltrige Frau, verletzt von den Erfahrungen, die für sie die Familienverantwortung mit sich gebracht hatte und die ganz anders waren als die ihrer Mutter (die den ganzen Tag eine kinderreiche Familie zu beaufsichtigen hatte und die Arbeit der Dienstboten mit unerbittlicher Strenge koordinierte und überwachte), zu mir: »Als ich geheiratet habe, habe ich meinen Beruf aufgegeben, weil ich *Mutter* werden wollte, aber nicht *Hausfrau*!«

Bei der Neubestimmung der Standards und Ziele des Familienlebens wird über andere Räume und von anderen Protagonisten verhandelt. Wenn Eltern heute in den meisten Fällen die Privatheit des Schlafzimmers und damit ihrer Sexualität gewährleistet sehen, so haben sie dafür, jedenfalls in der Mittelschicht, viele individuelle Räume aufgegeben, die in der traditionellen bürgerlichen Familie dem Vater und der Hausfrau und Mutter vorbehalten waren. Gleichzeitig sind den Kindern die gemeinschaftlichen Räume der Wohnung jetzt leichter zugänglich als früher: Wer wollte ihnen verbieten, das Wohnzimmer zu betreten, wo der Fernseher steht? Auch haben die Kinder heute ihre eigenen Zimmer, in denen sie Freunde empfangen und ihre Besitztümer nach Belieben und nach ihrem besonderen Symbolwert ordnen können.

Das Paar und die Kinder: Beziehungsformen und Affektivität

Die Familie als affektive Einheit

Die Tochter eines Teilpächters, um die Jahrhundertwende geboren, erinnert sich: »Meine Mutter hat nie mit uns am Tisch gesessen. Nicht einmal sonntags. Sie ist in der Küche geblieben und hat in der Küche gegessen.« Und eine andere Frau berichtet: »Wir haben uns nie an den Tisch gesetzt. Am Tisch waren nur die Männer; die Frauen haben auf Stühlen in einer Küchenecke gesessen. Wir kannten es gar nicht anders. Ich weiß noch, wie wir uns abends in der Küche auf den Boden gehockt haben, um zu essen. Wir haben mit den Fingern gegessen, Gabeln gab es nur für die Männer.«[28]

Hatten der Eßtisch und das Ritual des gemeinsamen Essens einst die Rechte nur einiger Personen in der Familie und die Macht- und Autoritätsverteilung in ihr markiert, so änderte sich dies im Laufe einer Generation. In den fünfziger Jahren symbolisierten auch in bäuerlichen Familien das gemeinsame Sitzen am Tisch und das Essen derselben Gerichte die Einheit der Familie, wenngleich die Frauen wie früher die Männer bedienten, das Geschirr wechselten, die Kinder fütterten usw. In ärmeren Familien erinnert man sich noch heute daran, daß die Mutter beim Austeilen des Essens sich selbst zuletzt auflegte, manchmal sogar heimlich den Kindern ihre eigene Portion zuschob. Segalen berichtet aus Familien der städtischen Mittelschicht, daß die Mutter sich »von Rechts wegen« den Rest nehmen durfte, das Stück, das niemand mehr haben wollte.[29] Auch der Brauch, dem Familienoberhaupt die »besten Bissen« vorzulegen, war in französischen Arbeiterfamilien noch in den fünfziger Jahren im Schwange, wie Chombart de Lauwe ermittelt hat.[30]

Gleichzeitig wird die traditionelle Hierarchie der Macht, die in bezug auf die Arbeitsteilung sowie, in manchen Familien, in bezug auf die Kontrolle des Haushaltsgeldes noch sehr klar bestimmt ist, überwölbt von einem Verhaltensstil, der Raum für den Ausdruck von Zuneigung läßt und auf ein gewisses Maß an Gleichheit in den Familienbeziehungen hinweist. Wie wir durch Barbagli wissen, hat dieser Prozeß in den städtischen Oberschichten begonnen und erst spät das flache Land erfaßt. Indessen scheinen die Familien der einfachen städtischen Schichten, insbesondere die der Fabrikarbeiter, sich des Wandels am meisten bewußt zu sein.

Es gibt etliche Indikatoren für diesen Wandel, der die Sphäre der familiären Beziehungen nicht nur als eine der Zuwendung und Gegenseitigkeit auszeichnet, sondern sie eben dadurch auch von der Gesellschaft abschirmt, in der der Austausch distanzierter und förmlicher ist und ein geringeres Maß an Gegenseitigkeit erwartet wird. Barbagli hebt Veränderungen in der Art und Weise hervor, wie die Familienmitglieder einander anredeten: Im Verhältnis von Eltern und Kindern sowie von Mann und Frau war das vertraute »Du« an die Stelle des förmlichen »Ihr« getreten. Der Übergang mag innerhalb einer Familie langsam und komplikationenreich sein, aber gerade die Konflikte und repressiven Reaktionen zeugen davon, daß der Kontext sich wandelt. Das Familienuniversum ist nicht mehr rigide, so daß Mitglieder der einen Familie versuchen können, die Gewohnheiten einer anderen zu übernehmen. Eine Frau, die zu Beginn des Jahrhunderts als Tochter eines Pächters geboren wurde, berichtet: »Ein paarmal habe ich meine Mutter geduzt, weil ich neugierig war und sehen wollte, was passierte. Und ein paar Vettern von mir hatten zu meiner Tante auch schon Du gesagt. Also manchmal hatte ich Lust, meine Mutter zu duzen, aber sie hat nur geschimpft und mir Prügel angedroht, weil sie nicht wollte, daß wir Kinder sie duzen.« Eine andere Frau erinnert sich dagegen: »Einmal hat der Dorfpfarrer meinen Vater gefragt, warum er sich von uns Kindern duzen ließ. Mein Vater hat gesagt, daß ihn das nicht stört. Er hat gesagt: Ich will, daß meine Kinder sich bei mir geborgen fühlen, und deshalb ist es mir lieber, wenn sie mich duzen.«

Diese Einstellung ist von den städtischen Schichten, zumal den gebildeten, weithin akzeptiert worden. Diese Gruppe pflegt auch einen Verhaltensstil, der die offene Bekundung von Zuneigung zwischen Ehegatten sowie zwischen Eltern und Kindern zuläßt, ohne daß man befürchtet, dies könne zu einer Respekteinbuße oder – bei Jungen – zu charakterlichen Schwächen führen.[31] Einander vor Familienangehörigen zu küssen gilt nicht länger als unschicklich, und Kinder und Eltern tauschen noch lange nach der Kindheit Liebkosungen aus.

Physische Kontakte – die Wahrnehmung des Körpers als Objekt der Zärtlichkeit, nicht bloß der Pflege – gewinnen in den familiären Beziehungen ersichtlich an Bedeutung, und zwar paradoxerweise umgekehrt proportional zur Erweiterung des privaten Raums jedes Einzelnen. Es scheint fast, als habe das Schwinden der räumlichen Beengung den Kontakt zwischen den Körpern begünstigt, den Gestus der (Selbst-)Kontrolle relativiert. Zärtlichkeit drückt sich jetzt nicht zuletzt in Familienzeremonien aus. Geburtstage, Hochzeitstage, Weihnachten sind zum Kristallisationspunkt einer »Religion der Häuslichkeit« geworden, einer familiären Zeitrechnung, in der die präzise Zuschreibung von Werten ihre eigene Sprache und Symbolik findet. Der Höhepunkt dieser Entwicklung waren die sechziger Jahre, als der allgemeine Wohlstand es vielen Familien ermöglichte, diesem Ritual auch materiellen Ausdruck zu verleihen. In den Jahren danach wurden Konsummodelle immer enger mit Anreizen des Marktes verknüpft. Dementsprechend mag die erhöhte Autonomie der einzelnen Familienmitglieder, nicht nur im Konsumbereich, sondern auch beim Gebrauch der Freizeit und in der Geselligkeit, die symbolische Bedeutung zahlreicher Familienrituale, die sich in den vergangenen Jahrzehnten ausgebreitet hatten, geschwächt haben.

Das Paar: Liebe, Sexualität, Gegenseitigkeit, Autonomie

In dem Maße, wie das Familienleben im 20. Jahrhundert eine eigentümliche Autonomie gewann, wurde auch das Leben des Paares selbst autonomer. Die Eheleute, früher Arbeitskameraden und Partner im Geschäft des Überlebens, sind allmählich zu Vertrauten geworden, die alles miteinander teilen – vom Gatten kann man Unterstützung und Verständnis erwarten.

Der Wandel vollzog sich in den verschiedenen Schichten mit unterschiedlicher Schnelligkeit und Intensität, und zwar paradoxerweise umgekehrt zu dem Grad des sozialen Abstandes zwischen den Gatten. In Arbeiter- und Bauernfamilien, in denen die Frau eine gewichtige Rolle als Arbeitskraft spielte, hielt sich länger ein Verhaltensmuster, das über Hierarchie und Autorität vermittelt war. Die Sprache der Intimität und der affektiven Gleichheit herrschte eher bei den Paaren der städtischen Mittelschicht, wo die Frau völlig in der häuslichen Sphäre aufging. Dabei mochte die Sprache der Intimität mit starken Ungleichheiten der Machtverteilung in den Alltagsbelangen einhergehen, angefangen bei der Einteilung des Haushaltsgeldes bis hin zur Überwachung der Sozialkontakte der Frau. Noch in den fünfziger Jahren gab es in der Mittelschicht zahlreiche Familien, in denen die Frau nicht wußte, wieviel ihr Mann verdiente, und in denen der Mann die Haushaltskasse führte. Doch trotz den nach wie vor erheblichen Ungleichgewichten zwischen den Geschlechtern hat im Laufe des 20. Jahrhunderts das Modell der Intimität und Partnerschaft immer fester in den ehelichen Beziehungen Fuß gefaßt.

Der schlagende Beweis für diese Veränderung ist die Rolle, die der Liebe und dem Sich-Verlieben für die Ehe zugemessen wird. Zu Beginn des Jahrhunderts war die Ehe noch eine »Familienangelegenheit« insofern, als sie die Einwilligung der Eltern zur Bedingung hatte, wenn sie nicht geradezu von den Eltern arrangiert wurde. Traf der Einzelne die Entscheidung, so waren entweder praktische Gründe (»er/sie kann anpacken«) oder moralische Erwägungen (»er/sie ist ein braver Mensch«, »auf ihn/sie ist Verlaß«) ausschlaggebend. Im Laufe des Jahrhunderts wurden Zuneigung und physische Anziehungskraft zunehmend häufigere und vor allem kräftigere Gründe für die Heirat. Heute genügt es für den Entschluß zur Ehe, daß man sich ineinander verliebt hat. Bei der bereits erwähnten Umfrage von 1983 erklärten praktisch alle Befragten, daß die Liebe die Basis der Ehe sei. Für die Generation, die um die Jahrhundertwende zur Welt kam, war es die gegenseitige Achtung, die in der Ehe zählte; Sexualität war, zumindest für Frauen, etwas, das man über sich ergehen lassen mußte. Für Frauen, die in der Zwischenkriegszeit geboren wurden, vor allem für jene, die der städtischen Mittel- und gehobenen Mittelschicht angehörten, war die Vor-

aussetzung der Ehe, daß man verliebt war; minder klar war hier der Status der Sexualität – die »sittsame« Frau hatte sich mit Anstand ihrer »ehelichen Pflicht« zu entledigen. Indessen läßt der Rückgang der Fruchtbarkeit, der in Italien zu Beginn des Jahrhunderts einsetzte, darauf schließen, daß es zwischen Mann und Frau in der Intimität des Schlafzimmers und zwischen guten Freunden bzw. Freundinnen eine Diskussion über die Sexualität gegeben haben muß. Definitiv muß es solche Diskussionen im Beichtstuhl gegeben haben, da »geschlechtliche Sünden« in der Ehe mehr und mehr zu einem Streitpunkt zwischen Frauen und Priestern wurden. In Handbüchern der Moral zählte die Sexualität zu den zentralen Themen. Dort wurde das Konzept der Keuschheit in der Ehe entwickelt, das seine Spuren in den Enzykliken *Casti Connubi* (1930) und *Humanae Vitae* (1968) sowie in dem Dokument *Erzieherische Orientierung über die menschliche Liebe* (1983) hinterlassen hat. In den fünfziger und noch in den frühen sechziger Jahren tauschten verheiratete Katholikinnen untereinander den Namen des Priesters aus, »der nicht *danach* fragt«; manchmal verrieten sie einander auch den Namen des Arztes, der Ausschabungen vornahm.

Die Feier der Goldenen Hochzeit versammelt mehrere Generationen um den Tisch.

Das ist ein interessantes Paradox des neuen Selbstverständnisses der ehelichen Intimität. In dem Maße, wie die Beziehung zwischen den Ehegatten an sich wichtig wird, bekommt die eheliche Sexualität, losgelöst vom Zweck der Fortpflanzung, einen selbständigen Wert im Verhalten des Paares. Gleichzeitig kommt es vermehrt zu direkten und indirekten Interventionen extrafamilialer Akteure, die darauf aus sind, generell das Verhältnis von Mann und Frau und speziell die Praxis der ehelichen Sexualität zu kodifizieren und zu reglementieren. Angefangen bei Ratschlägen in Frauenzeitschriften über fromme Ermahnungen von der Kanzel oder im Beichtstuhl bis hin zu Eingriffen des Gesetzgebers oder der Wohlfahrtsbehörden erweist sich die eheliche Sexualität als bevorzugtes Agitationsfeld der Gesellschaft und des Staates. Im ganzen 20. Jahrhundert – und nicht erst in den letzten Jahren als Ergebnis der Initiativen der Frauenbewegung – ist die Sexualität, der Bereich des Privaten par excellence, Gegenstand fortwährender öffentlicher Debatten gewesen. Das gilt vor allem für repressive Behinderungen wie das Verbot der Abtreibung oder – bis 1975 – das Werbe- und Verkaufsverbot für Mittel der Geburtenkontrolle.

Adressat dieser Zugriffe sind fast ausschließlich die Frauen: Ihre Sexualität ist es, die die diversen sozialen Akteure zu regulieren trachten. Und hier erfährt das Paradox sozusagen eine Verdoppelung: Während die Frau einerseits als das ideale private Subjekt und, in ihrer Mutter- und Gattinnenrolle, als Hüterin der Privatheit gilt, ist sie andererseits wie nie zuvor Opfer einer systematischen öffentlichen Reglementierung, Objekt zahlreicher Verbote, Restriktionen und »Schutzmaßnahmen« geworden (vor allem im Bereich der Arbeit, aber lange Zeit auch bei politischer und ökonomischer Betätigung). Ratgeber und sonstige normative Texte, die in den letzten Jahrzehnten erschienen sind, haben Verhalten und Tätigkeiten der »guten Ehefrau«, der »guten Mutter« und der »guten Hausfrau« klar bestimmt. Die Forderungskataloge verändern sich zwar mit der Zeit, verlieren dadurch aber nicht an Brisanz. In den fünfziger Jahren mußte eine gute Ehefrau sexuell willig, aber passiv sein; in den siebziger Jahren erwartete man von ihr Initiative und Phantasie. In den dreißiger und fünfziger Jahren führte der Weg zum Herzen eines Mannes durch seinen Magen; in den siebziger Jahren galt es, ihn im Bett und im Wohnzimmer zu erobern und zu binden (ohne daß darüber das Essen und die Wäsche vergessen werden durften). Während bis Mitte der sechziger Jahren die normgebenden Instanzen einer Meinung waren, kam es später zu Konflikten zwischen ihnen. Das Ergebnis war, je nachdem (also je nach den individuellen Ressourcen der Frau) ein Gefühl der Befreiung oder im Gegenteil der Lähmung, wenn nicht gar ein Schuldgefühl.

Die Debatte über die Sexualität ist nur *ein* Aspekt – allerdings und paradoxerweise durch die Normierung eines »natürlichen« und »privaten« Verhaltens der sichtbarste – der sozialen Konstruktion der Familie als des Raums von Beziehungen, die privat, intim und zugleich reglementiert sind. Diese Konzeption ist eine Eigentümlichkeit des 20. Jahrhunderts, zumindest was ihre Reichweite und ihre Ausdrucksformen betrifft. Die wachsende Bedeutung, die der Liebe und der Sexualität in der Ehe beigemessen werden, hat widersprüchliche Folgen für das Paar gehabt, das zeigt sich neuerdings ganz deutlich an der Zunahme von Trennungen und Ehescheidungen, wiewohl deren Zahl in Italien nicht so hoch ist wie in anderen Ländern. Wenn es in der Tat die Liebe ist, die die Eheschließung legitimiert, dann ist es, sobald die Liebe erloschen ist oder sich auf einen anderen Menschen richtet, ebenfalls legitim, die eheliche Beziehung zu beenden. Die eheliche Beziehung ist auch dann inakzeptabel, wenn der eine Partner dem anderen seine Sexualität aufzwingt. Die gesetzgeberischen Vorschläge dazu, die seit Anfang der

Lido di Venezia, in den fünfziger Jahren: Unsichere Zeiten erschütterten den Zusammenhalt der Familie, untergruben die Autorität der Väter und Ehemänner, erlaubten die Emanzipation der Söhne und Töchter.

siebziger Jahre gemacht worden sind, verweisen auf einen einschneidenden kulturellen Wandel. Die Kultur der Liebe impliziert eine Art Parität zwischen zwei Personen, die einander wählen, weil sie einander lieben; das hat zur Folge, daß Gegenseitigkeit und Interdependenz nicht nur emotional, sondern auch im Alltag gefordert sind. Die komplizierten Neuverhandlungen über eheliche Rollen, Arbeitsteilung, beiderseitige Erwartungen, Verantwortlichkeiten und Kompetenzen sind mit teilweise widersprüchlichen Erwartungen verknüpft: Verschmelzung und Autonomie, Kontinuität und Entscheidungsfreiheit, Parität und Hierarchie, Liebe und Pflicht.[32] Die Art und Weise, wie jedes Paar und jede soziale Gruppe auf der Basis ihrer Ressourcen, kulturellen Traditionen und möglichen Optionen den Ausgleich zwischen diesen verschiedenen Postulaten herstellt, führt zu unterschiedlichen Ehemustern, wie aus den Antworten auf die Meinungsumfrage aus dem Jahre 1983 hervorgeht.[33]

Veränderte Rolle und Erfahrung der Kinder

Kinder sind der affektive Mittelpunkt der Familie; ihnen Zärtlichkeit zu erweisen ist nicht nur erlaubt, sondern geboten; ihretwegen erwartet man von der Frau, daß sie sich der Sorge für die Familie widmet und ein Reich der Häuslichkeit und Privatheit schafft. Doch seit Beginn des Jahrhunderts bis in unsere Zeit herein stehen Kinder im Sog eines doppelten, wenngleich nur scheinbar widersprüchlichen Prozesses: Auf der einen Seite hat die Anzahl der Kinder pro Familie kontinuierlich um mehr als die Hälfte abgenommen; auf der anderen Seite hat sich das Ausmaß der Fürsorge, welche die Eltern ihnen angedeihen lassen, enorm vergrößert. Was Juliet Mitchell in den sechziger Jahren zu Großbritannien und den USA bemerkte, galt auch für Italien: Dasselbe Quantum an Zeit, das eine Frau früher in die Aufzucht vieler Kinder investiert hat, wendet sie heute, mit einem noch größeren Aufwand an seelischer Energie und diversifizierten Fähigkeiten, an die Erziehung eines einzigen Kindes oder zweier Kinder.[34] Im gleichen Zeitraum hat die Vaterschaft, wenngleich mit anderen Rhythmen und Intensitäten, die Qualität verstärkter Gefühlszuwendung und Intimität gewonnen; die heutigen Väter sind darauf aus, mit ihren Kindern, zumal den kleinsten, zu spielen und sich um ihr körperliches Wohlbefinden zu kümmern.

Der Rückgang der Geburtenrate hat das Erlebnis des Erwachsenwerdens modifiziert. Kindheit und Jugend verbringt man seltener als früher mit anderen Familienangehörigen, die nur unwesentlich älter oder jünger sind. Sehr wenige Gleichaltrige umgeben das Kind im privaten Raum der Wohnung (oder in der Verwandtschaft), und das Verhältnis der Eltern zum Kind ist nun individualisierter, weniger über andere Beziehungen vermittelt und damit intensiver und verantwortungsvoller. Eine geringere Zahl von Kindern bedeutet mehr erwünschte Kinder, in die größere Erwartungen gesetzt werden; aus ihnen »muß etwas werden«. Und wie der vermehrte Rückgriff auf eine medizinische Behandlung der Unfruchtbarkeit und auf künstliche Insemination erkennen läßt, sollen Wunschkinder auch zur Welt kommen.[35]

Wie das Verliebtsein, so resultiert auch die Idee der Wahlfreiheit bei einem Ehepaar, das heute Kinder haben will, in einer starken Ambivalenz gegenüber dem Gewünschten und dem wirklich Beschlossenen. Sie berührt explizit den Wert der Individualität aller Betroffenen: der Mutter, des Vaters, des Kindes, eventuell der Geschwister. Die freie Entscheidung zur Fortpflanzung (oder die bewußte Handlung zu deren Sicherung) offenbart das Prekäre der kindlichen Existenz, indem sie diese abhängig macht von der Autonomie der Eltern (und den zwischen ihnen getroffenen Übereinkünften); gleichzeitig bekräftigt sie den Wert des Kindes als eines Individuums, das selber potentiell autonom ist. Diese Ambivalenz enthüllt einen eher materiellen Aspekt verlängerter wirtschaftlicher und materieller Abhängigkeit. Verglichen mit der Zeit nur zwei Generationen früher wird die Kindheit heute vom Gesetzgeber und durch die Zuneigung der Eltern verlängert. Doch werden die spezifischen Rechte der Minderjährigen – als Minderjährige und als

Die Autorität des Vaters ist schwächer geworden; an ihre Stelle ist eine neue Zärtlichkeit getreten.

Kinder – nicht nur gesetzlich, sondern auch durch kulturelle Modelle sanktioniert. Allein die Tatsache, daß die Reklameindustrie die Kinder als Konsumenten entdeckt hat, verweist auf eine erhöhte Selbständigkeit der Kinder und erst recht der Jugendlichen, die nicht lediglich von den Medien induziert ist. Minderjährige werden heute von der Gesellschaft als Personen mit gewissen Rechten anerkannt, die von der Familie und der Gesellschaft garantiert werden müssen, und können individuell oder als Familienmitglieder konsumieren. Das ist ein Interaktionsprozeß, dessen Folgen unvorhersehbar und häufig unerwünscht sind und der nach sozialen Gruppen, Familienkulturen und geographischen Gegebenheiten stark variiert.

An diesem komplizierten Prozeß interessiert mich besonders das Paradox einer *sozialen* Konstruktion von Beziehungen, die als *private* definiert sind. Die verlängerte Abhängigkeit der Kinder, die deren Platz in der materiellen und symbolischen Ökonomie der Familie verändert hat, gründet nicht ausschließlich in Entscheidungen, welche die Eltern getroffen haben. Sie ist vielmehr die Folge von gesetzgeberischen Maßnahmen, von Umschichtungen auf dem Arbeitsmarkt, von Einflüssen der Kultur auf Experten, vor allem Ärzte, aber auch Lehrer, Psychologen usw. Mit anderen Worten, sie resultiert aus mehr oder weniger expliziten und mehr oder weniger bindenden Eingriffen durch Akteure außerhalb der Familie, in erster Linie durch den Staat. Das Eltern-Kind-Verhältnis, das Bild, das die Individuen voneinander und von sich selbst haben, ist in hohem Grade das Ergebnis von öffentlichen

Diskussionen und von Bedingungen, die sich in den »äußeren« Sphären entwickelt haben.

Zwei Beispiele sind besonders typisch. Das eine ist die Gesundheit. Die Entwicklungen in Hygiene und Medizin waren die Ursache für jenen Rückgang der Säuglingssterblichkeit, der in Italien, wenngleich langsamer und später als in anderen Ländern, den Rückgang der Geburtenrate und erhöhte Investitionen in das Kind begünstigt hat. Der erste Versuch eines organisierten Eingriffs im Wohlfahrts- wie im Erziehungsbereich war in Italien 1936 die Gründung der »Opera Nazionale Maternità e Infanzia« (ONMI). Sie sollte das Bevölkerungswachstum fördern und trug ausgeprägte Züge der Normierung und der sozialen Kontrolle (nur Mütter, die sich an die Bestimmungen hielten, hatten Anspruch auf Hilfe). Die Leistungen waren zwischen Stadt und Land, Norden und Süden ungleich verteilt. Immerhin war es das erste Mal, daß die Öffentlichkeit Verantwortung für Fortpflanzung und Kindererziehung bekundete.

Das andere Beispiel ist die Schule. Bestimmungen über die Schulpflicht (die im 20. Jahrhundert das Alter, in dem ein Kind den Schulbesuch beenden darf, kontinuierlich heraufgesetzt haben) und über den Lehrplan haben ebenfalls die Verantwortlichkeiten der Eltern und die Stellung der Minderjährigen in der Familie kodifiziert. Dabei ging es nicht ohne Ambiguitäten und Konflikte ab. Die Vielfalt der den sozialen Schichten offenstehenden Schularten, die Unterschiede, die bis heute zwischen den Schulen in den einzelnen Regionen bestehen, die Ausnahmen, die lange Zeit und insbesondere während des Faschismus in bezug auf die schulischen Verpflichtungen der Familie gemacht wurden – dies alles deutet darauf hin, daß die Definition der Rechte und Pflichten der Minderjährigen sozial höchst differenziert war und es zum Teil bis heute geblieben ist.[36]

Viele Familien, vor allem solche mit einer traditionellen Familienökonomie, zu der alle Familienmitglieder nach Maßgabe ihres Alters und Geschlechts mit ihrer Arbeitskraft beitrugen, haben sich der Einmischung des Staates in die Familienpläne widersetzt. Reste dieses Widerstandes findet man noch im Wiederaufleben der Kinderarbeit, zu der manche Familien sich aus wirtschaftlichen Gründen gezwungen sehen. Ambivalenz herrscht auch bei den Familien, die ihren Kindern nicht den Besuch weiterführender Schulen ermöglichen können; sie mögen das allgemeine Bildungsideal teilen, doch sie haben nicht die Mittel dazu, es zu beherzigen.

Erziehung, die über das Kindheitsalter hinausreicht und schon vor dem Alter der Schulpflichtigkeit begonnen hat (mit dem Aufkommen von Kindergärten und, in bestimmten Gegenden und in geringerem Umfang, von Vorschulen), erlaubt Kindern und Heranwachsenden die Erfahrung der Identifikation in der Peer-Gruppe, die sehr wohl deren Existenzweise in der Familie und Verhalten beeinflußt. Mit anderen Worten: Kindsein wird zunehmend zu einer Erfahrung, die teilweise außerhalb der Familie verankert ist. Gleichzeitig wirkt sich das verlängerte familiäre Zusammenleben von Heranwachsenden und Jugendlichen, die zwar wirtschaftlich abhängig sind, aber gewisse Rechte genießen, in der Weise aus, daß die Familie über längere Zeit den Charakter einer Gemeinschaft von Erwachsenen annimmt, deren Rechte und Pflichten sich aus ihrer unterschiedlichen Position in der Generationenkette herleiten. Das verlangt die ständige Korrektur von Erwartungen und alltäglichen Gewohnheiten. Die ererbte Kultur war nicht vorbereitet auf diese Verhandlungen über Rechte und Pflichten, über Solidarität und Autonomie, über das, was gemeinschaftlich und was persönlich ist. Infolgedessen werden Phantasie und Geduld der Familie und ihrer Mitglieder jeden Tag neu auf die Probe gestellt.

Wie privat ist die private Familie?

Schon im vergangenen Jahrhundert, mit besonderer Intensität jedoch im 20. Jahrhundert hat es die Familie in Italien mit zwei gleichzeitigen und scheinbar gegensätzlichen Entwicklungen zu tun. Die eine Entwicklung ist die wachsende Spezifizierung, Legitimierung und Markierung der familiären Räume, Beziehungen und Betätigungen als private (wenn auch nicht als das Private schlechthin). Die andere Entwicklung ist die zunehmende Einmischung insbesondere staatlicher Organisationen in die Familie. Das letztere Phänomen ist selber von doppelter Art: Es gibt erstens das unmittelbare gesetzgeberische Eingreifen im Hinblick auf die Regulierung der sogenannten »rechtmäßigen« Familie, der Beziehungen zwischen den Ehegatten, der Rechte und Pflichten der Generationen, der Kriterien für die Gründung einer Familie (Heiratsalter) und die Auflösung der Familie, der Erbschaftsverhältnisse usw.; es gibt zweitens das mittelbare Eingreifen der Sozialpolitik in die materiellen Bedingungen des alltäglichen Familienlebens.

Regulierung der familiären Beziehungen

Die familiären Beziehungen unterliegen im 20. Jahrhundert einer intensiven gesetzgeberischen Regulierung. Tiefgreifende Veränderungen ergaben sich 1975, als die alte Rocco-Gesetzgebung von 1942 durch ein neues Familienrecht abgelöst wurde. Es brachte die Einführung der Scheidung, eine Modifizierung des Adoptions- und Pflegschaftsrechts, die Legalisierung der Empfängnisverhütung und der Abtreibung, die Abschaffung des »Verbrechens aus verletzter Ehre« als eines mildernden Umstands bei Mordfällen usw. Kein einziger Aspekt der familiären Beziehungen entging dem forschenden Blick der Juristen; alle Aspekte sind in den letzten fünfzig Jahren rechtlich neu definiert worden, was erhebliche Auswirkungen auf die privaten Beziehungen gehabt hat. Exemplarisch in dieser Hinsicht ist die rechtliche Modifizierung der Stellung des Minderjährigen oder des Kindes in der Familie: Er oder sie ist immer weniger das Objekt von Autorität und das Subjekt von Pflichten, immer mehr das Subjekt von Rechten. Den Schutz dieser Rechte hat der Staat übernommen; er kann zu diesem Zweck in die Privatsphäre der Familie eindringen und mit seiner Intervention sogar das Generationenverhältnis antasten, indem er ein Kind seinen für ungeeignet erachteten natürlichen Eltern wegnimmt.

Allerdings werden nicht alle Familien mit ihren Alltagsangelegenheiten in gleichem Maße Gegenstand der staatlichen Kontrolle und Intervention, sondern überwiegend ärmere und sozial wenig integrierte Familien. Dies bezeugt die vielfältigen Absichten staatlichen Eingreifens: nicht nur Schutz der Schwachen, sondern auch ihre Bewahrung vor einem Verhalten, das »außerhalb der Norm« liegt; sowohl Unterstützung als auch soziale Kontrolle; soziale Konstruktion durch eine spezifische gesetzgeberische Festlegung dessen, was im Leben und in den privaten Beziehungen »normal« ist. Diese Mischung aus Ambiguität und Widerspruch in der Botschaft, durch welche der Staat eine als privat ausgezeichnete Sphäre sozial normiert (und kontrolliert), ist vielfach sichtbar, zum Beispiel in Fällen, in denen der Verdacht auf Kindesmißhandlung Intervention, Untersuchung und Verifizierung (durch Nachbarn, Verwandte usw.) verlangt, was wiederum dem Grundsatz der Unantastbarkeit der Privatsphäre zuwiderläuft, oder in Fällen, in denen die Notwendigkeit, die Familienmitglieder voreinander zu schützen, mit dem Recht der Eltern auf Überwachung und Erziehung ihrer Kinder kollidiert. Zu unterschiedlichen Zeiten haben Gesetzgebung und Rechtsprechung mehr die eine oder mehr die andere Seite dieser Dialektik betont. Erschienen bis zu den sechziger Jahren Solidarität und innere Privatheit der Familie auf Kosten der Rechte des Individuums als geschützt und privilegiert, so scheint man heute diesen individuellen Rechten den Vorrang einzuräumen.[37]

Sozialpolitik und die Familie von heute

Das zweite Element staatlicher Intervention ist – begleitet von der Intervention privater Stellen und Einrichtungen (von der Kirche bis zu freiwilligen Organisationen) – die Sozialpolitik. Der Wohlfahrtsstaat greift in den Bereich der Reproduktion ein, der früher, so oder so, den Ressourcen der Familien anvertraut war. Heute bestehen die einer Familie verfügbaren Ressourcen und die materiellen Bedingungen, unter denen sie den Alltag organisieren und die eigene sowie die Zukunft ihrer Mitglieder planen kann, aus Ressourcen, Bedingungen und Restriktionen, die das Produkt von Umverteilungsmechanismen sind: durch Geldtransfer (Renten, diverse Entschädigungen, Subventionen) und soziale Dienstleistungen. Das heißt, die Familie organisiert ihr privates Leben und entwickelt ihre Strategie in Übereinkunft nicht nur mit dem Arbeitsmarkt (mit seinen Zeitplänen, Ausbildungs- und Leistungsanforderungen, Karriereetappen usw.) und dem Konsumgütermarkt, sondern auch mit den Bedürfnissen, den Normalitätsstandards und Ressourcen, die die Sozialpolitik vorgibt.

Wir haben gesehen, welch entscheidende Rolle die Bildungspolitik bei der Bestimmung des Status von Eltern und von Kindern gespielt hat. Die Rentenpolitik impliziert eine soziale Definition von Altersrollen, während sie zugleich eine Reorganisation der Rhythmen des All-

Der vehemente Feminismus der siebziger Jahre artikulierte sich in der Forderung nach gleichen Rechten in einer italienischen Gesellschaft, in der praktisch alle Macht von Männern ausgeübt wird. Charakteristische Merkmale dieser Revolution waren die Entfaltung des weiblichen Individualismus, eine von Zärtlichkeit und Solidarität getragene, engere Kommunikation der Frauen untereinander und die Überwindung der traditionellen Geschlechterrollen.

tagslebens erzwingt. Und Regelungen für berufstätige Mütter implizieren eine teilweise Übernahme der Kosten, die mit der Zeugung und Aufzucht von Kindern verbunden sind, sowie die Anerkennung, daß es legitim ist, wenn eine Frau gleichzeitig Mutter sein und einen Beruf ausüben will. Diese Anerkennung ist zweifellos ambivalent, da es eine analoge Anerkennung der Verantwortung des Vaters für die Versorgung und Aufzucht derselben Kinder nicht gibt. Immerhin unterscheidet das sich abzeichnende Modell von Mutterschaft und Familie sich von einer Konzeption, wonach die Doppelbeanspruchung berufstätiger Mütter keine Anerkennung findet und die Fortpflanzung entweder sofort zum Verlust des Arbeitsplatzes führt (was noch in den fünfziger Jahren in Italien geläufige und rechtlich sanktionierte Praxis war) oder als reine Privatsache gilt, für die es keine wie immer geartete öffentliche Verantwortlichkeit gibt.

Die Sozialpolitik hat denselben, oben erwähnten Doppelaspekt von Unterstützung und Reglementierung. So wie das Vorhandensein oder Nichtvorhandensein eines Krankenhauses, einer Ganztagsschule oder einer Vorschule für das Familienleben ein entscheidender Faktor ist, so werden durch die Art, wie diese Einrichtungen funktionieren, durch die Kriterien, auf denen sie beruhen, und die Bedürfnisse, die sie affizieren, einerseits Rechte umschrieben, andererseits familiäre Pflichten, ja, regelrechte Zeitpläne für die Familie wie für den Einzelnen vorgegeben. Untersuchungen von Familienstrategien, insbesondere der Frauenarbeit in der Familie, die Anfang der siebziger Jahre in Italien durchgeführt wurden, zeigten ganz deutlich eine starke Interdependenz zwischen Familienorganisation, Arbeitsteilung der Geschlechter und der Funktionsweise des Wohlfahrtsstaates.[38] Auf der einen Seite verbleiben viele Bedürfnisse – von der Versorgung der Kleinkinder bis zur Versorgung der Alten und selbst der Kranken – weiterhin in der Verantwortlichkeit der Familie, in einer Zeit, in der infolge höherer Standards und Erwartungen die Bedürfnisse vielgestaltiger und kostspieliger geworden sind. Auf der anderen Seite setzen jene Ressourcen, welche die Sozialpolitik anbietet, die Integration der Familie voraus. Bei vielen Renten und kleineren Beihilfen bedeutet das ökonomische Integration, bei vielen anderen Dienstleistungen bedeutet es die Integration durch familiäre Arbeit. Keine Dienstleistung kann jemals ein hinreichender Ersatz für die Familie sein. Vielmehr gilt: Eine effiziente Dienstleistung stützt sich auf eine effiziente Familie, das heißt eine Familie, die intelligent und flexibel mit den formellen und informellen Regularien umzugehen weiß und es versteht, sich anzupassen. Eine solche Familie fungiert als selbständige Dienstleistungseinheit nach Maßgabe von Standards, die meist anderswo definiert werden; sie ergänzt externe Dienstleistungen, freilich nach Regeln und Programmen, die von jenen vorgezeichnet werden.

Die private Familie und die Familienfrau

Statt »Familie« sollte man korrekter »Frau« sagen: Ehefrau, Mutter, Tochter. Nächst dem Kind ist die erwachsene Frau, als Ehefrau und Mutter, diejenige Person, die am meisten von Vorgängen außerhalb der Familie, vor allem von der Sozialpolitik, berührt wird. Im Verlauf weniger Jahrzehnte haben sich das Modell weiblicher »Normalität« sowie die spezifisch weiblichen Erfahrungen erheblich gewandelt. Noch in den dreißiger und vierziger Jahren war die erwachsene Frau in der Familie – in der Arbeiter- wie in der Bauernfamilie – eine facettenreiche Figur: Familienmutter, manchmal Arbeiterin, auf dem Arbeitsmarkt und im Familienbetrieb je nach den Bedürfnissen der Familie präsent oder absent, hin- und hergerissen zwischen den Anforderungen des häuslichen Lebens (das heißt: Arbeit in der Familie zu verrichten) und der Notwendigkeit, Geld zu verdienen (das heißt: lohnabhängige Arbeit zu verrichten), um diese Bedürfnisse zu befriedigen. Eine andere Erfahrung prägte die städtischen bürgerlichen und mittleren Schichten, wo bezahlte Haushaltsgehilfen die Dame des Hauses ganz oder teilweise von ihrer häuslichen Arbeit entlasteten. Damals begann die Intervention des Staates fühlbar zu werden; sie galt insbesondere den Frauen und versuchte, das Modell einer Familie mit genauer Arbeitsteilung und Machtverteilung zwischen den Geschlechtern durchzusetzen. Über die speziellen demographischen Ziele des Regimes hinaus hatte diese Intervention dauerhafte Folgen. Vom Gesetzgeber wurde die Frauenarbeit geregelt. Im sozialpolitischen Sektor wurden Familienbeihilfen für Familienvorstände eingeführt. Im Propaganda- und Ausbildungsbereich machte sich die Verantwortung der Familie gegenüber dem Staat geltend. Die Familie – nach der vielsagenden Formulierung der Rocco-Gesetzgebung von 1942 eine »soziale und politische Institution« – beruhte im wesentlichen auf dem präzisen sozialen und familiären Status der Frau. Als Arbeiterin war sie marginal, es gab für sie keine rechtlichen Garantien, auf dem Arbeitsmarkt und in der Familie war sie sekundär, und durch ihre Arbeit in der Familie war sie die Garantin nicht nur der Fortpflanzung, sondern auch des häuslichen Wohlergehens.[39]

Die wirtschaftliche und technische Entwicklung der fünfziger und sechziger Jahre begünstigte die Rolle der Nur-Hausfrauen in der Arbeiterklasse, es wurde diese Rolle aber auch auf die Frauen der Mittelschicht ausgedehnt.[40] Aufmerksame Beobachter haben festgestellt, daß die wirtschaftliche Blüte der sechziger Jahre in gleichem Maße der zunehmend komplexen, aber geringeren Belastung der Hausfrau wie dem Wachstum der Reallöhne und der Familienarbeit zu danken war. Während des ganzen Zeitraums war die Intervention des Staates in die Reproduktion in bezug auf die angebotenen Ressourcen und Dienstleistungen begrenzt, in normativer Hinsicht jedoch stark. Schon die Organisation der bestehenden Dienstleistungen – Knappheit der vorschulischen Kinderbetreuung, kurze Schultage, fehlende Dienstleistungen für die Alten usw. – gebot eine sorgfältige Strukturierung des Familienalltags auf der Basis der ganztägigen Präsenz der Mutter. Zwar hatte schon in den fünfziger und sechziger Jahren die Diskussion über Dienstleistungen für die berufstätige Mutter begonnen; diese wurden jedoch als Ersatz- und Hilfsleistungen in solchen Fällen verstanden, in denen ökonomische Zwänge dem akzeptierten und kodifizierten Modell entgegenstanden. Gleichwohl ließ die Gesetzgebung zur berufstätigen Frau mit ihren Restriktionen und den Lohnunterschieden bei den Geschlechtern erkennen, wie die »mustergültige« Ehefrau und Mutter aussehen sollte. Das Bild der Hausfrau in den sechziger Jahren entstand aus dem Zusammenwirken von Arbeitsmarktbedingungen, sozialen und gesetzgeberischen Strategien und den aufkommenden Konsum- und Medienmodellen. Die zwei letzteren Faktoren machten dieses Bild »attraktiv«, modern und anscheinend emanzipiert.[41] Paradoxerweise hat diese partielle Emanzipation durch Professionalisierung und allgemeine Achtung des »Berufs« der Hausfrau, die mit verändertem Reproduktionsverhalten (Rückgang der Geburtenrate) und wachsenden Wohlstandserwartungen einherging, das Auftreten eines dritten Modells der Frau in der Familie befördert: der Ehefrau mit »Doppelpräsenz«. Die »neue

Frau« bringt Berufstätigkeit und Arbeit in der Familie »unter einen Hut« – ein Balanceakt, der den Familienzyklus gründlich verändert hat. Die Frau wurde dabei unterstützt nicht nur durch gewandelte private Verhaltensmuster, sondern auch durch einen Wandel in der Sozial- und Bildungspolitik. Diese Entwicklung ist nicht frei von Ambivalenzen. Zwar bezeichnet sie in zunehmendem Maße die Verantwortung der Gruppe und des Staates für die Bedingungen des Alltagslebens und für die Reproduktion, doch betont sie auch die Interdependenz von Familie und Staat sowie die herausragende Bedeutung der Frau für diese Interdependenz. In den letzten Jahren haben sozialpolitische Maßnahmen tatsächlich den Eintritt erwachsener Frauen mit abhängigen Familienangehörigen in den Arbeitsmarkt begünstigt, indem sie ihnen behilflich waren, den Anforderungen des Berufs *und* der Familie gerecht zu werden. Gleichzeitig jedoch wurden Frauen zum Adressaten der Sozialpolitik, was aufs neue ihre primäre Verantwortung für die Organisation des Familiendaseins und für die Familienmitglieder unterstreicht.

Die letzte Phase der familiären Konstruktion eines privaten Raums – zumindest einer privaten Zeit – sieht die Frau mit abhängigen Angehörigen als diejenige, die für die Beziehung zwischen Familie und Gesellschaft, zwischen dem Öffentlichen und dem Privaten entscheidend verantwortlich ist. Frauen sind die unermüdlichen Dolmetscherinnen zwischen den familiären Bedürfnissen und den gesellschaftlichen Institutionen sowie zwischen den Normen dieser Institutionen und der Familie. Frauen sind die Weberinnen jenes sozialen Netzes, in dem das private Leben mit seinen dichten und wechselhaften Interdependenzen sich bewegt.

Anmerkungen

1 Donald D. Pitkin, *The House that Giacomo Built: History of an Italian Family, 1898–1979*, Cambridge 1985, S. 154.

2 Vgl. die Beobachtungen Helene Strohls über die nachträgliche Integration elektrischer Geräte in bereits bestehende Haushaltsroutinen und in Haushalte jüngerer Generationen, für die sie so selbstverständlich sind wie fließendes Wasser und elektrisches Licht. Siehe Helene Strohl, »Inside and Outside the Home: How Our Lives Have Changed through Domestic Automation«, in: Ann Showstack Sassoon (Hrsg.), *Woman and the State*, London 1987.

3 Vanessa Maher, »Un mestiere da raccontare. Sarte e sartine torinesi fra le due guerre«, in: *Memoria* 8 (1983), S. 52–71.

4 Siehe Stefano Merli, *Proletariato di fabbrica a sviluppo industriale. Il caso italiano: 1800–1900*, Florenz 1972.

5 Karl Kraus, *Sprüche und Widersprüche*, Abschnitt »Mensch und Nebenmensch«, Frankfurt a. Main 1986.

6 Der Begriff »Generation« stützt sich auf Familienbeziehungen (Großeltern, Eltern, Kinder), der Begriff »Alterskohorte« auf alle Personen, die innerhalb eines bestimmten Zeitraums geboren wurden. Menschen derselben Genera-

tion können in bezug auf ihr Alter, ihre Position im Lebenszyklus usw. unterschiedlichen Gruppen angehören. Einen Überblick gibt Chiara Saraceno (Hrsg.), *Età e corso della vita*, Bologna 1987. Siehe auch G. H. Elder, Jr., »Age Differentiation and the Life Course«, in: *Annual Review of Sociology* 1 (1945), S. 165–190; David Kertzer, »Generation as a Sociological Problem«, in: *Annual Review of Sociology* 9 (1983), S. 125–149.

7 Antonio Cortese, »Le modificazioni della famiglia attraverso i censimenti«, in: *Atti di Convegno La Famiglia*, Sonderheft der *Annali di Statistica*, Jahrgang 115, Reihe IX, Bd. 6, Rom 1986, S. 145–166.

8 Siehe Marzio Barbagli, *Sotto lo stesso tetto. Mutamenti della famiglia italiana dal XV al XX secolo*, Bologna 1984, Kap. 3.

9 Siehe etwa die Ergebnisse der 1983 vom Zentralinstitut für Statistik (ISTAT) durchgeführten Erhebung über familiäre Strukturen und Verhaltensweisen, analysiert von Giovanni Sgritta, »La struttura delle relazioni interfamiliari«, in: *Atti del Convegno La Famiglia in Italia*, S. 167–200. Zu ähnlichen Feststellungen in Frankreich ist Agnès Pitrou gelangt, siehe *Vivre sans famille*, Toulouse 1978. Als die Forschung in den sechziger Jahren die Bedeutung des Verwandtschaftsnetzes für die Familienstrategie erkannte, wurde der treffende, wenngleich semantisch problematische Begriff der »modifizierten Großfamilie« geprägt. Siehe Eugene Litwack, »Occupational Mobility and Extended Family Cohesion«, in: *American Sociological Review* 25 (1960), S. 385–394.

10 Ich untersuche diesen Zeitraum systematischer in »La famiglia operaia sotto il fascismo«, in: *Annali* der Fondazione Giangiacomo Feltrinelli, 1979/80, S. 189–230; vgl. auch die dortige Bibliographie.

11 Siehe Antonio Santini, »Recenti trasformazioni della famiglia e della discendenza in Italia e in Europa«, in: *Atti del Convegno La Famiglia in Italia*, S. 121–144, auch zu den weiter unten diskutierten Daten über das Heiratsalter.

12 Vgl. Patrizia Sabbatucci Severini und Angelo Trento, »Alcuni cenni sul mercato del lavoro durante il fascismo«, in: *Quaderni storici* 10, Bd. II–III, 1975; Luisa Fornaciari, »Osservazioni sull' andamento del lavoro femminile in Italia«, in: *Rivista internazionale di scienze sociali* 27, 4 (1956); Nora Federici, »Caratteristiche e problemi della occupazione e disoccupazione femminile«, in: *Inchiesta parlamentare sulla disoccupazione*, Buch IV, Bd. 5.

13 Quelle: Paolo De Sandre, »Aspetti e problemi di demografia italiana«, in: *Studi di Sociologia* 14 (1964), S. 180. [Median bezeichnet in der Statistik den mittleren Wert in einer geordneten Reihe und ist nicht zu verwechseln mit dem rechnerischem Durchschnitt. – *A.d.Ü.*]

14 Siehe Massimo Livi Bacci, *A History of Italian Fertility During the Last Two Centuries*, Princeton 1976 (Office of Population Research Series).

15 In seiner Studie über den Wandel der italienischen Familie, *Sotto lo stesso tetto* (siehe Anm. 8), hat Barbagli eine Stichprobe von 801 Frauen der Jahrgänge 1890 bis 1910 aus allen sozialen Schichten und verschiedenen Gegenden des mittleren Norditalien untersucht. Die hier folgenden Zitate stammen aus den letzten beiden Kapiteln seines Buches. Andere mündliche Quellen, die ich für meine Darlegungen über den Wandel der Familienbeziehungen heranziehe, stammen aus etwa fünfzig Interviews, die Giovanni Vianello anhand des von Barbagli verwendeten Fragebogens geführt und seiner Dissertation an der Soziologischen Fakultät der Universität Trient (1979) zugrunde gelegt hat. Die von Vianello befragten Personen waren um die Jahrhundertwende geborene venezianische Frauen aus der Arbeiterklasse und der Oberschicht. Verwendet habe ich ferner Quellensammlungen von Bianca Guidetti Serra in *Compagne*, 2 Bde., Turin 1977; Nuto Revelli, *Il Mondo dei vinti*,

Turin 1977, und *L'anello forte*, Turin 1985; sowie Luisa Passerini, *Torino operaio e Fascismo: una storia orale*, Rom und Bari 1983.

16 Rossella Palomba (Hrsg.), *Vita di coppia e figli. Le opinioni degli Italiani degli anni Ottanti*, Florenz 1987.

17 Siehe Santini, »Recenti trasformazioni«, a. a. O.

18 Antonia Pinnelli, »La longevità femminile«, in: *Memoria* 16 (1986), S. 38–60.

19 Siehe Santini, »Recenti trasformazioni«, a. a. O.

20 Siehe Palomba, *Vita di coppia e figli*, a. a. O.

21 Ich habe an anderer Stelle versucht, eine »Geographie« der italienischen Familie zu zeichnen und einen Zusammenhang herzustellen zwischen Formen der Familienorganisation und lokalen Arbeitsmärkten einerseits sowie Formen der Umverteilung durch öffentliche Transferleistungen andererseits. Siehe Chiara Saraceno, »Modelli di famiglia«, in: Sabino Acquaviva et al., *Ritratto di famiglia degli anni Ottanta*, Rom und Bari 1981. Vgl. auch Chiara Saraceno, »Between State Intervention, the Social Sphere and Private Life: Changes in the Family Role«, in: Adalbert Evers, Helga Nowotny und Helmut Wintersberger (Hrsg.), *The Changing Face of Welfare*, Brookfield (Vermont) 1987, S. 60–78.

22 Vgl. auch Giancarlo Consonni und Gresielle Tonon, »Casa e lavoro nell'area milanese. Dalle fine dell'Ottocento all'avvento del fascismo«, in: *Classe* 9, 14 (Oktober 1977); Kammer der Abgeordneten, *Atti della Commissione Parlamentare di Inchiesta sulla Miseria in Italia 1903–1958*, Rom 1959, Bd. III.

23 Siehe beispielsweise Fortunata Piselli, *La donna che lavora*, Bari 1975; Maria Rosa Cutrufelli, *Disoccupata con onore*, Mailand 1975.

24 Siehe Guidetti Serra, *Compagne*, a. a. O.

25 Siehe die in den fünfziger Jahren durchgeführten Untersuchungen von Paul Chombart de Lauwe, *La vie quotidienne des familles ouvrières*, Paris 1956.

26 Siehe *Rapporto al ministro dell'industria e del commercio*, Rom 1947; C. D'Apice, *L'arcipelago dei consumi*, Bari 1981.

27 Siehe Armutskommission, *La Povertà in Italia*, Rom 1985.

28 Beide Zitate aus Barbagli, *Sotto lo stesso tetto*, a. a. O.

29 Martine Segalen, *Sociologie de la famille*, Paris 1981, S. 249.

30 Siehe Chombart de Lauwe, *La vie quotidienne*, a. a. O.

31 Reste dieser Einstellung bleiben in der Befürchtung sichtbar, man könne die Kinder »verziehen« oder ihnen »Untugenden« beibringen. Simonetta Tabboni hat den Briefwechsel erforscht, der Ende des vorigen Jahrhunderts zwischen Eltern (vor allem Müttern) und ihren Kindern im Internat in Moncalieri hin- und herging, und weist nach, daß Familien der herrschenden Schichten jener Zeit – die doch laut Barbagli zu den ersten gehörten, die affektive Bekundungen entwickelten und zuließen – noch immer einem Erziehungsideal huldigten, für das Intimität und Zärtlichkeit eine »verfehlte« Form der Liebe waren. Siehe Simonetta Tabboni, *Il real Collegio Carlo Alberto di Moncalieri*, Mailand 1984.

32 Es gibt in Italien wenige Untersuchungen über Paarbeziehungen oder darüber, wie Männer das Eheleben, die Vaterschaft und das häusliche Dasein erleben. Eine der wenigen – allerdings auf die Arbeitsteilung in der Familienarbeit beschränkten – Untersuchungen, in denen Ehemänner befragt wurden, ist die von Chiara Saraceno (Hrsg.), *Il lavoro mal diviso*, Bari 1980. Aussagen von Paaren finden sich in Marisa Rusconi, *Amati amanti*, Mailand 1981. Zum Thema Vaterschaft siehe auch Giovanni Starace, *La paternità*, Mailand 1983.

33 Palomba, *Vita di coppia e figli*, a. a. O.

34 Juliet Mitchell, *Woman's Estate*, New York 1973.

35 Dies wiederum verweist auf unerwartete Entwicklungen nicht nur in den

familiären Beziehungen, sondern auch im Verhältnis von Öffentlichem und Privatem, auf die ich hier nicht eingehen kann. Erste Überlegungen zu diesem Thema bietet der von Carmina Ventimiglia herausgegebene Aufsatzband *La famiglia moltiplicata*, Mailand 1987; siehe auch Marina Sbisá, *I figli della scienza*, Mailand 1985.

36 Vgl. Dina Bertoni Jovine, *L'alienazione dell'infanzia*, Rom 1963; siehe auch *La scuola italiana dal 1870 ai giorni nostri*, Rom 1969.

37 Eine Analyse der gesetzgeberischen Veränderungen im Familienbereich bieten Carla Rodota und Stefano Rodota, »Il diritto di famiglia«, in: Acquaviva et al., *Ritratto di famiglia*.

38 Siehe zum Beispiel Laura Balbo und Renate Siebert Zahar (Hrsg.), *Interferenze*, Mailand 1979; Marina Bianchi, *I servizi sociali*, Bari 1981; Laura Balbo und Marina Bianchi (Hrsg.), *Ricomposizioni*, Mailand 1982; Paolo De Sandre, »Linee di analisi della divisione del lavoro per la riproduzione sociale quotidiana«, in: *Sociologia e ricerca sociale* 1 (1980), Anm. 2 u. 3; Marco Ingrosso, *Strategie familiari e servizi sociali*, Mailand 1984; Franca Bimbi und Flavia Prestinger, *Profili sovrapposti*, Mailand 1985. Siehe auch Massimo Paci, »Pubblico e privato nel sistema italiano di welfare«, in: Peter Lange und Marino Regini (Hrsg.), *Stato e regolazione sociale*, Bologna 1987.

39 Ich habe diese Erörterungen ausführlich erwogen in »La famiglia operaia sotto il fascismo«, a. a. O.; siehe auch »Percorsi di vita femminile nella classe operaia. Tra famiglia e lavoro durante il fascismo«, in: *Memoria* 2 (1981).

40 Lorenza Zanuso hat entdeckt, daß derjenige Status oder Beruf der Frau, der bis Ende der sechziger Jahre die schnellste Entwicklung erfuhr, derjenige der Hausfrau war – eine Entwicklung, die einen der Gründe für die wirtschaftliche Blüte jener Jahre darstellte. Siehe L. Zanuso, »La segregazione occupazionale: i dati di lungo periodo (1901–1971)«, in G. Barile (Hrsg.), *Lavoro femminile, sviluppo tecnologico e segregazione*, Mailand 1984, S. 24–90.

41 Siehe die Untersuchung von Achille Ardigió in *Emancipazione femminile e urbanesimo*, Brescia 1969; Alessandro Pizzorno, »Appunti su lavoro femminile è organizzazione domestica«, in: *Passato e Presente* (Januar 1958), S. 75–77. Eine neuere und klarere Erörterung des Verhältnisses der Frauen zur Entwicklung des Konsums bietet Bimbi, »La doppia presenza: diffusione di un modello e trasformazioni dell'identità«, in: Bimbi und Prestinger, *Profili sovrapposti*, Mailand 1985.

Italienische Einwandererfamilie (1908). Die Immigranten wollten für sich ein Stück des »American dream« verwirklichen.

Elaine Tyler May

Mythen und Realitäten der amerikanischen Familie

Im Jahre 1920 reichte Lorimer Linganfield, ein achtbarer Friseur aus Los Angeles, die Scheidung ein. Seine Frau Marsha »achtete und schätzte ihn als ihren Gatten«; doch ihr Betragen ließ einen »Mangel an Feingefühl« erkennen. Ihr neuer Badeanzug schien eigens dazu gemacht, »in der Öffentlichkeit Form und Gestalt ihres Körpers vorzuführen«. Zur weiteren Demütigung des Gatten war Marsha darauf versessen, »in Cafés und Restaurants zu singen und zu tanzen, um das Publikum zu unterhalten«. Als Lorimer sich über ihren »Geschmack an Bier und Whiskey« und ihr extravagantes Bedürfnis nach Luxus beklagte, gab sie zur Antwort, Männer wie ihn gäbe es »wie Sand am Meer, und sie habe einen ›Kerl‹, der Millionär sei und ihr alle Kleider, Automobile, Juwelen und Spirituosen kaufen könne, die sie haben wolle«. Der Gipfel der Kränkung war jedoch, daß sie den Geschlechtsverkehr verweigerte, weil sie nicht »lauter dreckige Gören um sich haben« wolle. Der Richter hatte ein Einsehen, und Lorimer Linganfield gewann den Prozeß.[1]

Auf den ersten Blick scheint dieser Fall exemplarisch zu sein für die unglückliche Verbindung eines sittenfesten Mannes mit einer Frau, deren Verhalten nicht eben schicklich war. Bei näherer Betrachtung aber und bei Berücksichtigung des historischen Kontextes erkennen wir in dieser besonderen Affäre ein allgemeines Problem, das die Geschichte der amerikanischen Familie im 20. Jahrhundert in sich schließt. In den letzten hundert Jahren ist das Familienleben in den USA stark von den mit ihm verknüpften Erwartungen geprägt worden – Erwartungen, die im Zeichen einer sich allmählich weiterentwickelnden und verändernden Ideologie der Familie entstanden. In dem Maße, wie die Ideologie der Familie sich einer sich rapide urbanisierenden und industrialisierenden Nation anpaßte, rangen die Frauen und Männer darum, sich die Bedingungen ihres persönlichen Lebens selbst auszuhandeln, um Familien zu schaffen, von denen sie glaubten, sie würden ihnen Glück und Erfüllung bringen.

Die Linganfields waren zwei solche Menschen zu Anfang des Jahrhunderts, die versuchten, ihr Ideal von ehelichem Glück zu verwirklichen. Sie wurden volljährig, warben umeinander und heirateten in einer Zeit, in der die altehrwürdigen Werte der Häuslichkeit, von weißen Amerikanern der Mittelschicht im 19. Jahrhundert formuliert, von jungen Menschen in Frage gestellt wurden, die an der Herausbildung einer städtischen Kultur im 20. Jahrhundert mitwirkten. Marsha Linganfield schüttelte die Sittenstrenge der viktorianischen Vergangenheit ab und war begierig, sich neue Bereiche der Arbeit und des Spiels zu erobern, die den Frauen bis dahin verschlossen waren. Ihr Mann mochte sich wohl angezogen fühlen von der munteren jungen Frau, die er aus eben diesen Gründen umwarb und heiratete. Doch wie viele Männer seiner Generation erwartete er von ihr, daß sie sich nach der Heirat in das schickliche Dekorum einer Ehefrau fügen werde. Als sie nicht jenes bescheidene und unauffällige Verhalten bewies, das er von ihr erwartete, verlor er allmählich vor seinen Auftraggebern und Kunden das Gesicht. Marshas extravagantes Betragen befleckte Lorimers untadeligen Ruf. Die junge Frau jedoch fühlte sich eingeengt durch das in ihren Augen übertrieben prüde und restriktive Gebaren ihres Mannes, und so trug sie trotz seiner Bitten ostentativ ihre Unternehmungslust zur Schau. In dieser Lage mag Lorimer Linganfield sich paradoxerweise aus eben den Gründen von seiner Frau getrennt haben, um derentwillen er sie geheiratet hatte. Die Verheißung von Erregung und Sexualität, verbunden mit Geborgenheit und Kindern, schien erloschen, und so scheiterte die Ehe.

Das Ideal des amerikanischen Familienlebens wurde weder von staatlichen Propagandisten noch von den Meinungsmachern in den Medien, noch von den Strategen der Werbewirtschaft erfunden; es war Ausdruck dessen, was die amerikanische Mittelschicht erstrebte. Im späten 19. Jahrhundert bildete die Familie den stillen Hafen, wohin man sich aus der kompetitiven und häufig korrupten öffentlichen Arena flüchten konnte. Im 20. Jahrhundert erhofft man sich von der Familie das gute Leben – ein sicheres, stabiles Heim, das in einer rasch sich wandelnden Welt Glück und Schutz bietet. In der zweiten Hälfte unseres Jahrhunderts, in der die öffentliche Sphäre in Amerika zunehmend reglementiert und fragmentiert wird, die Bande der Gemeinschaft sich gelockert haben und die Arbeitswelt in Routine und Bürokratie erstarrt ist, suchen einzelne Frauen und Männer verstärkt in der Familie ihre persönliche Befriedigung. Diese Fixierung auf die Familie beruht auf der mythischen Vorstellung von einem Goldenen Zeitalter, in dem es eine zeitentrückte, stabile häusliche Ordnung gegeben habe. Aber die Mythen bedürfen der Revision.

Das moderne Ideal der Häuslichkeit, wie es in den Vereinigten Staaten geherrscht hat, ist eine relativ neue Erfindung. Sie entwickelte sich in den ersten Jahrzehnten des 19. Jahrhunderts, als die Urbanisierung der Nation begann. Vordem waren Wohnung und Arbeitsplatz im Grunde identisch. Der Haushalt war eine Produktionseinheit, zu der außer den Eltern und den Kindern oft noch andere Verwandte sowie Bedienstete, Lehrlinge oder Hausgäste zählten, die alle an der Wirtschaftstätigkeit der Familie beteiligt waren. In den aufblühenden Städten jedoch gingen die Verdiener der Familie (gewöhnlich die Männer) immer öfter zum Broterwerb aus dem Hause: in die Fabrik, ins Büro oder in ein Geschäft. Arbeitsplatz und Familienwohnung waren nicht länger kongruent. Damals bildete sich eine eigentümliche Ideologie der Häuslichkeit heraus; sie setzte das Heim mit der Sphäre der Frau gleich und definierte die Familie als Kernfamilie. Der Mann verließ das Haus, um zu arbeiten; wenn er heimkam, suchte er Ruhe und Zuflucht in einem Ordnungsgehege, wo die Frau sich um die Kinder, die Hausarbeit und die Bedürfnisse des Gatten kümmerte.

Das viktorianische Erbe

Der Viktorianismus – jenes System sozialer und kultureller Normen, das im 19. Jahrhundert die weiße Mittelschicht Englands und der USA tief beeinflußt hat – bestimmte die kulturellen Werte Amerikas weit über das Ende der viktorianischen Ära hinaus. Die Saat der viktorianischen Kultur ist zuerst an der Ostküste aufgegangen, und zwar Ende des 18. Jahrhunderts in den wohlhabenden Schichten der städtischen Bevölkerung. Eine diversifizierte Wirtschaft hatte eine komplexe Gesellschaftsstruktur hervorgebracht. Es war nicht mehr wie früher, als die Männer von ihrem Vater das Land erbten und zusammen mit ihrer Frau den gemeinsamen Hof bewirtschafteten. Wer jetzt volljährig wurde, verließ häufig die elterliche, ländliche Sphäre und tauchte in neue Gemeinschaften ein, wandte sich neuartigen Tätigkeiten zu.

Die wachsenden Städte lockten Scharen von alleinstehenden Arbeitern an, aber auch Selbständige mit ihren Familien, die wirtschaftlich vorwärtskommen wollten. In den oberen Schichten formierte sich eine Gruppe aufstrebender Kaufleute und Freiberufler, und diese Gruppe begann, die Kultur des Viktorianismus zu definieren. Die Männer arbeiteten in der Regel fern von zu Hause; ihre Frauen bildeten die erste amerikanische »leisure class«, die ausreichend Zeit und Geld hatte, um einen »feinen Lebensstil« zu begründen. Es waren dies jene Frauen und Männer, deren Nachkommen später die protestantischen Kirchen füllten, Kampagnen zur Reformierung der Gesellschaft veranstalteten und an der Spitze der wirtschaftlichen Entwicklung und der Expansion des Landes nach Westen standen. Einzelne, die aus dieser Tradition stammten, besetzten Führungspositionen in jenen Institutionen, welche die sozialen Normen regulierten.

Schon in den zwanziger und dreißiger Jahren des 19. Jahrhunderts wurden die Werte, die man später »viktorianische« nannte, in einer Vielzahl von Ratgebern, volkstümlichen Erzählungen, Tagebüchern, billigen Romanen, Predigten und Belehrungen der verschiedensten Art propagiert. Mann und Frau, so las man da, hatten unterschiedliche und gleichwohl aufeinander bezogene Aufgaben zu erfüllen. Junge Männer lernten in der Kirche, daheim und in der volkstümlichen Literatur, was vom amerikanischen Mann erwartet wurde, insbesondere sittliche Autonomie: Es galt, die Triebe zu zügeln und unbeirrt der Berufung zu folgen. Das Kernstück dieses Codes war die selbständige Meisterung der wirtschaftlichen Probleme. Das Ideal verkörperte der Mann, der sein eigener Herr war, ein Grundstück besaß und über seine eigenen Produktionsmittel verfügte. Er war der perfekte Staatsbürger, weil er mit seinen individuellen Ambitionen das gemeinsame Ziel: den Fortschritt der Nation, nicht behinderte, sondern förderte. Die Frau hingegen lernte: »Schutz und Schirm der Gesellschaft gegen die Exzesse der menschlichen Leidenschaft ist der häusliche Herd.« Aufgabe der Frau war es, ein häusliches Umfeld zu schaffen, das frei von sinnlichen Versuchungen war, um Gatten und Söhne vor Ausschweifung zu bewahren. Wurden Männer nicht in die rechte Zucht genommen, mochten sie das Land in wirtschaftliche Stagnation treiben. In diesem weiteren Verstande bedeutete die Rolle der Frau mehr als nur Hausfrauenpflicht: Sie war lebenswichtig für die Zukunft der Nation. Deshalb lernten die Knaben von klein auf: »Nichts ist besser geeignet, einen jungen Mann von der Befleckung durch niedere Vergnügungen und Zwecke fernzuhalten, als häufiger Verkehr [gemeint ist: sozialer Umgang] mit wohlerzogenen und tugendsamen Vertreterinnen des anderen Geschlechts.« Die Pflicht des Mannes war es, die Askese, die er der Frau zu Hause abschaute, in die Wirtschaft zu übertragen. Dort würde er zum Aufbau eines starken Industriestaates beitragen und damit auch persönlichen Erfolg erringen.[2]

Dieses häusliche Ideal war schwer zu verwirklichen. Nicht alle Amerikaner waren Viktorianer. Für zahlreiche Arbeiter und für viele ethnische Gruppen, die ebenfalls die Städte bevölkerten, war der beschriebene Code gegenstandslos. Die meisten Familien mit begrenztem Einkommen brachten es ihr Leben lang nicht zu jener wirtschaftlichen Selbständigkeit, die der viktorianischen Erfolgsethik und Häuslichkeitsidee zugrunde lag. Die Männer waren in den seltensten Fällen selbständige Unternehmer; in der Regel waren sie abhängig von dem, der sie in seiner Firma oder auf seinem Grund und Boden beschäftigte. Ihre Frauen kannten kaum den Luxus, ganztägig als sittliche Hüterin des Heims agieren zu können; oft gingen sie mit ihren Kindern einer untergeordneten Tätigkeit nach, um mitzuverdienen. Wenn sie nicht außer Haus beschäftigt waren, arbeiteten sie in der Wohnung und nahmen Kostgänger auf, wuschen für andere Leute Wäsche oder boten andere Dienstleistungen an, um das Familieneinkommen aufzubessern. Viktorianische Vornehmheit war den meisten dieser Frauen und Männer unerreichbar. Manche Amerikaner wurden sogar bewußt und aggressiv von dem viktorianischen Ideal ausgeschlossen, insbesondere und systematisch Afro-Amerikaner. Als Sklaven durften sie nicht einmal legal heiraten. Auch wurden die Fundamente viktorianischer Männlichkeits- und Weiblichkeitsbilder (ökonomische Unabhängigkeit bzw. keusche Muße) den Sklaven gewaltsam vorenthalten: Sie mußten für anderer Leute Profit schuften, und ihr Leben unterstand oft der Kontrolle weißer Sklavenbesitzer, die nichts dabei fanden, Gatten voneinander und Eltern von ihren Kindern zu trennen. Die Ethik der sexuellen Reinheit, ein Pfeiler der viktorianischen Häuslichkeit, war von Sklaven nicht zu verwirklichen, da weiße Sklavenbesitzer sich zu ihrem Vergnügen häufig des Körpers ihrer Sklavinnen bedienten, während das Interesse an der »Züchtung« von Sklavennachwuchs die Sexualität von Sklaven und Sklavinnen in einen ökonomischen Faktor des Plantagenalltags verkehrte. Die Tatsache, daß afro-amerikanische Frauen und Männer trotz der brutalen Verhältnisse in der Sklaverei stabile Familienbindungen aufzubauen vermochten, zeugt von ihrer Fähigkeit, dem System Widerstand zu leisten. Indessen blieben die Afro-Amerikaner

Vier Generationen einer viktorianischen Familie (1898). Das viktorianische Vornehmheitsideal beherrschte Denken und Handeln.

auch nach der Befreiung aus der Sklaverei auf Distanz zum viktorianischen Häuslichkeitsideal – aufgrund wirtschaftlicher Zwänge, rassistischer Rechtspraktiken und ihrer eigenen Sexual- und Familienwerte.

Auch Einwandererfamilien aus vorindustriellen Ländern hatten nichts mit dem Viktorianismus im Sinn. Oft bewahrten sie Traditionen des öffentlichen und privaten Lebens, die sich deutlich von den Praktiken ihrer vornehmen Nachbarn unterschieden. Viele dieser Einwanderer empfanden Tanzveranstaltungen oder die Geselligkeit im Saloon unterhaltsamer als kirchliche Picknicks oder Temperenzlerkränzchen. Für Arbeiter war der Sonntag in der Regel der einzige Tag, an dem sie ausgelassen sein konnten, und so fanden fromme »Höhergestellte« ihr turbulentes Treiben am Tag des Herrn besonders erbitternd. Die Spannung zwischen denen, die das viktorianische Haus bewohnen durften, und denen, die draußen vor der Tür bleiben mußten, erzeugte so eine Dynamik, die zu öffentlichem und politischem Handeln antrieb.

Das moderne Ideal der Familie

Infolge der zunehmenden Vielfalt städtischer Zentren wurde Ende des 19. Jahrhunderts in der weißen Mittelschicht selbst Widerwillen gegen die Codes des Viktorianismus laut. Doch erst um die Jahrhundertwende begann sie, nach einem neuen Ideal zu suchen. Der Glaube an die Familie als Fundament des öffentlichen Lebens wich einer privatistischen Lebensstrategie. Nach 1900 wurden die gemeinschaftsstiftenden Werte der Opferbereitschaft, der Freiwilligkeit und der tugendhaften Häuslichkeit von einer städtischen Kultur erschüttert, die veränderte Geschlechterrollen und nachviktorianische Erwartungen an Ehe und Familie prämierte.

Die Suche nach dem Neuen begann im eigenen Heim. Doch die Impulse, die ein neues Konzept der Familie entfesselten, kamen aus der Wirtschaft. Anfang des 20. Jahrhunderts versetzte die neue, korporative Ordnung dem alten Unternehmer-Ethos den Todesstoß – jenem Ethos, das im vorangegangenen Jahrhundert den herrschenden Gruppen Amerikas ihre Geschlechterrollen und ihre kollektiven Werte vorgezeichnet hatte. Der Wandel war zuerst an der Arbeitnehmerschaft ablesbar. Hier wurden die sorgfältig definierten Tätigkeiten viktorianischer Männer und Frauen irreversibel transformiert. Den Männern verwehrte der Aufstieg von Großorganisationen jene ökonomische Autonomie auf dem freien Markt, die in der Mittelschicht lange Zeit das Ziel männlicher Anstrengung gewesen war. Seit 1870 ging der Anteil der selbständigen Geschäftsleute in den städtischen Zentren stetig zurück, und es wurde für einen Mann immer schwieriger, sich selbständig zu machen. Auch für die werktätigen Klassen veränderte sich die Arbeit. Die handwerkliche Tradition war im 19. Jahrhundert zunehmend schwächer geworden, Fließband-Tätigkeiten eroberten in den Jahrzehnten um die Jahrhundertwende ihren Platz. Zwar identifizierten die Männer aller Schichten weiterhin ihren Lebensplan mit ihrem Job, aber sie suchten jetzt mehr und mehr nach neuen Gratifikationen in der Freizeit. Da die Arbeit immer mehr zur Routine wurde, erwarteten sie von ihrem Zuhause nicht so sehr sittliche Ordnung als vielmehr Vergnügen und Spaß.

Noch erheblicher war die Veränderung für die Frauen, sowohl in bezug auf ihre Wirtschaftstätigkeit als auch in bezug auf ihr öffentliches Auftreten. Zwischen 1880 und 1920 arbeiteten mehr Frauen als je zuvor. Während der Anteil der Männer an der Erwerbsbevölkerung ziemlich stabil blieb, stieg der Anteil der Frauen um 50 Prozent. Bei den Frauen der Arbeiterklasse war dieser Anstieg weniger dramatisch, da sie an häusliche Arbeit und Fabrikarbeit gewöhnt waren; den frappantesten Zuwachs gab es bei den Frauen der Mittelschicht. Töchter von Viktorianerinnen füllten nun zusammen mit Söhnen von Unternehmern die wachsenden Reihen der Angestellten. Das erschütterte nicht nur die traditionelle Rolle der Frau, sondern auch die Struktur der Arbeitnehmerschaft. Die Geschäftswelt war nicht mehr reine Männersache; Frauen und Männer arbeiteten nun Seite an Seite in einem geordneten und berechenbaren korporierten System.[3]

In dem Maße, wie die industrielle Wirtschaft Überfluß erzeugte, waren Männer wie Frauen zunehmend an materiellen Gütern und an Freizeit interessiert. Höhere Löhne und der Druck der Reklame beförderten eine neue Ethik des Konsums. Zwischen 1909 und 1929 haben sich die Ausgaben für den persönlichen Verbrauch landesweit nahezu verdrei-

Die Mutter als Hüterin des Heims und Erzieherin zum rechten Denken (1905).

facht; am begehrtesten waren Kleidung, Kosmetika, Möbel, Haushaltsgeräte, Autos und Erholung – Güter, die durchaus an die Privatsphäre gekoppelt waren. Der Massenkonsum entfaltete die Verheißung – oder die Illusion –, daß das gute Leben nun für jedermann greifbar nahe liege.[4]

Doch der erhöhte Lebensstandard war für die nachviktorianischen Amerikaner mit ihrem eingefleischten Mißtrauen gegen Geldausgaben und Überfluß ein zweifelhaftes Phänomen. Die asketischen Werte der Selbstbeherrschung und Sparsamkeit gründeten in der Überzeugung, daß Verschwendung und Schlendrian in sittlichem Verfall mündeten und das Arbeitsethos untergrüben. Gleichwohl war es nicht allein der materielle Überfluß, der sie beunruhigte; auch die neuen Formen der Organisation des Alltags liefen ihrer kulturellen Tradition zuwider. Besonders beargwöhnt wurde, daß die Firmenangestellten und ihre jungen Frauen sich zu jenen öffentlichen Vergnügungen hingezogen fühlten, die einst die Domäne der verachteten ethnischen Minderheiten gewesen waren. Jetzt hatten auch Menschen der Mittelschicht, vor allem junge Leute, Zeit, Geld und Neigung, beides zu verausgaben.

Man konnte versuchen, diesen lustvollen Gefahrenzonen ein erneuertes Familienleben entgegenzusetzen. War die Wohnung schon nicht

»Komm gesund und sauber wieder!« Dieses Propagandaplakat aus dem Ersten Weltkrieg mahnt zu körperlicher Hygiene und zu sexueller Reinheit.

mehr das gepflegte, vornehme Ambiente von einst, das die jungen Leute offenbar ruhelos machte und dem städtischen Amüsement in die Arme trieb, so war es vielleicht möglich, die neue Freizeitethik im häuslichen Kontext zu zähmen. Die Sozialreformer, die Anfang des Jahrhunderts agierten und als »Progressive« bekannt waren, wollten das häusliche Leben – ein revitalisiertes, freizeitorientiertes Zuhause – so umgestalten, daß es den Wünschen der unruhigen Stadtmenschen genügte und die Lockung der in ihren Augen verderblichen öffentlichen Amüsements bannte. Sie waren überzeugt, daß es gelingen werde, die sittliche Gemeinschaft zu bewahren, wenn die Familie ihren Mitgliedern bekömmliche Vergnügungen bot und gleichwohl ihre charakterbildende Funktion erfüllte. So schälte sich allmählich die Vorstellung von einem neuen, freizeitorientierten häuslichen Lebensstil heraus.

Und in der Tat, die Familie des 20. Jahrhunderts war etwas Neues. Die sozial wohltätige Familie hatte einen neuen Ort: das Einfamilienhaus in den Vorortsiedlungen. Solche Siedlungen entstanden zuerst im 19. Jahrhundert, als die Fortschritte des Verkehrswesens es zuließen, in einer gewissen Entfernung vom Arbeitsplatz zu wohnen. Ende des 19. Jahrhunderts beschleunigte sich in den meisten Städten das Wachstum dieser Siedlungen. In dieser Zeit veränderten die Vororte ihr Gesicht: Sie waren nicht mehr nur der Ort, wo man wohnte, sondern signalisierten ein neues Verhaltensprogramm.[5] Die Zeitschrift *Cosmopolitan* schrieb 1903, die »suburbs« seien ein Kompromiß »für all jene, die den angeborenen oder anerzogenen Geschmack an grünem Rasen [...] mit dem Wunsch verbinden, auf die Freuden der Großstadt nicht zu verzichten«. Die »Freuden der Großstadt« waren in der Ideologie der Häuslichkeit ein neuer Aspekt. Ebenso erpicht waren die Angehörigen der Mittelschicht allerdings darauf, ihre Wohnung und ihr Viertel von »ungesunden Elementen« der Stadt freizuhalten. Im *Cosmopolitan* heißt es darum weiter: »Der Wohnungsinhaber kann sich darauf verlassen, daß streng auf die Einhaltung der Bestimmungen geachtet wird, die eine einheitliche und plausible Bebauung des Vororts vorsehen; er ist vor der Ansiedlung von Manufakturen und anderen unliebsamen Nachbarn geschützt. Auch ›saloons‹ und Geschäfte sind aus diesem heiligen Bezirk verbannt.«[6] Ein wichtiges Instrument zur Erhaltung reiner Wohngebiete waren die Bebauungspläne; gleichzeitig verhinderten sie den »Zustrom von Fremden, die das Ideal des Familienlebens geringachten«.[7] Auf diese Weise blieben die Vorstädte ausgewiesene Wohngebiete, in denen vornehmlich weiße Mittelschichtfamilien lebten. Hinzu kamen ein paar wohlhabende Arbeiter und Menschen ausländischer Herkunft, die bereit waren, sich den im Viertel herrschenden Normen zu beugen. In diesen Vororten hatte das moderne Familienleben seinen idealen Schauplatz. Doch war es mit dem Platz allein nicht getan; Frauen und Männer selbst mußten ihre Einstellung ändern und sich von den repressiven Moralvorschriften der Vergangenheit lösen. Die aufblühende Filmindustrie, die sich intensiv mit neuen sexuellen Rollen, Formen des Werbens und sogar der Ehe befaßte, fungierte dabei als Wegweiser.

Einwandererfamilien wie diese (um 1920) hatten mit materieller Not und mit Diskriminierung zu kämpfen. Ihre Kinder und Enkel aber haben sich später vielleicht in einem Vorort niedergelassen, wie zahllose andere assimilierte weiße ethnische Familien auch.

Zu den populärsten Filmsujets der zwanziger und dreißiger Jahre gehörte die moderne Ehe. Zwar wies die Formel für eheliches Glück einige neue Elemente auf, aber die alten Muster waren noch nicht gänzlich diskreditiert. Die Amerikaner mühten sich nach Kräften, den neuen Signalen nachzukommen, ohne die Werte und Normen der Vergangenheit restlos preiszugeben. Der Film lieferte bereits Modelle, wie Altes und Neues zu verschmelzen waren, allen voran Cecil B. DeMille, der dem Publikum demonstrierte, wie man Überfluß und neue Verhaltensweisen mit traditionellen Tugenden vereinbarte. In einer Reihe aufwendiger Filme stellte DeMille einen neuen Typus der Ehe vor. Ein klassisches Beispiel für dieses Genre war *Why Change Your Wife?* Dieser Film verkündete, daß es darauf ankam, die Häuslichkeit durch Abwechslungen und Reize attraktiv zu gestalten. Der Mann, von seiner Arbeit angeödet, freut sich auf die Stunden nach Dienstschluß, in denen er zusammen mit seiner Frau das Leben genießen kann. Er sehnt sich nach Spaß und Sinnlichkeit, doch die Frau macht ihm einen Strich durch die Rechnung. Er will mit ihr tanzen gehen – sie möchte ins Konzert. Er kauft ihr Dessous – sie findet das »unanständig«. Es kommt zur Scheidung. Wenig später begegnet der Mann in einem Kurort seiner geschiedenen Frau wieder; sie trägt einen freizügigen Badeanzug und wird von Bewunderern umschwärmt. Er ist von ihr fasziniert, bevor er sie erkennt. Die beiden finden sich wieder, und so hält die »Abwechslung« ihren Einzug ins Heim.[8]

Die Filme propagierten jedoch nicht den Umsturz der herkömmlichen Häuslichkeit. Die Filmhelden erwarten Aufregung, aber auch häusliche Tugenden von der Frau, die daheim ihre Lebensgeister wieder wecken soll. Wie ließ sich diese moderne Ehe verwirklichen? In ihrem soziologischen Klassiker über das Leben der Amerikaner in den zwanziger Jahren haben Robert Lynd und Helen Merrill Lynd festgestellt, daß neue Ansprüche an Liebe und Ehe zu den fundamentalen Faktoren des Wandels gehörten, der an den Männern und Frauen von Muncie (Indiana) seit etwa 1890 zu beobachten war. Die jungen Leute von Muncie hingen zunehmend der Vorstellung an, die »romantische Liebe [sei] die einzig tragfähige Basis der Ehe«. Der Stadtbibliothekar verzeichnete ein wachsendes Interesse an »Geschichten mit geschlechtlichen Abenteuern«, die »um den Gedanken kreisen, daß der Ehe die romantische Liebe zugrunde liegt«. Das Insistieren auf romantischer Liebe und Ehe hatte in Muncie und im ganzen Land ein frappierendes Resultat: die Amerikaner des 20. Jahrhunderts heirateten in jüngerem Alter und öfter als ihre Vorfahren.[9] Gewiß hatte das Sinken des Heiratsalters zum Teil auch damit zu tun, daß junge Männer mehr als früher die Möglichkeit hatten, sich in der Stadt ihren Lebensunterhalt zu verdienen; doch die neue Bedeutung, die man der romantischen Liebe und der Abwechslung in der Ehe beimaß, spielte dabei ebenfalls eine Rolle.

Einer der ersten Filme über die moderne Ehe war *Why Change Your Wife?* (1920).

Zunahme der Scheidungen

Der Drang zur Ehe und zur Zweisamkeit in ihr spiegelte die erhöhten Erwartungen wider, die an das Familiendasein gerichtet wurden. Das junge Paar ließ sich in der Regel in einem ruhigen Vorort nieder, wo es die Rastlosigkeit in sichere Bahnen lenken und unbeschadet ausagieren konnte. Junge Stadtbewohner hofften, daß ein perfektioniertes Zuhause – mit jungen Erwachsenen, anregenden Freizeitaktivitäten und zahllosen Konsumgütern – sie für die langen und langweiligen Stunden ihrer Arbeitsroutine entschädigen werde. Vom Familienleben versprach man sich persönliche Erfüllung; doch angesichts solcher hochgespannten Erwartungen konnte die Ehe leicht zu einer Enttäuschung geraten. Und so wandten sich in den ersten Jahrzehnten des 20. Jahrhunderts unzufriedene Paare wie Lorimer und Marsha Linganfield häufiger als je zuvor an den Scheidungsrichter.

In den Jahrzehnten um die Jahrhundertwende erfuhren die Ansprüche, die an die Ehe gestellt wurden, einen dramatischen Wandel; gleichzeitig scheiterten amerikanische Ehen in beispiellosem Ausmaß. Zwischen 1867 und 1929 wuchs die Bevölkerung der USA um 300 Prozent, die Zahl der Eheschließungen stieg um 400 Prozent, aber die Scheidungsrate kletterte auf 2000 Prozent. Ende der zwanziger Jahre wurde etwa jede sechste Ehe geschieden, und die USA genossen das zweifelhafte Prestige, das Land mit der höchsten Scheidungsrate zu sein.[10]

Damals glaubten Beobachter, die Emanzipation der Frau für die steigende Zahl zerrütteter Ehen verantwortlich machen zu können. Ein Sozialwissenschaftler von der Columbia University vertrat um die Jahrhundertwende die Ansicht: »In dem Maße, wie die Frau sich Männerberufe erobert, hat ihre Fähigkeit abgenommen, ein Heim glücklich zu machen und glücklich zu erhalten.« Andere waren mit ihrem Urteil vorsichtiger. Ein Soziologe der University of Pennsylvania brachte 1909 ebenfalls die Emanzipation der Frau mit der hohen Scheidungsrate in Zusammenhang, aber er deutete diese Entwicklung positiv. »Wenn die Ehe scheitert, steht die Frau nicht vor der Wahl, weiter zu dulden oder zu verhungern. Es gibt einen dritten Weg: Sie kann sich selbst ernähren. [...] Sie ist nicht mehr gezwungen, sich von einem Mann, dessen Verhalten ihre Gesundheit und ihr Glück bedroht, unterstützen oder tyrannisieren zu lassen.«[11]

Die guten Chancen der Frau, eine bezahlte Arbeit außerhalb der Wohnung zu finden, hatten fraglos Auswirkungen auf die Scheidungsrate. Von den Frauen, die sich scheiden ließen, war ein höherer Prozentsatz früher berufstätig gewesen als von den Frauen, die sich nicht scheiden ließen.[12] Aber Kritiker, die da wissen wollten, die Frauen zögen Unabhängigkeit und Berufstätigkeit der Ehe und einem Heim vor, hatten schlicht unrecht. Der Beruf mag manchen Frauen die ökonomische Sicherheit gewährt haben, die sie benötigten, um eine unglückliche Ehe auflösen zu können. Doch das Einkommen, das Frauen aus ihrer Berufstätigkeit erzielten, war gering, und viele Frauen, die sich scheiden ließen, sahen sich nur deshalb zu einer Erwerbstätigkeit gezwungen, weil ihr Mann sich weigerte, für sie aufzukommen. Nur die wenigsten fanden an dem Ideal eines Ehepaars, das aus einem Verdiener und einer Ganztags-Hausfrau bestand, etwas auszusetzen.[13]

Was die Scheidungsrate in die Höhe trieb, waren denn auch eher die (zu) hoch gespannten Erwartungen, die man mit einem Heim verbunden hatte, als die Verlockung, die Ehe aufzugeben, um selbständig zu sein. In den wenigen Jahrzehnten zwischen 1880 und 1920, zwischen dem Höhepunkt des Viktorianismus und dem beginnenden Zeitalter des Jazz, trat nicht nur in der Anzahl, sondern auch in den Gründen der Ehescheidung ein auffälliger Wandel ein. Es zeigte sich, daß rapide veränderte eheliche Erwartungen in vielen Fällen zur Katastrophe geführt hatten. Tausende von Paaren hatten wie die Linganfields den Eindruck, daß beide Partner dem modernen Leben in unterschiedlicher Weise gerecht wurden. Für andere kam es zu Problemen, als Frauen und Männer feststellen mußten, daß die Ehe nicht ohne weiteres die materiellen Bequemlichkeiten, die sexuellen Vergnügungen und die Freizeitaktivitäten verbürgte, die man sich von ihr versprochen hatte.

In den zwanziger Jahren waren traditionelle Tugenden nicht mehr genug, um die Ehe lebendig zu erhalten. Jetzt wünschten sich Frauen und Männer mehr Spaß und Abwechslung. Trotzdem war man einigermaßen ratlos, was die häuslichen Aspirationen betraf. Entgegen dem Eindruck zeitgenössischer Beobachter marschierten die scheidungswilligen Städter keineswegs an der Spitze der moralischen Revolution; sie hatten zwar den Wunsch nach Abwechslung und Sinnlichkeit, waren aber hin- und hergerissen zwischen den Traditionen von einst und ihren Zukunftsvisionen.

Generell wollten die Frauen in den zwanziger Jahren lieber umsorgt und beschützt als berufstätig und unabhängig sein. Sie fanden noch immer kein Gefallen an sexuellen Experimenten; sie neigten eher zu einem friedlichen häuslichen Dasein im Kreise ihrer Kinder, allerdings mit mehr Spaß, Freizeit und Überfluß, als ihre viktorianischen Vorfahren gekannt hatten. Auch die Männer zeigten sich ambivalent. Sie mochten die junge und aufregende »neue Frau« attraktiv finden, doch gleichzeitig wünschten sie sich eine häusliche, sparsame und tugendhafte Gattin, die das Haus besorgte und ihre Aufmerksamkeit den Kindern widmete.

Die Scheidung erlaubt Rückschlüsse auf die Kämpfe des Paares, das vergeblich versucht hat, traditionelle Familienwerte mit den neuen Ansprüchen an Heim und Familie zu verbinden. Probleme brachen in dem Moment auf, da das Paar neue Formen des Konsums, der Sexualität und der Freizeitgestaltung auszuhandeln begann. Das Bemühen, die Berufstätigkeit der Frau mit gekräftigten Konsumwünschen zu vereinbaren, erzeugte beträchtliche Belastungen. So sagte Lisa Douglas vor dem Scheidungsrichter, ihr Mann sei »beleidigt gewesen bei der Vorstellung, ich könnte ihm die Schande antun, arbeiten zu gehen, und deshalb hat er mich verlassen. [...] Für ihn war es mit seiner Würde unvereinbar, mich arbeiten zu lassen.« Auch Harold Atweis verwahrte sich gegen die Berufstätigkeit seiner Frau, allerdings aus anderen Gründen: »Sie ist die Woche über ins Geschäft gegangen, und am Samstag und

Sonntag hat sie die Hausarbeit erledigt; das hat mir nicht gepaßt.« Wieder einen anderen Einwand hatte James Howland. Seit seine Frau berufstätig sei, »hat sie nichts mehr im Haus gemacht und wollte auch nicht mehr kochen oder abwaschen [...] und hatte keine Lust, morgens aufzustehen und das Frühstück zu richten oder irgendeine Hausarbeit zu erledigen«. Trotzdem deutet nichts darauf hin, daß diese Frauen in ihren Beruf vernarrt gewesen wären. Viele erwerbstätige Frauen, die im Begriffe waren, sich scheiden zu lassen, hätten ihre Stelle gerne aufgegeben, wenn ihre Männer sie nur angemessen umsorgt hätten. So gab Elizabeth Treadwell zu Protokoll, sie werde auf ihre Arbeit als Zimmermädchen in einem Hotel verzichten, »sobald [mein Mann] glaubwürdig versichert, daß er mich in Zukunft so behandeln wird, wie ein Mann seine Frau behandeln soll, meinen Anwalt bezahlt, mir 50 Dollar als Abschlagszahlung für die Auslagen zahlt, die ich seit seinem Auszug gehabt habe, [...] und in Zukunft für mich sorgt«.[14]

Gleichzeitig erzeugten die Wünsche nach Freizeit, Abwechslung und sexueller Erfüllung in der Ehe Spannungen, die zur Scheidung führen konnten. Zwar betonte man nun den positiven Anteil der weiblichen Sexualität an der Ehe (im Gegensatz zu viktorianischen Vorstellungen von Keuschheit und Zurückhaltung); aber vielen Frauen widerstrebten die in ihren Augen übertriebenen sexuellen Forderungen ihrer Männer. Auf typische Weise reagierte Edith Foster: Wie sie angab, hatte ihr Mann »unmäßigen Geschlechtsverkehr von ihr verlangt. [...] Er nahm gegen ihren ausdrücklichen Protest und mit physischer Gewalt verworfene und widerliche Handlungen an ihr vor und machte sie sich, zum großen Schaden für ihre angegriffene Gesundheit und zu ihrem ungeheuren Widerwillen und Abscheu, gefügig.« Auch Helen Mall behauptete von ihrem Mann, er habe »unnatürliche und obszöne sexuelle Wünsche und Gewohnheiten«, ja, er habe sie »zu unnatürlichem Geschlechtsverkehr mit ihm gezwungen«. Die meisten derartigen Klagen wurden nicht näher erläutert, doch sie enthüllten die berechtigte Empfindlichkeit von Frauen wie Mary Pflager, die ihren Mann bezichtigte, er habe »Akte der sexuellen Verderbtheit und Entartung von solcher Widerwärtigkeit begangen, daß es unschicklich wäre, sie zu benennen oder zu beschreiben«.[15]

Der Jugendkult sowie das Konsum- und Freizeitverhalten warfen ebenfalls Probleme auf, die in der Scheidung kulminieren konnten. Eine alte Frau, die in den zwanziger Jahren ein »flapper«, ein munteres, unkonventionelles Mädchen, gewesen war, berichtete, warum sie 1920 ihren ersten Mann und die Farm in Idaho verlassen hatte, um sich in den Strudel von Hollywood zu stürzen: »Der wollte ja nie irgendwo hingehen oder irgendwas unternehmen. Der war einfach blöd.« Andererseits beklagten Männer sich häufig darüber, daß Frauen vergnügungssüchtig seien. Edward Moley sagte über seine Frau: »Wenn sie es sich in den Kopf gesetzt hatte, ging sie tanzen und tat alles, was sie wollte, und kein Mensch auf der ganzen Welt konnte sie davon abbringen, [...] und sie hat sich vorgestellt, das müßte immer so weitergehen, so oft und so lange sie wollte.« Allerdings schätzten Männer einen gewissen Glamour an ihren Frauen. Ein Mann erklärte seiner Frau nach siebenjähriger Ehe unverhohlen: »Ich habe dich ganz einfach satt, und außerdem wirst du zu dick, für mich bist du zu sehr der Typ der Waschfrau.« Ein anderer Mann sagte zu seiner Frau: »Du bist zu alt. Ich nehme mir eine Junge.«[16] Ein besonders wehmütiges Beispiel für die Spannung zwischen alten und neuen Werten bietet ein junger Ehemann, dessen Frau nach dreijähriger Ehe »das Leben auf der Farm satt hatte«. »Sie ging gern ins Kino und wollte immer nach Hause [in ihren Heimatort], wo mehr Betrieb war.« Der Vater des Mannes bemerkte über seinen auf der Farm aufgewachsenen Sohn: »Der Junge hat eine gute Einstellung. Schnaps und Tabak kennt er nicht. Er geht in die Kirche und ist ein guter Sohn. Er war immer fleißig und arbeitet jeden Tag. Er war immer ein guter Arbeiter.« Aber das war wohl nicht genug für seine Frau, die ihn verließ, weil sie die Abwechslung des Stadtlebens vorzog.[17]

Spätestens in den zwanziger Jahren hatte die Konzeption der Familie als einer Institution in der Gesellschaft sich verändert. Zwar hatte der Mittelschichthaushalt im 19. Jahrhundert nicht mehr unmittelbar eine ökonomische Einheit verkörpert, wie das noch in vorindustrieller Zeit der Fall gewesen war; aber die Rollen der einzelnen Mitglieder des Haushalts definierten sich noch über das Produktionssystem. Von der viktorianischen Familie wurde erwartet, daß sie Produzenten produzierte. Das 20. Jahrhundert verlagerte den Akzent in diesem Ethos: Jetzt gehörte die Wohnung zu den Plätzen, an denen die Früchte der Produktion konsumiert wurden. Die Familienangehörigen waren nun nicht mehr nur Produzenten (oder Erzeuger von Produzenten), sondern wurden auch zu Käufern der Güter, an deren Herstellung sie beteiligt waren. Asketische Disziplin war nicht mehr unabdingbar, um das System in Gang zu halten; mit einer genießerischen Einstellung wurde das Familienmitglied seiner neuen ökonomischen Funktion besser gerecht. Die Vorstadtfamilien wurden zu Konsumeinheiten, die Überfluß und Freizeit in den Haushalt absorbierten. Und so gesehen entwickelte sich das Heim, obwohl es seine früheren sozialen Funktionen weitgehend eingebüßt hatte, zu einer Institution, die für die Befriedigung der individuellen Bedürfnisse sogar an Bedeutung gewann.

Die Ideologie der Häuslichkeit in der Krise

Die partnerschaftliche Ehe – ein Begriff, den einige Historiker zur Beschreibung der modernen, paarzentrierten Familie gebrauchen – bildete sich in den ersten Jahrzehnten des 20. Jahrhunderts heraus. Sie beruhte auf der Prämisse, daß die stabilste Familie eine Kernfamilie mit einem Verdiener und einer Hausfrau sei, die gemeinsam das Ziel verfolgen, die materiellen und emotionalen Bedürfnisse der Familienmitglieder zu befriedigen, und gemeinsam in ihrer Freizeit die Früchte des Lebens genießen. Doch durch die Ereignisse der dreißiger und vierziger Jahre wurde dieses Ideal arg strapaziert. Der ökonomische Zusammenbruch in der großen Depression und die massiven Verwerfungen durch den Zweiten Weltkrieg richteten in vielen Familien ein Chaos an. Aber die Wirtschaftskrise brachte nicht nur Elend mit sich, sie setzte auch enorme Energien und Radikalität frei. Gewerkschaftliche Zusammenschlüsse und Reformbewegungen aller Art hatten Hochkonjunktur; die Krise machte den Amerikanern Mut, die Zwänge der Vergangenheit abzuschütteln. Die Konsolidierung der Familie und der Wirtschaft war nicht durch Rückkehr zum Alten zu erreichen, sondern nur durch Anpassung an die neuen Verhältnisse. Die Wirtschaftskrise machte den Weg frei für eine Familie neuen Typs, in der beide Ehepartner verdienten und Gleichheit der Geschlechter herrschte.[18] So bahnte die Depression zwei unterschiedlichen Familienformen den Weg: Neben der Familie, in der zwei Verdiener gemeinsam die Hausarbeit erledigten, gab es die Familie, in der die Rollen der Ehegatten deutlich differenziert waren. In dieser verdiente der Vater den »Familienlohn«, während die Mutter sich den Kindern widmete und das Einkommen ihres Mannes notfalls durch eine eigene Erwerbstätigkeit aufbesserte. Junge Leute hatten die Wahl zwischen diesen beiden Wegen. Eine junge Ehefrau sagte dazu: »Unsere Ehe soll rational und kontrollierbar sein. Er hat zwei Beine und ich auch; es gibt auf keiner Seite eine zu schwere Last.«[19] Die Paare gingen offenen Auges das Bündnis ein und stellten sich den Herausforderungen. Doch als Wirtschaftskrise und Weltkrieg vorbei waren, wurde klar, daß Millionen amerikanischer Mittelschichtfamilien sich für die Alternative der polarisierten Geschlechterrollen entschieden hatten. Wie kam es zu diesem überwältigenden Sieg der »traditionellen« Rollen? Nun, hier ging eine Saat auf, die schon während der Wirtschaftskrise gesät und in den vierziger Jahren kultiviert worden war.

Als die Wirtschaftskrise die Nation zu bedrängen begann, sann man auf Mittel, um die Familie vor dem finanziellen Ruin zu bewahren. Kommunale und verwandtschaftliche Hilfen wirkten zusammen und boten Unterstützung. Manchmal reichte dieser informelle Beistand aus, in den meisten Fällen nicht. Die Folge waren staatliche Eingriffe ins private Leben von einem bis dahin ungekannten Ausmaß. Präsident Franklin D. Roosevelt versicherte den Amerikanern nicht nur, sie hätten »nichts zu fürchten als die Furcht selbst«; er versuchte auch, ihnen die Furcht vor den Vollmachten der nationalen Regierung zu nehmen, die das Heim antastete, um die extremsten Nöte zu lindern. Angefangen bei der Sozialversicherung, die den Alten Unterstützung gewährte, bis hin zu zahlreichen öffentlichen Arbeiten, die den Erwerbslosen zu einem Job verhalfen, brach mit Roosevelts New Deal der Staat in das Leben jedes Einzelnen ein. Einige sträubten sich gegen die Einmischung, doch bei der Mehrheit fand Roosevelt mit seinen Programmen einen so starken Rückhalt, daß die politische Koalition, die sich um den New Deal geschart hatte, drei Jahrzehnte lang die nationale Hegemonie behauptete.

Die Depression traf nicht alle Amerikaner in gleicher Weise, doch sie erzeugte einen allgemeinen Krisenzustand, der Rollen- und Entlohnungserwartungen korrigierte. So änderte sich auch die Rolle der Ehe im Leben des Einzelnen. Anfang der dreißiger Jahre sank die Zahl der Eheschließungen auf ein Rekordtief – junge Frauen und Männer schoben die Ehe auf oder entschlossen sich, ledig zu bleiben. Männer warte-

Die Wirtschaftskrise löste große ökonomische Erschütterungen aus und führte oft dazu, daß in Not geratene Menschen fortzogen und anderswo einen Neuanfang versuchten.

ten mit der Heirat ab, wenn sie nicht sicher waren, eine Familie ernähren zu können. Nicht wenige Pädagogen, Kirchenmänner und Beobachter äußerten die Besorgnis, die »Vertagung« der Eheschließung könne sexuellen Exzessen Vorschub leisten. Da sie befürchteten, daß Aufrufe zur sexuellen Zurückhaltung nicht viel fruchten würden, appellierten sie an die Eltern, jungen Liebenden durch finanzielle Unterstützung die Ehe zu ermöglichen, wenn sie es sich irgend leisten könnten. Einer Roper-Umfrage von 1937 zufolge waren die Besorgnisse über den Aufschub der Heirat so verbreitet, daß über ein Drittel aller Amerikaner den ungewöhnlichen Vorschlag staatlicher Zuschüsse für heiratswillige junge Paare befürworteten. Eine frühzeitige Heirat, sogar in finanzieller Abhängigkeit, erschien vielen als das kleinere Übel, verglichen mit den Gefahren vorehelich praktizierter Sexualität, deren Ergebnis uneheliche Kinder sein konnten. Hier tauchte zum erstenmal eine Überlegung auf, die im Krieg und in der Nachkriegszeit überaus geläufig wurde: die frühe Heirat als probates Mittel gegen unerlaubte sexuelle Betätigung. Damals schrieb der Eheberater Paul Popenoe: »Um Gottes willen, warum warten? Wenn ihr euch wirklich liebt, wenn ihr alt genug seid, um zu wissen, was ihr tut, wenn euch klar ist, was die Ehe bedeutet, und ihr sie ungebunden eingehen könnt, dann habt ihr nicht das Recht, irgend etwas zwischen euch und euer Glück treten zu lassen – am allerwenigsten das Geld.«[20]

Trotz solcher Ermahnungen blieb die Heiratsquote in den dreißiger Jahren niedrig und lag noch unter der der zwanziger Jahre. Erst ab 1940 stieg sie wieder signifikant an. Auch die Geburtenrate sank in den dreißiger Jahren stärker als zuvor, und die Zahl der Scheidungen nahm in dem Maße zu, wie Ehen – vor allem unter der finanziellen Belastung – zerbrachen. Gleichzeitig eröffnete die Wirtschaftskrise einer Vielzahl von alleinstehenden Frauen die Chance, selbständig zu werden. Diese berufstätigen Frauen schafften es, aus eigener Kraft sich selbst und ihre Familie zu ernähren.[21]

Die populäre Kultur jener Zeit, vor allem Filme und Fan-Magazine, glorifizierte die berufstätige Frau und bekräftigte ihren aktiven Part im öffentlichen Leben. In den dreißiger Jahren besuchten viele junge Männer und Frauen die Filme der Hollywoodberühmtheiten und lasen die Klatschgeschichten über sie. Die Filmindustrie gehörte zu den wenigen Branchen, die während der Wirtschaftskrise keine gravierenden Rückschläge erlitten. Zwar lebten nur ganz wenige Kinobesucher so wie die Filmstars, aber man identifizierte sich trotzdem mit den persönlichen Dramen, die sich auf der Leinwand – und hinter den Kulissen – abspielten. Hollywood fungierte gleichzeitig als Barometer und als Leuchtfeuer der amerikanischen Massenkultur.[22]

In Starporträts vor und hinter den Kulissen propagierte Hollywood die Selbständigkeit der Frau und die Gleichheit der Geschlechter. Die Leitbilder im populärsten Fan-Magazin der Nation, *Photoplay*, sind der beste Beweis für die Virulenz dieser Themen seit den dreißiger Jahren. Die zwanziger Jahre hatten die Abwendung vom viktorianischen Frauenmodell erlebt, als Stars wie Clara Bow oder Greta Garbo mit einer neuen Sexualethik experimentierten. In den dreißiger Jahren begann ein neues Bild von der Frau – stark, autonom, kompetent, karriereorientiert – sich durchzusetzen. Doch so sehr Hollywood auch emanzipierte Frauen schätzte, es gelang ihm nicht, Wege zur Umstrukturierung der Familie unter Einbeziehung selbständiger Frauen zu weisen. Die starken und autonomen Frauen der dreißiger Jahre stellten nicht länger, wie ihre Geschlechtsgenossinnen in den Zwanzigern, ideale Ehefrauen dar, die ihre Emanzipation in eine verjüngte Ehe einbrachten. Sie wurden als *Frauen* bewundert, nicht als Gattinnen. Hollywood perpetuierte die an die viktorianische Zeit gemahnende Vorstellung, eine Frau, die Karriere machen wolle, müsse auf die Ehe verzichten. Ein Ratgeber in *Photoplay* kam denn auch zu dem Schluß: »Es ist ein Riesenunterschied zwischen einer Karriere im Kino und unserer unbewußten Sehnsucht nach dem häuslichen Leben.«[23]

Hollywood trat in den dreißiger Jahren für die Gleichheit der Geschlechter ein, aber es wartete nicht mit einem Modell der Gleichberechtigung in der Ehe auf. Große Filme aus jenen Jahren veranschaulichen diese ambivalente Einstellung gegenüber der emanzipierten Frau, die heiratet. Filme wie *Blonde Venus* (1931, mit Marlene Dietrich) warnten die Zuschauer vor den Gefahren der Rollenumkehrung in einer Familie, in der der Mann arbeitslos ist und die Frau das Geld verdient. Und noch in den vierziger Jahren ergingen sich Filme wie *His Girl Friday*, der ein Kassenschlager wurde, in hoch pessimistischen Aussichten der Karrierefrau, in der Ehe das Glück zu erlangen.[24]

Selbst der New Deal, dessen Ziel es doch war, Härten zu lindern, scheute bei aller Radikalität seiner Maßnahmen davor zurück, eine neue

Marlene Dietrich spielt in *Blonde Venus* eine Frau, die böse wird, als ihr Mann, der Verdiener in der Familie, seinen Arbeitsplatz verliert. Derartige Ängste waren in den dreißiger Jahren weit verbreitet.

Familienstruktur auf der Grundlage der Gleichheit der Geschlechter zu lancieren. Obwohl viele Familien darauf angewiesen waren, daß beide Ehegatten verdienten, unterstützte der Staat zwar arbeitslose männliche Verdiener, bot verheirateten Frauen aber keine Anreize bei der Stellungssuche. Abschnitt 213 des Economy Act von 1932 bestimmte, daß bei einem notwendig werdenden Personalabbau in der Exekutive zunächst verheiratete Personen zu entlassen seien, sofern sie mit einem bei der Regierung beschäftigten Partner verheiratet waren; die Folge davon war, daß 1600 verheiratete Frauen ihre Arbeitsplätze bei der Bundesregierung verloren. Viele bundesstaatliche Regierungen und lokale Verwaltungen beherzigten diese Empfehlung; drei von vier Städten schlossen Frauen vom Lehrberuf aus, acht Bundesstaaten erließen Gesetze, die ihnen bundesstaatliche Arbeitsplätze versagten. Der Staat gewährte bedürftigen Familien Erleichterungen, jedoch verheirateten Frauen keine Arbeit.[25] Man mühte sich nach Kräften, die Chancen der Frauen auf dem Arbeitsmarkt zu beschneiden, um unter allen Umständen die Erwerbstätigkeit der Männer abzusichern. Männer, die ihr Einkommen oder ihren Arbeitsplatz verloren hatten, büßten häufig auch ihren Status in der Familie und ihre Selbstachtung ein. Wirtschaftliche Not bedeutete eine schwerwiegende Belastung der Ehe. Staatliche Bei-

In *His Girl Friday* spielt Rosalind Russell an der Seite Cary Grants die Exfrau eines Journalisten, dem sie beweisen will, daß sie in diesem harten Geschäft durchaus ihren Mann stehen kann.

hilfen besserten zwar das Familienbudget auf, nahmen aber dem Verdiener nicht das Gefühl, versagt zu haben.[26]

War die Rolle des Verdieners einmal untergraben, so verschoben sich auch andere familiäre Rollen auf dramatische Weise. Oft suchten sich Ehefrauen und Mütter, die nie zuvor erwerbstätig gewesen waren, eine Arbeit, um dazuzuverdienen oder ihre Familie über Wasser zu halten. Diese Erwerbstätigkeit wurde von der Gesellschaft äußerst scheel angesehen und war miserabel bezahlt. Zwar verdrängten Frauen in den seltensten Fällen Männer (die überwältigende Mehrheit von ihnen war in »Frauenberufen« tätig, die die Männer ohnehin nicht akzeptiert hätten), aber sie galten trotzdem als egoistisch, wenn sie berufstätig waren, während der Mann arbeitslos zu Hause saß. Frauen hatten auch die Unbill niedriger Löhne und kümmerlicher Arbeitsbedingungen zu ertragen. Auch wenn das Geld aus dieser Arbeit gebraucht wurde, waren berufstätige Frauen nur allzugern bereit, dem Druck nachzugeben und aufzuhören, wenn sie sich einer angemessenen Versorgung durch den Mann sicher sein konnten. Einer Gallup-Umfrage von 1936 zufolge waren 82 Prozent der amerikanischen Männer und Frauen der Auffassung, daß die Frau eines berufstätigen Mannes nicht einer Arbeit außer Hause nachgehen sollte. 1939 waren fast 90 Prozent der befragten Männer der Meinung: »Frauen sollten nach der Heirat nicht berufstätig sein.« Die meisten Frauen teilten diese Ansicht. Öffentliches Lob verdienten nur alleinstehende Frauen, die auf eigenen Füßen standen, oder sparsame und einfallsreiche Hausfrauen, die es mit ihren häuslichen Künsten verstanden, ihre Familie durch die Krise zu steuern.[27]

Angesichts der Tatsache, daß das Einkommen der Frau in der Familie benötigt wurde, hätte ihre verbreitete Berufstätigkeit eine der wichtigsten Vermächtnisse der Wirtschaftskrise sein können. Doch diskriminierende Maßnahmen und der Argwohn der Öffentlichkeit wirkten dem entgegen. Während die bezahlte Tätigkeit von Frauen nur geringfügig zunahm, erfuhren ihre häuslichen Rollen eine beträchtliche Erweiterung. In ihrem Heim leistete die Frau einen erheblichen Beitrag zur Familienökonomie, indem sie die Ausgaben einschränkte und sich eine Vielzahl kleiner Sparmaßnahmen einfallen ließ. Infolge solcher Bemühungen vermochten viele Familien trotz ihres reduzierten Einkommens während der Wirtschaftskrise ihren Lebensstandard zu halten.[28]

Die herrschende Familienideologie wurde in den dreißiger Jahren, als Frauen und Männer sich durch »Umverteilung« der häuslichen Verantwortung den schweren Zeiten anpaßten, auf eine harte Probe gestellt. Die jungen Leute lernten auf der einen Seite, die Berufstätigkeit der Mutter im Interesse der Familienfinanzen zu akzeptieren; auf der anderen Seite sahen sie, daß Abweichungen von den traditionellen Rollen oft die eheliche Katastrophe heraufbeschworen. Kinder, die damals in wirtschaftlich bedrängten Familien aufwuchsen, erlebten mit, wie ihre Eltern sich abrackerten, ihrer Aufgabe als Verdiener bzw. Hausfrau gerecht zu werden, und litten mit ihnen mit, wenn sich herausstellte, daß die Hoffnungen nicht erfüllt werden konnten. Wie der Soziologe Glen Elder in seiner bahnbrechenden Studie über die amerikanische Familie zur Zeit der Wirtschaftskrise feststellt, mißbilligten Kinder das veränderte Machtgleichgewicht zu Hause um so mehr, je stärker in der Familie die traditionellen Geschlechterrollen ins Wanken geraten waren.[29]

Die Idee der partnerschaftlichen Ehe fand während der Wirtschaftskrise zusätzlich Anklang, als Männer und Frauen gezwungen waren, an einem Strang zu ziehen, um Schaden von ihrem Haushalt abzuwenden. Zwar wurde vom Mann erwartet, daß er die Funktion des Haushaltsvorstands wahrnahm, aber Frauen, die während der Depression groß geworden waren, tendierten zu mehr Gleichberechtigung in der Ehe als die Frauen früherer Zeiten: 60 Prozent der Frauen, die 1938 vom *Ladies Home Journal* befragt wurden, distanzierten sich von dem Wort »gehorsam« im Eheversprechen; 75 Prozent beharrten darauf, daß alle Entscheidungen gemeinsam getroffen werden müßten; 80 Prozent meinten, daß ein arbeitsloser Ehemann seiner berufstätigen Frau die Hausarbeit abnehmen solle. Trotzdem sagten 60 Prozent, daß sie den Respekt vor einem Mann verlören, der weniger verdiente als seine Frau, und 90 Prozent fanden, eine Frau solle ihren Beruf aufgeben, wenn ihr Mann das von ihr verlange. Diese Vorstellung von der modernen Ehe verknüpfte also eine gewisse Gleichheit innerhalb der Beziehung mit den unterschiedlichen Rollenmustern des Verdieners und der Hausfrau.[30]

Daß die Frauen ihre häusliche Rolle akzeptierten, wird verständlicher, wenn man die Zwänge bedenkt, denen sie in der Arbeitswelt ausgesetzt waren. Die Wirtschaftskrise diente als Legitimation für die Beschäftigung von alleinstehenden Frauen sowie von verheirateten Frauen, die mit ihrem Lohn das Einkommen des Verdieners aufbesserten. Doch ihre Tätigkeit beschränkte sich auf typische Frauenberufe, die schlechter bezahlt und weniger angesehen waren und auch weniger Aufstiegschancen boten als Männerberufe.[31] Wenn die Arbeitnehmerschaft weniger verstockt gewesen wäre und die staatlichen Maßnahmen gleiche Chancen für Frauen eröffnet hätten, wären die jungen Leute in den dreißiger Jahren vielleicht nicht so leicht für die herrschenden Geschlechterrollen zu gewinnen gewesen. Brauchbare langfristige Berufsaussichten für Frauen hätten eine Umstrukturierung der Familienrollen in Gang setzen können. Doch angesichts der harten Wirklichkeit ließ man das Mögliche verkümmern. Und so vermochten die in den dreißiger Jahren fraglos vorhandenen Ansätze zu einer radikalen Veränderung der Geschlechterrollen in der Familie sich nicht zu entfalten. Als die Wirtschaftskrise andauerte, schien den Amerikanern der Weg zum sicheren Heim über traditionelle häusliche Muster zu führen. Die Barrieren, die der Gleichheit der Geschlechter entgegenstanden, hätten nach dem Ende der Krise abgebaut werden können. Frauenarbeit hätte nicht länger in dem Ruf gestanden, die Arbeitslosigkeit und den Statusverlust der Männer mit zu verschulden. Als der Zweite Weltkrieg die Depression in Vollbeschäftigung und Wirtschaftsaufschwung auflöste, waren viele der Hemmnisse beseitigt, die eine tiefgreifende Umstrukturierung der öffentlichen und privaten Rollen verhindert hatten. Die Antwort darauf mußte nun erweisen, welchen der beiden Wege, die die Depression aufgezeigt hatte, die Amerikaner tatsächlich beschreiten wollten.

Herausforderungen durch den Krieg

Wie die Wirtschaftskrise, so brachte auch der Zweite Weltkrieg neue Herausforderungen und neue Verwerfungen in der Familie mit sich. Der Krieg machte die Hoffnung vieler Menschen zunichte, nach der Depression endlich wieder ein stabiles und sicheres Heim aufzubauen. Als Tausende von Männern zu den Fahnen gerufen wurden, zählte die soldatische Verantwortung des Mannes mehr als seine Rolle als Verdiener. Während die Männer an ferne Küsten entschwanden, blieb es den Frauen überlassen, sich selber durchzukämpfen.

Die Ausnahmesituation des Krieges öffnete in bisher ungekanntem Umfang der Emanzipation der Frau den Weg. Die Anläufe zur Gleichstellung der Geschlechter, die in den dreißiger Jahren gestoppt worden waren, hatten jetzt Aussichten, ans Ziel zu gelangen. Die Wirtschaftskrise endete abrupt – die Arbeitslosenquote fiel von 14 Prozent auf fast null. Mit Rücksicht auf die Erfordernisse einer expandierenden Kriegswirtschaft machte die Politik eine dramatische Kehrtwendung: Jetzt wurden Frauen nicht mehr von Arbeitsplätzen entfernt, sondern angeworben. Man ermutigte verheiratete Frauen, in »Männerberufe« einzutreten, um ihren patriotischen Beitrag zur Kriegswirtschaft zu leisten, während die Männer in der Fremde kämpften. Die öffentliche Meinung spielte mit. Zur Zeit der Wirtschaftskrise waren 82 Prozent der Amerikaner dagegen, daß Frauen außer Haus arbeiteten; 1942 waren nur noch 13 Prozent dagegen.[32]

Angelockt vom Appell an ihren Patriotismus und von guten Löhnen, strömten die Frauen ins Berufsleben. 1945 war die Anzahl erwerbstätiger Frauen um 60 Prozent gestiegen. Drei Viertel dieser neuen Werktätigen waren verheiratet, ein Drittel hatte Kinder unter vierzehn.[33] Die Erfordernisse der Kriegsproduktion hätten zu einer Umstrukturierung des Arbeitsmarktes unter geschlechtsneutralen Gesichtspunkten führen, der Geschlechtertrennung am Arbeitsplatz ein Ende bereiten und eine Neuorientierung der häuslichen Rollen bewirken können. Die kriegsbedingten Trennungen hätten dazu führen können, daß Paare mit dem Heiraten und Kinderzeugen warteten und damit die demographische Tendenz der dreißiger Jahre zu später Eheschließung, geringer Heiratsquote und weniger Kindern bestätigten. Doch nichts von alledem geschah. Die Impulse für einen signifikanten Wandel der Geschlechtsmuster wurden neuerlich erstickt. Gegen die ungeheuren Veränderungen, die der Krieg heraufführte, ermunterte die Ausnahmesituation die Frauen dazu, nur ihr Heim im Blick zu haben, und die Männer, ihren angestammten Status als primärer Verdiener und Haushaltsvorstand zu reklamieren.

Der Krieg hat die Amerikaner nicht davon abgehalten, ein Familienleben zu beginnen, sondern sie im Gegenteil in diesem Vorhaben bestärkt. Frauen gingen in die Kriegsproduktion, ohne darum die Reproduktion aufzugeben. Der Krieg bewirkte eine drastische Erhöhung der Heiratsquote, die in den dreißiger Jahren stark gesunken war. Zwischen 1940 und 1943 wurden über eine Million Familien *mehr* gegründet, als normalerweise zu erwarten gewesen wären, und kaum waren die USA in den Krieg eingetreten, da explodierte die Geburtenrate – zwischen 1940 und 1945 stieg sie von 19,4 auf 24,5 Geburten pro 1000 Einwohner. So waren die Kriegsjahre durch ein merkwürdiges Phänomen gekennzeichnet: eine verbreitete Störung des häuslichen Lebens sowie den Triumph von Ehe und Elternschaft.[34]

Für die Zunahme der Familiengründungen waren materielle und immaterielle Faktoren verantwortlich. Anders als in den dreißiger Jahren gab es nun keine Not mehr, die die Eheschließung verhindert hätte; außerdem wurden Familien, deren Verdiener eingezogen worden war, durch staatliche Beihilfen entlastet. Noch wesentlicher war wohl der Wunsch, in unsicherer Zeit eine Beziehung zu festigen und Vorsorge für die Zukunft zu treffen. Von der Kriegspropaganda wurde die Nation aufgerufen, die Männer nicht im Stich zu lassen, die für ihre Familien kämpften. Die populäre Kultur transportierte zahllose solcher Appelle. Auf Veranlassung des Office of Facts and Figures strahlten die großen Rundfunkstationen 1942 eine Reihe von Sendungen aus, die die Bevölkerung zur Unterstützung des Krieges mobilisieren sollten. Diese Appelle argumentierten nicht mit der Pflicht, den Faschismus in Europa niederzuringen, sondern mit dem Vorsatz, das Familienleben in der Heimat zu fördern. Ein gern gehörter Programmteil wandte sich an die Jugendlichen und machte den Hörern klar, warum es wichtig war, die Kriegsanstrengung des Landes zu unterstützen:

Stimme des jungen Mannes: »Auch darum geht es in diesem Krieg.«

Stimme der jungen Frau: »Um uns?«

Stimme des jungen Mannes: »Um *alle* jungen Leute! Wir wollen uns doch verlieben und heiraten und eine Familie gründen und Kinder haben, und ein Häuschen im Grünen, mit viel frischer Luft ... Wir wollen *anständig* leben und arbeiten, wie freie Menschen!«[35]

Die Vorstadtidylle der Kleinfamilie wurde zum Hebel der Kriegsanstrengung stilisiert. Filme verbreiteten ähnliche Botschaften – daß sie von der Regierung finanziert waren, tat ihrer Beliebtheit keinen Abbruch. Der 1943 gedrehte Propaganda-Kriegsfilm *This Is the Army* – mit Ronald Reagan – war der erfolgreichste Film des Jahrzehnts. Er handelt von der Geliebten des Helden, einer Armee-Sanitäterin, die ihren widerstrebenden Helden mit allen Mitteln dazu bringen will, sie zu heiraten. Schließlich gelingt der Plan, und die Ehe wird geschlossen, kurz bevor der Held abfährt, um in der Fremde zu kämpfen.[36]

Die Popularkultur spiegelte zwar die allgemeine Bewunderung für die vielen tausend Kriegsarbeiterinnen wider, bekräftigte aber, daß Frauen im Grunde genommen ins Haus gehörten. Damit entfernte man sich von den Ratschlägen der dreißiger Jahre, die den Frauen einge-

Höhepunkt des Films *This Is the Army* ist die Szene, in der der Held (Ronald Reagan) während des Zweiten Weltkriegs seine Freundin heiratet, bevor er an die Front geht.

schärft hatten, sogar die Gefährdung ihres ehelichen Glücks in Kauf zu nehmen, um ihre Ambitionen zu verwirklichen. Alles in allem gab Hollywood sein halbherziges Engagement für die Gleichheit der Geschlechter in den vierziger Jahren bald auf. Dieser dramatische Sinneswandel wirft eine grundsätzliche Frage auf: Warum wurde gerade zur Zeit der Kriegsarbeiterinnen (»Rosie the Riveter«) das häusliche Leben so hoch bewertet? Erklärungen für dieses scheinbare Paradox liefert die nach Einschätzung mancher Historiker folgenreichste Veränderung der vierziger Jahre: der beispiellos hohe Anteil der Frauen an der Arbeitnehmerschaft. Prüft man genauer, wer diese Frauen waren und was sie taten, und untersucht man insbesondere ihre langfristigen Chancen, so wird deutlich, daß die Aussichten erwerbstätiger Frauen begrenzter waren, als es den Anschein hatte.[37] Während des Krieges stieg der Anteil der Frauen, die erwerbstätig waren, von 28 Prozent auf 37 Prozent; drei Viertel der neuen Arbeitnehmerinnen waren verheiratet. Ende des Krieges waren nicht weniger als 25 Prozent aller verheirateten Frauen erwerbstätig – ein gewaltiger Zuwachs um 15 Prozent gegenüber dem Ende der dreißiger Jahre. Da die meisten dieser Arbeiterinnen ihre frühen Erwachsenenjahre als Hausfrau zugebracht hatten, stand nicht zu erwarten, daß sie in Berufe gingen, die Ausbildung und Erfahrung erforderten und die begründete Aussicht auf gute Bezahlung, Beförderung und Sicherheit des Arbeitsplatzes boten. Infolgedessen trugen die meisten von ihnen zur zunehmenden Segregation der Frauen in einfachen »Frauenberufen« bei.[38] »Rosie the Riveter« war die Ausnahme, die die Regel bestätigte. Denn die meisten »Männerberufe«, in denen Frauen gearbeitet hatten, fielen nach dem Krieg an die Männer zurück – hauptsächlich auf Druck der von Männern dominierten Gewerkschaften. Schon während des Krieges hatten die populäre Literatur und die Politiker gemahnt, nach Einstellung der Feindseligkeiten sollten verheiratete Frauen wieder ihren häuslichen Pflichten nachgehen und alleinstehende Frauen ihren Beruf aufgeben und sich einen Ehemann suchen.[39]

Die kriegsbedingte Selbständigkeit der Frauen weckte auch die Furcht vor der weiblichen Sexualität als einer frei flottierenden, bedrohlichen Macht. Den Männern wurde eingeschärft, alleinstehende Frauen und »Victory girls« zu meiden, die sich in den Vergnügungsvierteln unweit der Truppenstützpunkte herumtrieben; die Frauen wurden aufgerufen, ihre Sehnsüchte auf das Heim zu konzentrieren. Keuschheitskampagnen und Propagandabemühungen bezeugen die verbreitete Sorge, alleinstehende Frauen könnten nach dem Krieg vielleicht nicht bereit sein, sich in der Häuslichkeit niederzulassen. Derlei Befürchtungen mochten daher rühren, daß die Kriegsjahre viele Frauen aus ihrem Heim und ihren sexuell segregierten Berufen in Beschäftigungen führten, die vorher den Männern vorbehalten waren.

Nichts läßt erkennen, daß diese Besorgnisse stichhaltig waren. Im Zweiten Weltkrieg sind mehr Familien gegründet worden, als auseinandergerissen wurden. Dennoch beunruhigte die neue ökonomische und sexuelle Unabhängigkeit der Frauen und deren Auswirkung auf die Familie viele Beobachter. Die Kriegszeit weckte einen Argwohn gegen alle

Nach dem Zweiten Weltkrieg wurden die Freuden der Mutterschaft wieder in den Vordergrund gerückt.

Formen der nichtehelichen Sexualität, der seit der Ära der »Progressiven« nicht mehr laut geworden war und bis in die Nachkriegszeit forthallte.[40] Der Argwohn richtete sich massiv gegen Prostitution und »Promiskuität«, gegen Homosexuelle und »Deviante« im militärischen wie im zivilen Bereich.[40]

Auch die von einigen befürchteten, von anderen erhofften Veränderungen der geschlechtsspezifischen Muster haben sich nicht eingestellt. Im Grunde genommen hob der Krieg die Aufgaben der Frau als Hausfrau, Mutter und Konsumentin ebenso stark hervor, wie er ihre Berufstätigkeit erweiterte. Trotz des Rummels um »Rosie the Riveter« gingen nur wenige Frauen in Berufe, die vorher eine Männerdomäne gewesen waren, und diejenigen, die es doch taten, verdienten dort weniger als die Männer. Die Entwicklung der weiblichen Arbeitnehmerschaft folgte bereits einem Schema, das sich nach dem Krieg aufrechterhielt: Der quantitativen Vergrößerung der Chancen stand ein immer schmaler werdendes Spektrum von Berufen gegenüber. Zwar waren die Frauen zu nicht-traditioneller Arbeit bereit und erwiesen sich als kompetent, aber nur den wenigsten gelang es, diese Arbeitsplätze nach dem Krieg zu behalten. Daher hat die Kriegszeit letztlich die Geschlechtertrennung in der Arbeitnehmerschaft verstärkt.

Nach dem Zweiten Weltkrieg war es mit der kurzfristigen Bekräftigung weiblicher Unabhängigkeit rasch vorbei, und man predigte allenthalben wieder weibliche Unterordnung und Häuslichkeit. Ihre Wünsche nach etwas Neuem und Befreiendem hatten die Amerikaner zurückgestellt, doch daß es sie gab, konnte leicht Chaos stiften. Während des Krieges hatte die Spartätigkeit einen Höhepunkt erreicht. Ein Viertel ihres frei verfügbaren Einkommens hatten die Amerikaner auf die hohe Kante gelegt[41]; sie setzten darauf, das Geld auszugeben, wenn der Krieg vorbei war, und sich dann auch andere aufgestaute Wünsche – nach freien und freizügigen Beziehungen, Freizeit und einem guten Leben – erfüllen zu können. Aber zu viel Geld, starke Frauen und zu viel Sex konnten, so die grassierende Angst, den Traum vom guten Leben zerstören; es galt, dies alles in geordnete Bahnen zu lenken. Wenn die Dinge schiefgingen, blieben Glück und Sicherheit unerreichbar. Das war der Rohstoff für die Ideologie der Häuslichkeit.

Der Baby-Boom

Mit der Ideologie der Häuslichkeit rückten in der Nachkriegszeit wieder die Kinder in den Mittelpunkt der amerikanischen Familie. Für die Nation verkörperte die nächste Generation die Zukunftshoffnungen. Für den Einzelnen freilich bedeutete Elternschaft mehr als nur eine Pflicht gegenüber der Nachwelt; die Freude, ein Kind großzuziehen, mußte für Enttäuschungen in anderen Bereichen des Lebensentwurfs entschädigen. Für Männer, die der Beruf frustrierte, für Frauen, die der Haushalt langweilte, mochten Kinder ein Hoffnungsanker sein.

Der soziale Konsens in der Nachkriegszeit verdichtete sich an den Kindern. Der Baby-Boom war nicht die Folge des eingetretenen Friedens oder einer nachgeholten Elternschaft. Der Baby-Boom begann *während* des Krieges und dauerte in der Nachkriegszeit an, weil jüngere Eltern früher Kinder bekamen. Teilweise ist der Boom mit dem Rückgang des Heiratsalters zu erklären. Doch ein niedrigeres Heiratsalter führt nicht zwangsläufig zu einer höheren Geburtenrate; so sind in den ersten Jahrzehnten des 20. Jahrhunderts Heiratsalter *und* Geburtenrate stetig zurückgegangen. In den vierziger Jahren dann schnellte die Geburtenrate steil in die Höhe und setzte einem fast zweihundertjährigen Niedergang der Fruchtbarkeit unerwartet ein Ende. Wie kam es zu diesem Umschwung? Die Demographen haben nachgewiesen, daß die Anzahl der Kinder pro Familie nur mäßig anstieg. Frauen, die in den dreißiger Jahren volljährig geworden waren, hatten durchschnittlich 2,4 Kinder; Frauen, die in den fünfziger Jahren erwachsen wurden, brachten durchschnittlich 3,2 Kinder zur Welt. Der Baby-Boom rührte daher, daß alle dasselbe taten – und zur gleichen Zeit.[42]

Die Geburtenrate stieg in allen sozialen Schichten. Wie eine demographische Studie ergab, erfaßte der Baby-Boom sämtliche ethnischen, rassischen und Berufs-Gruppen. Außerdem legten die Amerikaner in diesen Jahren eine auffallende Konformität an den Tag: Sie heirateten jung und bekamen binnen weniger Jahre durchschnittlich mindestens drei Kinder. Die meisten Paare hatten mit Ende zwanzig die ihnen vorschwebende Familiengröße erreicht.[43]

Der Baby-Boom war Ausdruck von demographischen, ökonomischen und ideologischen Wandlungen, die eng mit der historischen Entwicklung zusammenhingen. Versuche, den Baby-Boom mit dem Wunsch nach Rückkehr zum »normalen« Familienleben nach dem Krieg oder mit den verbesserten wirtschaftlichen Verhältnissen wegzuerklären, verkennen, wie dramatisch diese Entwicklung auf lange Sicht war. Es hat früher ebenfalls Kriege und Wirtschaftskrisen gegeben, doch nie zuvor waren sie der Auftakt zu einer Explosion der Geburtenrate gewesen. Zu Beginn des Jahrhunderts ging wachsender Wohlstand sogar mit einem Rückgang der Geburtenrate einher; vielleicht wurden Kinder nicht mehr so dringend wie früher als ökonomische Trümpfe gebraucht, oder man hatte größeren Ehrgeiz, seine Kinder die Früchte des Wohlstands genießen zu lassen, so daß jedes einzelne Kind ein »kostspieliges Geschäft« war.[44] Es besteht kein Zweifel daran, daß die Wiederkehr des Wohlstands mit der steigenden Geburtenrate zu tun hatte; aber in seinem ganzen Ausmaß kann man dieses Phänomen nicht erklären, wenn man nicht den Aufstieg einer machtvollen Ideologie berücksichtigt, die das Kind in das Zentrum des familiären Glücks rückte.

Ob die fünfziger Jahre das Goldene Zeitalter der Familie waren, ist sehr umstritten. Kaum ein Zweifel aber kann daran bestehen, daß sie das Goldene Zeitalter einer Ideologie der Häuslichkeit waren. Das Ideal der partnerschaftlichen Familie, das sich, unter Betonung von romantischer Liebe, Abwechslung, Freizeit, Konsum und Sexualität, im Laufe des Jahrhunderts herausgebildet hatte, fand in den Nachkriegsjahren seine Verwirklichung. Es ist offenkundig, daß die Amerikaner diesem Ideal nachstrebten. Niemals zuvor und niemals seither haben die Amerikaner so jung und in so großer Zahl geheiratet und mit solcher Konformität frühzeitig Kinder bekommen. Die notorisch hohe Scheidungsrate, die seit dem Ende des 19. Jahrhunderts stetig gestiegen und nur während der Depression leicht rückläufig war, ging in den fünfziger Jahren wieder zurück, da die Ehen bemerkenswert stabil waren. Die Popularkultur und die politische Rhetorik kreisten um Familienwerte; Millionen verbrachten den Abend mit den Fernsehfamilien aus populären TV-Komödien wie *Ozzie and Harriet* oder *Leave It to Beaver*. Sogar der Kalte Krieg mobilisierte Familienwerte: Vizepräsident Richard Nixon stritt sich zwei Tage lang mit dem sowjetischen Ministerpräsidenten Nikita Chruschtschow über die Frage, welches der beiden Länder die besseren Haushaltsgeräte und die schickeren Hausfrauen habe; aus einem der Scharmützel des Kalten Krieges wurde die berühmte »Kitchen Debate«.[45]

Kurz, das Familienleben war die neue nationale Obsession; mit ihr ging eine allgemeine, vehemente Befürwortung des Geburtenzuwachses einher, die Überzeugung, daß es einen positiven Wert darstelle, mehrere Kinder zu haben. Eine große Studie, die 1957 durchgeführt wurde, ermittelte, daß die meisten Amerikaner in der Elternschaft das Tor zum Glück vermuteten. Keine Kinder zu haben galt als deviant, selbstsüchtig und bemitleidenswert. Zwanzig Jahre später begannen diese Normen zu zerfallen, doch in den vierziger und fünfziger Jahren glaubte wohl jeder, daß die familiäre Interaktion, konzentriert auf die Kinder, der Ausweis eines erfolgreichen Lebensplans sei. Eine Studie an 900 Frauen ergab in den fünfziger Jahren, daß in den erklärten Ehezielen der Wunsch nach Kindern gleich nach der Partnerschaft rangierte. Jüngere Frauen bekundeten dieselben Prioritäten. Eine Studie von 1953 an 18- bis 21jährigen Frauen erschloß eine ausgeprägte Befürwortung des Geburtenzuwachses. Die jungen Frauen meinten, der wichtigste Aspekt der Ehe seien die Kinder. Solche Einstellungen verraten die Intensität der Baby-Boom-Ideologie, die die Geburtenrate noch ein weiteres Jahrzehnt lang stark ansteigen ließ.[46]

Zur Zeit des Nachkriegs-Baby-Booms hatte das Ideal der Kernfamilie, das sich im 19. Jahrhundert herausgebildet hatte, bezeichnende Veränderungen erfahren. Die weiße Mittelschichtfamilie galt nicht mehr als das disziplinierte Bollwerk, hinter dem künftige Staatsbürger herangezogen wurden und Männer die nötige moralische Rückenstärkung empfingen, um gegen die Versuchungen der Zügellosigkeit gefeit zu sein. Die Familie wurde zum Selbstzweck, belohnte für harte Arbeit, entschädigte für die Strapazen und Frustrationen der durchorganisier-

Der Baby-Boom: Mütter mit ihrem Nachwuchs.

ten Industriewelt. Neue Elemente wie Konsum, Erotik, Freizeit und eine spaßorientierte Kindererziehung bereicherten die Ideologie der Häuslichkeit.

An der Bewertung der Kinder in der Familie lassen sich generelle Einstellungen zum häuslichen Leben erkennen. In der viktorianischen Ära wurden die Kinder sentimentalisiert; die Eltern waren gehalten, die Unschuld ihrer Kinder zu beschützen und ihnen ein Vorbild zu sein, damit aus ihnen musterhafte Staatsbürger würden. In der Zeit der »Progressiven« hielt man es mit der wissenschaftlichen Kindererziehung, die strenge Zeiteinteilung, ein Minimum an körperlichen Zärtlichkeiten und Disziplin gebot, um die Kinder für die rationalen Bedürfnisse der modernen Gesellschaft zu rüsten. Doch allmählich kam man von der strengen Kindererziehung ab, wie sie zu Beginn des 20. Jahrhunderts propagiert worden war, und zwar in dem Maße, wie man in den zwanziger und dreißiger Jahren den Eltern die Bedeutung der Persönlichkeitsentwicklung bewußt machte. Nun riet man den Eltern, minder rigide, permissiver und zärtlicher zu ihren Kindern zu sein.[47]

Als Dr. Benjamin Spock 1946 sein berühmtes Buch *Baby and Child Care* schrieb, waren für die Amerikaner Kinder schon zur Obsession geworden. Spock bestärkte die Menschen in der ohnehin verbreiteten Meinung, daß Kinder absolut vorrangige Verantwortung verdienten. Er adressierte sein Buch an Mütter und entsprach damit der herrschenden Überzeugung, die Kinderaufzucht sei die Pflicht der Mutter. Paradoxerweise ermutigte er die Mütter, ihrem Instinkt zu vertrauen, während er sie gleichzeitig mit Expertenratschlägen traktierte. Kinder wurden zum Motor aller familiären Bestrebungen, Aktivitäten und Werte.

Wenn man der Ratgeberliteratur sowie populären Filmen und Geschichten glauben darf, konnten Kinder die Auflösung einer Familie verhindern. In einer Zeit grassierender Ängste vor einer aus den Fugen geratenden Nachkriegswelt erblickte man in Kindern eine Hoffnung nicht nur für die Zukunft, sondern auch für die Gegenwart. Kinder verhießen Sicherheit und Erfüllung in einer Generation junger Erwachsener, die verzweifelt nach beidem suchten. Ein um Kinder zentriertes Familienleben sollte die Ausbruchstendenzen der Nachkriegsjugend auffangen. Der Herausgeber von *Better Homes and Gardens* gab diesen Gefühlen Ausdruck: »Der Junge aus dem kleinen Haus mit dem Weinlaub [. . .] war immer ein rechter ›Treibauf‹. Daran änderte sich nicht viel, als er seine kleine Rothaarige heiratete. Die war auch nicht viel besser. Ihr flammender Haarschopf war ein Alarmsignal. [. . .] Heute müssen wir uns nicht mehr um die beiden sorgen. Jetzt sind sie zu dritt in der Familie. Die Mutter verwöhnt und umhegt ihren Jungen nach Strich und Faden. Sein Vater denkt nicht an einen Abend mit seinen ›Kumpels‹, sondern an die Zukunft: Wie wird es dem Kleinen in der Schule ergehen? In welcher Art Land, in welcher Art Welt wird er einmal leben? [. . .] Vielleicht braucht man nicht viel mehr, um glücklich zu sein. [. . .] Nur durch unsere Kinder werden wir ganze Menschen.«[48]

Dieser Themen bemächtigte sich auch der Film. Der Kassenschlager *Penny Serenade* (1941) handelt von Kindern, die ihre Väter zähmen und

In den fünfziger Jahren mußte die Familie Spaß lieben. Im Zentrum der Aufmerksamkeit standen die Kinder.

ihnen die Eintönigkeit des Berufsalltags erträglich machen. In diesem Film bringt ein übermütiger Vater seine Familie in Gefahr, weil er unbedingt sein eigener Boß sein will. Als man ihm aber sein Adoptivkind wegnehmen will, gelobt er Besserung und findet sich im Interesse seiner Familie mit einem langweiligen Routinejob ab. Die Belohnung für seine Mühen: Er wird ein »Familienmann«.

Die Nachkriegszeit feierte nicht nur die Mütter, sie erfand auch den »Daddy«. Die Männer der Mittelschicht hatten ihre Rolle als Familienpatriarchen zu Beginn des Jahrhunderts weitgehend eingebüßt, als die größer gewordene Entfernung zwischen Wohnung und Arbeitsplatz zur Folge hatte, daß die Mütter das Regiment im Heim übernahmen. Zwar scheint es einigen Untersuchungen zufolge im frühen 20. Jahrhundert eine kurze Periode der »männlichen Häuslichkeit« gegeben zu haben, aber im übrigen hielten die Väter sich in der ersten Jahrhunderthälfte sehr im Hintergrund.[49] In den fünfziger Jahren hatte das Bild der Vaterschaft sich dann erneut gewandelt. Ein »Daddy« zu sein war jetzt der Inbegriff von Männlichkeit. Zahllose Männer besuchten Kurse über

In der Zeit nach dem Zweiten Weltkrieg entdeckten viele Männer zum erstenmal, daß es Vergnügen bereiten kann, sich um die Kinder zu kümmern. In *Penny Serenade* spielt Cary Grant einen Mann, der willens ist, einen langweiligen Job anzunehmen, wenn er dafür die Freuden der Vaterschaft genießen kann.

Ehe und Familie. 1954 meldete die Zeitschrift *Life* die »Domestizierung des amerikanischen Mannes«. »Ein richtiger Vater zu sein«, schrieb 1947 ein Psychiater im *Parents Magazine*, »ist ein Beruf, [. . .] der wichtigste Beruf der Welt.«[50]

Durch dick und dünn

Daddies waren wichtig als Kameraden ihrer Kinder, als männliches Regulativ in ihrer Welt. Aber mit der Kindererziehung hatten sie nichts zu tun – sie blieb die Aufgabe der Mütter. Das Bemerkenswerte an der Familienideologie nach dem Zweiten Weltkrieg waren die stark polarisierten Geschlechterrollen. Trotz des Leitbildes der Gemeinsamkeit und der partnerschaftlichen Ehe lag den Rollen des Verdieners und der Hausfrau eine Geschlechtertrennung zugrunde, die nicht in das 20. Jahrhundert paßte, sondern an die viktorianische Zeit erinnerte.

Die Polarisierung blieb trotz institutioneller und ökonomischer Gegenentwicklungen ideologisch intakt. Gerade jene Jahre, die eine Neuauflage der alten Verdiener-Hausfrau-Dichotomie erlebten, erlebten gleichzeitig den signifikanten Einzug verheirateter Frauen in die Erwerbstätigkeit. In immer mehr Mittelschicht- und Arbeiterfamilien war das Einkommen der Ehefrau für die Wahrung des gewünschten Lebensstandards unentbehrlich. Dies änderte freilich nichts an der Überzeugung, daß Männer die Versorger ihrer Familie und Frauen ganztägig Ehefrau und Mutter zu sein hatten.

Daß der massive Zustrom verheirateter Frauen in die Berufswelt relativ unsichtbar blieb, lag nicht zuletzt an den institutionellen Zwängen, denen erwerbstätige Frauen ausgesetzt waren. Das Stellenangebot für Frauen erweiterte sich zwar quantitativ, doch beschränkte sich das Spektrum der Möglichkeiten auf schlecht bezahlte Büro- und Dienstleistungsberufe ohne große Aufstiegschancen. Es handelte sich dabei eher um einen »Job« als um eine »Karriere«, und so definierten die Frauen der Mittelschicht ihre »Karriere« weiterhin über ihre Verantwortung als Hausfrau und Mutter. In ihrem Bestreben, ihre häuslichen Pflichten im Hinblick auf Status und Verantwortlichkeit auf das Niveau einer Karriere zu heben, sorgten vor allem die Frauen für die Erhöhung der Standards und der Professionalisierung der Hausarbeit, die charakteristisch für jene Jahre war. Da es außerhalb des Heims keine prestigeträchtige und lohnende Arbeit für Frauen gab, ist es nur allzu verständlich, daß sie in ihrer Erwerbstätigkeit nur eine Möglichkeit zur Aufbesserung der Familienfinanzen und eine Ablenkung während der Schulstunden der Kinder sehen wollten. Der Haushalt gewährte den Frauen reale Belohnungen in Gestalt von Status und Sinn.[51]

Die Frauen begriffen die Alternative, vor der sie standen. Viele gaben bewußt ihre Stellung auf oder verzichteten auf berufliche Pläne, weil es nahezu unmöglich war, die Beschäftigungen mit ihrer Arbeit zu Hause zu vereinbaren. Eine Frau aus der Mittelschicht erklärte in den fünfziger Jahren: »Ich habe immer gehofft, das zu sein, was ich bin – Ehefrau und Mutter.« Ungezählte Frauen gaben in den fünfziger Jahren berufliche Ambitionen preis, um »Karrierehausfrau« zu werden. Sie benutzten bei der Beschreibung ihrer Entscheidung bewußt das Wort »Karriere«: etwas, für das sie Opfer brachten und hart arbeiteten. Oft bedeutete das, für dieses Ziel eine nicht sonderlich angenehme Ehe in Kauf zu nehmen, Erwartungen zurückzuschrauben und auf persönliches Glück zu verzichten. Maria Kimball war eine der Frauen, zu deren Ehegeschichte auch die massiven Schwierigkeiten von Frauen in der Nachkriegszeit gehörten, die gezwungen waren, schwierige Entscheidungen zu treffen, und die nur durch den Aufbau eines offenkundig erfolgreichen Familienlebens Respekt und Wertschätzung erlangen konnten. Wie viele ihrer Geschlechtsgenossinnen, die 1955 in einer Studie über das Eheleben befragt wurden, war sie entschlossen, das Beste aus ihrer Lage zu machen. Die Vorteile eines Familienlebens in der Vorstadt und die damals extrem hohen persönlichen, emotionalen und finanziellen Kosten einer Scheidung hielten sie mehr als dreißig Jahre lang in einer unglücklichen Ehe fest. Diese Ehe war von Anfang an vergiftet. Ihr Mann war an vorehelichen sexuellen Beziehungen sehr interessiert gewesen, huldigte jedoch gleichzeitig einer sexuellen Doppelmoral. Maria Kimball sagte dazu: »Daß unsere Beziehungen vor der Ehe so frei waren, hat uns sicher viel Sturm und Drang erspart, den wir sonst gehabt hätten. Aber alles in allem würde ich doch sagen, daß es nicht gut war. Mein Mann hat es damals nicht gewußt – und weiß es bis heute nicht –, aber im Grunde genommen ist er furchtbar konventionell, so daß er gerade durch das Erlebnis unserer ›freien Liebe‹ seine Achtung und Bewunderung für mich verloren hat. Das ist reine Spekulation, aber ich glaube, wir haben uns damals eine Art ›Huren-Verhältnis‹ aufgebaut, das sich auf unsere eheliche Anpassung sehr schlecht ausgewirkt hat. Es war auch dumm von mir, daß ich nicht gemerkt habe, daß seine Theorie von der sexuellen Freiheit nur ein Indiz dafür war, daß er zur Untreue neigte. Ich hatte das nicht erwartet, und es war ein schwerer Schlag. Und ein noch schwererer Schlag war, daß er sich darüber so gewundert hat, daß er gesagt hat, es sei reine Blödheit, an die Treue des Partners zu glauben. Ich bin ihm treu gewesen, aber ich glaube, er glaubt es mir nicht.« Maria Kimball gab zu, daß sie rasch den »vollen Glauben an die Fortdauer dieser romantischen Beziehung« verlor und die Hoffnung aufgab, »geliebt zu werden, mit jemandem zusammenzuleben, von dem ich wußte, daß er mich gern hat«. Trotzdem hielt sie an der Ehe fest, »aus dem ganz selbstsüchtigen Grund heraus, weil ich körperlich jemanden um mich haben will, dessen Nähe reizvoll und angenehm ist, und weil ich zwei süße Kinder habe, und weil ich finanziell so gut gestellt bin, daß ich mir einen schlecht bezahlten Job leisten kann, der mir Spaß macht und mir Zeit für Freunde läßt, an denen mir liegt«. Sie äußerte auch »das ganz weibliche Vergnügen, einen Mann zu haben, über dessen Benehmen man sich nie ärgern muß, der einen in der Öffentlichkeit nie hängenläßt, der nie seine schlechte Laune an einem ausläßt und der einem mit seinen Ideen und Einstellungen nicht die eigenen Gedanken austreiben will. In unseren äußeren Kontakten sind wir wie ein prima eingespieltes Team. Manchmal ist es verrückt, aber irgendwie ist es auch befriedigend, daß es Leute gibt, die uns beneiden, weil wir so gut zusammenpassen.« Sie verriet, nach welchem Motto diese Ehe funktionierte: »Solange wir dabei bleiben, daß wir nicht miteinander reden können, kommen wir gut miteinander aus.« Und dann setzte sie hinzu: »Ich bekomme von ihm keine Bestätigung oder Zuwendung und ganz wenig Unterstützung. Beim Sex ist überhaupt keine Liebe mit im Spiel, er bringt mir keine dauerhafte Befriedigung. Unsere Ehe funktioniert sehr gut, aber ich bin oft schrecklich *allein.*« Erst viel später, in den siebziger Jahren, als die Kinder groß waren und die Scheidung erleichtert wurde, trennten sich die Kimballs.[52]

Die Kimballs waren kein Einzelfall. Die idealisierte Familie der fünfziger Jahre zu verwirklichen erwies sich fast als unmöglich. Dennoch blieb ein erfolgreiches Familienleben das Merkmal des guten, angesehenen und achtbaren Staatsbürgers. Ehepaare wie die Kimballs gaben sich alle Mühe, ihre Probleme zu verbergen und sich der Welt als glückliche Familie zu präsentieren. Scheidungen kamen zwar selten vor, aber viele Paare fanden sich mit einer unbefriedigenden Verbindung ab. Das war in der damaligen Zeit eine vernünftige Entscheidung: Unverheiratete Frauen und Männer erschienen als egoistisch und unreif. Eine geschiedene Frau hatte wenig Aussichten, ihren Lebensunterhalt zu verdienen, und außerdem haftete ihr der Makel an, in der wichtigsten Aufgabe des Lebens versagt zu haben. Bei einem Mann galt es geradezu als unameri-

In den vierziger Jahren wurden sogar die »Teufelsweiber« aus den Filmen der dreißiger Jahre (z. B. Joan Crawford) domestiziert (hier ein PR-Photo).

kanisch, keinen Erfolg als »Familienmann« zu haben. So schwierig es sein mochte, der Ideologie der Häuslichkeit, so wie sie sich im 20. Jahrhundert herausgebildet hatte, Genüge zu tun: Es gar nicht erst zu versuchen, war erst recht verpönt.

Verheerend wirkte dieses Ideal sich auf jene aus, für die es nicht galt. So bekamen schwarze Familien die einander verstärkenden Folgen von Rassismus und Armut zu spüren. Das weiße Amerika schloß schwarze Familien aus den Wohngebieten der Vororte aus; sogar schwarze Familien, die sich das Leben in den Vororten hätten leisten können, durften sich dort nicht niederlassen und mußten in teuren, minderwertigen Wohnungen in den Stadtzentren ausharren. Sie mußten Miete zahlen, wo Weiße mit bescheidenen Mitteln kaufen konnten, und hatten keine Chance auf Gleichstellung in puncto Wohneigentum, das nach dem Krieg ein wesentliches Moment der sozialen Aufwärtsmobilität wurde. Der hieraus resultierende Auszug der Weißen aus den Stadtzentren hinterließ den Schwarzen als historisches Vermächtnis die Armut.

Gleichzeitig wichen die Verwandtschaftsnetze und die Großhaushalte schwarzer Familien erheblich von der Norm der Kleinfamilie ab.

Die Geschlechterrollen in schwarzen Familien entsprachen selten der Verdiener-Hausfrau-Dichotomie, da afro-amerikanische Frauen in der Regel zum Unterhalt ihrer Familie beitragen. In der ganzen amerikanischen Geschichte haben schwarze Familien sich bemerkenswert zäh gegen widrige Zumutungen behauptet (von der Sklaverei bis zu einem heuchlerischen Wohlfahrtssystem). Zur afro-amerikanischen Kultur gehörten jedoch kaum Elemente des viktorianischen Häuslichkeitsideals wie sexuelle Repression und Hausfrauenrolle der Frau, die für die Mehrzahl der Amerikaner Werte an sich darstellten.

Einwanderer und arme Familien, die nicht die Mittel besaßen, sich den »normativen«, wohlhabenden Lebensstil zu leisten, waren im Vergleich zur Mittelschicht stigmatisiert. Für Menschen, die einen völlig anderen Weg einschlugen – homosexuelle Männer, lesbische Frauen, Einzelgänger, die das Alleinsein vorzogen, »Karrierefrauen« oder Männer in nicht-traditionellen Rollen –, konnte die soziale Ausgrenzung verhängnisvoll werden. Damals entschlossen sich viele homosexuelle Männer und Frauen zu heiraten, um nicht ganz und gar ins gesellschaftliche Abseits zu geraten. Die überwältigende Mehrheit der Amerikaner aus der Mittelschicht und der Arbeiterklasse indes paßte sich, so gut es ging, der herrschenden Ideologie an, heiratete jung, setzte mehrere Kinder in die Welt und definierte sich in erster Linie als Verdiener bzw. als Hausfrau.

Die sechziger Jahre: Umbau der privaten Welt

Die Ideologie der Häuslichkeit, die die erfolgreiche Familie als wohlhabenden, kindzentrierten Vororthaushalt mit dem Mann als Verdiener und der Frau als Hausfrau beschrieb, geriet immer mehr in die Kritik. Sie entsprach nicht der Realität, selbst in jenen reichen weißen Familien nicht, die angeblich nach ihr lebten. Seit Anfang der sechziger Jahre hegten immer mehr weiße Mittelschichtamerikaner Zweifel an der Ideologie der Häuslichkeit. Zu den ersten Kritikern zählten die Nachkriegseltern selbst. 1963 erschien Betty Friedans Analyse *The Feminine Mystique*. Friedan benannte das »Problem ohne Namen«, vor dem Karrierehausfrauen standen. Sie war selbst eine Nachkriegsehefrau und -mutter und sprach Frauen aus dem Herzen, die versucht hatten, sich der Hausfrauenrolle anzupassen. Sie riet ihnen, aus dem Gehäuse auszubrechen, noch einmal zur Schule zu gehen, eine Karriere aufzunehmen und jene Vision von weiblicher Unabhängigkeit, die vor dem Zweiten Weltkrieg lebendig gewesen war, wieder zu erwecken. *The Feminine Mystique* wurde zum Bestseller und war im ganzen Land eine Sensation. Hunderte von Frauen, aber auch viele Männer schrieben Betty Friedan und dankten ihr dafür, daß sie zum Ausdruck gebracht hatte, was sie fühlten. Das geistige Band, das alle einte, die Betty Friedan antworteten, war ihre gemeinsame Hoffnung für die Kinder. Diese Nachkriegseltern wollten ihren Kindern ein anderes Vermächtnis hinterlassen als das Modell, das hinter ihrem eigenen Lebensentwurf gestanden hatte.[53]

Ende der sechziger Jahre hatte die neue feministische Bewegung sich zu einem Generalangriff auf alle Formen des Sexismus formiert. An der Spitze der Bewegung standen junge Frauen, die aus ihrer Arbeit in der Bürgerrechtsbewegung und der Neuen Linken mit neu entdeckten Fähigkeiten hervorgegangen waren. Die neuen Feministinnen forderten den Zugang zu allen freien Berufen und qualifizierten Tätigkeiten, protestierten gegen niedrige Löhne und fochten für die Lohngleichheit. Überall in den USA gründeten sie Selbsterfahrungsgruppen, begehrten gegen die geschlechterorientierte Arbeitsteilung im Heim auf und liefen Sturm gegen die sexuelle Doppelmoral. Auch junge Männer der Mittelschicht begannen zu rebellieren. Sie wehrten sich gegen die Rigidität der männlichen Geschlechtserwartungen, vertauschten den »grauen Flanell« mit bunten Hemden und Perlenketten und kritisierten das Ethos der Männlichkeit, das den Weg ihrer geldverdienenden Väter bestimmt hatte.[54]

Doch trotz dieser Herausforderungen veränderten sich die Einstellungen nur allmählich. 1965 waren bei Meinungsumfragen 80 Prozent der Befragten der Ansicht, die Schulen sollten lange Haare bei Schülern verbieten. Eine Umfrage von 1966 über die »ideale« Größe der Familie brachte Ergebnisse, die vergleichbaren Erhebungen von 1945 und 1957 entsprachen; die häufigste Antwort, von 35 Prozent der Befragten gegeben, lautete: vier Kinder oder mehr. Erst 1971 ging dieser Prozentsatz deutlich zurück, und zwar auf 23. 1968 waren drei von vier Befragten der Meinung, daß es mit der Moral der Nation »bergab gehe«, und noch 1969 glaubten mehr als zwei Drittel, daß Sexualität vor der Ehe »nicht in Ordnung« sei.[55]

Gleichwohl bedeutete 1960 einen demographischen Wendepunkt. Eine neue Generation stellte den alten Verhaltenscode in Frage. Das Heiratsalter stieg wieder an, nachdem es jahrzehntelang zurückgegangen war. Die Geburtenrate schrumpfte, als die Generation des Baby-Booms alt genug war, selber Kinder aufzuziehen – im Laufe eines Jahrzehnts war sie auf einen Tiefpunkt gefallen und sank immer noch. Auch die Heiratsquote nahm ab, da immer mehr Menschen allein blieben oder unverheiratet zusammenlebten. Die Scheidungsrate, die über ein Jahrzehnt lang stabil geblieben war, stieg Anfang der sechziger Jahre allmählich und Ende der sechziger Jahre dramatisch an, um dann Anfang der siebziger Jahre eine beispiellose Höhe zu erreichen.

Kritiker warfen der Jugend der sechziger Jahre vor, sie habe an die Stelle der familienzentrierten Ethik der »Gemeinsamkeit« die hedonistische Feier der Egozentrik gesetzt – »ich spiele auf meinem eigenen Sandhaufen«. Sie übersahen dabei, daß diese Jugendlichen die nämliche Sinnerfüllung durch Intimität und Privatheit suchten, die im Zentrum der Häuslichkeitsideologie gestanden hatte; nur gingen sie dabei anders vor. Viele brachen mit der traditionellen Familie, der am Heim orientierten Konsumhaltung, der auf die Ehe fixierten Sexualität, den polarisierten Geschlechterrollen. Die Jugendkultur und eine florierende Wirtschaft ermutigten sie zu dem Wagnis, ihre Identität in Formen und auf Wegen auszubilden, die ihre auf Sicherheit bedachten Eltern für unvorstellbar gehalten hätten.

Die Ehe wurde weniger »normativ«. Ende der siebziger Jahre gab es nur in 62 Prozent aller Haushalte ein verheiratetes Paar, und nur in einem Drittel gab es beide Elternteile und Kinder unter achtzehn. Fast jeden vierten Haushalt bestritt ein Alleinstehender. Verglichen mit ihren Eltern waren die Kinder der Baby-Boom-Generation weniger geneigt, ihre Erwartungen zu zügeln und an unbefriedigenden Verbindungen festzuhalten. Scheidungen waren nicht mehr so selten – 50 Prozent aller neuen Verbindungen wurden geschieden –, und sie verloren den Makel des Stigmatisierenden. Die steigende Scheidungsrate signalisiert aber nicht Ablehnung der Ehe; vier von fünf Geschiedenen heirateten wieder, die Hälfte von ihnen innerhalb von drei Jahren. Tatsächlich neigten Geschiedene aller Altersgruppen eher zur Ehe als Unverheiratete.[56]

Die Ehe hatte ihre Beliebtheit nicht eingebüßt, doch sie bekam ein anderes Gesicht. Die Geburtenrate ging zurück, und die freiwillige Kinderlosigkeit nahm zu. Frauen bekamen ihre Kinder später und blieben länger als ihre Mütter auch dann in Berufen außer Haus tätig, wenn die Kinder klein waren. Anfang der achtziger Jahre war die Hälfte der verheirateten Frauen mit schulpflichtigen Kindern berufstätig, ebenso ein Drittel derjenigen, die Kinder unter sechs hatten. Eine deutliche Mehrheit der Ehefrauen zwischen zwanzig und vierundzwanzig war erwerbstätig, im Gegensatz zu nur 26 Prozent im Jahre 1950. Eine enorme Zahl verheirateter Frauen in bezahlten Berufen rüttelte an der Gewohnheit, daß sie für sämtliche häuslichen Pflichten verantwortlich waren, wenn sie, wie ihre Männer, nach einem anstrengenden Arbeitstag nach Hause kamen. Umfragen aus den späten siebziger Jahren zufolge war die Mehrheit der alleinstehenden jungen Männer, wie auch der Frauen, der Ansicht, daß nach der Heirat beide Gatten berufstätig sein und sich die Beaufsichtigung der Kinder und die Hausarbeit teilen sollten. Das uns zugängliche Datenmaterial läßt vermuten, daß zwar die Männer mehr als früher im Haushalt »mithalfen«, daß die Frauen aber trotzdem unter der doppelten Pflicht litten und ihnen die Hauptlast der Kindererziehung und der Hausarbeit zufiel.[57] Im privaten Leben der Amerikaner blieb der Widerstand gegen bestimmte Veränderungen eisern.

Als die Generation des Baby-Booms erwachsen wurde, stellte sie fest, daß ihre Aspirationen weit über ihre Möglichkeiten hinausgegangen waren. Junge Frauen standen noch immer vor enormen Schwierigkeiten, wenn sie eine berufliche Karriere mit der Ehe zu verbinden suchten. Der Chancengleichheit am Arbeitsplatz standen fortgesetzte Diskriminierung, sexuelle Belästigung und niedrige Löhne entgegen. Die Sorge für das Kind, Urlaub der Eltern, die Belastung durch die Hausarbeit machten berufstätigen Müttern weiterhin das Dasein schwer. Der politische Aktivismus hatte wohl geholfen, die Chancen für Frauen und Minderheiten zu verbessern, doch es war erst die Spitze des institutionellen Eisbergs geschmolzen. Die Geschlechtertrennung bestimmte nach wie vor den Arbeitsmarkt, und tief eingewurzelte Einstellungen zu männlichen und weiblichen Rollen wirkten ungehemmt fort. Zwar drangen mehr Frauen in Berufe ein, in denen

In den letzten Jahren weigern sich immer mehr Frauen, zwischen Mutterschaft und beruflicher Karriere zu wählen. Es ist zwar schwierig, beides miteinander zu vereinbaren, aber nicht unmöglich – vor allem dann nicht, wenn man über die nötigen Mittel verfügt.

Männer dominierten, aber die meisten arbeitenden Frauen waren in genau der Situation, die ihre Mütter zu vermeiden gesucht hatten: Überarbeitung, unzulängliche Bezahlung und zusätzliche Belastungen daheim.[58]

Frauen, die das Risiko der Scheidung auf sich nahmen, mögen zwar einer sie erstickenden oder gar sie brutal bedrohenden Ehe entronnen sein, aber sie erlebten dafür auch das, was ihre auf Sicherheit bedachten Mütter gefürchtet hatten: Armut, Einsamkeit, Schwierigkeiten bei der Sorge für die Kinder, den kräfteraubenden Alltag einer alleinerziehenden Mutter. Geschiedene Frauen mußten eine spürbare Minderung ihres Lebensstandards hinnehmen. Sie verarmten häufiger als Männer, die nach der Scheidung in der Regel ihre ökonomische Situation sogar verbessern konnten.[59] Auch die Gesetzesänderungen, die als Vorboten einer aufgeklärten Zukunft gepriesen wurden, erwiesen sich für die Frauen oft als Pyrrhussiege, so zum Beispiel die Abschaffung des Verschuldensprinzips bei der Ehescheidung. Die reformierten Gesetze behaupteten Mann und Frau als »gleich«, nahmen indes von den durch die Ehe geschaffenen Ungleichheiten und den geringeren Verdienstchancen der Frau, die ihr nach der Auflösung der Ehe zusätzliche Nachteile eintrugen, keinerlei Kenntnis.[60]

Lohnabhängige Frauen, ob verheiratet oder geschieden, erduldeten Ungleichheiten am Arbeitsplatz und daheim. Gleichwohl eroberten Frauen sich schließlich die Freiheit zu Entscheidungen, die ihren Müttern nicht offengestanden hatten. In den fünfziger Jahren hatten sie unter dem enormen kulturellen und ökonomischen Druck, der Ideologie der Häuslichkeit zu entsprechen, ihre Unabhängigkeit und ihre individuellen Ambitionen aufgegeben. Nachdem sie sich einmal für das häusliche Leben entschieden hatten, versuchten sie, so gut es ging, sich in ihm zu entfalten, in der Annahme, daß ihre Opfer sich letztlich lohnen würden. Viele ihrer Töchter verzichteten auf Sicherheit und materiellen Komfort und wählten eine Selbständigkeit, die sie mit wirtschaftlicher Not und Diskriminierung konfrontierte. Die Mütter zahlten einen hohen Preis für Sicherheit und Abhängigkeit; die Töchter zahlten einen nicht minder hohen Preis für Autonomie und Unabhängigkeit. Dennoch hatten die Töchter fraglos mehr Chancen als die Mütter, und zwar aufgrund der hart erkämpften politischen Errungenschaften der sechziger und siebziger Jahre.

Freilich wurden die politischen Ziele nur teilweise erreicht. Schon vor dem Ende der sechziger Jahre stand die »schweigende Mehrheit« gegen die laute, jugendliche Minderheit auf, um den »zeitlosen« Werten der Familie – oder was sie dafür hielt – erneut Geltung zu verschaffen. Die Ideologie der Häuslichkeit, einst das Kernstück des nationalen Konsenses, wurde jetzt zum politischen Schlachtruf der konservativen Rechten. Als der Oberste Gerichtshof 1973 das Recht der Frauen auf Abtreibung bestätigt hatte, begannen die Konservativen einen Kreuzzug, um die Abtreibung zu rekriminalisieren und die Kontrolle über das weibliche Imaginäre zurückzugewinnen. Es ist kein Zufall, daß im Gefolge des Feminismus und der sexuellen Revolution der sechziger und siebziger Jahre die Neue Rechte sich als machtvolle politische Kraft etablierte, die das Doppelprogramm verfocht, eine konservative politische Agenda durchzusetzen und die Ideologie des häuslichen Lebens neu zu verankern.

Die achtziger Jahre: das neue Gesicht der Familie

In den vier Jahrzehnten nach dem Zweiten Weltkrieg hatte die amerikanische Familie einen so gründlichen Wandel erfahren, daß ein moderner Rip van Winkle, in den fünfziger Jahren eingeschlafen und in den achtziger Jahren wieder erwacht, sie kaum noch erkannt hätte. Jene Familie, welche die Fernsehkomödien auf dem Höhepunkt des Baby-Booms typologisch festgeschrieben hatten – der Vater als Verdiener, die Mutter als Hausfrau, abhängige Kinder –, repräsentierte Mitte der achtziger Jahre nur noch 15 Prozent aller Familien in den USA. Das Stigma, mit dem einst die »kaputten Familien« behaftet waren, verschwand allmählich, als die Ehescheidung geläufig wurde. Fast die Hälfte aller Kinder, die in den achtziger Jahren geboren worden waren, verbrachten die Hälfte ihrer frühen Lebensjahre im Haushalt eines alleinerziehenden Elternteils. Der Baby-Boom verkehrte sich in eine »Baby-Baisse«; die Geburtenrate sank von 3,8 Kindern pro Familie auf weniger als 2 Ende der achtziger Jahre. Die Zahl der Paare, die unverheiratet zusammenwohnten, vervierfachte sich, während der Anteil der Frauen, die mit dem ersten Geschlechtsverkehr bis zur Ehe warteten, von 50 Prozent im Jahre 1960 auf 20 Prozent dreißig Jahre später sank. Die Quote der unehelichen Geburten wuchs um das Vierfache.

Die Muster weiblicher Erwerbstätigkeit veränderten sich ebenso dramatisch wie die Normen der Sexualität. 1950 waren 25 Prozent der verheirateten Frauen berufstätig, 1988 waren es 60 Prozent. Einen eklatanten Wandel gab es bei den Frauen mit Kindern. 1950 waren 12 Prozent der Mütter von Kindern im Vorschulalter berufstätig, 1980 45 Prozent. Ende der achtziger Jahre besuchten mehr als zwei Drittel aller Drei- und Vierjährigen eine Kindertagesstätte oder eine Vorschule.[61]

Die Veränderungen in der Familie sind so rasch eingetreten, daß die politischen und ökonomischen Institutionen keine Zeit hatten, sich auf sie einzustellen. Doch in einer Periode, in der die USA von allen Industrienationen die höchste Geburtenrate bei Teenagern aufweisen, ist nicht zu erwarten, daß die Politik die amerikanischen Frauen und Männer in das alte Familienmuster wird zurückzwingen können. Seit 1960 hat sich die Zahl der von unverheirateten Frauen geborenen Babies vervierfacht. Von den sexuell aktiven weiblichen Teenagern waren Ende der siebziger Jahre fast ein Drittel der Weißen und fast die Hälfte der Schwarzen mit achtzehn Jahren schwanger. Heute wird mehr als die Hälfte aller schwarzen Babies von unverheirateten Frauen geboren, und die Hälfte aller schwarzen Kinder wächst in Armut auf.[62] Harte Gesetze werden das Leben dieser Kinder nicht »heilen«. Die Institutionen werden sich also den neuen Realitäten anpassen müssen. Bis es so weit sein wird, müssen die einzelnen Frauen und Männer die Bedingungen ihres privaten Lebens selbst aushandeln – im Schatten öffentlicher Zu-

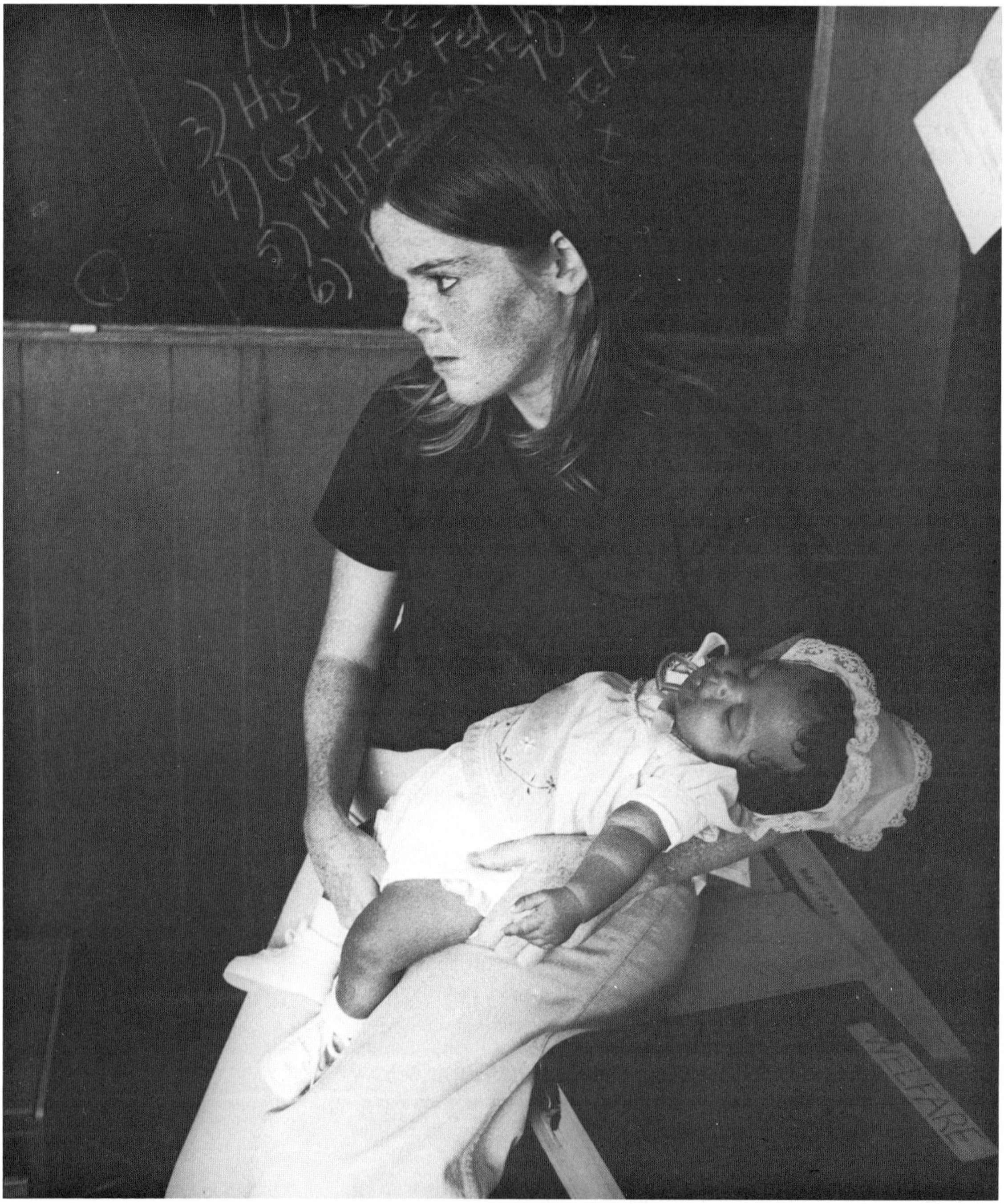

Teenager behalten heute oft lieber ihre Kinder, als sie zur Adoption freizugeben. Viele High Schools bieten deshalb spezielle Hilfen für studierende Eltern an.

mutungen und archaischer Vorstellungen darüber, was es bedeutet, in der amerikanischen Gesellschaft ein Mann oder eine Frau zu sein. Sie müssen sich bewußt machen, was es heißt, den Traum von der modernen Familie den sozialen und ökonomischen Turbulenzen des ausgehenden 20. Jahrhunderts auszusetzen. Und sie müssen für diesen Traum nicht nur den Begriff, sondern auch die Praxis finden.

Anmerkungen

1 Fall D492, 1920, Los Angeles County Archives. Alle Namen aus Prozessen, die im folgenden zitiert werden, sind verändert, um die Privatsphäre der betreffenden Personen und ihrer Familie zu schützen.

2 Die Zitate stammen aus Ebenezer Baily, *The Young Ladies' Class Book*, Boston 1831, S. 168, und William Alcott, *The Young Man's Guide*, Boston 1833, S. 299, S. 231.

3 Zensusbüro, *Population 2*, Washington 1920, S. 22, 23; William Henry Chafe, *The American Woman*, New York 1972, S. 56.

4 Handelsministerium, *Historical Statistics of the United States*, Washington 1960, S. 139, S. 179.

5 Siehe beispielsweise Sam Bass Warner, Jr., *Streetcar Suburbs*, Cambridge (Massachusetts) 1962; Kenneth Jackson, *Crabgrass Frontier: The Suburbanization of the United States*, New York 1985; Margaret Marsh, *Suburban Lives*, New Brunswick 1990.

6 Waldon Fawcett, »Suburban Life in America«, in: *Cosmopolitan* (Juli 1903), S. 309–316.

7 Bartlett, *Better City*, S. 84.

8 Cecil B. DeMille, *Why Change Your Wife?*, 1919.

9 Robert S. Lynd und Helen M. Lynd, *Middletown*, New York (Ausgabe von 1956), S. 117, S. 241; Zensusbüro, *Historical Statistics of the United States*, Washington 1960, S. 15; Paul H. Jacobson, *American Marriage and Divorce*, New York 1959, S. 21. Siehe auch Elaine Tyler May, *Great Expectations: Marriage and Divorce in Post-Victorian America*, Chicago 1980, S. 167.

10 Alfred Cahen, *Statistical Analysis of American Divorce*, New York 1932, S. 15, S. 21.

11 Walter F. Willcox, *The Divorce Problem*, New York 1987, S. 66 ff.; James P. Lichtenberger, *Divorce. A Study in Social Causation*, New York 1909, S. 169 f.

12 Siehe Elaine Tyler May, *Great Expectations: Marriage and Divorce in Post-Victorian America*, a. a. O., S. 170.

13 Siehe May, *Great Expectations*, besonders Kap. 7.

14 Die Fälle stammen aus den Archiven des County Los Angeles und des Bundesstaates New Jersey: X-59-628 (New Jersey), G-60-226 (New Jersey), D322 (Los Angeles), 1920.

15 Fälle X-59-623 (New Jersey), D40 (Los Angeles), 1920.

16 Gespräch mit der Schwiegergroßmutter der Autorin, Mrs. June Glassmeyer, 12. Juli 1974; Fälle D486 (Los Angeles), H-60-199 (New Jersey), D452 (Los Angeles), 1920.

17 Fall H-60-1206 (New Jersey), 1920.

18 Susan M. Hartmann, *The Home Front and Beyond: American Women in the 1940s*, Boston 1987, S. 16–19; Sherna Berger Gluck, *Rosie the Riveter Revisited: Women, the War, and Social Change*, Boston 1987, S. 13 f.

19 Fall 147, Kelly-Langzeitstudie, Henry Murray Research Center, Radcliffe College, Cambridge (Massachusetts); im folgenden zitiert als KLS.

20 Paul Popenoe, zitiert in John Modell, »Institutional Consequences of Hard Times: Engagement in the 1930s«, in: Joan Aldous und David M. Klein (Hrsg.), *Social Stress and Family Development*, New York 1988.

21 US-Zensusbüro, *Historical Statistics of the United States, Colonial Times to 1970*, Washington 1975, Teil I, S. 20 f., S. 64; Ruth Milkman, »Women's Work and the Economic Crisis: Some Lessons from the Great Depression«, in: *The Review of Radical Political Economics* 8 (Frühjahr 1976), S. 73–91, S. 95–97; Peter Filene, *Him/Her/Self: Sex Roles in Modern America*, 2. Aufl., Baltimore 1986, S. 158.

22 Lary May, »Making the American Way: Modern Theatres, Audiences, and the Film Industry, 1929–1945«, in: *Prospects: Journal of American Culture* 12 (1987), S. 89–124.

23 David Seabury (Psychologe), »Why Can't the Stars Stay Married?« in: *Photoplay* 51 (Juni 1937), S. 12.

24 *Blonde Venus*, 1931, Regie: Erich von Sternberg; *His Girl Friday*, 1940, Regie: Howard Hawks.

25 Siehe Lois Scharf, *To Work and To Wed: Female Employment, Feminism, and the Great Depression*, Westport 1980, S. 46, S. 111.

26 Siehe Winifred D. Wandersee, *Women's Work and Family Values, 1920–1940*, Cambridge (Massachusetts) 1981; Susan Ware, *Beyond Suffrage: Women in the New Deal*, Cambridge (Massachusetts) 1981; Scharf, *To Work and To Wed*, Kap. 5; Filene, *Him/Her/Self*, S. 155 ff.; Mirra Komarovsky, *The Unemployed Man and His Family*, New York 1940, S. 23–47.

27 Glen Elder, Jr., *Children of the Great Depression: Social Change in Life Experience*, Chicago 1974, S. 50 und S. 202 (zu den Meinungsumfragen). Siehe auch Judith Smith, *Family Connections: A History of Italian and Jewish Immigrant Lives in Providence, Rhode Island, 1900–1940*, Albany 1985, S. 115.

28 Milkman, »Women's Work«, S. 73–91; Susan Ware, in: *Holding Their Own: American Women in the 1930s*, Boston 1982, S. 6.

29 Siehe Elder, *Children of the Great Depression*.

30 Zitiert in Filene, *Him/Her/Self*, a. a. O., S. 150, S. 160 f.

31 Elder, *Children of the Great Depression*, S. 233.

32 Umfrageergebnisse, zitiert in Filene, *Him/Her/Self*, S. 161 f.

33 Filene, *Him/Her/Self*, a. a. O., S. 163.

34 Hartmann, *The Home Front and Beyond*, a. a. O., S. 7, 164.

35 Zitiert in John Morton Blum, *V Was for Victory: Politics and American Culture During World War II*, New York 1976, S. 28.

36 *This Is the Army*, Warner Brothers, 1943.

37 Siehe William H. Chafe, *The American Woman: Her Changing Social, Economic, and Political Roles, 1920–1970*, New York 1986, S. 15 f.

38 Karen Anderson, *Wartime Women: Sex Roles, Family Relations, and the Status of Women During World War II*, Westport 1981; und Hartmann, *The Home Front and Beyond*, a. a. O., S. 19 ff.

39 Hartmann, *The Home Front and Beyond*, Kap. 5; Leila Rupp, *Mobilizing Women for War: German and American Propaganda, 1939–1945*, Princeton 1978, vor allem Kap. 4–6.

40 Siehe Allan M. Brandt, *No Magic Bullet: A Social History of Venereal Disease in the United States Since 1880*, New York 1985, Kap. 5; John Costello: *Virtue Under Fire: How World War II Changed Our Social and Sexual Attitudes*, Boston 1985; US-Zensus-Büro, *Historical Statistics of the United States, Colonial Times to 1970*, Washington 1975, Teil I, S. 49; John D'Emilio, *Sexual Politics, Sexual Communities: The Making of a Homosexual Minority in the United States*,

1940–1970, Chicago 1983, Kap. 2 und 3; Allan Berube, *Coming Out Under Fire: The History of Gay Men and Women in World War Two*, New York 1990.

41 *Economic Report of the President*, Washington 1987, S. 274.

42 Andrew Cherlin, *Marriage, Divorce, Remarriage*, Cambridge (Massachusetts) 1976, S. 19 ff.

43 Ronald Rindfuss und James A. Sweet, *Postwar Fertility Trends and Differentials in the United States*, New York 1977, S. 191; Ira S. Steinberg, *The New Lost Generation: The Population Boom and Public Policy*, New York 1982, S. 3. Den Konformismus beschreiben John Modell, Frank Furstenberg, Jr., und Douglass Strong, »The Timing of Marriage in the Tradition to Adulthood: Continuity and Change, 1860–1975«, in: John Demos und Sarane Spence Boocock (Hrsg.), *Turning Points: Historical and Sociological Essays on the Family*, Supplement zum *American Journal of Sociology* 84 (1978), S. 120–150.

44 Siehe Viviana A. Zelizer, *Pricing the Priceless Child: The Changing Social Value of Children*, New York 1985.

45 Zu diesem Streit und zur zentralen Rolle der Familienideologie im Kalten Krieg siehe Elaine Tyler May, *Homeward Bound: American Families in the Cold War Era*, New York 1988, Kap. 1.

46 Joseph Veroff, Richard A. Kulka und Elizabeth Douvan, *Mental Health in America: Patterns of Help-Seeking from 1957 to 1976*, New York 1981, S. 6, 31; Joseph Veroff, Elizabeth Douvan und Richard A. Kulka, *The Inner American: A Self-Portrait from 1957 to 1976*, New York 1981, S. 200; Robert O. Blood, Jr., und Donald M. Wolfe, *Husbands and Wives: The Dynamics of Married Living*, Glencoe 1960, S. 117; John Campbell und John Modell, »Family Ideology and Family Values in the Baby Boom: A Secondary Analysis of the 1955 Growth of American Families Survey of Single Women«, in: *Technical Report* Nr. 5, Minneapolis 1984.

47 Steven Mintz und Susan Kellogg, *Domestic Revolutions: A Social History of American Family Life*, New York 1988, S. 117–123.

48 Frank McDonough, »Are Children Necessary?« in: *Better Homes and Gardens* (Oktober 1944), S. 7.

49 Mintz und Kellogg, *Domestic Revolutions*, S. 117–123; Margaret Marsh, *Suburban Lives*, Kap. 3.

50 »The New American Domesticated Male«, *Life* 36 (4. Januar 1954), a. a. O., S. 42–45; *Parents Magazine*, zitiert in Filene, *Him/Her/Self*, a. a. O., S. 172 f.

51 Siehe May, *Homeward Bound*, besonders Kap. 8.

52 Fall 244, KLS.

53 Betty Friedan, *The Feminine Mystique*, New York 1963; Sammlung von Briefen an Betty Friedan in der Friedan Manuscript Collection, Schlesinger Library Manuscript Collections, Radcliffe College, Cambridge (Massachusetts).

54 Siehe Sara Evans, *Personal Politics: The Roots of Woman's Liberation in the Civil Rights Movement and the New Left*, New York 1979, S. 3–23.

55 Umfragen und Trends liegen gesammelt vor in: George H. Gallup, *The Gallup Poll: Public Opinion 1935–1971*, New York 1972, Bände 1, 2, 3.

56 Graham B. Spanier und Frank F. Furstenberg, »Remarriage and Reconstituted Families«, Thesenpapier für ein Ad-hoc-Meeting über Trennung, Scheidung und Wiederherstellung der Familie, veranstaltet vom »Committee on Child Development Research and Public Policy« der National Academy of Sciences, Stanford (Kalifornien), 15./16. April 1982.

57 Ellen Rothman, *Hands and Hearts: A History of Courtship in America*, New York 1984, S. 306–311; US-Zensusbüro, *Historical statistics of the United States*, a. a. O. S. 133, 134; Valerie Kincaid Oppenheimer, »Structural Sources of Economic Pressure for Wives to Work: An Analytical Framework«, in: *Journal of Family History* (Sommer 1979), S. 195; »U.S. Expecting Smaller

Families, Waiting Longer to Have Children«, *Family Planning Perspectives* 13 (Juli/August 1981), S. 191. Zu den Familienmustern der »Baby-Boom«-Generation siehe beispielsweise Landon Y. Jones, *Great Expectations: America and the Baby Boom Generation*, New York 1981; Sar A. Levitan und Richard D. Belous, *What's Happening to the American Family?* Baltimore 1981, S. 43; A. Regula Herzog, Jerald G. Bachman und Lloyd D. Johnston, »Paid Work, Child Care and Housework: A National Survey of High School Seniors' Preferences for Sharing Responsibilities Between Husband and Wife«, in: *Sex Roles* 9 (Januar 1983), S. 109–135; Andrew Cherlin und Pamela Barnhouse Walters, »Trends in United States Men's and Women's Sex-Role Attitudes, 1972–78«, in: *American Sociological Review* 46 (1981), S. 453–460.

58 Andrew Cherlin, »Postponing Marriage: The Influence of Young Women's Work Expectations«, in: *Journal of Marriage and the Family* 42 (Mai 1980), S. 355–365; Stephany Stone Joy und Paula Sachs Wise, »Maternal Unemployment, Anxiety, and Sex Differences in College Students' Self-Descriptions«, in: *Sex Roles* 9 (April 1983), S. 519–525.

59 Thomas J. Espenshade, »Economic Consequences of Changing Family Structures for Children, Families, and Society«, Ad-hoc-Meeting in Stanford, 1982; Thomas J. Espenshade, »The Economic Consequences of Divorce«, in: *Journal of Marriage and the Family* 41 (August 1979), S. 615–625; Mary Corcoran, »The Economic Consequences of Marital Dissolution for Women in the Middle Years«, in: *Sex Roles* 5 (März 1979), S. 343–353; Ruth A. Brandwein, Carol A. Brown und Elizabeth Maury Fox, »Women and Children Lost: The Social Situation of Divorced Mothers and Their Families«, in: *Journal of Marriage and the Family* 36 (August 1974), S. 498–514.

60 Eine ausgezeichnete Untersuchung dieses Problems bietet Lenore J. Weitzman, *The Divorce Revolution: The Unexpected Social and Economic Consequences for Women and Children in America*, New York 1985, vor allem S. IX–XXIV.

61 Stephen Mintz und Susan Kellogg, *Domestic Revolutions: A Social History of American Family Life*, New York 1988, S. 203–237.

62 Ebd., S. 204–219; John D'Emilio und Estelle B. Freedman, *Intimate Matters: A History of Sexuality in America*, New York 1988, S. 342.

Anhang

Bibliographie

I. Grenzen und Zonen des Privaten

Bei einem derartig umfassenden Thema sind dem bibliographischen Eifer keine Schranken gesetzt. Wir mußten uns daher auf eine Auswahl verständigen. Der Gesichtspunkt, der uns dabei geleitet hat, war das Interesse des Lesers an ergänzender Lektüre. Neben allgemeinen Untersuchungen umfaßt die Bibliographie daher auch zahlreiche Zeugnisse und monographische Studien, in denen sich konkrete Erfahrung abgebildet hat. Man darf aus ihnen keine übereilten Schlüsse ziehen.

Drei Gesamtdarstellungen verdienen, besonders hervorgehoben zu werden:

Lequin, Y., *Histoire des Français, XIXe–XXe siècle*, Paris 1983/84, 3 Bde.
Thuillier, G., *Pour une histoire du quotidien*, Paris–Den Haag 1977.
Zeldin, Th., *Histoire des passions françaises*, Paris 1980/81, 5 Bde.

Die Welt der Arbeit

Blasquez, A., *Gaston Lucas, serrurier*, Paris 1976.
Chabot, M., *L'Escarbille. Histoire d'Eugène Saulnier, ouvrier-verrier*, Paris 1978.
Chombart de Lauwe, P.-H., *La Vie quotidienne des familles ouvrières*, Paris 1956.
Depretto, J.-P., und Schweitzer, S., *Le Communisme à l'usine: vie ouvrière et mouvement ouvrier chez Renault, 1920–1939*, Roubaix 1984.
Fridenson, P., *Histoire des usines Renault*, Paris 1982, Bd. 1.
Guéhenno, J., *Journal d'un homme de quarante ans*, Paris 1934.
Lengrand, L., und Craipeau, M., *Louis Lengrand, mineur du Nord*, Paris 1974.
Marty, L., *Chanter pour survivre. Culture ouvrière, travail et technique dans le textile: Roubaix, 1850–1914*, Liévin 1982.
Noiriel, G., *Longwy, immigrés et prolétaires, 1880–1980*, Paris 1985.
Pelloutier, F., und Pelloutier, M., *La Vie ouvrière en France*, Paris 1900.
Schweitzer, S., *Des engrenages à la chaîne. Les usines Citroën, 1915–1935*, Lyon 1982.
Verret, M., *L'Ouvrier français*, Bd. I, *L'Espace ouvrier*, Paris 1979.
Weil, S., *La Condition ouvrière*, Paris 1964.

Siedlungen und Wohnungen

Frapié, L., *La Maternelle* (Roman), Paris 1904.
Giard, L., und Mayol, P., *Habiter, Cuisiner*, Paris 1980.
Guerrand, R.-H., *Les Origines du logement social en France*, Paris 1967.
Haumont, N., *Les Pavillonnaires*, Paris 1975, 2. Aufl.
Kaes, R., *Vivre dans les grands ensembles*, Paris 1963.
Petonnet, C., *On est tous dans le brouillard. Ethnologie des banlieues*, Paris 1979.
Quoist, M., *La Ville et l'Homme*, Paris 1952.
Valdour, J., *Ateliers et Taudis de la banlieue de Paris: observations vécues*, Paris 1923.

Leben auf dem Lande

Bernot, L., und Blancard, R., *Neuville, un village français*, Paris 1953.
Burguière, A., *Bretons de Plozévet*, Paris 1975.
Carles, E., *Une soupe aux herbes sauvages*, Paris 1978.
›Enquête à Chardonneret‹, *Ethnologie française*, Sonderheft 1/2 (1974).
Grafteaux, S., *Mémé Santerre*, Paris 1975.
Grenadou, É., und Prévost, A., *Grenadou, paysan français*, Paris 1966.
Hélias, P.-J., *Le Cheval d'orgueil*, Paris 1975.
Segalen, M., *Mari et Femme dans la société paysanne*, Paris 1980.
Verdier, Y., *Façons de dire, façons de faire*, Paris 1980.
Weber, E., *La Fin des terroirs. La Modernisation de la France rurale, 1870–1914*, Paris 1983.
Wylie, L., *Un village du Vaucluse*, Paris 1968.
Zonabend, F., *La Mémoire longue*, Paris 1980.

Bürgertum

Martin-Fugier, A., *La Place des bonnes*, Paris 1979.

Perrot, M., *La Mode de vie des familles bourgeoises, 1873–1953*, Paris 1961.

Familie, Erziehung, Gesundheit

Boltanski, L., *Prime Éducation et Morale de classe*, Paris–Den Haag 1969.

Hatzfeld, H., *Le Grand Tournant de la médicine libérale*, Paris 1963.

– *Du paupérisme à la Sécurité sociale*, Paris 1971.

Knibiehler, Y., *Cornettes et Blouses blanches. Les Infirmières dans la société française, 1880–1980*, Paris 1984.

Pitrou, A., *La Famille dans la vie de tous les jours*, Toulouse 1972.

Prigent, R. (Hrsg.), *Renouveau des idées sur la famille*, Paris 1954.

Prost, A., *L'École et la Famille dans une société en mutation (1930–1980)*, Band IV der *Histoire générale de l'enseignement et de l'éducation en France*, Paris 1982.

Rémy, J., und Woog, R., *La Française et l'Amour*, Paris 1960.

Roussel, L., *Le Mariage dans la société française contemporaine. Faits de population, donnés d'opinions*, Paris 1975.

Roussel, L., und Bourguignon, O., *La Famille après le mariage des enfants*, Paris 1976.

– *Générations nouvelles et Mariage traditionnel*, Paris 1978.

Simon, Dr. P., *Rapport sur le comportement sexuel des Français*, Paris 1972.

Vigarello, G., *Le Propre et le Sale. L'Hygiène du corps depuis le Moyen Age*, Paris 1985.

Kultur, Mentalität

Lipovetsky, G., *L'Ère du vide. Essai sur l'individualisme contemporaine*, Paris 1983.

Miquel, P., *Histoire de la radio et de la télévision*, Paris 1973.

Morin, E., *L'Esprit du temps*, Paris 1962.

Ory, P., *L'Entre-Deux-Mai. Histoire culturelle de la France, mai 1968–mai 1981*, Paris 1983.

II. Eine Geschichte des Geheimen?

Die Auswahl einiger bibliographischer Hinweise, die hier folgen, ist subjektiv. Die Literatur zu dem Thema ist unüberschaubar. Die großen autobiographischen Texte – Proust, Gide, Leiris, Genet, Léautaud, Sartre, Beauvoir usw. – blieben unerwähnt. Aus Gründen des Persönlichkeitsschutzes hat der Verfasser dieses Teils keinen Gebrauch von seinen Recherchen zur Geschichte der Familie gemacht. Folgende Zeitschriften wurden systematisch ausgewertet: *Nouvelle Revue de psychanalyse*, *Communications*, *Traverses* (eine vom Centre Georges-Pompidou herausgegebene Zeitschrift), *Actes de la recherche en sciences sociales*, *Population*, *Revue française de sociologie*, *Revue d'histoire moderne et contemporaine*, *Annales ESC*, *Études*, *Esprit*, *Économie et Statistique*. Die genauen Nachweise finden sich in den Anmerkungen.

Geheimnisse der Geschichte und Geschichte des Geheimen

Kayser, P., *La Protection de la vie privée. Protection du secret de la vie privée*, Marseille 1984.

Labrusse, C., *Le Droit de la famille*, Bd. I, *Les Personnes*, Paris 1984.

Dumont, L., *Essai sur l'individualisme*, Paris 1983.

Zahlreiche Hinweise finden sich in den fünf Bänden der *Histoire des passions françaises* von Th. Zeldin, Paris 1980/81.

Grundlegend für unsere Arbeit war die Nr. 14 der *Nouvelle Revue de psychanalyse*, ›Du secret‹, Paris 1976.

L'Invention du quotidien, Bd. I von M. de Certeau, Paris 1980; Bd. II von L. Giard und P. Mayol, Paris 1980; beide Bände enthalten eine ansehnliche Bibliographie.

Couetouy, M., Di Ruzza, R., Dumoulin, J., und Gleiza, J.-J., *Figures du secret*, Grenoble 1981.

Familiengeheimnisse

Wertvolle statistische Angaben enthält das Heft ›La population française de A à Z‹ der *Cahiers français* 219 (Januar/Februar 1985). Die bahnbrechenden Arbeiten Ph. Ariès' müssen hier nicht noch einmal aufgezählt werden. Auf zwei neuere Aufsätze sei hingewiesen: ›L'amour dans le mariage‹ und ›Le mariage indissoluble‹, *Communications*, Sondernummer über die Sexualität, Paris 1982, S. 116–137.

Simon, Dr. P., *De la vie avant toute chose*, Paris 1979.

Verdier, Y., *Façons de dire, façons de faire*, Paris 1980.

Roussel, L., *Le Mariage dans la société française contemporaine. Faits de population, données d'opinion*, Paris 1975.

Le Statut matrimonial et ses conséquences juridiques, fiscales et sociales (der sogenannte ›Rapport Sullerot‹), Conseil économique et social, Januar 1984.

Von den zahlreichen einschlägigen Beiträgen in der *Revue française de sociologie* seien genannt: Pitrou, A., ›Le soutien familial dans la société urbaine‹ (Januar/März 1977), S. 47–83; Requilart, M.-A., ›Une enquête locale sur le recours des adolescentes à la contraception‹ (Januar/März 1983), S. 81–96.

Aus *Population:* Roussel, L., ›La nuptialité en France. Précocité et intensité suivant les régions et les catégories socioprofessionelles‹ (November/Dezember 1971), S. 1029–1055; Bastide, H., und Giard, A., ›Attitudes et opinions des Français à l'égard de fécondité et de la famille‹ (1975), S. 693–751; dieselben: ›Attitudes des Français sur la conjoncture démographique. La natalité et la politique familiale à la fin de 1976‹ (1977), S. 519–751; Léridon, H., Sardou, J.-P., Collomb, Ph., und Charbit, Y., ›La contraception en France en 1978, une enquête INED/INSEE‹ (Dezember 1979), S. 1349–1391; Roussel, L., ›Le remariage des divorcés‹ (1981); derselbe und Le Bras, H., ›Retard ou refus du mariage‹ (November/Dezember 1982).

Der Körper und das Rätsel der Sexualität

Simon, Dr. P., et al., *Rapport sur le comportement sexuel des Français* (der sogenannte ›Rapport Simon‹), Paris 1972.

Vigarello, G., *Le Propre et le Sale. L'Hygiène du corps depuis le Moyen Age*, Paris 1985.

Friday, N., *My Secret Garden*, New York 1973.

Winick, Ch., ›Prostitute's Clients‹ Perception of the Prostitutes and of Themselves‹, *International Journal of Social Psychiatry* (1982), S. 289–297.

Dongier, M., und Dongier, S., ›L'attrait de la prostitution et de la prostituée‹, *Acta neurologica et psychiatrica belgica* (1964), S. 719–724.

Bensaïd, Dr. N., *La Consultation*, Paris 1974.

Bruch, H., *L'Énigme de l'anorexie*, Paris 1979 – ein Resümee seiner umfangreichen, bei Payot erschienenen Dissertation.

Über den Tod gibt es zahlreiche Untersuchungen (vgl. die bekannten Bücher von Ariès, Ph., und Thomas, L. V.). Der Leser sei auf zwei weniger bekannte Arbeiten hingewiesen: ›La sociologie de la mort‹, Sonderheft der *Archives de sciences sociales des religions*, 20 (1975), und Heft 1 der Zeitschrift *Traverses* (September 1975), mit dem Titel ›Lieux et objets de la mort‹.

Aus der *Nouvelle Revue de psychanalyse:* Rosolato, G., ›Recension du corps‹ (Nr. 2); Masud Khan, ›De la nullité au suicide‹ (Nr. 11); Stoller, R. J., ›L'excitation sexuelle et ses secrets‹ (Nr. 24).

Aus *Actes de la recherche en sciences sociales:* Chamboredon, J.-Cl., ›La restauration de la mort, objets scientifiques et fantasmes sociaux‹ (Juni 1976), S. 78–88; Muel-Dreyfus, F., ›Le fantôme du médecin de famille‹ (September 1984), mit einer interessanten Bibliographie über Memoiren von Ärzten des 19. Jahrhunderts.

Die Zeitschrift *Communications* hat das Heft 31 (1979) dem Thema ›Ernährung‹ und das Heft 35 (1982) der Sexualität im Westen gewidmet.

Desplanques, G., ›L'inégalité sociale devant la mort‹, *Économie et Statistique* 162 (Januar 1984), S. 29–50.

III. Die Vielstimmigkeit der Kultur: das Beispiel Frankreich

Die Katholiken: das Imaginäre und die Sünde

Verwiesen sei auf die zu Klassikern gewordenen Werke des Kanonikus F. Boulard und G. Le Bras.

Mayeur, J.-M., *Histoire religieuse de la France, XIXᵉ–XXᵉ siècle. Problèmes et méthodes*, Paris 1975.

Sutter, J., *La Vie religieuse des Français à travers les sondages d'opinion – 1944–1976*, Paris 1984.

Michelat, G., und Simon, M., *Classe, Religion et Comportement politique*, Paris 1977.

Petit, J.-C., ›Les volets du presbytère sont ouverts‹, *La Vie* 2091 (1985).

Poulat, E., *Église contre bourgeoisie. Introduction au devenir du catholicisme actuel*, Paris 1977.

Pratiques de la confession, quinze études d'histoire, Colloquium der Gruppe Bussière, Paris 1983. Ausgewertet wurden die folgenden Untersuchungen: Boutry, Ph., ›Réflexions sur la confession au XIXᵉ siècle: autour d'une lettre de sœur Marie-Zoé au curé d'Ars, 1856‹; Lagrée, M., ›La confession dans les visites pastorales et les statuts synodaux bretons aux XIXᵉ et XXᵉ siècles‹; Lambert, Y., ›Crise de la confession, crise de l'économie du salut: le cas d'une paroisse de 1900 à 1982‹.

Die Kommunisten: Eingriff und Realitätsverleugnung

Robrieux, Ph., *Histoire intérieure du parti communiste*, Paris 1980–1984, 4 Bde., enthält eine praktisch vollständige Bibliographie zum Thema.

– *Maurice Thorez: Vie secrète et vie publique*, Paris 1975.

Desanti, D., *Les Staliniens. Une expérience politique, 1944–1956*, Paris 1975.

Kriegel, A., *Les Communistes français dans leur premier demi-siècle, 1920–1970*, unter Mitarbeit von G. Bourgeois, überarbeitete Auflage, Paris 1985.

– *Aux origines du communisme français*, Paris 1969.

Caute, D., *Le Communisme et les Intellectuels français, 1914–1966*, Paris 1967.

Bruhat, J., *Il n'est jamais trop tard*, Paris 1983 (die Autobiographie eines Aktivisten, der Studienkollege R. Arons und Sartres in der Rue d'Ulm war und bis zu seinem Tod 1984 der Partei treu blieb).

Verdès-Leroux, J., *Au service du Parti: le PC, les intellectuels et la culture, 1944–1956*, Paris 1983.

Lazard, M., ›Le mineur de fond. Un exemple de l'identité du PCF‹, *Revue française des sciences politiques* (April 1985), S. 190–205.

Jude sein in Frankreich

Bahloul, J., *Le Culte de la table dressée*, Paris 1983.

Bensimon-Donath, D., *L'Intégration des juifs nord-africains en France*, Paris 1971.

Korkaz, S., *Les Juifs en France et l'État d'Israël*, Paris 1969.

Levinas, E., *Difficile Liberté*, Paris 1984.

Robin, M., *Les Juifs de Paris, démographie, économie, culture*, Paris 1952.

Schnapper, D., *Juifs et Israélites*, Paris 1980.

Hyman, P., *De Dreyfus à Vichy*, Paris 1985.

Heranzuziehen sind ferner die zahlreichen Bände der ›Actes des colloques des intellectuels juifs de langue française‹.

Zur jüdischen Einwanderung:

Green, N., *Les Immigrés en France à la Belle Époque*, Paris 1985.

Billy, A., und Twerdsky, M., *Comme Dieu en France, l'épopée de Muraché Foïgel*, Paris 1927.

Ertel, R., *Le Shtetl, la Bourgade juive de Pologne de la tradition à la modernité*, Paris 1982.

Roland, C., *Du ghetto à l'Occident. Deux générations yiddish en France*, Paris 1962.

Tchernoff, J., *Dans le creuset des civilisations*, Paris 1936/38, 4 Bde.

Die Einwanderer

Über die europäischen Einwanderer der Zwischenkriegszeit

Bonnet, S., *L'Homme du fer, mineurs de fer et ouvriers sidérurgistes lorrains*, Nancy, Bd. I 1976, Bd. II 1977, Bd. III 1984, Bd. IV 1985.

Mauco, G., *Les Étrangers en France, leur rôle dans l'activité économique*, Paris 1932.

Noiriel, G., *Longwy, immigrés et prolétaires, 1880–1980*, Paris 1985.

Ponty, J., *Histoire des travailleurs immigrés en France dans l'entre-deux-guerres*, unveröffentlichte Dissertation, Paris.

– ›Une intégration difficile: les Polonais en France dans le premier XXe siècle‹, *Vingtième Siècle* 7 (Juli/September 1985).

Schnapper, D., ›Modernité et acculturation. A propos des travailleurs émigrés‹, *Communications* 43 (1986), S. 141–168.

Vloceski, S., *L'Installation des Italiens en France*, Paris 1934.

Über die nordafrikanischen Einwanderer

Abhandlungen

Freeman, G., *Immigrant Labour and Racial Conflict in Industrial Societies. The French and British Experiences, 1945–1975*, Princeton 1979.

Anglade, J., *La Vie quotidienne des immigrés en France de 1919 à nos jours*, Paris 1976.

CRESM, *Maghrébins en France: émigrés ou immigrés?* Paris 1983.

Garson, J.-P., und Tapinos, G. (Hrsg.), *L'Argent des immigrés. Revenus, épargne et transferts de Fonds de huit nationalités en France*, PARIS, INED, Travaux et Documents, Heft 94 (1981).

Zehraoiu, *Les Travailleurs algériens en France. Étude sociologique de quelques aspects de la vie familiale*, Paris 1976.

Sonderhefte von Zeitschriften

›Français-Immigrés‹, *Esprit*, Sonderheft (Mai 1985).

›L'Immigration maghrébine en France – Les faits et les mythes‹, *Les Temps modernes*, Nr. 452/454, 40. Jg. (März/April 1984), Sonderheft.

»Etrangers, immigrés, Français«, Vingtième siècle, Sonderheft (Juli/September 1985).

Aufsätze

Sayad, A., ›Les trois âges de l'émigration algérienne en France‹, *Actes de la recherche en sciences sociales* 15 (Juni 1977), S. 59–79.

Talha, L., ›L'évolution du mouvement migratoire entre le Maghreb et la France‹, *Maghreb-Machrek*, Paris, La Documentation française Nr. 61 (1974), S. 17–34.

Dissertation

Wittol de Wenden-Didier, C., *Les Immigrés et la Politique*, Dissertation, Paris 1986.

IV. Mythen, Modelle, Maskeraden: private Welt im Umbruch

Modell der Transparenz: die schwedische Gesellschaft

Actualités suédoises, Veröffentlichungen des Institut suédois.
Almquist, C. J. L., *Sara*, Aix-en-Provence 1982 (Übersetzung aus dem Schwedischen von R. Boyer).
Bergström-Walan, M. B., *Den svenska Kvinnorapporten*, Bokförlaget Trevi AB, 1981.
Boyer, R., *Les Religions de l'Europe du Nord*, Paris 1974.
Childs, M. W., *Sweden, the Middle Way on Trial*, New Haven–London 1980.
Durand, F., *Les Littératures scandinaves*, Paris 1974.
Elmer, Å., *Svensk Social Politik*, Lund 1981.
Faramond, G. de, und Glayman, C. (Hrsg.), *Suède – la Réforme permanente*, Paris 1977.
Gaillard, A.-M., *Couples suédois – Vers un autre idéal sexuel*, Paris 1983.
Gras, A., ›Divorces et suicides en Scandinavie‹, *Cahiers du CIREN* 2 (1979).
Gras, A., und Sotto, R., *La Suède et ses populations*, Brüssel 1981.
Hélys, M., *A travers le féminisme suédois*, Paris 1906.
Huntford, R., *The New Totalitarians*, New York 1972.
Kumilien und André, *La Gymnastique suédoise. Manuel de gymnastique rationelle . . .*, Paris 1901.
Leijon, A. G., und Karre, M., *La Condition familiale en mutation*, Paris 1972.
Liljeström, R., *Det erotiska kriget*, Publica, Stockholm 1981.
Liljeström, R., et al., *Roller i onwandling*, SOU 1976: 71, Stockholm 1976.
Linner, B., *Sexualité et Vie sociale en Suède*, Paris 1968.
Moberg, V., *Min svenska historia berättad för folket*, Teil 1 und 2, Stockholm 1970.
Mounier, E., ›Notes scandinaves‹, *Esprit*, Februar 1950.
Musset, L., *Les Peuples scandinaves au Moyen Age*, Paris 1951.
Myrdal, A., *Folk och familj*, Stockholm 1944.
Parent, J., *Le Modèle suédois*, Paris 1970.
Queffélec, H., *Portrait de la Suède*, Paris 1948.
Quillardet, M., *Suédois et Norvégiens chez eux*, Paris 1900.
Régis-Bastide, F., und Faramond, G. de, *Suède*, Paris 1976.
Royer, L.-Ch., *Lumières du Nord*, Paris 1939.
Saint-Agnès, Y. de, *Éros international – Scandinavie*, Paris 1971.
– »Les Suédois«, *Le Crapouillot* 70 (1966).
Samhällsguiden, Falun 1983.
SOU 1979: 9, *Sexuella Övergrepp*.
SOU 1979: 56, *Steg på väg*. (Englische Übersetzung *Step by Step . . .*, Stockholm 1979.)
SOU 1980: 27, *Barn och Vuxna*.
SOU 1981: 71, *Prostitutionen i Sverige*.
SOU 1983: 4, *Om hälften vore Kvinnor*.
Ullerstam, L., *Les Minorités érotiques*, Paris 1965.
Wistrand, B., »Le mythe de l'égalité des sexes en Suède: la lutte continue«, *Cultures*, Bd. VIII, Nr. 4 (1982).

Die italienische Familie:
Masken der Herrschaft, Wunden der Autonomie

Bagnasco, A., *Le Tre Italie*, Bologna 1977.
Balbo, L., *Stato di famiglia*, Mailand 1976.
Barbagli, M., *Provondo e riprovando: Matrimonio, famiglia, divorzio, in Italia e in altri paesi occidentali*, Bologna 1990.
Barbagli, M., und Kertzer, D. (Hrsg.), ›Italian Family History, 1750–1950‹, Sonderheft des *Journal of Family History* 15 (1990).
Barile, G., und Zanuso, L., *Lavoro femminile e condizione familiare*, Mailand 1980.
Bell, R. M., *Fate and Honor, Family and Village: Demographic and Cultural Change in Rural Italy since 1800*, Chicago 1979.
Del Boca, D., und Turvani, M., *Famiglia e mercato del lavoro*, Bologna 1979.
Douglas, W. A., *Emigration in a South Italian Town: An Anthropological History*, New Brunswick (New Jersey) 1984.
– ›The South Italian Family: A Critique‹, *Journal of Family History* 5 (1980), S. 338–359.
Ginsborg, P., *Storia d'Italia dal dopoguerra ad oggi*, Turin 1989.
Kertzer, D., *Family Life in Central Italy, 1880–1910: Sharecropping, Wage Labor and Coresidence*, New Brunswick (New Jersey) 1984.
Paci, M. (Hrsg.), *Famiglia e mercato del lavoro in un'economia periferica*, Mailand 1980.
Piselli, F., *Parentela e emigrazione: Mutamenti e continuità in una communità calabrese*, Turin 1981.
Roussel, L., und Festy, P., *Recent Trends in Attitudes and Behaviors Affecting the Family in Council of Europe Member States*, Straßburg 1979.
Saraceno, Ch., ›Family Strategies and Patterns of Work‹, *Marriage and Family Review* (1990).
– ›Shifts in Public and Private Boundaries: Women as Mothers and Service Workers in Italian Daycare‹, *Feminist Studies* 10 (Frühjahr 1984), S. 7–30.
– ›The Social Construction of Childhood: Childcare and Education Policies in Italy and the United States‹, *Social Problems* 31 (Februar 1984), S. 351–363.
– *Sociologia della famiglia*, Bologna 1988.

Schneider, J., und Schneider, P., *Culture and Political Economy in Western Sicily*, New York 1976.

Silverman, S., ›Agricultural Organization, Social Structure and Values in Italy: Amoral Familism Reconsidered‹, *American Anthropologist* (1970), S. 1–20.

Mythen und Realitäten der amerikanischen Familie

Bailey, B., *From Front Porch to Back Seat: Courtship in Twentieth-Century America*, Baltimore 1988.

Banfield, E. C., *The Moral Basis of a Backward Society*, Glencoe (Illinois) 1956.

Bellah, R. N., et al., *Habits of the Heart: Individualism and Commitment in American Life*, Berkeley 1985.

Berger, B., und Berger, P. L., *The War over the Family: Capturing the Middle Ground*, Garden City (New York) 1983.

Bettelheim, B., *The Informed Heart: Autonomy in a Mass Age*, Glencoe (Illinois) 1960.

Bridenthal, R., Grossman, A., und Kaplan, M. (Hrsg.), *When Biology Became Destiny*, New York 1984.

Buchanan, W., und Cantril, H., *How Nations See Each Other*, Urbana (Illinois) 1953.

Chafe, W. H., *The Paradox of Change: American Women in the Twentieth Century*, New York 1991.

Davis, Kingsley (Hrsg.), *Contemporary Marriage: Comparative Perspectives on a Changing Institution*, New York 1985.

D'Emilio, J., und Freedman, E. B., *Intimate Matters: A History of Sexuality in America*, New York 1988.

DuBois, E. C., und Ruiz, V. L. (Hrsg.), *Unequal Sisters: A Multi-Cultural Reader in U.S. Women's History*, New York 1990.

Dumont, L., *Essai sur l'individualisme: Une perspective anthropologique sur l'idéologie moderne*, Paris 1983.

Evans, S., *Born for Liberty: A History of Women in America*, New York 1989.

Gordon, L., *Heroes of Their Own Lives: The Politics and History of Family Violence*, New York 1988.

– *Woman's Body, Woman's Right: A Social History of Birth Control in America*, New York 1976.

Gutman, H. G., *The Black Family in Slavery and Freedom*, New York 1976.

Hill, R., und König, R. (Hrsg.), *Families in East and West*, Paris 1970.

Jackson, K., *Crabgrass Frontier: The Suburbanization of the United States*, New York 1985.

Kohn, M. L., *Class and Conformity: A Study in Values*, Homewood (Illinois) 1969.

May, E. T., *Great Expectations: Marriage and Divorce in Post-Victorian America*, Chicago 1980.

– *Homeward Bound: American Families in the Cold War Era*, New York 1988.

Mintz, S., und Kellogg, S., *Domestic Revolutions: A Social History of American Family Life*, New York 1988.

Modell, J., *Into One's Own: From Youth to Adulthood in the United States, 1920–1975*, Berkeley 1989.

Redclift, N., und Mingione, E. (Hrsg.), *Beyond Employment: Household, Gender, and Subsistence*, London 1985.

Rothman, E., *Hands and Hearts: A History of Courtship in America*, New York 1984.

Shorter, E., *The Making of the Modern Family*, New York 1975.

Smith, J., *Family Connections: A History of Italian and Jewish Immigrant Lives in Providence, Rhode Island, 1900–1940*, Albany 1985.

Stacey, J., *Brave New Families: Stories of Domestic Upheaval in Late Twentieth-Century America*, New York 1990.

Winick, Ch., ›Prostitutes' Clients' Perception of the Prostitutes and of Themselves‹, *International Journal of Social Psychiatry* (1982), S. 289–297.

Zelizer, V. A., *Pricing the Priceless Child: The Changing Social Value of Children*, New York 1985.

Ziegler, E. F. (Hrsg.), *Children, Families, and Government: Perspectives on American Social Policy*, Cambridge 1983.

Bildnachweise

Die in diesem Band enthaltenen Abbildungen haben uns die folgenden Personen, Archive und Institutionen zur Verfügung gestellt: ADM, Warschau 456; APEP, Villerupt 460, 462; Archives Centre culturel suédois 490, 508; Archives Damiani R. 463; Archives Dazy 450; Archives Gesgon A. 407; Archives Mémoires juives 432, 433, 437, 438; Archives Orfali K. 504, 509; Archives Seuil: 158, 161, 190, © Boudjellal F. 448, © Tim 359, 435; Archives Silvain G. 431; Archives Sirot-Angel 422; Bergström P. 495; Bildhuset: Arvidsson B. 494, Dahlstrom J.H. 245, 505, Johansson K. 512, Olsson B.O. 493, Oredson S. 87, Välme R. 482; Brenner F. 269, 423; Bulloz 264, 282, 283; Cahiers du Cinéma: 195, 197, © Midas 500, © Rank 501; Cauvin 391; Charmet J.-L. 74, 87, 221, 244; Chayito D. 138, 257; Chenchabi R. 344, 465; Chevojon 81; Choisnel J. 143, 171, 386, 387; Cinémathèque française: 196, © G.Rouqier 236, 279, 409, 491; CIRIC: 357, 364, 365, 367, 371, 373, Pinoges A. 349, 350; Coll. E. Prouvost 97, 99; Dagli Orti G. 165, 167, 277, 291; Dazy R. 53; Despoisse C. 47, 70; Faure Ph. 122, 256; Fotogram: Chapman 426, Delpit R. 412, 421, 441, Deluc 272, Feinstein 451, Le Bihan J.-P. 168, Parente 444; Franck Daniel 417, 420, 425, 439; Gamet A. 20; Gamma: Lounes M. 105, Vioujard Ch. 229, 300, 313, 320; Giraudon 157, 189, 194, 336, 385; Giraudon-Anderson 239, 335; Giraudon-Bridgeman 200; Giraudon-Lauros 332; Gissinger H., Zürich 262; Hubert 38; Jemolo Andrea 529, 541, 543, 545, 549; Im'media: Leshaf O. 469; Keystone: 142u, 206, 209, 227u, 232, 369, 384, 402, 403, Brucker M. 131; Klein W., Düsseldorf 182; *L'Humanité* 389, 395, 398, 399, 406; Langrognet M. 405; Lorimar Telepictures 327; Magnum: Barbey B. 498, Burri R. 72u, Cartier-Bresson H. 84, 133, 202, Franck M. 187, 380, Gaumy J. 303, Hartmann E. 174, J.K. 145, Kalvar R. 112, 121, Le Querrec G. 43, 302, Paireault J.-P. 333, Peress G. 88, Salgado 267, Seymour D. 51, 86, Uzzle B. 305, Zachmann P. 414, 442, 476, 487; Marando J. 470, 471, 472, 474, 475; *Notre Temps*: Clément M. 287; Paris Match: 208, Gery 103, Tesseyre 227o; Pawel O. 477; Rapho: Baret M. 176, 473, Berretty D. 109, Charles J.-M. 275, Ciccione 89, Courtina J.-L. 296, Dejardin Y. 92, Frieman R. 228, 233, Koch P. 480, Le Diascorn F. 273, Michaud P. 83, 120, 289, 375, Niepce 28, 42, 62, 71, 72o, 104, 142o, 173, 183, 223, 241, 255, 285, Phelps R. 77, 122, 125, Serraillier M. 102, Soye J.-N. de 346, Vieil J.-P. 266, Windenberger J. 325, 468; REA: J. Gayard 213; Renault 36, 37; RFSU 497, 499; Roger-Viollet: 16, 46, 49, 55, 57, 59, 108, 172, 340, 427, 453, 457, 458, Anderson-Viollet 326, Boyer-Viollet 22u, 35, CAP Roger-Viollet 115, Harlingue-Viollet 25, 26u, 179, 225, Lapi-Viollet 44, 68, 95, LL Roger-Viollet 19, ND Roger-Viollet 14, 85; Rush: Saint-Bris 100; Schlemmer O. (Familie Schlemmer, Badenweiler 1987) 154; Scoop: A. Perlstein 271; Sipa-Svenskt 485, 486, 503; Sipa: Ginies 415, Rebours 447, Sevgi 324; Sveriges Turistråd 510; Sygma: Pavlovsky J. 378; Top: Chadefaux A. 66, Charbonnier J.-Ph. 32, 39, 67, 69, 75, 119, Desjardins M. 26o, Ionesco L. 64, 140, Machatschek Y. 129, Marineau G. 147, 186; *Vie catholique (La)*: Boisseaux C. 358, 377, Houzel J. 376, Sautereau F. 360, 467, Scoupe L. 361; Vigne J. 22o; Windenberger J. 65, 92, 124, 170, 189o, 189u, 211, 312, 348, 400, 401. – American Heritage Center, University of Wyoming 587; American Social Health Association 582; Archives départementales, Blois 34; Bibliothèque nationale, Paris 372, 397; CNAC, Paris (Photo B.Hatala) 152; Écomusée de la communauté urbaine, Le Creusot-Montceau 40, 41; Galerie de France 352; Graphische Sammlung Albertina, Wien 308; Library of Congress, Washington DC. 573; Minnesota Historical Society 556, 561 (Olof A.Holm), 563, 566, 585; Musée de l'Affiche et de la Publicité, Paris 101, 136, 144; Museum für Deutsche Geschichte, Berlin 382; Museum of Modern Art, New York (Photo Soichi Sunami) 260; Museum of Modern Art, New York (Film Stills Archive) 567, 575, 576, 580, 581, 588; Réunion des musées nationaux 393; Sterling and Francine Clark Institute, Williamstown 316, 317; Stock, Boston 598 (Arthur Grace); University of Minnesota, Social Welfare History Archives 556. – © ADAGP, 1987 159, 352; © SPADEM, 1987 262, 352, 385, 386, 387, 391, 393, 397, 407.

Farbige Abbildungen zwischen den Seiten 320–321 (in dieser Reihenfolge): Giraudon-Bridgeman (SPADEM); Bulloz (SPADEM); Dagli Orti G (SPADEM); L'Oréal;Gérard Vincent (2x); Gérard Vincent (2x); SPADEM; Arisman M; SPADEM; Giraudon-Lauros (SPADEM); ADAGP, 1987; Khimoune R.; The Art Institute of Chicago; Kvist G.

Register

Kursive Zahlen verweisen auf die Anmerkungen am Ende eines Kapitels.

Sachregister

Namenregister

Geschichte des privaten Lebens

Herausgegeben
von Philippe Ariès
und Georges Duby

S. Fischer

Grundriß der deutschen Ausgabe

1. Band:
Vom Römischen Imperium
zum Byzantinischen Reich

Herausgegeben
von Paul Veyne

Einleitung von Paul Veyne
I. Paul Veyne, Das Römische Reich
II. Peter Brown, Spätantike
III. Yvon Thébert, Privates Leben und
Hausarchitektur in Nordafrika
IV. Michel Rouche, Abendländisches Frühmittelalter
V. Evelyne Patlagean, Byzanz im 10. und 11. Jahrhundert

2. Band:
Vom Feudalzeitalter zur Renaissance

Herausgegeben
von Georges Duby

Einleitung von Georges Duby
I. Georges Duby, Private Macht, öffentliche Macht
II. Georges Duby, Dominique Barthélemy, Charles de La Roncière, Porträts: *Französische Adelshaushalte im Feudalzeitalter; Gemeinschaftsleben; Verwandtschaftsverhältnisse und Großfamilie; Gesellschaftliche Eliten an der Schwelle zur Renaissance. Das Beispiel Toskana*
III. Danielle Régnier-Bohler, Fiktionen: *Die Erfindung des Selbst; Auskünfte der Literatur*
IV. Dominique Barthélemy, Philippe Contamine, Interieur und privates Gehäuse: *Domestizierte Festung – 11. bis 13. Jhdt., Bäuerlicher Herd und päpstlicher Palast – 14. und 15. Jhdt.*
V. Georges Duby, Philippe Braunstein, Der Auftritt des Individuums: *Situationen der Einsamkeit – 11. bis 13. Jhdt., Annäherungen an die Intimität – 14. und 15. Jhdt.*

3. Band:
Von der Renaissance zur Aufklärung

Herausgegeben
von Philippe Ariès
und Roger Chartier

Einleitung von Philippe Ariès
I. Yves Castan, François Lebrun, Roger Chartier, Figuren der Modernität
II. Jacques Revel, Orest Ranum, Jean-Louis Flandrin, Jacques Gélis, Madeleine Foisil, Jean Marie Goulemot, Formen der Privatisierung
III. Nicole Castan, Maurice Aymard, Alain Collomp, Daniel Fabre, Arlette Farge, Gesellschaft, Staat, Familie: *Bewegung und Spannung*
Epilog von Roger Chartier

4. Band:
Von der Revolution zum Großen Krieg

Herausgegeben
von Michelle Perrot

Einleitung von Michelle Perrot
I. Lynn Hunt, Catherine Hall, Vorspiel: *Französische Revolution und privates Leben; Trautes Heim*
II. Michelle Perrot, Anne Martin-Fugier, Die Akteure: *Der Triumph der Familie; Rollen und Charaktere; Riten der Bürgerlichkeit*
III. Michelle Perrot, Roger-Henri Guerrand, Szenen und Orte: *Formen des Wohnens; Private Räume*
IV. Alain Corbin, Kulissen: *Das Geheimnis des Individuums; Intimität und Vergnügungen im Wandel; Schreie und Flüstern*
Resümee von Michelle Perrot

5. Band:
Vom Ersten Weltkrieg zur Gegenwart

Herausgegeben
von Antoine Prost
und Gérard Vincent

Einleitung von Gérard Vincent
I. Antoine Prost, Grenzen und Zonen des Privaten
II. Gérard Vincent, Eine Geschichte des Geheimen?
III. Gérard Vincent, Perrine Simon-Nahum, Rémi Leveau, Dominique Schnapper, Die Vielstimmigkeit der Kultur: das Beispiel Frankreich
IV. Kristina Orfali, Chiara Saraceno, Elaine Tyler May, Mythen, Modelle, Maskeraden: private Welt im Umbruch